Apprendre le C++

AUX EDITIONS EYROLLES

Du même auteur

C. Delannoy. – **Exercices en langage C++**.
N°12201, 3e édition 2007, 340 pages.

C. Delannoy. – **C++ pour les programmeurs C**.
N°12231, environ 580 pages, à paraître.

C. Delannoy. – **Programmer en Java** *(Java 5 et 6)*.
N°12232, 5e édition, environ 780 pages + CD-Rom, à paraître.

C. Delannoy. – **Exercices en Java** *(Java 5)*.
N°11989, 2e édition, 2006, 330 pages.

C. Delannoy. – **Langage C**.
N°11123, 1998, 944 pages (réédition au format semi-poche).

C. Delannoy. – **Programmer en langage C**. *Avec exercices corrigés.*
N°11072, 1996, 280 pages.

C. Delannoy. – **Exercices en langage C**.
N°11105, 1997, 260 pages.

Autres ouvrages dans la même collection

P. Roques. – **UML 2 par la pratique**. *Cours et exercices.*
N°12014, 5e édition 2006, 360 pages.

X. Blanc, I. Mounier. – **UML 2 pour les développeurs**. *Cours et exercices corrigés.*
N°12029, 2006, 218 pages.

H. Bersini, I. Wellesz. – **L'orienté objet**.
Cours et exercices en UML 2 avec PHP, Java, Python, C# et C++.
N°12084, 3e édition, 2007, 520 pages.

J. Engels. – **XHTML et CSS : cours et exercices**.
N°11637, 2005, 350 pages.

J. Engels. – **PHP 5 : cours et exercices**.
N°11407, 2005, 518 pages.

Autres ouvrages

I. Horton. – **Visual C++ 6**.
Avec un CD-Rom contenant le produit Microsoft Visual C++ 6 Introductory Edition.
N°9043, 1999, 1 250 pages.

G. Leblanc. – **C# et .NET 2.0**.
N°11778, 2006, 700 pages.

E. Daspet et C. Pierre de Geyer. – **PHP 5 avancé**.
N°12167, 4e édition, environ 800 pages, à paraître en octobre 2007.

A. Goncalves. – **Cahier du programmeur Java EE5**.
N°12038, 2007, 330 pages.

C. Porteneuve. – **Bien développer pour le Web 2.0**.
N°12028, 2006, 560 pages.

Claude Delannoy

Apprendre le C++

EYROLLES

ÉDITIONS EYROLLES
61, bd Saint-Germain
75240 Paris Cedex 05
www.editions-eyrolles.com

Table des matières

Avant-propos

1 Historique de C++

Très tôt, les concepts de la programmation orientée objet (en abrégé P.O.O.) ont donné naissance à de nouveaux langages dits « orientés objets » tels que Smalltalk, Simula, Eiffel ou, plus récemment, Java. Le langage C++, quant à lui, a été conçu suivant une démarche hybride. En effet, Bjarne Stroustrup, son créateur, a cherché à adjoindre à un langage structuré existant (le C), un certain nombre de spécificités lui permettant d'appliquer les concepts de P.O.O. Dans une certaine mesure, il a permis à des programmeurs C d'effectuer une transition en douceur de la programmation structurée vers la P.O.O. De sa conception jusqu'à sa normalisation, le langage C++ a quelque peu évolué. Initialement, un certain nombre de publications de AT&T ont servi de référence du langage. Les dernières en date sont : la version 2.0 en 1989, les versions 2.1 et 3 en 1991. C'est cette dernière qui a servi de base au travail du comité ANSI qui, sans la remettre en cause, l'a enrichie de quelques extensions et surtout de composants standard originaux se présentant sous forme de fonctions et de classes génériques qu'on désigne souvent par le sigle S.T.L (*Standard Template Library*). La norme définitive de C++ a été publiée par l'ANSI en juillet 1998.

2 Objectifs et structure de l'ouvrage

Cet ouvrage est destiné à tous ceux qui souhaitent maîtriser la programmation orientée objet en C++. Il s'adresse à la fois aux étudiants, aux développeurs et aux enseignants en informatique. Il ne requiert aucune connaissance en P.O.O, ni en langage C[1] ; en revanche, il suppose que le lecteur possède déjà une expérience de la programmation structurée, c'est-à-dire qu'il est habitué aux notions de variables, de types, d'affectation, de structures de contrôle, de fonctions, etc., qui sont communes à la plupart des langages en usage aujourd'hui (Cobol, Pascal, C/C++, Visual Basic, Delphi, Perl, Python, JavaScript, Java, PHP...).

L'ouvrage est conçu sous la forme d'un cours progressif. Généralement, chaque notion fondamentale est illustrée d'un programme simple mais complet (et assorti d'un exemple d'exécution) montrant comment la mettre en œuvre dans un contexte réel. Cet exemple peut également servir à une prise de connaissance intuitive ou à une révision rapide de la notion en question, à une expérimentation directe dans votre propre environnement de travail ou encore de point de départ à une expérimentation personnelle.

Nous y étudions l'ensemble des possibilités de programmation structurée du C++, avant d'aborder les concepts orientés objet. Cette démarche se justifie pour les raisons suivantes :

- La P.O.O. s'appuie sur la plupart des concepts de programmation structurée : variables, types, affectation, structure de contrôle, etc. Seul le concept de fonction se trouve légèrement adapté dans celui de « méthode ».
- Le C++ permet de définir des « fonctions ordinaires » au même titre qu'un langage non orienté objet, ce qui n'est théoriquement pas le cas d'un pur langage objet où il n'existe que des méthodes s'appliquant obligatoirement à des objets[2]. Ces fonctions ordinaires (indépendantes d'un objet) sont même indispensables en C++ dans certaines circonstances telles que la surdéfinition d'opérateurs. Ne pas utiliser de telles fonctions, sous prétexte qu'elles ne correspondent pas à une « pure programmation objet », reviendrait à se priver de certaines possibilités du langage.
- Sur un plan pédagogique, il est plus facile de présenter la notion de classe quand sont assimilées les autres notions fondamentales sur lesquelles elle s'appuie.

Les aspects orientés objet sont ensuite abordés de façon progressive, mais sans pour autant nuire à l'exhaustivité de l'ouvrage. Nous y traitons, non seulement les purs concepts de P.O.O. (classe, constructeur, destructeur, héritage, redéfinition, polymorphisme, programmation générique), mais aussi les aspects très spécifiques au langage (surdéfinition d'opérateurs, fonctions amies, flots, gestion d'exceptions). Nous pensons ainsi permettre au lecteur de devenir parfaitement opérationnel dans la conception, le développement et la mise au point de ses propres classes. C'est ainsi, par exemple, que nous avons largement insisté sur le rôle du constructeur de recopie, ainsi que sur la redéfinition de l'opérateur d'affectation, éléments qui conduisent à la notion de « classe canonique ». Toujours dans le même esprit, nous avons pris soin de bien développer les notions avancées mais indispensables que sont la ligature

1. Un autre ouvrage du même auteur, *C++ pour les programmeurs C*, s'adresse spécifiquement aux connaisseurs du langage C.

2. En fait, certains langages, dont Java, permettent de définir des « méthodes de classe », indépendantes d'un quelconque objet, jouant finalement pratiquement le même rôle que ces fonctions ordinaires.

dynamique et les classes abstraites, lesquelles débouchent sur la notion la plus puissante du langage (et de la P.O.O.) qu'est le polymorphisme. De même, la S.T.L. a été étudiée en détail, après avoir pris soin d'exposer préalablement d'une part les notions de classes et de fonctions génériques, d'autre part celles de conteneur, d'itérateur et d'algorithmes qui conditionnent la bonne utilisation de la plupart de ses composants.

3 L'ouvrage, C, C++ et Java

L'ouvrage est entièrement fondé sur la norme ANSI/ISO du langage C++. Compte tenu de la popularité du langage Java, nous avons introduit de nombreuses remarques titrées « En Java ». Elles mettent l'accent sur les différences majeures existant entre Java et C++. Elles seront utiles non seulement au programmeur Java qui apprend ici le C++, mais également au lecteur qui, après la maîtrise du C++, souhaitera aborder l'étude de Java. En outre, quelques remarques titrées « En C » viennent signaler les différences les plus importantes existant entre C et C++. Elles serviront surtout au programmeur C++ souhaitant réutiliser du code écrit en C.

1

Présentation du langage C++

Le langage C++ a été conçu à partir de 1982 par Bjarne Stroustrup (AT&T Bell Laboratories), dès 1982, comme une extension du langage C, lui-même créé dès 1972 par Denis Ritchie, formalisé par Kerninghan et Ritchie en 1978. L'objectif principal de B. Stroustrup était d'ajouter des classes au langage C et donc, en quelque sorte, de « greffer » sur un langage de programmation procédurale classique des possibilités de « programmation orientée objet » (en abrégé P.O.O.).

Après 1982, les deux langages C et C++ ont continué d'évoluer parallèlement. C a été normalisé par l'ANSI en 1990. C++ a connu plusieurs versions, jusqu'à sa normalisation par l'ANSI en 1998.

Nous vous proposons ici d'examiner les caratéristiques essentielles de C++. Pour vous permettre de mieux les appréhender, nous commencerons par de brefs rappels concernant la programmation structurée (ou procédurale) et par un exposé succinct des concepts de P.O.O.[1].

1. Rappelons que l'ouvrage s'adresse à un public déjà familiarisé avec un langage procédural classique.

1 Programmation structurée et programmation orientée objet

1.1 Problématique de la programmation

Jusqu'à maintenant, l'activité de programmation a toujours suscité des réactions diverses allant jusqu'à la contradiction totale. Pour certains, en effet, il ne s'agit que d'un jeu de construction enfantin, dans lequel il suffit d'enchaîner des instructions élémentaires (en nombre restreint) pour parvenir à résoudre n'importe quel problème ou presque. Pour d'autres, au contraire, il s'agit de produire (au sens industriel du terme) des logiciels avec des exigences de qualité qu'on tente de mesurer suivant certains critères, notamment :

- *l'exactitude* : aptitude d'un logiciel à fournir les résultats voulus, dans des conditions normales d'utilisation (par exemple, données correspondant aux spécifications) ;
- *la robustesse* : aptitude à bien réagir lorsque l'on s'écarte des conditions normales d'utilisation ;
- *l'extensibilité* : facilité avec laquelle un programme pourra être adapté pour satisfaire à une évolution des spécifications ;
- *la réutilisabilité* : possibilité d'utiliser certaines parties (modules) du logiciel pour résoudre un autre problème ;
- *la portabilité* : facilité avec laquelle on peut exploiter un même logiciel dans différentes implémentations ;
- *l'efficience* : temps d'exécution, taille mémoire...

La contradiction n'est souvent qu'apparente et essentiellement liée à l'importance des projets concernés. Par exemple, il est facile d'écrire un programme exact et robuste lorsqu'il comporte une centaine d'instructions ; il en va tout autrement lorsqu'il s'agit d'un projet de dix hommes-années ! De même, les aspects extensibilité et réutilisabilité n'auront guère d'importance dans le premier cas, alors qu'ils seront probablement cruciaux dans le second, ne serait-ce que pour des raisons économiques.

1.2 La programmation structurée

En programmation structurée, un programme est formé de la réunion de différentes procédures et de différentes structures de données, généralement indépendantes de ces procédures. D'autre part, les procédures utilisent un certain nombre de structures de contrôle bien définies (on parle parfois de « programmation sans *go to* »).

La programmation structurée a manifestement fait progresser la qualité de la production des logiciels. Notamment, elle a permis de structurer les programmes, et, partant, d'en améliorer l'exactitude et la robustesse. On avait espéré qu'elle permettrait également d'en améliorer l'extensibilité et la réutilisabilité. Or, en pratique, on s'est aperçu que l'adaptation ou la réutilisation d'un logiciel conduisait souvent à « casser » le module intéressant, et ceci parce qu'il était nécessaire de remettre en cause une structure de données. Or, ce type de difficulté apparaît précisément à cause du découplage existant entre les données et les procédures, lequel se trouve résumé par ce que l'on nomme « l'équation de Wirth » :

Programmes = algorithmes + structures de données

1.3 Les apports de la programmation orientée objet

1.3.1 Objet

C'est là qu'intervient la programmation orientée objet (en abrégé P.O.O), fondée justement sur le concept d'**objet**, à savoir une association des données et des procédures (qu'on appelle alors méthodes) agissant sur ces données. Par analogie avec l'équation de Wirth, on pourrait dire que l'équation de la P.O.O. est :

Méthodes + Données = Objet

1.3.2 Encapsulation

Mais cette association est plus qu'une simple juxtaposition. En effet, dans ce que l'on pourrait qualifier de P.O.O. « pure »[1], on réalise ce que l'on nomme une **encapsulation des données**. Cela signifie qu'il n'est pas possible d'agir directement sur les données d'un objet ; il est nécessaire de passer par l'intermédiaire de ses méthodes, qui jouent ainsi le rôle d'interface obligatoire. On traduit parfois cela en disant que l'appel d'une méthode est en fait l'envoi d'un « message » à l'objet.

Le grand mérite de l'encapsulation est que, vu de l'extérieur, un objet se caractérise uniquement par les spécifications[2] de ses méthodes, la manière dont sont réellement implantées les données étant sans importance. On décrit souvent une telle situation en disant qu'elle réalise une « abstraction des données » (ce qui exprime bien que les détails concrets d'implémentation sont cachés). À ce propos, on peut remarquer qu'en programmation structurée, une procédure pouvait également être caractérisée (de l'extérieur) par ses spécifications, mais que, faute d'encapsulation, l'abstraction des données n'était pas réalisée.

L'encapsulation des données présente un intérêt manifeste en matière de qualité de logiciel. Elle facilite considérablement la maintenance : une modification éventuelle de la structure des données d'un objet n'a d'incidence que sur l'objet lui-même ; les utilisateurs de l'objet

1. Nous verrons en effet que les concepts de la P.O.O. peuvent être appliqués d'une manière plus ou moins rigoureuse. En particulier, en C++, l'encapsulation ne sera pas obligatoire, ce qui ne veut pas dire qu'elle ne soit pas souhaitable.

2. Noms, arguments et rôles.

ne seront pas concernés par la teneur de cette modification (ce qui n'était bien sûr pas le cas avec la programmation structurée). De la même manière, l'encapsulation des données facilite grandement la réutilisation d'un objet.

1.3.3 Classe

En P.O.O. apparaît généralement le concept de classe[1], qui correspond simplement à la généralisation de la notion de type que l'on rencontre dans les langages classiques. En effet, une classe n'est rien d'autre que la description d'un ensemble d'objets ayant une structure de données commune[2] et disposant des mêmes méthodes. Les objets apparaissent alors comme des variables d'un tel type classe (on dit aussi qu'un objet est une « instance » de sa classe).

1.3.4 Héritage

Un autre concept important en P.O.O. est celui d'héritage. Il permet de définir une nouvelle classe à partir d'une classe existante (qu'on réutilise en bloc !), à laquelle on ajoute de nouvelles données et de nouvelles méthodes. La conception de la nouvelle classe, qui « hérite » des propriétés et des aptitudes de l'ancienne, peut ainsi s'appuyer sur des réalisations antérieures parfaitement au point et les « spécialiser » à volonté. Comme on peut s'en douter, l'héritage facilite largement la réutilisation de produits existants, d'autant plus qu'il peut être réitéré autant de fois que nécessaire (la classe C peut hériter de B, qui elle-même hérite de A).

1.3.5 Polymorphisme

Généralement, en P.O.O, une classe dérivée peut « redéfinir » (c'est-à-dire modifier) certaines des méthodes héritées de sa classe de base. Cette possibilité est la clé de ce que l'on nomme le polymorphisme, c'est-à-dire la possibilité de traiter de la même manière des objets de types différents, pour peu qu'ils soient tous de classes dérivées de la même classe de base. Plus précisément, on utilise chaque objet comme s'il était de cette classe de base, mais son comportement effectif dépend de sa classe effective (dérivée de cette classe de base), en particulier de la manière dont ses propres méthodes ont été redéfinies. Le polymorphisme améliore l'extensibilité des programmes, en permettant d'ajouter de nouveaux objets dans un scénario préétabli et, éventuellement, écrit avant d'avoir connaissance du type effectif de ces objets.

1.4 P.O.O., langages de programmation et C++

Nous venons d'énoncer les grands principes de la P.O.O. sans nous attacher à un langage particulier.

---

1. Dans certains langages (Turbo Pascal, par exemple), le mot classe est remplacé par objet et le mot objet par variable.

2. Bien entendu, seule la structure est commune, les données étant propres à chaque objet. En revanche, les méthodes sont effectivement communes à l'ensemble des objets d'une même classe.

Or manifestement, certains langages peuvent être conçus (de toutes pièces) pour appliquer à la lettre ces principes et réaliser ce que nous nommons de la P.O.O. « pure ». C'est par exemple le cas de Simula, Smalltalk ou, plus récemment, Eiffel ou Java. Le même phénomène a eu lieu, en son temps, pour la programmation structurée avec Pascal.

À l'opposé, on peut toujours tenter d'appliquer, avec plus ou moins de bonheur, ce que nous aurions tendance à nommer « une philosophie P.O.O. » à un langage classique (Pascal, C...). On retrouve là une idée comparable à celle qui consistait à appliquer les principes de la programmation structurée à des langages comme Fortran ou Basic.

Le langage C++ se situe à mi-chemin entre ces deux points de vue. Il a en effet été obtenu en **ajoutant** à un langage procédural répandu (C) les outils permettant de mettre en œuvre tous les principes de la P.O.O.. Programmer en C++ va donc plus loin qu'adopter une philosophie P.O.O. en C, mais moins loin que de faire de la P.O.O. pure avec Eiffel !

À l'époque où elle est apparue, la solution adoptée par B. Stroustrup avait le mérite de préserver l'existant, grâce à la quasi-compatibilité avec C++, de programmes déjà écrits en C. Elle permettait également une « transition en douceur » de la programmation structurée vers la P.O.O.. Malheureusement, la contrepartie de cette souplesse est que la qualité des programmes écrits en C++ dépendra étroitement des décisions du développeur. Par exemple, il restera tout à fait possible de faire cohabiter des objets (dignes de ce nom, parce que réalisant une parfaite encapsulation de leurs données) avec des fonctions classiques réalisant des effets de bord sur des variables globales... Quoi qu'il en soit, il ne faudra pas perdre de vue que, de par la nature même du langage, on ne pourra exploiter toute la richesse de C++ qu'en se plaçant dans un contexte hybride mêlant programmation procédurale (notamment des fonctions « usuelles ») et P.O.O.. Ce n'est que par une bonne maîtrise du langage que le programmeur pourra réaliser du code de bonne qualité.

2 C++ et la programmation structurée

Les possibilités de programmation structurée de C++ sont en fait celles du langage C et sont assez proches de celles des autres langages, à l'exception des pointeurs.

En ce qui concerne les types de base des données, on trouvera :

- les types numériques usuels : entiers avec différentes capacités, flottants avec différentes capacités et précisions ;
- le type caractère ;
- une convention de représentation des chaînes de caractères ; on verra qu'il ne s'agit pas d'un type chaîne à part entière, lequel apparaîtra en fait dans les possibilités orientées objet de C++, sous forme d'une classe.

On trouvera les agrégats de données que sont :

- les tableaux : ensembles d'éléments de même type, de taille fixée à la compilation ;

- les structures : ensembles d'éléments de types quelconques ; on verra qu'elles serviront de « précurseurs » aux classes.

Les opérateurs de C++ sont très nombreux. En plus des opérateurs arithmétiques ((+, -, *, /) et logiques (et, ou, non), on trouvera notamment des opérateurs d'affectation originaux permettant de simplifier en $x += y$ des affectations de la forme $x = x + y$ (on notera qu'en C++, l'affectation est un opérateur, pas une instruction !).

Les structures de contrôle comprennent :

- la structure de choix : instruction *if* ;
- la structure de choix multiple : instruction *switch* ;
- les structures de boucle de type « tant que » et « jusqu'à » : instructions *do... while* et *while* ;
- une structure très générale permettant de programmer, entre autres, une « boucle avec compteur » : instruction *for*.

Les pointeurs sont assez spécifiques à C++ (et à C). Assez curieusement, on verra qu'ils sont également liés aux tableaux et à la convention de représentation des chaînes. Ces aspects sont en fait inhérents à l'historique du langage, dont les germes remontent finalement aux années 80 : à l'époque, on cherchait autant à simplifier l'écriture des compilateurs du langage qu'à sécuriser les programmes !

La notion de procédure se retrouvera en C++ dans la notion de fonction. La transmissions des arguments pourra s'y faire, au choix du programmeur : par valeur, par référence (ce qui n'était pas possible en C) ou encore par le biais de manipulation de pointeurs. On notera que ces fonctions sont définies indépendamment de toute classe ; on les nommera souvent des « fonctions ordinaires », par opposition aux méthodes des classes.

3 C++ et la programmation orientée objet

Les possibilités de P.O.O. représentent bien sûr l'essentiel de l'apport de C++ au langage C.

C++ dispose de la notion de classe (généralisation de la notion de type défini par l'utilisateur). Une classe comportera :

- la description d'une structure de données ;
- des méthodes.

Sur le plan du vocabulaire, C++ utilise des termes qui lui sont propres. On parle en effet de :

- « membres données » pour désigner les différents membres de la structure de données associée à une classe ;
- « fonctions membres » pour désigner les méthodes.

À partir d'une classe, on pourra « instancier » des objets (nous dirons aussi créer des objets) de deux façons différentes :

- soit par des déclarations usuelles, les emplacements étant alors gérés automatiquement sous forme de ce que l'on nomme une « pile » ;
- soit par allocation dynamique dans ce que l'on nomme un « tas », les emplacements étant alors gérés par le programmeur lui-même.

C++ permet l'encapsulation des données, mais il ne l'impose pas. On peut le regretter mais il ne faut pas perdre de vue que, par sa conception même (extension de C), le C++ ne peut pas être un langage de P.O.O. pure. Bien entendu, il reste toujours possible au concepteur de faire preuve de rigueur, en s'astreignant à certaines règles telles que l'encapsulation absolue.

Comme la plupart des langages objets, C++ permet de définir ce que l'on nomme des « constructeurs » de classe. Un constructeur est une fonction membre particulière qui est exécutée au moment de la création d'un objet de la classe. Le constructeur peut notamment prendre en charge l'initialisation d'un objet, au sens le plus large du terme, c'est-à-dire sa mise dans un état initial permettant son bon fonctionnement ultérieur ; il peut s'agir de banales initialisations de membres données, mais également d'une préparation plus élaborée correspondant au déroulement d'instructions, voire d'une allocation dynamique d'emplacements nécessaires à l'utilisation de l'objet. L'existence d'un constructeur garantit que l'objet sera toujours initialisé, ce qui constitue manifestement une sécurité.

De manière similaire, une classe peut disposer d'un « destructeur », fonction membre exécutée au moment de la destruction d'un objet. Celle-ci présentera surtout un intérêt dans le cas d'objets effectuant des allocations dynamiques d'emplacements ; ces derniers pourront être libérés par le destructeur.

Une des originalités de C++ par rapport à d'autres langages de P.O.O. réside dans la possibilité de définir des « fonctions amies d'une classe ». Il s'agit, soit de fonctions usuelles, soit de fonctions membres qui sont autorisées (par une classe) à accéder aux données (encapsulées) de la classe. Certes, le principe d'encapsulation est violé, mais uniquement par des fonctions dûment autorisées à le faire.

La classe est un type défini par l'utilisateur. La notion de « surdéfinition d'opérateurs » va permettre de doter cette classe d'opérations analogues à celles que l'on rencontre pour les types prédéfinis. Par exemple, on pourra définir une classe *complexe* (destinée à représenter des nombres complexes) et la munir des opérations d'addition, de soustraction, de multiplication et de division. Qui plus est, ces opérations pourront utiliser les symboles existants : +, -, *, /. On verra que, dans certains cas, cette surdéfinition nécessitera le recours à la notion de fonction amie.

Le langage C disposait déjà de possibilités de conversions explicites ou implicites. C++ permet de les élargir aux types définis par l'utilisateur que sont les classes. Par exemple, on pourra donner un sens à la conversion *int -> complexe* ou à la conversion *complexe -> float* (*complexe* étant une classe).

Naturellement, C++ dispose de l'héritage et même (ce qui est peu commun) de possibilités dites « d'héritage multiple » permettant à une classe d'hériter simultanément de plusieurs autres. Le polymorphisme est mis en place, sur la demande explicite du programmeur, par le biais de ce que l'on nomme (curieusement) des fonctions virtuelles (en Java, le polymorphisme est « natif » et le programmeur n'a donc pas en s'en préoccuper).

Les entrées-sorties de C++ sont différentes de celles du C, car elle reposent sur la notion de « flots » (classes particulières), ce qui permet notamment de leur donner un sens pour les types définis par l'utilisateur que sont les classes (grâce au mécanisme de surdéfinition d'opérateur).

Avec sa normalisation, le C++ a été doté de la notion de patron (*template* en anglais). Un patron permet de définir des modèles paramétrables par des types, et utilisables pour générer différentes classes ou différentes fonctions qualifiées parfois de génériques, même si cette généricité n'est pas totalement intégrée dans le langage lui-même, comme c'est par exemple le cas avec ADA.

4 C et C++

Précédemment, nous avons dit, d'une façon quelque peu simpliste, que C++ se présentait comme un « sur-ensemble » du langage C, offrant des possibilités de P.O.O.

En toute rigueur, certaines des extensions du C++ ne sont pas liées à la P.O.O. Elles pourraient en fait être ajoutées au langage C, sans qu'il soit pour autant « orienté objet ». Ici, nous étudierons directement le C++, de sorte que ces extensions non P.O.O. seront tout naturellement présentées au fil des prochains chapitres.

Par ailleurs, certaines possibilités du C deviennent inutiles (ou redondantes) en C++. Par exemple, C++ a introduit de nouvelles possibilités d'entrées-sorties (basées sur la notion de flot) qui rendent superflues les fonctions standards de C telles que *printf* ou *scanf*. Ou encore, C++ dispose d'opérateurs de gestion dynamique (*new* et *delete*) qui remplacent avantageusement les fonctions *malloc*, *calloc* et *free* du C.

Comme ici, nous étudions directement le langage C++, il va de soi que ces « possibilités inutiles » du C ne seront pas étudiées en détail. Nous nous contenterons de les mentionner à simple titre informatif, dans des remarques titrées « En C ».

Par ailleurs, il existe quelques incompatibilités mineures entre C et C++. Là encore, elles ne poseront aucun problème à qui ne connaît pas le C. À titre d'information, elles seront récapitulées en Annexe H.

5 C++ et la bibliothèque standard

Comme tout langage, C++ dispose d'une bibliothèque standard, c'est-à-dire de fonctions et de classes prédéfinies. Elle comporte notamment de nombreux patrons de classes et de fonctions permettant de mettre en œuvre les structures de données les plus importantes (vecteurs dynamiques, listes chaînées, chaînes...) et les algorithmes les plus usuels. Nous les étudierons en détail le moment venu.

En outre, C++ dispose de la totalité de la bibliothèque standard du C, y compris de fonctions devenues inutiles ou redondantes. Bien entendu, là encore, les fonctions indispensables seront introduites au fil des différents chapitres. L'Annexe G viendra récapituler les principales fonctions héritées de C.

2

Généralités sur le langage C++

Dans ce chapitre, nous vous proposons une première approche d'un programme en langage C++, fondée sur deux exemples commentés. Vous y découvrirez, de manière encore informelle pour l'instant, comment s'expriment certaines instructions de base (déclaration, affectation, lecture et écriture), ainsi que deux structures de contrôle (boucle avec compteur, choix).

Nous dégagerons ensuite quelques règles générales concernant l'écriture d'un programme. Enfin, nous vous montrerons comment s'organise le développement d'un programme en vous rappelant ce que sont l'édition, la compilation, l'édition de liens et l'exécution.

Notez bien que le principal objectif de ce chapitre est de vous permettre de lire et d'écrire d'emblée des programmes complets, quitte à ce que l'exposé détaillé de certaines notions soit différé. Nous nous sommes donc limités à ce qui s'avère indispensable pour l'étude de la suite de l'ouvrage et donc, en particulier, à des aspects de programmation procédurale. Autrement dit, aucun aspect P.O.O. ne sera abordé ici et vous ne trouverez donc aucune classe dans nos exemples.

1 Présentation par l'exemple de quelques instructions du langage C++

1.1 Un exemple de programme en langage C++

Voici un exemple de programme en langage C++, accompagné d'un exemple d'exécution. Avant de lire les explications qui suivent, essayez d'en percevoir plus ou moins le fonctionnement.

```
#include <iostream>
#include <cmath>
using namespace std ;
main()
{  int i ;
   float x ;
   float racx ;
   const int NFOIS = 5 ;
   cout << "Bonjour\n" ;
   cout << "Je vais vous calculer " << NFOIS << " racines carrees\n" ;
   for (i=0 ; i<NFOIS ; i++)
   { cout << "Donnez un nombre : " ;
     cin >> x ;
     if  (x < 0.0)
        cout << "Le nombre " << x << "ne possede pas de racine carree\n " ;
      else
        { racx = sqrt (x) ;
         cout << "Le nombre " << x << " a pour racine carree : " << racx << "\n" ;
        }
   }
   cout << "Travail termine - au revoir " ;
}
```

```
Bonjour
Je vais vous calculer 5 racines carrees
Donnez un nombre : 8
Le nombre 8 a pour racine carree : 2.82843
Donnez un nombre : 4
Le nombre 4 a pour racine carree : 2
Donnez un nombre : 0.25
Le nombre 0.25 a pour racine carree : 0.5
Donnez un nombre : 3.4
Le nombre 3.4 a pour racine carree : 1.84391
Donnez un nombre : 2
Le nombre 2 a pour racine carree : 1.41421
Travail termine - au revoir
```

Premier exemple de programme C++

1.2 Structure d'un programme en langage C++

Nous reviendrons un peu plus loin sur le rôle des trois premières lignes.

La ligne :

```
main()
```

se nomme un « en-tête ». Elle précise que ce qui sera décrit à sa suite est en fait le *programme principal* (*main*). Lorsque nous aborderons l'écriture des fonctions en C++, nous verrons que celles-ci possèdent également un tel en-tête ; ainsi, en C++, le programme principal apparaîtra en fait comme une fonction dont le nom (*main*) est imposé.

Le programme (principal) proprement dit vient à la suite de cet en-tête. Il est délimité par les accolades « *{* » et « *}* ». On dit que les instructions situées entre ces accolades forment un « bloc ». Ainsi peut-on dire que la fonction *main* est constituée d'un en-tête et d'un bloc ; il en ira de même pour toute fonction C++. Notez qu'un bloc peut lui-même contenir d'autres blocs (c'est le cas de notre exemple). En revanche, nous verrons qu'une fonction ne peut jamais contenir d'autres fonctions.

1.3 Déclarations

Les quatre instructions :

```
int i ;
float x ;
float racx ;
const int NFOIS = 5 ;
```

sont des « déclarations ».

La première précise que la variable nommée *i* est de type *int*, c'est-à-dire qu'elle est destinée à contenir des nombres entiers (relatifs). Nous verrons qu'en C++ il existe plusieurs types d'entiers.

Les deux autres déclarations précisent que les variables *x* et *racx* sont de type *float*, c'est-à-dire qu'elles sont destinées à contenir des nombres flottants (approximation de nombres réels). Là encore, nous verrons qu'en C++ il existe plusieurs types flottants.

Enfin, la quatrième déclaration indique que *NFOIS* est une constante de type entier, ayant la valeur 5. Contrairement à une variable, la valeur d'une constante ne peut pas être modifiée.

En C++, comme dans la plupart des langages actuels, les déclarations des types des variables sont obligatoires. Elles doivent apparaître avant d'être effectivement utilisées. Ici, nous les avons regroupées au début du programme (on devrait plutôt dire : au début de la fonction *main*). Il en ira de même pour toutes les variables définies dans une fonction ; on les appelle « variables locales » (en toute rigueur, les variables définies dans notre exemple sont des variables locales de la fonction *main*). Nous verrons également (dans le chapitre consacré aux fonctions) qu'on peut définir des variables en dehors de toute fonction : on parlera alors de variables globales.

1.4 Pour écrire des informations : utiliser le flot *cout*

L'interprétation détaillée de l'instruction :

```
cout << "Bonjour\n" ;
```

nécessiterait des connaissances qui ne seront introduites qu'ultérieurement : nous verrons que *cout* est un « flot de sortie » et que << est un opérateur permettant d'envoyer de l'information sur un flot de sortie. Pour l'instant, admettons que *cout* désigne la fenêtre dans laquelle s'affichent les résultats. Ici, donc, cette instruction peut être interprétée ainsi : *cout* reçoit l'information :

```
"Bonjour\n"
```

Les guillemets servent à délimiter une « chaîne de caractères » (suite de caractères). La notation *\n* est conventionnelle : elle représente un caractère de fin de ligne, c'est-à-dire un caractère qui, lorsqu'il est envoyé à l'écran, provoque le passage à la ligne suivante. Nous verrons que, de manière générale, C++ prévoit une notation de ce type (\ suivi d'un caractère) pour un certain nombre de caractères dits « de contrôle », c'est-à-dire ne possédant pas de graphisme particulier.

L'instruction suivante :

```
cout << "Je vais vous calculer " << NFOIS << " racines carrees\n" ;
```

ressemble à la précédente avec cette différence qu'ici on envoie trois informations différentes à l'écran :

- l'information *"Je vais vous calculer"* ;
- l'information *NFOIS*, c'est-à-dire en fait la valeur de cette constante, à savoir *5* ;
- l'information *" racines carrees\n"*.

1.5 Pour faire une répétition : l'instruction *for*

Comme nous le verrons, en C++, il existe plusieurs façons de réaliser une répétition (on dit aussi une « boucle »). Ici, nous avons utilisé l'instruction *for :*

```
for (i=0 ; i<NFOIS ; i++)
```

Son rôle est de répéter le bloc (délimité par des accolades « *{* » et « *}* ») figurant à sa suite, en respectant les consignes suivantes :

- avant de commencer cette répétition, réaliser :

  ```
  i = 0
  ```

- avant chaque nouvelle exécution du bloc (tour de boucle), examiner la condition :

  ```
  i < NFOIS
  ```

  si elle est satisfaite, exécuter le bloc indiqué, sinon passer à l'instruction suivant ce bloc ; à la fin de chaque exécution du bloc, réaliser :

  ```
  i++
  ```

Il s'agit là d'une notation propre au C++ qui est équivalente à :

```
i = i + 1
```

En définitive, vous voyez qu'ici notre bloc sera répété cinq fois.

1.6 Pour lire des informations : utiliser le flot *cin*

La première instruction du bloc répété par l'instruction *for* affiche simplement le message *Donnez un nombre:*. Notez qu'ici nous n'avons pas prévu de changement de ligne à la fin. Là encore, l'interprétation détaillée de la seconde instruction du bloc :

```
cin >> x ;
```

nécessiterait des connaissances qui ne seront introduies qu'ultérieurement : nous verrons que *cin* est un « flot d'entrée » associé au clavier et que << est un opérateur permettant d'« extraire » (de lire) de l'information à partir d'un flot d'entrée. Pour l'instant, admettons que cette instruction peut être interprétée ainsi : lire une suite de caractères au clavier et la convertir en une valeur de type *float* que l'on place dans la variable *x*. Ici, nous supposerons que l'utilisateur « valide » son entrée au clavier. Plus tard, nous verrons qu'il peut fournir plusieurs informations par anticipation. De même, nous supposerons qu'il ne fait pas de « faute de frappe ».

1.7 Pour faire des choix : l'instruction *if*

Les lignes :

```
  if  (x < 0.0)
       cout << "Le nombre " << x << "ne possede pas de racine carree\n " ;
   else
       { racx = sqrt (x) ;
         cout << "Le nombre " << x << " a pour racine carree : " << racx << "\n" ;
       }
```

constituent une instruction de choix fondée sur la condition *x < 0.0*. Si cette condition est vraie, on exécute l'instruction suivante, c'est-à-dire :

```
cout << "Le nombre " << x << "ne possede pas de racine carree\n " ;
```

Si elle est fausse, on exécute l'instruction suivant le mot *else*, c'est-à-dire, ici, le bloc :

```
{ racx = sqrt (x) ;
  cout << "Le nombre " << x << " a pour racine carree : " << racx << "\n" ;
}
```

Notez qu'il existe un mot *else* mais pas de mot *then*. La syntaxe de l'instruction *if* (notamment grâce à la présence de parenthèses qui encadrent la condition) le rend inutile.

La fonction *sqrt* fournit la valeur de la racine carrée d'une valeur flottante qu'on lui transmet en argument.

Remarques

1 Une instruction telle que :

racx = sqrt (x) ;

est une instruction classique d'affectation : elle donne à la variable *racx* la valeur de l'expression située à droite du signe égal. Nous verrons plus tard qu'en C++ l'affectation peut prendre des formes plus élaborées.

2 D'une manière générale, C++ dispose de trois sortes d'instructions :

- des instructions simples, terminées obligatoirement par un point-virgule ;
- des instructions de structuration telles que *if* ou *for* ;
- des blocs (délimités par { et }).

Les deux dernières ont une définition « récursive » puisqu'elles peuvent contenir, à leur tour, n'importe laquelle des trois formes.

Lorsque nous parlerons d'instruction, sans précisions supplémentaires, il pourra s'agir de n'importe laquelle des trois formes ci-dessus.

1.8 Les directives à destination du préprocesseur

Les deux premières lignes de notre programme :

```
#include <iostream>
#include <cmath>
```

sont un peu particulières. Il s'agit de directives qui seront prises en compte avant la traduction (compilation) du programme, par un programme nommé « préprocesseur » (parfois « précompilateur »). Ces directives, contrairement au reste du programme, doivent être écrites à raison d'une par ligne et elles doivent obligatoirement commencer en début de ligne. Leur emplacement au sein du programme n'est soumis à aucune contrainte (mais une directive ne s'applique qu'à la partie du programme qui lui succède). D'une manière générale, il est préférable de les placer au début, avant toute fonction, comme nous l'avons fait ici.

Ces deux directives demandent en fait d'introduire (avant compilation) des instructions (en C++) situées dans les fichiers *iostream* et *cmath*. Leur rôle ne sera complètement compréhensible qu'ultérieurement.

Pour l'instant, notez que :

- *iostream* contient des déclarations relatives aux flots donc, en particulier, à *cin* et *cout*, ainsi qu'aux opérateurs << et >> (dont on verra plus tard qu'ils sont en fait considérés comme des fonctions particulières) ;
- *cmath* contient des déclarations relatives aux fonctions mathématiques (héritées de C), donc en particulièr à *sqrt*.

D'une manière générale, dès que vous utilisez une fonction dans une partie d'un programme, il est nécessaire qu'elle ait été préalablement déclarée. Cela vaut également pour les fonctions prédéfinies. Plutôt que de s'interroger sur les déclarations exactes de ces fonctions prédéfinies, il est préférable d'incorporer les fichiers en-tête correspondants.

Notez qu'un même fichier en-tête contient des déclarations relatives à plusieurs fonctions. Généralement, vous ne les utiliserez pas toutes dans un programme donné ; cela n'est guère gênant, dans la mesure où les déclarations ne produisent pas de code exécutable.

1.9 L'instruction *using*

La norme de C++ a introduit la notion d'« espaces de noms » (*namespace*). Elle permet de restreindre la « portée » des symboles à une certaine partie d'un programme et donc, en particulier, de règler les problèmes qui peuvent se poser quand plusieurs bibliothèques utilisent les mêmes noms. Cette notion d'espace de noms sera étudiée par la suite. Pour l'instant, retenez que les symboles déclarés dans le fichier *iostream* appartiennent à l'espace de noms *std*. L'instruction *using* sert précisément à indiquer que l'on se place « dans cet espace de noms *std* » (attention, si vous placez l'instruction *using* avant l'incorporation des fichiers en-tête, vous obtiendrez une erreur car vous ferez référence à un espace de noms qui n'a pas encore été défini !).

1.10 Exemple de programme utilisant le type caractère

Voici un second exemple de programme, accompagné de deux exemples d'exécution, destiné à vous montrer l'utilisation du type « caractère ». Il demande à l'utilisateur de choisir une opération parmi l'addition ou la multiplication, puis de fournir deux nombres entiers ; il affiche alors le résultat correspondant.

```
#include <iostream>
using namespace std ;
main()
{  char op ;
   int n1, n2 ;
   cout << "opération souhaitée (+ ou *) ? " ;
   cin >> op ;
   cout << "donnez 2 nombres entiers : " ;
   cin >> n1 >> n2 ;
   if (op == '+') cout << "leur somme  est : " << n1+n2 << "\n" ;
           else  cout << "leur produit est : " << n1*n2 << "\n" ;
}
```

```
opération souhaitée (+ ou *) ? +
donnez 2 nombres entiers : 25 13
leur somme  est : 38
```

```
opération souhaitée (+ ou *) ? *
donnez 2 nombres entiers : 12 5
leur produit est : 60
```

Utilisation du type char

Ici, nous déclarons que la variable *op* est de type caractère (*char*). Une telle variable est destinée à contenir un caractère quelconque (codé, bien sûr, sous forme binaire !).

L'instruction *cin >> op* permet de lire un caractère au clavier et de le ranger dans *op*. L'instruction *if* permet d'afficher la somme ou le produit de deux nombres, suivant le caractère contenu dans *op*. Notez que :

- La relation d'égalité se traduit par le signe == (et non = qui représente l'affectation et qui, ici, comme nous le verrons plus tard, serait admis mais avec une autre signification !).
- La notation '+' représente une constante caractère. Notez bien que C++ n'utilise pas les mêmes délimiteurs pour les constantes chaînes (il s'agit de ") et pour les constantes caractères.

Remarquez que, tel qu'il a été écrit, notre programme calcule le produit, dès lors que le caractère fourni par l'utilisateur n'est pas +.

2 Quelques règles d'écriture

Ce paragraphe expose un certain nombre de règles générales intervenant dans l'écriture d'un programme en C++. Nous y parlerons précisément de ce que l'on appelle les « identificateurs » et les « mots-clés », du format libre dans lequel on écrit les instructions, ainsi que de l'usage des séparateurs et des commentaires.

2.1 Les identificateurs

Les identificateurs servent à désigner les différentes « choses »[1] manipulées par le programme, telles les variables et les fonctions (nous rencontrerons ultérieurement les autres choses manipulées par le C++ : objets, structures, unions ou énumérations, membres de classe, de structure ou d'union, types, étiquettes d'instruction *goto*, macros). Comme dans la plupart des langages, ils sont formés d'une suite de caractères choisis parmi les **lettres** ou les **chiffres**, le premier d'entre eux étant nécessairement une lettre.

En ce qui concerne les lettres :

- Le caractère souligné (_) est considéré comme une lettre. Il peut donc apparaître au début d'un identificateur. Voici quelques identificateurs corrects :

```
lg_lig    valeur_5    _total    _89
```

- Les majuscules et les minuscules sont autorisées mais ne sont pas équivalentes. Ainsi, en C++, les identificateurs *ligne* et *Ligne* désignent deux objets différents.

Aucune restriction ne pèse sur la longueur des identificateurs (en C, seuls les 31 premiers caractères étaient significatifs).

1. En dehors d'un contexte de P.O.O, nous aurions pu parler des « objets » manipulés par un programme. Il est clair, qu'ici, ce terme devient trop restictif. Nous aurions pu utiliser le terme « entité » à la place de « chose ».

2.2 Les mots-clés

Certains « mots-clés » sont réservés par le langage à un usage bien défini et ne peuvent pas être utilisés comme identificateurs. Vous en trouverez la liste complète, classée par ordre alphabétique, en Annexe H.

2.3 Les séparateurs

Dans NOTRE langue écrite, les différents mots sont séparés par un espace, un signe de ponctuation ou une fin de ligne.

Il en va quasiment de même en C++ où les règles vont donc paraître naturelles. Ainsi, dans un programme, deux identificateurs successifs entre lesquels la syntaxe n'impose aucun signe particulier (tels que : , = ; * *( ) [ ] { }*) doivent impérativement être séparés soit par un espace, soit par une fin de ligne. En revanche, dès que la syntaxe impose un séparateur quelconque, il n'est alors pas nécessaire de prévoir d'espaces supplémentaires (bien qu'en pratique cela améliore la lisibilité du programme).

Ainsi, vous devrez impérativement écrire :

```
int x,y
```

et non :

```
intx,y
```

En revanche, vous pourrez écrire indifféremment :

```
int n,compte,total,p
```

ou plus lisiblement :

```
int n, compte, total, p
```

2.4 Le format libre

Comme tous les langages récents, le C++ autorise une mise en page parfaitement libre. En particulier, une instruction peut s'étendre sur un nombre quelconque de lignes, et une même ligne peut comporter autant d'instructions que vous le souhaitez. Les fins de ligne ne jouent pas de rôle particulier, si ce n'est celui de séparateur, au même titre qu'un espace, sauf dans les « constantes chaînes » où elles sont interdites ; de telles constantes doivent impérativement être écrites à l'intérieur d'une seule ligne. Un identificateur ne peut être coupé en deux par une fin de ligne, ce qui semble évident.

Bien entendu, cette liberté de mise en page possède des contreparties. Notamment, le risque existe, si l'on n'y prend garde, d'aboutir à des programmes peu lisibles.

À titre d'exemple, voyez comment pourrait être (mal) présenté notre programme précédent :

```
#include <iostream>
#include <cmath>
using namespace std ; main() {  int i ;  float
      x ;   float racx ;   const
```

```
       int NFOIS
    = 5 ;  cout << "Bonjour\n" ;  cout
<< "Je vais vous calculer " << NFOIS << " racines carrees\n" ;  for (i=0 ;
i<NFOIS ; i++) { cout << "Donnez un nombre : " ; cin >> x
; if  (x < 0.0) cout << "Le nombre "
  << x << "ne possede pas de racine carree\n " ; else { racx = sqrt
  (x) ; cout << "Le nombre " << x << " a pour racine carree : " << racx <<
  "\n" ;     }  }  cout << "Travail termine - au revoir " ; }
```

Exemple de programme mal présenté

2.5 Les commentaires

Comme tout langage évolué, C++ autorise la présence de commentaires dans vos programmes source. Il s'agit de textes explicatifs destinés aux lecteurs du programme et qui n'ont aucune incidence sur sa compilation. Il existe deux types de commentaires :

- les commentaires « libres », hérités du langage C ;
- les commentaires de fin de ligne (introduits par C++).

2.5.1 Les commentaires libres

Ils sont formés de caractères quelconques placés entre les symboles /* et */. Ils peuvent apparaître à tout endroit du programme où un espace est autorisé. En général, cependant, on se limitera à des emplacements propices à une bonne lisibilité du programme.

Voici quelques exemples de tels commentaires :

```
/* programme de calcul de racines carrées */

/* commentaire fantaisiste &ç§{<>} ?%!!!!!! */

/* commentaire s'étendant
   sur plusieurs lignes
   de programme source    */

/* ===============================================
   *  commentaire quelque peu esthétique      *
   *  et encadré, pouvant servir,              *
   *  par exemple, d'en-tête de programme   *
   ============================================ */
```

Voici un exemple de commentaires qui, situés au sein d'une instruction de déclaration, permettent de définir le rôle des différentes variables :

```
int i ;          /* compteur de boucle */
float x ;        /* nombre dont on veut la racine carrée */
float racx ;     /* racine carrée du nombre */
```

Voici enfin un exemple légal mais peu lisible :

```
int  /* compteur de boucle */ i ;  float x ;
 /* nombre dont on veut la racine
carrée */  float racx ;      /* racine carrée du nombre */
```

2.5.2 Les commentaires de fin de ligne

Comme leur nom l'indique, ils se placent à la fin d'une ligne. Ils sont introduits par les deux caractères : //. Dans ce cas, tout ce qui est situé entre // et la fin de la ligne est un commentaire. Notez que cette nouvelle possibilité n'apporte qu'un surcroît de confort et de sécurité ; en effet, une ligne telle que :

```
cout << "bonjour\n" ; // formule de politesse
```

peut toujours être écrite ainsi :

```
cout << "bonjour\n" ; /* formule de politesse */
```

Vous pouvez mêler (volontairement ou non !) les commentaires libres et les commentaires de fin de ligne. Dans ce cas, notez que, dans :

```
/* partie1 // partie2 */ partie3
```

le commentaire « ouvert » par /* ne se termine qu'au prochain */ ; donc *partie1* et *partie2* sont des commentaires, tandis que *partie3* est considéré comme appartenant aux instructions. De même, dans :

```
partie1 // partie2 /* partie3 */ partie4
```

le commentaire introduit par // s'étend jusqu'à la fin de la ligne. Il concerne donc *partie2, partie3 et partie 4.*

Remarques

1 Le commentaire de fin de ligne constitue l'un des deux cas où la fin de ligne joue un rôle significatif. L'autre cas concerne les directives destinées au préprocesseur (il ne concerne donc pas la compilation proprement dite).

2 Si l'on utilise systématiquement le commentaire de fin de ligne, on peut alors faire appel à /* et */ pour « inhiber » un ensemble d'instructions (contenant éventuellement des commentaires) en phase de mise au point.

3 Nos exemples de commentaires doivent être considérés commes des exemples didactiques et, en aucun cas, comme des modèles de programmation. Ainsi, généralement, il sera préférable d'éviter les commentaires redondants par rapport au texte du programme lui-même.

3 Création d'un programme en C++

La manière de développer et d'utiliser un programme en C++ dépend naturellement de l'environnement de programmation dans lequel vous travaillez. Nous vous fournissons ici quelques indications générales (s'appliquant à n'importe quel environnement) concernant ce que l'on pourrait appeler les grandes étapes de la création d'un programme, à savoir : édition du programme, compilation et édition de liens.

3.1 L'édition du programme

L'édition du programme (on dit aussi parfois « saisie ») consiste à créer, à partir d'un clavier, tout ou partie du texte d'un programme qu'on nomme « programme source ». En général, ce texte sera conservé dans un fichier que l'on nommera « fichier source ».

Chaque système possède ses propres conventions de dénomination des fichiers. En général, un fichier peut, en plus de son nom, être caractérisé par un groupe de caractères (au moins 3) qu'on appelle une « extension » (ou, parfois un « type ») ; la plupart du temps, en C++, les fichiers source porteront l'extension *cpp*.

3.2 La compilation

Elle consiste à traduire le programme source (ou le contenu d'un fichier source) en langage machine, en faisant appel à un programme nommé compilateur. En C++ (comme en C), compte tenu de l'existence d'un préprocesseur, cette opération de compilation comporte en fait deux étapes :

- **Traitement par le préprocesseur** : ce dernier exécute simplement les directives qui le concernent (il les reconnaît au fait qu'elles commencent par un caractère #). Il produit, en résultat, un programme source en C++ pur. Notez bien qu'il s'agit toujours d'un vrai texte, au même titre qu'un programme source : la plupart des environnements de programmation vous permettent d'ailleurs, si vous le souhaitez, de connaître le résultat fourni par le préprocesseur.
- **Compilation** proprement dite, c'est-à-dire traduction en langage machine du texte C++ fourni par le préprocesseur.

Le résultat de la compilation porte le nom de module objet.

3.3 L'édition de liens

En général, un module objet créé ainsi par le compilateur n'est pas directement exécutable. Il lui manquera, en effet, au moins les fonctions de la bibliothèque standard dont il a besoin ; dans notre exemple précédent, il s'agirait : de la fonction *sqrt*, des fonctions correspondant au travail des opérateurs << et >>.

C'est effectivement le rôle de l'éditeur de liens que d'aller rechercher dans la bibliothèque standard les modules objets nécessaires. Notez que cette bibliothèque est une collection de modules objets organisée, suivant l'implémentation concernée, en un ou plusieurs fichiers. Nous verrons que, grâce aux possibilités de compilation séparée de C++, il vous sera également possible de rassembler au moment de l'édition de liens différents modules objets, compilés de façon indépendante.

Le résultat de l'édition de liens est ce que l'on nomme un programme exécutable, c'est-à-dire un ensemble autonome d'instructions en langage machine. Si ce programme exécutable est rangé dans un fichier, il pourra ultérieurement être exécuté sans qu'il soit nécessaire de faire appel à un quelconque composant de l'environnement de programmation en C++.

3.4 Les fichiers en-tête

Nous avons vu que, grâce à la directive *#include*, vous pouviez demander au préprocesseur d'introduire des instructions (en langage C++) provenant de ce que l'on appelle des fichiers « en-tête ». Ces fichiers comportent, entre autres choses, des déclarations relatives aux fonctions prédéfinies (attention, ne confondez pas ces déclarations des fichiers en-tête, avec les modules objets qui contiendront le code exécutable de ces différentes fonctions).

3

Les types de base de C++

Les types *char*, *int* et *float* que nous avons déjà rencontrés sont souvent dits « scalaires » ou « simples », car, à un instant donné, une variable d'un tel type contient une seule valeur. Ils s'opposent aux types « structurés » (on dit aussi « agrégés ») qui correspondent à des variables qui, à un instant donné, contiennent plusieurs valeurs (de même type ou non). Ici, nous étudierons en détail ce que l'on appelle les **types de base** du langage C++ ; il s'agit des types scalaires à partir desquels pourront être construits tous les autres, dits « types dérivés », qu'il s'agisse :

- de types structurés comme les tableaux, les structures ou les unions, et surtout les classes ;
- d'autres types simples comme les pointeurs ou les énumérations.

Auparavant, cependant, nous vous proposons de faire un bref rappel concernant la manière dont l'information est représentée dans un ordinateur et la notion de type qui en découle.

1 La notion de type

La mémoire centrale est un ensemble de positions binaires nommées bits. Les bits sont regroupés en octets (8 bits), et chaque octet est repéré par ce qu'on nomme son adresse.

L'ordinateur, compte tenu de sa technologie actuelle, ne sait représenter et traiter que des informations exprimées sous forme binaire. Toute information, quelle que soit sa nature, devra être **codée** sous cette forme. Dans ces conditions, on voit qu'il ne suffit pas de connaître le contenu d'un emplacement de la mémoire (d'un ou de plusieurs octets) pour être en mesure de lui attribuer une signification. Par exemple, si vous savez qu'un octet contient le « motif binaire » suivant :

```
01001101
```

vous pouvez considérer que cela représente le nombre entier 77 (puisque le motif ci-dessus correspond à la représentation en base 2 de ce nombre). Mais pourquoi cela représenterait-il un nombre ? En effet, toutes les informations (nombres entiers, nombres réels, nombres complexes, caractères, instructions de programme en langage machine, graphiques, images, sons, vidéos...) devront, au bout du compte, être codées en binaire.

Dans ces conditions, les huit bits ci-dessus peuvent peut-être représenter un caractère ; dans ce cas, si nous connaissons la convention employée sur la machine concernée pour représenter les caractères, nous pouvons lui faire correspondre un caractère donné (par exemple M, dans le cas du code ASCII). Ils peuvent également représenter une partie d'une instruction machine ou d'un nombre entier codé sur 2 octets, ou d'un nombre réel codé sur 4 octets, ou...

On comprend donc qu'il n'est pas possible d'attribuer une signification à une information binaire tant que l'on ne connaît pas la manière dont elle a été codée. Qui plus est, en général, il ne sera même pas possible de « traiter » cette information. Par exemple, pour additionner deux informations, il faudra savoir quel codage a été employé afin de pouvoir mettre en œuvre les bonnes instructions (en langage machine). Par exemple, on ne fait pas appel aux mêmes circuits électroniques pour additionner deux nombres codés sous forme « entière » et deux nombres codés sous forme « flottante ».

D'une manière générale, la notion de type, telle qu'elle existe dans les langages évolués, sert à régler (entre autres choses) les problèmes que nous venons d'évoquer.

Les types de base du langage C++ se répartissent en quatre catégories en fonction de la nature des informations qu'ils permettent de représenter :

- nombres entiers (mot-clé **int**) ;
- nombres flottants (mot-clé **float** ou **double**) ;
- caractères (mot-clé **char**) ;
- valeurs booléennes, c'est-à-dire dont la valeur est soit vrai, soit faux (mot-clé **bool**).

2 Les types entiers

2.1 Les différents types usuels d'entiers prévus par C++

C++ prévoit que, sur une machine donnée, on puisse trouver jusqu'à trois tailles différentes d'entiers, désignées par les mots-clés suivants :

- **short int** (qu'on peut abréger en *short*) ;
- **int** (c'est celui que nous avons rencontré dans le chapitre précédent) ;
- **long int** (qu'on peut abréger en *long*).

Chaque taille impose naturellement ses limites. Toutefois, ces dernières dépendent non seulement du mot-clé considéré, mais également de la machine utilisée : tous les *int* n'ont pas la même taille sur toutes les machines ! Fréquemment, deux des trois mots-clés correspondent à une même taille[1].

2.2 Leur représentation en mémoire

Pour fixer les idées, nous raisonnerons ici sur des nombres entiers représentés sur 16 bits , mais il sera facile de généraliser notre propos à une taille quelconque.

Quelle que soit la machine (et donc, a fortiori, le langage !), les entiers sont codés en utilisant un bit pour représenter le signe (0 pour positif et 1 pour négatif).

a) Lorsqu'il s'agit d'un nombre **positif** (ou nul), sa valeur absolue est écrite en base 2, à la suite du bit de signe. Voici quelques exemples de codages de nombres (à gauche, le nombre en décimal, au centre, le codage binaire correspondant, à droite, le même codage exprimé en hexadécimal) :

1	0000000000000001	0001
2	0000000000000010	0002
3	0000000000000011	0003
16	0000000000010000	0010
127	0000000001111111	007F
255	0000000011111111	00FF

b) Lorsqu'il s'agit d'un nombre **négatif**, sa valeur absolue est codée généralement suivant ce que l'on nomme la « technique du complément à deux »[2]. Pour ce faire, cette valeur est d'abord exprimée en base 2 puis tous les bits sont inversés (1 devient 0 et 0 devient 1) et, enfin, on ajoute une unité au résultat. Voici quelques exemples (avec la même présentation que précédemment) :

-1	1111111111111111	FFFF
-2	1111111111111110	FFFE
-3	1111111111111101	FFFD
-4	1111111111111100	FFFC
-16	1111111111110000	FFF0
-256	1111111100000000	FF00

1. Dans une implémentation donnée, on peut connaître les caractéristiques des différents types entiers grâce à des constantes (telles que *INT_MAX*, *INT_MIN*) définies dans le fichier en-tête *climits*.

2. Bien que non imposée totalement par la norme, cette technique tend à devenir universelle. Dans les (anciennes) implémentations qui se contentaient de respecter les contraintes imposées par la norme, les différences restent mineures (deux représentations du zéro : +0 et -0, différence d'une unité sur la plage des valeurs couvertes pour une taille d'entier donnée).

Remarques

1 Le nombre 0 est codé d'une seule manière (0000000000000000).

2 Si l'on ajoute 1 au plus grand nombre positif (ici 0111111111111111, soit 7FFF en hexadécimal ou 32768 en décimal) et que l'on ne tient pas compte de la dernière retenue (ou, ce qui revient au même, si l'on ne considère que les 16 derniers bits du résultat), on obtient... le plus petit nombre négatif possible (ici 1000000000000000, soit 8000 en hexadécimal ou -32768 en décimal). Nous verrons qu'en C++, la situation dite « de dépassement de capacité » (correspondant au cas où un résultat d'opération s'avère trop grand pour le type prévu) sera traité ainsi, en ignorant un bit de retenue...

2.3 Les types entiers non signés

De façon quelque peu atypique, C++ vous autorise à définir trois autres types voisins des précédents en utilisant le qualificatif *unsigned*. Dans ce cas, on ne représente plus que des nombres positifs pour lesquels aucun bit de signe n'est nécessaire. Cela permet théoriquement de doubler la taille des nombres représentables ; par exemple, avec 16 bits, on passe de l'intervalle [-32768; 32767] à l'intervalle [0 ; 65535]. Mais cet avantage est bien dérisoire, par rapport aux risques que comporte l'utilisation de ces types (songez qu'une simple expression telle que *n-p* va poser problème dès que la valeur de *p* sera supérieure à celle de *n* !).

En pratique, ces types non signés seront réservés à la manipulation directe d'un « motif binaire » (tel un « mot d'état ») et non pas pour faire des calculs. Nous verrons d'ailleurs qu'il existe des opérateurs spécialisés dits « de manipulation de bits ». Comme nous aurons l'occasion de le rappeler, il est conseillé d'éviter de mêler des entiers signés et des entiers non signés dans une même expression, même si cela est théoriquement autorisé par la norme.

2.4 Notation des constantes entières

La façon la plus naturelle d'introduire une constante entière dans un programme est de l'écrire simplement sous forme décimale, avec ou sans signe, comme dans ces exemples :

```
+533    48    -273
```

Vous pouvez également utiliser une notation octale (base 8) ou hexadécimale (base 16). La forme octale se note en faisant précéder le nombre écrit en base 8 du chiffre 0.

Par exemple :

014 correspond à la valeur décimale *12*,

037 correspond à la valeur décimale *31*.

La forme hexadécimale se note en faisant précéder le nombre écrit en hexadécimal (les dix premiers chiffres se notent 0 à 9, A correspond à dix, B à onze... F à quinze) des deux caractères *0x* (ou *0X*). Par exemple :

0x1A correspond à la valeur décimale *26* (*16+10*)

Les deux dernières notations doivent cependant être réservées aux situations dans lesquelles on s'intéresse plus au motif binaire qu'à la valeur numérique de la constante en question. D'ailleurs, ces constantes sont de type non signé (alors que les constantes écrites en notation décimale sont bien signées).

Informations complémentaires

Par défaut, une constante entière écrite en notation décimale est codée dans l'un des deux types signé *int* ou *long* (on utilise le type le plus petit, suffisant pour la représenter). On peut imposer à une constante décimale

- d'être non signée, en la suffixant par « u », comme dans : *1u* ou *-25u* ;
- d'être du type *long*, en la suffixant par « l », comme dans *456l* ;
- d'être du type *unsigned long* en la suffixant par « ul », comme dans *2649ul*.

Là encore, ces possibilités auront surtout un intérêt lors de la manipulation de motifs binaires.

3 Les types flottants

3.1 Les différents types et leur représentation en mémoire

Les types flottants permettent de représenter, **de manière approchée**, une partie des nombres réels. Pour ce faire, ils s'inspirent de la notation scientifique (ou exponentielle) bien connue qui consiste à écrire un nombre sous la forme $1.5\ 10^{22}$ ou $0.472\ 10^{-8}$; dans une telle notation, on nomme « mantisses » les quantités telles que *1.5* ou *0.472* et « exposants » les quantités telles que *22* ou *-8*.

Plus précisément, un nombre réel sera représenté en flottant, en déterminant deux quantités M (mantisse) et E (exposant) telles que la valeur

$$M \, . \, B^{E}$$

représente une approximation de ce nombre. La base B est généralement unique pour une machine donnée (il s'agit souvent de 2 ou de 16) et elle ne figure pas explicitement dans la représentation machine du nombre.

C++ prévoit trois types de flottants correspondant à des tailles différentes : *float*, *double* et *long double*.

La connaissance des caractéristiques exactes du système de codage n'est généralement pas indispensable, sauf lorsque l'on doit faire une analyse fine des erreurs de calcul[1]. En revan-

1. À titre indicatif, le fichier en-tête *cfloat* contient de nombreuses constantes définissant les propriétés des différents types flottants (limites, précisions, « epsilon machine »...). On trouvera plus d'informations sur ces éléments dans *langage C*, du même auteur, aux éditions Eyrolles.

che, il est important de noter que de telles représentations sont caractérisées par deux éléments :

- *La précision* : lors du codage d'un nombre décimal quelconque dans un type flottant, il est nécessaire de ne conserver qu'un nombre fini de bits. Or la plupart des nombres s'exprimant avec un nombre limité de décimales ne peuvent pas s'exprimer de façon exacte dans un tel codage. On est donc obligé de se limiter à une représentation approchée en faisant ce que l'on nomme une erreur de troncature. Quelle que soit la machine utilisée, on est assuré que cette erreur (relative) ne dépassera pas 10^{-6} pour le type *float* et 10^{-10} pour le type *long double*.
- *Le domaine couvert*, c'est-à-dire l'ensemble des nombres représentables à l'erreur de troncature près. Là encore, quelle que soit la machine utilisée, on est assuré qu'il s'étendra au moins de 10^{-37} à 10^{+37}.

3.2 Notation des constantes flottantes

Comme dans la plupart des langages, les constantes flottantes peuvent s'écrire indifféremment suivant l'une des deux notations :

- décimale ;
- exponentielle.

La notation décimale doit comporter obligatoirement un point (correspondant à notre virgule). La partie entière ou la partie décimale peut être omise (mais, bien sûr, pas toutes les deux en même temps !). En voici quelques exemples corrects :

```
12.43    -0.38    -.38    4.    .27
```

En revanche, la constante *47* serait considérée comme entière et non comme flottante. Dans la pratique, ce fait aura peu d'importance, si ce n'est au niveau du temps d'exécution, compte tenu des conversions automatiques qui seront mises en place par le compilateur (et dont nous parlerons dans le chapitre suivant).

La notation exponentielle utilise la lettre *e* (ou *E*) pour introduire un exposant entier (puissance de 10), avec ou sans signe. La mantisse peut être n'importe quel nombre décimal ou entier (le point peut être absent dès que l'on utilise un exposant). Voici quelques exemples corrects (les exemples d'une même ligne étant équivalents) :

```
   4.25E4          4.25e+4         42.5E3
54.27E-32        542.7E-33       5427e-34
     48e13           48.e13        48.0E13
```

Par défaut, toutes les constantes sont créées par le compilateur dans le type *double*. Il est toutefois possible d'imposer à une constante flottante :

- d'être du type *float*, en faisant suivre son écriture de la lettre *F* (ou *f*) : cela permet de gagner un peu de place mémoire, en contrepartie d'une éventuelle perte de précision (le gain en place et la perte en précision dépendant de la machine concernée).

- d'être du type *long double*, en faisant suivre son écriture de la lettre *L* (ou *l*) : cela permet de gagner éventuellement en précision, en contrepartie d'une perte de place mémoire (le gain en précision et la perte en place dépendant de la machine concernée).

4 Les types caractères

4.1 La notion de caractère en langage C++

Comme la plupart des langages, C++ permet de manipuler des caractères codés en mémoire sur un octet. Bien entendu, le code employé, ainsi que l'ensemble des caractères représentables, dépend de l'environnement de programmation utilisé (c'est-à-dire à la fois de la machine concernée et du compilateur employé). Néanmoins, on est toujours certain de disposer des lettres (majuscules et minuscules), des chiffres, des signes de ponctuation et des différents séparateurs (en fait, tous ceux que l'on emploie pour écrire un programme !). En revanche, les caractères nationaux (caractères accentués ou ç) ou les caractères semi-graphiques ne figurent pas dans tous les environnements.

Par ailleurs, la notion de caractère en C++ dépasse celle de caractère imprimable, c'est-à-dire auquel est obligatoirement associé un graphisme (et qu'on peut donc imprimer ou afficher sur un écran). C'est ainsi qu'il existe certains caractères de changement de ligne, de tabulation, d'activation d'une alarme sonore (cloche)... Nous avons d'ailleurs déjà utilisé le premier (sous la forme *\n*).

Remarque

Les caractères non imprimables sont souvent nommés « caractères de contrôle ». Dans le code ASCII (restreint ou non), ils ont des codes compris entre 0 et 31.

4.2 Notation des constantes caractères

Les constantes de type « caractère », lorsqu'elles correspondent à des caractères imprimables, se notent de façon classique, en écrivant entre apostrophes (ou quotes) le caractère voulu, comme dans ces exemples :

```
'a'     'Y'     '+'     '$'
```

Certains caractères non imprimables possèdent une représentation conventionnelle utilisant le caractère « \ », nommé « antislash » (en anglais, il se nomme « back-slash », en français, on le nomme aussi « barre inverse » ou « contre-slash »). Dans cette catégorie, on trouve également quelques caractères (\, ', " et ?) qui, bien que disposant d'un graphisme, jouent un rôle particulier de délimiteur qui les empêche d'être notés de manière classique entre deux apostrophes.

Voici la liste de ces caractères :

Notation en C++	Code ASCI	Abréviation	Signification usuelle
\a	07	BEL	cloche ou bip (alert ou audible bell)
\b	08	BS	Retour arrière (Backspace)
\f	0C	FF	Saut de page (Form Feed)
\n	0A	LF	Saut de ligne (Line Feed)
\r	0D	CR	Retour chariot (Carriage Return)
\t	09	HT	Tabulation horizontale (Horizontal Tab)
\v	0B	VT	Tabulation verticale (Vertical Tab)
\\	5C	\	
\'	2C	'	
\"	22	"	
\?	3F	?	

De plus, il est possible d'utiliser directement le code du caractère en l'exprimant, toujours à la suite du caractère « antislash » :

- soit sous forme **octale** ;
- soit sous forme **hexadécimale** précédée de **x**.

Voici quelques exemples de notations équivalentes, dans le code ASCII :

```
'A'    '\x41'   '\101'
'\r'   '\x0d'   '\15'    '\015'
'\a'   '\x07'   '\x7'    '\07'    '\007'
```

Remarques

1 En fait, il existe plusieurs versions de code ASCII, mais toutes ont en commun la première moitié des codes (correspondant aux caractères qu'on trouve dans toutes les implémentations) ; les exemples cités ici appartiennent bien à cette partie commune.

2 Le caractère \, suivi d'un caractère autre que ceux du tableau ci-dessus ou d'un chiffre de 0 à 7 est simplement ignoré. Ainsi, dans le cas où l'on a affaire au code ASCII, \9 correspond au caractère 9 (de code ASCII 57), tandis que \7 correspond au caractère de code ASCII 7, c'est-à-dire la « cloche ».

3 En fait, la norme prévoit trois types de caractères : *char*, *signed char* et *unsigned char*. Pour l'instant, sachez que cet attribut de signe n'agit pas sur la représentation d'un caractère en mémoire. En revanche, nous verrons dans le prochain chapitre que C++

permet de convertir une valeur de type caractère en une valeur entière ; dans ce cas, l'attribut de signe du caractère pourra intervenir.

En Java

Les caractères sont représentés sur 2 octets, en utilisant le codage dit « Unicode ». Il n'existe qu'un seul type *char*.

5 Initialisation et constantes

Il est possible d'initialiser une variable lors de sa déclaration comme dans :

```
int n = 15 ;
```

Ici, pour le compilateur, *n* est une **variable** de type *int* dans laquelle il placera la valeur *15* ; mais rien n'empêche que cette valeur initiale évolue lors de l'exécution du programme. Notez d'ailleurs que la déclaration précédente pourrait être remplacée par une déclaration ordinaire (*int n*), suivie un peu plus loin d'une affectation (*n=15*) ; la seule différence résiderait dans l'instant où *n* recevrait la valeur *15*.

Il est cependant possible de déclarer que la valeur d'une variable ne doit pas changer lors de l'exécution du programme. Par exemple, avec :

```
const int n = 20 ;
```

on déclare *n* de type *int* et de valeur (initiale) *20* mais, de surcroît, les éventuelles instructions modifiant la valeur de *n* seront rejetées par le compilateur. Nous en avions déjà rencontré un exemple dans notre premier programme du paragraphe 1.1 du chapitre 2.

Informations complémentaires

Il existe une déclaration peu usitée employant le mot-clé *volatile* de la même manière que *const*, comme dans ces exemples :

```
volatile int p ;
volatile int q = 50 ;
```

Elle indique au compilateur que la valeur de la variable correspondante (ici *p* ou *q*) peut évoluer, indépendamment des instructions du programme. Son usage est limité à des situations très particulières dans lesquelles l'environnement extérieur au programme peut agir directement sur des emplacements mémoire, comme peuvent le faire certains périphériques d'acquisition. L'emploi de *volatile* dans ce cas peut se révéler précieux puisqu'il peut alors empêcher le compilateur de procéder à des « optimisations » basées sur l'examen des seules instructions du programme. Considérez, par exemple :

```
for (int i=1 ; i<15 ; i++)
{ k = j*j ;
  // ici, on utilise k
}
```

Si la valeur de *j* n'est pas modifiée dans la boucle, le compilateur traduira ces instructions comme si l'on avait écrit :

```
k = j*j ;
for (int i=1 ; i<15 ; i++)
{  // ici, on utilise k
}
```

En revanche, si la variable *k* a été déclarée *volatile*, le compilateur conservera l'affectation en question dans la boucle.

6 Le type bool

Ce type est tout naturellement formé de deux valeurs notées *true* et *false*. Il peut intervenir dans des constructions telles que :

```
bool ok = false ;
   .....
if (.....) ok = true ;
   .....
if (ok) .....
```

4

Opérateurs et expressions

1 Originalité des notions d'opérateur et d'expression en C++

Le langage C++ est certainement l'un des langages les plus fournis en opérateurs. Cette richesse se manifeste tout d'abord au niveau des opérateurs classiques (*arithmétiques*, *relationnels*, *logiques*) ou moins classiques (*manipulations de bits*). Mais, de surcroît, C++ dispose d'un important éventail d'opérateurs originaux *d'affectation* et *d'incrémentation*.

Ce dernier aspect nécessite une explication. En effet, dans la plupart des langages, on trouve, comme en C++ :

- d'une part, des *expressions* formées (entre autres) à l'aide d'opérateurs ;
- d'autre part, des *instructions* pouvant éventuellement faire intervenir des expressions, comme, par exemple, l'instruction d'affectation :

  ```
  y = a * x + b ;
  ```

  ou encore l'instruction d'affichage :

  ```
  cout << "valeur = " << n + 2 * p ;
  ```

  dans laquelle apparaît l'expression $n + 2 * p$;

Mais, généralement, dans les langages autres que C++ (ou C), l'expression possède une valeur mais ne réalise aucune action, en particulier aucune attribution d'une valeur à une variable. Au contraire, l'instruction d'affectation y réalise une attribution d'une valeur à une variable mais ne possède pas de valeur. On a affaire à deux notions parfaitement disjointes. En C++, il en va différemment puisque :

- D'une part, les (nouveaux) opérateurs d'incrémentation pourront non seulement intervenir au sein d'une expression (laquelle, au bout du compte, possédera une valeur), mais également agir sur le contenu de variables. Ainsi, l'expression (car, comme nous le verrons, il s'agit bien d'une expression en C++) :

  ```
  ++i
  ```

  réalisera une action, à savoir : augmenter la valeur de *i* de *1* ; en même temps, elle aura une valeur, à savoir celle de *i* après incrémentation.

- D'autre part, une affectation apparemment classique telle que :

  ```
  i = 5
  ```

  pourra, à son tour, être considérée comme une expression (ici, de valeur *5*). D'ailleurs, en C++, l'affectation (=) est un opérateur. Par exemple, la notation suivante :

  ```
  k = i = 5
  ```

  représente une expression en C++ (ce n'est pas encore une instruction – nous y reviendrons). Elle sera interprétée comme :

  ```
  k = (i = 5)
  ```

  Autrement dit, elle affectera à *i* la valeur *5* puis elle affectera à *k* la valeur de l'expression *i = 5*, c'est-à-dire *5*.

En fait, en C++, les notions d'expression et d'instruction sont étroitement liées puisque **la principale instruction** de ce langage est **une expression terminée par un point-virgule**. On la nomme souvent « instruction expression ». Voici des exemples de telles **instructions** qui reprennent les **expressions** évoquées ci-dessus :

```
++i ;
i = 5 ;
k = i = 5 ;
```

Les deux premières ont l'allure d'une affectation telle qu'on la rencontre classiquement dans la plupart des autres langages. Notez que, dans ces deux cas, il y a évaluation d'une expression (*++i* ou *i=5*) dont la valeur est finalement inutilisée. Dans le dernier cas, la valeur de l'expression *i=5*, c'est-à-dire *5*, est à son tour affectée à *k* ; par contre, la valeur finale de l'expression complète est, là encore, inutilisée.

Ce chapitre vous présente la plupart des opérateurs du C++ ainsi que les règles de priorité et de conversion de type qui interviennent dans les évaluations des expressions. Les (quelques) autres opérateurs concernent essentiellement les pointeurs, les accès aux éléments des tableaux et des structures, les accès aux membres des classes et ce que l'on nomme « résolution de portée ». Ils seront exposés dans la suite de cet ouvrage.

2 Les opérateurs arithmétiques en C++

2.1 Présentation des opérateurs

Comme tous les langages, C++ dispose d'opérateurs classiques « binaires » (c'est-à-dire portant sur deux « opérandes »), à savoir l'addition (+), la soustraction (-), la multiplication (*) et la division (/), ainsi que d'un opérateur « unaire » (c'est-à-dire ne portant que sur un seul opérande) correspondant à l'opposé noté - (comme dans *-n* ou dans *-x+y*).

Les opérateurs binaires ne sont a priori définis que pour deux opérandes ayant le même type parmi : *int*, *long int*, *float*, *double* et *long double* (ainsi que *unsigned int* et *unsigned long*) et ils fournissent un résultat de même type que leurs opérandes.

Mais nous verrons, dans le paragraphe 3, que, par le jeu des conversions implicites, le compilateur saura leur donner une signification :

- soit lorsqu'ils porteront sur des opérandes de type *short* qui est un type numérique à part entière (il en ira de même pour *unsigned short*) ;
- soit lorsqu'ils porteront sur des opérandes de type *char* ou même *bool*, bien qu'ils ne s'agisse plus de vrais types caractères (il en ira de même pour *signed char* et *unsigned char*) ;
- soit lorsqu'ils porteront sur des opérandes de types différents[1].

De plus, il existe un opérateur de modulo noté *%* qui ne peut porter que sur des entiers et qui fournit le reste de la division de son premier opérande par son second. Par exemple, *11%4* vaut *3*, *23%6* vaut *5*. La norme ANSI ne définit cet opérateur que pour des valeurs positives de ses deux opérandes. Dans les autres cas, le résultat dépend de l'implémentation.

Notez bien qu'en C++ le quotient de deux entiers fournit un entier. Ainsi, *5/2* vaut *2* ; en revanche, le quotient de deux flottants (noté, lui aussi /) est bien un flottant (*5.0/2.0* vaut bien approximativement *2.5*).

Remarque

Il n'existe pas d'opérateur d'élévation à la puissance. Il est nécessaire de faire appel soit à des produits successifs pour des puissances entières pas trop grandes (par exemple, on calculera x^3 comme *x*x*x*), soit à la fonction *power* de la bibliothèque standard, dont l'en-tête figure dans *cmath* (voyez éventuellement l'Annexe G).

En Java

L'opérateur % est défini pour les entiers (positifs ou non) et pour les flottants.

1. En langage machine, il n'existe, par exemple, que des additions de deux entiers de même taille ou de flottants de même taille. Il n'existe pas d'addition d'un entier et d'un flottant ou de deux flottants de taille différente.

2.2 Les priorités relatives des opérateurs

Lorsque plusieurs opérateurs apparaissent dans une même expression, il est nécessaire de savoir dans quel ordre ils sont mis en jeu. En C++, comme dans les autres langages, les règles sont naturelles et rejoignent celles de l'algèbre traditionnelle (du moins, en ce qui concerne les opérateurs arithmétiques dont nous parlons ici).

Les opérateurs unaires + et - ont la priorité la plus élevée. On trouve ensuite, à un même niveau, les opérateurs *, / et %. Enfin, sur un dernier niveau, apparaissent les opérateurs binaires + et -.

En cas de priorités identiques, les calculs s'effectuent de gauche à droite. On dit que l'on a affaire à une *associativité de gauche à droite* (nous verrons que quelques opérateurs, autres qu'arithmétiques, utilisent une associativité de droite à gauche).

Enfin, des parenthèses permettent d'outrepasser ces règles de priorité, en forçant le calcul préalable de l'expression qu'elles contiennent. Notez que ces parenthèses peuvent également être employées pour assurer une meilleure lisibilité d'une expression.

Voici quelques exemples dans lesquels l'expression de droite, où ont été introduites des parenthèses superflues, montre dans quel ordre s'effectuent les calculs (les deux expressions proposées conduisent donc aux mêmes résultats) :

```
a + b * c                     a + ( b * c )
a * b + c % d                 ( a * b ) + ( c % d )
- c % d                       ( - c ) % d
- a + c % d                   ( - a ) + ( c % d )
- a / - b + c                 ( ( - a ) / ( - b ) ) + c
- a / - ( b + c )             ( - a ) / ( - ( b + c ) )
```

Remarque

Les règles de priorité interviennent pour définir la signification exacte d'une expression. Néanmoins, lorsque deux opérateurs sont théoriquement commutatifs, on ne peut être certain de l'ordre dans lequel ils seront finalement exécutés. Par exemple, une expression telle que $a+b+c$ pourra aussi bien être calculée en ajoutant c à la somme de a et b, qu'en ajoutant a à la somme de b et c. Même l'emploi de parenthèses dans ce cas ne suffit pas à « forcer » l'ordre des calculs. Notez bien qu'une telle remarque n'a d'importance que lorsque l'on cherche à maîtriser parfaitement les erreurs de calcul.

2.3 Comportement des opérateurs en cas d'exception

Comme dans tous les langages, il existe trois circonstances où un opérateur ne peut pas fournir un résultat correct :

- *dépassement de capacité* : résultat de calcul trop grand (en valeur absolue) pour la capacité du type (il peut se produire si une opération portant sur des entiers non signés fournit un résultat négatif) ;

- *sous-dépassement de capacité* : résultat de calcul trop petit (en valeur absolue) pour la capacité du type ; cette situation ne se présente que pour les types flottants ;
- tentative de *division par zéro*.

La norme de C++ se contente de dire que, dans ces circonstances, « le comportement du programme est indéterminé »[1]. En théorie, on peut donc aboutir :

- à un résultat faux ;
- à une valeur particulière servant conventionnellement à indiquer qu'un résultat n'est plus un nombre ou qu'il est infini : c'est ce qui se produit pour les flottants dans les implémentations qui utilisent les conventions dites IEEE ;
- à un arrêt du programme accompagné (peut-être) d'un message d'erreur ;
- ...

En pratique, cependant, on constate que :

- le dépassement de capacité des entiers n'est pas détecté et on se contente de conserver les bits les moins significatifs du résultat ;
- le dépassement de capacité des flottants conduit à la valeur *+INF* ou *-INF* dans les implémentations respectant les conventions IEEE, à un arrêt de l'exécution dans les autres ;
- le sous-dépassement de capacité des flottants conduit soit à un résultat nul, soit à un arrêt de l'exécution ;
- la tentative de division par zéro conduit à l'une des valeurs *+INF*, *-INF* ou *NaN (Not a Number)* dans les implémentations respectant les conventions IEEE, à un arrêt de l'exécution dans les autres.

En Java

Le comportement est imposé par le langage : pas de détection des dépassements de capacité en entier, utilisation des conventions IEEE pour les flottants. Seule la tentative de division par zéro déclenche une « exception » qui peut éventuellement être interceptée par le programme (ce qui n'est pas le cas en C++, malgré l'existence d'un mécanisme de gestion des exceptions).

1. Seul le dépassement de capacité de l'addition d'entiers non signés est défini.

3 Les conversions implicites pouvant intervenir dans un calcul d'expression

Comme nous l'avons déjà évoqué, les différents opérateurs arithmétiques ne sont définis que pour des opérandes de même type parmi *int* et *long* (et leurs variantes non signées), ainsi que *float*, *double* et *long double*. Mais, fort heureusement, C++ vous permet :

- de mélanger plusieurs types au sein d'une même expression ;
- d'utiliser les types *short* et *char* (avec leurs variantes non signées), ainsi que le type *bool*.

C'est ce que nous allons examiner ici. Pour faciliter le propos, nous examinerons tout d'abord les situations usuelles ne faisant pas intervenir les types non signés. Un paragraphe ultérieur fera ensuite le point sur ces cas peu usités ; vous pourrez éventuellement l'ignorer dans un premier temps.

3.1 Notion d'expression mixte

Comme nous l'avons dit, les opérateurs arithmétiques ne sont définis que lorsque leurs deux opérandes sont de même type. Mais C++ vous permet d'écrire ce que l'on nomme des « expressions mixtes » dans lesquelles interviennent des opérandes de types différents. Voici un exemple d'expression autorisée, dans laquelle *n* et *p* sont supposés de type *int*, tandis que *x* est supposé de type *float* :

```
n * x + p
```

Dans ce cas, le compilateur sait, compte tenu des règles de priorité, qu'il doit d'abord effectuer le produit *n*x*. Pour que cela soit possible, il va mettre en place des instructions de conversion de la valeur de *n* dans le type *float* (car on considère que ce type *float* permet de représenter à peu près convenablement une valeur entière, l'inverse étant naturellement faux). Au bout du compte, la multiplication portera sur deux opérandes de type *float* et elle fournira un résultat de type *float*.

Pour l'addition, on se retrouve à nouveau en présence de deux opérandes de types différents (*float* et *int*). Le même mécanisme sera mis en place, et le résultat final sera de type *float*.

Remarque

Attention, le compilateur ne peut que prévoir les instructions de conversion (qui seront donc exécutées en même temps que les autres instructions du programme) ; il ne peut pas effectuer lui-même la conversion d'une valeur que généralement il ne peut pas connaître.

3.2 Les conversions usuelles d'ajustement de type

Une conversion telle que *int -> float* se nomme une « conversion d'ajustement de type ». Une telle conversion ne peut se faire que suivant une hiérarchie qui permet de ne pas dénaturer la valeur initiale (on dit parfois que de telles conversions respectent l'intégrité des données), à savoir :

```
int -> long -> float -> double -> long double
```

On peut bien sûr convertir directement un *int* en *double* ; en revanche, on ne pourra pas convertir un *double* en *float* ou en *int*.

Notez que le choix des conversions à mettre en œuvre est effectué en considérant un à un les opérandes concernés et non pas l'expression de façon globale. Par exemple, si *n* est de type *int*, *p* de type *long* et *x* de type *float*, l'expression :

```
n * p + x
```

sera évaluée suivant ce schéma :

```
   n   *   p   +   x
   |       |       |
  long     |       |       conversion de n en long
   |       |       |
   |__ * __|       |       multiplication par p
       |           |
      long         |       le résultat de * est de type long
       |           |
      float        |       il est converti en float
       |           |
       |____ + ____|       pour être additionné à x
             |
           float           ce qui fournit un résultat de type float
```

3.3 Les promotions numériques usuelles

3.3.1 Généralités

Les conversions d'ajustement de type ne suffisent pas à régler tous les cas. En effet, comme nous l'avons déjà dit, les opérateurs arithmétiques ne sont théoriquement pas définis pour le type *short* (bien qu'il s'agisse d'un vrai type numérique), ni pour les types *char* et *bool* qui peuvent cependant apparaître, eux aussi, dans des expressions arithmétiques.

En fait, C++ prévoit tout simplement que toute valeur de l'un de ces trois types apparaissant dans une expression est d'abord convertie en *int*, et cela sans considérer les types des éventuels autres opérandes. On parle alors, dans ce cas, de « promotions numériques » (ou encore de « conversions systématiques »).

Par exemple, si *p1*, *p2* et *p3* sont de type *short* et *x* de type *float*, l'expression :

```
p1 * p2 + p3 * x
```

est évaluée comme l'indique le schéma ci-après :

```
 p1    *    p2   +   p3    *    x
 |          |        |          |
int        int      int         |    promotions numériques short -> int
 |____ * ____|       |          |    addition
      |            float        |    conversion d'ajustement de type
     int             |___ * ___ |    addition
      |                   |
    float               float        conversion d'ajustement de type
      |________ + ________|
                |
              float
```

Notez bien que les valeurs des trois variables de type *short* sont d'abord soumises à la promotion numérique *short -> int* ; après quoi, on applique les mêmes règles que précédemment.

3.3.2 Cas du type *char*

A priori, vous pouvez être surpris de l'existence d'une conversion systématique (promotion numérique) de *char* en *int* et vous interroger sur sa signification. En fait, il ne s'agit que d'une question de point de vue. En effet, une valeur de type caractère peut être considérée de deux façons :

- comme le caractère concerné : *a*, *Z*, fin de ligne ;
- comme le code de ce caractère, c'est-à-dire un motif de 8 bits ; or à ce dernier on peut toujours faire correspondre un nombre entier (le nombre qui, codé en binaire, fournit le motif en question) ; par exemple, dans le code ASCII, le caractère *E* est représenté par le motif binaire *01000101*, auquel on peut faire correspondre le nombre *65*.

Effectivement, on peut dire qu'en quelque sorte C++ confond facilement un caractère avec la valeur (entier) du code qui le représente. Notez bien que, comme toutes les machines n'emploient pas le même code pour les caractères, l'entier associé à un caractère donné ne sera pas toujours le même.

Voici quelques exemples d'évaluation d'expressions, dans lesquels on suppose que *c1* et *c2* sont de type *char*, tandis que *n* est de type *int*.

```
c1   +   1
 |       |
int      |          promotion numérique char -> int
 |___ + __|
     |
    int
```

L'expression *c1+1* fournit donc un résultat de type *int*, correspondant à la valeur du code du caractère contenu dans *c1* augmenté d'une unité.

```
c1   -   c2
 |        |
int      int        promotions numériques char -> int
 |___ - ___|
      |
     int
```

Ici, bien que les deux opérandes soient de type *char*, il y a quand même conversion préalable de leurs valeurs en *int* (promotions numériques).

```
c1    +    n
|          |
int        |          promotion numérique pour c1
|___ + ____|
     |
    int
```

3.3.3 Cas du type bool

Le type *bool* a été introduit tardivement dans C++ (il n'existe pas en C). Auparavant, les valeurs correspondantes (*true* et *false*) étaient simplement représentées par un entier (1 ou 0). Pour préserver la compatibilité avec d'anciens codes, la norme a prévu une conversion systématique (promotion numérique) de *bool* en *int*. Voici un exemple :

```
bool ok = true ;
  .....
cout << ok + 2 ;     // affiche 3
  .....
ok = false ;
cout << ok +2 ;      // affiche 2
```

Certains opérateurs (relationnels, logiques) fournissent un résultat de type *bool*. Dans les anciennes versions de C++, ainsi qu'en langage C, il fournissent une valeur entière 0 ou 1. Là encore, la conversion implicite évoquée assure la compatibilité.

3.4 Les conversions en présence de types non signés

Nous examinons ici les situations peu usuelles où apparaissent dans une expression des opérandes de type non signé. Ce paragraphe peut être ignoré dans un premier temps.

3.4.1 Cas des entiers

Tant qu'une expression ne mélange pas des types entiers signés et des types entiers non signés, les choses restent naturelles. Il suffit simplement de compléter les conversions (promotions numériques et conversions d'ajustement de type) *short -> int -> long* par les conversions *unsigned short -> unsigned int -> unsigned long*, mais aucun problème nouveau ne se pose (on peut toujours obtenir des dépassements de capacité qui ne seront pas détectés[1]).

En revanche, le mélange des types signés et des types non signés, bien qu'il soit fortement déconseillé, est accepté par le langage ; mais il conduit à mettre en place des conversions (généralement de signé vers non signé) n'ayant guère de sens et ne respectant pas, de toute façon, l'intégrité des données (que pourrait d'ailleurs bien valoir *-5* converti en non signé ?). Une telle liberté est donc à proscrire. À simple titre indicatif, sachez que les conversions prévues

1. Attention, cette fois, une simple expression telle que *n-p* (où *n* et *p* sont de type non signé) peut conduire à un dépassement de capacité dès que la valeur de *n* est inférieure à celle de *p*.

par la norme, dans ce cas, se contentent de préserver le motif binaire (par exemple, la conversion de *signed int* en *unsigned int* revient à conserver tel quel le motif binaire concerné)[1].

3.4.2 Cas des caractères

Le type *char* peut, lui aussi, recevoir un attribut de signe ; en outre, la norme ne dit pas si *char* (tout court) correspond à *unsigned char* ou à *signed char* (alors que, par défaut, tous les types entiers sont considérés comme signés).

L'attribut de signe d'une variable de type caractère n'a aucune incidence sur la manière dont un caractère donné est représenté (codé) : il n'y a qu'un seul jeu de codes sur 8 bits, soit 256 combinaisons possibles en comptant le *\0*. En revanche, cet attribut va intervenir dès lors qu'on s'intéresse à la valeur numérique associée au caractère et non plus au caractère lui-même. C'est le cas, par exemple, dans des situation telles que :

```
char c ;
cout << c+1 ;
```

Pour fixer les idées, supposons, ici encore, que les entiers de type *int* sont représentés sur 16 bits et voyons comment se déroule précisément la promotion numérique *char -> int*, nécessaire à l'évaluation de l'expression *c+1*.

- Si le caractère n'est pas signé, on ajoute à gauche de son code 8 bits égaux à 0. Par exemple :

  `01001110` devient `0000000001001110`
  `11011001` devient `0000000011011001`

- Si le caractère est signé, on ajoute à gauche de son code 8 bits égaux au premier bit du code du caractère. Par exemple :

  `01001110` devient `0000000001001110`
  `11011001` devient `1111111111011001`

Ainsi, l'instruction d'affichage précédente utilisera pour la valeur de *c* convertie en *int* (la valeur affichée étant cette dernière, augmentée de *1*) :

- une valeur comprise entre *-128* et *127* si *c* est de type *unsigned char* ;
- une valeur comprise entre *0* et *255* si *c* est de type *signed char*.

On n'oubliera pas que, si *c* est de type *char* (tout court), celui-ci peut correspondre à un *signed char* ou à un *unsigned char* suivant l'implémentation.

Notez qu'aucun problème de ce type n'apparaît dans une instruction telle que :

```
cout << c ;
```

En Java

Il existe également une promotion numérique de *char* en entier ; tout se passe comme si le type *char* était non signé (rappelons qu'il n'existe qu'un seul tye *char*).

1. On trouvera une étude détaillée de ces possibilités dans *Langage C* du même auteur, chez le même éditeur.

4 Les opérateurs relationnels

Comme tout langage, C++ permet de comparer des expressions à l'aide d'opérateurs classiques de comparaison. En voici un exemple :

```
2 * a > b + 5
```

Le résultat de la comparaison est une valeur booléenne prenant l'une des deux valeurs *true* ou *false*.

Les expressions comparées pourront être d'un type de base quelconque et elles seront soumises aux règles de conversion présentées dans le paragraphe précédent. Cela signifie qu'au bout du compte on ne sera amené à comparer que des expressions de type numérique, même si dans les opérandes figurent des valeurs de type *short*, *char* ou *bool* (*true*>*false* sera vraie).

Voici la liste des opérateurs relationnels existant en C++ :

Opérateur	Signification
<	inférieur à
<=	inférieur ou égal à
>	supérieur à
>=	supérieur ou égal à
==	égal à
!=	différent de

Les opérateurs relationnels

Remarquez bien la notation (==) de l'opérateur d'égalité, le signe = étant réservé aux affectations.

En ce qui concerne leur priorité, il faut savoir que les quatre premiers opérateurs (<, <=, > et >=) sont de même priorité. Les deux derniers (== et !=) possèdent également la même priorité, mais celle-ci est inférieure à celle des précédents. Ainsi, l'expression :

```
a < b == c < d
```

est interprétée comme :

```
( a < b) == (c < d)
```

ce qui, en C++, a effectivement une signification, étant donné que les expressions *a*<*b* et *c*<*d* sont, finalement, des quantités entières. En fait, cette expression prendra la valeur *1* lorsque les relations *a* < *b* et *c* < *d* auront toutes les deux la même valeur, c'est-à-dire soit lorsqu'elles seront toutes les deux vraies, soit lorsqu'elles seront toutes les deux fausses. Elle prendra la valeur *0* dans le cas contraire.

D'autre part, ces opérateurs relationnels sont moins prioritaires que les opérateurs arithmétiques. Cela permet souvent d'éviter certaines parenthèses dans des expressions.

Ainsi :

```
x + y < a + 2
```

est équivalent à :

```
( x + y ) < ( a + 2 )
```

Remarque

Une erreur courante consiste à utiliser l'opérateur = à la place de ==. Elle peut conduire à du code accepté par le compilateur, mais n'aboutissant pas au résultat voulu. Voyez cet exemple :

```
if (a = b) // ici, on a utilisé = au lieu de ==
{ ..... }
```

L'expression *a=b* affecte la valeur de *b* à *a* et sa valeur est celle de *a* après affectation (donc, celle de *b*). Nous verrons que l'instruction *if* convertit alors cette valeur numérique en un booléen suivant la règle : non nul devient vrai, nul devient faux. Ainsi, le bloc suivant *if* est-il exécuté si la valeur de *b* est non nulle ! À noter que certains compilateurs vous fournissent un avertissement en cas d'utilisation douteuse de l'opérateur =.

Cas des comparaisons de caractères

Compte tenu des règles de conversion, **une comparaison peut porter sur deux caractères**. Bien entendu, la comparaison d'égalité ne pose pas de problème particulier ; par exemple (*c1* et *c2* étant de type *char*) :

- *c1 == c2* sera vraie si *c1* et *c2* ont la même valeur, c'est-à-dire si *c1* et *c2* contiennent des caractères de même code, donc si *c1* et *c2* contiennent le même caractère ;
- *c1 == 'e'* sera vraie si le code de *c1* est égal au code de *'e'*, donc si *c1* contient le caractère *e*.

Autrement dit, dans ces circonstances, l'existence d'une conversion *char --> int* n'a guère d'influence. En revanche, pour les comparaisons d'inégalité, quelques précisions s'imposent. En effet, par exemple *c1 < c2* sera vraie si le code du caractère de *c1* a une valeur inférieure au code du caractère de *c2*. Le résultat d'une telle comparaison peut donc varier suivant le codage employé (et, éventuellement, l'attribut signé ou non signé du type *char* employé). Cependant, il faut savoir que, quel que soit ce codage :

- l'ordre alphabétique est respecté pour les minuscules d'une part, pour les majuscules d'autre part ; on a toujours *'a' < 'c'*, *'C' < 'S'*...
- les chiffres sont classés par ordre naturel ; on a toujours *'2' < '5'*...

En revanche, aucune hypothèse ne peut être faite sur les places relatives des chiffres, des majuscules et des minuscules, pas plus que sur la place des caractères accentués (lorsqu'ils existent) par rapport aux autres caractères, laquelle peut varier suivant l'attribut de signe !

5 Les opérateurs logiques

5.1 Rôle

C++ dispose de trois opérateurs logiques classiques : **et** (noté *&&*), **ou** (noté ||) et **non** (noté *!*). Par exemple :

- *(a<b) && (c<d)*

  Prend la valeur vrai si les deux expressions *a<b* et *c<d* sont toutes deux vraies et prend la valeur faux dans le cas contraire.

- *(a<b) || (c<d)*

  Prend la valeur vrai si l'une au moins des deux conditions *a<b* et *c<d* est vraie et prend la valeur faux dans le cas contraire.

- *! (a<b)*

  Prend la valeur vrai si la condition *a<b* est fausse et prend la valeur faux dans le cas contraire. Cette expression est équivalente à : *a>=b*.

Mais on s'attendrait à ce que les opérandes de ces opérateurs ne puissent être que des expressions booléennes. En fait, **ces opérateurs logiques acceptent n'importe quel opérande numérique**, y compris les types flottants (et même les types pointeurs comme nous le verrons plus tard), avec les règles de conversion implicite déjà rencontrées (y compris les règles de promotion numérique de *short*, *char* et *bool* en *int*). Dans ce cas, ces opérateurs considérent que :

- un opérande de valeur nulle correspond à faux ;
- toute valeur non nulle (et donc pas seulement la valeur *1*) correspond à vrai.

Le tableau suivant récapitule la situation :

<table>
<tr><th>Opérande 1</th><th>Opérateur</th><th>Opérande 2</th><th>Résultat</th></tr>
<tr><td>0</td><td>&&</td><td>0</td><td>faux</td></tr>
<tr><td>0</td><td>&&</td><td>non nul</td><td>faux</td></tr>
<tr><td>non nul</td><td>&&</td><td>0</td><td>faux</td></tr>
<tr><td>non nul</td><td>&&</td><td>non nul</td><td>vrai</td></tr>
<tr><td>0</td><td>||</td><td>0</td><td>faux</td></tr>
<tr><td>0</td><td>||</td><td>non nul</td><td>vrai</td></tr>
<tr><td>non nul</td><td>||</td><td>0</td><td>vrai</td></tr>
<tr><td>non nul</td><td>||</td><td>non nul</td><td>vrai</td></tr>
<tr><td></td><td>!</td><td>0</td><td>vrai</td></tr>
<tr><td></td><td>!</td><td>non nul</td><td>faux</td></tr>
</table>

Ainsi, en C++, si *n* et *p* sont des entiers, des expressions telles que :

```
n && p              n || p             !n
```

sont acceptées par le compilateur. Notez que l'on rencontre fréquemment l'écriture :

```
if (!n)
```

plus concise (mais pas forcément plus lisible) que :

```
if ( n == 0 )
```

L'opérateur *!* a une priorité supérieure à celle de tous les opérateurs arithmétiques binaires et aux opérateurs relationnels. Ainsi, pour écrire la condition contraire de :

```
a == b
```

il est nécessaire d'utiliser des parenthèses en écrivant :

```
! ( a == b )
```

En effet, l'expression :

```
! a == b
```

serait interprétée comme :

```
( ! a ) == b
```

L'opérateur || est moins prioritaire que *&&*. Tous deux sont de priorité inférieure aux opérateurs arithmétiques ou relationnels. Ainsi, les expressions utilisées comme exemples en début de ce paragraphe auraient pu, en fait, être écrites sans parenthèses :

```
a<b && c<d      équivant à      (a<b) && (c<d)
a<b || c<d      équivaut à      (a<b) || (c<d)
```

5.2 Court-circuit dans l'évaluation de && et ||

Les deux opérateurs *&&* et || jouissent en C++ d'une propriété intéressante connue souvent sour le nom de « court-circuit » : **leur second opérande** (celui qui figure à droite de l'opérateur) **n'est évalué que si la connaissance de sa valeur est indispensable** pour décider si l'expression correspondante est vraie ou fausse. Par exemple, dans une expression telle que :

```
a<b && c<d
```

on commence par évaluer $a<b$. Si le résultat est faux (*0*), il est inutile d'évaluer $c<d$ puisque, de toute façon, l'expression complète aura la valeur faux (*0*).

La connaissance de cette propriété est indispensable pour maîtriser des « constructions » dans lesquelles l'un des opérandes réalise une action (en plus de posséder une valeur). En voici deux exemples qui ne seront toutefois compréhensibles que lorsque vous aurez étudié les opérateurs d'affectation et d'incrémentation :

```
if ( i<max && (j++ == 10)) ...    // j++ (incrémentation de j) ne se fera que si i<max
if ( ok && (i=j))  ...            // l'affectation i=j n'aura lieu que si ok est vrai
```

En Java

Java dispose des mêmes opérateurs logiques, avec la notion de court-circuit pour && et ||. Mais il dispose également de deux autres opérateurs (& et |) jouant le même rôle que &&

et ||, mais sans court-circuit, c'est-à-dire avec évaluation systématique des deux opérandes.

6 L'opérateur d'affectation ordinaire

Nous avons déjà eu l'occasion de remarquer que :

```
i = 5
```

était une expression qui :

- réalisait une action : l'affectation de la valeur *5* à *i* ;
- possédait une valeur : celle de *i* après affectation, c'est-à-dire *5*.

Cet opérateur d'affectation (=) peut faire intervenir d'autres expressions comme dans :

```
c = b + 3
```

La faible priorité de cet opérateur = (elle est inférieure à celle de tous les opérateurs arithmétiques et de comparaison) fait qu'il y a d'abord évaluation de l'expression *b + 3*. La valeur ainsi obtenue est ensuite affectée à *c*.

En revanche, il n'est pas possible de faire apparaître une expression comme premier opérande de cet opérateur =. Ainsi, l'expression suivante n'aurait pas de sens :

```
c + 5 = x
```

6.1 Notion de lvalue

Nous voyons donc que cet opérateur d'affectation impose des restrictions sur son premier opérande. En effet, ce dernier doit être une référence à un emplacement mémoire dont on pourra effectivement modifier la valeur.

Dans les autres langages, on désigne souvent une telle référence par le nom de « variable » ; on précise généralement que ce terme recouvre par exemple les éléments de tableaux ou les composantes d'une structure. En C++, cependant, la syntaxe du langage est telle que cette notion de variable n'est pas assez précise. Il faut introduire un mot nouveau : la **lvalue**. Ce terme désigne une « valeur à gauche », c'est-à-dire tout ce qui peut apparaître à gauche d'un opérateur d'affectation.

Certes, pour l'instant, vous pouvez trouver que dire qu'à gauche d'un opérateur d'affectation doit apparaître une *lvalue* n'apporte aucune information. En fait, d'une part, nous verrons qu'en C++ d'autres opérateurs que = font intervenir une *lvalue* ; d'autre part, au fur et à mesure que nous rencontrerons de nouveaux éléments, nous préciserons s'ils peuvent être ou non utilisés comme *lvalue*.

Pour l'instant, les seules *lvalue* que nous connaissons restent les variables de n'importe quel type de base déjà rencontré.

6.2 L'opérateur d'affectation possède une associativité de droite à gauche

Contrairement à tous ceux que nous avons rencontrés jusqu'ici, cet opérateur d'affectation possède une associativité de *droite à gauche*. C'est ce qui permet à une expression telle que :

```
i = j = 5
```

d'évaluer d'abord l'expression *j = 5* avant d'en affecter la valeur *5* à la variable *j*. Bien entendu, la valeur finale de cette expression est celle de *i* après affectation, c'est-à-dire *5*.

6.3 L'affectation peut entraîner une conversion

Là encore, la grande liberté offerte par C++ en matière de mixage de types se traduit par la possibilité de fournir à cet opérateur d'affectation des opérandes de types différents.

Cette fois, cependant, contrairement à ce qui se produisait pour les opérateurs rencontrés précédemment et qui mettaient en jeu des conversions implicites, il n'est plus question, ici, d'effectuer une quelconque conversion de la *lvalue* qui apparaît à gauche de cet opérateur. Une telle conversion reviendrait à changer le type de la *lvalue* figurant à gauche de cet opérateur, ce qui n'a pas de sens.

En fait, lorsque le type de l'expression figurant à droite n'est pas du même type que la *lvalue* figurant à gauche, il y a **conversion systématique** de la valeur de l'expression (qui est évaluée suivant les règles habituelles) dans le type de la *lvalue*. Une telle conversion **imposée** ne respecte plus nécessairement la hiérarchie des types qui est de rigueur dans le cas des conversions implicites. Elle peut donc conduire, suivant les cas, à une dégradation plus ou moins importante de l'information (par exemple lorsque l'on convertit un *double* en *int*, on perd la partie décimale du nombre).

Nous ferons le point sur ces différentes possibilités de conversions imposées par les affectations dans le paragraphe 9.

7 Opérateurs d'incrémentation et de décrémentation

7.1 Leur rôle

Dans des programmes écrits dans un langage autre que C++ (ou C), on rencontre souvent des expressions (ou des instructions) telles que :

```
i = i + 1
n = n - 1
```

qui incrémentent ou qui décrémentent de *1* la valeur d'une variable (ou plus généralement d'une *lvalue*).

En C++, ces actions peuvent être réalisées par des opérateurs « unaires » portant sur cette *lvalue*. Ainsi, l'expression :

```
++i
```

a pour effet d'incrémenter de *1* la valeur de *i*, et sa valeur est celle de *i* **après incrémentation**.

Là encore, comme pour l'affectation, nous avons affaire à une expression qui non seulement possède une valeur, mais qui, de surcroît, réalise une action (incrémentation de *i*).

Il est important de voir que la valeur de cette expression est celle de *i* après incrémentation. Ainsi, si la valeur de *i* est *5*, l'expression :

```
n = ++i - 5
```

affectera à *i* la valeur *6* et à *n* la valeur *1*.

En revanche, lorsque cet opérateur est placé *après* la *lvalue* sur laquelle il porte, la valeur de l'expression correspondante est celle de la variable **avant incrémentation**.

Ainsi, si *i* vaut *5*, l'expression :

```
n = i++ - 5
```

affectera à *i* la valeur *6* et à *n* la valeur *0* (car ici la valeur de l'expression *i++* est *5*).

On dit que ++ est :

- un opérateur de **préincrémentation** lorsqu'il est placé à gauche de la *lvalue* sur laquelle il porte ;
- un opérateur de **postincrémentation** lorsqu'il est placé à droite de la *lvalue* sur laquelle il porte.

Bien entendu, lorsque seul importe l'effet d'incrémentation d'une *lvalue*, cet opérateur peut être indifféremment placé avant ou après. Ainsi, ces deux instructions (ici, il s'agit bien d'instructions car les expressions sont terminées par un point-virgule – leur valeur se trouve donc inutilisée) sont équivalentes :

i++ ;
++i ;

De la même manière, il existe un opérateur de décrémentation noté -- qui, suivant les cas, sera :

- un opérateur de **prédécrémentation** lorsqu'il est placé à gauche de la *lvalue* sur laquelle il porte ;
- un opérateur de **postdécrémentation** lorsqu'il est placé à droite de la *lvalue* sur laquelle il porte.

7.2 Leurs priorités

Les priorités élevées de ces opérateurs unaires (voir tableau au paragraphe15) permettent d'écrire des expressions assez compliquées sans qu'il soit nécessaire d'employer des parenthèses pour isoler la *lvalue* sur laquelle ils portent. Ainsi, l'expression suivante a un sens :

```
3 * i++ * j-- + k++
```

(si * avait été plus prioritaire que la postincrémentation, ce dernier aurait été appliqué à l'expression *3*i* qui n'est pas une *lvalue* ; l'expression n'aurait alors pas eu de sens).

Remarque

Il est toujours possible (mais non obligatoire) de placer un ou plusieurs espaces entre un opérateur et les opérandes sur lesquels il porte. Nous utilisons souvent cette latitude pour accroître la lisibilité de nos instructions. Cependant, dans le cas des opérateurs d'incrémentation, nous avons plutôt tendance à ne pas le faire, cela pour mieux rapprocher l'opérateur de la *lvalue* sur laquelle il porte.

7.3 Leur intérêt

Ces opérateurs allègent l'écriture de certaines expressions et offrent surtout le grand avantage d'éviter la redondance qui est de mise dans la plupart des autres langages. En effet, dans une notation telle que :

```
i++
```

on ne cite qu'une seule fois la *lvalue* concernée alors qu'on est amené à le faire deux fois dans la notation :

```
i = i + 1
```

Les risques d'erreurs de programmation s'en trouvent ainsi quelque peu limités. Bien entendu, cet aspect prendra d'autant plus d'importance que la *lvalue* correspondante sera d'autant plus complexe.

8 Les opérateurs d'affectation élargie

Nous venons de voir comment les opérateurs d'incrémentation permettaient de simplifier l'écriture de certaines affectations. Par exemple :

```
i++
```

remplaçait avantageusement :

```
i = i + 1
```

Mais C++ dispose d'opérateurs encore plus puissants. Ainsi, vous pourrez remplacer :

```
i - i + k
```

par :

```
i += k
```

ou, mieux encore :

```
a = a * b
```

par :

```
a *= b
```

D'une manière générale, C++ permet de condenser les affectations de la forme :

```
lvalue  =  lvalue  opérateur  expression
```

en :

```
lvalue  opérateur=  expression
```

Cette possibilité concerne tous les opérateurs binaires arithmétiques et de manipulation de bits. Voici la liste complète de tous ces nouveaux opérateurs nommés « opérateurs d'affectation élargie » (les cinq derniers correspondent en fait à des « opérateurs de bits » que nous n'aborderons qu'au paragraphe 14) :

+=   -=   *=   /=   %= |=   ^=   &=   <<=   >>=

Ces opérateurs, comme ceux d'incrémentation, permettent de condenser l'écriture de certaines instructions et contribuent à éviter la redondance introduite fréquemment par l'opérateur d'affectation classique.

Remarque

Ne confondez pas l'opérateur de comparaison <= avec un opérateur d'affectation élargie. Notez bien que les opérateurs de comparaison ne sont pas concernés par cette possibilité.

9 Les conversions forcées par une affectation

Là encore, comme nous l'avons fait pour les conversions implicites, nous examinerons tout d'abord les situations usuelles (aucun type entier non signé).

9.1 Cas usuels

Nous avons déjà vu comment le compilateur peut être amené à introduire des conversions implicites dans l'évaluation des expressions. Dans ce cas, il applique les règles de promotions numériques et d'ajustement de type.

Par ailleurs, une affectation introduit une conversion d'office dans le type de la *lvalue* réceptrice, dès lors que cette dernière est d'un type différent de celui de l'expression correspondante. Par exemple, si *n* est de type *int* et *x* de type *float*, l'affectation :

```
n = x + 5.3 ;
```

entraînera tout d'abord l'évaluation de l'expression située à droite, ce qui fournira une valeur de type *float* ; cette dernière sera ensuite convertie en *int* pour pouvoir être affectée à *n*.

D'une manière générale, lors d'une affectation, toutes les conversions (d'un type numérique vers un autre type numérique) sont acceptées par le compilateur mais le résultat en est plus ou moins satisfaisant. En effet, si aucun problème ne se pose (autre qu'une éventuelle perte de précision) dans le cas de conversion ayant lieu suivant le bon sens de la hiérarchie des types, il n'en va plus de même dans les autres cas[1].

Par exemple, la conversion *float* -> *int* (telle que celle qui est mise en jeu dans l'instruction précédente) ne fournira un résultat acceptable que si la partie entière de la valeur flottante est représentable dans le type *int*. Si une telle condition n'est pas réalisée, non seulement le résultat obtenu pourra être différent d'un environnement à un autre mais, de surcroît, on pourra aboutir, dans certains cas, à une erreur d'exécution.

De la même manière, la conversion d'un *int* en *char* sera satisfaisante si la valeur de l'entier correspond à un code d'un caractère.

Sachez, toutefois, que les conversions d'un type entier vers un autre type entier ne conduisent, au pis, qu'à une valeur inattendue mais jamais à une erreur d'exécution.

9.2 Prise en compte d'un attribut de signe

Pour ce qui est des conversions d'un entier non signé vers un autre entier non signé, leur résultat est satisfaisant si la valeur d'origine est représentable dans le type d'arrivée. Il en ira de même pour les conversions de flottant vers entier non signé (à condition, en outre, que sa valeur soit positive).

Quant aux conversions forcées de signé vers non signé, ou de non signé vers signé, elles sont déconseillées, mais autorisées par la norme. Il n'est nullement garanti qu'elles respectent l'intégrité des données. En général, elles préservent ce qu'elles peuvent du « motif binaire »...

En Java

Les seules affectations légales sont celles qui respectent la hiérarchie des types.

10 L'opérateur de cast

S'il le souhaite, le programmeur peut forcer la conversion d'une expression quelconque dans un type de son choix, à l'aide d'un opérateur un peu particulier nommé en anglais "**cast**" (parfois "coercition" en français).

Si, par exemple, *n* et *p* sont des variables entières, l'expression :

```
(double) ( n/p )
```

aura comme valeur celle de l'expression entière *n/p* convertie en *double*.

La notation *(double)* correspond en fait à un opérateur unaire dont le rôle est d'effectuer la conversion dans le type *double* de l'expression sur laquelle il porte. Notez bien que cet opé-

1. Vous trouverez des informations très détaillées sur ces différentes conversions dans l'ouvrage *Langage C* du même auteur, chez le même éditeur.

rateur force la conversion du *résultat* de l'expression et non celle des différentes valeurs qui concourent à son évaluation. Autrement dit, ici, il y a d'abord calcul, dans le type *int*, du quotient de *n* par *p* ; c'est seulement ensuite que le résultat sera converti en *double*. Si *n* vaut *10* et que *p* vaut *3*, cette expression aura comme valeur *3*.

D'une manière générale, il existe autant d'opérateurs de « cast » que de types différents (y compris les types dérivés comme les pointeurs que nous rencontrerons ultérieurement). Leur priorité élevée (voir tableau au paragraphe 14) fait qu'il est généralement nécessaire de placer entre parenthèses l'expression concernée. Ainsi, l'expression :

```
(double) n/p
```

conduirait d'abord à convertir *n* en *double* ; les règles de conversions implicites amèneraient alors à convertir *p* en *double* avant qu'ait lieu la division (en *double*). Le résultat serait alors différent de celui obtenu par l'expression proposée en début de ce paragraphe (avec les mêmes valeurs de *n* et de *p*, on obtiendrait une valeur de l'ordre de *3.33333*...).

Bien entendu, comme pour les conversions forcées par une affectation, toutes les conversions numériques sont réalisables par un opérateur de « cast », mais le résultat en est plus ou moins satisfaisant (revoyez éventuellement le paragraphe précédent).

Informations complémentaires

En toute rigueur, C++ permet au programmeur de « qualifier » un opérateur de cast, afin d'en préciser la nature. Les conversions d'un type numérique vers un autre type numérique sont qualifiées par *static_cast*, ce qui signifie qu'elles sont quasi indépendantes de l'implémentation. Les conversions précédentes se notent alors :

```
static_cast<double> (n/p)    // attention parenthèses obligatoires
```

Nous verrons qu'il existe d'autres façons de qualifier un opérateur de cast : *const_cast*, *reinterpret_cast* et *dynamic_cast*. D'une manière générale, cette qualification permet au compilateur d'effectuer certaines vérifications de vraisemblance de la conversion demandée.

11 L'opérateur conditionnel

Considérons l'instruction suivante :

```
if ( a>b )
       max = a ;
   else
       max = b ;
```

Elle attribue à la variable *max* la plus grande des deux valeurs de *a* et de *b*. La valeur de *max* pourrait être définie par cette phrase :

```
Si a>b alors a sinon b
```

En C++, il est possible, grâce à l'aide de **l'opérateur conditionnel**, de traduire presque littéralement la phrase ci-dessus de la manière suivante :

```
max = a>b ? a : b
```

L'expression figurant à droite de l'opérateur d'affectation est en fait constituée de trois expressions (*a>b*, *a* et *b*) qui sont les trois opérandes de l'opérateur conditionnel, lequel se matérialise par *deux symboles séparés : ?* et *:*.

D'une manière générale, cet opérateur évalue la première expression qui joue le rôle d'une condition. Comme toujours en C++, celle-ci peut être en fait de n'importe quel type. Si sa valeur est différente de zéro, il y a évaluation du second opérande, ce qui fournit le résultat ; si sa valeur est nulle, en revanche, il y a évaluation du troisième opérande, ce qui fournit le résultat.

Voici un autre exemple d'une expression calculant la valeur absolue de *3*a + 1* :

```
3*a+1 > 0  ?  3*a+1 :  -3*a-1
```

L'opérateur conditionnel dispose d'une faible priorité (il arrive juste avant l'affectation), de sorte qu'il est rarement nécessaire d'employer des parenthèses pour en délimiter les différents opérandes (bien que cela puisse parfois améliorer la lisibilité du programme). Voici, toutefois, un cas où les parenthèses sont indispensables :

```
z = (x=y) ? a : b
```

Le calcul de cette expression amène tout d'abord à affecter la valeur de *y* à *x*. Puis, si cette valeur est non nulle, on affecte la valeur de *a* à *z*. Si, au contraire, cette valeur est nulle, on affecte la valeur de *b* à *z*.

Il est clair que cette expression est différente de :

```
z = x = y ? a : b
```

laquelle serait évaluée comme :

```
z = x = ( y ? a : b )
```

Bien entendu, une expression conditionnelle peut, comme toute expression, apparaître à son tour dans une expression plus complexe. Voici, par exemple, une instruction (notez qu'il s'agit effectivement d'une instruction, car elle se termine par un point-virgule) affectant à *z* la plus grande des valeurs de *a* et de *b* :

```
z = ( a>b ? a : b ) ;
```

De même, rien n'empêche que l'expression conditionnelle soit évaluée sans que sa valeur soit utilisée comme dans cette instruction :

```
a>b ? i++ : i-- ;
```

Ici, suivant que la condition *a>b* est vraie ou fausse, on incrémentera ou on décrémentera la variable *i*.

12 L'opérateur séquentiel

Nous avons déjà vu qu'en C++ la notion d'expression était beaucoup plus générale que dans la plupart des autres langages. L'opérateur dit « séquentiel » va élargir encore un peu plus cette notion d'expression. En effet, celui-ci permet, en quelque sorte, d'exprimer *plusieurs calculs successifs au sein d'une même expression.* Par exemple :

```
a * b , i + j
```

est une expression qui évalue d'abord *a*b*, puis *i+j* et qui prend comme valeur la dernière calculée (donc ici celle de *i+j*). Certes, dans ce cas d'école, le calcul préalable de *a*b* est inutile puisqu'il n'intervient pas dans la valeur de l'expression globale et qu'il ne réalise aucune action.

En revanche, une expression telle que :

```
i++, a + b
```

peut présenter un intérêt puisque la première expression (dont la valeur ne sera pas utilisée) réalise en fait une incrémentation de la variable *i*.

Il en est de même de l'expression suivante :

```
i++, j = i + k
```

dans laquelle, il y a :

- évaluation de l'expression *i++* ;
- évaluation de l'affectation *j = i + k*. Notez qu'alors on utilise la valeur de *i* après incrémentation par l'expression précédente.

Cet opérateur séquentiel, qui dispose d'une associativité de gauche à droite, peut facilement faire intervenir plusieurs expressions (sa faible priorité évite l'usage de parenthèses) :

```
i++, j = i+k, j--
```

Certes, un tel opérateur peut être utilisé pour réunir plusieurs instructions en une seule. Ainsi, par exemple, ces deux formulations sont équivalentes :

```
i++, j = i+k, j-- ;
i++ ; j = i+k ; j-- ;
```

Dans la pratique, ce n'est cependant pas là le principal usage que l'on fera de cet opérateur séquentiel. En revanche, ce dernier pourra fréquemment intervenir dans les instructions de choix ou dans les boucles ; là où celles-ci s'attendent à trouver une seule expression, l'opérateur séquentiel permettra d'en placer plusieurs, et donc d'y réaliser plusieurs calculs ou plusieurs actions. En voici deux exemples :

```
if (i++, k>0) ......
```

remplace :

```
i++ ; if (k>0) ......
```

et :

```
for (i=1, k=0 ; ... ; ... ) .......
```

remplace :

```
i=1 ; for (k=0 ; ... ; ... ) ......
```

Nous verrons même que, dans le cas des boucles conditionnelles, cet opérateur permet de réaliser des constructions ne possédant pas d'équivalent simple.

13 L'opérateur *sizeof*

L'opérateur *sizeof*, dont l'emploi ressemble à celui d'une fonction, fournit la taille en octets (n'oubliez pas que l'octet est, en fait, la plus petite partie adressable de la mémoire). Par exemple, dans une implémentation où le type *int* est représenté sur 2 octets et le type *double* sur 8 octets, si l'on suppose que l'on a affaire à ces déclarations :

```
int n ;
double z ;
```

- l'expression *sizeof(n)* vaudra *2* ;
- l'expression *sizeof(z)* vaudra *8*.

Cet opérateur peut également s'appliquer à un type de nom donné. Ainsi, dans l'implémentation précédemment citée :

- *sizeof(int)* vaudra *2* ;
- *sizeof(double)* vaudra *8*.

Quelle que soit l'implémentation, *sizeof(char)* vaudra toujours *1* (par définition, en quelque sorte).

Cet opérateur offre un intérêt :

- lorsque l'on souhaite écrire des programmes portables dans lesquels il est nécessaire de connaître la taille exacte de certains éléments ;
- pour éviter d'avoir à calculer soi-même la taille d'objets d'un type relativement complexe pour lequel on n'est pas certain de la manière dont il sera implémenté par le compilateur. Ce sera notamment le cas des structures ou des objets.

14 Les opérateurs de manipulation de bits

14.1 Présentation des opérateurs de manipulation de bits

C++ dispose d'opérateurs permettant de travailler directement sur le motif binaire d'une valeur. Ceux-ci lui procurent ainsi des possibilités traditionnellement réservées à la programmation en langage assembleur.

A priori, **ces opérateurs ne peuvent porter que sur des types entiers**. Toutefois, compte tenu des règles de conversion implicite, ils pourront également s'appliquer à des caractères (mais le résultat en sera entier).

Le tableau ci-après fournit la liste de ces opérateurs qui se composent de cinq opérateurs binaires et d'un opérateur unaire.

<table>
<tr><th>TYPE</th><th>OPÉRATEUR</th><th>SIGNIFICATION</th></tr>
<tr><td>binaire</td><td>&</td><td>ET (bit à bit)</td></tr>
<tr><td></td><td>|</td><td>OU inclusif (bit à bit)</td></tr>
<tr><td></td><td>^</td><td>OU exclusif (bit à bit)</td></tr>
<tr><td></td><td><<</td><td>Décalage à gauche</td></tr>
<tr><td></td><td>>></td><td>Décalage à droite</td></tr>
<tr><td>unaire</td><td>~</td><td>Complément à un (bit à bit)</td></tr>
</table>

Opérateurs de manipulation de bits

14.2 Les opérateurs bit à bit

Les trois opérateurs *&*, | et ^ appliquent en fait la même opération à chacun des bits des deux opérandes. Leur résultat peut ainsi être défini à partir d'une table (dite « table de vérité ») fournissant le résultat de cette opération lorsqu'on la fait porter sur deux bits de même rang de chacun des deux opérandes. Cette table est fournie par le tableau ci-après.

L'opérateur unaire ~ (dit de « complément à un ») est également du type « bit à bit ». Il se contente d'inverser chacun des bits de son unique opérande (*0* donne *1* et *1* donne *0*).

<table>
<tr><td>OPÉRANDE 1</td><td>0</td><td>0</td><td>1</td><td>1</td></tr>
<tr><td>OPÉRANDE 2</td><td>0</td><td>1</td><td>0</td><td>1</td></tr>
<tr><td>ET (&)</td><td>0</td><td>0</td><td>0</td><td>1</td></tr>
<tr><td>OU inclusif (|)</td><td>0</td><td>1</td><td>1</td><td>1</td></tr>
<tr><td>OU exclusif (^)</td><td>0</td><td>1</td><td>1</td><td>0</td></tr>
</table>

Table de vérité des opérateurs bit à bit

Voici quelques exemples de résultats obtenus à l'aide de ces opérateurs. Nous avons supposé que les variables *n* et *p* étaient toutes deux du type *int* et que ce dernier utilisait 16 bits. Nous avons systématiquement indiqué les valeurs sous formes binaire, hexadécimale et décimale :

<table>
<tr><td>n</td><td>0000010101101110</td><td>056E</td><td>1390</td></tr>
<tr><td>p</td><td>0000001110110011</td><td>03B3</td><td>947</td></tr>
<tr><td>n & p</td><td>0000000100100010</td><td>0122</td><td>290</td></tr>
<tr><td>n | p</td><td>0000011111111111</td><td>07FF</td><td>2047</td></tr>
<tr><td>n ^ p</td><td>0000011011011101</td><td>06DD</td><td>1757</td></tr>
<tr><td>~ n</td><td>1111101010010001</td><td>FA91</td><td>-1391</td></tr>
</table>

Exemples d'opérations bit à bit

Notez que le qualificatif *signed/unsigned* des opérandes n'a pas d'incidence sur le motif binaire créé par ces opérateurs. Cependant, le type même du résultat produit se trouve défini par les règles habituelles. Ainsi, dans nos précédents exemples, la valeur décimale de *~n* serait *64145* si *n* avait été déclaré *unsigned int* (ce qui ne change pas son motif binaire).

14.3 Les opérateurs de décalage

Ils permettent de réaliser des décalages à droite ou à gauche sur le motif binaire correspondant à leur premier opérande. L'amplitude du décalage, exprimée en nombre de bits, est fournie par le second opérande. Par exemple :

```
n << 2
```

fournit comme résultat la valeur obtenue en décalant le motif binaire de *n* de *2* bits vers la gauche ; les bits de gauche sont perdus et des bits à zéro apparaissent à droite.

De même :

```
n >> 3
```

fournit comme résultat la valeur obtenue en décalant le motif binaire de *n* de *3* bits vers la droite. Cette fois, les bits de droite sont perdus, tandis que des bits apparaissent à gauche.

Ces derniers dépendent du qualificatif *signed/unsigned* du premier opérande. S'il s'agit de *unsigned*, les bits ainsi créés à gauche sont à zéro. S'il s'agit de *signed*, les bits ainsi créés seront égaux au bit signe (il y a, ici encore, propagation du bit signe).

Voici quelques exemples de résultats obtenus à l'aide de ces opérateurs de décalage. La variable *n* est supposée *signed int*, tandis que la variable *p* est supposée *unsigned int*.

(signed) n	0000010101101110	1010110111011110
(unsigned) p	0000010101101110	1010110111011110
n << 2	0001010110111000	1011011101111000
n >> 3	0000000010101101	1111011011101111
p >> 3	0000000010101101	0001010110111011

Exemples d'opératiions de décalage

14.4 Exemples d'utilisation des opérateurs de bits

L'opérateur *&* permet d'accéder à une partie des bits d'une valeur en masquant les autres. Par exemple, l'expression :

```
n & 0xF
```

permet de ne prendre en compte que les 4 bits de droite de *n* (que *n* soit de type *char*, *short*, *int* ou *long*).

De même :

```
n & 0x8000
```

permet d'extraire le « bit signe » de *n*, supposé de type *int* dans une implémentation où celui-ci correspond à 16 bits.

Voici un exemple de programme qui décide si un entier est pair ou impair, en examinant simplement le dernier bit de sa représentation binaire :

```
#include <iostream>
using namespace std ;
main()
{  int n ;
   cout << "donnez un entier : " ;
   cin >> n ;
   if ( n & 1 == 1 )
         cout << "il est impair" ;
      else
         cout << "il est pair" ;
}
```

```
donnez un entier : 124
il est pair
donnez un entier : 25
il est impair
```

Test de la parité d'un entier

15 Récapitulatif des priorités de tous les opérateurs

Le tableau ci-après fournit la liste **complète** des opérateurs du langage C++, classés par ordre de priorité décroissante, accompagnés de leur mode d'associativité. On notera qu'en C++, un certain nombre de notations servant à référencer des éléments sont considérées comme des opérateurs et, en tant que tels, soumises à des règles de priorité. Ce sont essentiellement :

- les références à des éléments d'un tableau réalisées par *[] ;*
- les opérateurs d'adressage : * et *& ;*
- les références à des champs d'une structure ou d'un objet : opérateurs ->, ., ->* et .* ;
- les résolutions de portée (opérateur ::).

Ces opérateurs seront étudiés ultérieurement dans les chapitres correspondants. Néanmoins, ils figurent dans le tableau proposé.

Catégorie	Opérateurs	Associativité
Résolution de portée	:: (portée globale - unaire) :: (portée de classe - binaire)	<-- -->
Référence	() [] -> .	-->
Unaire	+ - ++ -- ! ~ * & sizeof cast dynamic_cast static_cast reinterpret_cast const_cast new new[] delete delete[]	<---
Sélection	->* .*	<--
Arithmétique	* / %	--->
Arithmétique	+ -	--->
Décalage	<< >>	--->
Relationnels	< <= > >=	--->
Relationnels	== !=	--->
Manipulation de bits	&	--->
Manipulation de bits	^	--->
Manipulation de bits	|	--->
Logique	&&	--->
Logique	||	--->
Conditionnel (ternaire)	? :	--->
Affectation	= += -= *= /= %= &= ^= |= <<= >>=	<---
Séquentiel	,	--->

Les opérateurs de C++

5

Les entrées-sorties conversationnelles de C++

En C++, les entrées-sorties reposent sur les notions de flot et de surdéfinition d'opérateur que nous n'aborderons qu'ultérieurement. Il ne serait pas judicieux cependant d'attendre que vous ayez étudié ces différents points pour commencer à écrire des programmes complets. C'est pourquoi, dans ce chapitre nous vous présentons ces possibilités d'entrées-sorties, de manière assez informelle, en nous limitant à ce que nous nommons l'aspect conversationnel, à savoir :

- la lecture sur l'entrée standard ;
- l'écriture sur la sortie standard.

Généralement, l'entrée standard correspond au clavier et la sortie standard à l'écran (plus précisément à une fenêtre de l'écran). La plupart des environnements permettent d'effectuer une redirection de ces unités vers des fichiers, mais cet aspect reste alors totalement transparent au programme.

1 Affichage à l'écran

Dans notre programme exemple du paragraphe 1 du chapitre 2, nous avons déjà rencontré des instructions d'affichage telles que :

```
cout << "Bonjour\n" ;
cout << "Je vais vous calculer " << NFOIS << " racines carrees\n" ;
```

Nous nous étions contentés de dire que << était un opérateur permettant d'envoyer de l'information sur le flot *cout*, correspondant à l'écran. Plus précisément, on voit que cet opérateur dispose de deux opérandes :

- l'opérande de gauche correspond à un flot (plus précisément à un flot de sortie, c'est-à-dire susceptible de recevoir de l'information) ;
- l'opérande de droite correspond à une expression.

Comme le laissaient supposer nos exemples, cet opérateur jouit de propriétés intéressantes, à savoir :

- il est défini pour différents types d'informations ;
- il fournit un résultat ;
- il possède une associativité de gauche à droite.

Voyons cela sur quelques exemples.

1.1 Exemple 1

Considérons ces instructions :

```
int n = 25 ;
cout << "valeur : " ;
cout << n ;
```

Elles affichent le résultat suivant :

```
valeur : 25
```

Nous y avons utilisé le même opérateur << pour envoyer sur le flot *cout*, d'abord une information de type chaîne (constante), ensuite une information de type entier. Le rôle de l'opérateur << est manifestement différent dans les deux cas : dans le premier, il a transmis les caractères de la chaîne, dans le second, il a procédé à un « formatage » pour convertir une valeur binaire entière en une suite de caractères. Cette possibilité d'attribuer plusieurs significations à un même opérateur correspond à ce que l'on nomme en C++ la surdéfinition d'opérateur (que nous aborderons en détail au chapitre 15).

1.2 Exemple 2

Dans l'exemple précédent, nous avons utilisé une instruction différente pour chaque information transmise au flot *cout*. En fait, les deux instructions :

```
cout << "valeur :" ;
cout << n ;
```

peuvent se condenser en une seule :

```
cout << "valeur :" << n ;
```

Là encore, l'interprétation exacte de cette possibilité sera fournie ultérieurement, mais d'ores et déjà, nous pouvons dire qu'elle réside dans deux points :

- l'opérateur << est associatif de gauche à droite comme l'opérateur d'origine[1] ;
- le résultat fourni par l'opérateur <<, quand il reçoit un flot en premier opérande, est ce même flot après qu'il a reçu l'information concernée.

Ainsi, l'instruction précédente est équivalente à :

```
(cout << "valeur :") << n ;
```

Celle-ci peut s'interpréter comme ceci :

- dans un premier temps, le flot *cout* reçoit la chaîne *"valeur :"* ;
- dans un deuxième temps, le flot *cout << "valeur :"*, c'est-à-dire le flot *cout* augmenté de *"valeur :"*, reçoit la valeur de *n*.

Remarques

1 Si l'interprétation précédente ne vous paraît pas évidente, il vous suffit d'admettre pour l'instant qu'une instruction telle que :

```
cout << ----- << ----- << ----- << ----- ;
```

permet d'envoyer sur le flot *cout* les informations symbolisées par des traits, dans l'ordre où elles apparaissent.

2 Rappelons que les déclarations nécessaires à l'utilisation des opérateurs << et >> figurent dans un fichier en-tête de nom *<iostream>* et que les symboles correspondants sont définis dans l'espace de noms *std*. Cette notion a été présentée sommairement au paragraphe 1.9 du chapitre 2 où on vous a indiqué qu'elle vous obligeait à introduire une instruction *using*, et donc à commencer tous vos programmes par :

```
#include <iostream>
using namespace std ;      /* on utilisera les symboles définis dans   */
                           /* l'espace de noms standard s'appelant std */
```

1.3 Les possibilités d'écriture sur cout

D'une manière générale, vous pouvez utiliser l'opérateur << pour envoyer sur *cout* la valeur d'une expression d'un type de base quelconque :

- *char* (qu'il possède ou non des attributs de signe) : dans tous les cas, on obtient bien le caractère correspondant ; on notera bien que dans une instruction telle que (*c* étant de type *char*) :

  ```
  cout << c ;
  ```

  la valeur de *c* n'est pas soumise à une promotion numérique, car ce genre de conversion ne concerne que les expressions arithmétiques. En revanche, avec :

1. Nous avons déjà vu que << est un opérateur de manipulation de bits. Nous verrons également que C++ permet de « surdéfinir » tous les opérateurs existants (et seulement ceux-là).

```
cout << c + 1 ;
```

la valeur de l'expression *c+1* sera bien de type *int* ;

- entier : *short, int* ou *long* (avec ou sans attributs de signe) ;
- booléen : on obtiendra l'affichage de 0 ou de 1 ;
- flottant : *float* ou *double* ou *long double* ;
- chaîne constante (de la forme *"bonjour"*).

Nous rencontrerons d'autres possiblités par la suite et le paragraphe 1.1 du chapitre 22 vous proposera un récapitulatif.

2 Lecture au clavier

2.1 Introduction

Là encore, dans notre programme exemple du paragraphe 1 du chapitre 2, nous nous étions contentés de dire que >> était un opérateur permettant de lire de l'information sur le flot *cin* correspondant au clavier. Plus précisément, il dispose, comme <<, de deux opérandes :

- l'opérande de gauche correspond à un flot (plus précisément à un flot d'entrée, c'est-à-dire susceptible de fournir de l'information) ;
- l'opérande de droite correspond à une *lvalue* (notez la différence avec l'opérateur << ; cette fois, il ne serait pas possible de fournir ici une expression, pas plus qu'on ne le fait pour l'opérande de gauche d'un opérateur d'affectation...).

Là encore, cet opérateur jouit de propriétés intéressantes, à savoir :

- il est défini pour différents types d'informations, comme dans cet exemple :

```
int n ;
char c ;
  .....
cin << n ;   // lit une suite de caractères représentant un entier,
             // la convertit en int et range le résultat dans n
cin << c ;   // lit un caractère et le range dans c
```

- il fournit un résultat ;
- il possède une associativité de gauche à droite.C'est grâce à ces deux dernières propriétés que :

```
cin >> n >> p ;
```

sera équivalent à :

```
(cin >> n) >> p ;
```

Pour donner une interprétation imagée (et peu formelle) analogue à celle fournie pour *cout*, nous pouvons dire que la valeur de *n* est d'abord extraite du flot *cin* ; ensuite, la valeur de *p* est extraite du flot *cin >> n* (comme pour <<, le résultat de l'opérateur >> est un flot), c'est-à-dire de ce qu'est devenu le flot *cin*, après qu'on en a extrait la valeur de *n*.

2.2 Les différentes possibilités de lecture sur cin

D'une manière générale, vous pouvez utiliser l'opérateur >> pour accéder à des informations de type de base quelconque :

- *char* (qu'il possède ou non des attributs de signe) : dans tous les cas, on obtient bien le code du caractère correspondant ;
- entier : *short*, *int* ou *long* (avec ou sans attributs de signe) ;
- flottant : *float* ou *double* ou *long double* : on peut le fournir sous la forme d'un entier, d'un flottant en notation décimale ou exponentielle, avec *e* ou *E* (attention, on ne peut pas utiliser les modificateurs *f*, *F*, *l* ou *L* qui n'ont de signification que pour une constante figurant dans un programme) ;
- booléen : seules les valeurs entières 0 ou 1 sont acceptées.

Là encore, nous rencontrerons d'autres possiblités par la suite et le paragraphe 2.1 du chapitre 22 vous proposera un récapitulatif.

2.3 Notions de tampon et de caractères séparateurs

La première lecture au clavier demande à l'utilisateur de fournir une suite de caractères qu'il « valide » en frappant la touche « entrée » qui correspond à une fin de ligne. Cette suite de caractères (fin de ligne comprise) est rangée provisoirement dans un emplacement mémoire nommé « tampon ». Ce dernier est exploré, caractère par caractère par l'opérateur >> au fur et à mesure des besoins (qu'il s'agisse de la première lecture ou des éventuelles suivantes). Il existe un pointeur qui désigne le prochain caractère à prendre en compte. Si une partie du tampon n'est pas exploitée par une lecture, les caractères non exploités restent disponibles pour une prochaine lecture. Réciproquement, si les informations présentes dans le tampon ne suffisent pas pour lire toutes les valeurs voulues, l'opérateur >> attendra que l'utilisateur fournisse une nouvelle « ligne » de caractères qui viendra prendre place à son tour dans un nouveau tampon.

D'autre part, certains caractères dits « séparateurs » (ou « espaces blancs ») jouent un rôle particulier dans les données. Les deux principaux sont l'espace et la fin de ligne (*\n*). Il en existe trois autres d'un usage beaucoup moins fréquent : la tabulation horizontale (*\t*), la tabulation verticale (*\v*) et le changement de page (*\f*).

2.4 Premières règles utilisées par >>

Par défaut, toute lecture commence par avancer le pointeur jusqu'au premier caractère différent d'un séparateur. Puis on prend en compte tous les caractères suivants jusqu'à la rencontre d'un séparateur (en y plaçant le pointeur), du moins lorsque aucun caractère invalide n'est présent dans la donnée (nous y reviendrons au paragraphe 2.6).

Voici quelques exemples dans lesquels nous supposons que *n* et *p* sont de type *int*, tandis que *c* est de type *char*. Nous fournissons, pour chaque lecture, des exemples de réponses possibles (^ désigne un espace et @ une fin de ligne) avec, en regard, les valeurs effectivement lues et éventuellement un commentaire :

```
cin >> n >> p ;
    12^25@              n = 12      p = 25
      // façon la plus naturelle de fournir les informations voulues.
    ^12^^25^^@          n = 12      p = 25
      // on a introduit quelques espaces supplémentaires dans les données.
    12@
    @
    ^25@                n = 12      p = 25
      // on a fourni trois lignes d'information, dont une "vide".
      // l'opérateur >> a alimenté trois fois le tampon
    12^25^48^8@         n = 12      p = 25
      // l'exploration du tampon s'est arrêtée sur l'espace suivant 25
      // les caractères non exploités ici pourront être utlisés
      // par une prochaine lecture

cin >> c >> n ;
    a25@                c = 'a'     n = 25
    a^^25@              c = 'a'     n = 25
    ^a25@               c = 'a'     n = 25

cin >> n >> c ;
    12 a@               n = 12      c = 'a'
```

2.5 Présence d'un caractère invalide dans une donnée

Voyez cet exemple, accompagné des valeurs obtenues dans les variables concernées :

```
cin >> n >> c ;
    12a@                n = 12   c = 'a'
```

Ici, lors de la lecture de *n*, l'opérateur >> rencontre les caractères *1*, puis *2*, puis *a*. Ce caractère *a* ne convenant pas à la fabrication d'une valeur entière, l'opérateur interrompt son exploration et fournit donc la valeur *12* pour *n*. La lecture de la valeur suivante (*c*) amène l'opérateur à poursuivre l'exploration du tampon à partir de ce caractère courant (*a*).

D'une manière générale, lors de la lecture d'une information, l'opérateur >> arrête son exploration du tampon dès que l'une des deux conditions est satisfaite :

- rencontre d'un caractère séparateur,
- rencontre d'un caractère invalide, par rapport à l'usage qu'on veut en faire (par exemple un point pour un entier, une lettre autre que *E* ou *e* pour un flottant...). Notez bien l'aspect relatif de cette notion de caractère invalide.

Toutefois, en cas de caractère invalide, il faut distinguer deux circonstances différentes qui influent sur le comportement ultérieur de l'opérateur :

- On a pu fabriquer une valeur pour la *lvalue* correspondante (autrement dit, avant le caractère invalide, on a pu trouver un ou plusieurs caractères convenant à l'usge qu'on voulait en faire). Dans ce cas, la lecture suivante sur le flot continuera à partir de ce caractère invalide.
- On n'a pas pu fabriquer de valeur pour la *lvalue* correspondante. Dans ce cas, la valeur de la *lvalue* reste inchangée et la lecture sur le flot est bloquée : toute tentative ultérieure de lecture échouera (même s'il s'agit de la lecture d'un caractère, on n'obtiendra pas la valeur correspondant au caractère invalide). Nous verrons, au paragraphe 3 du chapitre 22 comment « tester » l'état d'un flot et comment « débloquer » la situation.

2.6 Les risques induits par la lecture au clavier

Nous vous proposons trois exemples illustrant les règles présentées ci-dessus, montrant que, dans certains cas, on peut aboutir à :

- un manque de synchronisme apparent entre le clavier et l'écran,
- à un blocage de la lecture par un caractère invalide,
- une boucle infinie due à la présence d'un caractère invalide.

2.6.1 Manque de synchronisme entre clavier et écran

Cet exemple illustre le rôle du tampon. On y voit comment une lecture peut utiliser une information non exploitée par la précédente. Ici, l'utilisateur n'a pas à répondre à la question posée à la troisième ligne.

```
#include <iostream>
using namespace std ;
main()
{
   int n, p ;
   cout << "donnez une valeur pour n : " ;
   cin >> n ;
   cout << "merci pour " << n << "\n" ;
   cout << "donnez une valeur pour p : " ;
   cin >> p ;
   cout << "merci pour " << p << "\n" ;
}
```

```
donnez une valeur pour n : 12 25
merci pour 12
donnez une valeur pour p : merci pour 25
```

Quand le clavier et l'écran semblent mal synchronisés

2.6.2 Blocage de la lecture

Voyez cet exemple qui montre comment une maladresse de l'utilisateur (ici frappe d'une lettre au lieu d'un chiffre) peut entraîner un comportement déconcertant du programme :

```
#include <iostream>
using namespace std ;
main()
{  int n = 12 ;
   char c = 'a' ;
   cout << "donnez un entier et un caractere :\n" ;
   cin >> n >> c ;
   cout << "merci pour " << n << " et " << c << "\n" ;
   cout << "donnez un caractere : " ;
   cin >> c ;
   cout << "merci pour " << c ;
 }
```

```
donnez un entier et un caractere :
x 25
merci pour 4467164 et a
donnez un caractere : merci pour a
```

Clavier bloqué par un « caractère invalide »

Lors de la première lecture de *n*, l'opérateur >> a rencontré le caractère *x*, manifestement invalide. Comme il n'était alors pas capable de fabriquer une valeur entière, il a laissé la valeur de *n* inchangée et il a bloqué la lecture. Ainsi, la tentative de lecture ultérieure d'un caractère dans *c*, n'a pas débloqué la situation : la lecture étant bloquée, la valeur de *c* est restée inchangée (le flot est resté bloqué et d'autres tentatives de lecture seraient traitées de la sorte).

2.6.3 Boucle infinie sur un caractère invalide

Voici un autre exemple montrant comment une maladresse lors de l'exécution peut entraîner le bouclage d'un programme (ici, nous anticipons sur le chapitre suivant en utilisant la structure de contrôle *do... while* : la répétition a lieu tant que la valeur de *n* est non nulle) :

```
#include <iostream>
using namespace std ;
main()
{  int n ;
   do
     { cout << "donnez un nombre entier : " ;
       cin >> n ;
       cout << "voici son carre : " << n*n << "\n" ;
     }
   while (n) ;
}
```

```
donnez un nombre entier : 3
voici son carre : 9
donnez un nombre entier : à
voici son carre : 9
donnez un nombre entier : voici son carre : 9
donnez un nombre entier : voici son carre : 9
donnez un nombre entier : voici son carre : 9
donnez un nombre entier : voici son carre : 9
...
```

Boucle infinie sur un caractère invalide

Ici, le caractère « à » a été considéré comme invalide pour la fabrication d'un entier. La lecture de *n* s'est interrompue, sans modifier la valeur de la variable (ici 3) et la lecture a été bloquée. Toutes les lectures suivantes ont donc échoué, d'où la boucle infinie... Il faudra interrompre l'exécution du programme suivant une démarche appropriée dépendant de l'environnement.

Remarque

Il est possible d'améliorer le comportement des programmes précédents. Pour ce faire, il est nécessaire de faire appel à des éléments qui seront présentés plus tard dans cet ouvrage. Nous verrons comment tester l'état d'un flot et le débloquer au paragraphe 3 du chapitre 22 et même, gérer convenablement les lectures en utilisant un « formatage en mémoire », au paragraphe 7.2 du chapitre 28.

6

Les instructions de contrôle

A priori, dans un programme, les instructions sont exécutées séquentiellement, c'est-à-dire dans l'ordre où elles apparaissent. Or la puissance et le « comportement intelligent » d'un programme proviennent essentiellement :

- de la possibilité d'effectuer des **choix**, de se comporter différemment suivant les circonstances (celles-ci pouvant être, par exemple, une réponse de l'utilisateur, un résultat de calcul...) ;
- de la possibilité d'effectuer des **boucles**, autrement dit de répéter plusieurs fois un ensemble donné d'instructions.

Tous les langages disposent d'instructions, nommées *instructions de contrôle*, permettant de réaliser ces choix ou ces boucles. Suivant le cas, celles-ci peuvent être :

- basées essentiellement sur la notion de branchement (conditionnel ou inconditionnel) ; c'était le cas, par exemple, des premiers Basic ;
- ou, au contraire, une traduction fidèle des structures fondamentales de la programmation structurée ; cela était le cas, par exemple, du langage Pascal bien que, en toute rigueur, ce dernier disposât d'une instruction de branchement inconditionnel GOTO.

Sur ce point, le langage C++ est quelque peu hybride. En effet, d'une part, il dispose d'instructions structurées permettant de réaliser :

- des choix : instructions **if...else** et **switch** ;
- des boucles : instructions **do...while**, **while** et **for**.

Mais, d'autre part, la notion de branchement n'en est pas totalement absente puisque, comme nous le verrons :

- il dispose d'instructions de branchement inconditionnel : **goto**, **break** et **continue** ;
- l'instruction *switch* est en fait intermédiaire entre un choix multiple parfaitement structuré (comme dans Pascal) et un aiguillage multiple (comme dans Fortran).

Ce sont ces différentes instructions de contrôle du langage C++ que nous nous proposons d'étudier dans ce chapitre.

1 Les blocs d'instructions

Dans notre exemple d'introduction du paragraphe 1 du chapitre 2, nous avons déjà rencontré des instructions de contrôle particulières : *if* et *for*. Nous avons constaté que ces dernières pouvaient faire intervenir un bloc. Nous vous proposons de préciser ici ce qu'est un bloc d'une manière générale.

1.1 Blocs d'instructions

Un bloc est une suite d'instructions placées entre *{* et *}*. Les instructions figurant dans un bloc sont absolument quelconques. Il peut s'agir aussi bien d'instructions simples (terminées par un point-virgule) que d'instructions structurées (choix, boucles), lesquelles peuvent alors à leur tour renfermer d'autres blocs.

Rappelons qu'en C++, la notion d'instruction est en quelque sorte récursive. Dans la description de la syntaxe des différentes instructions, nous serons souvent amenés à mentionner ce terme d'**instruction**. Comme nous l'avons déjà noté, celui-ci désignera toujours n'importe quelle instruction C++ : **simple**, **structurée** ou un **bloc**.

Un bloc peut se réduire à une seule instruction, voire être vide. Voici deux exemples de blocs corrects :

```
{ }
{ i = 1 ; }
```

Le second bloc ne présente aucun intérêt en pratique, puisqu'il pourra toujours être remplacé par l'instruction simple qu'il contient.

En revanche, nous verrons que le premier bloc (lequel pourrait a priori être remplacé par... rien) apportera une meilleure lisibilité dans le cas de boucles ayant un corps vide.

Notez encore que *{ ; }* est un bloc constitué d'une seule instruction vide, ce qui est syntaxiquement correct.

Remarque

N'oubliez pas que toute instruction simple est toujours terminée par un point-virgule. Ainsi, ce bloc :

```
{ i = 5 ; k = 3 }
```

est incorrect car il manque un point-virgule à la fin de la seconde instruction.

D'autre part, un bloc joue le même rôle syntaxique qu'une instruction simple (point-virgule compris). Évitez donc d'ajouter des points-virgules intempestifs à la suite d'un bloc.

1.2 Déclarations dans un bloc

Nous avons vu qu'il était nécessaire de déclarer une variable avant son utilisation au sein d'un programme. Bien entendu, toute variable déclarée avant un bloc est utilisable dans ce bloc :

```
int n ;
    .....
{ // ici, on peut utiliser n
}
```

Mais C++ vous autorise également à déclarer des variables à l'intérieur d'un bloc, comme dans :

```
    .....
{ int p ;
   .....  // ici, on peut utiliser p
}
   .....  // mais, ici, p n'est plus connu
```

Pour l'instant, nous n'insisterons pas plus sur cet aspect qui sera examiné plus en détail en même temps que les variables locales à une fonction.

2 L'instruction *if*

Nous avons déjà rencontré des exemples d'instructions *if* qu'on pourrait qualifier de naturels, dans la mesure où la condition régissant le choix était booléenne (par exemple $a < b$). Mais, en toute rigueur, la condition figurant dans *if* est une expression quelconque (par exemple entière ou flottante) qui est convertie implicitement en booléen suivant la règle déjà rencontrée pour les opérateurs logiques : non nul devient vrai et nul devient faux.

2.1 Syntaxe de l'instruction *if*

Le mot *else* et l'instruction qu'il introduit sont facultatifs, de sorte que cette instruction *if* présente deux formes :

```
if (expression)                if (expression)
    instruction_1                  instruction_1
  else
    instruction_2
```

L'instruction if

- *expression* : expression quelconque (éventuellement convertie implicitement en *bool*) ;
- *instruction_1* et *instruction_2* : instructions quelconques, c'est-à-dire :
  - simple (terminée par un point-virgule) ;
  - bloc ;
  - instruction structurée.

Remarque

La syntaxe de cette instruction n'impose en soi aucun point-virgule, si ce n'est ceux qui terminent naturellement les instructions simples qui y figurent.

2.2 Exemples

L'expression conditionnant le choix est quelconque. La richesse de la notion d'expression en C++ fait que celle-ci peut elle-même réaliser certaines actions. Voici des exemples où cette expression est encore booléenne :

```
if ( ++i < limite) cout << "OK" ;
```

est équivalent à :

```
i = i + 1 ;
if ( i < limite )  cout << "OK" ;
```

Par ailleurs :

```
if ( i++ < limite ) ......
```

est équivalent à :

```
i = i + 1 ;
if ( i-1 < limite ) ......
```

En revanche :

```
if ( i<max && ( j++ == 10) ) ......
```

n'est **pas équivalent à :**

```
j++ ;
if ( i<max && ( j == 10 ) ) ......
```

car, comme nous l'avons déjà dit, l'opérateur *&&* n'évalue son second opérande que lorsque cela est nécessaire. Autrement dit, dans la première formulation, l'expression *j++* n'est pas évaluée lorsque la condition *i<max* est fausse ; elle l'est, en revanche, dans la deuxième formulation.

Voici maintenant des exemples où l'expression régissant l'instruction *if* n'est plus booléenne :

```
if (a) { ..... }        // exécuté si a non nul, quel que soit le type de a
                        // (entier, flottant, et même pointeur)
if (a = b) { ..... }    // affecte b à a et exécute le bloc si a est non nul
                        // on obtient parfois un avertissement du compilateur lié
                        // au risque de confusion entre a=b et a==b
```

2.3 Imbrication des instructions *if*

Nous avons déjà mentionné que les instructions figurant dans chaque partie du choix d'une instruction pouvaient être absolument quelconques. En particulier, elles peuvent, à leur tour, renfermer d'autres instructions *if*. Or, compte tenu de ce que cette instruction peut comporter ou ne pas comporter de *else*, il existe certaines situations où une ambiguïté apparaît. C'est le cas dans cet exemple :

```
if (a<=b)  if (b<=c)  cout << "ordonné" ;
          else cout << "non ordonné" ;
```

Est-il interprété comme le suggère cette présentation ?

```
if (a<=b)  if (b<=c) cout << "ordonné" ;
     else  cout << "non ordonné" ;
```

ou bien comme le suggère celle-ci ?

```
if (a<=b) if (b<=c) cout << "ordonné" ;
               else cout << "non ordonné" ;
```

La première interprétation conduirait à afficher *"non ordonné"* lorsque la condition *a<=b* est fausse, tandis que la seconde n'afficherait rien dans ce cas. La règle adoptée par le langage C++ pour lever une telle ambiguïté est la suivante :

> Un else se rapporte toujours au dernier *if* rencontré auquel un *else* n'a pas encore été attribué.

Dans notre exemple, c'est la seconde présentation qui suggère le mieux ce qui se passe.

Voici un exemple d'utilisation de *if* imbriqués. Il s'agit d'un programme de facturation avec remise. Il lit en donnée un simple prix hors taxes et calcule le prix TTC correspondant (avec un taux de TVA constant de 19,6 %). Il établit ensuite une remise dont le taux dépend de la valeur ainsi obtenue, à savoir :

- 0 % pour un montant inférieur à 1 000 euros ;

- 1 % pour un montant supérieur ou égal à 1 000 euros et inférieur à 2 000 euros ;
- 3 % pour un montant supérieur ou égal à 2 000 euros et inférieur à 5 000 euros ;
- 5 % pour un montant supérieur ou égal à 5 000 euros.

```
#include <iostream>
using namespace std ;

main()
{  const double TAUX_TVA = 19.6 ;
   double ht, ttc, net, tauxr, remise ;
   cout << "donnez le prix hors taxes : " ;
   cin >> ht ;
   ttc = ht * ( 1. + TAUX_TVA/100.) ;
   if ( ttc < 1000.)             tauxr = 0 ;
      else if ( ttc < 2000 )     tauxr = 1. ;
         else if ( ttc < 5000 ) tauxr = 3. ;
            else                 tauxr = 5. ;
   remise = ttc * tauxr / 100. ;
   net = ttc - remise ;
   cout << "prix ttc     = " << ttc << "\n" ;
   cout << "remise       = " << remise << "\n" ;
   cout << "net à payer  = " << net << "\n" ;
}
```

```
donnez le prix hors taxes : 500
prix ttc     = 598
remise       = 0
net à payer  = 598
```

```
donnez le prix hors taxes : 4000
prix ttc     = 4784
remise       = 143.52
net à payer  = 4640.48
```

Exemple de if *imbriqués : facturation avec remise*

Remarque

Il est possible d'améliorer la présentation des résultats, en alignant convenablement les différentes valeurs. Cependant, il faut utiliser différents « manipulateurs » de flots qui ne seront présentés qu'ultérieurement. Vous trouverez une version améliorée du précédent programme au paragraphe 1.5.5 du chapitre 22.

3 L'instruction *switch*

3.1 Exemples d'introduction de l'instruction *switch*

a) Premier exemple

Voyez ce premier exemple de programme accompagné de trois exemples d'exécution.

```
#include <iostream>
using namespace std ;
main()
{  int n ;
   cout << "donnez un entier : " ;
   cin >> n ;
   switch (n)
   {  case 0 : cout << "nul\n" ;
               break ;
      case 1 : cout << "un\n" ;
               break ;
      case 2 : cout << "deux\n" ;
               break ;
   }
   cout << "au revoir\n" ;
}
```

```
donnez un entier : 0
nul
au revoir
```

```
donnez un entier : 2
deux
au revoir
```

```
donnez un entier : 5
au revoir
```

Premier exemple d'instruction switch

L'instruction *switch* s'étend ici sur huit lignes (elle commence au mot *switch*). Son exécution se déroule comme suit. On commence tout d'abord par évaluer l'expression figurant après le mot *switch* (ici *n*). Puis, on recherche dans le *bloc* qui suit s'il existe une « *étiquette* » de la forme « *case x* » correspondant à la valeur ainsi obtenue. Si c'est le cas, on se branche à l'instruction figurant après cette étiquette. Dans le cas contraire, on passe à l'instruction qui suit le bloc.

Par exemple, quand *n* vaut *0*, on trouve effectivement une étiquette *case 0* et l'on exécute l'instruction correspondante, c'est-à-dire :

```
cout << "nul\n" ;
```

On passe ensuite, naturellement, à l'instruction suivante, à savoir, ici :

```
break ;
```

Celle-ci demande en fait de sortir du bloc. Notez bien que le rôle de cette instruction est fondamental. Voyez, à titre d'exemple, ce que produirait ce même programme en l'absence d'instructions *break* :

```
#include <iostream>
using namespace std ;
main()
{  int n ;
   cout << "donnez un entier : " ;
   cin >> n ;
   switch (n)
   {  case 0 : cout << "nul\n" ;
      case 1 : cout << "un\n" ;
      case 2 : cout << "deux\n" ;
   }
   cout << "au revoir\n" ;
}
```

```
donnez un entier : 0
nul
un
deux
au revoir
```

```
donnez un entier : 2
deux
au revoir
```

```
donnez un entier : 5
au revoir
```

En l'absence d'instructions break

b) Étiquette default

Il est possible d'utiliser le mot-clé **default** comme étiquette à laquelle le programme se branchera dans le cas où aucune valeur satisfaisante n'aurait été rencontrée auparavant. En voici un exemple :

```
#include <iostream>
using namespace std ;
main()
{  int n ;
   cout << "donnez un entier : " ;
   cin >> n ;
   switch (n)
   {  case 0 : cout << "nul\n" ;
      break ;
      case 1 : cout << "un\n" ;
      break ;
      case 2 : cout << "deux\n" ;
      break ;
      default : cout << "grand\n" ;
   }
   cout << "au revoir\n" ;
}
```

```
donnez un entier : 2
deux
au revoir
```

```
donnez un entier : 25
grand
au revoir
```

L'étiquette default

c) Exemple plus général

D'une manière générale, on peut trouver :

- plusieurs instructions à la suite d'une étiquette ;
- des étiquettes sans instructions, c'est-à-dire, en définitive, plusieurs étiquettes successives (accompagnées de leurs deux-points).

Voyez cet exemple, dans lequel nous avons volontairement omis certains *break*.

```
#include <iostream>
using namespace std ;
main()
{  int n ;
   cout << "donnez un entier : " ;
   cin >> n ;
   switch (n)
   {  case 0  : cout << "nul\n" ;
                break ;
      case 1  :
      case 2  : cout << "petit\n" ;
```

```
         case 3  :
         case 4  :
         case 5  : cout << "moyen\n" ;
                   break ;
         default : cout << "grand\n" ;
      }
   }
```

```
donnez un entier : 1
petit
moyen
```

```
donnez un entier : 3
moyen
```

```
donnez un entier : 25
grand
```

Exemple général d'instruction switch

3.2 Syntaxe de l'instruction *switch*

Voici la syntaxe générale de cette instruction (les crochets [et] signifient que ce qu'ils renferment est facultatif) :

```
switch (expression)
   { case constante_1 : [ suite_d'instructions_1 ]
     case constante_2 : [ suite_d'instructions_2 ]
           ..............
     case constante_n : [ suite_d'instructions_n ]
     [ default        :   suite_d'instructions   ]
   }
```

L'instruction switch

- *expression :* expression entière quelconque ;
- *constante* : expression constante d'un type entier quelconque (*char* est accepté car il sera converti en *int*) ;
- *suite_d'instructions* : séquence d'instructions quelconques.

Commentaires :

1 Il paraît normal que cette instruction limite les valeurs des étiquettes à des valeurs entières ; en effet, il ne faut pas oublier que la comparaison d'égalité de la valeur d'une

expression flottante à celle d'une constante flottante est relativement aléatoire, compte tenu de la précision limitée des calculs. En revanche, il est possible d'employer des constantes de type caractère, étant donné qu'il y aura systématiquement conversion en *int*. Cela autorise des constructions du type :

```
switch(c)
  { case 'a' : ......
    case 132 : .....
       ......
  }
```

où *c* est de type *char*, ou encore :

```
switch (n)
  { case 'A' : .....
    case 559 : .....
       .......
  }
```

où *n* est du type *int*.

2 La syntaxe autorise des expressions constantes et non seulement des constantes. On nomme ainsi des expressions calculables par le compilalteur. Cela peut être, bien sûr, des expressions telles que :

```
5 + 2            3  * 8 - 2
```

mais l'intérêt en reste limité puisqu'il est alors toujours possible de faire le calcul soi-même.

Mais cela peut également faire appel à des variables définies avec l'attribut *const* comme dans cet exemple :

```
const int LIMITE = 20
   .....
switch (n)
   { .....
     case LIMITE-1 : ......
     case LIMITE   : ......
     case LIMITE+1 : ......
   }
```

Cette façon de procéder permet un certain paramétrage des programmes. Ainsi, dans cet exemple, une modification de la valeur de *LIMITE* se résume à une seule intervention au niveau de sa déclaration

C En C

Les variables déclarées avec l'attribut *const* ne pouvaient pas intervenir dans des expressions constantes. L'exemple précédent était illégal. Pour obtenir des possibilités comparables, il fallait recourir à la directive *#define* du préprocesseur.

4 L'instruction *do... while*

Abordons maintenant la première façon de réaliser une boucle en C++, à savoir l'instruction *do... while*.

4.1 Exemple d'introduction de l'instruction *do... while*

```
#include <iostream>
using namespace std ;
main()
{  int n ;
   do
     { cout << "donnez un nb >0 : " ;
       cin >> n ;
       cout << "vous avez fourni : " << n << "\n" ;
     }
   while (n <= 0) ;
   cout << "reponse correcte" ;
}
```

```
donnez un nb >0 : -3
vous avez fourni : -3
donnez un nb >0 : -5
vous avez fourni : -5
donnez un nb >0 : 10
vous avez fourni : 10
reponse correcte
```

Exemple d'instruction do... while

L'instruction :

```
do { ....... } while (n<=0)
```

répète l'instruction qu'elle contient (ici un bloc) tant que la condition mentionnée (*n<=0*) est vraie (c'est-à-dire, en C++, non nulle). Autrement dit, ici, elle demande un nombre à l'utilisateur (en affichant la valeur lue) tant qu'il ne fournit pas une valeur positive.

On ne sait pas a priori combien de fois une telle boucle sera répétée. Toutefois, de par sa nature même, elle est toujours parcourue au moins une fois. En effet, la condition qui régit cette boucle n'est examinée qu'à la fin de chaque répétition (comme le suggère d'ailleurs le fait que la « partie *while* » figure en fin).

Notez bien que la sortie de boucle ne se fait qu'après un parcours complet de ses instructions et non dès que la condition mentionnée devient fausse. Ainsi, ici, même après que l'utilisateur a fourni une réponse convenable, il y a exécution de l'instruction d'affichage :

```
printf ("vous avez fourni %d", n) ;
```

4.2 Syntaxe de l'instruction *do... while*

```
do instruction
    while (expression) ;
```

L'instruction do... while

- *expression* : expression quelconque (qui sera éventuellement convertie en *bool*).

Commentaires

1 Notez bien, d'une part, la présence de **parenthèses** autour de l'expression qui régit la poursuite de la boucle, d'autre part la présence d'un **point-virgule** à la fin de cette instruction.

2 Lorsque l'instruction à répéter se limite à une seule instruction simple, n'omettez pas le point-virgule qui la termine. Ainsi :

```
do cin >> c while ( c != 'x') ;
```

est incorrecte. Il faut absolument écrire :

```
do cin >> c ; while ( c != 'x') ;
```

3 L'instruction à répéter peut être vide (mais quand même terminée par un point-virgule). Ces constructions sont correctes :

```
do ; while ( ... ) ;

do { } while ( ... ) ;
```

4 La construction :

```
do { } while (1) ;
```

représente une boucle infinie ; elle est syntaxiquement correcte, bien qu'elle ne présente en pratique aucun intérêt. En revanche :

```
do  instruction  while (1) ;
```

pourra présenter un intérêt dans la mesure où, comme nous le verrons, il sera possible d'en sortir éventuellement par une instruction *break*.

5 L'exemple proposé au paragraphe 3.1 peut également s'écrire :

```
do
  { cout << "donnez un nb >0 : " ;
    cin >> n ;
  }
while (cout << "vous avez fourni : " << n << "\n", n <= 0) ;
```

N'oubliez pas que l'instruction :

```
cout << "vous avez fourni : " << n << "\n" ;
```

est, en fait, une expression :

```
cout << "vous avez fourni : " << n << "\n"
```

terminée par un point-virgule. D'autre part, l'opérateur séquentiel se contente de fournir la valeur de son dernier opérande, après avoir évalué les autres dont seule l'éventuelle action se trouve alors avoir un intérêt.

Notre exemple pourrait encore s'écrire :

```
do
  { cout << "donnez un nb >0 : " ;
  }
while (cin >> n, cout << "vous avez fourni : " << n << "\n", n <= 0) ;
```

ou même :

```
do { }
while (cout << "donnez un nb >0 : ", cin >> n,
       cout << "vous avez fourni : " << n << "\n", n <= 0 ) ;
```

Notez bien que la condition de poursuite doit être la dernière expression évaluée, compte tenu du fonctionnement de l'opérateur séquentiel.

5 L'instruction *while*

Voyons maintenant la deuxième façon de réaliser une boucle conditionnelle, à savoir l'instruction *while*.

5.1 Exemple d'introduction de l'instruction *while*

```
#include <iostream>
using namespace std ;
main()
{  int n, som ;
   som = 0 ;
   while (som<100)
      { cout << "donnez un nombre : " ;
        cin >> n ;
        som += n ;
      }
   cout << "somme obtenue : " << som ;
}
```

```
donnez un nombre : 25
donnez un nombre : 17
donnez un nombre : 42
donnez un nombre : 9
```

```
donnez un nombre : 21
somme obtenue : 114
```

Exemple d'instruction while

La construction :

```
while (som<100)
```

répète l'instruction qui suit (ici un bloc) tant que la condition mentionnée est vraie (différente de zéro), comme le ferait *do... while*. En revanche, cette fois, la condition de poursuite est examinée **avant** chaque parcours de la boucle et non après. Ainsi, contrairement à ce qui se passait avec *do... while*, une telle boucle peut très bien n'être parcourue aucune fois si la condition est fausse dès qu'on l'aborde (ce qui n'est pas le cas ici).

5.2 Syntaxe de l'instruction *while*

```
while (expression)
      instruction
```

L'instruction while

- *expression* : expression quelconque (qui sera éventuellement convertie en *bool*).

Commentaires

1 Là encore, notez bien la présence de parenthèses pour délimiter la condition de poursuite. Remarquez que, par contre, la syntaxe n'impose aucun point-virgule de fin (il s'en trouvera naturellement un à la fin de l'instruction qui suit, si celle-ci est simple).

2 L'expression utilisée comme condition de poursuite est évaluée avant le premier tour de boucle. Il est donc nécessaire que sa valeur soit définie à ce moment.

3 Lorsque la condition de poursuite est une expression qui fait appel à l'opérateur séquentiel, n'oubliez pas qu'alors toutes les expressions qui la constituent seront évaluées avant le test de poursuite de la boucle. Ainsi, cette construction :

```
while ( cout << "donnez un nombre : " , cin >> n, som<=100 )
         som += n ;
```

n'est pas équivalente à celle de l'exemple d'introduction.

4 La construction :

```
while ( expression1, expression2 ) ;
```

est équivalente à :

do expression1

```
while ( expression2 ) ;
```

6 L'instruction *for*

Étudions maintenant la dernière instruction permettant de réaliser des boucles, à savoir l'instruction *for*.

6.1 Exemple d'introduction de l'instruction *for*

Considérez ce programme :

```
#include <iostream>
using namespace std ;
main()
{  int i ;
   for ( i=1 ; i<=5 ; i++ )
      {  cout << "bonjour " ;
         cout << i << " fois\n"  ;
      }
}
```

```
bonjour 1 fois
bonjour 2 fois
bonjour 3 fois
bonjour 4 fois
bonjour 5 fois
```

Exemple d'instruction for

La ligne :

```
for ( i=1 ; i<=5 ; i++ )
```

comporte en fait trois expressions. La première est évaluée (une seule fois) avant d'entrer dans la boucle. La deuxième conditionne la poursuite de la boucle. Elle est évaluée **avant** chaque parcours. La troisième, enfin, est évaluée à la fin de chaque parcours.

Le programme précédent est équivalent au suivant :

```
#include <iostream>
using namespace std ;
main()
{  int i ;
   i = 1 ;
   while (i<=5)
      {  cout << "bonjour " ;
         cout << i << " fois\n" ;
         i++ ;
      }
}
```

Remplacement d'une boucle for *par une boucle* while

Là encore, la généralité de la notion d'expression en C++ fait que ce qui était expression dans la première formulation (*for*) devient instruction dans la seconde (*while*).

6.2 L'instruction *for* en général

L'exemple précédent correspond à l'usage le plus fréquent d'une instruction *for*, à savoir la réalisation de ce que l'on nomme souvent « boucle avec compteur » :

- la première partie correspond à l'initialisation d'un compteur (ici i) ;
- la deuxième partie correspond à la condition d'arrêt (i<=5) ;
- la troisième partie correspond à l'incrémentation du compteur.

Mais la généralité de la notion d'expression en C++ vous permet plus de liberté, comme le montre cet exemple :

```
#include <iostream>
using namespace std ;
main()
{ int i, j ;
  for (i=1 , j=3 ; i<=5 ; i++, j+=i)
   { cout << "i = " << i << "  j = " << j << "\n" ;
   }
}
```

```
i = 1  j = 3
i = 2  j = 5
i = 3  j = 8
i = 4  j = 12
i = 5  j = 17
```

Exemple d'instruction for *(1)*

La première partie de l'instruction *for* peut également être une déclaration, ce qui permet d'écrire l'exemple précédent de cette façon :

```
#include <iostream>
using namespace std ;
main()
  {  for (int i=1 , j=3 ; i<=5 ; i++, j+=i)
     { cout << "i = " << i << "  j = " << j << "\n" ;
     }
  }
}
```

Exemple d'instruction for (2)

Dans ce cas, les variables *i* et *j* sont locales au bloc régi par l'instruction *for*. L'emplacement correspondant est alloué à l'entrée dans l'instruction *for* et il disparaît à la fin.

Ainsi les deux formulations des deux programmes précédents ne sont-elles pas rigoureusement équivalentes. Dans le premier cas, en effet, *i* et *j* existent encore après sortie de la boucle.

6.3 Syntaxe de l'instruction *for*

```
for ( [ expression_déclaration_1 ] ; [ expression_2 ] ; [ expression_3 ] )
          instruction
```

L'instruction for

Les crochets [et] signifient que leur contenu est facultatif.

- *expression_déclaration_1* est :
  - soit une expression (au sens du C++) ;
  - soit une déclaration d'une ou de plusieurs variables d'un même type, initialisées ou non ;
- *expression_2* : expression quelconque (qui sera éventuellement convertie en *bool*) ;
- *expression_3* : expression quelconque.

Commentaires

1 D'une manière générale, nous pouvons dire que :

```
for ( expression_1 ; expression_2 ; expression_3) instruction
```

est équivalent à :

```
expression_1 ;
while (expression_2)
   {  instruction
      expression_3 ;
   }
```

2 Chacune des trois expressions est facultative. Ainsi, ces constructions sont équivalentes à l'instruction *for* de notre premier exemple de programme :

```
i = 1 ;
for ( ; i<=5 ; i++ )  { cout << "bonjour ") ;
                        cout << i << " fois\n" ;
                      }


i = 1 ;
for ( ; i<=5 ; )    { cout << "bonjour " ;
                      cout << i << " fois\n" ;
                      i++ ;
                    }
```

3 Lorsque l'*expression_2* est absente, elle est considérée comme vraie.

4 Là encore, la richesse de la notion d'expression en C++ permet de grouper plusieurs actions dans une expression. Ainsi :

```
for ( i=0, j=1, k=5 ; ... ; ... )
```

est équivalent à :

```
j=1 ; k=5 ;
for ( i=0 ; ... ; ... )
```

ou encore à :

```
i=0 ; j=1 ; k=5 ;
for ( ; ... ; ...)
```

De même :

```
for ( i=1 ; i <= 5 ; cout << "fin de tour\n", i++ )  { instructions }
```

est équivalent à :

```
for ( i=1 ; i<=5 ; i++ )
     {  instructions
        cout << "fin de tour\n" ;
     }
```

En revanche :

```
for ( i=1, cout << "on commence\n" ; cout << "debut de tour\n", i<=5 ; i++)
     { instructions }
```

n'est pas équivalent à :

```
cout << "on commence\n" ;
for ( i=1 ; i<=5 ; i++ )
     { cout << "début de tour\n" ;
       instructions
     }
```

car, dans la première construction, le message *début de tour* est affiché après le dernier tour, tandis qu'il ne l'est pas dans la seconde construction.

5 Les deux constructions :

```
for ( ; ; ) ;
for ( ; ; ) { }
```

sont syntaxiquement correctes. Elles représentent des boucles infinies de corps vide (n'oubliez pas que, lorsque la seconde expression est absente, elle est considérée comme vraie). En pratique, elles ne présentent aucun intérêt.

En revanche, cette construction :

```
for ( ; ; )  instruction
```

est une boucle a priori infinie dont on pourra éventuellement sortir par une instruction *break* (comme nous le verrons dans le paragraphe suivant).

6 On notera bien que dans *expression_declaration1*, on n'a droit qu'à un « déclarateur ». Ceci serait illégal :

```
for (int i=4, j=0, float x=5.2 ; ... ; ... ) // erreur
```

On prendra bien garde à cette construction :

```
float x ;
for (int i=4, j=0, x=5 ; ... ; ... )
  { // ici x est un int, initialisé à 5, de portée limitée au bloc
```

7 Notez bien qu'une déclaration n'est permise que dans la première « expression » de l'instruction *for*.

8 Comme dans tous les langages, il faut prendre des précautions avec les compteurs qui ne sont pas de type entier. Ainsi, avec une construction telle que :

```
for (double x=0. ; x <=1.0 ; x+=0.1)
```

le nombre de tours dépend de l'erreur d'arrondi des calculs. Pire, avec :

```
for (double x=0. ; x !=1.0 ; x+=0.1)
```

on obtient une boucle infinie car, après 10 tours, la valeur de *x* n'est pas rigoureusement égale à 10...

9 Cette construction est permise :

```
for (i=1 ; i<=5 ; i++)
{ .....
  i-- ;
  .....
}
```

Si la valeur de *i* n'est pas modifiée ailleurs dans le corps de boucle, on aboutit à une boucle infinie.

Contrairement à ce qui se passe dans certains langages comme Pascal ou Fortran, l'instruction *for* de C++ est effet une boucle conditionnelle (comme celle de Java). Il ne s'agit pas d'une vraie boucle avec compteur (dans laquelle on se contenterait de citer le nom d'un compteur, sa valeur de début et sa valeur de fin), même si finalement elle est surtout utilisée ainsi.

Dans ces conditions, le compilateur ne peut pas vous interdire de modifier la valeur d'un compteur (voire de plusieurs) dans la boucle. Il est bien entendu vivement déconseillé de le faire.

C En C

Il n'est pas possible d'effectuer une déclaration dans l'instruction *for*.

7 Les instructions de branchement inconditionnel : *break*, *continue* et *goto*

Ces trois instructions fournissent des possibilités diverses de branchement inconditionnel. Les deux premières s'emploient principalement au sein de boucles tandis que la dernière est d'un usage libre mais peu répandu, à partir du moment où l'on cherche à structurer quelque peu ses programmes.

7.1 L'instruction *break*

Nous avons déjà vu le rôle de *break* au sein du bloc régi par une instruction *switch*.

Le langage C++ autorise également l'emploi de cette instruction dans une boucle. Dans ce cas, elle sert à interrompre le déroulement de la boucle, en passant à l'instruction qui suit cette boucle. Bien entendu, cette instruction n'a d'intérêt que si son exécution est conditionnée par un choix ; dans le cas contraire, en effet, elle serait exécutée dès le premier tour de boucle, ce qui rendrait la boucle inutile.

Voici un exemple montrant le fonctionnement de *break* :

```
#include <iostream>
using namespace std ;
main()
{  int i ;
   for ( i=1 ; i<=10 ; i++ )
      { cout << "début tour " << i << "\n" ;
        cout << "bonjour\n" ;
        if ( i==3 ) break ;
        cout << "fin tour " << i << "\n" ;
      }
   cout << "après la boucle\n" ;
}
```

```
début tour 1
bonjour
fin tour 1
début tour 2
bonjour
fin tour 2
début tour 3
bonjour
après la boucle
```

Exemple d'instruction break

Remarque

En cas de boucles imbriquées, *break* fait sortir de la boucle la plus interne. De même si *break* apparaît dans un *switch* imbriqué dans une boucle, elle ne fait sortir que du *switch*.

7.2 L'instruction *continue*

L'instruction *continue*, quant à elle, permet de passer prématurément au tour de boucle suivant. En voici un premier exemple avec *for* :

```
#include <iostream>
using namespace std ;
main()
{  int i ;
   for ( i=1 ; i<=5 ; i++ )
      { printf ("début tour %d\n", i) ;
        if (i<4) continue ;
        printf ("bonjour\n") ;
      }
}
```

```
début tour 1
début tour 2
début tour 3
début tour 4
bonjour
début tour 5
bonjour
```

Exemple d'instruction continue *dans une boucle* for

Et voici un second exemple avec *do... while* :

```
#include <iostream>
using namespace std ;
main()
{  int n ;
   do
      { cout << "donnez un nb>0 : " ;
        cin >> n ;
        if (n<0) { cout << "svp >0\n" ;
                   continue ;
                 }
        cout << "son carré est : " <<  n*n << "\n" ;
      }
   while(n) ;
}
```

```
donnez un nb>0 : 3
son carré est : 9
donnez un nb>0 : -2
svp >0
donnez un nb>0 : -5
svp >0
donnez un nb>0 : 11
son carré est : 121
donnez un nb>0 : 0
son carré est : 0
```

Exemple d'instruction continue *dans une boucle* do... while

Remarques

1 Lorsqu'elle est utilisée dans une boucle *for*, cette instruction *continue* effectue bien un branchement sur l'évaluation de l'expression de fin de parcours de boucle (nommée *expression_2* dans la présentation de sa syntaxe), et non après.

2 En cas de boucles imbriquées, l'instruction *continue* ne concerne que la boucle la plus interne.

7.3 L'instruction *goto*

Elle permet classiquement le branchement en un emplacement quelconque du programme. Voyez cet exemple qui simule, dans une boucle *for*, l'instruction *break* à l'aide de l'instruction *goto* (ce programme fournit les mêmes résultats que celui présenté comme exemple de l'instruction *break*).

```
#include <iostream>
using namespace std ;
main()
{  int i ;
   for ( i=1 ; i<=10 ; i++ )
      { cout << "début tour " << i << "\n" ;
        cout << "bonjour\n" ;
        if ( i==3 ) goto sortie ;
        cout << "fin tour " << i << "\n" ;
      }
   sortie : cout << "après la boucle" ;
}
```

```
début tour 1
bonjour
fin tour 1
début tour 2
```

```
bonjour
fin tour 2
début tour 3
bonjour
après la boucle
```

Exemple d'instruction goto

Il est fortement recommandé de n'utiliser cette instruction que dans des circonstances exceptionnelles et d'éviter tout branchement vers l'intérieur d'un bloc, comme dans cet exemple qui conduit à une valeur de *i* indéfinie (certains compilateurs détectent une erreur) :

```
main ()
{ int n=0 ; int i  ;
  goto ici ;
  for (i=0 ; i<5 ; i++)
  { cout << "hello\n" ;
    ici : cout << i << "\n" ;
  }
}
```

De même, l'exemple suivant, s'il est accepté en compilation, conduira à une tentative d'utilisation d'une variable *i*, non allouée :

```
main ()
{ int n=0 ;
  goto ici ;
  for (int i=0 ; i<5 ; i++)
  { cout << "hello\n" ;
    ici : cout << i << "\n" ;
  }
}
```

7

Les fonctions

Dès qu'un programme dépasse quelques pages de texte, il est pratique de pouvoir le décomposer en des parties relativement indépendantes dont on pourra comprendre facilement le rôle, sans avoir à examiner l'ensemble du code.

La programmation procédurale permet un premier pas dans ce sens, grâce à la notion de fonction que nous allons aborder dans ce chapitre : il s'agit d'un bloc d'instructions qu'on peut utiliser à loisir dans un programme en citant son nom et, éventuellement, en lui fournissant des « paramètres ».

La P.O.O. constituera une seconde étape dans ce processus de décomposition. Chaque classe, définie de façon indépendante, associera des données et des méthodes ; nous verrons que ces méthodes seront rédigées de façon comparable à des fonctions, de sorte que nous serons alors amenés à utiliser l'essentiel de ce que nous aurons étudié ici.

On notera qu'en C++ (comme en C ou en Java), la fonction possède un rôle plus général que la « fonction mathématique ». En effet, une fonction mathématique :

- possède des arguments dont on fournit la valeur lors de l'appel (par exemple, *x* dans *sqrt(x)* ou *5.2* dans *sqrt(5.2)* ;
- fournit un résultat (scalaire) désigné simplement par son appel : *sqrt(x)* désigne le résultat fourni par la fonction ; on peut l'utiliser directement dans une expression arithmétique comme *y + 2*sqrt(x)*.

Or, en C++, si une fonction peut effectivement, comme *sqrt*, jouer le rôle d'une fonction mathématique, elle pourra aussi :

- modifier les valeurs de certains des arguments qu'on lui a transmis ;

- réaliser une action (autre qu'un simple calcul), par exemple : lire des valeurs, afficher des valeurs, ouvrir un fichier, établir une connexion...
- fournir un résultat d'un type non scalaire (structures, objets...) ;
- fournir une valeur qu'on n'utilisera pas ;
- ne pas fournir de valeur du tout.

Nous commencerons par vous présenter la notion de fonction sur un exemple, et nous donnerons quelques règles générales concernant l'écriture des fonctions, leur utilisation et leur déclaration. Nous verrons ensuite que, par défaut, les arguments sont transmis par valeur et nous apprendrons à demander explicitement une transmission par référence. Nous parlerons succinctement des variables globales, surtout pour en déconseiller l'utilisation. Nous ferons ensuite le point sur la classe d'allocation et l'initialisation des variables locales. Nous apprendrons à définir des valeurs par défaut pour certains arguments d'une fonction. Puis nous étudierons l'importante notion de surdéfinition qui permet de définir plusieurs fonctions de même nom, mais ayant des arguments différents. Nous donnerons alors quelques éléments concernant les possibilités de compilation séparée de C++. Enfin, nous verrons comment définir des « fonctions en ligne ».

1 Exemple de définition et d'utilisation d'une fonction

Pour vous montrer comment définir et utiliser une fonction en C++, nous commencerons par un exemple simple correspondant en fait à une fonction mathématique, c'est-à-dire recevant des arguments et fournissant une valeur.

```
#include <iostream>
using namespace std ;
          /***** le programme principal (fonction main) *****/
main()
{  float fexple (float, int, int) ; // déclaration de fonction fexple
   float x = 1.5 ;
   float y, z ;
   int n = 3, p = 5, q = 10 ;

         /* appel de fexple avec les arguments x, n et p */
   y = fexple (x, n, p) ;
   cout << "valeur de y : " << y << "\n" ;

         /* appel de fexple avec les arguments x+0.5, q et n-1 */
   z = fexple (x+0.5, q, n-1) ;
   cout << "valeur de z : " << z << "\n" ;
}
```

```
        /*************** la fonction fexple ****************/
float fexple (float x, int b, int c)
{  float val ;          // déclaration d'une variable "locale" à fexple
   val = x * x + b * x + c ;
   return val ;
}
```

```
valeur de y : 11.75
valeur de z : 26
```

Exemple de définition et d'utilisation d'une fonction

Nous y trouvons tout d'abord, de façon désormais classique, un programme principal formé d'un bloc. Mais, cette fois, à sa suite, apparaît la **définition d'une fonction**. Celle-ci possède une structure voisine de la fonction *main*, à savoir un en-tête et un corps délimité par des accolades ({ et }). Mais l'en-tête est plus élaboré que celui de la fonction *main* puisque, outre le nom de la fonction (*fexple*), on y trouve une liste d'arguments (nom + type), ainsi que le type de la valeur qui sera fournie par la fonction (on la nomme indifféremment « résultat », « valeur de la fonction », « valeur de retour »...) :

```
float          fexple       (float x,       int b,        int c)
  |              |              |              |              |
type de la    nom de la      premier       deuxième      troisième
"valeur       fonction       argument      argument       argument
de retour"                 (type float)   (type int)     (type int)
```

Les noms des arguments n'ont d'importance qu'au sein du corps de la fonction. Ils servent à décrire le travail que devra effectuer la fonction quand on l'appellera en lui fournissant trois valeurs.

Si on s'intéresse au corps de la fonction, on y rencontre tout d'abord une déclaration :

```
float val ;
```

Celle-ci précise que, pour effectuer son travail, notre fonction a besoin d'une variable de type *float* nommée *val*. On dit que *val* est une variable locale à la fonction *fexple*, de même que les variables telles que *n*, *p*, *y*... sont des variables locales à la fonction *main* (mais comme jusqu'ici nous avions affaire à un programme constitué d'une seule fonction, cette distinction n'était pas utile). Un peu plus loin, nous examinerons plus en détail cette notion de variable locale et celle de portée qui s'y attache.

L'instruction suivante de notre fonction *fexple* est une affectation classique (faisant toutefois intervenir les valeurs des arguments *x*, *n* et *p*).

Enfin, l'instruction *return val* précise la valeur que fournira la fonction à la fin de son travail.

En définitive, on peut dire que *fexple* est une fonction telle que *fexple (x, b, c)* fournit la valeur de l'expression $x^2 + bx + c$. Notez bien l'aspect arbitraire du nom des arguments ; on obtiendrait la même définition de fonction avec, par exemple :

```
float fexple (float z, int coef, int n)
{
   float val ; // déclaration d'une variable "locale" à fexple
   val = z * z + coef * z + n ;
   return val ;
}
```

Examinons maintenant la fonction *main*. Vous constatez qu'on y trouve une déclaration :

```
float fexple (float, int, int) ;
```

Elle sert à prévenir le compilateur que *fexple* est une fonction, et elle lui précise le type de ses arguments ainsi que celui de sa valeur de retour. Nous reviendrons plus loin en détail sur le rôle d'une telle déclaration.

Quant à l'utilisation de notre fonction *fexple* au sein de la fonction *main*, elle est classique et comparable à celle d'une fonction prédéfinie telle que *sqrt*. Ici, nous nous sommes contentés d'appeler notre fonction à deux reprises avec des arguments différents.

2 Quelques règles

2.1 Arguments muets et arguments effectifs

Les noms des arguments figurant dans l'en-tête de la fonction se nomment des « arguments muets », ou encore « arguments formels » ou « paramètres formels » (de l'anglais : *formal parameter)*. Leur rôle est de permettre, au sein du corps de la fonction, de décrire ce qu'elle doit faire.

Les arguments fournis lors de l'utilisation (l'appel) de la fonction se nomment des « arguments effectifs » (ou encore « paramètres effectifs »). Comme le laisse deviner l'exemple précédent, on peut utiliser n'importe quelle expression comme argument effectif ; au bout du compte, c'est la valeur de cette expression qui sera transmise à la fonction lors de son appel. Notez qu'une telle « liberté » n'aurait aucun sens dans le cas des paramètres formels : il serait impossible d'écrire un en-tête de *fexple* sous la forme *float fexple (float a+b, ...)*, pas plus qu'en mathématiques vous ne définiriez une fonction f par $f(x+y)=5$!

2.2 L'instruction *return*

Voici quelques règles générales concernant cette instruction.

- L'instruction *return* peut mentionner n'importe quelle expression. Ainsi, nous aurions pu définir la fonction *fexple* précédente de cette manière :

```
float fexple (float x, int b, int c)
{
   return (x * x + b * x + c) ;
}
```

- L'instruction *return* peut apparaître à plusieurs reprises dans une fonction, comme dans cet autre exemple :

```
double absom (double u, double v)
{
    double s ;
    s = a + b ;
    if (s>0)    return (s) ;
         else   return (-s)
}
```

  Notez bien que non seulement l'instruction *return* définit la valeur du résultat, mais, en même temps, elle interrompt l'exécution de la fonction en revenant dans la fonction qui l'a appelée (en l'occurrence, ici, la fonction *main*). Nous verrons qu'une fonction peut ne fournir aucune valeur : elle peut alors disposer de plusieurs instructions *return* **sans expression**, interrompant simplement l'exécution de la fonction ; mais elle peut aussi, dans ce cas, ne comporter aucune instruction *return*, le retour étant alors mis en place automatiquement par le compilateur à la fin de la fonction.

- Si le type de l'expression figurant dans *return* est différent du type du résultat tel qu'il a été déclaré dans l'en-tête, le compilateur mettra automatiquement en place des instructions de conversion.

  Il est toujours possible de ne pas utiliser le résultat d'une fonction, même si elle en produit un. Bien entendu, cela n'a d'intérêt que si la fonction fait autre chose que calculer un résultat. En revanche, il est interdit d'utiliser la valeur d'une fonction ne fournissant pas de résultat (si certains compilateurs l'acceptent, vous obtiendrez, lors de l'exécution, une valeur aléatoire !).

2.3 Cas des fonctions sans valeur de retour ou sans arguments

Quand une fonction ne renvoie pas de résultat, on le précise, à la fois dans l'en-tête et dans sa déclaration, à l'aide du mot-clé *void*. Par exemple, voici l'en-tête d'une fonction recevant un argument de type *int* et ne fournissant aucune valeur :

```
void sansval (int n)
```

et voici quelle serait sa déclaration :

```
void sansval (int) ;
```

Naturellement, la définition d'une telle fonction ne doit, en principe, contenir aucune instruction *return*. Certains compilateurs ne détecteront toutefois pas l'erreur.

Quand une fonction ne reçoit aucun argument, on se contentera de ne rien mentionner dans la liste d'arguments. Voici l'en-tête d'une fonction ne recevant aucun argument et renvoyant une valeur de type *float* (il pourrait s'agir, par exemple, d'une fonction fournissant un nombre aléatoire !) :

```
float tirage ()
```

Sa déclaration serait très voisine (elle ne diffère que par la présence du point-virgule !) :

```
float tirage () ;
```

Enfin, rien n'empêche de réaliser une fonction ne possédant ni argument ni valeur de retour. Dans ce cas, son en-tête sera de la forme :

```
void message ()
```

et sa déclaration sera :

```
void message () ;
```

Voici un exemple illustrant deux des situations évoquées. Nous y définissons une fonction *affiche_carres* qui affiche les carrés des nombres entiers compris entre deux limites fournies en arguments, et une fonction *erreur* qui se contente d'afficher un message d'erreur (il s'agit de notre premier exemple de programme source contenant plus de deux fonctions).

```
#include <iostream>
using namespace std ;
main()
{  void affiche_carres (int, int) ; // prototype de affiche_carres
   void erreur () ;                 // prototype de erreur
   int debut = 5, fin = 10 ;
      .....
   affiche_carres (debut, fin) ;
      .....
   if (...) erreur () ;
}
void affiche_carres (int d, int f)
{  int i ;
   for (i=d ; i<=f ; i++)
      cout << i << " a pour carré " << i*i << "\n" ;
}
void erreur ()
{  cout << "*** erreur ***\n" ;
}
```

Remarque

En toute rigueur, la fonction *main* devrait fournir une valeur de retour susceptible d'être utilisée par l'environnement de programmation. Il devrait s'agir de 0 pour indiquer un bon déroulement du programme. L'en-tête de *main* devrait donc être :

```
int main ()
```

et on devrait rencontrer l'instruction :

```
return 0 ;
```

à la fin de l'exécution du *main*.

En principe, la plupart des compilateurs acceptent la forme simplifiée que nous avons utilisée jusqu'ici, par souci de simplicité.

C En C

Le langage C est beaucoup plus tolérant (à tort) que C++ dans les déclarations de fonctions ; on peut omettre le type des arguments (quels que soient leurs types) ou celui de la valeur de retour (s'il s'agit d'un *int*). Mais les règles employées par C++ restent valides (et même conseillées) en C. Une seule incompatibilité existe dans le cas des fonctions sans argument : C utilise le mot *void*, là où C++ demande une liste vide.

3 Les fonctions et leurs déclarations

3.1 Les différentes façons de déclarer une fonction

Dans notre exemple du paragraphe 1, nous avions fourni la définition de la fonction *fexple* **après** celle de la fonction *main*. Mais nous aurions pu tout aussi bien faire l'inverse :

```
float fexple (float x, int b, int c)
{
    ....
}
main()
{
   float fexple (float, int, int) ; // déclaration de la fonction fexple
       .....
   y = fexple (x, n, p) ;
       .....
}
```

En toute rigueur, dans ce cas, la déclaration de la fonction *fexple* (ici, dans *main*) est facultative car, lorsqu'il traduit la fonction *main*, le compilateur connaît déjà la fonction *fexple*. Néanmoins, nous vous déconseillons d'omettre la déclaration de *fexple* dans ce cas ; en effet, il est tout à fait possible qu'ultérieurement vous soyez amené à modifier votre programme source ou même à l'éclater en plusieurs fichiers source comme l'autorisent les possibilités de compilation séparée de C++.

La déclaration d'une fonction porte le nom de **prototype**. Il est possible, dans un prototype, de faire figurer des noms d'arguments, lesquels sont alors totalement arbitraires ; cette possibilité a pour seul intérêt de pouvoir écrire des prototypes qui sont identiques à l'en-tête de la fonction (au point-virgule près), ce qui peut en faciliter la création automatique. Dans notre exemple du paragraphe 1, notre fonction *fexple* aurait pu être **déclarée** ainsi :

```
float fexple (float x, int b, int c) ;
```

3.2 Où placer la déclaration d'une fonction

La tendance la plus naturelle consiste à placer la déclaration d'une fonction à l'intérieur des déclarations de toute fonction l'utilisant ; c'est ce que nous avons fait jusqu'ici. Et, de surcroît, dans tous nos exemples précédents, la fonction utilisatrice était la fonction *main* elle-même ! Dans ces conditions, nous avions affaire à une déclaration locale dont la portée était limitée à la fonction où elle apparaissait.

Mais il est également possible d'utiliser des déclarations globales, en les faisant apparaître **avant la définition de la première fonction**. Par exemple, avec :

```
float fexple (float, int, int) ;
main()
{  .....
}
void f1 (...)
{  .....
}
```

la déclaration de *fexple* est connue à la fois de *main* et de *f1*.

3.3 Contrôles et conversions induites par le prototype

La déclaration d'une fonction peut être utilisée par le compilateur, de deux façons complètement différentes.

1 Si la définition de la fonction se trouve dans le même fichier source (que ce soit avant ou après la déclaration), il s'assure que les arguments muets ont bien le type défini dans le prototype. Dans le cas contraire, il signale une erreur.

2 Lorsqu'il rencontre un appel de la fonction, il met en place d'éventuelles conversions des valeurs des arguments effectifs dans le type indiqué dans le prototype. Par exemple, avec notre fonction *fexple* du paragraphe 1, un appel tel que :

```
fexple (n+1, 2*x, p)
```

sera traduit par :

- l'évaluation de la valeur de l'expression *n+1* (en *int*) et sa conversion en *float* ;
- l'évaluation de la valeur de l'expression *2*x* (en *float*) et sa conversion en *int* (conversion dégradante).

4 Transmission des arguments par valeur

Jusqu'ici, nous nous sommes contentés de dire que les valeurs des arguments étaient transmis à la fonction au moment de son appel. Nous vous proposons de voir ici ce que cela signifie exactement, et les limitations qui en découlent.

Voyez cet exemple :

```
#include <iostream>
using namespace std ;
```

```
main()
{  void echange (int a, int b) ;
   int n=10, p=20 ;
   cout << "avant appel   : " << n << " " << p << "\n" ;
   echange (n, p) ;
   cout << "apres appel   : " << n << " " << p << "\n" ;
}
void echange (int a, int b)
{
   int c ;
   cout << "début echange : "<< a << " " <<  b << "\n"  ;
   c = a ;
   a = b ;
   b = c ;
   cout << "fin echange   : " << a << " " << b << "\n"  ;
}
```

```
avant appel   : 10 20
début echange : 10 20
fin echange   : 20 10
apres appel   : 10 20
```

Conséquences de la transmission par valeur des arguments

La fonction *echange* reçoit deux valeurs correspondant à ses deux arguments muets *a* et *b*. Elle effectue un échange de ces deux valeurs. Mais, lorsque l'on est revenu dans le programme principal, aucune trace de cet échange ne subsiste sur les arguments effectifs *n* et *p*.

En effet, lors de l'appel de *echange*, il y a eu transmission de la valeur des expressions *n* et *p*. On peut dire que ces valeurs ont été recopiées localement dans la fonction *echange* dans des emplacements nommés *a* et *b*. C'est effectivement sur ces copies qu'a travaillé la fonction *echange*, de sorte que les valeurs des variables *n* et *p* n'ont, quant à elles, pas été modifiées. C'est ce qui explique le résultat constaté.

En fait, ce mode de transmission par valeur n'est que le mode utilisé par défaut par C++. Comme nous allons le voir bientôt, le choix explicite d'une transmission par référence permettra de réaliser correctement notre fonction *echange*.

Remarques

1 C'est bien parce que la transmission des arguments se fait « par valeur » que les arguments effectifs peuvent prendre la forme d'une expression quelconque. Et, d'ailleurs, nous verrons qu'avec la transmission par référence, les arguments effectifs ne pourront plus être des expressions, mais simplement des *lvalue*.

2 La norme n'impose aucun ordre pour l'évaluation des différents arguments d'une fonction lors de son appel. En général, ceci est de peu d'importance, excepté dans une situation (fortement déconseillée !) telle que :

```
int i = 10 ;
   ...
f (i++, i) ;  // i++ peut se trouver caclulé avant i - l'appel sera : f (10, 11)
              //                          ou après i - l'appel sera : f (10, 10)
```

3 En toute rigueur, la valeur de retour (lorsqu'elle existe) est elle aussi transmise par valeur, c'est-à-dire qu'elle fait l'objet d'une recopie de la fonction appelée dans la fonction appelante. Ce point peut sembler anodin, mais nous verrons plus tard qu'il existe des circonstances où il s'avère fondamental et où, là encore, il faudra recourir à une transmission par référence.

5 Transmission par référence

Nous venons de voir que, par défaut, les arguments d'une fonction sont transmis par valeur. Comme nous l'avons constaté avec la fonction *echange*, ce mode de transmission ne permet pas à une fonction de modifier la valeur d'un argument. Or, C++ dispose de la notion de **référence**, laquelle correspond à celle d'adresse : considérer la référence d'une variable revient à considérer son adresse, et non plus sa valeur. Nous commencerons par voir comment utiliser cette notion de référence pour la transmission d'arguments, ce qui constitue de loin son application principale. Par la suite (au paragraphe 13.2), nous ferons un point plus détaillé sur cette notion de référence, en particulier sur son utilisation pour la valeur de retour.

5.1 Exemple de transmission d'argument par référence

Le programme ci-dessous montre comment utiliser une transmission par référence dans notre précédente fonction *echange* :

```
#include <iostream>
using namespace std ;
main()
{  void echange (int &, int &) ;
   int n=10, p=20 ;
   cout << "avant appel :   " << n << " " << p << "\n" ;
   echange (n, p) ;        // attention, ici pas de &n, &p
   cout << "apres appel :   " << n << " " << p << "\n" ;
}
void echange (int & a, int & b)
{  int c ;
   cout << "debut echange : " << a << " " << b << "\n" ;
   c = a ; a = b ; b = c ;
   cout << "fin echange   : " << a << " " << b << "\n" ;
}
```

```
avant appel :   10 20
début echange : 10 20
```

```
fin echange    : 20 10
après appel    : 20 10
```

Utilisation de la transmission d'argument par référence en C++

Dans l'instruction :

```
void echange (int & a, int & b) ;
```

la notation *int & a* signifie que a est une information de type *int* transmise par référence. Notez bien que, dans la fonction *echange*, on utilise simplement le symbole *a* pour désigner cette variable dont la fonction aura reçu effectivement l'adresse.

En Java

La notion de référence existe en Java, mais elle est entièrement transparente au programmeur. Plus précisément, les variables d'un type de base sont transmises par valeur, tandis que les objets sont transmis par référence. Il reste cependant possible de créer explicitement une copie d'un objet en utilisant une méthode appropriée dite de *clonage*.

5.2 Propriétés de la transmission par référence d'un argument

La transmission par référence d'un argument entraîne un certain nombre de conséquences qui n'existaient pas dans le cas de la transmission par valeur.

5.2.1 Induction de risques indirects

Le choix du mode de transmission par référence est fait au moment de l'écriture de la fonction concernée. L'utilisateur de la fonction n'a plus à s'en soucier ensuite, si ce n'est au niveau de la déclaration du prototype de la fonction (d'ailleurs, ce prototype proviendra en général d'un fichier en-tête).

En contrepartie, l'emploi de la transmission par référence accroît les risques d'« effets de bord » non désirés. En effet, lorsqu'il appelle une fonction, l'utilisateur ne sait plus s'il transmet, au bout du compte, la valeur ou l'adresse d'un argument (la même notation pouvant désigner l'une ou l'autre des deux possibilités). Il risque donc de modifier une variable dont il pensait n'avoir transmis qu'une copie de la valeur.

Remarque

Nous verrons (au paragraphe 5 du chapitre 8) qu'il est également possible de « simuler » une transmission par référence, par le biais de pointeurs. Dans ce cas, l'utilisateur de la fonction devra transmettre explicitement des adresses : les risques évoqués précédemment disparaissent, en contrepartie d'une programmation plus délicate et plus risquée de la fonction elle-même.

5.2.2 Absence de conversion

Dès lors qu'une fonction a prévu une transmission par référence, les possibilités de conversion prévues en cas de transmission par valeur disparaissent. Voyez cet exemple :

```
void f (int & n) ;    // f reçoit la référence à un entier
float x ;
  .....
f(x) ;              // appel illégal
```

À partir du moment où la fonction reçoit directement l'adresse d'un emplacement qu'elle considère comme contenant un entier qu'elle peut éventuellement modifier, il va de soi qu'il n'est plus possible d'effectuer une quelconque conversion de la valeur qui s'y trouve...

La transmission par référence impose donc à un argument effectif d'être une lvalue du type prévu pour l'argument muet. Nous verrons cependant au paragraphe 5.2.4 que les arguments muets constants feront exception à cette règle et que, dans ce cas, des conversions seront possibles.

5.2.3 Cas d'un argument effectif constant

Supposons qu'une fonction *fct* ait pour prototype :

```
void fct (int &) ;
```

Le compilateur refusera alors un appel de la forme suivante (*n* étant de type *int*) :

```
fct (3) ;      // incorrect : f ne peut pas modifier une constante
```

Il en ira de même pour :

```
const int c = 15 ;
  .....
fct (c) ;      // incorrect : f ne peut pas modifier une constante
```

Ces refus sont logigues. En effet, si les appels précédents étaient acceptés, ils conduiraient à fournir à *fct* l'adresse d'une constante (3 ou *c*) dont elle pourrait très bien modifier la valeur[1].

5.2.4 Cas d'un argument muet constant

En revanche, considérons une fonction de prototype :

```
void fct1 (const int &) ;
```

La déclaration *const int &* correspond à une référence à une constante[2]. Les appels suivants seront corrects :

```
const int c = 15 ;
  .....
fct1 (3) ;     // correct ici
fct1 (c) ;     // correct ici
```

1. On verra cependant au paragraphe 5.2.4 qu'une telle transmission sera autorisée si la fonction a effectivement prévu dans son en-tête de travailler sur une constante.

2. La notation *const & int* signifierait « référence constante à un *int* » ; elle n'a aucune raison d'être utilisée puisque, par définition, une référence représente une adresse fixe. Quand nous étudierons les pointeurs, nous verrons, en revanche, qu'une notation telle que *const * int* aura bien un sens.

L'acceptation de ces instructions se justifie cette fois par le fait que *fct* a prévu de recevoir une référence à quelque chose de constant ; le risque de modification évoqué précédemment n'existe donc plus.

Qui plus est, un appel tel *fct1 (exp)* (*exp* désignant une expression quelconque) sera accepté quel que soit le type de *exp*. En effet, dans ce cas, il y a création d'une variable temporaire (de type *int*) qui recevra le résultat de la conversion de *exp* en *int*. Par exemple :

```
void fct1 (const int &) ;
float x ;
  .....
fct1 (x) ;    // correct : f reçoit la référence à une variable temporaire
              //  contenant le résultat de la conversion de x en int
```

En définitive, l'utilisation de *const* pour un argument muet transmis par référence est lourde de conséquences. Certes, comme on s'y attend, cela amène le compilateur à verifier la constance de l'argument concerné au sein de la fonction. Mais, de surcroît, on autorise la création d'une copie de l'argument effectif (précédée d'une conversion) dès lors que ce dernier est constant et d'un type différent de celui attendu[1].

Cette remarque prendra encore plus d'acuité dans le cas où l'argument en question sera un objet.

6 Les variables globales

Nous avons vu comment échanger des informations entre différentes fonctions grâce à la transmission d'arguments et à la récupération d'une valeur de retour.

En théorie, en C++, plusieurs fonctions (dont, bien entendu le programme principal *main*) peuvent partager des variables communes qu'on qualifie alors de **globales**. Il s'agit cependant là d'une pratique risquée qu'il faudra éviter au maximum. Nous vous la présenterons cependant ici car :

- vous risquez de rencontrer du code y recourant ;
- la notion de variable globale permet de mieux comprendre la différence entre classe d'allocation statique et classe d'allocation dynamique, laquelle prendra toute son importance dans un contexte objet ;
- dans une classe, les champs de données auront un comportement « global » pour les (seules) méthodes de cette classe.

6.1 Exemple d'utilisation de variables globales

Voyez l'exemple de programme ci après :

1. Dans le cas d'une constante du même type, la norme laisse l'implémentation libre d'en faire ou non une copie. Généralement, la copie n'est faite que pour les constantes d'un type scalaire.

```
#include <iostream>
using namespace std ;
int i ;
main()
{  void optimist (void) ;
   for (i=1 ; i<=5 ; i++)
       optimist() ;
}
void optimist(void)
{   cout << "il fait beau " << i << " fois\n" ;
}
```

```
il fait beau 1 fois
il fait beau 2 fois
il fait beau 3 fois
il fait beau 4 fois
il fait beau 5 fois
```

Exemple d'utilisation de variable globale

La variable *i* a été déclarée en dehors de la fonction *main*. Elle est alors connue de toutes les fonctions qui seront compilées par la suite au sein du même programme source. Ainsi, ici, le programme principal affecte à *i* des valeurs qui se trouvent utilisées par la fonction *optimist.*

Notez qu'ici la fonction *optmist* se contente d'utiliser la valeur de *i* mais rien ne l'empêche de la modifier. C'est précisément ce genre de remarque qui doit vous inciter à n'utiliser les variables globales que dans des cas limités. En effet, toute variable globale peut être modifiée insidieusement par n'importe quelle fonction. Lorsqu'on souhaite qu'une fonction modifie la valeur d'une variable, il est beaucoup plus judicieux d'en transmettre l'adresse en argument (soit par référence, comme nous avons appris à le faire, soit par pointeur, comme on le verra plus tard). Dans ce cas, l'appel de la fonction indique clairement quelles sont les seules variables susceptibles d'être modifiées.

6.2 La portée des variables globales

Les variables globales ne sont connues du compilateur que dans la partie du programme source suivant leur déclaration. On dit que leur **portée** (ou encore leur **espace de validité**) est limitée à la partie du programme source qui suit leur déclaration (pour l'instant, nous nous limitons au cas où l'ensemble du programme est compilé en une seule fois).

Ainsi, voyez, par exemple, ces instructions :

```
main()
{
   ....
}
int n ;
float x ;
```

```
fct1 (...)
{
   ....
}
fct2 (...)
{
   ....
}
```

Les variables *n* et *x* sont accessibles aux fonctions *fct1* et *fct2*, mais pas au programme principal. En pratique, bien qu'il soit possible effectivement de déclarer des variables globales à n'importe quel endroit du programme source qui soit extérieur aux fonctions, on procédera rarement ainsi. En pratique, s'il faut absolument recourir à des variables globales, on s'arrangera pour privilégier la lisibilité des codes en regroupant en début de programme[1] les déclarations de toutes ces variables globales.

6.3 La classe d'allocation des variables globales

D'une manière générale, les variables globales existent pendant toute l'exécution du programme dans lequel elles apparaissent. Leurs emplacements en mémoire sont parfaitement définis lors de l'édition de liens. On traduit cela en disant qu'elles font partie de la **classe d'allocation statique**.

De plus, ces variables se voient **initialisées à zéro**[2], avant le début de l'exécution du programme, sauf, bien sûr, si vous leur attribuez explicitement une valeur initiale au moment de leur déclaration.

7 Les variables locales

À l'exception de l'exemple du paragraphe précédent, les variables que nous avions rencontrées jusqu'ici n'étaient pas des variables globales. Plus précisément, elles étaient définies au sein d'une fonction (qui pouvait être *main*). De telles variables sont dites **locales** à la fonction dans laquelle elles sont déclarées.

7.1 La portée des variables locales

Les variables locales ne sont connues du compilateur qu'à l'intérieur de la fonction où elles sont déclarées. **Leur portée est donc limitée à cette fonction.**

Les variables locales n'ont aucun lien avec des variables globales de même nom ou avec d'autres variables locales à d'autres fonctions.

1. Ou dans un fichier en-tête séparé.

2. Cette notion de « zéro » sera précisée pour les pointeurs et pour les agrégats (tableaux, structures, objets...).

Voyez cet exemple :

```
int n ;
main()
{
   int p ;
   ....
}
fct1 ()
{
   int p ;
   int n ;
}
```

La variable *p* de *main* n'a aucun rapport avec la variable *p* de *fct1*. De même, la variable *n* de *fct1* n'a aucun rapport avec la variable globale *n*. En toute rigueur, si l'on souhaite utiliser dans *fct1* la variable globale *n*, on utilise l'opérateur dit « de résolution de portée » (::) en la nommant *::n*.

7.2 Les variables locales automatiques

Par défaut, les variables locales ont une durée de vie limitée à celle d'**une exécution** de la fonction dans laquelle elles figurent.

Plus précisément, leurs emplacements ne sont pas définis de manière permanente comme ceux des variables globales. Un nouvel espace mémoire leur est alloué à chaque entrée dans la fonction et libéré à chaque sortie. Il sera donc généralement différent d'un appel au suivant.

On traduit cela en disant que la **classe d'allocation** de ces variables est **automatique**. Nous aurons l'occasion de revenir plus en détail sur ce mode de gestion de la mémoire. Pour l'instant, il est important de noter que la conséquence immédiate de ce mode d'allocation est que les valeurs des variables locales ne sont pas conservées d'un appel au suivant (on dit aussi qu'elles ne sont pas « rémanentes »). Nous reviendrons un peu plus loin (paragraphe 8) sur les éventuelles initialisations de telles variables.

D'autre part, les valeurs transmises en arguments à une fonction sont traitées de la même manière que les variables locales. Leur durée de vie correspond également à celle de la fonction.

Informations complémentaires

Généralement, on utilise pour les variables automatiques une « pile » de type FIFO (*First In, First Out*) simulée dans une zone de mémoire contiguë. Lors de l'appel d'une fonction, on alloue de l'espace sur la pile pour :

- la valeur de retour ;
- les valeurs des arguments ou leurs références ;

– les différentes variables locales à la fonction.

Lors de la sortie de la fonction, ces différents emplacements sont libérés par la fonction elle-même, hormis celui de la valeur de retour qui sera libéré par la fonction appelante, après qu'elle l'aura utilisé.

La gestion de la pile se fait à l'aide d'un pointeur désignant le premier emplacement disponible. La libération d'un emplacement se fait par une simple modification de la valeur de ce pointeur ; l'emplacement libéré garde généralement sa valeur, de sorte que si, par une erreur de programmation, on y accède avant qu'il ait été alloué à une autre variable, on peut croire, à tort, qu'une variable locale est « rémanente »...

7.3 Les variables locales statiques

Il est possible de demander d'attribuer un emplacement permanent à une variable locale et de conserver ainsi sa valeur d'un appel au suivant. Il suffit pour cela de la déclarer à l'aide du mot-clé **static**. En voici un exemple :

```
#include <iostream>
using namespace std ;
main()
{  void fct() ;
   int n ;
   for ( n=1 ; n<=5 ; n++)
      fct() ;
}
void fct()
{  static int i ;
   i++ ;
   cout << "appel numéro : " << i << "\n" ;
}
```

```
appel numéro : 1
appel numéro : 2
appel numéro : 3
appel numéro : 4
appel numéro : 5
```

Exemple d'utilisation de variable locale statique

La variable locale *i* a été déclarée de classe « statique ». On constate bien que sa valeur progresse de *1* à chaque appel. De plus, on note qu'au premier appel sa valeur est nulle. En effet, comme pour les variables globales (lesquelles sont aussi de classe statique) : **les variables locales de classe statique sont, par défaut, initialisées à zéro**. Notez que nous aurions pu initialiser explicitement *i*, par exemple :

```
static int i = 3 ;
```

Dans ce cas, nos appels auraient porté des numéros allant de 4 à 8.

Prenez garde à ne pas confondre une variable locale de classe statique avec une variable globale. En effet, la portée d'une telle variable reste toujours limitée à la fonction dans laquelle elle est définie. Ainsi, dans notre exemple, nous pourrions définir une variable globale nommée *i* qui n'aurait alors aucun rapport avec la variable *i* de *fct*.

Remarque

Si *i* n'avait pas été déclarée avec l'attribut *static*, il se serait agit d'une variable locale usuelle, non rémanente et, de surcroît, non initialisée. Sa valeur aurait donc été aléatoire. De plus, ici, c'est toujours le même emplacement qui se serait trouvé alloué à *i* sur la pile, de sorte qu'on afficherait toujours la même valeur, donnant l'illusion d'une certaine rémanence de *i* (qui toutefois, ici, ne serait pas incrémentée comme souhaité !).

7.4 Variables locales à un bloc

Comme nous l'avions déjà évoqué succinctement, C++ vous permet de déclarer des variables locales à un bloc. Leur portée est alors tout naturellement limitée à ce bloc ; leur emplacement est alloué à l'entrée dans le bloc et il disparaît à la sortie. Il n'est pas permis qu'une variable locale porte le même nom qu'une variable locale d'un bloc englobant.

```
void f()
{ int n ;          // n est accessible de tout le bloc constituant f
    .....
  for (...)
  { int p ;        // p n'est connue que dans le bloc de for
    int n ;        // n masque la variable n de portée "englobante"
      .....        // attention, on ne peut pas utiliser ::n ici qui
             .....     // désignerait une variable globale (inexistante ici)
  }
    .....
  { int p ;        // p n'est connue que dans ce bloc ; elle est allouée ici
    .....          // et n'a aucun rapport avec la variable p ci-dessus
  }                // et elle sera désallouée ici
    .....
}
```

Notez qu'on peut créer artificiellement un bloc, indépendamment d'une quelconque instruction structurée comme *if*, *for*. C'est le cas du deuxième bloc interne à notre fonction *f* ci-dessus.

D'autre part, nous avons déjà vu qu'il était possible d'effectuer une déclaration dans une instruction *for*, par exemple :

```
for (int i=2, j=4 ; ... ; ...)
{ // i et j sont considérées comme deux variables locales à ce bloc
}
```

On notera que, même si l'instruction *for* ne contient aucun bloc explicite, comme dans :

```
for (int i=1, j=1 ; i<4 ; i++) cout << i+j ;
```

les variables *i* et *j* ne seront plus connues par la suite, exactement comme si l'on avait écrit

```
for (int i=1, j=1 ; i<4 ; i++) { cout << i+j ; }
```

Informations complémentaires

En toute rigueur, il existe une classe d'allocation un peu particulière, à savoir la classe « registre » : toute variable entrant a priori dans la classe automatique peut être déclarée explicitement avec le qualificatif *register*. Celui-ci demande au compilateur d'utiliser, dans la mesure du possible, un « registre » de la machine pour y ranger la variable : cela peut amener quelques gains de temps d'exécution. Bien entendu, cette possibilité ne peut s'appliquer qu'aux variables d'un type simple.

7.5 Le cas des fonctions récursives

C++ autorise la récursivité des appels de fonctions. Celle-ci peut prendre deux aspects :

- récursivité directe : une fonction comporte, dans sa définition, au moins un appel à elle-même ;
- récursivité croisée : l'appel d'une fonction entraîne celui d'une autre fonction qui, à son tour, appelle la fonction initiale (le cycle pouvant d'ailleurs faire intervenir plus de deux fonctions).

Voici un exemple fort classique (d'ailleurs inefficace sur le plan du temps d'exécution) d'une fonction calculant une factorielle de manière récursive :

```
long fac (int n)
{
   if (n>1) return (fac(n-1)*n) ;
       else return(1) ;
}
```

Fonction récursive de calcul de factioriuelle

Il faut bien voir que chaque appel de *fac* entraîne une allocation d'espace pour les variables locales et pour son argument *n* (apparemment, *fct* ne comporte aucune variable locale ; en réalité, il lui faut prévoir un emplacement destiné à recevoir sa valeur de retour). Or chaque nouvel appel de *fac*, à l'intérieur de *fac*, provoque une telle allocation, sans que les emplacements précédents soient libérés.

Il y a donc un empilement des espaces alloués aux variables locales, parallèlement à un empilement des appels de la fonction. Ce n'est que lors de l'exécution de la première instruction *return* que l'on commencera à « dépiler » les appels et les emplacements et donc à libérer de l'espace mémoire.

8 Initialisation des variables

Nous avons vu qu'il était possible d'initialiser explicitement une variable lors de sa déclaration. Ici, nous allons faire le point sur ces possibilités, lesquelles dépendent en fait de la classe d'allocation de la variable concernée.

8.1 Les variables de classe statique

Il s'agit des variables globales, ainsi que des variables locales déclarées avec l'attribut *static*. Ces variables sont permanentes. Elles sont initialisées une seule fois avant le début de l'exécution du programme. Elles peuvent être initialisées explicitement lors de leur déclaration, à l'aide de constantes ou d'**expressions constantes** (calculables par le compilateur) d'un **type compatible par affectation** avec celui de la variable, comme dans cet exemple (on notera que les conversions dégradantes du type *long --> float* sont acceptées, mais peu conseillées) :

```
void f (...)
{ const int NB = 5 ;
  static int limit = 2 *NB + 1 ;  // 2*NB+1 est une expression constante
  static short CTOT = 25 ;        // 25 de type int est converti en short int
  static float XMAX = 5 ;      // 5 de type int est converti en float
  static long YTOT = 9.7 ;     // 9.7 de type float est converti en long (déconseillé)
    .....
```

En l'absence d'initialisation explicite, ces variables seront initialisées à zéro.

8.2 Les variables de classe automatique

Il s'agit des variables locales à une fonction ou à un bloc. Ces variables ne sont **pas initialisées par défaut**. En revanche, comme les variables de classe statique, elles peuvent être initialisées explicitement lors de leur déclaration. Dans ce cas, la valeur initiale peut être fournie sous la forme d'une **expression quelconque (d'un type compatible par affectation)**, pour peu que sa valeur soit définie au moment de l'entrée dans la fonction correspondante (il peut s'agir de la fonction *main* !). N'oubliez pas que ces variables automatiques se trouvent alors initialisées à chaque appel de la fonction dans laquelle elles sont définies. En voici un cas d'école :

```
#include <iostream>
using namespace std ;
int n ;
main()
{ void fct (int r) ;
  int p ;
  for (p=1 ; p<=5 ; p++)
    { n = 2*p ;
      fct(p) ;
    }
}
```

```
void fct(int r)
{
  int q=n, s=r*n ;
  cout << r << " " << q << " " << s << "\n" ;
}
```

```
1 2 2
2 4 8
3 6 18
4 8 32
5 10 50
```

Initialisation de variables de classe automatique

9 Les arguments par défaut

9.1 Exemples

Jusqu'ici, nos appels de fonction renfermaient autant d'arguments que la fonction en attendait effectivement. C++ permet de s'affranchir en partie de cette règle, grâce à un mécanisme d'attribution de valeurs par défaut à des arguments non fournis lors de l'appel.

Exemple 1

Considérez l'exemple suivant :

```
#include <iostream>
using namespace std ;
main()
{  int n=10, p=20 ;
   void fct (int, int=12) ; // prototype avec une valeur par défaut
   fct (n, p) ;             // appel "normal"
   fct (n) ;                // appel avec un seul argument
                            // fct()  serait, ici, rejeté */
}
void fct (int a, int b)     // en-tête "habituelle"
{
   cout << "premier argument : " << a << "\n" ;
   cout << "second argument  : " << b << "\n" ;
}
```

```
premier argument : 10
second argument  : 20
premier argument : 10
second argument  : 12
```

Exemple de définition de valeur par défaut pour un argument

La déclaration de *fct*, ici dans la fonction *main*, est réalisée par le prototype :

```
void fct (int, int = 12) ;
```

La déclaration du second argument apparaît sous la forme :

```
int = 12
```

Celle-ci précise au compilateur que, en cas d'absence de ce second argument dans un éventuel appel de *fct*, il lui faudra « faire comme si » l'appel avait été effectué avec cette valeur.

Les deux appels de *fct* illustrent le phénomène. Notez qu'un appel tel que :

```
fct ( )
```

serait rejeté à la compilation puisque ici il n'était pas prévu de valeur par défaut pour le premier argument de *fct*.

Exemple 2

Voici un second exemple, dans lequel nous avons prévu des valeurs par défaut pour tous les arguments de *fct* :

```
#include <iostream>
using namespace std ;
main()
{  int n=10, p=20 ;
   void fct (int=0, int=12) ; // prototype avec deux valeurs par défaut
   fct (n, p) ;               // appel "normal"
   fct (n) ;                  // appel avec un seul argument
   fct () ;                   // appel sans argument
}
void fct (int a, int b)     // en-tête "habituelle"
{  cout << "premier argument : " << a << "\n" ;
   cout << "second argument  : " << b << "\n" ;
}
```

```
premier argument : 10
second argument  : 20
premier argument : 10
second argument  : 12
premier argument : 0
second argument  : 12
```

Exemple de définition de valeurs par défaut pour plusieurs arguments

9.2 Les propriétés des arguments par défaut

Lorsqu'une déclaration prévoit des valeurs par défaut, les arguments concernés doivent obligatoirement être les derniers de la liste.

Par exemple, une déclaration telle que :

```
float fexple (int = 5, long, int = 3) ;
```

est interdite. En fait, une telle interdiction relève du pur bon sens. En effet, si cette déclaration était acceptée, l'appel suivant :

```
fexple (10, 20) ;
```

pourrait être interprété aussi bien comme :

```
fexple (5, 10, 20) ;
```

que comme :

```
fexple (10, 20, 3) ;
```

Notez bien que le mécanisme proposé par C++ revient à **fixer les valeurs par défaut dans la déclaration de la fonction et non dans sa définition**. Autrement dit, ce n'est pas le « concepteur » de la fonction qui décide des valeurs par défaut, mais l'utilisateur. Une conséquence immédiate de cette particularité est que les arguments soumis à ce mécanisme et les valeurs correspondantes peuvent varier d'une utilisation à une autre ; en pratique toutefois, ce point ne sera guère exploité, ne serait-ce que parce que les déclarations de fonctions sont en général « figées » une fois pour toutes, dans un fichier en-tête.

Nous verrons que les arguments par défaut se révéleront particulièrement précieux lorsqu'il s'agira de fabriquer ce que l'on nomme le « constructeur d'une classe ».

Remarque

Les valeurs par défaut ne sont pas nécessairement des expressions constantes. Elles ne peuvent toutefois pas faire intervenir de variables locales[1].

En Java

Les arguments par défaut n'existent pas en Java.

10 Surdéfinition de fonctions

D'une manière générale, on parle de « surdéfinition »[2] lorsqu'un même symbole possède plusieurs significations différentes, le choix de l'une des significations se faisant en fonction du contexte. C'est ainsi que la plupart des langages évolués utilisent la surdéfinition d'un certain nombre d'opérateurs. Par exemple, dans une expression telle que :

```
a + b
```

la signification du + dépend du type des opérandes *a* et *b* ; suivant les cas, il pourra s'agir d'une addition d'entiers ou d'une addition de flottants. De même, le symbole * peut désigner, suivant le contexte, une multiplication d'entiers, de flottants (ou, commme nous le verrons lorsque nous étudierons les pointeurs, une indirection).

1. Ni la valeur *this* pour les fonctions membres (*this* sera étudié au chapitre 11).

2. De *overloading*, parfois traduit par « surcharge ».

Un des grands atouts de C++ est de permettre la surdéfinition de la plupart des opérateurs (lorsqu'ils sont associés à la notion de classe). Lorsque nous étudierons cet aspect, nous verrons qu'il repose en fait sur la surdéfinition de fonctions. C'est cette dernière possibilité que nous proposons d'étudier ici pour elle-même.

Pour pouvoir employer plusieurs fonctions de même nom, il faut bien sûr un critère (autre que le nom) permettant de choisir la bonne fonction. En C++, ce choix est basé (comme pour les opérateurs cités précédemment en exemple) sur le type des arguments. Nous commencerons par vous présenter un exemple complet montrant comment mettre en œuvre la surdéfinition de fonctions. Nous examinerons ensuite différentes situations d'appel d'une fonction surdéfinie avant d'étudier les règles détaillées qui président au choix de la « bonne fonction ».

10.1 Mise en œuvre de la surdéfinition de fonctions

Nous allons définir et utiliser deux fonctions nommées *sosie*. La première possédera un argument de type *int*, la seconde un argument de type *double*, ce qui les différencie bien l'une de l'autre. Pour que l'exécution du programme montre clairement la fonction effectivement appelée, nous introduisons dans chacune une instruction d'affichage appropriée. Dans le programme d'essai, nous nous contentons d'appeler successivement la fonction surdéfinie *sosie*, une première fois avec un argument de type *int*, une seconde fois avec un argument de type *double*.

```
#include <iostream>
using namespace std ;
void sosie (int) ;            // les prototypes
void sosie (double) ;
main()                        // le programme de test
{  int n=5 ;
   double x=2.5 ;
   sosie (n) ;
   sosie (x) ;
}
void sosie (int a)            // la première fonction
{  cout << "sosie numero I   a = " << a << "\n" ;
}
void sosie (double a)         // la deuxième fonction
{   cout << "sosie numero II  a = " << a << "\n" ;
}
```

```
sosie numero I   a = 5
sosie numero II  a = 2.5
```

Exemple de surdéfinition de la fonction sosie

Vous constatez que le compilateur a bien mis en place l'appel de la « bonne fonction » *sosie*, au vu de la liste d'arguments (ici réduite à un seul).

10.2 Exemples de choix d'une fonction surdéfinie

Notre précédent exemple était simple, dans la mesure où nous appelions toujours la fonction *sosie* avec un argument ayant **exactement** l'un des types prévus dans les prototypes (*int* ou *double*). On peut se demander ce qui se produirait si nous l'appelions par exemple avec un argument de type *char* ou *long*, ou si l'on avait affaire à des fonctions comportant plusieurs arguments...

Avant de présenter les règles de détermination d'une fonction surdéfinie, examinons tout d'abord quelques situations assez intuitives.

Exemple 1

```
void sosie (int) ;        // sosie I
void sosie (double) ;     // sosie II
char c ; float y ;
   .....
sosie(c) ;   // appelle sosie I, après conversion de c en int
sosie(y) ;   // appelle sosie II, après conversion de y en double
sosie('d') ; // appelle sosie I, après conversion de 'd' en int
```

Exemple 2

```
void essai (int, double) ;    // essai I
void essai (double, int) ;    // essai II
int n, p ; double z ; char c ;
   .....
essai(n,z) ; // appelle essai I
essai(c,z) ; // appelle essai I, après conversion de c en int
essai(n,p) ; // erreur de compilation,
```

Compte tenu de son ambiguïté, le dernier appel conduit à une erreur de compilation. En effet, deux possibilités existent ici : convertir *p* en *double* sans modifier *n* et appeler *essai I* ou, au contraire, convertir *n* en *double* sans modifier *p* et appeler *essai II*.

Exemple 3

```
void test (int n=0, double x=0) ;      // test I
void test (double y=0, int p=0) ;      // test II
int n ; double z ;
   .....
test(n,z) ; // appelle test I
test(z,n) ; // appelle test II
test(n) ;   // appelle test I
test(z) ;   // appelle test II
test() ;    // erreur de compilation, compte tenu de l'ambiguïté.
```

Exemple 4

Avec ces déclarations :

```
void truc (int) ;         // truc I
void truc (const int) ;   // truc II
```

vous obtiendrez une erreur de compilation. En effet, C++ n'a pas prévu de distinguer *int* de *const int*. Cela se justifie par le fait que, les deux fonctions *truc* recevant une copie de l'information à traiter, il n'y a aucun risque de modifier la valeur originale. Notez bien qu'ici l'erreur tient à la seule présence des déclarations de *truc*, indépendamment d'un appel quelconque.

Exemple 5

En revanche, considérez maintenant ces déclarations :

```
void chose (int &) ;        // chose I
void chose (const int &) ;  // chose II
int n = 3 ;
const int p = 5 ;
   .....
chose (n) ;  // appelle chose I
chose (p) ;  // appelle chose II
```

Cette fois, la distinction entre *int &* et *const int &* est justifiée. En effet, on peut très bien imaginer que *chose I* modifie la valeur de la *lvalue* dont elle reçoit la référence, tandis que *chose II* n'en fait rien.

Exemple 6

L'exemple précédent a montré comment on pouvait distinguer deux fonctions agissant, l'une sur une référence, l'autre sur une référence constante. Mais l'utilisation de références possède des conséquences plus subtiles, comme le montrent ces exemples (revoyez éventuellement le paragraphe 5.2.4) :

```
void chose (int &) ;        // chose I
void chose (const int &)    // chose II
int n :
float x ;
   .....
chose (n) ; // appelle chose I
chose (2) ; // appelle chose II, après copie éventuelle de 2 dans un entier[1]
            // temporaire dont la référence sera transmise à chose
chose (x) ; // appelle chose II, après conversion de la valeur de x en un
            // entier temporaire dont la référence sera transmise à chose
```

Remarques

1 En dehors de la situation examinée dans l'exemple 5, on notera que le mode de transmission (référence ou valeur) n'intervient pas dans le choix d'une fonction surdéfinie. Par exemple, les déclarations suivantes conduiraient à une erreur de compilation due à leur ambiguïté (indépendamment de tout appel de *chose*) :

```
void chose (int &) ;
void chose (int) ;
```

1. Comme l'autorise la norme, l'implémentation est libre de faire ou non une copie dans ce cas.

2 Nous venons de voir comment *int &* se distingue de *const int &*. Lorsque nous étudierons les pointeurs, nous verrons (paragraphe 9 du chapitre 8) qu'il existe une distinction comparable entre un pointeur sur une variable (*int **) et un pointeur sur une constante (*const int **).

En Java

La surdéfinition des fonctions existe en Java. Mais les règles de recherche de la bonne fonction sont beaucoup plus simples qu'en C++, car il existe peu de possibilités de conversions implicites.

10.3 Règles de recherche d'une fonction surdéfinie

Pour l'instant, nous vous présenterons plutôt la philosophie générale, ce qui sera suffisant pour l'étude des chapitres suivants. Au cours de cet ouvrage, nous serons amenés à vous apporter des informations complémentaires. De plus, l'ensemble de toutes ces règles sont reprises en Annexe A.

10.3.1 Cas des fonctions à un argument

Le compilateur recherche la « meilleure correspondance » possible. Bien entendu, pour pouvoir définir ce qu'est cette meilleure correspondance, il faut qu'il dispose d'un critère d'évaluation. Pour ce faire, il est prévu différents niveaux de correspondance :

1) ***Correspondance exacte*** : on distingue bien les uns des autres les différents types de base, en tenant compte de leur éventuel attribut de signe[1] ; de plus, comme on l'a vu dans les exemples précédents, l'attribut *const* peut intervenir dans le cas de références (il en ira de même pour les pointeurs).

2) ***Correspondance avec promotions numériques***, c'est-à-dire essentiellement :

   char et *short* –> *int*

   float –> *double*

   Rappelons qu'un argument transmis par référence ne peut être soumis à aucune conversion, sauf lorsqu'il s'agit de la référence à une constante.

3) ***Conversions dites standard*** : il s'agit des conversions légales en C++, c'est-à-dire de celles qui peuvent être imposées par une affectation (sans opérateur de *cast*) ; cette fois, il peut s'agir de conversions dégradantes puisque, notamment, toute conversion d'un type numérique en un autre type numérique est acceptée.

1. Attention : en C++, *char* est différent de *signed char* et de *unsigned char*.

4) ***D'autres niveaux*** sont prévus ; en particulier on pourra faire intervenir ce que l'on nomme des « conversions définies par l'utilisateur » (C.D.U.), qui ne seront étudiées qu'au chapitre 16.

Là encore, un argument transmis par référence ne pourra être soumis à aucune conversion, sauf s'il s'agit d'une référence à une constante.

La recherche s'arrête au premier niveau ayant permis de trouver une correspondance, qui doit alors être unique. Si plusieurs fonctions conviennent au même niveau de correspondance, il y a erreur de compilation due à l'ambiguïté rencontrée. Bien entendu, si aucune fonction ne convient à aucun niveau, il y a aussi erreur de compilation.

10.3.2 Cas des fonctions à plusieurs arguments

L'idée générale est qu'il doit se dégager une fonction « meilleure » que toutes les autres. Pour ce faire, le compilateur sélectionne, **pour chaque argument**, la ou les fonctions qui réalisent la meilleure correspondance (au sens de la hiérarchie définie ci-dessus). Parmi l'ensemble des fonctions ainsi sélectionnées, il choisit celle (si elle existe et si elle est unique) qui réalise, pour chaque argument, une correspondance au moins égale à celle de toutes les autres fonctions[1].

Si plusieurs fonctions conviennent, là encore, on aura une erreur de compilation due à l'ambiguïté rencontrée. De même, si aucune fonction ne convient, il y aura erreur de compilation.

Notez que les fonctions comportant un ou plusieurs arguments par défaut sont traitées comme si plusieurs fonctions différentes avaient été définies avec un nombre croissant d'arguments.

11 Les arguments variables en nombre

Dans tous nos précédents exemples, le nombre d'arguments fournis au cours de l'appel d'une fonction était prévu lors de l'écriture de cette fonction.

Or, dans certaines circonstances, on peut souhaiter réaliser une fonction capable de recevoir un nombre d'arguments susceptible de varier d'un appel à un autre.

En C++, on y parvient à l'aide des fonctions particulières *va_start* et *va_arg* (dont le prototype figure dans le fichier en-tête *cstdarg*). La seule contrainte à respecter est que la fonction doit posséder au moins un argument fixe (c'est-à-dire toujours présent). En effet, comme nous allons le voir, c'est le dernier argument fixe qui permet, en quelque sorte, d'initialiser le parcours de la liste d'arguments.

1. Ce qui revient à dire qu'il considère l'intersection des ensembles constitués des fonctions réalisant la meilleure correspondance pour chacun des arguments.

11.1 Premier exemple

Voici un premier exemple de fonction à arguments variables : les deux premiers arguments sont fixes, l'un étant de type *int*, l'autre de type *char*. Les arguments suivants, de type *int*, sont en nombre quelconque et l'on a supposé que le dernier d'entre eux était *-1*. Cette dernière valeur sert donc, en quelque sorte, de « sentinelle ». Par souci de simplification, nous nous sommes contentés, dans cette fonction, de lister les valeurs de ces différents arguments (fixes ou variables), à l'exception du dernier.

```
#include <iostream>
#include <cstdarg>      // pour va_arg et va_list
using namespace std ;

void essai (int par1, char  par2, ...)
{  va_list adpar ;
   int parv ;
   cout << "premier parametre : " << par1 << "\n" ;
   cout << "second parametre  : " << par2 << "\n" ;
   va_start (adpar, par2) ;
   while ( (parv = va_arg (adpar, int) ) != -1)
       cout << "argument variable : " << parv << "\n" ;
}

main()
{  cout << "premier essai\n" ;
   essai (125, 'a', 15, 30, 40, -1) ;
   cout << "deuxieme essai\n" ;
   essai (6264, 'S', -1) ;
}
```

```
premier essai
premier parametre : 125
second parametre  : a
argument variable : 15
argument variable : 30
argument variable : 40
deuxieme essai
premier parametre : 6264
second parametre  : S
```

Arguments en nombre variable, délimités par une sentinelle

Vous constatez la présence, dans l'en-tête de la fonction *essai*, des deux noms des paramètres fixes *par1* et *par2*, déclarés de manière classique ; les trois points servent à spécifier au compilateur l'existence de paramètres en nombre variable.

La déclaration :

```
va_list adpar ;
```

précise que *adpar* est un identificateur de liste variable. C'est lui qui nous servira à récupérer, les uns après les autres, les différents arguments variables.

Comme à l'accoutumée, une telle déclaration n'attribue aucune valeur à *adpar*. C'est effectivement la fonction *va_start* qui va permettre de l'initialiser à l'adresse du paramètre variable. Notez bien que cette dernière est déterminée par *va_start* à partir de la connaissance du nom du dernier paramètre fixe.

Le rôle de la fonction *va_arg* est double :

- d'une part, elle fournit comme résultat la valeur trouvée à l'adresse courante fournie par *adpar* (son premier argument), suivant le type indiqué par son second argument (ici *int*) ;
- d'autre part, elle incrémente l'adresse contenue dans *adpar*, de manière que celle-ci pointe alors sur l'argument variable suivant.

Ici, une instruction *while* nous permet de récupérer les différents arguments variables, sachant que le dernier a pour valeur *-1*.

Enfin, la norme ANSI prévoit que la macro *va_end* doit être appelée avant de sortir de la fonction concernée. Si vous manquez à cette règle, vous courez le risque de voir un prochain appel à la fonction conduire à un mauvais fonctionnement du programme.

Remarque

Les arguments variables peuvent être de types différents, à condition toutefois que la fonction soit en mesure de les connaître, d'une façon ou d'une autre.

Informations complémentaires

En toute rigueur, *va_start* et *va_arg* ne sont pas de véritables fonctions, mais des « macros » ; cette distinction n'a que peu d'incidence sur leur utilisation effective. Les macros, beaucoup moins utilisées en C++ qu'en C, seront présentées paragraphe 2.2 du chapitre 31.

11.2 Second exemple

La gestion de la fin de la liste des arguments variables est laissée au bon soin de l'utilisateur ; en effet, il n'existe aucune fonction permettant de connaître le nombre effectif de ces arguments.

Cette gestion peut se faire :

- par sentinelle, comme dans notre précédent exemple ;
- par transmission, en argument fixe, du nombre d'arguments variables.

Voici un exemple de fonction utilisant cette seconde technique. Nous n'y avons pas prévu d'autre argument fixe que celui spécifiant le nombre d'arguments variables.

```
#include <iostream>
#include <cstdarg>
using namespace std ;
void essai (int nbpar, ...)
{  va_list adpar ;
   int parv, i ;
   cout << "nombre de valeurs : " << nbpar << "\n" ;
   va_start (adpar, nbpar) ;
   for (i=1 ; i<=nbpar ; i++)
     {  parv = va_arg (adpar, int) ;
        cout << "argument variable : " << parv << "\n" ;
     }
}
main()
{  cout << "premier essai\n" ;
   essai (3, 15, 30, 40) ;
   cout << "\ndeuxieme essai\n" ;
   essai (0) ;
}
```

```
premier essai
nombre de valeurs : 3
argument variable : 15
argument variable : 30
argument variable : 40

deuxieme essai
nombre de valeurs : 0
```

Arguments variables dont le nombre est fourni en argument fixe

12 La conséquence de la compilation séparée

12.1 Compilation séparée et prototypes

Nous avons déjà été amenés à utiliser des fonctions prédéfinies telles que *sqrt*. Pour ce faire, nous incorporions le fichier en-tête *cmath* qui contient les déclarations des fonctions mathématiques telles que *sqrt*. Nous savons que le module objet correspondant à cette fonction a déjà été compilé, qu'il figure dans une bibliothèque et qu'il sera incorporé par l'éditeur de liens pour créer le programme exécutable.

Cette démarche, dans laquelle on réunit plusieurs modules objets compilés de façon indépendante l'une de l'autre (ici votre *main* d'une part, *sqrt* d'autre part) peut s'appliquer à des fichiers sources conçus par l'utilisateur. On parle alors de « compilation séparée ». Par exemple, vous pourriez tout à fait placer dans des fichiers sources différents les fonctions que nous avons été amenés à créer auparavant (*fexple*, *echange*, *optimist*, *fct*) et les compiler séparément. Dans ce cas, la définition de la fonction ne figure plus dans le programme l'utilisant. On n'y trouvera que sa déclaration. Si certaines des fonctions que vous développez doivent être utilisées par plusieurs programmes, vous serez probablement amené à prévoir un fichier en-tête (nommé par exemple *MesFonc*) en contenant les déclarations, de façon à éviter d'éventuelles erreurs d'écriture (ou plutôt un fichier en-tête par groupe de fonctions ayant un rapport entre elles). Généralement, un tel fichier portera l'extension *.h*. Comme pour les fichiers en-têtes prédéfinis, vous incorporerez votre fichier en-tête par une directive *#include*. Il faut cependant savoir que la syntaxe en est légèrement modifiée pour les fichiers de l'utilisateur (utilisation de "..." au lieu de <...>) :

```
include "MesFonc.h"
```

Rappelons que l'inclusion d'un fichier en-tête peut se faire :

- à un niveau global, comme dans ce schéma :

```
#include "MesFonc.h"   // Attention : "MesFonc.h" et non <MesFonc.h>
                       //  pour un fichier en-tête utilisateur
main()
{ ...                  // ici, on dispose des déclarations figurant dans MesFonc.h
}
void f()
{                      // ici, également
}
```

- à un niveau local, comme dans ce schéma :

```
main()
{ #include "MesFonc.h"
  ...                  // ici, on dispose des déclarations figurant dans MesFonc.h
}
void f()
{                      // ici, non
}
```

12.2 Fonction manquante lors de l'édition de liens

Compte tenu de ces possibilités de compilation séparée, on voit qu'il est tout à fait possible d'écrire un programme dans lequel on a omis la définition d'une fonction (pour peu qu'elle soit correctement déclarée) :

```
main()
{ void f() ;      // déclaration de f
  .....
  f() ;           // utilisation de f
  .....
}
```

La compilation se déroulera sans problème. En revanche, si lors de l'édition de liens, la définition de *f* n'est trouvée dans aucun module objet (y compris dans ceux constituant la bibliothèque standard), on obtiendra une erreur.

Remarque

Ne confondez pas les fichiers en-tête qui ne contiennent que les déclarations de fonctions avec les modules objets qui, quant à eux, contiennent bien le code exécutable correspondant à leur définition. L'un ne remplace pas l'autre. Certes, la confusion peut être entretenue par les fonctions de la bibliothèque standard dont on a l'impression qu'il suffit de citer les fichiers en-têtes contenant leur déclaration pour en disposer. En fait, le travail de recherche de l'éditeur de liens est totalement indépendant de la compilation et n'a aucun rapport avec l'éventuelle inclusion de fichiers en-tête. Vous pourriez par exemple utiliser *sqrt*, sans incorporer *cmath*, pour peu que vous en fournissiez la déclaration.

12.3 Le mécanisme de la surdéfinition de fonctions

Dans notre étude de la surdéfinition des fonctions du paragraphe 10, nous avions examiné la manière dont le compilateur faisait le choix de la « bonne fonction », en raisonnant sur un seul fichier source à la fois. Mais on voit maintenant qu'il est tout à fait envisageable :

- de compiler dans un premier temps un fichier source contenant les différentes définitions d'une fonction (telle que *sosie* ou *chose* dans nos précédents exemples) ; on peut même éclater ces surdéfinitions dans plusieurs fichiers sources ;
- d'utiliser ultérieurement ces fonctions dans un autre fichier source en nous contentant d'en fournir les prototypes.

Or, pour que cela soit possible, l'éditeur de liens doit être en mesure d'effectuer le lien entre le choix opéré par le compilateur et la « bonne fonction » figurant dans un autre module objet. Cette reconnaissance est fondée sur la modification, par le compilateur, des noms « externes » des fonctions ; celui-ci fabrique un nouveau nom fondé d'une part sur le nom interne de la fonction, d'autre part sur le nombre et la nature de ses arguments.

Il est très important de noter que ce mécanisme s'applique à toutes les fonctions, qu'elles soient surdéfinies ou non (il est impossible de savoir si une fonction compilée dans un fichier source sera surdéfinie dans un autre). On voit donc qu'un problème se pose, dès que l'on souhaite utiliser dans un programme C++ une fonction écrite et compilée en C (ou dans un autre langage utilisant les mêmes conventions d'appel de fonction, notamment l'assembleur ou le Fortran). En effet, une telle fonction n'aura pas son nom modifié suivant le mécanisme évoqué. Une solution existe toutefois : déclarer une telle fonction en faisant précéder son prototype de la mention *extern "C"*. Par exemple, si nous avons écrit et compilé en C une fonction d'en-tête :

```
double fct (int n, char c) ;
```

et que nous souhaitons l'utiliser dans un programme C++, il nous suffira de fournir son prototype de la façon suivante :

```
extern "C" double fct (int, char) ;
```

Remarques

1 Il existe une forme « collective » de la déclaration *extern*, qui se présente ainsi :

```
extern "C"
{ void exple (int) ;
  double chose (int, char, float) ;
  .....
} ;
```

2 Le problème évoqué pour les fonctions C (assembleur ou Fortran) se pose, a priori, pour toutes les fonctions de la bibliothèque standard C que l'on réutilise en C++. En fait, dans la plupart des environnements, cet aspect est automatiquement pris en charge au niveau des fichiers en-tête correspondants (ils contiennent des déclarations *extern* conditionnelles).

3 Il est possible d'employer, au sein d'un même programme C++, une fonction C (assembleur ou Fortran) et une ou plusieurs autres fonctions C++ de même nom (mais d'arguments différents). Par exemple, nous pouvons utiliser dans un programme C++ la fonction *fct* précédente et deux fonctions C++ d'en-tête :

```
void fct (double x)
void fct (float y)
```

en procédant ainsi :

```
extern "C" void fct (int) ;
void fct (double) ;
void fct (float) ;
```

Suivant la nature de l'argument d'appel de *fct*, il y aura bien appel de l'une des trois fonctions *fct*. Notez qu'il n'est pas possible de mentionner plusieurs fonctions C de nom *fct*.

12.4 Compilation séparée et variables globales

N.B. Ce paragraphe a surtout un intérêt si vous devez exploiter du code utilisant cette technique déconseillée de variables globales. Il peut également servir à distinguer la notion de portée (compilation) de celle de lien (édition de liens).

12.4.1 La portée d'une variable globale – la déclaration extern

A priori, la portée d'une variable globale semble limitée au fichier source dans lequel elle a été définie. Ainsi, supposez que l'on compile séparément ces deux fichiers source :

```
source 1                    source 2
 int x ;                     fct2()
 main()                      {
  {                              .....
     .....                    }
  }                           fct3()
  fct1()                      {
  {                              .....
     .....                    }
  }
```

Il ne semble pas possible, dans les fonctions *fct2* et *fct3* de faire référence à la variable globale *x* déclarée dans le premier fichier source (alors qu'aucun problème ne se poserait si l'on réunissait ces deux fichiers source en un seul, du moins si l'on prenait soin de placer les instructions du second fichier à la suite de celles du premier).

En fait, C++ prévoit une déclaration permettant de spécifier qu'une variable globale a déjà été définie dans un autre fichier source. Celle-ci se fait à l'aide du mot-clé *extern*. Ainsi, en faisant précéder notre second fichier source de la déclaration :

```
extern int x ;
```

il devient possible de mentionner la variable globale *x* (déclarée dans le premier fichier source) dans les fonctions *fct2* et *fct3*.

Remarque

Cette déclaration *extern* n'effectue **pas de réservation d'emplacement de variable**. Elle ne fait que préciser que la variable globale *x* est définie par ailleurs et elle en indique le type.

12.4.2 Les variables globales et l'édition de liens

Supposons que nous ayons compilé les deux fichiers source précédents et voyons d'un peu plus près comment l'éditeur de liens est en mesure de rassembler correctement les deux modules objets ainsi obtenus. En particulier, examinons comment il peut faire correspondre au symbole *x* du second fichier source l'adresse effective de la variable *x* définie dans le premier.

D'une part, après compilation du premier fichier source, on trouve, dans le module objet correspondant, une indication associant le symbole *x* et son adresse dans le module objet. Autrement dit, contrairement à ce qui se produit pour les variables locales, pour lesquelles ne subsiste aucune trace du nom après compilation, le nom des variables globales continue à exister au niveau des modules objets. On retrouve là un mécanisme analogue à ce qui se passe pour les noms de fonctions, lesquels doivent bien subsister pour que l'éditeur de liens soit en mesure de retrouver les modules objets correspondants.

D'autre part, après compilation du second fichier source, on trouve, dans le module objet correspondant, une indication mentionnant qu'une certaine variable de nom *x* provient de l'extérieur et qu'il faudra en fournir l'adresse effective.

Ce sera effectivement le rôle de l'éditeur de liens que de retrouver dans le premier module objet l'adresse effective de la variable *x* et de la reporter dans le second module objet.

Ce mécanisme montre que s'il est possible, par mégarde, de réserver des variables globales de même nom dans deux fichiers source différents, il sera, par contre, en général, impossible d'effectuer correctement l'édition de liens des modules objets correspondants (certains éditeurs de liens peuvent ne pas détecter cette anomalie). En effet, dans un tel cas, l'éditeur de liens se trouvera en présence de deux adresses différentes pour un même identificateur, ce qui est illogique.

12.4.3 Les variables globales cachées – la déclaration static

Il est possible de « cacher » une variable globale, c'est-à-dire de la rendre inaccessible à l'extérieur du fichier source où elle a été définie (on dit aussi « rendre confidentielle » au lieu de « cacher » ; on parle alors de « variables globales confidentielles »). Il suffit pour cela d'utiliser la déclaration **static** comme dans cet exemple :

```
static int a ;
main()
{
   .....
}
fct()
{
   .....
}
```

Sans la déclaration *static*, *a* serait une variable globale ordinaire. Par contre, cette déclaration demande qu'aucune trace de *a* ne subsiste dans le module objet résultant de ce fichier source. Il sera donc impossible d'y faire référence depuis une autre source par *extern*. Mieux, si une autre variable globale apparaît dans un autre fichier source, elle sera acceptée à l'édition de liens puisqu'elle ne pourra pas interférer avec celle du premier source.

13 Compléments sur les références

L'essentiel concernant la notion de référence a été étudié au paragraphe 5. Ici, nous vous fournissons des informations complémentaires relatives à :

- la transmission par référence d'une « valeur de retour » ; ce point n'interviendra qu'à partir du chapitre consacré à la surdéfinition des opérateurs ;
- l'aspect général de la notion de référence, qui dépasse celle d'argument ou de valeur de retour ; il s'agit d'éléments peu usités qui peuvent très bien être omis dans un premier temps.

13.1 Transmission par référence d'une valeur de retour

N.B. L'étude de ce paragraphe peut être différée jusqu'à celle du chapitre sur la surdéfinition des opérateurs.

13.1.1 Introduction

Le mécanisme que nous venons d'exposer pour la transmission des arguments s'applique à la valeur de retour d'une fonction. Il est cependant moins naturel. Considérons ce petit exemple :

```
int & f ()
{ .....
  return n ;   // on suppose ici n de type int
}
```

Un appel de *f* provoquera la transmission en retour non plus d'une valeur, mais de la référence de *n*. Cependant, si l'on utilise *f* d'une façon usuelle :

```
int p ;
   .....
p = f() ;     // affecte à p la valeur située à la référence fournie par f
```

une telle transmission ne semble guère présenter d'intérêt par rapport à une transmission par valeur.

Qui plus est, il est nécessaire que *n* ne soit pas locale à la fonction *f*, sous peine de récupérer une référence (adresse) à quelque chose qui n'existe plus[1].

Effectivement, on conçoit qu'on a plus rarement besoin de recevoir une référence d'une fonction que de lui en fournir.

13.1.2 On obtient une lvalue

Dès lors qu'une fonction renvoie une référence, il devient possible d'utiliser son appel comme une *lvalue*. Voyez cet exemple :

```
int & f () ;
int n ;
float x ;
   .....

f() = 2 * n + 5 ;    // à la référence fournie par f, on range la valeur
                     // de l'expression 2*n+5, de type int
f() = x ;            // à la référence fournie par f, on range la valeur
                     // de x, après conversion en int
```

Le principal intérêt de la transmission par référence d'une valeur de retour n'apparaîtra que lorsque nous étudierons la surdéfinition d'opérateurs. En effet, dans certains cas, il sera indispensable qu'un opérateur (en fait, une fonction) fournisse une *lvalue* en résultat. Ce sera précisément le cas de l'opérateur [].

---

1. Cette erreur s'apparente à celle due à la transmission en valeur de retour d'un pointeur sur une variable locale (situation que nous rencontrerons plus tard). Elle est encore plus difficile à détecter dans la mesure où le seul moment où l'on peut utiliser la référence concernée est l'appel lui-même (alors qu'un pointeur peut être utilisé à volonté...) ; dans un environnement ne modifiant pas la valeur d'une variable lors de sa « destruction », aucune erreur ne se manifeste ; ce n'est que lors du portage dans un environnement ayant un comportement différent que les choses deviennent catastrophiques.

13.1.3 Conversion

Contrairement à ce qui se produisait pour les arguments, aucune contrainte d'exactitude de type ne pèse sur une valeur de retour, car il reste toujours possible de la soumettre à une conversion avant de l'utiliser :

```
inf & f () ;
float x ;
  .....
x = f() ;    // OK : on convertira en int la valeur située à la référence
             //  reçue en retour de f
```

Nous verrons au paragraphe 13.1.4 qu'il n'en va plus de même lorsque la valeur de retour est une référence à une constante.

13.1.4 Valeur de retour et constance

Si une fonction prévoit dans son en-tête un retour par référence, elle ne pourra pas mentionner de constante dans l'instruction *return*. En effet, si tel était le cas, on prendrait le risque que la fonction appelante modifie la valeur en question :

```
int n=3 ;           // variable globale
float x=3.5 ;       // idem
int & f1 (.....)
{ .....
  return 5 ;    // interdit
  return n ;    // OK
  return x ;    // interdit
}
```

Une exception a lieu lorsque l'en-tete mentionne une référence à une constante. Dans ce cas, si *return* mentionne une constante, on renverra la référence d'une copie de cette constante, précédée d'une éventuelle conversion :

```
const int & f2 (.....)
{ .....
  return 5 ;    // OK : on renvoie la référence à une copie temporaire
  return n ;    // OK
  return x ;    // OK : on renvoie la référence à un int temporaire
                // obtenu par conversion de la valeur de x
}
```

Mais on notera qu'une telle référence à une constante ne pourra plus être utilisée comme une *lvalue* :

```
const int & f () ;
int n ;
float x ;
  .....
f() = 2 * n + 5 ;  // erreur : f() n'est pas une lvalue
f() = x ;          // idem
```

13.2 La référence d'une manière générale

N.B. Ce paragraphe peut être ignoré dans un premier temps.

L'essentiel concernant la notion de référence réside dans la transmission d'arguments ou de valeur de retour. Cependant, en toute rigueur, la notion de référence peut intervenir en dehors de la notion d'argument ou de valeur de retour. C'est ce que nous allons examiner ici.

13.2.1 La notion de référence est plus générale que celle d'argument

D'une manière générale, il est possible de déclarer un identificateur comme référence d'une autre variable. Considérez, par exemple, ces instructions :

```
int n ;
int & p = n ;
```

La seconde signifie que *p* est une référence à la variable *n*. Ainsi, dans la suite, *n* et *p* désigneront le même emplacement mémoire. Par exemple, avec :

```
n = 3 ;
cout << p ;
```

nous obtiendrons la valeur 3.

Remarque

Il ne sera pas possible de définir des pointeurs sur des références, ni des tableaux de références.

13.2.2 Initialisation de référence

La déclaration :

```
int & p = n ;
```

est en fait une déclaration de référence (ici *p*) accompagnée d'une initialisation (à la référence de *n*). D'une façon générale, il n'est pas possible de déclarer une référence sans l'initialiser, comme dans :

```
int & p ;      // incorrect, car pas d'initialisation
```

Notez bien qu'une fois déclarée (et initialisée), une référence ne peut plus être modifiée. D'ailleurs, aucun mécanisme n'est prévu à cet effet : si, ayant déclaré *int & p=n ;* vous écrivez *p=q*, il s'agit obligatoirement de l'affectation de la valeur de *q* à l'emplacement de référence *p*, et non de la modification de la référence *q*.

On ne peut pas initialiser une référence avec une constante. La déclaration suivante est incorrecte :

```
int & n = 3 ;          // incorrecte
```

Cela est logique puisque, si cette instruction était acceptée, elle reviendrait à initialiser *n* avec une référence à la valeur (constante) 3. Dans ces conditions, l'instruction suivante conduirait à modifier la valeur de la constante 3 :

```
n = 5 ;
```

En revanche, il est possible de définir des références constantes qui peuvent alors être initialisées par des constantes. Ainsi la déclaration suivante est-elle correcte :

```
const int & n = 3 ;
```

Elle génère une variable temporaire (ayant une durée de vie imposée par l'emplacement de la déclaration) contenant la valeur 3 et place sa référence dans *n*. On peut dire que tout se passe comme si vous aviez écrit :

```
int temp = 3 ;
int & n = temp ;
```

avec cette différence que, dans le premier cas, vous n'avez pas explicitement accès à la variable temporaire.

Enfin, les déclarations suivantes sont encore correctes :

```
float x ;
const int & n = x ;
```

Elles conduisent à la création d'une variable temporaire contenant le résultat de la conversion de *x* en *int* et placent sa référence dans *n*. Ici encore, tout se passe comme si vous aviez écrit ceci (sans toutefois pouvoir accéder à la variable temporaire *temp*) :

```
float x ; int temp = x ;
const int & n = temp ;
```

Remarque

En toute rigueur, l'appel d'une fonction conduit à une « initialisation » des arguments muets. Dans le cas d'une référence, ce sont donc les règles que nous venons de décrire qui sont utilisées. Il en va de même pour une valeur de retour. On retrouve ainsi le comportement décrit aux paragraphes 5.2 et 13.1.

14 La spécification *inline*

Comme on peut s'y attendre, le code exécutable correspondant à une fonction est généré une seule fois par le compilateur. Néanmoins, pour chaque appel de cette fonction, le compilateur doit prévoir, non seulement le branchement au code exécutable correspondant, mais également des instructions utiles pour établir la communication entre le programme appelant et la fonction, notamment :

- sauvegarde de l'état courant (valeurs de certains registres de la machine par exemple) ;
- allocation d'espace sur la pile et copie des valeurs des arguments ;
- branchement à la fonction (dont l'adresse définitive sera en fait fournie par l'éditeur de liens) ;
- recopie de la valeur de retour ;
- restauration de l'état courant et retour dans le programme appelant.

Dans le cas de « petites fonctions », ces différentes instructions de « service » peuvent représenter un pourcentage important du temps d'exécution total de la fonction. Lorsque l'efficacité du code devient un critère important, C++ vous permet de gagner du temps dans l'appel des fonctions, au détriment de la taille du code, grâce à la spécification *inline*.

Voyez cet exemple :

```
#include <cmath>          // ancien <math.h>    pour sqrt
#include <iostream>
using namespace std ;
  /* définition d'une fonction en ligne */
inline double norme (double vec[3])
{  int i ; double s = 0 ;

   for (i=0 ; i<3 ; i++)
     s+= vec[i] * vec[i] ;
   return sqrt(s) ;
}
        /* exemple d'utilisation */
main()
{  double v1[3], v2[3] ;
   int i ;
   for (i=0 ; i<3 ; i++)
   { v1[i] = i ; v2[i] = 2*i-1 ;
   }
   cout << "norme de v1 : " << norme(v1) << "\n" ;
   cout << "norme de v2 : " << norme(v2) << "\n" ;
}
```

```
norme de v1 : 2.23607
norme de v2 : 3.31662
```

Exemple de définition et d'utilisation d'une fonction en ligne

La fonction *norme* a pour but de calculer la norme d'un vecteur à trois composantes qu'on lui fournit en argument.

La présence du mot *inline* demande au compilateur de traiter la fonction *norme* différemment d'une fonction ordinaire. À chaque appel de *norme*, le compilateur devra incorporer au sein du programme les instructions correspondantes (en langage machine[1]). Le mécanisme habituel de gestion de l'appel et du retour n'existera plus (il n'y a plus besoin de sauvegardes, recopies...), ce qui permet une économie de temps. En revanche, les instructions correspondantes seront générées à chaque appel, ce qui consommera une quantité de mémoire croissant avec le nombre d'appels.

1. Notez qu'il s'agit bien ici d'un travail effectué par le compilateur lui-même, alors que dans le cas d'une macro, un travail comparable était effectué par le préprocesseur.

Il est très important de noter que, par sa nature même, une fonction en ligne doit être définie dans le même fichier source que celui où on l'utilise. **Elle ne peut plus être compilée séparément !** Cela explique qu'il n'est pas nécessaire de déclarer une telle fonction (sauf si elle est utilisée, au sein d'un fichier source, avant d'être définie). Ainsi, on ne trouve pas dans notre exemple de déclaration telle que :

```
double norme (double) ;
```

Cette absence de possibilité de compilation séparée constitue unc contrepartie notable aux avantages offerts par la fonction en ligne. En effet, pour qu'une même fonction en ligne puisse être partagée par différents programmes, il faudra absolument la placer dans un fichier en-tête[1].

Remarque

La déclaration *inline* constitue une demande effectuée auprès du compilateur. Ce dernier peut éventuellement (par exemple, si la fonction est volumineuse) ne pas l'introduire en ligne et en faire une fonction ordinaire. De même, si vous utilisez quelque part (au sein du fichier source concerné) l'adresse d'une fonction déclarée *inline*, le compilateur en fera une fonction ordinaire (dans le cas contraire, il serait incapable de lui attribuer une adresse et encore moins de mettre en place un éventuel appel d'une fonction située à cette adresse).

Informations complémentaires

C++ a hérité de C la possibilité de définir des « macros ». Il s'agit d'instructions fournies au préprocesseur qui effectue alors des substitutions paramétrées de texte. La macro s'appelle comme une fonction (d'ailleurs, certaines des « fonctions » de la bibliothèque standard du C sont des macros) et elle présente quelques similitudes avec l'emploi de *inline* :

- le code correspondant est introduit à chaque appel (au niveau du préprocesseur, cette fois, et non plus au niveau du compilateur) ;
- on obtient un gain de temps d'exécution, en contrepartie d'une perte d'espace mémoire.

Mais la ressemblance s'arrête là, car l'emploi des macros présente de très grands risques (notamment d'effets de bord). C'est ce qui explique que les macros soient déconseillées en C++ (*inline* n'existe pas en C !). Nous étudierons les macros au paragraphe 2.2 du chapitre 31.

1. À moins d'en écrire plusieurs fois la définition, ce qui ne serait pas « raisonnable », compte tenu des risques d'erreurs que cela comporte.

8

Les tableaux et les pointeurs

Comme tous les langages, C++ permet d'utiliser des **tableaux**. On nomme ainsi un ensemble d'éléments de même type (en nombre déterminé) désignés par un identificateur unique ; chaque élément est repéré par un **indice** précisant sa position au sein de l'ensemble.

Par ailleurs, C++ dispose de **pointeurs**, c'est-à-dire de variables destinées à contenir des adresses d'autres choses (variables, fonctions...).

A priori, ces deux notions de tableaux et de pointeurs peuvent paraître fort éloignées l'une de l'autre. Toutefois, il se trouve qu'en C++ un lien indirect existe entre ces deux notions, à savoir qu'un identificateur de tableau est une « constante pointeur ». Cela peut se répercuter dans le traitement des tableaux, notamment lorsque ceux-ci sont transmis en argument de l'appel d'une fonction. C'est ce qui justifie que ces deux notions soient regroupées dans un seul chapitre.

Nous commencerons par un exemple simple montrant l'intérêt d'un tableau à un indice et nous donnerons quelques règles générales concernant l'utilisation d'un tel tableau. Nous verrons ensuite comment C++ permet d'employer des tableaux à plusieurs indices. Nous montrerons comment initialiser des tableaux lors de leur déclaration. Puis nous aborderons la notion de pointeur et les opérateurs * et & qui s'y attachent, ainsi que leur « arithmétique » et nosu apprendrons à « simuler » une transmission par référence à l'aide d'un pointeur. Nous examinerons ensuite le rapport étroit qui existe entre tableau et pointeur, avant d'étudier les différentes opérations applicables à des pointeurs. Nous introduirons alors l'importante notion de gestion dynamique de la mémoire offerte par les opérateurs *new* et *delete*, par le biais de pointeurs. Nous ferons alors le point sur la manière dont sont gérés les tableaux transmis en argument d'une fonction. Nous terminerons par la présentation des pointeurs sur des fonctions.

N.B. Nous étudions ici ce l'on pourrait appeler les « tableaux natifs de C++ » ; ils correspondent à la notion de tableau des langages procéduraux. Nous verrons plus loin que la bibliothèque standard fournit un type classe paramétrable nommé *vector* permettant de définir des tableaux dont la dimension peut évoluer au fil de l'exécution.

1 Les tableaux à un indice

1.1 Exemple d'utilisation d'un tableau en C++

Supposons que nous souhaitions déterminer, à partir de vingt notes d'élèves (fournies en données), combien d'entre elles sont supérieures à la moyenne de la classe.

S'il ne s'agissait que de calculer simplement la moyenne de ces notes, il nous suffirait d'en calculer la somme, en les cumulant dans une variable, au fur et à mesure de leur lecture. Mais, ici, il nous faut à nouveau pouvoir consulter les notes pour déterminer combien d'entre elles sont supérieures à la moyenne ainsi obtenue. Il est donc nécessaire de pouvoir mémoriser ces vingt notes.

Pour ce faire, il paraît peu raisonnable de prévoir vingt variables scalaires différentes (méthode qui, de toute manière, serait difficilement transposable à un nombre important de notes).

Le **tableau** va nous offrir une solution convenable à ce problème, comme le montre le programme suivant :

```
#include <iostream>
using namespace std ;
main()
{  int i, nbm ;
   float moy, som ;
   float t[10] ;

   for (i=0 ; i<10 ; i++)
      { cout << "donnez la note numero " << i+1 << " : " ;
        cin >> t[i] ;
      }
   for (i=0, som=0 ; i<10 ; i++)  som += t[i] ;
   moy = som / 10 ;
   cout << "\Moyenne de la classe : " << moy << "\n" ;
   for (i=0, nbm=0 ; i<10 ; i++ )
       if (t[i] > moy) nbm++ ;
   cout << nbm << " eleves ont plus de cette moyenne" ;
}
```

```
onnez la note numero 2 : 12.5
donnez la note numero 3 : 8
donnez la note numero 4 : 2.5
donnez la note numero 5 : 7
donnez la note numero 6 : 5
donnez la note numero 7 : 14
donnez la note numero 8 : 8.5
donnez la note numero 9 : 15
donnez la note numero 10 : 7

Moyenne de la classe : 9.05
4 eleves ont plus de cette moyenne
```

Exemple d'utilisation d'un tableau

La déclaration :

```
float t[10]
```

réserve l'emplacement pour 10 éléments de type *float*. Chaque élément est repéré par sa position dans le tableau, nommée indice. Conventionnellement, en C++, la première position porte le numéro *0*. Ici, donc, nos indices vont de *0* à *9*. Le premier élément du tableau sera désigné par *t[0]*, le troisième par *t[2]*, le dernier par *t[19]*.

Plus généralement, une notation telle que *t[i]* désigne un élément dont la position dans le tableau est fournie par la valeur de *i*. Elle joue le même rôle qu'une variable scalaire de type *int*.

1.2 Quelques règles

1.2.1 Les éléments de tableau

Un élément de tableau est une *lvalue*. Il peut donc apparaître à gauche d'un opérateur d'affectation comme dans :

```
t[2] = 5
```

Il peut aussi apparaître comme opérande d'un opérateur d'incrémentation, comme dans :

```
t[3]++            --t[i]
```

En revanche, il n'est pas possible, si *t1* et *t2* sont des tableaux d'entiers, d'écrire *t1 = t2* ; en fait, C++ n'offre aucune possibilité d'affectations globales de tableaux.

1.2.2 Les indices

Un indice peut prendre la forme de n'importe quelle expression arithmétique d'un type entier quelconque (*int*, *short*, *long* avec leurs variantes non signées). Par exemple, si *n*, *p*, *k* et *j* sont de type *int*, ces notations sont correctes :

```
t[n-3]
t[3*p-2*k+j%l]
```

Il en va de même, si *c1* et *c2* sont de type *char*, de :

```
t[c1+3]
t[c2-c1]
```

puisque les expressions correspondantes sont de type *int*.

En théorie, un indice peut également être de type caractère ; dans ce cas, sa valeur sera simplement convertie en *int* suivant les règles habituelles (attention à l'attribut de signe !). En revanche, la tentative d'utilisation d'indices de type flottant conduira à une erreur de compilation.

1.2.3 La dimension d'un tableau

La dimension d'un tableau (son nombre d'éléments) ne peut être qu'une **constante** ou une **expression constante**. Ainsi, cette construction est correcte :

```
cont int N = 50 ;
  .....
int t[N] ;
float h[2*N-1] ;
```

En revanche, celle-ci ne le serait pas :

```
int nel ;
   .....
cout << "Combien d'elements ? " ;
cin >> nel ;
int t[nel] ;    // erreur : nel n'est pas une expression contante
```

1.2.4 Débordement d'indice

Aucun contrôle de débordement d'indice n'est mis en place par la plupart des compilateurs. De sorte qu'il est très facile (si l'on peut dire !) de désigner et, donc, de modifier, un emplacement situé avant ou après le tableau.

Remarques

1 Pour être efficace, le contrôle d'indice devrait pouvoir se faire, non seulement dans le cas où l'indice est une constante, mais également dans tous les cas où il s'agit d'une expression quelconque. Cela nécessiterait l'incorporation, dans le programme objet, d'instructions supplémentaires assurant cette vérification lors de l'exécution, ce qui conduirait à une perte de temps. Par ailleurs, nous verrons que le problème est rendu encore plus ardu, compte tenu de ce que l'accès à un élément d'un tableau peut également, en C++, se faire par le biais d'un pointeur. Pour en comprendre les conséquences, il faut savoir que, lorsque le compilateur rencontre une *lvalue* telle que *t[i]*, il en détermine l'adresse en ajoutant à l'adresse de début du tableau *t*, un décalage proportionnel à la valeur de *i* (et aussi proportionnel à la taille de chaque élément du tableau).

2 Nous verrons que le type *vector*, proposé par la bibliothèque standard, offrira des possibilités de contrôle d'indice.

2 Les tableaux à plusieurs indices

2.1 Leur déclaration

Comme la plupart des langages, C++ autorise les tableaux à plusieurs indices (on dit aussi à plusieurs dimensions).

Par exemple, la déclaration :

```
int t[5][3]
```

réserve un tableau de *15 (5 x 3)* éléments. Un élément quelconque de ce tableau se trouve alors repéré par deux indices comme dans ces notations :

```
t[3][2]     t[i][j]     t[i-3][i+j]
```

Notez bien que, là encore, la notation désignant un élément d'un tel tableau est une *lvalue*. Il n'en ira toutefois pas de même de notations telles que *t[3]* ou *t[j]* bien que, comme nous le verrons un peu plus tard, de telles notations aient un sens en C++.

Aucune limitation ne pèse sur le nombre d'indices que peut comporter un tableau. Seules les limitations de taille mémoire liées à un environnement donné risquent de se faire sentir.

2.2 Arrangement en mémoire des tableaux à plusieurs indices

Les éléments d'un tableau sont rangés suivant l'ordre obtenu en faisant varier le dernier indice en premier (Pascal utilise le même ordre, Fortran utilise l'ordre opposé). Ainsi, le tableau *t* déclaré précédemment verrait ses éléments ordonnés comme suit :

```
t[0][0]
t[0][1]
t[0][2]
t[1][0]
t[1][1]
t[1][2]
  ....
t[4][0]
t[4][1]
t[4][2]
```

Nous verrons que cet ordre a une incidence dans au moins trois circonstances :

- lorsque l'on omet de préciser certaines dimensions d'un tableau ;
- lorsque l'on souhaite accéder à l'aide d'un pointeur aux différents éléments d'un tableau ;
- lorsque l'un des indices « déborde ». Suivant l'indice concerné et les valeurs qu'il prend, il peut y avoir débordement d'indice sans sortie du tableau. Par exemple, toujours avec notre tableau *t* de *5 x 3* éléments, vous voyez que la notation *t[0][5]* désigne en fait l'élément *t[1][2]*. Par contre, la notation *t[5][0]* désigne un emplacement situé juste au-delà du tableau.

Remarque

Bien entendu, les différents points évoqués, dans le paragraphe 1.2, à propos des tableaux à une dimension, restent valables dans le cas des tableaux à plusieurs dimensions.

3 Initialisation des tableaux

Comme les variables scalaires, les tableaux peuvent être, suivant leur déclaration, de classe statique ou automatique. Les tableaux de classe statique sont, par défaut, initialisés à zéro ; les tableaux de classe automatique ne sont pas initialisés implicitement.

Il est possible, comme on le fait pour une variable scalaire, d'initialiser (partiellement ou totalement) un tableau lors de sa déclaration. En voici d'abord quelques exemples.

3.1 Initialisation de tableaux à un indice

La déclaration :

```
int tab[5] = { 10, 20, 5, 0, 3 } ;
```

place les valeurs *10, 20, 5, 0* et *3* dans chacun des cinq éléments du tableau *tab*.

Il est possible de ne mentionner dans les accolades que les premières valeurs, comme dans ces exemples :

```
int tab[5] = { 10, 20 } ;
int tab[5] = { 10, 20, 5 } ;
```

Les valeurs manquantes seront, suivant la classe d'allocation du tableau, initialisées à zéro (statique) ou aléatoires (automatique).

De plus, il est possible d'omettre la dimension du tableau, celle-ci étant alors déterminée par le compilateur par le nombre de valeurs énumérées dans l'initialisation. Ainsi, la première déclaration de ce paragraphe est équivalente à :

```
int tab[] = { 10, 20, 5, 0, 3 } ;
```

Remarque

On peut déclarer un tableau constant et l'initialiser comme dans :

```
const char voyelles [] = {'a', 'e', 'i', 'o', 'u', 'y'} ;
```

Bien entendu, toute tentative ultérieure de modification du tableau sera rejetée :

```
voyelles [2] = 'i' ;       // interdit
```

3.2 Initialisation de tableaux à plusieurs indices

Voyez ces deux exemples équivalents (nous avons volontairement choisi des valeurs consécutives pour qu'il soit plus facile de comparer les deux formulations) :

```
int tab [3] [4] = { { 1, 2, 3, 4 } ,
                    { 5, 6, 7, 8 },
                    { 9,10,11,12 }  }

int tab [3] [4] = { 1, 2, 3, 4, 5, 6, 7, 8, 9, 10, 11, 12 } ;
```

La première forme revient à considérer notre tableau comme composé de trois tableaux de quatre éléments chacun. La seconde, elle, exploite la manière dont les éléments sont effectivement rangés en mémoire, et elle se contente d'énumérer les valeurs du tableau suivant cet ordre.

Là encore, à chacun des deux niveaux, les dernières valeurs peuvent être omises. Les déclarations suivantes sont correctes (mais non équivalentes) :

```
int tab [3] [4] = { { 1, 2 } , { 3, 4, 5 } } ;
int tab [3] [4] = { 1, 2 , 3, 4, 5 } ;
```

3.3 Initialiseurs et classe d'allocation

Les initialiseurs utilisables pour les éléments d'un tableau suivent les mêmes règles que les initialiseurs des variables scalaires, à savoir :

- Pour un tableau statique, les valeurs d'initialisation doivent être des expressions constantes d'un type compatible par affectation avec le type des éléments du tableau ; on peut y faire apparaître des variables statiques ou des variables automatiques déclarées avec l'attribut *const* ; en voici un exemple :

```
void f()
{ const int N = 10 ;
  static int delta = 3 ;
     .....
  int tab[5] = { 2*N-1, N-1, N, N+1, 2*N+1} ;
  int t[3] = { 0, delta, 2*delta } ;
}
```

- Pour un tableau automatique, on peut utiliser n'importe quelle expression d'un type compatible par affectation avec le type des éléments du tableau. En voici un exemple d'école :

```
const int NEL = 10 ;
void fct (int p)
{ int n ;
     .....
  int tab[] = {NEL, p, 2*p, n+1, n+p} ;
  .....
}
```

4 Notion de pointeur – Les opérateurs * et &

4.1 Introduction

C++ permet de manipuler des adresses par l'intermédiaire de variables nommées pointeurs. En guise d'introduction à cette nouvelle notion, considérons les instructions :

```
int * ad ;      // on peut aussi écrire :   int *ad ;
int n ;
n = 20 ;
ad = &n ;
*ad = 30 ;     // on peut écire aussi : * ad = 30 ;
```

La première réserve une variable nommée *ad* comme étant un pointeur sur des entiers. Nous verrons que * est un opérateur qui désigne le contenu situé à l'adresse qui le suit. Ainsi, à titre mnémonique, on peut dire que cette déclaration signifie que **ad*, c'est-à-dire l'objet d'adresse *ad*, est de type *int* ; ce qui signifie bien que *ad* est l'adresse d'un entier.

L'instruction :

```
ad = &n ;
```

affecte à la variable *ad* la valeur de l'expression *&n*. L'opérateur *&* est un opérateur unaire qui fournit comme résultat l'adresse de son opérande. Ainsi, cette instruction place dans la variable *ad* l'adresse de la variable *n*. Après son exécution, on peut schématiser ainsi la situation :

L'instruction suivante :

```
*ad = 30 ;
```

signifie : affecter à la *lvalue *ad* la valeur *30*. Or **ad* représente l'entier ayant pour adresse *ad* (notez bien que nous disons l'entier et pas simplement la valeur car, ne l'oubliez pas, *ad* est un pointeur sur des entiers). Après exécution de cette instruction, la situation est la suivante :

Bien entendu, ici, nous aurions obtenu le même résultat avec :

```
n = 30 ;
```

Remarque

Comme tout opérateur, * ou & servent de séparateurs, de sorte qu'il n'est pas nécessaire de placer d'espace entre eux et leur unique opérande (mais on peut bien sûr le faire). De même, leur priorité élevée fait qu'il n'est pas nécessaire de placer entre parenthèses une expression telle que **ad* ou *&n*.

4.2 Quelques exemples

Voici quelques exemples d'utilisation de ces deux opérateurs. Supposez que nous ayons effectué ces déclarations :

```
int * ad1, * ad2, * ad ;     // ou :   int *ad1, *ad2, *ad ;
int n = 10, p = 20 ;
```

Les variables *ad1*, *ad2* et *ad* sont donc des pointeurs sur des entiers. Remarquez bien la forme de la déclaration, en particulier, si l'on avait écrit :

```
int * ad1, ad2, ad ;         // ou :   int *ad1, ad2, ad ;
```

la variable *ad1* aurait bien été un pointeur sur un entier (puisque **ad1* est entier) mais *ad2* et *ad* auraient été, quant à eux, des entiers. Notez que la forme de déclaration fournie en commentaire (sans espace entre * et le nom de variable) est moins trompeuse.

Considérons maintenant ces instructions :

```
ad1 = &n ;
ad2 = &p ;
*ad1 = *ad2 + 2 ;
```

Les deux premières placent dans *ad1* et *ad2* les adresses de *n* et *p*. La troisième affecte à **ad1* la valeur de l'expression :

```
*ad2 + 2
```

Autrement dit, elle place à l'adresse désignée par *ad1* la valeur (entière) d'adresse *ad2*, augmentée de *2*. Cette instruction joue donc ici le même rôle que :

```
n = p + 2 ;
```

De manière comparable, l'expression :

```
*ad1 += 3
```

jouerait le même rôle que :

```
n = n + 3
```

et l'expression :

```
(*ad1) ++
```

jouerait le même rôle que *n++* (nous verrons plus loin que, sans les parenthèses, cette expression aurait une signification différente).

Remarques

1 Si *ad* est un pointeur, les expressions *ad* et **ad* sont des *lvalue* ; autrement dit *ad* et **ad* sont modifiables. En revanche, il n'en va pas de même de *&ad*. En effet, cette expression désigne, non plus une variable pointeur comme *ad*, mais l'adresse de la variable *ad* telle qu'elle a été définie par le compilateur. Cette adresse est nécessairement fixe et il ne saurait être question de la modifier (la même remarque s'appliquerait à *&n*, où *n* serait une variable scalaire quelconque). D'une manière générale, les expressions suivantes seront rejetées en compilation :

```
(&ad)++    ou   (&p)++          // erreur
```

2 Une déclaration telle que :

```
int * ad ;
```

réserve un emplacement pour un pointeur sur un entier. Elle ne réserve pas en plus un emplacement pour un tel entier. Cette remarque prendra encore plus d'acuité lorsque les objets pointés seront des chaînes ou des tableaux.

4.3 Incrémentation de pointeurs

Jusqu'ici, nous nous sommes contentés de manipuler, non pas les variables pointeurs elles-mêmes, mais les valeurs pointées. Or si une variable pointeur *ad* a été déclarée ainsi :

```
int * ad ;
```

une expression telle que :

```
ad + 1
```

a un sens pour C++.

En effet, *ad* est censée contenir l'adresse d'un entier et, pour C++, l'expression ci-dessus représente **l'adresse de l'entier suivant**. Certes, dans notre exemple, cela n'a guère d'intérêt, car nous ne savons pas avec certitude ce qui se trouve à cet endroit. Mais nous verrons que cela s'avérera fort utile dans le traitement de tableaux ou de chaînes.

Notez bien qu'il ne faut pas confondre un pointeur avec un nombre entier. En effet, l'expression ci-dessus ne représente pas l'adresse de *ad* augmentée de *1* (octet). Plus précisément, la différence entre *ad+1* et *ad* est ici de *sizeof(int)* octets (n'oubliez pas que l'opérateur *sizeof* fournit la taille, en octets, d'un type donné). Si *ad* avait été déclarée par :

```
double * ad ;
```

cette différence serait de *sizeof(double)* octets.

De manière comparable, l'expression :

```
ad++
```

incrémente donc l'adresse contenue dans *ad* de manière qu'elle désigne **l'élément** suivant.

Notez bien que des expressions telles que *ad+1* ou *ad++* sont, en général, valides, quelle que soit l'information se trouvant réellement à l'emplacement correspondant. D'autre part, il est possible d'incrémenter ou de décrémenter un pointeur de n'importe quelle quantité entière. Par exemple, avec la déclaration précédente de *ad*, nous pourrions écrire ces instructions :

```
ad += 10 ;
ad -= 25 ;
```

Remarque

Il existera une exception à ces possibilités, à savoir le cas des pointeurs sur des fonctions, dont nous parlerons au paragraphe 11 (on comprend bien qu'incrémenter un pointeur d'une quantité correspondant à la taille d'une fonction n'a pas de sens en soi !).

5 Comment simuler une transmission par adresse avec un pointeur

Dans le chapitre relatif aux fonctions, nous avons vu que, en C++, les arguments pouvaient être transmis par valeur (situation par défaut) ou par référence (moyennant l'emploi de *&* dans l'en-tête). Nous allons voir qu'il est possible de réaliser l'équivalent d'une transmission par référence, sans utiliser ce concept[1]. Voici comment nous pourrions réécrire dans ce sens le programme du paragraphe 5.1 du chapitre 7 (qui effectuait la permutation des valeurs de deux variables) :

```
#include <iostream>
using namespace std ;
main()
{  void echange (int *ad1, int *ad2) ;
   int a=10, b=20 ;
   cout << "avant appel : " << a << " " << b  << "\n" ;
   echange (&a, &b) ;
   cout << "apres appel : " << a << " " << b  << "\n" ;
}
void echange (int *ad1, int *ad2)
{  int x ;
   x = *ad1 ;
   *ad1 = *ad2 ;
   *ad2 = x ;
}
```

```
avant appel : 10 20
apres appel : 20 10
```

Utilisation de pointeurs en argument d'une fonction

1. C'est ainsi que devaient procéder les programmeurs en C, car ce langage ne possédait pas la notion de référence.

Les arguments effectifs de l'appel de *echange* sont, cette fois, les adresses des variables *n* et *p* (et non plus leurs valeurs). Notez bien que la transmission se fait toujours par valeur, à savoir que l'on transmet à la fonction *echange* les valeurs des expressions *&n* et *&p*.

Voyez comme, dans *echange*, nous avons indiqué, en arguments muets, deux variables pointeurs destinées à recevoir ces adresses. D'autre part, remarquez bien qu'il n'aurait pas fallu se contenter d'échanger simplement les valeurs de ces arguments en écrivant (par analogie avec la fonction *echange* du paragraphe 5.1 du chapitre 7) :

```
int *x ;
x = ad1 ;
ad1 = ad2 ;
ad2 = x ;
```

Cela n'aurait conduit qu'à échanger (localement) les valeurs de ces deux adresses alors qu'il a fallu échanger les valeurs situées à ces adresses.

Remarques

1 La fonction *echange* n'a aucune raison, ici, de vouloir modifier les valeurs de *ad1* et *ad2*. Nous pourrions préciser dans son en-tête (et, du même coup, dans son prototype) que ce sont en fait des constantes, en l'écrivant ainsi :

```
void echange (int * const ad1, int * const ad2)
```

Notez bien, là encore, la syntaxe de la déclaration des arguments *ad1* et *ad2*. Ainsi, la première s'interprète comme ceci :

- ** const ad1* est de type *int*,
- *ad1* est donc une constante pointant sur un entier.

Il n'aurait pas fallu écrire :

```
const int * ad1
```

car cela signifierait que :

- *int * ad1* est une constante, et que donc :
- *ad1* est un pointeur sur un entier constant.

Dans ce dernier cas, la valeur de *ad1* serait modifiable ; en revanche, celle de **ad1* ne le serait pas, et notre programme conduirait à une erreur de compilation.

2 Si l'on compare la transmission par référence avec sa « simulation » par le biais de pointeurs, on constate que :

- l'écriture de la fonction était aussi simple avec une transmission par référence qu'avec une transmission par valeur ; avec les pointeurs, les risques d'erreurs de programmation sont plus importants ;
- l'utilisation de la fonction se faisait de la même manière que la transmission ait lieu par référence ou par valeur ; rien ne montrait, à ce niveau, que la fonction risquait de modifier les valeurs de certains arguments. En revanche, la transmission par pointeur im-

pose de transmettre explicitement une adresse, ce qui rend l'utilisateur de la fonction plus conscient des risques de modifications encourus.

6 Un nom de tableau est un pointeur constant

En C++, l'identificateur d'un tableau, lorsqu'il est employé seul (sans indices à sa suite), est considéré comme un pointeur (constant) sur le début du tableau. Nous allons en examiner les conséquences en commençant par le cas des tableaux à un indice ; nous verrons en effet que, pour les tableaux à plusieurs indices, il faudra tenir compte du type exact du pointeur en question.

6.1 Cas des tableaux à un indice

Supposons, par exemple, que l'on effectue la déclaration suivante :

```
int t[10]
```

La notation *t* est alors totalement équivalente à *&t[0]*.

L'identificateur *t* est considéré comme étant de type « pointeur sur le type correspondant aux éléments du tableau », c'est-à-dire, ici, *int* * (et même plus précisément *const int* *). Ainsi, voici quelques exemples de notations équivalentes :

```
t+1             &t[1]
t+i             &t[i]
t[i]            * (t+i)
```

Pour illustrer ces nouvelles possibilités de notation, voici deux façons de placer la valeur *1* dans chacun des 10 éléments de notre tableau *t* :

```
int i ;
for (i=0 ; i<10 ; i++)
  *(t+i) = 1 ;

int i ;
int *p :
for (p=t, i=0 ; i<10 ; i++, p++)
  *p = 1 ;
```

Dans la seconde façon, nous avons dû recopier la valeur représentée par *t* dans un pointeur nommé *p*. En effet, il ne faut pas perdre de vue que le symbole *t* représente une adresse constante (*t* est une constante de type pointeur sur des entiers). Autrement dit, une expression telle que *t++* aurait été invalide, au même titre que, par exemple, *3++*. **Un nom de tableau est un pointeur constant ; ce n'est pas une *lvalue*.**

Remarque

Nous venons de voir que la notation *t[i]* est équivalente à **(t+i)* lorsque *t* est déclaré comme un tableau. En fait, cela reste vrai, quelle que soit la manière dont *t* a été déclaré. Ainsi, avec :

```
int *t ;
```

les deux notations précédentes resteraient équivalentes. Autrement dit, on peut utiliser *t[i]* dans un programme où *t* est simplement déclaré comme un pointeur (encore faudra-t-il, toutefois, disposer à cette adresse de l'espace mémoire nécessaire).

6.2 Cas des tableaux à plusieurs indices

Comme pour les tableaux à un indice, l'identificateur d'un tableau, employé seul, représente toujours son adresse de début. Toutefois, si l'on s'intéresse à son type exact, il ne s'agit plus d'un pointeur sur des éléments du tableau. En pratique, ce point n'a d'importance que lorsque l'on effectue des calculs arithmétiques avec ce pointeur (ce qui est assez rare) ou lorsque l'on doit transmettre ce pointeur en argument d'une fonction ; dans ce dernier cas, cependant, nous verrons que le problème est automatiquement résolu par la mise en place de conversions, de sorte qu'on peut ne pas s'en préoccuper.

À simple titre indicatif, nous vous présentons ici les règles employées par C++, en nous limitant au cas de tableaux à deux indices.

Lorsque le compilateur rencontre une déclaration telle que :

```
int t[3] [4] ;
```

il considère en fait que *t* désigne un tableau de 3 éléments, chacun de ces éléments étant lui-même un tableau de 4 entiers. Autrement dit, si *t* représente bien l'adresse de début de notre tableau *t*, il n'est plus de type *int ** (comme c'était le cas pour un tableau à un indice) mais d'un type « pointeur sur des blocs de 4 entiers », type qui devrait se noter théoriquement (vous n'aurez probablement jamais à utiliser cette notation) :

```
int [4] *
```

Dans ces conditions, une expression telle que *t+1* correspond à l'adresse de *t*, augmentée de 4 entiers (et non plus d'un seul !). Ainsi, les notations *t* et *&t[0][0]* correspondent toujours à la même adresse, mais l'incrémentation de *1* n'a pas la même signification pour les deux.

D'autre part, les notations telles que *t[0]*, *t[1]* ou *t[i]* ont un sens. Par exemple, *t[0]* représente l'adresse de début du premier bloc (de 4 entiers) de *t*, *t[1]*, celle du second bloc... Cette fois, il s'agit bien de pointeurs de type *int **. Autrement dit, les notations suivantes sont totalement équivalentes (elles correspondent à la même adresse et elles sont de même type) :

```
t[0]   &t[0][0]
t[1]   &t[1][0]
```

Voici un schéma illustrant ce que nous venons de dire.

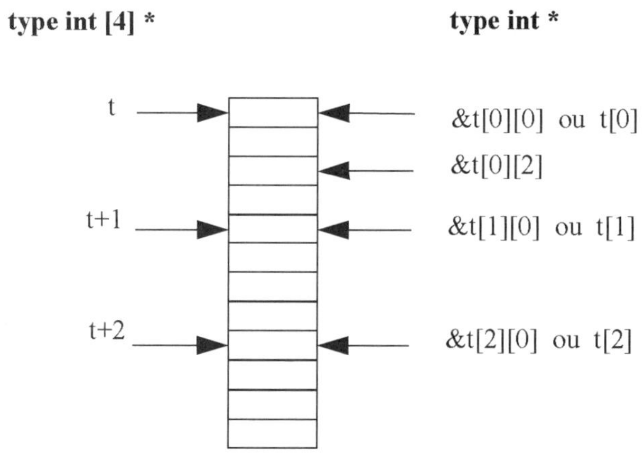

Remarque

t[1] est une constante ; ce n'est pas une *lvalue*. L'expression *t[1]++* est invalide. Par contre, *t[1][2]* est bien une *lvalue*.

Informations complémentaires

La notion de référence à un tableau n'a pas de sens en C++. Une déclaration telle que *int & t[10]* est interdite (elle représenterait en théorie un tableau de références, ce qui n'est pas accepté par C++). Quant à la notation *int * & t*, elle représente la référence à un pointeur sur un tableau d'entiers et elle est correcte.

7 Les opérations réalisables sur des pointeurs

Nous avons déjà vu ce qu'étaient la somme ou la différence d'un pointeur et d'une valeur entière. Nous allons examiner ici les autres opérations réalisables avec des pointeurs.

7.1 La comparaison de pointeurs

Il ne faut pas oublier qu'en C++ un pointeur est défini à la fois par une adresse en mémoire et par un type. On ne pourra donc **comparer que des pointeurs de même type**. Par exemple, voici, en parallèle, deux suites d'instructions réalisant la même action : mise à 1 des 10 éléments du tableau *t* :

```
int t[10] ;                       int t[10] ;
int * p ;                         int i ;
for (p=t ; p<t+10 ; p++)          for (i=0 ; i<10 ; i++)
   *p = 1 ;                          t[i] = 1 ;
```

7.2 La soustraction de pointeurs

Là encore, quand deux pointeurs sont **de même type**, leur différence fournit le nombre d'éléments du type en question, situés entre les deux adresses correspondantes. L'emploi de cette possibilité est assez rare.

7.3 Les affectations de pointeurs et le pointeur nul

Nous avons naturellement déjà rencontré des cas d'affectation de la valeur d'un pointeur à un pointeur de même type. A priori, c'est le seul cas autorisé par le C++ (du moins, tant que l'on ne procède pas à des conversions explicites). Une exception a toutefois lieu en ce qui concerne la valeur entière 0 (il existera une autre exception concernant le type générique *void* * dont nous parlerons un peu plus loin). Cette tolérance concernant la valeur 0 est motivée par le besoin de pouvoir représenter un pointeur nul, c'est-à-dire ne pointant sur rien (c'est le *nil* du Pascal). Bien entendu, cela n'a d'intérêt que parce qu'il est possible de comparer n'importe quel pointeur (de n'importe quel type) avec ce « pointeur nul ».

Avec ces déclarations :

```
int * n ;
double * x ;
```

ces instructions seront correctes :

```
n = 0 ;
x = 0 ;
if (n == 0) .....
```

Remarque

En C, plutôt que d'utiliser directement la valeur entière 0, il était souvent recommandé d'employer la constante *NULL* prédéfinie dans *cstdio*, et également dans *cstddef* : celle-ci se trouvait alors tout simplement remplacée par la constante entière *0* lors du traitement par le préprocesseur, mais les programmes étaient plus lisibles. En C++, il est plutôt déconseillé d'utiliser les définitions de constantes et de macros, compte tenu des risques qu'elles comportent (en particulier de redéfinition), et de définir éventuellement une « vraie » constante nulle de cette façon :

```
const int NULL = 0 ;
```

Dans ces conditions, en effet, il est impossible de modifier accidentellement la valeur de *NULL*.

7.4 Les conversions de pointeurs

Il n'existe aucune conversion implicite d'un type pointeur dans un autre. En revanche, il est toujours possible de faire appel à l'opérateur de *cast*. D'une manière générale, nous vous conseillons de l'éviter, compte tenu des risques qu'elle comporte. En effet, on pourrait penser qu'une telle conversion revient finalement à ne s'intéresser qu'à l'adresse correspondant à un pointeur, sans s'intéresser au type de l'objet pointé.

Malheureusement, il faut tenir compte de ce que certaines machines imposent aux adresses des objets ce que l'on appelle des « contraintes d'alignement ». Par exemple, un objet de 2 octets sera toujours placé à une adresse paire, tandis qu'un caractère (objet d'un seul octet) pourra être placé (heureusement) à n'importe quelle adresse. Dans ce cas, la conversion d'un *char* * en un *int* * peut conduire soit à l'adresse effective du caractère lorsque celle-ci est paire, soit à une adresse voisine lorsque celle-ci est impaire.

La notation de cette conversion se fait :

- soit en plaçant le nom du type souhaité entre parenthèses comme dans :

```
int * pi ; float * pf ;
pi = (int *) pf ;   // conversion forcée de pf en un pointeur sur un int
```

- soit en utilisant le qualifieur *static_cast* (censé représenter des conversions quasi portables, alors qu'ici, on n'est pas certain que des contraintes d'alignement ne forceront pas à modifier légèrement l'adresse concernée) :

```
pi = static_cast <int *> (pf) ;
```

7.5 Les pointeurs génériques

En C++, un pointeur correspond à la fois à une adresse en mémoire et à un type. Précisément, ce typage des pointeurs peut s'avérer gênant dans certaines circonstances telles que celles où une fonction doit manipuler les adresses d'objets de type non connu (ou, plutôt, susceptible de varier d'un appel à un autre).

Dans certains cas, on pourra satisfaire un tel besoin en utilisant des pointeurs de type *char* *, lesquels, au bout du compte, nous permettront d'accéder à n'importe quel octet de la mémoire (n'oubliez pas que *sizeof (char)* vaut 1 !). Toutefois, cette façon de procéder implique obligatoirement l'emploi de conversions explicites.

En fait, il existe un type particulier :

```
void *
```

Celui-ci désigne un **pointeur sur un objet de type quelconque** (on parle souvent de « pointeur générique »). Il s'agit (exceptionnellement) d'un pointeur sans type.

Un pointeur de n'importe quel type peut être converti implicitement en *void* * comme dans :

```
void * ad ;
int * adi ;
void f (void *) ;
   .....
ad = adi ;     // OK
f(adi) ;       // OK
```

Cette possibilité n'a rien de surprenant puisqu'elle revient à ne conserver du pointeur d'origine que l'information d'adresse, ce qui correspond bien à l'idée de pointeur générique.

En revanche, la conversion inverse ne peut pas être réalisée implicitement[1]. Bien entendu, elle peut être demandée en recourant à l'opérateur de *cast* voulu, comme dans :

```
float * adf ;
void * ad ;
void g (float *) ;
   .....
adf = *ad ;      // illégal
adf = (float *) ad ;                  // OK
adf = static_cast <float *> (ad) ;  // OK : notation conseillée (attention aux () )
f(ad) ;         // illégal
f ( (float *) ad) ;                   // OK
f (static_cast<float *>(ad)) ;        // OK : notation conseillée
```

Naturellement, dans ces conversions forcées, on court le risque que l'adresse d'origine soit modifiée pour tenir compte d'éventuelles contraintes d'alignement. En fait ici, les conversions ne sont vraiment portables que si l'on est certain que *ad* contient bien l'adresse d'un flottant.

Une variable de type *void* * ne peut pas intervenir dans des opérations arithmétiques ; notamment, si *p* et *q* sont de type *void* *, on ne peut pas parler de *p+i* (*i* étant entier) ou de *p-q* ; on ne peut pas davantage utiliser l'expression *p++* ; ceci est justifié par le fait qu'on ne connaît pas la taille des objets pointés. Pour des raisons similaires, il n'est pas possible d'appliquer l'opérateur d'indirection * à un pointeur de type *void* *.

Informations complémentaires

On notera bien que, lorsqu'il est nécessaire à une fonction de travailler sur les différents octets d'un emplacement de type quelconque, le type *void* * ne convient pas pour décrire les différents octets de cet emplacement, et il faudra quand même recourir, à un moment ou à un autre, au type *char* * (mais les conversions *void* * --> *char* * ne poseront jamais de problème de contrainte d'alignement). Ainsi, pour écrire une fonction qui « met à zéro » un emplacement de la mémoire dont on lui fournit l'adresse et la taille (en octets), on aurait pu espérer procéder ainsi :

```
void raz (void * adr, int n)
{
  for (int i=0 ; i<n ; i++, adr++)  *adr = 0 ;        // illégal
}
```

Manifestement, ceci est illégal et il faudra utiliser une variable de type *char* * pour décrire notre zone :

```
void raz (void * adr, int n)
  { char * ad = static_cast <char *> (adr) ;
    for (int i=0 ; i<n ; i++, ad++)  *ad = 0 ;
  }
```

1. Ce qui était le cas en langage C.

Voici un exemple d'utilisation de notre fonction *raz* :

```
void raz (void *, int) ;
int t[10] ;                    // tableau à mettre à zéro
double z ;                     // double à mettre à zéro
   .....
raz (t, 10*sizeof(int)) ;
raz (&z, sizeof (z)) ;
```

8 La gestion dynamique : les opérateurs *new* et *delete*

Nous avons déjà eu l'occasion de distinguer :

- les données statiques dont l'emplacement est alloué une fois pour toute la durée du programme ;
- les données automatiques dont l'emplacement est alloué à l'entrée dans un bloc ou une fonction et libéré à sa sortie ; elles sont gérées sous forme d'une pile.

C++ offre en outre des possibilités dites « d'allocation dynamique »de mémoire. Cette fois, les emplacements correspondants sont alloués et libérés à la demande du programme lui-même. Pour ce faire, C++ dispose d'opérateurs un peu particuliers : *new* et *delete* (le fait qu'il s'agisse d'opérateurs n'a en fait d'incidence que sur la syntaxe de leur emploi ; les mêmes fonctionnalités aurient pu être obtenues, par exemple, avec des fonctions standards). On notera que la gestion des données dynamiques ne peut plus se faire dans une pile ; elle est indépendante de celle des données automatiques.

8.1 L'opérateur *new*

Avant d'en donner la syntaxe générale, voyons d'abord quelques exemples simples.

Exemple 1

Avec la déclaration :

```
int *ad ;
```

l'instruction :

```
ad = new int ;
```

permet d'allouer l'espace mémoire nécessaire pour un élément de type *int* et d'affecter à *ad* l'adresse correspondante.

Comme les déclarations ont un emplacement libre en C++, vous pouvez même déclarer la variable *ad* au moment où vous en avez besoin en écrivant, par exemple :

```
int *ad = new int ;
```

Exemple 2

Avec la déclaration :

```
char *adc ;
```

l'instruction :

```
adc = new char[100] ;
```

alloue l'emplacement nécessaire pour un tableau de 100 caractères et place l'adresse (de début) dans *adc*.

Syntaxe et rôle de *new*

L'opérateur unaire (à un seul opérande) *new* s'utilise ainsi :

new type

où *type* représente un type absolument quelconque. Il fournit comme résultat un pointeur (de type *type**) sur l'emplacement correspondant, lorsque l'allocation a réussi.

L'opérateur *new* accepte également une syntaxe de la forme :

new type [n]

où *n* désigne une expression entière quelconque (non négative). Cette instruction alloue alors l'emplacement nécessaire pour *n* éléments du *type* indiqué ; si l'opération a réussi, elle fournit en résultat un pointeur (toujours de type *type* *) sur le premier élément de ce tableau.

Remarques

1 La norme de C++ prévoit qu'en cas d'échec, *new* déclenche ce que l'on nomme une exception de type *bad_alloc*. Ce mécanisme de gestion des exceptions est étudié en détail au chapitre 23. Vous verrez que si rien n'est prévu par le programmeur pour traiter une exception, le programme s'interrompt. Il est cependant possible de demander à *new* de se comporter différemment en cas d'échec, comme nous le verrons au paragraphe 6.4 du chapitre 23.

2 En toute rigueur, *new* peut être utilisé pour allouer un emplacement pour un tableau à plusieurs dimensions, par exemple :

new type [n] [10]

Dans ce cas, *new* fournit un pointeur sur des tableaux de 10 entiers (dont le type se note *type (*) [10]*). D'une manière générale, la première dimension peut être une expression entière quelconque ; les autres doivent obligatoirement être des expressions constantes.

Cette possibilité est rarement utilisée en pratique.

3 Nous verrons (paragraphe 1.2 du chapitre 13) qu'il existe une syntaxe élargie de l'opérateur *new*, s'appliquant aux objets ou aux structures possédant des « constructeurs ».

En Java

Il existe également un opérateur *new*. Mais il ne s'applique pas aux types de base ; il est réservé aux objets.

8.2 L'opérateur *delete*

Lorsque l'on souhaite libérer un emplacement alloué préalablement par *new*, on utilise l'opérateur *delete*. Ainsi, pour libérer les emplacements créés dans les exemples du paragraphe 8.1, on écrit :

```
delete ad ;
```

pour l'emplacement alloué par :

```
ad = new int ;
```

et :

```
delete adc ;
```

pour l'emplacement alloué par :

```
adc = new char [100] ;
```

La syntaxe usuelle de l'opérateur *delete* est la suivante (*adresse* étant une expression devant avoir comme valeur un pointeur sur un emplacement alloué par *new*) :

delete adresse

Notez bien que le comportement du programme n'est absolument pas défini lorsque :

- vous libérez par *delete* un emplacement déjà libéré ; nous verrons que des précautions devront être prises lorsque l'on définit des constructeurs et des destructeurs de certains objets ;
- vous fournissez à *delete* une « mauvaise adresse » ou un pointeur obtenu autrement que par *new*[1].

Remarque

Il existe une autre syntaxe de *delete*, de la forme *delete [] adresse*, qui n'intervient que dans le cas de tableaux d'objets, et dont nous parlerons au paragraphe 7 du chapitre 13.

8.3 Exemple

Voici un exemple de programme complet illustrant ces possibilités de gestion dynamique offertes par *new* et *delete*.

1. Ce serait le cas avec un pointeur obtenu par la fonction d'allocation issue du langage C, *malloc* (toujours utilisable en C++ !).

```
#include <iostream>
using namespace std ;
main()
{ int *adi, *adibis ;
  int nb ;
  float * adf ;

  cout << "combien de valeurs : " ;
  cin >> nb ;
    // allocation d'un emplacement pour nb entiers dans lesquels
    // on place les carrés des nombres de 1 a nb
  adi = new int [nb] ;
  cout << "allocation de " << nb << " int en     : " << adi << "\n" ;
  for (int i=0 ; i<nb ; i++) *(adi+i) = (i+1)*(i+1) ;
  cout << "voici les carres des nombres de 1 a " << nb << " : \n" ;
  for (adibis = adi ; adibis < adi+nb ; adibis++) cout << *adibis << " " ;
  cout << "\n" ;
     // allocation d'un emplacement pour 30 floattants
  adf = new float [30] ;
  cout << "allocation de 30 float en   : " << adf << "\n" ;
     // libération des nb int
  delete adi ;
  cout << "liberation des " << nb << " int en     : " << adi << "\n" ;
    // ici, il serait dangereux d'utiliser les emplacements pointés par adibis
    //   (comme, bien sur, ceux pointés par adi)
  adi = new int [50] ;
  cout << "allocation de 50 int en     : " << adi << "\n"  ;
  delete adf ;
  cout << "liberation des 30 float en  : " << adf << "\n" ;
  adf = new float [10] ;
  cout << "allocation de 10 float en   : " << adf << "\n" ;
}
```

```
combien de valeurs : 7
allocation de 7 int en     : 8861976
voici les carres des nombres de 1 a 7 :
1 4 9 16 25 36 49
allocation de 30 float en   : 8862008
liberation des 7 int en    : 8861976
allocation de 50 int en     : 8862132
liberation des 30 float en  : 8862008
allocation de 10 float en   : 8862336
```

Exemple de gestion dynamique à l'aide de new *et* delete

Dans un premier temps, nous allouons un emplacement pour un tableau d'entiers dont la dimension est fournie par l'utilisateur du programme (le recours à la gestion dynamique est donc nécessaire dans ce cas). Nous montrons comment utiliser ce tableau à l'aide de pointeurs (il ne s'agit que d'un exemple d'école puisque les calculs auraient pu être faits sans utiliser de tableau !). Ensuite, nous effectuons quelques autres allocations et libérations d'espace mémoire, en affichant à chaque fois les adresses correspondantes (dans certains environnements, on pourra constater la réutilisation d'un emplacement préalablement libéré, ce qui n'est pas le cas dans celui que nous avons utilisé).

9 Pointeurs et surdéfinition de fonctions

Nous avons vu paragraphe 10 du chapitre 7 comment C++ vous permettait de surdéfinir des fonctions. Les règles rencontrées se généralisent facilement au cas d'arguments de type pointeur. En voici des exemples :

Exemple 1

```
void affiche (char *) ;    // affiche I
void affiche (void *) ;    // affiche II
char * ad1 ;
double * ad2 ;
   .....
affiche (ad1) ;  // appelle affiche I
affiche (ad2) ;  // appelle affiche II, après conversion de ad2 en void *
```

Exemple 2

```
void affiche (char *) ;    // affiche I
void affiche (double *) ;    // affiche II
char * ad1 ;
void * ad ;
   .....
affiche (ad1) ;  // appelle affiche I
affiche (ad) ;   // erreur : aucune conversion implicite possible à partir de void *
```

Exemple 3

```
void chose (int *) ;        // chose I
void chose (const int *) ; // chose II
int n = 3 ;
const p = 5 ;
```

De façon semblable à ce qui se produisait pour les références, la distinction entre *int* * et *const int* * est justifiée. En effet, on peut très bien prévoir que *chose I* modifie la valeur de la *lvalue*[1] dont elle reçoit l'adresse, tandis que *chose II* n'en fait rien. Cette distinction est possible en C+, de sorte que :

```
chose (&n) ;  // appelle chose I
chose (&p) ;  // appelle chose II
```

1. Rappelons qu'on nomme *lvalue* la référence à quelque chose dont on peut modifier la valeur. Ce terme provient de la contraction de *left value*, qui désigne quelque chose qui peut apparaître à gauche d'un opérateur d'affectation.

10 Les tableaux transmis en argument

Lorsque l'on place le nom d'un tableau en argument effectif de l'appel d'une fonction, on transmet finalement (la valeur de) l'adresse du tableau à la fonction, ce qui lui permet d'effectuer toutes les manipulations voulues sur ses éléments, qu'il s'agisse d'utiliser leur valeur ou de la modifier. Voyons quelques exemples pratiques.

10.1 Cas des tableaux à un indice

10.1.1 Premier exemple : tableau de taille fixe

Voici un exemple de fonction qui met la valeur *1* dans tous les éléments d'un tableau de 10 éléments, l'adresse de ce tableau étant transmise en argument.

```
void fct (int t[10])
{
   int i ;
   for (i=0 ; i<10 ; i++) t[i] =1 ;
}
```

Exemple de tableau à un indice transmis en argument d'une fonction

Voici deux exemples d'appels possibles de cette fonction :

```
int t1[10], t2[10] :
  .....
fct(t1) ;
  ....
fct(t2) ;
```

L'en-tête de *fct* peut être indifféremment écrit de l'une des manières suivantes :

```
void fct (int t[10])
void fct (int * t)
void fct (int t[])
```

La dernière écriture se justifie par le fait que *t* désigne un argument muet. La réservation de l'emplacement mémoire du tableau dont on recevra ici l'adresse est réalisée par ailleurs dans la fonction appelante (de plus cette adresse peut changer d'un appel au suivant). D'autre part, la connaissance de la taille exacte du tableau n'est pas indispensable au compilateur ; il est en effet capable de déterminer l'adresse d'un élément quelconque, à partir de son rang et de l'adresse de début du tableau (nous verrons qu'il n'en ira plus de même pour les tableaux à plusieurs indices). Dans ces conditions, on comprend qu'il soit tout à fait possible de ne pas mentionner la dimension du tableau dans l'en-tête de la fonction. En fait, le *10* qui figure dans le premier en-tête n'a d'intérêt que pour le lecteur du programme, afin de lui rappeler la dimension effective du tableau sur lequel travaillait notre fonction.

Par ailleurs, comme d'habitude, **quel que soit l'en-tête employé**, on peut, dans la définition de la fonction, utiliser indifféremment le formalisme tableau ou le formalisme pointeur.

Voici plusieurs écritures possibles de *fct* qui s'accommodent de n'importe lequel des trois en-têtes précédents (elles supposent que *i* a été déclaré de type *int*) :

```
for (i=0 ; i<10 ; i++)  t[i] = 1 ;
for (i=0 ; i<10 ; i++, t++) *t = 1 ;
for (i=0 ; i<10 ; i++)  *(t+i) = 1 ;
for (i=0 ; i<10 ; i++)  t[i] = 1 ;
```

Ici encore, l'expression *t++* ne pose aucun problème car *t* représente une copie de l'adresse d'un tableau ; *t* est donc bien une *lvalue* et elle peut donc être incrémentée.

Voici enfin une dernière possibilité dans laquelle nous recopions l'adresse *t* dans un pointeur *p*, et où nous utilisons les possibilités de comparaison de pointeurs :

```
int * p ;
for (p=t ; p<t+10 ; p++) *p = 1 ;
```

Remarques

1 N'oubliez pas que si vous définissez *fct* avec l'un de ces en-têtes :

```
void fct (const int * t)
```

celle-ci doit être interprétée ainsi :

- *int *t* est constant ;

- donc **t* est un entier constant ;

- donc *t* est un pointeur sur des entiers constants.

De même, l'en-tête :

```
void fct (const int t[])
```

s'interprète ainsi :

- *int t[]* est constant ;

- donc *t[]* est un tableau (en fait un pointeur sur un tableau) constant.

Il ne serait alors plus possible dans *fct* de modifier les valeurs du tableau reçu en argument.

2 Vous pouvez penser à utiliser pour *fct* l'en-tête :

```
void fct (int * const t)
```

Elle s'interprète ainsi :

- * *const t* est un entier ;

- donc *const t* est un pointeur sur un entier ;

- donc *t* est un pointeur constant sur des entiers.

Dans ce cas, ce n'est que la valeur de *t* qui ne peut pas être modifiée, alors que les entiers du tableau peuvent toujours l'être. Cette possibilité a généralement peu d'intérêt : elle interdit d'incrémenter directement la valeur de *t* dans *fct*, laquelle n'est, de toute façon, qu'une copie de la valeur de l'argument effectif...

10.1.2 Second exemple : tableau de taille variable

Comme nous venons de le voir, lorsqu'un tableau à un seul indice apparaît en argument d'une fonction, le compilateur n'a pas besoin d'en connaître la taille exacte. Il est ainsi facile de réaliser une fonction capable de travailler avec un tableau de dimension quelconque, à condition de lui en transmettre la taille en argument. Voici, par exemple, une fonction qui calcule la somme des éléments d'un tableau d'entiers de taille quelconque :

```
int som (int t[],int  nb)
{  int s = 0, i ;
   for (i=0 ; i<nb ; i++)
         s += t[i] ;
   return (s) ;
}
```

Fonction travaillant sur un tableau à une dimension de taille variable

Voici quelques exemples d'appels de cette fonction :

```
main()
{  int t1[30], t2[15], t3[10] ;
   int s1, s2, s3 ;
     .....
   s1 = som(t1, 30) ;
   s2 = som(t2, 15) + som(t3, 10) ;
    .....
}
```

10.2 Cas des tableaux à plusieurs indices

10.2.1 Premier exemple : tableau de taille fixe

Voici un exemple d'une fonction qui place la valeur *1* dans chacun des éléments d'un tableau de dimensions *10* et *15* :

```
void raun (int t[10][15])
{  int i, j ;
   for (i=0 ; i<10 ; i++)
      for (j=0 ; j<15 ; j++)
         t[i][j] = 1 ;
}
```

Exemple de transmission en argument d'un tableau à deux dimensions (fixes)

Ici, on pourrait, par analogie avec ce que nous avons dit pour un tableau à un indice, utiliser d'autres formes de l'en-tête. Toutefois, il faut bien voir que, pour trouver l'adresse d'un élément quelconque d'un tableau à deux indices, le compilateur ne peut plus se contenter de connaître son adresse de début ; il doit également connaître la seconde dimension du tableau (la première n'étant pas nécessaire compte tenu de la manière dont les éléments sont disposés en mémoire : revoyez le paragraphe 2). Ainsi, l'en-tête de notre fonction aurait pu être *rau (int t[][15])* mais pas *rau (int t[][])*.

En revanche, cette fois, quel que soit l'en-tête utilisé, cette fonction ne convient plus pour un tableau de dimensions différentes de celles pour lesquelles elle a été prévue. Plus précisément, nous pourrons certes toujours l'appeler, comme dans cet exemple :

```
int mat [12][20] ;
    .....
raun (mat) ;
    .....
```

Mais, bien qu'aucun diagnostic ne nous soit fourni par le compilateur, l'exécution de ces instructions placera 150 fois la valeur *1* dans certains des 240 emplacements de *mat*. Qui plus est, avec des tableaux dont la deuxième dimension est inférieure à 15, notre fonction placerait des *1*... en dehors de l'espace attribué au tableau !

Remarque

On pourrait songer, par analogie avec ce qui a été fait pour les tableaux à un indice, à mélanger le formalisme pointeur et le formalisme tableau, à la fois dans l'en-tête et dans la définition de la fonction ; cela pose toutefois quelques problèmes que nous allons évoquer dans l'exemple suivant consacré à un tableau de dimensions variables (et dans lequel le formalisme précédent n'est plus applicable).

10.2.2 Second exemple : tableau de dimensions variables

Supposons que nous cherchions à écrire une fonction qui place la valeur 0 dans chacun des éléments de la diagonale d'un tableau carré de taille quelconque. Une façon de résoudre ce problème consiste à adresser les éléments voulus par des pointeurs en effectuant le calcul d'adresse approprié.

```
void diag (int * p, int n)
{   int i ;
   for (i=0 ; i<n ; i++)
     { * p = 0 ;
       p += n+1 ;
     }
}
```

Fonction travaillant sur un tableau carré de taille variable

Notre fonction reçoit donc, en premier argument, l'adresse du premier élément du tableau, sous forme d'un pointeur de type *int **. Ici, nous avons tenu compte de ce que deux éléments consécutifs de la diagonale sont séparés par *n* éléments. Si, donc, un pointeur désigne un élément de la diagonale, pour pointer sur le suivant il suffit d'incrémenter ce pointeur de *n+1* unités (l'unité étant ici la taille d'un entier).

Remarques

1 Un appel de notre fonction *diag* se présentera ainsi :

```
int t[30] [30] ;
diag (t, 30)
```

Or l'argument effectif *t* est, certes, l'adresse de *t*, mais d'un type pointeur sur des blocs de 10 entiers et non pointeur sur des entiers. En fait, la présence d'un prototype pour *diag* fera qu'il sera converti en un *int **. Ici, il n'y a aucun risque de modification d'adresse liée à des contraintes d'alignement, car on passe de l'adresse d'un objet de taille *10n* à l'adresse d'un objet de taille *n*. Il n'en irait pas de même avec la conversion inverse.

2 Cette fonction pourrait également s'écrire en y déclarant un tableau à une seule dimension dont la taille (*n*n*) devrait alors être fournie en argument (en plus de *n*). Le même mécanisme d'incrémentation de *n+1* s'appliquerait alors, non plus à un pointeur, mais à la valeur d'un indice.

11 Utilisation de pointeurs sur des fonctions

En C++, comme dans la plupart des autres langages, il n'est pas possible de placer le nom d'une fonction dans une variable. En revanche, on peut y définir une variable destinée à pointer sur une fonction, c'est-à-dire à contenir son adresse.

De plus, en C++, le nom d'une fonction (employé seul) est traduit par le compilateur en l'adresse de cette fonction. On retrouve là quelque chose d'analogue à ce qui se passait pour les noms de tableaux, avec toutefois cette différence que les noms de fonctions sont externes (ils subsisteront dans les modules objets).

Ces deux remarques offrent en C++ des possibilités intéressantes. En voici deux exemples.

11.1 Paramétrage d'appel de fonctions

Considérez cette déclaration :

```
int (* adf) (double, int) ;
```

Elle spécifie que :

(adf)* est une fonction à deux arguments (de types *double* et *int*) fournissant un résultat de type *int* ;

donc que :

adf est un pointeur sur une fonction à deux arguments (*double* et *int*) fournissant un résultat de type *int*.

Si, par exemple, *fct1* et *fct2* sont des fonctions ayant les prototypes suivants :

```
int fct1 (double, int) ;
int fct2 (double, int) ;
```

les affectations suivantes ont alors un sens :

```
adf = fct1 ;
adf = fct2 ;
```

Elles placent, dans *adf*, l'adresse de la fonction correspondante (*fct1* ou *fct2*). Dans ces conditions, il devient possible de programmer un « appel de fonction variable » (c'est-à-dire que la fonction appelée peut varier au fil de l'exécution du programme) par une instruction telle que :

```
(* adf) (5.35, 4) ;
```

Celle-ci, en effet, appelle la fonction dont l'adresse figure actuellement dans *adf*, en lui transmettant les valeurs indiquées (*5.35* et *4*). Suivant le cas, cette instruction sera donc équivalente à l'une des deux suivantes :

```
fct1 (5.35, 4) ;
fct2 (5.35, 4) ;
```

Remarque

Une affectation telle que *adf = fct1* n'est légale que si les deux opérandes sont rigoureusement du même type, ce qui signifie qu'ici les types des arguments et celui de la valeur de retour doivent être identiques.

11.2 Fonctions transmises en argument

Supposez que nous souhaitions écrire une fonction permettant de calculer l'intégrale d'une fonction quelconque suivant une méthode numérique donnée. Une telle fonction que nous supposerons nommée *integ* posséderait alors un en-tête de ce genre :

```
float integ ( float(*f)(float), ..... )
```

Le premier argument muet correspond ici à l'adresse de la fonction dont on cherche à calculer l'intégrale. Sa déclaration peut s'interpréter ainsi :

*(*f)(float)* est de type *float* ;

*(*f)* est donc une fonction recevant un argument de type *float* et fournissant un résultat de type *float* ;

f est donc un pointeur sur une fonction recevant un argument de type *float* et fournissant un résultat de type *float*.

Au sein de la définition de la fonction *integ*, il sera possible d'appeler la fonction dont on aura ainsi reçu l'adresse de la façon suivante :

```
(*f) (x)
```

Notez bien qu'il ne faut surtout pas écrire *f(x)*, car *f* désigne ici un pointeur contenant l'adresse d'une fonction, et non pas directement l'adresse d'une fonction.

L'utilisation de la fonction *integ* ne présente pas de difficultés particulières. Elle pourrait se présenter ainsi :

```
main()
{
   float fct1(float), fct2(float) ;
       .....
   res1 = integ (fct1, .....) ;
       .....
   res2 = integ (fct2, .....) ;
       .....
}
```

9

Les chaînes de style C

Certains langages (Java, Visual Basic, anciennement Turbo Pascal) disposent d'un véritable type chaîne. Les variables d'un tel type sont destinées à recevoir des suites de caractères qui peuvent évoluer, à la fois en contenu et en longueur, au fil du déroulement du programme. Elles peuvent être manipulées d'une manière globale, en ce sens qu'une simple affectation permet de transférer le contenu d'une variable de ce type dans une autre variable de même type.

D'autres langages (plus anciens, tels Fortran ou Pascal standard) ne disposent pas d'un tel type chaîne. Pour traiter de telles informations, il est alors nécessaire de travailler sur des tableaux de caractères dont la taille est nécessairement fixe (ce qui impose à la fois une longueur maximale aux chaînes et ce qui, du même coup, entraîne une perte de place mémoire). La manipulation de telles informations est obligatoirement réalisée caractère par caractère et il faut, de plus, prévoir le moyen de connaître la longueur courante de chaque chaîne.

En langage C++, les choses sont quelque peu hybrides. En effet, d'une part, il existe une **convention** de représentation des chaînes, héritée du langage C, qui est utilisée à la fois :

- par le compilateur pour représenter les chaînes constantes (telles que "bonjour") ;
- par les méthodes réalisant les entrées-sorties conversationnelles ;
- par un certain nombre de fonctions standards permettant d'effectuer les traitements classiques tels que : concaténation, recopie, comparaison, extractions de sous-chaînes...
- pour les éventuels arguments que l'on peut transmettre à la fonction *main*.

Nous parlerons de « chaînes de style C » pour désigner les chaînes représentées suivant cette convention.

D'autre part, il existe un « véritable type chaîne » introduit tardivement dans le langage C++, sous la forme d'une classe *string*. Mais :

- sa bonne utilisation repose sur les notions de conteneur et d'itérateur qui ne seront étudiées qu'ultérieurement ;
- bon nombre de programmes C++ utilisent les chaînes de style C (et même de nouveaux programmes...) ;
- pour passer des arguments à la fonction *main*, on ne peut utiliser que des chaînes de style C (et en aucun cas, des valeurs de type *string*).

En définitive, il n'est guère possible d'apprendre C++ en faisant totalement l'impasse sur les chaînes de style C que nous allons étudier dans ce chapitre. Même si vous n'envisagez pas d'utiliser des chaînes de style C, nous vous recommandons d'étudier au moins les paragraphes 1, 2, 3 et 4 qui seront parfois utilisés dans la suite de l'ouvrage : ils présentent la convention de représentation de ces chaînes et ses conséquences, les entrées sorties conversationnelles, l'initialisation de tableaux de caractères et la manière de fournir des arguments à la fonction *main*. Eventuellement, vous pouvez aussi vous intéresser au paragraphe 5 qui donne quelques indications générales sur les fonctions de manipulation de chaînes, ainsi qu'au paragraphe 10 qui indique les précautions à prendre. Quant aux autres paragraphes, ils décrivent les principales fonctions[1] de manipulation de chaînes et ils peuvent très bien être ignorés dans un premier temps (aucun chapitre de l'ouvrage n'y fera appel).

1 Représentation des chaînes

1.1 La convention adoptée

En C++, une chaîne de caractères est représentée par une suite d'octets correspondant à chacun de ses caractères (plus précisément à chacun de leurs codes), le tout étant terminé par un octet supplémentaire de code nul. Cela signifie que, d'une manière générale, une chaîne de *n* caractères occupe en mémoire un emplacement de *n+1* octets.

1.2 Cas des chaînes constantes

C'est cette convention qu'utilise le compilateur pour représenter les « constantes chaîne » (sous-entendu que vous les introduisez dans vos programmes), sous des notations de la forme :

```
"bonjour"
```

1. L'ensemble des fonctions de manipulation de chaînes de style C est décrit dans l'Annexe G.

De plus, une telle notation sera traduite par le compilateur en un pointeur (sur des éléments de type *char*) sur la zone mémoire correspondante.

Voici un programme illustrant ces deux particularités :

```
#include <iostream>
using namespace std ;
main()
{ char * adr ;
  adr = "bonjour" ;
  while (*adr)
  { cout << *adr ;
    adr++ ;
  }
}
```

```
bonjour
```

Convention de représentation des chaînes

La déclaration :

```
char * adr ;
```

réserve simplement l'emplacement pour un pointeur sur un caractère (ou une suite de caractères). En ce qui concerne la constante :

```
"bonjour"
```

le compilateur a créé en mémoire la suite d'octets correspondants mais, dans l'affectation :

```
adr = "bonjour"
```

la notation *bonjour* a comme valeur, non pas la valeur de la chaîne elle-même, mais son adresse ; on retrouve là le même phénomène que pour les tableaux.

Voici un schéma illustrant ce phénomène. La flèche en trait plein correspond à la situation après l'exécution de l'affectation : *adr = "bonjour"* ; les autres flèches correspondent à l'évolution de la valeur de *adr*, au cours de la boucle.

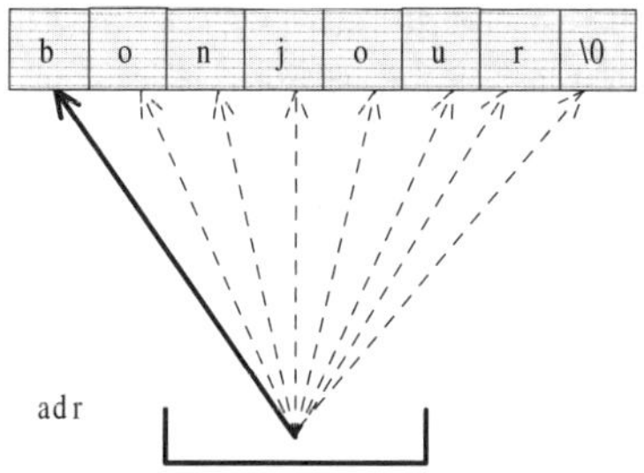

2 Lecture et écriture de chaînes de style C

Dans le chapitre consacré aux entrées-sorties conversationnelles, nous avons déjà vu comment lire au clavier et afficher à l'écran des valeurs des différents types de base. Ces possibilités s'élargissent aux chaînes de style C comme le montre cet exemple de programme :

```
#include <iostream>
using namespace std ;
main()
{  char nom [20], prenom [20], ville [25] ;
   cout << "quelle est votre ville : " ;
   cin >> ville ;
   cout << "donnez votre nom et votre prénom : " ;
   cin >> nom >> prenom ;
   cout << "bonjour cher " << prenom << " "<< nom <<  " qui habitez à " << ville ;
}
```

```
quelle est votre ville : Paris
donnez votre nom et votre prénom : Dupont Yves
bonjour cher Yves Dupont qui habitez à Paris
```

Lecture et écriture de chaînes de style C

Nous avons dû réserver des emplacements pour accueillir les chaînes lues au clavier. Ici, nous avons classiquement utilisé des tableaux de caractères.

Remarques

1 Rappelons que les informations lues sur *cin* sont délimitées par des caractères séparateurs. Cette remarque vaut pour les chaînes de style C et il n'est donc pas possible de lire une chaîne renfermant un espace ou une fin de ligne. Au paragraphe 2.3 du chapitre 22, nous verrons comment contourner cette difficulté en recourant à la méthode *getline*. Notez que ces mêmes contraintes pèseront sur les vraies chaînes de type *string*.

2 Notez bien que la lecture de *n* caractères implique le stockage en mémoire de *n+1* caractères. Par exemple, ici, le nom fourni par l'utilisateur ne doit pas contenir plus de 19 caractères. Dans la pratique, pour éviter tout débordement du tableau accueillant la chaîne, il sera raisonnable de limiter la taille des informations lues sur le flot en recourant au « manipulateur paramétrique » *setw* qui sera étudié dans le chapitre consacré aux flots. Par exemple, voici comment nous pourrions lire le nom et le prénom (attention, l'utilisation de *setw* requiert le fichier en-tête *iomanip*) :

```
const int LG_nom = 20, LG_prenom = 20 ;
char nom [LG_nom+1], prenom [LG_nom+1] ;
   .....
cout << "donnez votre nom et votre prénom : " ;
cin >> setw(LG_nom) >> nom >> setw(LG_prenom) >> prenom ;
```

Comme vous le verrez ultérieurement, la valeur fournie à *setw* concerne uniquement les chaînes (de style C ou de type *string*) et, dans ce cas, elle ne porte que sur la prochaine information lue, en limitant le nombre de caractères pris en compte sur le flot.

3 Jusqu'ici, nous avions affiché intuitivement la valeur de chaînes constantes dans des instructions du genre :

```
cout << "bonjour\n" ;
```

À la compilation, un emplacement est réservé pour la chaîne "bonjour". Lors de l'exécution, son adresse est transmise à l'opérateur << qui envoie sur le flot *cout* tous les caractères trouvés à partir de cette adresse, jusqu'à la rencontre d'un caractère de code nul.

4 Ici, nous avons utilisé des tableaux de caractères pour y ranger les chaînes. Nous aurions pu également allouer dynamiquement des emplacements. Par exemple, pour la *ville*, nous aurions pu procéder ainsi :

```
char * ville = new char [20] ;
  .....
cin >> ville ;
```

3 Initialisation de tableaux par des chaînes

3.1 Initialisation de tableaux de caractères

Nous venons de voir comment placer des chaînes de style C dans des tableaux de caractères.Toutefois, si vous déclarez par exemple :

```
char ch[20] ;
```

vous ne pourrez pas pour autant transférer une chaîne constante dans *ch*, en écrivant une affectation du genre :

```
ch = "bonjour" ;
```

En effet, *ch* est une constante pointeur qui correspond à l'adresse que le compilateur a attribuée au tableau *ch* ; ce n'est pas une *lvalue* ; il n'est donc pas question de lui attribuer une autre valeur (ici, il s'agirait de l'adresse attribuée par le compilateur à la constante chaîne *"bonjour"*).

En revanche, C vous autorise à initialiser votre tableau de caractères à l'aide d'une chaîne constante. Ainsi, vous pourrez écrire :

```
char ch[20] = "bonjour" ;
```

Cela sera parfaitement équivalent à une initialisation de *ch* réalisée par une énumération de caractères (en n'omettant pas le code zéro – noté *\0*) :

```
char ch[20] = { 'b','o','n','j','o','u','r','\0' }
```

N'oubliez pas que, dans ce dernier cas, les 12 caractères non initialisés explicitement seront :

- soit initialisés à zéro (pour un tableau de classe statique) : on voit que, dans ce cas, l'omission du caractère *\0* ne serait (ici) pas grave (sauf si l'on avait fourni 20 caractères !) ;
- soit aléatoires (pour un tableau de classe automatique) : dans ce cas, l'omission du caractère \0 serait nettement plus gênante.

De plus, comme C++ autorise l'omission de la dimension d'un tableau lors de sa déclaration, lorsqu'elle est accompagnée d'une initialisation, il est possible d'écrire une instruction telle que :

```
char message[] = "bonjour" ;
```

Celle-ci réserve un tableau, nommé *message*, de **8 caractères** (compte tenu du *0* de fin).

Remarque

Si l'on utilise un emplacement alloué dynamiquement :

```
char = ch = new ch[20] ;
```

on ne dispose plus de la possibilité de l'initialiser à l'aide d'une chaîne constante. On notera bien que l'affectation :

```
ch = "bonjour"
```

devient légale, mais elle revient à modifier la valeur du pointeur *ch*, sans modifier le contenu de la zone alloué par *new*...

3.2 Initialisation de tableaux de pointeurs sur des chaînes

Nous avons vu qu'une chaîne constante était traduite par le compilateur en une adresse que l'on pouvait, par exemple, affecter à un pointeur sur une chaîne. Cela peut se généraliser à un tableau de pointeurs, comme dans :

```
char * jour[7] = { "lundi", "mardi", "mercredi", "jeudi",
                   "vendredi", "samedi", "dimanche" } ;
```

Cette déclaration réalise donc à la fois la création des 7 chaînes constantes correspondant aux 7 jours de la semaine et l'initialisation du tableau *jour* avec les 7 adresses de ces 7 chaînes. Voici un exemple employant cette déclaration (nous y avons fait appel, pour l'affichage d'une chaîne, au code de format *%s*, dont nous reparlerons un peu plus loin).

```
#include <iostream>
using namespace std ;
main()
{  char * jour[7] = { "lundi", "mardi", "mercredi", "jeudi",
                      "vendredi", "samedi", "dimanche" } ;
   int i ;
   cout << "donnez un entier entre 1 et 7 : " ;
   cin >> i ;
   cout << "le jour numéro " << i << " de la semaine est " << jour[i-1]  ;
}
```

```
donnez un entier entre 1 et 7 : 6
le jour numéro 6 de la semaine est samedi
```

Initialisation d'un tableau de pointeurs sur des chaînes de style C

Remarque

La situation présentée ne doit pas être confondue avec la précédente. Ici, nous avons affaire à un tableau de sept pointeurs, chacun d'entre eux désignant une chaîne constante (comme le faisait *adr* dans le paragraphe 1.1). Le schéma ci- après récapitule les deux situations.

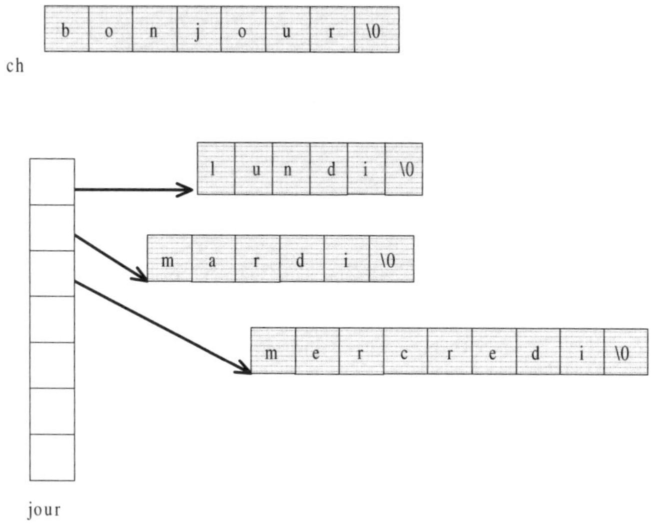

4 Les arguments transmis à la fonction main

4.1 Comment passer des arguments à un programme

La fonction *main* peut récupérer les valeurs des arguments fournis au programme lors de son lancement. Le mécanisme utilisé par l'utilisateur pour fournir ces informations dépend de l'environnement. Il peut s'agir de commandes de menus pour des environnements dits graphiques ou intégrés. Dans les environnements fonctionnant en mode texte (tels DOS ou Unix), il s'agit de valeurs associées à la commande de lancement du programme (d'où le terme d'arguments de la ligne de commande encore utilisé parfois pour décrire ce mécanisme). En voici un exemple où l'on demande l'exécution du programme nommé *test*, en lui transmettant les arguments *arg1*, *arg2* et *arg3* :

```
test arg1 arg2 arg3
```

4.2 Comment récupérer ces arguments dans la fonction *main*

Ces paramètres sont toujours des chaînes de style C (lorsqu'ils sont fournis dans une commande de lancement du programme, ils sont séparés par des espaces). Leur transmission à la fonction *main* (réalisée par le système) se fait selon les conventions suivantes :

- le premier argument reçu par *main* sera de type *int* et il représentera le nombre total de paramètres fournis dans la ligne de commande (le nom du programme compte lui-même pour un paramètre) ;
- le second argument reçu par *main* sera l'adresse d'un tableau de pointeurs, chaque pointeur désignant la chaîne correspondant à chacun des paramètres.

Ainsi, en remplaçant l'en-tête de la fonction *main* par celui-ci

```
main (int nbarg, char * argv[])
```

nous obtiendrons :

- dans *nbarg*, le nombre total de paramètres ;
- à l'adresse *argv[0]*, le premier paramètre, c'est-à-dire le nom du programme (dans notre exemple précédent, il s'agirait donc de la chaîne *test*) ;
- à l'adresse *argv[1]*, le second paramètre (dans notre exemple, il s'agirait donc de la chaîne *arg1*) ;
- etc.

Voici un exemple de programme utilisant ces possibilités. Il est accompagné de trois exemples d'exécution. Nous avons supposé que notre programme se nommait LIGCOM, et nous avons noté en gras ce que pourraient être les commandes correspondantes de lancement dans un environnement en mode texte (suivant les implémentations, le nom de programme affiché en résultat pourra différer quelque peu ; par exemple, il pourra être précédé d'une indication de chemin ou de répertoire et suivi d'une extension) :

```
#include <iostream>
using namespace std ;
main (int nbarg, char * argv[])
{  int i ;
   cout << "mon nom de programme est : " << argv[0]<< "\n" ;
   if (nbarg>1) for (i=1 ; i<nbarg ; i++)
                 cout << "argument numéro " << i << " : " << argv[i] << "\n" ;
     else cout << "pas d'arguments\n" ;
}
```

```
mon nom de programme est : C:\Documents and Settings\claude\cbproject\ConsoleApp46\
windows\Debug_Build\ConsoleApp46.exe
pas d'arguments
```

```
mon nom de programme est : C:\Documents and Settings\claude\cbproject\ConsoleApp46\
windows\Debug_Build\ConsoleApp46.exe
argument numéro 1 : parametre
```

```
on nom de programme est : C:\Documents and Settings\claude\cbproject\ConsoleApp46\win-
dows\Debug_Build\ConsoleApp46.exe
argument numéro 1 : donnees.dat
argument numéro 2 : sortie.txt
argument numéro 3 : 25
argument numéro 4 : septembre
argument numéro 5 : 2006
```

Exemple de récupération des arguments de la ligne de commande

5 Généralités sur les fonctions portant sur des chaînes de style C

C++ a hérité du C de nombreuses fonctions de manipulation de chaînes de style C. Comme nous l'avons dit en introduction, le type classe *string* offrira les mêmes possibilités, sous une forme beaucoup plus fiable, et il devra donc être privilégié dans l'écriture de nouveaux codes. L'étude des paragraphes suivants reste donc facultative ; elle peut éventuellement être abordée ultérieurement en cas de besoin (la suite de l'ouvrage n'y fera pas appel). Nous vous conseillons quand même de jeter au moins un coup d'œil sur ce paragraphe, ainsi que sur le paragraphe 10.

5.1 Ces fonctions travaillent toujours sur des adresses

La chaîne de style C ne constitue pas un type à part entière, mais simplement une convention de représentation. On ne peut donc jamais transmettre la valeur d'une chaîne, mais seulement son adresse, ou plus précisément un pointeur sur son premier caractère. Ainsi, pour comparer deux chaînes, on transmettra à la fonction concernée (ici, *strcmp*) deux pointeurs de type *char**.

Mieux, pour recopier une chaîne d'un emplacement à un autre, on fournira à la fonction voulue (ici, *strcpy*) l'adresse de la chaîne à copier et l'adresse de l'emplacement où devra se faire la copie. Encore faudra-t-il avoir prévu de disposer de suffisamment de place à cet endroit ! En effet, rien ne permet à la fonction de reconnaître qu'elle a écrit au-delà de ce que vous vouliez. En fait, vous disposerez cependant d'une façon de vous prémunir contre de tels risques ; en effet, toutes les fonctions qui placent ainsi une information (susceptible d'être d'une longueur quelconque) à un emplacement d'adresse donnée possèdent deux variantes : l'une travaillant sans contrôle, l'autre possédant un argument supplémentaire permettant de limiter le nombre de caractères effectivement copiés à l'adresse concernée.

5.2 La fonction *strlen*

La fonction *strlen* fournit en résultat la longueur d'une chaîne dont on lui a transmis l'adresse en argument. Cette longueur correspond tout naturellement au nombre de caractères trouvés depuis l'adresse indiquée jusqu'au premier caractère de code nul, ce caractère n'étant pas pris en compte dans la longueur.

Par exemple, l'expression :

```
strlen ("bonjour")
```

vaudra *7* ; de même, avec :

```
char * adr = "salut" ;
```

l'expression :

```
strlen (adr)
```

vaudra *5*.

5.3 Le cas des fonctions de concaténation

Il existe des fonctions dites de concaténation, c'est-à-dire de mise bout à bout de deux chaînes. A priori, de telles fonctions créent une nouvelle chaîne à partir de deux autres. Elles devraient donc recevoir en argument trois adresses ! En fait, ces fonctions se limitent à deux adresses en convenant arbitrairement que la chaîne résultante serait obtenue en ajoutant la seconde à la fin de la première, laquelle se trouve donc détruite en tant que chaîne (en fait, seul son *\0* de fin a disparu...). Là encore, on trouvera deux variantes dont l'une permet de limiter la longueur de la chaîne résultante.

Pour vous familiariser avec cette façon guère naturelle de manipuler les chaînes, nous vous présenterons d'abord en détail les fonctions de concaténation et de copie (ce sont les plus utilisées). Les indications fournies ensuite, ainsi que l'annexe, devraient vous permettre de pouvoir faire appel aux autres sans difficulté.

6 Les fonctions de concaténation de chaînes

6.1 La fonction *strcat*

N.B. Ce paragraphe peut être ignoré dans un premier temps.

Voyez cet exemple :

```
#include <iostream>
#include <cstring>          // pour strcat
using namespace std ;
main()
{  char ch1[50] = "bonjour" ;
   char * ch2 = " monsieur" ;
   cout << "avant : " << ch1 << "\n" ;
   strcat (ch1, ch2) ;
   cout << "après : " << ch1 ;
}
```

```
avant : bonjour
après : bonjour monsieur
```

La fonction strcat

Notez la différence entre les deux déclarations (avec initialisation) de chacune des deux chaînes *ch1* et *ch2*. La première permet de réserver un emplacement plus grand que la constante chaîne qu'on y place initialement.

L'appel de *strcat* se présente ainsi :

```
strcat ( but, source )     // prototype dans cstring
```

Cette fonction recopie la seconde chaîne (*source*) à la suite de la première (*but*), après en avoir effacé le caractère de fin.

Remarques

1 La fonction *strcat* fournit en résultat :

- l'adresse de la chaîne correspondant à la concaténation des deux chaînes fournies en argument, lorsque l'opération s'est bien déroulée ; cette adresse n'est rien d'autre que celle de *ch1* (laquelle n'a pas été modifiée – c'est d'ailleurs une constante pointeur) ;
- le pointeur nul lorsque l'opération s'est mal déroulée.

2 Il est nécessaire que l'emplacement réservé pour la première chaîne soit suffisant pour y recevoir la partie à lui concaténer.

6.2 La fonction *strncat*

Cette fonction dont l'appel se présente ainsi :

```
strncat (but, source, lgmax)     // prototype dans cstring
```

travaille de façon semblable à *strcat* en offrant en outre un contrôle sur le nombre de caractères qui seront concaténés à la chaîne d'arrivée (*but*).

En voici un exemple d'utilisation :

```
#include <iostream>
#include <cstring>          // pour strncat
using namespace std ;
main()
{  char ch1[50] = "bonjour" ;
   char * ch2 = " monsieur" ;
   cout << "avant : " << ch1 << "\n" ;
   strncat (ch1, ch2, 6) ;
   cout << "après : " << ch1 << "\n" ;
}
```

```
avant : bonjour
après : bonjour monsi
```

La fonction strncat

Notez bien que le contrôle ne porte pas directement sur la longueur de la chaîne finale. Fréquemment, on déterminera ce nombre maximal de caractères à recopier comme étant la différence entre la taille totale de la zone réceptrice et la longueur courante de la chaîne qui s'y trouve. Cette dernière s'obtiendra par la fonction *strlen* présentée à la section 4.2.

7 Les fonctions de comparaison de chaînes

N.B. Ce paragraphe peut être ignoré dans un premier temps.

On peut comparer deux chaînes en utilisant l'ordre des caractères définis par leur code.

- La fonction :

  ```
  strcmp ( chaîne1, chaîne2 )   // prototype dans cstring
  ```

  compare deux chaînes dont on lui fournit l'adresse, et elle fournit une valeur entière définie comme étant :

  – positive si *chaîne1* > *chaîne2* (c'est-à-dire si *chaîne1* arrive après *chaîne2*, au sens de l'ordre défini par le code des caractères) ;

  – nulle si *chaîne1* = *chaîne2* (c'est-à-dire si ces deux chaînes contiennent exactement la même suite de caractères) ;

  – négative si *chaîne1* < *chaîne2*.

  Par exemple (quelle que soit l'implémentation) :

  ```
  strcmp ("bonjour", "monsieur")
  ```

  est négatif et :

  ```
  strcmp ("paris2", "paris10")
  ```

  est positif.

- La fonction :

```
strncmp ( chaîne1, chaîne2, lgmax )    // prototype dans cstring
```

travaille comme *strcmp*, mais elle limite la comparaison au nombre maximal de caractères indiqués par l'entier *lgmax*.

Par exemple :

```
strncmp ("bonjour", "bon", 4)
```

est positif tandis que :

```
strncmp ("bonjour", "bon", 2)
```

vaut zéro.

- Enfin, deux fonctions :

```
stricmp ( chaîne1, chaîne2 )             // prototype dans cstring
strnicmp ( chaîne1, chaîne2, lgmax )     // prototype dans cstring
```

travaillent respectivement comme *strcmp* et *strncmp*, mais sans tenir compte de la différence entre majuscules et minuscules (pour les seuls caractères alphabétiques).

8 Les fonctions de copie de chaînes

N.B. Ce paragraphe peut être ignoré dans un premier temps.

- La fonction :

```
strcpy ( but, source )             // prototype dans cstring
```

recopie la chaîne située à l'adresse *source* dans l'emplacement d'adresse *destin*. Là encore, il est nécessaire que la taille du second emplacement soit suffisante pour accueillir la chaîne à recopier, sous peine d'écrasement intempestif.

Cette fonction fournit comme résultat l'adresse de la chaîne *but*.

- La fonction :

```
strncpy ( but, source, lgmax )     // prototype dans cstring
```

procède de manière analogue à *strcpy*, en limitant la recopie au nombre de caractères précisés par l'expression entière *lgmax*.

Notez bien que, si la longueur de la chaîne source est inférieure à cette longueur maximale, son caractère de fin (*\0*) sera effectivement recopié. Mais, dans le cas contraire, il ne le sera pas. L'exemple suivant illustre les deux situations :

```
#include <iostream>
#include <cstring>      // pour strncpy
using namespace std ;
main()
{  char ch1[20] = "xxxxxxxxxxxxxxxxxxx" ;
   char ch2[20] ;
```

```
    cout << "donnez un mot : " ;
    cin >> ch2 ;
    strncpy (ch1, ch2, 6) ;
    cout << ch1 << "\n" ;
}
```

```
donnez un mot : bon
bon
```

```
donnez un mot : bonjour
bonjouxxxxxxxxxxxxxx
```

Les fonctions de recopie de chaînes : strcpy *et* strncpy

9 Les fonctions de recherche dans une chaîne

N.B. Ce paragraphe peut être ignoré dans un premier temps.

On trouve des fonctions classiques de recherche de l'occurrence dans une chaîne de style C d'un caractère ou d'une autre chaîne de style C (nommée alors sous-chaîne). Elles fournissent comme résultat **un pointeur de type char *** sur l'information cherchée en cas de succès, et le pointeur nul dans le cas contraire. Voici les principales :

```
strchr ( chaîne, caractère )        // prototype dans cstring
```

recherche, dans *chaîne*, la première position où apparaît le caractère mentionné.

```
strrchr ( chaîne, caractère )       // prototype dans cstring
```

réalise le même traitement que *strchr*, mais en explorant la chaîne concernée à partir de la fin. Elle fournit donc la dernière occurrence du caractère mentionné.

```
strstr ( chaîne, sous-chaîne )      // prototype dans cstring
```

recherche, dans *chaîne*, la première occurrence complète de la sous-chaîne mentionnée.

10 Quelques précautions à prendre avec les chaînes de style C

Dans ce chapitre, nous avons examiné bon nombre des conséquences de la manière artificielle dont C++ gère les chaînes de style C. Cependant, par souci de clarté, nous nous sommes limités aux situations les plus courantes. Voici ici quelques compléments d'information concernant des situations moins usitées, mais dont la méconnaissance peut nuire à la bonne mise au point des programmes.

10.1 Une chaîne de style C possède une vraie fin, mais pas de vrai début

Comme nous l'avons vu, il existe effectivement une convention de représentation de la fin d'une chaîne ; en revanche, rien de comparable n'est prévu pour son début. En fait, toute adresse de type *char* * peut toujours faire office d'adresse de début de chaîne.

Par exemple, avec cette déclaration :

```
char * adr = "bonjour" ;
```

une expression telle que :

```
strlen (adr+2)
```

serait acceptée : elle aurait pour valeur *5* (longueur de la chaîne commençant en *adr+2*).

De même, dans l'exemple de programme du paragraphe 5.1, il serait tout à fait possible de remplacer :

```
strcat (ch1, ch2) ;
```

par :

```
strcat (ch1, ch2+4) ;
```

Le programme afficherait alors simplement :

```
bonjoursieur
```

Plus curieusement, si l'on remplace cette fois cette même instruction par :

```
strcat (ch1+2, ch2) ;
```

on obtiendra le même résultat qu'avec le programme initial (*bonjour monsieur*) puisque *ch2* sera toujours concaténée à partir du même *0* de fin !

En revanche, avec :

```
strcat (ch1+10, ch2) ;
```

les choses seraient nettement catastrophiques : on viendrait écraser un emplacement situé en dehors de la chaîne d'adresse *ch1*.

Enfin, avec :

```
char * adr = "bonjour" ;
```

l'instruction suivante sera acceptée :

```
cout << adr+10 ;     // affiche des caractères à partir de l'adresse adr+10
                     // tant qu'on n'a pas trouvé de zero de fin !
```

Mais on affichera des caractères assez peu prévisibles et le zéro de fin pourra éventuellement se situer très loin !

10.2 Les risques de modification des chaînes constantes

Nous avons vu que, dans une instruction telle que :

```
char * adr = "bonjour" ;
```

le compilateur remplace la notation *"bonjour"* par l'adresse d'un emplacement dans lequel il a rangé la succession de caractères voulus.

Dans ces conditions, on peut se demander ce qui va se produire si l'on tente de modifier l'un de ces caractères par une banale affectation telle que :

```
*adr = 'x' ;           /* bonjour va-t-il se transformer en xonjour ? */
* (adr+2) = 'x' ;      /* bonjour va-t-il se transformer en boxjour ? */
```

A priori, la norme interdit la modification de quelque chose de constant. En pratique, beaucoup de compilateurs l'acceptent, de sorte que l'on aboutit à la modification de notre constante *bonjour* en *xonjour* ou *boxjour* ! Nous pourrions, par exemple, le constater en exécutant une instruction telle que *puts (adr)*.

Signalons qu'une constante chaîne apparaît également dans une instruction telle que :

```
cout << "bonjour" ;
```

Ici, on pourrait penser que sa modification n'est guère possible puisque nous n'avons pas accès à son adresse. Cependant, lorsque cette même constante (*bonjour*) apparaît en plusieurs emplacements d'un programme, certains compilateurs peuvent ne la créer qu'une fois ; dans ces conditions, la chaîne transmise au flot *cout* peut très bien se trouver modifiée par le processus décrit précédemment...

Remarque

Dans une déclaration telle que :

```
char ch[20] = "bonjour" ;
```

il n'apparaît pas de chaîne constante, et ceci malgré la notation employée ("...") laquelle, ici, n'est qu'une facilité d'écriture remplaçant l'initialisation des premiers caractères du tableau *ch*. En particulier, toute modification de l'un des éléments de *ch*, par une instruction telle que :

```
*(ch + 3) = 'x' ;
```

est parfaitement licite (nous n'avons aucune raison de vouloir que le contenu du tableau *ch* reste constant).

10

Les types structure, union et énumération

Nous avons déjà vu comment le tableau permettait de désigner sous un seul nom un ensemble de valeurs de même type, chacune d'entre elles étant repérée par un indice.

La structure, quant à elle, va nous permettre de désigner sous un seul nom un ensemble de valeurs pouvant être de types différents. L'accès à chaque élément de la structure (nommé *champ*) se fera, cette fois, non plus par une indication de position, mais par son nom au sein de la structure. Dès le chapitre suivant, nous aborderons les possibilités de P.O.O. de C++ et nous verrons qu'une telle structure peut également être dotée de fonctions membres (méthodes), de sorte qu'elle constituera un cas particulier de classe.

D'autre part, C++ permet de définir ce qu'il nomme des unions. Il s'agit d'un moyen de faire partager un même emplacement mémoire par des variables de types différents. Malgré les différences évidentes existant entre structures et unions, elles restent liées par une syntaxe commune et un mode d'utilisation voisin. C'est qui justifie leur étude dans un même chapitre.

Quant au type énumération, il s'agit d'un cas particulier de type entier. Là encore, sa présentation (tardive) dans ce chapitre ne se justifie que parce que sa déclaration et son utilisation sont très proches de celles du type structure.

1 Déclaration d'une structure

Voyez tout d'abord cette déclaration :

```
struct enreg
       { int numero ;
         int qte ;
         float prix ;
       } ;
```

Celle-ci définit un **type (modèle) de structure** mais ne réserve pas de variable correspondant à cette structure. Ce type s'appelle ici *enreg* et il précise le nom et le type de chacun des champs constituant la structure (*numero*, *qte* et *prix*).

Une fois défini un tel type de structure, nous pouvons déclarer des variables du type correspondant. Par exemple :

```
enreg art1 ;
```

réserve un emplacement nommé *art1* « de type *enreg* » destiné à contenir deux entiers et un flottant.

De manière semblable :

```
enreg art1, art2 ;
```

réserve deux emplacements *art1* et *art2* du type *enreg*.

Remarques

1 Bien que ce soit peu recommandé, sachez qu'il est possible de regrouper la définition du type de structure et la déclaration des variables de ce type dans une seule instruction comme dans cet exemple :

```
struct enreg
       { int numero ;
         int qte ;
         float prix ;
       } art1, art2 ;
```

Dans ce dernier cas, il est même possible d'omettre le nom de type (*enreg*), à condition, bien sûr, que l'on n'ait pas à déclarer par la suite d'autres variables de ce type. On désigne souvent cette situation par le terme de « structure anonyme ».

2 Souvent, lorsque aucune ambiguïté n'existera, nous utiliserons le même mot « structure » pour désigner soit le nom du type (modèle), soit des variables du type. La même distinction existera pour les classes, mais cette fois on parlera de classe pour le type et d'objet pour les variables du type, de sorte qu'aucune ambiguïté n'apparaîtra plus.

En C

En C, la déclaration de variables d'un type structure nécessitait l'emploi du mot *struct*. La déclaration précédente devait obligatoirement s'écrire :

```
struct enreg art1, art2 ;
```

Ce genre de déclaration reste légal en C++, mais il est rarement utilisé.

2 Utilisation d'une structure

En C++, on peut utiliser une variable de type structure de deux manières :

- en travaillant individuellement sur chacun de ses champs ;
- en travaillant de manière globale sur l'ensemble de la structure.

2.1 Utilisation des champs d'une structure

Chaque champ d'une structure peut être manipulé comme n'importe quelle variable du type correspondant. La désignation d'un champ se note en faisant suivre le nom de la variable structure de l'opérateur « point » (.), suivi du nom de champ tel qu'il a été défini dans le modèle (le nom de modèle lui-même n'intervenant d'ailleurs pas).

Voici quelques exemples utilisant le type structure *enreg* et les variables *art1* et *art2* déclarées de ce type.

```
art1.numero = 15 ;
```

affecte la valeur *15* au champ *numero* de la structure *art1*.

```
cout << art1.prix ;
```

affiche la valeur du champ prix de la structure *art1*.

```
cin >> art2.prix ;
```

lit une valeur qui sera affectée au champ *prix* de la structure *art2*.

```
art1.numero++
```

incrémente de *1* la valeur du champ *numero* de la structure *art1*.

Remarque

La priorité de l'opérateur « . » est très élevée, de sorte qu'aucune des expressions ci-dessus ne nécessite de parenthèses (revoyez éventuellement le tableau du paragraphe 15 du chapitre 4).

2.2 Utilisation globale d'une structure

Il est possible d'affecter à une structure le contenu d'une structure définie à partir du **même type**. Par exemple, si les structures *art1* et *art2* ont été déclarées du type *enreg* défini précédemment, nous pourrons écrire :

```
art1 = art2 ;
```

Une telle affectation globale remplace avantageusement :

```
art1.numero = art2.numero ;
art1.qte    = art2.qte ;
art1.prix   = art2.prix ;
```

Notez bien qu'une affectation globale n'est possible que si les structures ont été **définies avec le même nom de type** ; en particulier, elle sera impossible avec des variables ayant une structure analogue, mais définies sous deux noms de types différents.

L'opérateur d'affectation et, comme nous le verrons un peu plus loin, l'opérateur d'adresse *&*, sont les seuls opérateurs s'appliquant à une structure (de manière globale).

Remarques

1 L'affectation globale n'est pas possible entre tableaux. Elle l'est, par contre, entre structures. Aussi est-il possible, en créant artificiellement une structure contenant un seul champ qui est un tableau, de réaliser une affectation globale entre tableaux.

2 Par le biais de la surdéfinition d'opérateurs, il sera théoriquement possible de donner un sens à des opérateurs existants (tels que +, -, *, ...) lorsqu'ils sont appliqués à des variables de type structure. En pratique, cette possibilité sera plutôt exploitée dans le cas des classes.

2.3 Initialisation de structures

En l'absence d'initialisation explicite, les structures de classe automatique (dont font partie les structures locales à une fonction) ne sont pas initialisées : elles contiennent donc des valeurs aléatoires.

Les structures de classe statique voient leurs champs initialisés à « zéro » (entier zéro, flottant nul, caractère de code nul, pointeur nul). En toute rigueur, cette règle s'applique aux champs qui sont des scalaires ou des tableaux de scalaires. Si certains champs sont eux-mêmes des structures, la règle s'appliquera à chacun de leurs champs, et ainsi de suite.

À l'instar d'un tableau, une structure peut être initialisée lors de sa déclaration, comme dans cette instruction qui utilise le type *enreg* défini précédemment :

```
enreg art1 = { 100, 285, 200 } ;
```

Vous voyez que la description des différents champs se présente, là encore, sous la forme d'une liste de valeurs séparées par des virgules. Il est possible d'omettre certaines valeurs ; les champs manquants seront alors, suivant la classe d'allocation de la variable structure correspondante, initialés à zéro (statique) ou aléatoires (automatique).

Comme pour les tableaux, les valeurs fournies dans un tel « initialiseur » devront être des expressions d'un type compatible par affectation avec le type du champ correspondant. Il devra obligatoirement s'agir d'expressions constantes (calculables par le compilateur) pour les structures de classe statique.

Enfin, une structure peut être initialisée avec les valeurs d'une autre structure de même type (cette possibilité n'existait pas pour les tableaux[1]) :

```
struct enreg { ..... } ;
main()
{ enreg e1 = { ..... } ;
  enreg e2 = e1 ;   // les valeurs des champs de e1 sont recopiés dans ceux de e2
  .....
}
void f (enreg s)
{ enreg ee = s ;     // struture locale ee dans laquelle on recopie les champs de s
}
```

Remarque

On peut initialiser une structure constante dans sa déclaration comme dans :

```
struct enreg  {  int numero ;  int qte ;  float prix ;  } ;
const enreg REF = { 1, 10, 1.} ;
```

Bien entendu, toute tentative ultérieure de modification d'un champ sera rejetée :

```
REF.qte = 0 ;    // interdit
```

Théoriquement, il est également possible de définir certains champs constants dans le type de la structure. Toutefois l'initialisation de ces champs ne pourra alors se faire que si la structure dispose d'un constructeur. Nous y reviendrons au paragraphe 7.2 du chapitre 11, et au paragraphe 6 du chapitre 13, dans le cas d'une classe (dont la structure constituera alors un simple cas particulier).

3 Imbrication de structures

Dans nos exemples d'introduction des structures, nous nous sommes limités à une structure simple ne comportant que trois champs d'un type de base. Mais chacun des champs d'une structure peut être d'un type absolument quelconque : pointeur, tableau, structure... Il peut même s'agir de pointeurs sur des structures du type de la structure dans laquelle ils apparaissent.

1. Du moins sous la forme de recopie des valeurs, puisqu'un nom de tableau est un pointeur. On pouvait tout au plus recopier des adresses, comme dans :

```
int t[5] = { ..... } ; int * t2 = t ; // t2 pointe sur le premier élément de t
```

3.1 Structure comportant des tableaux

Soit les déclarations suivantes :

```
struct personne {  char nom[30] ;
                   char prenom [20] ;
                   float heures [31] ;
                 } .
personne employe, courant ;
```

La seconde réserve les emplacements pour deux structures nommées *employe* et *courant*. Ces dernières comportent trois champs :

- *nom* qui est un tableau de 30 caractères ;
- *prenom* qui est un tableau de 20 caractères ;
- *heures* qui est un tableau de 31 flottants.

On peut, par exemple, imaginer que ces structures permettent de conserver pour un employé d'une entreprise les informations suivantes :

- nom ;
- prénom ;
- nombre d'heures de travail effectuées pendant chacun des jours du mois courant.

La notation :

```
employe.heures[4]
```

désigne le cinquième élément du tableau *heures* de la structure *employe*. Il s'agit d'un élément de type *float*. Notez que, malgré les priorités identiques des opérateurs . et *[]*, leur associativité de gauche à droite évite l'emploi de parenthèses.

De même :

```
employe.nom[0]
```

représente le premier caractère du champ *nom* de la structure *employe*.

Par ailleurs :

```
&courant.heures[4]
```

représente l'adresse du cinquième élément du tableau *heures* de la structure *courant*. Notez que, la priorité de l'opérateur *&* étant inférieure à celle des deux autres, les parenthèses ne sont, là encore, pas nécessaires.

Enfin :

```
courant.nom
```

représente le champ *nom* de la structure *courant*, c'est-à-dire plus précisément l'adresse de ce tableau.

À titre indicatif, voici un exemple d'initialisation d'une structure (nommée *emp*) de type *personne* lors de sa déclaration :

```
personne emp = { "Dupont", "Jules", { 8, 7, 8, 6, 8, 0, 0, 8} };
```

3.2 Tableaux de structures

Voyez ces déclarations :

```
struct point { char nom ;
               int x ;
               int y ;
             } ;
point courbe [50] ;
```

La structure *point* pourrait, par exemple, servir à représenter un point d'un plan, point qui serait défini par son nom (caractère) et ses deux coordonnées.

Notez bien que *point* est un nom de modèle de structure, tandis que *courbe* représente effectivement un tableau de 50 éléments du type *point*.

Si *i* est un entier, la notation :

```
courbe[i].nom
```

représente le nom du point de rang *i* du tableau *courbe*. Il s'agit donc d'une valeur de type *char*. Notez bien que la notation :

```
courbe.nom[i]
```

n'aurait pas de sens.

De même, la notation :

```
courbe[i].x
```

désigne la valeur du champ *x* de l'élément de rang *i* du tableau *courbe*.

Par ailleurs :

```
courbe[4]
```

représente la structure de type *point* correspondant au cinquième élément du tableau *courbe*.

Enfin **courbe** est un identificateur de tableau, et, comme tel, désigne son adresse de début.

Là encore, voici, à titre indicatif, un exemple d'initialisation (partielle) de notre variable *courbe*, lors de sa déclaration :

```
point courbe[50]= { {'A', 10, 25}, {'M', 12, 28},, {'P', 18,2} };
```

3.3 Structures comportant d'autres structures

Supposez que, à l'intérieur de nos structures *employe* et *courant* définies dans le paragraphe 3.1, nous ayons besoin d'introduire deux dates : la date d'embauche et la date d'entrée dans le dernier poste occupé. Si ces dates sont elles-mêmes des structures comportant trois champs correspondant au jour, au mois et à l'année, nous pouvons alors procéder aux déclarations suivantes :

```
struct date
       { int jour ;
         int mois ;
         int annee ;
       } ;
```

```
struct personne
       { char nom[30] ;
         char prenom[20] ;
         float heures [31] ;
         date date_embauche ;
         date date_poste ;
       } employe, courant ;
```

Vous voyez que la seconde déclaration fait intervenir un modèle de structure (*date*) précédemment défini.

La notation :

```
employe.date_embauche.annee
```

représente l'année d'embauche correspondant à la structure *employe*. Il s'agit d'une valeur de type *int*.

```
courant.date_embauche
```

représente la date d'embauche correspondant à la structure *courant*. Il s'agit cette fois d'une structure de type *date*. Elle pourra éventuellement faire l'objet d'affectations globales comme dans :

```
courant.date_embauche = employe.date_poste ;
```

3.4 Cas particulier de structure renfermant un pointeur

Supposons que nous souhaitions créer une liste chaînée dans laquelle chaque élément (on parle souvent de nœud) comporterait : les coordonnées (*float*) d'un point d'un plan, et un pointeur sur le nœud suivant. Chaque nœud peut être représenté par une structure qui peut se définir anisi :

```
struct element { float x ;
                 float y ;
                 element * suivant ;
               } ;
```

On voit que dans la définition du type *element*, il faut introduire un pointeur de type *element* *. Il apparaît donc une récursivité dans la déclaration qui est autorisée en C++.

4 À propos de la portée du type de structure

À l'image de ce qui se produit pour les identificateurs de variables, la portée d'un type de structure dépend de l'emplacement de sa déclaration :

- si elle se situe au sein d'une fonction (y compris la fonction *main*), elle n'est accessible que depuis cette fonction ;
- si elle se situe en dehors d'une fonction, elle est accessible de toute la partie du fichier source qui suit sa déclaration ; elle peut ainsi être utilisée par plusieurs fonctions.

Voici un exemple d'un type de structure nommé *enreg* déclaré à un niveau global et accessible depuis les fonctions *main* et *fct*.

```
struct enreg
        { int numero ;
          int qte ;
          float prix ;
        } ;
main ()
{   enreg x ;
      ....
}
fct ( ....)
{   enreg y, z ;
      ....
}
```

En revanche, il n'est pas possible, dans un fichier source donné, de faire référence à un type défini dans un autre fichier source. Notez bien qu'il ne faut pas assimiler le nom de type d'une structure à un nom de variable ; notamment, il n'est pas possible, dans ce cas, d'utiliser de déclaration *extern*. En effet, la déclaration *extern* s'applique à des identificateurs susceptibles d'être remplacés par des adresses au niveau de l'édition de liens. Or, un modèle de structure représente beaucoup plus qu'une simple information d'adresse, et il n'a de signification qu'au moment de la compilation du fichier source où il se trouve.

En fait, lorsqu'il est nécessaire de « partager » des types de structure, il est conseillé de placer leur déclaration dans un fichier en-tête que l'on incorpore par *#include* à tous les fichiers source où l'on en a besoin. Cette méthode évite la duplication des déclarations identiques avec les risques d'erreurs qui lui sont inhérents. C'est d'ailleurs celle qui sera le plus couramment utilisée pour les déclarations de classes.

On notera bien que deux types de structures différents peuvent contenir des champs de même nom, comme dans cet exemple :

```
struct enreg1 { int p ; float y ; } ;      // contient un champ nommé p
struct enreg2 { double p ; int z ; } ;     // contient aussi un champ nommé p
```

En fait, aucune confusion n'existe, car l'accès au champ d'une structure se fait toujour en le « préfixant » du nom de la variable structure correspondante. Pour les mêmes raisons, une variable peut très bien porter le même nom qu'un champ.

5 Transmission d'une structure en argument d'une fonction

Nous savons qu'il existe deux modes de transmission des arguments d'une fonction : par valeur ou par référence. De plus, on peut « simuler » une transmission par référence en utilisant un pointeur. Voyons ce que deviennent ces trois possibilités dans le cas de structures[1] ; la dernière nous amènera à vous présenter l'opérateur ->.

1. Elles se généraliseront ultérieurement aux objets.

5.1 Transmission d'une structure par valeur

Aucun problème particulier ne se pose. Il s'agit simplement d'appliquer ce que nous connaissons déjà. Voici un exemple simple :

```
#include <iostream>
using namespace std ;
struct enreg { int a ;      // type enreg defini a un niveau global
               float b ;
             } ;

main()
{ enreg x ;
  void fct (enreg y) ;
  x.a = 1 ; x.b = 12.5 ;
  cout << "avant appel fct : " << x.a << " " << x.b << "\n" ;
  fct (x) ;
  cout << "au retour dans main : " <<  x.a << " " << x.b ;
}

void fct (enreg s)
{ s.a = 0 ; s.b=1 ;
  cout << "dans fct  : " << s.a << " " << s.b << "\n" ;
}
```

```
avant appel fct : 1 12.5
dans fct  : 0 1
au retour dans main : 1 12.5
```

Transmission d'une structure par valeur

Naturellement, les valeurs de la structure *x* sont recopiées localement dans la fonction *fct* lors de son appel ; les modifications de *s* au sein de *fct* n'ont aucune incidence sur les valeurs de *x*.

5.2 Transmission d'une structure par référence

Reprenons l'exemple précédent, en transmettant par référence l'argument de *fct*.

```
#include <iostream>
using namespace std ;
struct enreg { int a ;      // type enreg defini a un niveau global
               float b ;
             } ;
main()
{ enreg x ;
  void fct (enreg & y) ;
```

```
    x.a = 1 ; x.b = 12.5 ;
    cout << "avant appel fct : " << x.a << " " << x.b << "\n" ;
    fct (x) ;
    cout << "au retour dans main : " <<  x.a << " " << x.b ;
  }
  void fct (enreg & s)
  { s.a = 0 ; s.b=1 ;
    cout << "dans fct  : " << s.a << " " << s.b << "\n" ;
  }
```

```
avant appel fct : 1 12.5
dans fct  : 0 1
au retour dans main : 0 1
```

Transmission d'une structure par référence

Cette fois, les modifications ont été effectuées par *fct* directement sur la structure dont elle a reçu la référence.

5.3 Transmission de l'adresse d'une structure : l'opérateur ->

Nous pouvons également « simuler » une transmission par référence, à l'aide d'un pointeur sur la structure. Dans ce cas, l'appel de *fct* devra donc se présenter sous la forme :

```
fct (&x) ;
```

et son en-tête sera de la forme :

```
void fct (enreg * ads) ;
```

Comme vous le constatez, le problème se pose alors d'accéder, au sein de la définition de *fct*, à chacun des champs de la structure d'adresse *ads*. L'opérateur « . » ne convient plus, car il suppose comme premier opérande un nom de structure et non une adresse. Deux solutions s'offrent alors à vous :

- adopter une notation telle que *(*ads).a* ou *(*ads).b* pour désigner les champs de la structure d'adresse *ads* ;
- faire appel à un nouvel opérateur noté ->, lequel permet d'accéder aux différents champs d'une structure à partir de son adresse de début. Ainsi, au sein de *fct*, la notation *ads -> b* désignera le second champ de la structure reçue en argument ; elle sera équivalente à *(*ads).b*.

Voici ce que pourrait devenir notre précédent exemple en employant l'opérateur noté -> :

```
#include <iostream>
using namespace std ;
struct enreg { int a ;
               float b ;
             } ;
main()
{ enreg x ;
  void fct (enreg *) ;
```

```
  x.a = 1 ; x.b = 12.5 ;
  cout << "avant appel fct : " << x.a << " " << x.b << "\n" ;
  fct (&x) ;
  cout << "au retour dans main : " << x.a << " " <<  x.b << "\n" ;
}
void fct (struct enreg * ads)
{ ads->a = 0 ; ads->b = 1;
  cout << "dans fct  : " << ads->a << " " << ads->b << "\n" ;
}
```

```
avant appel fct : 1 12.5
dans fct  : 0 1
au retour dans main : 0 1
```

Transmission d'un pointeur sur une structure

Remarque

Nous venons de présenter l'opérateur -> dans le cas de la transmission en argument de l'adressse d'une structure. Mais cet opérateur sera également souvent utilisé dans le cas de structures allouées dynamiquement avec l'opérateur *new* présenté au paragraphe 8 du chapitre 8. Considérez par exemple ces instructions :

```
struct enreg { int a ;
               float b ;
                 } ;
enreg *adr ;
adr = new enreg ;    // alloue un emplacement pour un structre de type enreg
                     // et range son adresse dans adr
```

L'accès aux différents champs de la structure pointée par *adr* pourra, là encore, se faire à l'aide de l'opérateur ->. Ainsi, *adr -> y* désignera le second champ (au même titre que *(*adr).y*). Bien entendu, l'espace mémoire ainsi alloué pourra être libéré par :

```
delete adr ;
```

Ces possibilités seront en fait très utilisées pour les objets dynamiques.

6 Transmission d'une structure en valeur de retour d'une fonction

Jusqu'ici, nous n'avons rencontré que des fonctions fournissant un résultat de type scalaire. Mais C++ vous permet de réaliser des fonctions fournissant en retour la valeur d'une structure. Par exemple, avec le type *enreg* précédemment défini, nous pourrions envisager une situation de ce type :

```
enreg fct (...)
{   enreg s ;           /* structure locale à fct */
     .....
    return s ;           /* dont la fonction renvoie la valeur */
}
```

Notez bien que *s* aura dû soit être créée localement par la fonction (comme c'est le cas ici), soit éventuellement être reçue en argument.

Naturellement, rien ne vous interdit, par ailleurs, de réaliser une fonction qui renvoie une référence à une structure ou un pointeur sur une structure. Toutefois, il ne faudra pas oublier qu'alors la structure en question ne peut plus être locale à la fonction ; en effet, dans ce cas, elle n'existerait plus dès l'achèvement de la fonction... (mais la référence ou le pointeur continueraient à pointer sur quelque chose d'inexistant !). Notez que cette remarque vaut pour n'importe quel type autre qu'une structure...

En fait, ces considérations se généraliseront aux classes et c'est là qu'elles prendront tout leur intérêt.

7 Les champs de bits

N.B. Ce paragraphe peut être ignoré dans un premier temps.

Nous avons déjà eu l'occasion de noter que C++ disposait d'opérateurs permettant de travailler directement sur le motif binaire d'une valeur. Nous allons voir ici que ce langage permet également de définir, au sein des structures, des variables occupant un nombre défini de bits ; on parle alors de « champs de bits ».

Les champs de bits peuvent s'avérer utiles :

- soit pour compacter l'information : par exemple, un nombre entier compris entre 0 et 15 pourra être rangé sur 4 bits au lieu de 16 (encore faudra-t-il utiliser convenablement les bits restants) ;
- soit pour décortiquer le contenu d'un motif binaire, par exemple un mot d'état en provenance d'un périphérique spécialisé.

Voyez cet exemple de déclarations :

```
struct etat
     { unsigned pret : 1 ;
       unsigned ok1  : 1 ;
       int donnee1   : 5 ;
       int           : 3 ;
       unsigned ok2  : 1 ;
       int donnee2   : 4 ;
     } ;
etat mot ;
```

La variable *mot* ainsi déclarée peut être schématisée comme suit :

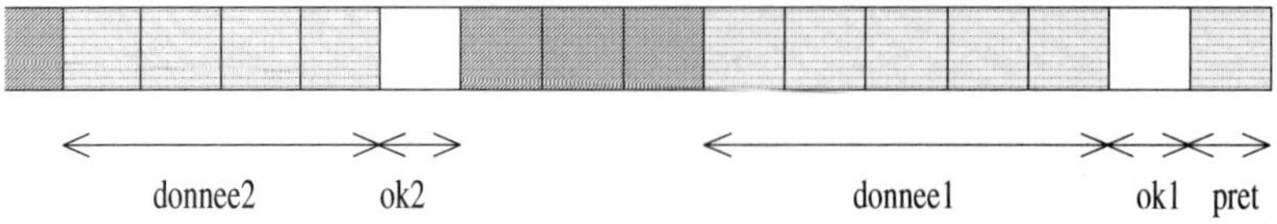

Les indications figurant à la suite des « deux-points » précisent la longueur du champ en bits. Lorsque aucun nom de champ ne figure devant cette indication de longueur, cela signifie que l'on saute le nombre de bits correspondants (ils ne seront donc pas utilisés).

Avec ces déclarations, la notation :

```
mot.donnee1
```

désigne un entier signé pouvant prendre des valeurs comprises entre *-16* et *+15*. Elle pourra apparaître à n'importe quel endroit où C++ autorise l'emploi d'une variable de type *int*.

Les seuls types susceptibles d'apparaître dans des champs de bits sont **int** et **unsigned int**. Notez que lorsqu'un champ de type *int* est de longueur 1, ses valeurs possibles sont *0* et *-1* (et non *0* et *1*, comme ce serait le cas avec le type *unsigned int*).

Remarques

1 La norme ne précise pas si la description d'un champ de bits se fait en allant des poids faibles vers les poids forts ou dans le sens inverse. Ce point dépend donc de l'implémentation et, en pratique, on rencontre les deux situations (y compris pour différents compilateurs sur une même machine !). En outre, lorsqu'un champ de bits occupe plusieurs octets, l'ordre dans lequel ces derniers sont décrits dépend, lui aussi, de l'implémentation.

2 La taille maximale d'un champ de bits dépend, elle aussi, de l'implémentation. En pratique, on rencontre fréquemment 16 bits ou 32 bits.

3 L'emploi des champs de bits est, donc, par nature même, peu ou pas portable. Il doit, par conséquent, être réservé à des applications très spécifiques.

8 Les unions

N.B. Ce paragraphe peut être ignoré dans un premier temps.

L'union permet théoriquement de faire partager un même emplacement mémoire par des variables de types différents. Elle est essentiellement utilisée pour interpréter de plusieurs façons différentes un même motif binaire et, généralement, l'union se trouve alors elle-même associée à des champs de bits.

Voyez d'abord cet exemple introductif qui n'a d'intérêt que dans une implémentation dans laquelle les types *float* et *long* ont la même taille :

```
#include <iostream>
using namespace std ;
main()
{
  union essai
        { long n ;
          float x ;
        } u ;
   cout << "dans cette implementation, int = " << sizeof(int)
        << ", float = " << sizeof(float) << "\n" ;
   cout << "donnez un nombre réel : "  ;
   cin >> u.x ;
   cout << "En entier, cela fait : " << u.n << "\n"  ;
}
```

```
dans cette implementation, int = 4, float = 4
donnez un nombre réel : 1.23e4
En entier, cela fait : 1178611712
```

Union entre un entier et un flottant

La déclaration :

```
union essai
      { long n ;
        float x ;
      } u ;
```

réserve un emplacement dont le nombre de bits correspond à la taille (ici supposée commune) d'un *long* ou d'un *float* qui pourra être considéré tantôt comme un entier long qu'on désignera alors par **u.n**, tantôt comme un flottant (*float*) qu'on désignera alors par **u.x**.

D'une manière générale, la syntaxe de la description d'une union est analogue à celle d'une structure. Elle possède un nom de type (ici *essai*, nous aurions d'ailleurs pu l'omettre) ; celui-ci peut être ensuite utilisé pour définir d'autres variables de ce type. Par exemple, dans notre précédent programme, nous pourrions déclarer d'autres objets du même type que *u* par :

```
essai z, truc ;     // ou, comme en C :     union essai z, truc ;
```

Par ailleurs, il est possible de réaliser une union portant sur plus de deux objets ; d'autre part, chaque objet peut être non seulement d'un type de base (comme dans notre exemple), mais également de type structure. En voici un exemple dans lequel nous réalisons une union entre une structure *etat* telle que nous l'avions définie dans le paragraphe précédent, et un entier (cela n'aura d'intérêt que dans des implémentations où le type *int* occupe 16 bits).

```
struct etat
     { unsigned pret  : 1 ;
       unsigned ok1   : 1 ;
       int donnee1    : 5 ;
       int            : 3 ;
```

```
            unsigned ok2   : 1 ;
            int donnee2    : 4 ;
          } ;
      union
          { int valeur ;
            struct etat bits ;
          } mot ;
```

Notez qu'ici nous n'avons pas donné de nom au type d'union et nous y avons déclaré directement une variable *mot*.

Avec ces déclarations, il est alors possible, par exemple, d'accéder à la valeur de *mot*, considéré comme un entier, en la désignant par :

```
mot.valeur
```

Quant aux différentes parties désignant ce mot, il sera possible d'y accéder en les désignant par :

```
mot.bits.pret
mot.bits.ok1
mot.bits.donnee1
etc.
```

Remarque

Ce que nous avons dit au paragraphe 4, à propos de la portée du type de structure, s'applique bien sûr aux unions. De même, il n'y a pas de confusion possible entre des champs de même nom appartenant à des unions de types différents, pas plus qu'entre des champs d'unions et d'autres variables.

9 Les énumérations

Un type énumération est un cas particulier de type entier et donc un type scalaire (ou simple). Son seul lien avec les structures présentées précédemment est qu'il forme, lui aussi, un type défini par le programmeur.

9.1 Exemples introductifs

Considérons cette déclaration :

```
enum couleur {jaune, rouge, bleu, vert} ;
```

Elle définit un type énumération nommé *couleur* et précise qu'il comporte quatre valeurs possibles désignées par les identificateurs *jaune*, *rouge*, *bleu* et *vert*. Ces valeurs constituent les constantes du type *couleur*.

Il est possible de déclarer des variables de type *couleur* :

```
couleur c1, c2 ;     // c1 et c2 sont deux variables de type couleur
```

Les instructions suivantes sont alors tout naturellement correctes :

```
c1 = jaune ;    // affecte à c1 la valeur jaune
c2 = c1 ;       // affecte à c2 la valeur contenue dans c1
```

Comme on peut s'y attendre, les identificateurs correspondant aux constantes du type *couleur* ne sont pas des *lvalue* et ne sont donc pas modifiables :

```
jaune = 3 ;     // interdit : jaune n'est pas une lvalue
```

9.2 Propriétés du type énumération

Nature des constantes figurant dans un type énumération

Les constantes figurant dans la déclaration d'un type énumération sont des entiers ordinaires. Ainsi, la déclaration précédente :

```
enum couleur {jaune, rouge, bleu, vert} ;
```

associe simplement une valeur de type *int* à chacun des quatre identificateurs cités. Plus précisément, elle attribue la valeur *0* au premier identificateur *jaune*, la valeur *1* à l'identificateur *rouge*, etc. Ces identificateurs sont utilisables en lieu et place de n'importe quelle constante entière :

```
int n ;
long p, q ;
   .....
n = bleu ;                // même rôle que   n = 2
p = vert * q + bleu ;     // même rôle que   p = 3 * q + 2
```

Une variable d'un type énumération peut recevoir une valeur quelconque

Contrairement à ce qu'on pourrait espérer, il est possible d'affecter à une variable de type énuméré n'importe quelle valeur entière (pour peu qu'elle soit représentable dans le type *int*) :

```
enum couleur {jaune, rouge, bleu, vert} ;
couleur c1, c2 ;
   .....
c1 = 2 ;    // même rôle que c1 = bleu ;
c1 = 25 ;   // accepté, bien que 25 n'appartienne pas au type type couleur
```

Lorsque les valeurs n'appartiennent pas à la plage des valeurs du type énumération concerné, le résultat dépendra de la taille que le compilateur aura attribué au type concerné (par exemple un seul octet pour des valeurs comprises entre 0 et 255).

Qui plus est, on peut écrire des choses aussi absurdes que :

```
enum logique { faux, vrai } ;
enum couleur {jaune, rouge, bleu, vert} ;
logique drapeau ;
couleur c ;
   .....
c = drapeau ;            // OK bien que drapeau et c ne soit pas d'un même type
drapeau = 3 * c + 4 ;  // accepté
```

Les constantes d'un type énumération peuvent être quelconques

Dans les exemples précédents, les valeurs des constantes attribuées aux identificateurs apparaissant dans un type énumération étaient déterminées automatiquement par le compilateur. Mais il est possible d'influer plus ou moins sur ces valeurs, comme dans :

```
enum couleur_bis { jaune = 5, rouge, bleu, vert = 12, rose } ;
      // jaune = 5, rouge = 6, bleu = 7, vert = 12, rose = 13
```

Les entiers négatifs sont permis comme dans :

```
enum couleur_ter { jaune = -5, rouge, bleu, vert = 12 , rose } ;
      // jaune = -5, rouge = -4, bleu = -3, vert = 12, rose = 13
```

En outre, rien n'interdit qu'une même valeur puisse être attribuée à deux identificateurs différents :

```
enum couleur_ter { jaune = 5, rouge, bleu, vert = 6, noir, violet } ;
    // jaune = 5, rouge = 6, bleu = 7, vert = 6, noir = 7, violet = 8
```

Remarques

1 Comme dans le cas des structures ou des unions, on peut mixer la définition d'un type énuméré et la déclaration de variables utilisant le type. Par exemple, ces deux instructions :

```
enum couleur {jaune, rouge, bleu, vert} ;
enum couleur c1, c2 ;
```

peuvent être remplacées par :

```
enum couleur {jaune, rouge, bleu, vert} c1, c2 ;
```

Dans ce cas, on peut même utiliser un type anonyme, en éliminant l'identificateur de type :

```
enum {jaune, rouge, bleu, vert} c1, c2 ;
```

Cette dernière possibilité présente moins d'inconvénients que dans le cas des structures ou des unions, car aucun problème de compatibilité de type ne risque de se poser.

2 Compte tenu de la manière dont sont utilisées les structures, il était permis de donner deux noms identiques à des champs de structures différentes. En revanche, une telle possibilité ne peut plus s'appliquer à des identificateurs définis dans une instruction *enum*. Considérez cet exemple :

```
enum couleur {jaune, rouge, bleu, vert} ;
enum bois_carte { rouge, noir } ;  // erreur : rouge déjà défini
int rouge ;                        // erreur : rouge déjà défini
```

Bien entendu, la portée de tels identificateurs est celle correspondant à leur déclaration (bloc, fonction ou partie du fichier source suivant cette déclaration).

11

Classes et objets

Avec ce chapitre, nous abordons véritablement les possibilités de P.O.O. de C++. Comme nous l'avons dit dans le premier chapitre, celles-ci reposent entièrement sur le concept de classe. Une classe est la généralisation de la notion de type défini par l'utilisateur[1], dans lequel se trouvent associées à la fois des données (membres données) et des méthodes (fonctions membres). En P.O.O. « pure », les données sont encapsulées et leur accès ne peut se faire que par le biais des méthodes. En C++, en revanche, vous pourrez n'encapsuler qu'une partie des données d'une classe (même si cette démarche reste généralement déconseillée). Vous pourrez même ajouter des méthodes au type structure (mot clé *struct*) que nous avons déjà rencontré ; dans ce cas, il n'existera aucune possibilité d'encapsulation. Ce type sera rarement employé sous cette forme généralisée mais comme, sur un plan conceptuel, il correspond à un cas particulier de la classe, nous l'étudierons tout d'abord, ce qui nous permettra dans un premier temps de nous limiter à la façon de mettre en œuvre l'association des données et des méthodes. Nous ne verrons qu'ensuite comment s'exprime l'encapsulation au sein d'une classe (mot clé *class*).

Comme une classe (ou une structure) n'est qu'un simple type défini par l'utilisateur, les objets possèdent les mêmes caractéristiques que les variables ordinaires, en particulier en ce qui concerne leurs différentes classes d'allocation (statique, automatique, dynamique). Cependant, pour rester simple et nous consacrer au concept de classe, nous ne considérerons dans ce chapitre que des objets automatiques (déclarés au sein d'une fonction quelconque),

1. Les types définis par l'utilisateur que nous avons rencontrés jusqu'ici sont : les structures, les unions et les énumérations.

ce qui correspond au cas le plus naturel. Ce n'est qu'au chapitre 13 que nous aborderons les autres classes d'allocation des objets.

Par ailleurs, nous introduirons ici les notions très importantes de constructeur et de destructeur (il n'y a guère d'objets intéressants qui n'y fassent pas appel). Là encore, compte tenu de la richesse de cette notion et de son interférence avec d'autres (comme les classes d'allocation), il vous faudra attendre la fin du chapitre 13 pour en connaître toutes les possibilités. Nous étudierons ensuite ce qu'on nomme les membres données statiques, ainsi que la manière de les intialiser. Enfin, ce premier des trois chapitres consacrés aux classes nous permettra de voir comment exploiter une classe en C++ en recourant aux possibilités de compilation séparée.

1 Les structures généralisées

Considérons une déclaration classique de structure telle que :

```
struct point
{ int x ;
  int y ;
}
```

C++ nous permet de lui associer des méthodes (fonctions membres). Supposons, par exemple, que nous souhaitions introduire trois fonctions :

- *initialise* pour attribuer des valeurs aux « coordonnées » d'un point ;
- *deplace* pour modifier les coordonnées d'un point ;
- *affiche* pour afficher un point : ici, nous nous contenterons, par souci de simplicité, d'afficher les coordonnées du point.

Voyons comment y parvenir, en distinguant la déclaration de ces fonctions membres de leur définition.

1.1 Déclaration des fonctions membres d'une structure

Voici comment nous pourrions *déclarer* notre structure *point* :

```
struct point
{             /* déclaration "classique" des données */
    int x ;
    int y ;
          /* déclaration des fonctions membre (méthodes) */
    void initialise (int, int) ;
    void deplace (int, int) ;
    void affiche () ;
} ;
```

Déclaration d'une structure comportant des méthodes

Outre la déclaration classique des champs de données apparaissent les déclarations (en-têtes) de nos trois fonctions. Notez bien que la définition de ces fonctions ne figure pas à ce niveau de simple déclaration : elle sera réalisée par ailleurs, comme nous le verrons un peu plus loin.

Ici, nous avons prévu que la fonction membre *initialise* recevra en arguments deux valeurs de type *int*. À ce niveau, rien n'indique l'usage qui sera fait de ces deux valeurs. Ici, bien entendu, nous avons écrit l'en-tête de *initialise* en ayant à l'esprit l'idée qu'elle affecterait aux membres *x* et *y* les valeurs reçues en arguments. Les mêmes remarques s'appliquent aux deux autres fonctions membres.

Vous vous attendiez peut-être à trouver, pour chaque fonction membre, un argument supplémentaire précisant la structure de type *point* sur laquelle elle doit opérer. Nous verrons comment cette information sera automatiquement fournie à la fonction membre lors de son appel.

1.2 Définition des fonctions membres d'une structure

Elle se fait par une définition (presque) classique de fonction. Voici ce que pourrait être la définition de *initialise* :

```
void point::initialise (int abs, int ord)
{ x = abs ;
  y = ord ;
}
```

Dans l'en-tête, le nom de la fonction est :

```
point::initialise
```

Le symbole :: correspond à ce que l'on nomme l'opérateur de « résolution de portée », lequel sert à modifier la portée d'un identificateur. Ici, il signifie que l'identificateur *initialise* concerné est celui défini dans *point*. En l'absence de ce « préfixe » (*point::*), nous définirions effectivement une fonction nommée *initialise*, mais celle-ci ne serait plus associée à *point* ; il s'agirait d'une fonction « ordinaire » nommée *initialise*, et non plus de la fonction membre *initialise* de la structure *point*.

Si nous examinons maintenant le corps de la fonction *initialise*, nous trouvons une affectation :

```
x = abs ;
```

Le symbole *abs* désigne, classiquement, la valeur reçue en premier argument. Mais *x*, quant à lui, n'est ni un argument ni une variable locale. En fait, *x* désigne le membre *x* correspondant au type *point* (cette association étant réalisée par le *point::* de l'en-tête). Quelle sera précisément la structure de type *point* concernée ? Là encore, nous verrons comment cette information sera transmise automatiquement à la fonction *initialise* lors de son appel.

Nous n'insistons pas sur la définition des deux autres fonctions membres ; vous trouverez ci-dessous l'ensemble des définitions des trois fonctions.

```
/* ----- Définition des fonctions membres du type point ---- */
#include <iostream>
using namespace std ;
```

```
void point::initialise (int abs, int ord)
{  x = abs ; y = ord ;
}
void point::deplace (int dx, int dy)
{  x += dx ; y += dy ;
}
void point::affiche ()
{  cout << "Je suis en " << x << " " << y << "\n" ;
}
```

Définition des fonctions membres

Les instructions ci-dessus ne peuvent pas être compilées seules. Elles nécessitent l'incorporation des instructions de déclaration correspondantes présentées au paragraphe 1.1. Celles-ci peuvent figurer dans le même fichier ou, mieux, faire l'objet d'un fichier en-tête séparé.

1.3 Utilisation d'une structure généralisée

Disposant du type *point* tel qu'il vient d'être déclaré au paragraphe 1.1 et défini au paragraphe 1.2, nous pouvons déclarer autant de structures de ce type que nous le souhaitons. Par exemple :

```
point a, b ;
```
[1]

déclare deux structures nommées *a* et *b*, chacune possédant des membres *x* et *y* et disposant des trois méthodes *initialise*, *deplace* et *affiche*. À ce propos, nous pouvons d'ores et déjà remarquer que si chaque structure dispose en propre de chacun de ses membres, il n'en va pas de même des fonctions membres : celles-ci ne sont générées[2] qu'une seule fois (le contraire conduirait manifestement à un gaspillage de mémoire !).

L'accès aux membres *x* et *y* de nos structures *a* et *b* pourrait se dérouler comme nous avons appris à le faire avec les structures usuelles ; ainsi pourrions-nous écrire :

```
a.x = 5 ;
```

Ce faisant, nous accéderions directement aux données, sans passer par l'intermédiaire des méthodes. Certes, nous ne respecterions pas le principe d'encapsulation, mais dans ce cas précis (de structure et pas encore de classe), ce serait accepté en C++[3].

On procède de la même façon pour l'appel d'une fonction membre. Ainsi :

```
a.initialise (5,2) ;
```

1. Ou *struct point a, b* ; le mot *struct* est facultatif en C++.

2. Exception faite des fonctions en ligne (les fonctions en ligne ordinaires ont déjà été présentées au paragraphe 14 du chapitre 7 ; les fonctions membres en ligne seront abordées au paragraphe 3 du chapitre 12).

3. Ici, justement, les fonctions membres prévues pour notre structure *point* permettent de respecter le principe d'encapsulation.

signifie : appeler la fonction membre *initialise* **pour la structure a**, en lui transmettant en arguments les valeurs 5 et 2. Si l'on fait abstraction du préfixe *a.*, cet appel est analogue à un appel classique de fonction. Bien entendu, c'est justement ce préfixe qui va préciser à la fonction membre quelle est la structure sur laquelle elle doit opérer. Ainsi, l'instruction :

```
x = abs ;
```

de *point::initialise* placera dans le champ *x* de la structure *a* la valeur reçue pour *abs* (c'est-à-dire 5).

Remarques

1 Un appel tel que *a.initialise (5,2) ;* pourrait être remplacé par :

```
a.x = 5 ; a.y = 2 ;
```

Nous verrons précisément qu'il n'en ira plus de même dans le cas d'une (vraie) classe, pour peu qu'on y ait convenablement encapsulé les données.

2 En jargon P.O.O., on dit également que *a.initialise (5, 2)* constitue l'**envoi d'un message** (*initialise*, accompagné des informations 5 et 2) à l'objet *a*.

1.4 Exemple récapitulatif

Voici un programme reprenant la déclaration du type *point*, la définition de ses fonctions membres et un exemple d'utilisation dans la fonction *main* :

```
#include <iostream>
using namespace std ;
       /* ------------ Déclaration du type point ------------- */
struct point
{              /* déclaration "classique" des données */
    int x ;
    int y ;
          /* déclaration des fonctions membres (méthodes) */
    void initialise (int, int) ;
    void deplace (int, int) ;
    void affiche () ;
} ;

     /* ----- Définition des fonctions membres du type point ---- */
void point::initialise (int abs, int ord)
{   x = abs ; y = ord ;
}
void point::deplace (int dx, int dy)
{   x += dx ; y += dy ;
}
void point::affiche ()
{   cout << "Je suis en " << x << " " << y << "\n" ;
}
```

```
main()
{  point a, b ;
   a.initialise (5, 2) ; a.affiche () ;
   a.deplace (-2, 4) ;  a.affiche () ;
   b.initialise (1,-1) ; b.affiche () ;
}
```

```
Je suis en 5 2
Je suis en 3 6
Je suis en 1 -1
```

Exemple de définition et d'utilisation du type point

Remarques

1 La syntaxe même de l'appel d'une fonction membre fait que celle-ci reçoit obligatoirement un argument implicite du type de la structure correspondante. Une fonction membre ne peut pas être appelée comme une fonction ordinaire. Par exemple, cette instruction :

```
initialise (3,1) ;
```

sera rejetée à la compilation (à moins qu'il n'existe, par ailleurs, une fonction ordinaire nommée *initialise*).

2 Dans la déclaration d'une structure, il est permis (mais généralement peu conseillé) d'introduire les données et les fonctions dans un ordre quelconque (nous avons systématiquement placé les données avant les fonctions).

3 Dans notre exemple de programme complet, nous avons introduit :

- la déclaration du type *point* ;
- la définition des fonctions membres ;
- la fonction (*main*) utilisant le type *point*.

Mais, bien entendu, il serait possible de *compiler séparément* le type *point* ; c'est d'ailleurs ainsi que l'on pourra « réutiliser » un composant logiciel. Nous y reviendrons au paragraphe 6.

4 Il reste possible de déclarer des structures généralisées anonymes, mais cela est très peu utilisé.

2 Notion de classe

Comme nous l'avons déjà dit, en C++ la structure est un cas particulier de la classe. Plus précisément, une classe sera une structure dans laquelle seulement certains membres et/ou fonctions membres seront « publics », c'est-à-dire accessibles « de l'extérieur », les autres membres étant dits « privés ».

La déclaration d'une classe est voisine de celle d'une structure. En effet, il suffit :

- de remplacer le mot clé *struct* par le mot clé *class* ;
- de préciser quels sont les membres publics (fonctions ou données) et les membres privés en utilisant les mots clés *public* et *private*.

Par exemple, faisons de notre précédente structure *point* une classe dans laquelle tous les membres données sont privés, et toutes les fonctions membres sont publiques. Sa déclaration serait simplement la suivante :

```
/* ------------ Déclaration de la classe point ------------- */
class point
{               /* déclaration des membres privés */
  private :          /* facultatif (voir remarque 4) */
    int x ;
    int y ;

                /* déclaration des membres publics */
  public :
    void initialise (int, int) ;
    void deplace (int, int) ;
    void affiche () ;
} ;
```

Déclaration d'une classe

Ici, les membres nommés *x* et *y* sont privés, tandis que les fonctions membres nommées *initialise*, *deplace* et *affiche* sont publiques.

En ce qui concerne la définition des fonctions membres d'une classe, elle se fait exactement de la même manière que celle des fonctions membres d'une structure (qu'il s'agisse de fonctions publiques ou privées). En particulier, ces fonctions membres ont accès à l'ensemble des membres (publics ou privés) de la classe.

L'utilisation d'une classe se fait également comme celle d'une structure. À titre indicatif, voici ce que devient le programme du paragraphe 1.4 lorsque l'on remplace la structure *point* par la classe *point* telle que nous venons de la définir :

```
#include <iostream>
using namespace std ;
       /* ------------ Déclaration de la classe point ------------- */
class point
{               /* déclaration des membres privés */
  private :
    int x ;
    int y ;
```

```
            /* déclaration des membres publics */
  public :
    void initialise (int, int) ;
    void deplace (int, int) ;
    void affiche () ;
} ;

     /* ----- Définition des fonctions membres de la classe point ---- */
void point::initialise (int abs, int ord)
{ x = abs ; y = ord ;
}
void point::deplace (int dx, int dy)
{ x = x + dx ; y = y + dy ;
}
void point::affiche ()
{ cout << "Je suis en " << x << " " << y << "\n" ;
}
        /* -------- Utilisation de la classe point -------- */
main()
{
   point a, b ;
   a.initialise (5, 2) ; a.affiche () ;
   a.deplace (-2, 4) ;  a.affiche () ;
   b.initialise (1,-1) ; b.affiche () ;
}
```

*Exemple de définition et d'utilisation d'une classe (*point*)*

Remarques

1 Dans le jargon de la P.O.O., on dit que *a* et *b* sont des **instances** de la classe *point*, ou encore que ce sont des **objets** de type *point* ; c'est généralement ce dernier terme que nous utiliserons.

2 Dans notre exemple, tous les membres données de *point* sont privés, ce qui correspond à une encapsulation complète des données. Ainsi, une tentative d'utilisation directe (ici au sein de la fonction *main*) du membre *a* :

```
a.x = 5
```

conduirait à un diagnostic de compilation (bien entendu, cette instruction serait acceptée si nous avions fait de *x* un membre public).

En général, on cherchera à respecter le principe d'encapsulation des données, quitte à prévoir des fonctions membres appropriées pour y accéder.

3 Dans notre exemple, toutes les fonctions membres étaient publiques. Il est tout à fait possible d'en rendre certaines privées. Dans ce cas, de telles fonctions ne seront plus accessibles de l'« extérieur » de la classe. Elles ne pourront être appelées que par d'autres fonctions membres.

4 Les mots-clés *public* et *private* peuvent apparaître à plusieurs reprises dans la définition d'une classe, comme dans cet exemple :

```
class X
{
     private :
      ...
      public :
      ...
      private :
      ...
} ;
```

Si aucun de ces deux mots n'apparaît au début de la définition, tout se passe comme si *private* y avait été placé. C'est pourquoi la présence de ce mot n'était pas indispensable dans la définition de notre classe *point*.

Si aucun de ces deux mots n'apparaît dans la définition d'une classe, tous ses membres seront privés, donc inaccessibles. Cela sera rarement utile.

5 Si l'on rend publics tous les membres d'une classe, on obtient l'équivalent d'une structure. Ainsi, ces deux déclarations définissent le même type *point* :

```
struct point
{  int x ;
   int y ;
   void initialise (...) ;
    .....
} ;
```

```
class point
{ public :
    int x ;
    int y ;
    void initialise (...) ;
      ....
} ;
```

6 Par la suite, en l'absence de précisions supplémentaires, nous utiliserons le mot **classe** pour désigner indifféremment une « vraie » classe (*class*) ou une structure (*struct*), voire une union (*union*) dont nous parlerons un peu plus loin[1]. De même, nous utiliserons le mot **objet** pour désigner des instances de ces différents types.

7 En toute rigueur, il existe un troisième mot, *protected* (protégé), qui s'utilise de la même manière que les deux autres ; il sert à définir un statut intermédiaire entre public et privé, lequel n'intervient que dans le cas de classes dérivées. Nous en reparlerons au chapitre 19.

8 On peut définir des classes anonymes, comme on pouvait définir des structures anonymes.

1. La situation de loin la plus répandue restant celle du type *class*.

3 Affectation d'objets

Nous avons déjà vu comment affecter à une structure (usuelle) la valeur d'une autre structure de même type. Ainsi, avec les déclarations suivantes :

```
struct point
{
    int x ;
    int y ;
} ;
point a, b ;
```

vous pouvez tout à fait écrire :

```
b = a ;
```

Cette instruction recopie l'ensemble des valeurs des champs de *a* dans ceux de *b*. Elle joue le même rôle que :

```
b.x = a.x ;
b.y = a.y ;
```

Comme on peut s'y attendre, cette possibilité s'étend aux structures généralisées présentées précedemment, avec la même signification que pour les structures usuelles. Mais elle s'étend aussi aux (vrais) objets de même type. Elle correspond tout naturellement à une **recopie des valeurs des membres données**[1], **que ceux-ci soient publics ou non**. Ainsi, avec ces déclarations (notez qu'ici nous avons prévu, artificiellement, *x* privé et *y* public) :

```
class point
{
    int x ;
  public :
     int y ;
     ....
} ;
point a, b ;
```

l'instruction :

```
b = a ;
```

provoquera la recopie des valeurs des membres *x* et *y* de *a* dans les membres correspondants de *b*.

Contrairement à ce qui a été dit pour les structures, il n'est plus possible ici de remplacer cette instruction par :

```
b.x = a.x ;
b.y = a.y ;
```

1. Les fonctions membres n'ont aucune raison d'être concernées.

En effet, si la deuxième affectation est légale, puisque ici *y* est public, la première ne l'est pas, car *x* est privé[1]. On notera bien que :

> L'affectation *a = b* est toujours légale, quel que soit le statut (public ou privé) des membres données. On peut considérer qu'elle ne viole pas le principe d'encapsulation, dans la mesure où les données privées de *b* (les copies de celles de *a*, après affectation) restent toujours inaccessibles de manière directe.

Remarque

Le rôle de l'opérateur = tel que nous venons de le définir (recopie des membres données) peut paraître naturel ici. En fait, il ne l'est que pour des cas simples. Nous verrons des circonstances où cette banale recopie s'avérera insuffisante. Ce sera notamment le cas dès qu'un objet comportera des pointeurs sur des emplacements dynamiques : la recopie en question ne concernera pas cette partie dynamique de l'objet, elle sera « superficielle ». Nous reviendrons ultérieurement sur ce point fondamental, qui ne trouvera de solution satisfaisante que dans la surdéfinition (pour la classe concernée) de l'opérateur = (ou, éventuellement, dans l'interdiction de son utilisation).

En Java

En C++, on peut dire que la « sémantique » d'affectation d'objets correspond à une recopie de valeur. En Java, il s'agit simplement d'une recopie de référence : après affectation, on se retrouve alors en présence de deux références sur un même objet.

4 Notions de constructeur et de destructeur

4.1 Introduction

A priori, les objets[2] suivent les règles habituelles concernant leur initialisation par défaut : seuls les objets statiques voient leurs données initialisées à zéro. En général, il est donc nécessaire de faire appel à une fonction membre pour attribuer des valeurs aux données d'un objet. C'est ce que nous avons fait pour notre type *point* avec la fonction *initialise*.

Une telle démarche oblige toutefois à compter sur l'utilisateur de l'objet pour effectuer l'appel voulu au bon moment. En outre, si le risque ne porte ici que sur des valeurs non définies, il n'en va plus de même dans le cas où, avant même d'être utilisé, un objet doit effectuer un certain nombre d'opérations nécessaires à son bon fonctionnement, par exemple : alloca-

1. Sauf si l'affectation *b.x = a.x* était écrite au sein d'une fonction membre de la classe *point*.

2. Au sens large du terme.

tion dynamique de mémoire[1], vérification d'existence de fichier ou ouverture, connexion à un site web... L'absence de procédure d'initialisation peut alors devenir catastrophique.

C++ offre un mécanisme très performant pour traiter ces problèmes : le **constructeur**. Il s'agit d'une fonction membre (définie comme les autres fonctions membres) qui sera appelée automatiquement à chaque création d'un objet. Ceci aura lieu quelle que soit la classe d'allocation de l'objet : statique, automatique ou dynamique. Notez que les objets automatiques auxquels nous nous limitons ici sont créés par une déclaration. Ceux de classe dynamique seront créés par *new* (nous y reviendrons au chapitre 13).

Un objet pourra aussi posséder un **destructeur**, c'est-à-dire une fonction membre appelée automatiquement au moment de la destruction de l'objet. Dans le cas des objets automatiques, la destruction de l'objet a lieu lorsque l'on quitte le bloc ou la fonction où il a été déclaré.

Par convention, le constructeur se reconnaît à ce qu'il porte le même nom que la classe. Quant au destructeur, il porte le même nom que la classe, précédé d'un tilde (~).

4.2 Exemple de classe comportant un constructeur

Considérons la classe *point* précédente et transformons simplement notre fonction membre *initialise* en un constructeur en la renommant *point* (dans sa déclaration et dans sa définition). La déclaration de notre nouvelle classe *point* se présente alors ainsi :

```
class point
{              /* déclaration des membres privés */
    int x ;
    int y ;
  public :     /* déclaration des membres publics */
    point (int, int) ;          // constructeur
    void deplace (int, int) ;
    void affiche () ;
} ;
```

*Déclaration d'une classe (*point*) munie d'un constructeur*

Comment utiliser cette classe ? A priori, vous pourriez penser que la déclaration suivante convient toujours :

```
point a ;
```

1. Ne confondez pas un objet dynamique avec un objet (par exemple automatique) qui s'alloue dynamiquement de la mémoire. Une situation de ce type sera étudiée au prochain chapitre.

En fait, à partir du moment où un constructeur est défini, il doit pouvoir être appelé (automatiquement) lors de la création de l'objet *a*. Ici, notre constructeur a besoin de deux arguments. Ceux-ci doivent obligatoirement être fournis dans notre déclaration, par exemple :

```
point a(1,3) ;
```

Cette contrainte est en fait un excellent garde-fou :

> À partir du moment où une classe possède un constructeur, il n'est plus possible de créer un objet sans fournir les arguments requis par son constructeur (sauf si ce dernier ne possède aucun argument !).

À titre d'exemple, voici comment pourrait être adapté le programme du paragraphe 2 pour qu'il utilise maintenant notre nouvelle classe *point* :

```
#include <iostream>
using namespace std ;
        /* ----------- Déclaration de la classe point ------------- */
class point
{               /* déclaration des membres privés */
    int x ;
    int y ;
              /* déclaration des membres publics */
 public :
    point (int, int) ;          // constructeur
    void deplace (int, int) ;
    void affiche () ;
} ;

    /* ----- Définition des fonctions membre de la classe point ---- */
point::point (int abs, int ord)
{    x = abs ; y = ord ;
}
void point::deplace (int dx, int dy)
{    x = x + dx ; y = y + dy ;
}
void point::affiche ()
{    cout << "Je suis en " << x << " " << y << "\n" ;
}

        /* -------- Utilisation de la classe point -------- */
main()
{  point a(5,2) ;
   a.affiche () ;
   a.deplace (-2, 4) ;  a.affiche () ;
   point b(1,-1) ;
   b.affiche () ;
}
```

```
Je suis en 5 2
Je suis en 3 6
Je suis en 1 -1
```

*Exemple d'utilisation d'une classe (*point*) munie d'un constructeur*

Remarques

1 Supposons que l'on définisse une classe *point* disposant d'un constructeur sans argument. Dans ce cas, la déclaration d'objets de type *point* continuera de s'écrire de la même manière que si la classe ne disposait pas de constructeur :

```
point a ;     // déclaration utilisable avec un constructeur sans argument
```

Certes, la tentation est grande d'écrire, par analogie avec l'utilisation d'un constructeur comportant des arguments :

```
point a() ;   // incorrect
```

En fait, cela représenterait la déclaration d'une fonction nommée *a*, ne recevant aucun argument, et renvoyant un résultat de type *point*. En soi, ce ne serait pas une erreur, mais il est évident que toute tentative d'utiliser le symbole *a* comme un objet conduirait à une erreur...

2 Nous verrons dans le prochain chapitre que, comme toute fonction (membre ou ordinaire) un constructeur peut être surdéfini ou posséder des arguments par défaut.

3 Lorsqu'une classe ne définit aucun constructeur, tout se passe en fait comme si elle disposait d'un « constructeur par défaut » ne faisant rien. On peut alors dire que lorsqu'une classe n'a pas défini de constructeur, la création des objets correspondants se fait en utilisant ce constructeur par défaut. Nous retrouverons d'ailleurs le même phénomène dans le cas du « constructeur de recopie », avec cette différence toutefois que le constructeur par défaut aura alors une action précise.

4.3 Construction et destruction des objets

Nous vous proposons ci-dessous un petit programme mettant en évidence les moments où sont appelés respectivement le constructeur et le destructeur d'une classe. Nous y définissons une classe nommée *test* ne comportant que ces deux fonctions membres ; celles-ci affichent un message nous fournissant ainsi une trace de leur appel. En outre, le membre donnée *num* initialisé par le constructeur nous permet d'identifier l'objet concerné (dans la mesure où nous nous sommes arrangés pour qu'aucun des objets créés ne contienne la même valeur). Nous créons des objets automatiques[1] de type *test* à deux endroits différents : dans la fonction *main* d'une part, dans une fonction *fct* appelée par *main* d'autre part.

1. Rappelons qu'ici nous nous limitons à ce cas.

```
#include <iostream>
using namespace std ;
class test
{ public :
   int num ;
   test (int) ;              // déclaration constructeur
   ~test () ;                // déclaration destructeur
} ;
test::test (int n)          // définition constructeur
{  num = n ;
   cout << "++ Appel constructeur - num = " << num << "\n" ;
}
test::~test ()              // définition destructeur
{  cout << "-- Appel destructeur  - num = " << num << "\n" ;
}
main()
{  void fct (int) ;
   test a(1) ;
   for (int i=1 ; i<=2 ; i++) fct(i) ;
}
void fct (int p)
{   test x(2*p) ;        // notez l'expression (non constante) : 2*p
}
```

```
++ Appel constructeur - num = 1
++ Appel constructeur - num = 2
-- Appel destructeur  - num = 2
++ Appel constructeur - num = 4
-- Appel destructeur  - num = 4
-- Appel destructeur  - num = 1
```

Construction et destruction des objets

4.4 Rôles du constructeur et du destructeur

Dans les exemples précédents, le rôle du constructeur se limitait à une initialisation de l'objet à l'aide des valeurs qu'il avait reçues en arguments. Mais le travail réalisé par le constructeur peut être beaucoup plus élaboré. Voici un programme exploitant une classe nommée *hasard*, dans laquelle le constructeur fabrique dix valeurs entières aléatoires qu'il range dans le membre donnée *val* (ces valeurs sont comprises entre zéro et la valeur qui lui est fournie en argument) :

```
#include <iostream>
#include <cstdlib>          // pour la fonction rand
using namespace std ;
class hasard
{  int val[10] ;
 public :
   hasard (int) ;
   void affiche () ;
} ;
hasard::hasard (int max)  // constructeur : il tire 10 valeurs au hasard
                          // rappel : rand fournit un entier entre 0 et RAND_MAX
{  int i ;
   for (i=0 ; i<10 ; i++) val[i] = double (rand()) / RAND_MAX * max ;
}
void hasard::affiche ()          // pour afficher les 10 valeurs
{  int i ;
   for (i=0 ; i<10 ; i++) cout << val[i] << " " ;
   cout << "\n" ;
}

main()
{  hasard suite1 (5) ;
   suite1.affiche () ;
   hasard suite2 (12) ;
   suite2.affiche () ;
}
```

```
0 2 0 4 2 2 1 4 4 3
2 10 8 6 3 0 1 4 1 1
```

Un constructeur de valeurs aléatoires

En pratique, on préférera d'ailleurs disposer d'une classe dans laquelle le nombre de valeurs (ici fixé à *10*) pourra être fourni en argument du constructeur. Dans ce cas, il est préférable que l'espace (variable) soit alloué dynamiquement au lieu d'être surdimensionné. Il est alors tout naturel de faire effectuer cette allocation dynamique par le constructeur lui-même. Les données de la classe *hasard* se limiteront ainsi à :

```
class hasard
    {
      int nbval   // nombre de valeurs
      int * val   // pointeur sur un tableau de valeurs
      ...
    } ;
```

Bien sûr, il faudra prévoir que le constructeur reçoive en argument, outre la valeur maximale, le nombre de valeurs souhaitées.

Par ailleurs, à partir du moment où un emplacement a été alloué dynamiquement, il faut se soucier de sa libération lorsqu'il sera devenu inutile. Là encore, il paraît tout naturel de confier ce travail au destructeur de la classe.

Voici comment nous pourrions adapter en ce sens l'exemple précédent.

```
#include <iostream>
#include <cstdlib>       // pour la fonction rand
using namespace std ;
class hasard
{  int nbval ;           // nombre de valeurs
   int * val ;           // pointeur sur les valeurs
 public :
   hasard (int, int) ;   // constructeur
   ~hasard () ;          // destructeur
   void affiche () ;
} ;

hasard::hasard (int nb, int max)
{  int i ;
   val = new int [nbval = nb] ;
   for (i=0 ; i<nb ; i++) val[i] = double (rand()) / RAND_MAX * max ;
}

hasard::~hasard ()
{  delete val ;
}

void hasard::affiche ()          // pour afficher les nbavl valeurs
{  int i ;
   for (i=0 ; i<nbval ; i++) cout << val[i] << " " ;
   cout << "\n" ;
}

main()
{
   hasard suite1 (10, 5) ;       // 10 valeurs entre 0 et 5
   suite1.affiche () ;
   hasard suite2 (6, 12) ;       // 6 valeurs entre 0 et 12
   suite2.affiche () ;
}
```

```
0 2 0 4 2 2 1 4 4 3
2 10 8 6 3 0
```

Exemple de classe dont le constructeur effectue une allocation dynamique de mémoire

Dans le constructeur, l'instruction :

```
val = new [nbval = nb] ;
```

joue le même rôle que :

```
nbval = nb ;
val = new [nbval] ;
```

Remarques

1 Ne confondez pas une allocation dynamique effectuée au sein d'une fonction membre d'un objet (souvent le constructeur) avec une allocation dynamique d'un objet, dont nous parlerons plus tard.

2 Lorsqu'un constructeur se contente d'attribuer des valeurs initiales aux données d'un objet, le destructeur est rarement indispensable. En revanche, il le devient dès que, comme dans notre exemple, l'objet est amené (par le biais de son constructeur ou d'autres fonctions membres) à allouer dynamiquement de la mémoire.

3 Comme nous l'avons déjà mentionné, dès qu'une classe contient, comme dans notre dernier exemple, des pointeurs sur des emplacements alloués dynamiquement, l'affectation entre objets de même type ne concerne pas ces parties dynamiques ; généralement, cela pose problème et la solution passe par la surdéfinition de l'opérateur =. Autrement dit, la classe *hasard* définie dans le dernier exemple ne permettrait pas de traiter correctement l'affectation d'objets de ce type.

4.5 Quelques règles

Un constructeur peut comporter un nombre quelconque d'arguments, éventuellement aucun. Par définition, un constructeur ne renvoie pas de valeur ; aucun type ne peut figurer devant son nom (dans ce cas précis, la présence de *void* est une erreur).

Par définition, un destructeur ne peut pas disposer d'arguments et ne renvoie pas de valeur. Là encore, aucun type ne peut figurer devant son nom (et la présence de *void* est une erreur).

En théorie, constructeurs et destructeurs peuvent être publics ou privés. En pratique, à moins d'avoir de bonnes raisons de faire le contraire, il vaut mieux les rendre publics.

On notera que, si un destructeur est privé, il ne pourra plus être appelé directement, ce qui n'est généralement pas grave, dans la mesure où cela est rarement utile.

En revanche, la privatisation d'un constructeur a de lourdes conséquences puisqu'il ne sera plus utilisable, sauf par des fonctions membres de la classe elle-même.

Informations complémentaires

Voici quelques circonstances où un constructeur privé peut se justifier :

- la classe concernée ne sera pas utilisée telle quelle car elle est destinée à donner naissance, par héritage, à des classes dérivées qui, quant à elles, pourront disposer d'un constructeur public ; nous reviendrons plus tard sur cette situation dite de « classe abstraite » ;

- la classe dispose d'autres constructeurs (nous verrons bientôt qu'un constructeur peut être surdéfini), dont au moins un est public ;
- on cherche à mettre en œuvre un motif de conception[1] particulier : le « singleton » ; il s'agit de faire en sorte qu'une même classe ne puisse donner naissance qu'à un seul objet et que toute tentative de création d'un nouvel objet se contente de renvoyer la référence de cet unique objet. Dans ce cas, on peut prévoir un constructeur privé (de corps vide) dont la présence fait qu'il est impossible de créer explicitement des objets du type (du moins si ce constructeur n'est pas surdéfini). La création d'objets se fait alors par appel d'une fonction membre qui réalise elle-même les allocations nécessaires, c'est-à-dire le travail d'un constructeur habituel, et qui, en outre, s'assure de l'unicité de l'objet.

En Java

Le constructeur possède les mêmes propriétés qu'en C++ et une classe peut ne pas comporter de constructeur. Mais, en Java, les membres données sont toujours initialisés par défaut (valeur « nulle ») et ils peuvent également être initialisés lors de leur déclaration (la même valeur étant alors attribuée à tous les objets du type). Ces deux possilités (initialisation par défaut et initialisation explicite) n'existent pas en C++, comme nous le verrons plus tard, de sorte qu'il est pratiquement toujours nécessaire de prévoir un constructeur, même dans des situations d'initialisation simple.

5 Les membres données statiques

5.1 Le qualificatif *static* pour un membre donnée

A priori, lorsque dans un même programme on crée différents objets d'une même classe, chaque objet possède ses propres membres données. Par exemple, si nous avons défini une classe *exple1* par :

```
class exple1
{   int n ;
    float x ;
     .....
} ;
```

une déclaration telle que :

```
exple1 a, b ;
```

1. *Pattern*, en anglais.

conduit à une situation que l'on peut schématiser ainsi :

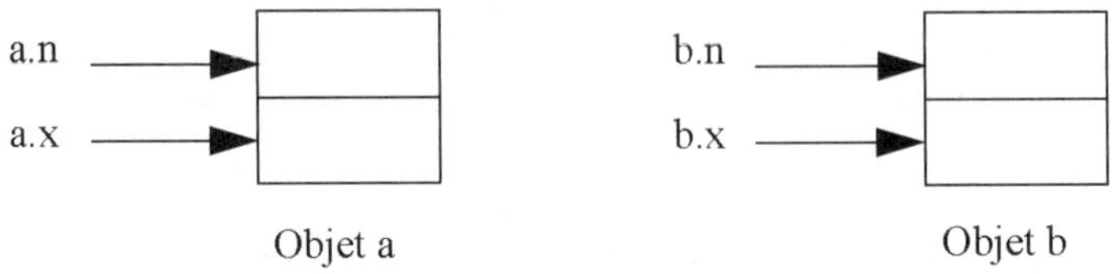

Une façon (parmi d'autres) de permettre à plusieurs objets de partager des données consiste à déclarer avec le qualificatif *static* les membres données qu'on souhaite voir exister en un seul exemplaire pour tous les objets de la classe. Par exemple, si nous définissons une classe *exple2* par :

```
class exple2
{      static int n ;
       float x ;
       ...
} ;
```

la déclaration :

```
exple2 a, b ;
```

conduit à une situation que l'on peut schématiser ainsi :

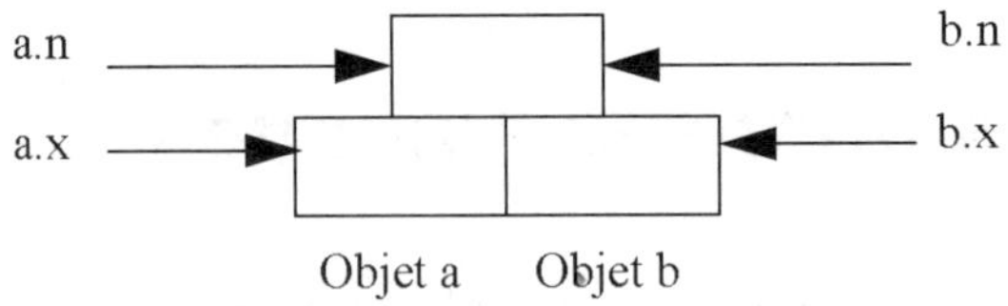

On peut dire que les membres données statiques sont des sortes de variables globales dont la portée est limitée à la classe.

5.2 Initialisation des membres données statiques

Par leur nature même, les membres données statiques n'existent qu'en un seul exemplaire, indépendamment des objets de la classe (même si aucun objet de la classe n'a encore été créé). Dans ces conditions, leur initialisation ne peut plus être faite par le constructeur de la classe.

On pourrait penser qu'il est possible d'initialiser un membre statique lors de sa déclaration, comme dans :

```
class exple2
{  static int n = 2 ;      // erreur
   .....
} ;
```

En fait, cela n'est pas permis car, compte tenu des possibilités de compilation séparée, le membre statique risquerait de se voir réserver différents emplacements[1] dans différents modules objets.

Un membre statique doit donc être initialisé explicitement (à l'extérieur de la déclaration de la classe) par une instruction telle que :

```
int exple2::n = 5 ;
```

Cette démarche est utilisable aussi bien pour les membres statiques privés que publics.

Par ailleurs, contrairement à ce qui se produit pour une variable ordinaire, un membre statique n'est pas initialisé par défaut à zéro.

Remarque

Les membres statiques **constants** peuvent également être initialisés au moment de leur déclaration. Mais il reste quand même nécessaire de les déclarer à l'extérieur de la classe (sans valeur, cette fois), pour provoquer la réservation de l'emplacement mémoire correspondant. Par exemple :

```
class exple3
{ static const int n=5 ;   // initialisation OK (depuis la norme ANSI)
  .....
}
const int exple3::n ;      // déclaration indispensable (sans valeur)
```

5.3 Exemple

Voici un exemple de programme exploitant cette possibilité dans une classe nommée *cpte_obj*, afin de connaître, à tout moment, le nombre d'objets existants. Pour ce faire, nous avons déclaré avec l'attribut statique le membre *ctr*. Sa valeur est incrémentée de 1 à chaque appel du constructeur et décrémentée de 1 à chaque appel du destructeur.

```
#include <iostream>
using namespace std ;
class cpte_obj
{  static int ctr ;              // compteur du nombre d'objets créés
 public :
   cpte_obj () ;
   ~cpte_obj () ;
} ;
int cpte_obj::ctr = 0 ;  // initialisation du membre statique ctr
cpte_obj::cpte_obj ()            // constructeur
{  cout << "++ construction : il y a maintenant  " << ++ctr << " objets\n" ;
}
```

1. On trouvait le même phénomène pour les variables globales en langage C : elles pouvaient être déclarées plusieurs fois, mais elles ne devaient être définies qu'une seule fois.

```
cpte_obj::~cpte_obj ()            // destructeur
{   cout << "-- destruction  : il reste maintenant " << --ctr << " objets\n" ;
}
main()
{  void fct () ;
   cpte_obj a ;
   fct () ;
   cpte_obj b ;
}
void fct ()
{  cpte_obj u, v ;
}
```

```
++ construction : il y a maintenant   1 objets
++ construction : il y a maintenant   2 objets
++ construction : il y a maintenant   3 objets
-- destruction  : il reste maintenant 2 objets
-- destruction  : il reste maintenant 1 objets
++ construction : il y a maintenant   2 objets
-- destruction  : il reste maintenant 1 objets
-- destruction  : il reste maintenant 0 objets
```

Exemple d'utilisation de membre statique

Remarque

Nous avons déjà vu que ce même mot-clé *static* etait utilisé dans ces situations :

- pour attribuer la classe d'allocation statique à une variable locale ;
- pour cacher une variable globale dans un fichier source (comme nous l'avons vu au paragraphe 12.4 du chapitre 7).

Nous venons de lui en découvrir une troisième, pour demander qu'un membre donnée soit indépendant d'une quelconque instance de la classe. Nous verrons au prochain chapitre qu'il pourra s'appliquer aux fonctions membres avec la même signification.

En Java

Les membres données statiques existent également en Java, et on utilise le mot clé *static* pour leur déclaration (c'est d'ailleurs la seule signification de ce mot-clé). Comme en C++, ils peuvent être initialisés lors de leur déclaration ; mais ils peuvent aussi l'être par le biais d'un *bloc d'initialisation* qui contient alors des instructions exécutables, ce que ne permet pas C++.

6 Exploitation d'une classe

6.1 La classe comme composant logiciel

Jusqu'ici, nous avions regroupé au sein d'un même programme trois sortes d'instructions destinées à :

- la déclaration de la classe ;
- la définition de la classe ;
- l'utilisation de la classe.

En pratique, on aura souvent intérêt à découpler la classe de son utilisation. C'est tout naturellement ce qui se produira avec une classe d'intérêt général utilisée comme un composant séparé des différentes applications.

On sera alors généralement amené à isoler les seules instructions de déclaration de la classe dans un fichier en-tête (extension *.h*) qu'il suffira d'inclure (par *#include*) pour compiler l'application.

Par exemple, le concepteur de la classe *point* du paragraphe 4.2 pourra créer le fichier en-tête suivant :

```
class point
{               /* déclaration des membres privés */
    int x ;
    int y ;
  public :      /* déclaration des membres publics */
    point (int, int) ;            // constructeur
    void deplace (int, int) ;
    void affiche () ;
} ;
```

Fichier en-tête pour la classe point

Si ce fichier se nomme *point.h*, le concepteur fabriquera alors un module objet, en compilant la définition de la classe *point* :

```
#include <iostream>
#include "point.h"   // pour introduire les déclarations de la classe point
using namespace std ;
     /* ----- Définition des fonctions membre de la classe point ---- */
point::point (int abs, int ord)
{    x = abs ; y = ord ;
}
void point::deplace (int dx, int dy)
{    x = x + dx ; y = y + dy ;
}
```

```
void point::affiche ()
{    cout << "Je suis en " << x << " " << y << "\n" ;
}
```

Fichier à compiler pour obtenir le module objet de la classe point

Pour faire appel à la classe *point* au sein d'un programme, l'utilisateur procédera alors ainsi :

- Il inclura la déclaration de la classe *point* dans le fichier source contenant son programme par une directive telle que :

  ```
  #include "point.h"
  ```

  Rappelons que la directive *#include* possède deux syntaxes très voisines : l'une utilise la forme <.....> pour les fichiers en-tête standards, l'autre la forme "....." pour les fichiers en-tête fournis par l'utilisateur.

- Il incorporera le module objet correspondant, au moment de l'édition de liens de son propre programme. En principe, à ce niveau, la plupart des éditeurs de liens n'introduisent que les fonctions réellement utilisées, de sorte qu'il ne faut pas craindre de prévoir trop de méthodes pour une classe.

Parfois, on trouvera plusieurs classes différentes au sein d'un même module objet et d'un même fichier en-tête, de façon comparable à ce qui se produit avec les fonctions de la bibliothèque standard[1]. Là encore, en général, seules les fonctions réellement utilisées seront incorporées à l'édition de liens, de sorte qu'il est toujours possible d'effectuer des regroupements de classes possédant quelques affinités.

Signalons que bon nombre d'environnements disposent d'outils[2] permettant de prendre automatiquement en compte les « dépendances » existant entre les différents fichiers sources et les différents fichiers objets concernés ; dans ce cas, lors d'une modification, quelle qu'elle soit, seules les compilations nécessaires sont effectuées.

Remarque

Comme une fonction ordinaire, une fonction membre peut être déclarée sans qu'on n'en fournisse de définition. Si le programme fait appel à cette fonction membre, ce n'est qu'à l'édition de liens qu'on s'apercevra de son absence. En revanche, si le programme n'utilise pas cette fonction membre, l'édition de liens se déroulera normalement car il n'introduit que les fonctions effectivement appelées.

1. Avec cette différence que, dans le cas des fonctions standards, on n'a pas à spécifier les modules objets concernés au moment de l'édition de liens.

2. On parle souvent de *projet*, de *fichier projet*, de fichier *make*...

6.2 Protection contre les inclusions multiples

Plus tard, nous verrons qu'il existe différentes circonstances pouvant amener l'utilisateur d'une classe à inclure plusieurs fois un même fichier en-tête lors de la compilation d'un même fichier source (sans même qu'il n'en ait conscience !). Ce sera notamment le cas dans les situations d'objets membres et de classes dérivées.

Dans ces conditions, on risque d'aboutir à des erreurs de compilation, liées tout simplement à la redéfinition de la classe concernée.

En général, on réglera ce problème en protégeant systématiquement tout fichier en-tête des inclusions multiples par une technique de compilation conditionnelle, comme dans :

```
#ifndef POINT_H
#define POINT_H
// déclaration de la classe point
#endif
```

Le symbole défini pour chaque fichier en-tête sera choisi de façon à éviter tout risque de doublons. Ici, nous avons choisi le nom de la classe (en majuscules), suffixé par _H.

6.3 Cas des membres données statiques

Nous avons vu (paragraphe 5.2) qu'un membre donnée statique doit toujours être initialisé explicitement. Dès qu'on est amené à considérer une classe comme un composant séparé, le problème se pose alors de savoir dans quel fichier source placer une telle initialisation : fichier en-tête, fichier définition de la classe, fichier utilisateur (dans notre exemple du paragraphe 5.3, ce problème ne se posait pas car nous n'avions qu'un seul fichier source).

On pourrait penser que le fichier en-tête est un excellent candidat pour cette initialisation, dès lors qu'il est protégé contre les inclusions multiples. En fait, il n'en est rien ; en effet, si l'utilisateur compile séparément plusieurs fichiers source utilisant la même classe, plusieurs emplacements seront générés pour le même membre statique et, en principe, l'édition de liens détectera cette erreur.

Comme par ailleurs il n'est guère raisonnable de laisser l'utilisateur initialiser lui-même un membre statique, on voit qu'en définitive :

> Il est conseillé de prévoir l'initialisation des membres données statiques dans le fichier contenant la définition de la classe.

6.4 En cas de modification d'une classe

A priori, lorsqu'une classe est considérée comme un composant logiciel, c'est qu'elle est au point et ne devrait plus être modifiée. Si une modification s'avère nécessaire malgré tout, il faut envisager deux situations assez différentes.

6.4.1 La déclaration des membres publics n'a pas changé

C'est ce qui se produit lorsqu'on se limite à des modifications internes, n'ayant acune répercussion sur la manière d'utiliser la classe (son *interface* avec l'extérieur reste la même). Il peut s'agir de transformation de structures de données encapsulées (privées), de modification d'algorithmes de traitement...

Dans ce cas, **les programmes utilisant la classe** n'ont pas à être modifiés. Néanmoins, il **doivent être recompilés avec le nouveau fichier en-tête correspondant**[1]. On procédera ensuite à une édition de liens en incorporant le nouveau module objet.

On voit donc que C++ permet une maintenance facile d'une classe à laquelle on souhaite apporter des modifications internes (corrections d'erreurs, amélioration des performances...) n'atteignant pas la spécification de son interface.

6.4.2 La déclaration des membres publics a changé

Ici, il est clair que les programmes utilisant la classe risquent de nécessiter des modifications. Cette situation devra bien sûr être évitée dans la mesure du possible. Elle doit être considérée comme une faute de conception de la classe. Nous verrons d'ailleurs que ces problèmes pourront souvent être résolus par l'utilisation du mécanisme d'héritage qui permet d'adapter une classe (censée être au point) sans la remettre en cause.

7 Les classes en général

Nous apportons ici quelques compléments d'information sur des situations peu usuelles.

7.1 Les autres sortes de classes en C++

Nous avons déjà eu l'occasion de dire que C++ qualifiait de « classes » les types définis par *struct* et *class*. La caractéristique d'une classe, au sens large que lui donne C++[2], est d'associer, au sein d'un même type, des membres données et des fonctions membres.

Pour C++, les **unions sont aussi des classes**. Ce type peut donc disposer de fonctions membres. Notez bien que, comme pour le type *struct,* les données correspondantes ne peuvent pas se voir attribuer un statut particulier : elles sont, de fait, publiques.

Remarque

C++ emploie souvent le mot *classe* pour désigner indifféremment un type *class*, *struct* ou *union*. De même, on parle souvent d'*objet* pour désigner des variables de l'un de ces trois

1. Une telle limitation n'existe pas dans tous les langages de P.O.O. En C++, elle se justifie par le besoin qu'a le compilateur de connaître la taille des objets (statiques ou automatiques) pour leur allouer un emplacement.

2. Et non la P.O.O. d'une manière générale, qui associe l'encapsulation des données à la notion de classe.

types. Cet « abus de langage » semble assez licite, dans la mesure où ces trois types jouissent pratiquement des mêmes propriétés, notamment au niveau de l'héritage ; toutefois, seul le type *class* permet l'encapsulation des données. Lorsqu'il sera nécessaire d'être plus précis, nous parlerons de « vraie classe » pour désigner le type *class*.

7.2 Ce qu'on peut trouver dans la déclaration d'une classe

En dehors des déclarations de fonctions membres, la plupart des instructions figurant dans une déclaration de classe seront des déclarations de membres données d'un type quelconque. Néanmoins, on peut également y rencontrer des déclarations de type, y compris d'autres types classes ; dans ce cas, leur portée est limitée à la classe (mais on peut recourir à l'opérateur de résolution de portée ::), comme dans cet exemple :

```
class A
{  public :
      class B { ..... } ;       // classe B déclarée dans la classe A
} ;
main()
{ A a ;
  A::B b ;          // déclaration d'un objet b du type de la classe B de A
}
```

En pratique, cette situation se rencontre peu souvent.

Par ailleurs, il n'est pas possible d'initialiser un membre donnée lors de sa déclaration :

```
class X
{ int n = 0 ;    //  interdit
    .....
} ;
```

En revanche, la déclaration de membres données constants[1] est autorisée, comme dans :

```
class exple
{  int n ;              // membre donnée usuel
   const int p ;        // membre donnée constant - initialisation impossible
     .....              // à ce niveau - constructeur explicite obligatoire
} ;
```

Dans ce cas, on notera bien que chaque objet du type *exple* possédera un membre *p*. C'est ce qui explique qu'il ne soit pas possible d'initialiser le membre constant au moment de sa déclaration[2]. Pour y parvenir, la seule solution consistera à utiliser une syntaxe particulière du constructeur (qui devient donc obligatoire), telle qu'elle sera présentée au paragraphe 6 du chapitre 13 (relatif aux objets membres).

1. Ne confondez pas la notion de membre donnée constant (chaque objet en possède un ; sa valeur ne peut pas être modifiée) et la notion de membre donnée statique (tous les objets d'une même classe partagent le même ; sa valeur peut changer).

2. Sauf, comme on l'a vu au paragraphe 5.2, s'il s'agit d'un membre statique constant ; dans ce cas, ce membre est unique pour tous les objets de la classe.

En Java

Java autorise l'initialisation de membres dans la déclaration de la classe. La notion de membre constant existe également et elle utilise l'attribut *final*.

7.3 Déclaration d'une classe

La plupart du temps, les classes seront déclarées à un niveau global. Néanmoins, il est permis de déclarer des classes locales à une fonction. Dans ce cas, leur portée est naturellement exclusivement limitée à cette fonction, sans possibilité, cette fois, de reourir à un quelconque opérateur de résolution de portée.

12

Les propriétés des fonctions membres

Le chapitre précédent vous a présenté les concepts fondamentaux de classe, d'objet, de constructeur et de destructeur. Ici, nous allons étudier un peu plus en détail l'application aux fonctions membres des possibilités offertes par C++ pour les fonctions ordinaires : surdéfinition, arguments par défaut, fonction en ligne, transmission par référence.

Nous verrons également comment une fonction membre peut recevoir en argument, outre l'objet l'ayant appelée (transmis implicitement), un ou plusieurs objets de type classe. Ici, nous nous limiterons au cas d'objets de même type que la classe dont la fonction est membre ; les autres situations, correspondant à une violation du principe d'encapsulation, ne seront examinées que plus tard, dans le cadre des fonctions amies. Nous verrons ensuite comment accéder, au sein d'une fonction membre, à l'adresse de l'objet l'ayant appelée, en utilisant le mot-clé *this*. Enfin, nous examinerons les cas particuliers des fonctions membres statiques et des fonctions membres constantes, ainsi que l'emploi de pointeurs sur des fonctions membres.

1 Surdéfinition des fonctions membres

Nous avons déjà vu comment C++ nous autorise à surdéfinir les fonctions ordinaires. Cette possibilité s'applique également aux fonctions membres d'une classe, y compris au constructeur (mais pas au destructeur puisqu'il ne possède pas d'argument). En voici un exemple, dans lequel nous surdéfinissons :

- le constructeur *point*, le choix du bon constructeur se faisant ici suivant le nombre d'arguments :
  - 0 argument : les deux coordonnées attribuées au point construit sont toutes deux nulles ;
  - 1 argument : il sert de valeur commune aux deux coordonnées ;
  - 2 arguments : c'est le cas « usuel » que nous avions déjà rencontré ;
- la fonction *affiche* de manière qu'on puisse l'appeler :
  - sans argument comme auparavant ;
  - avec un argument de type chaîne : dans ce cas, elle affiche le texte correspondant avant les coordonnées du point.

```
#include <iostream>
using namespace std ;
class point
{  int x, y ;
 public :
   point () ;                  // constructeur 1 (sans arguments)
   point (int) ;               // constructeur 2 (un argument)
   point (int, int) ;          // constructeur 3 (deux arguments)
   void affiche () ;           // fonction affiche 1 (sans arguments)
   void affiche (char *) ;     // fonction affiche 2 (un argument chaîne)
} ;
point::point ()                                  // constructeur 1
{  x = 0 ; y = 0 ;
}
point::point (int abs)                           // constructeur 2
{  x = y = abs ;
}
point::point (int abs, int ord)                  // constructeur 3
{  x = abs ; y = ord ;
}
void point::affiche ()                           // fonction affiche 1
{  cout << "Je suis en : " << x << " " << y << "\n" ;
}
void point::affiche (char * message)             // fonction affiche 2
{  cout << message ; affiche () ;
}
main()
{  point a ;                      // appel constructeur 1
   a.affiche () ;                 // appel fonction affiche 1
   point b (5) ;                  // appel constructeur 2
   b.affiche ("Point b - ") ;     // appel fonction affiche 2
   point c (3, 12) ;              // appel constructeur 3
   c.affiche ("Hello ---- ") ;    // appel fonction affiche 2
}
```

```
Je suis en : 0 0
Point b - Je suis en : 5 5
Hello ---- Je suis en : 3 12
```

*Exemple de surdéfinition de fonctions membres (*point *et* affiche)

Par rapport à la surdéfinition des fonctions indépendantes, il faut maintenant tenir compte de ce qu'une fonction membre peut être privée ou publique. Or, en C++ :

> Le statut privé ou public d'une fonction n'intervient pas dans les fonctions considérées. En revanche, si la meilleure fonction trouvée est privée, elle ne pourra pas être appelée (sauf si l'appel figure dans une autre fonction membre de la classe).

Condisérez cet exemple :

```
class A { public :  void f(int n) { ..... }
          private : void f(char c) { ..... }
        } ;
main()
{  int n ; char c ; A a ;
   a.f(c) ;
}
```

L'appel *a.f(c)* amène le compilateur à considérer les deux fonctions *f(int)* et *f(char)*, et ceci, indépendamment de leur statut (public pour la première, privé pour la seconde). L'algorithme de recherche de la meilleure fonction conclut alors que *f(char)* est la meilleure fonction et qu'elle est unique. Mais, comme celle-ci est privée, elle ne peut pas être appelée depuis une fonction extérieure à la classe et l'appel est rejeté (et ceci, malgré l'existence de *f(int)* qui aurait pu convenir...). Rappelons que :

- si *f(char)* est définie publique, elle serait bien appelée par *a.f(c)* ;
- si *f(char)* n'est pas définie du tout, *a.f(c)* appellerait *f(int)*.

En Java

Contrairement à ce qui se passe en C++, le statut privé ou public d'une fonction membre est bien pris en compte dans le choix des « fonctions acceptables ». Dans ce dernier exemple, *a.f(c)* appellerait bien *f(int)*, après conversion de *c* en *int*, comme si la fonction privée *f(int)* n'éxistait pas.

Remarques

1 En utilisant les possibilités d'arguments par défaut, il sera souvent possible de diminuer le nombre de fonctions surdéfinies. C'est le cas ici pour la fonction *affiche*, comme nous le verrons d'ailleurs dans le paragraphe suivant.

2 Ici, dans la fonction *affiche(char *)*, nous faisons appel à l'autre fonction membre *affiche()*. En effet, une fonction membre peut toujours en appeler une autre (qu'elle soit publique ou non). Une fonction membre peut même s'appeler elle-même, dans la mesure où l'on a prévu le moyen de rendre fini le processus de récursivité qui en découle.

2 Arguments par défaut

Comme les fonctions ordinaires, les fonctions membres peuvent disposer d'arguments par défaut. Voici comment nous pourrions modifier l'exemple précédent pour que notre classe *point* ne possède plus qu'une seule fonction *affiche* disposant d'un seul argument de type chaîne. Celui-ci indique le message à afficher avant les valeurs des coordonnées, et sa valeur par défaut est la chaîne vide.

```
#include <iostream>
using namespace std ;
class point
{  int x, y ;
 public :
   point () ;                    // constructeur 1 (sans argument)
   point (int) ;                 // constructeur 2 (un argument)
   point (int, int) ;            // constructeur 3 (deux arguments)
   void affiche (char * = "") ;  // fonction affiche (un argument par défaut)
} ;
point::point ()                         // constructeur 1
{  x = 0 ; y = 0 ;
}
point::point (int abs)                  // constructeur 2
{  x = y = abs ;
}
point::point (int abs, int ord)         // constructeur 3
{  x = abs ; y = ord ;
}
void point::affiche (char * message)    // fonction affiche
{  cout << message << "Je suis en : " << x << " " << y << "\n" ;
}

main()
{  point a ;                    // appel constructeur 1
   a.affiche () ;
   point b (5) ;                // appel constructeur 2
   b.affiche ("Point b - ") ;
   point c (3, 12) ;            // appel constructeur 3
   c.affiche ("Hello ---- ") ;
}
```

```
Je suis en : 0 0
Point b - Je suis en : 5 5
Hello ---- Je suis en : 3 12
```

Exemple d'utilisation d'arguments par défaut dans une fonction membre

Remarque

Ici, nous avons remplacé deux fonctions surdéfinies par une seule fonction ayant un argument par défaut. Bien entendu, cette simplification n'est pas toujours possible. Par exemple, ici, nous ne pouvons pas l'appliquer à notre constructeur *point*. En revanche, si nous avions prévu que, dans le constructeur *point* à un seul argument, ce dernier représente simplement l'abscisse du point auquel on aurait alors attribué une ordonnée nulle, nous aurions pu définir un seul constructeur :

```
    point::point (int abs = 0, int ord = 0)
{ x = abs ; y = ord ;
}
```

3 Les fonctions membres en ligne

Nous avons vu que C++ permet de définir des fonctions en ligne. Ceci accroît l'efficience d'un programme dans le cas de fonctions courtes. Là encore, cette possibilité s'applique aux fonctions membres, moyennant cependant une petite nuance concernant sa mise en œuvre. En effet, pour rendre en ligne une fonction membre, on peut :

- soit fournir directement la définition de la fonction dans la déclaration même de la classe ; dans ce cas, le qualificatif *inline* n'a pas à être utilisé ;
- soit procéder comme pour une fonction ordinaire en fournissant une définition en dehors de la déclaration de la classe ; dans ce cas, le qualificatif *inline* doit apparaître à la fois devant la déclaration et devant l'en-tête.

Voici comment nous pourrions rendre en ligne les trois constructeurs de notre précédent exemple en adoptant la première manière :

```
#include <iostream>
using namespace std ;
class point
{  int x, y ;
 public :
   point () { x = 0 ; y = 0 ; }                        // constructeur 1 "en ligne"
   point (int abs) { x = y = abs ; }                   // constructeur 2 "en ligne"
   point (int abs, int ord) { x = abs ; y = ord ; }   // constructeur 3 "en ligne"
   void affiche (char * = "") ;
} ;
```

```
void point::affiche (char * message)              // fonction affiche
{  cout << message << "Je suis en : " << x << " " << y << "\n" ;
}

main()
{
   point a ;                         // "appel" constructeur 1
   a.affiche () ;
   point b (5) ;                     // "appel" constructeur 2
   b.affiche ("Point b - ") ;
   point c (3, 12) ;                 // "appel" constructeur 3
   c.affiche ("Hello ---- ") ;
}
```

```
Je suis en : 0 0
Point b - Je suis en : 5 5
Hello ---- Je suis en : 3 12
```

Exemple de fonctions membres en ligne

Remarques

1 Voici comment se serait présentée la déclaration de notre classe si nous avions déclaré nos fonctions membres en ligne à la manière des fonctions ordinaires (ici, nous n'avons mentionné qu'un constructeur) :

```
class point
{ .....
 public :
  inline point () ;
   .....
} ;
inline point::point()  { x = 0 ; y = 0 ; }
  .....
```

2 Si nous n'avions eu besoin que d'un seul constructeur avec arguments par défaut (comme dans la remarque du précédent paragraphe), nous aurions pu tout aussi bien le rendre en ligne ; avec la première démarche (définition de fonction intégrée dans la déclaration de la classe), nous aurions alors spécifié les valeurs par défaut directement dans l'en-tête :

```
class point
{  .....
  point (int abs = 0, int ord = 0)
   {x = abs ; y = ord ;
   }
} ;
```

Nous utiliserons d'ailleurs un tel constructeur dans l'exemple du paragraphe suivant.

3 Par sa nature même, la définition d'une fonction en ligne doit obligatoirement être connue du compilateur lorsqu'il traduit le programme qui l'utilise. Cette condition est obligatoirement réalisée lorsque l'on utilise la première démarche. En revanche, ce n'est plus vrai avec la seconde ; en général, dans ce cas, on placera les définitions des fonctions en ligne à la suite de la déclaration de la classe, dans le même fichier en-tête.

Dans tous les cas, on voit toutefois que l'utilisateur d'une classe (qui disposera obligatoirement du fichier en-tête relatif à une classe) pourra toujours connaître la définition des fonctions en ligne ; le fournisseur d'une classe ne pourra jamais avoir la certitude qu'un utilisateur de cette classe ne tentera pas de les modifier. Ce risque n'existe pas pour les autres fonctions membres (dès lors que l'utilisateur ne dispose que du module objet relatif à la classe).

4 Cas des objets transmis en argument d'une fonction membre

Dans les exemples précédents, une fonction membre recevait :

- un argument implicite du type de sa classe, lui permettant d'accéder à l'objet l'ayant appelé ;
- un certain nombre d'arguments d'un type « ordinaire » (c'est-à-dire autre que classe).

Mais une fonction membre peut, outre l'argument implicite, recevoir un ou plusieurs arguments du type de sa classe. Par exemple, supposez que nous souhaitions, au sein d'une classe *point*, introduire une fonction membre nommée *coincide*, chargée de détecter la coïncidence éventuelle de deux points. Son appel au sein d'un programme se présentera obligatoirement, comme pour toute fonction membre, sous la forme :

```
a.coincide (...)
```

a étant un objet de type *point*.

Il faudra donc impérativement transmettre le second *point* en argument ; en supposant qu'il se nomme *b*, cela nous conduira à un appel de la forme :

```
a.coincide (b)
```

ou, ici, compte tenu de la « symétrie » du problème :

```
b.coincide (a)
```

Voyons maintenant plus précisément comment écrire la fonction *coincide*. Voici ce que peut être son en-tête, en supposant qu'elle fournit une valeur de retour entière (1 en cas de coïncidence, 0 dans le cas contraire) :

```
int point::coincide (point pt)
```

Dans *coincide*, nous devons donc comparer les coordonnées de l'objet fourni implicitement lors de son appel (ses membres sont désignés, comme d'habitude, par *x* et *y*) avec celles de l'objet fourni en argument, dont les membres sont désignés par *pt.x* et *pt.y*. Le corps de *coincide* se présentera donc ainsi :

```
if ((pt.x == x) && (pt.y == y)) return 1 ;
                          else return 0 ;
```

Voici un exemple complet de programme, dans lequel nous avons limité les fonctions membres de la classe *point* à un constructeur et à *coincide* :

```
#include <iostream>
using namespace std ;
class point                        // Une classe point contenant seulement :
{  int x, y ;
 public :
   point (int abs=0, int ord=0)      // un constructeur ("en ligne")
       { x=abs; y=ord ; }
   int coincide (point) ;            // une fonction membre : coincide
} ;
int point::coincide (point pt)
{  if ( (pt.x == x) && (pt.y == y) ) return 1 ;
                                else return 0 ;
                    //  remarquez la "dissymétrie" des notations : pt.x et x

}
main()                               // Un petit programme d'essai
{  point a, b(1), c(1,0) ;
   cout << "a et b : " << a.coincide(b) << " ou " << b.coincide(a) << "\n" ;
   cout << "b et c : " << b.coincide(c) << " ou " << c.coincide(b) << "\n" ;
}
```

```
a et b : 0 ou 0
b et c : 1 ou 1
```

Exemple d'objet transmis en argument à une fonction membre

On pourrait penser qu'on viole le principe d'encapsulation dans la mesure où, lorsqu'on appelle la fonction *coincide* pour l'objet *a* (dans *a.coincide(b)*), elle est autorisée à accéder aux données de *b*. En fait, en C++, n'importe quelle fonction membre d'une classe peut accéder à n'importe quel membre (public ou privé) de n'importe quel objet de cette classe. On traduit souvent cela en disant que :

> En C++, l'unité d'encapsulation est la classe (et non pas l'objet !)

Remarques

1 Nous aurions pu écrire *coincide* de la manière suivante :

```
return ((pt.x == x) && (pt.y == y)) ;
```

2 En théorie, on peut dire que la coïncidence de deux points est symétrique, en ce sens que l'ordre dans lequel on considère les deux points est indifférent. Or cette symétrie ne

se retrouve pas dans la définition de la fonction *coincide*, pas plus que dans son appel. Cela provient de la transmission, en argument implicite, de l'objet appelant la fonction. Nous verrons au paragraphe 1 du chapitre 14, que l'utilisation d'une « fonction amie » permet de retrouver cette symétrie.

3 Notez bien que l'unité d'encapsulation est la classe concernée, pas toutes les classes existantes. Ainsi, si A et B sont deux classes différentes, une fonction membre de A ne peut heureusment pas accéder aux membres privés d'un objet de classe B (pas plus que ne le pourrait une fonction ordinaire, *main* par exemple) ; bien entendu, elle peut toujours accéder aux membres publics. Nous verrons plus tard qu'il est possible à une fonction (ordinaire ou membre) de s'affranchir de cette interdiction (et donc, cette fois, de violer véritablement le principe d'encapsulation) par des déclarations d'amitié appropriées.

En Java

L'unité d'encapsulation est également la classe.

5 Mode de transmission des objets en argument

Dans l'exemple précédent, l'objet *pt* était transmis classiquement à *coincide*, à savoir par valeur. Précisément, cela signifie donc que, lors de l'appel :

```
a.coincide (b)
```

les valeurs des données de *b* sont recopiées dans un emplacement (de type *point*) local à *coincide* (nommé *pt*).

Comme pour n'importe quel argument ordinaire, il est possible de prévoir d'en transmettre l'adresse plutôt que la valeur, ou de mettre en place une transmission par référence. Examinons ces deux possibilités (comme nous l'avions fait pour une structure usuelle).

5.1 Transmission de l'adresse d'un objet

Il est possible de transmettre explicitement en argument l'adresse d'un objet. Rappelons que, dans un tel cas, on ne change pas le mode de transmission de l'argument (contrairement à ce qui se produit avec la transmission par référence) ; on se contente de transmettre une valeur qui se trouve être une adresse, et qu'il faut donc interpréter en conséquence dans la fonction (notamment en employant l'opérateur d'indirection *). À titre d'exemple, voici comment nous pourrions modifier la fonction *coincide* du paragraphe précédent :

```
int point::coincide (point * adpt)
{   if (( adpt -> x == x) && (adpt -> y == y)) return 1 ;
                                              else return 0 ;
}
```

Compte tenu de la dissymétrie naturelle de notre fonction membre, cette écriture n'est guère choquante. Par contre, l'appel de *coincide* (au sein de *main*) le devient davantage :

```
a.coincide (&b)
```

ou :

```
b.coincide (&a)
```

Voici le programme complet ainsi modifié :

```
#include <iostream>
using namespace std ;
class point                          // Une classe point contenant seulement :
{  int x, y ;
 public :
   point (int abs=0, int ord=0)        // un constructeur ("en ligne")
       { x=abs; y=ord ; }
   int coincide (point *) ;            // une fonction membre : coincide
} ;
int point::coincide (point * adpt)
{  if ( (adpt->x == x) && (adpt->y == y) ) return 1 ;
                                       else return 0 ;
}

main()                                // Un petit programme d'essai
{  point a, b(1), c(1,0) ;
   cout << "a et b : " << a.coincide(&b) << " ou " << b.coincide(&a) << "\n" ;
   cout << "b et c : " << b.coincide(&c) << " ou " << c.coincide(&b) << "\n" ;
}
```

```
a et b : 0 ou 0
b et c : 1 ou 1
```

Exemple de transmission de l'adresse d'un objet à une fonction membre

Remarque

N'oubliez pas qu'à partir du moment où vous fournissez l'adresse d'un objet à une fonction membre, celle-ci peut en modifier les valeurs (elle a accès à tous les membres s'il s'agit d'un objet de type de sa classe, aux seuls membres publics dans le cas contraire). Si vous craignez de tels effets de bord au sein de la fonction membre concernée, vous pouvez toujours employer le qualificatif *const*. Ainsi, ici, l'en-tête de *coincide* aurait pu être :

```
int point::coincide (const point * adpt)
```

en modifiant parallèlement son prototype :

```
int coincide (const point *) ;
```

Notez toutefois qu'une telle précaution ne peut pas être prise avec l'argument implicite qu'est l'objet ayant appelé la fonction. Ainsi, dans *coincide* muni de l'en-tête ci-dessus, vous ne pourriez plus modifier *adpt -> x* mais vous pourriez toujours modifier *x*. Là encore, comme nous le verrons au paragraphe 1 du chapitre 14, l'utilisation d'une « fonction amie » permettrait d'assurer l'égalité de traitement des deux arguments, en particulier au niveau de leur constance.

5.2 Transmission par référence

Comme nous l'avons vu, l'emploi des références permet de mettre en place une transmission par adresse, sans avoir à en prendre en charge soi-même la gestion. Elle simplifie d'autant l'écriture de la fonction concernée et ses différents appels. Voici une adaptation de *coincide* dans laquelle son argument est transmis par référence :

```
#include <iostream>
using namespace std ;
class point                          // Une classe point contenant seulement :
{  int x, y ;
 public :
   point (int abs=0, int ord=0)        // un constructeur ("en ligne")
       { x=abs; y=ord ; }
   int coincide (point &) ;            // une fonction membre : coincide
} ;
int point::coincide (point & pt)
{  if ( (pt.x == x) && (pt.y == y) ) return 1 ;
                                 else return 0 ;
}

main()                                 // Un petit programme d'essai
{  point a, b(1), c(1,0) ;
   cout << "a et b : " << a.coincide(b) << " ou " << b.coincide(a) << "\n" ;
   cout << "b et c : " << b.coincide(c) << " ou " << c.coincide(b) << "\n" ;
}
```

```
a et b : 0 ou 0
b et c : 1 ou 1
```

Exemple de transmission par référence d'un objet à une fonction membre

Remarque

La remarque précédente (en fin de paragraphe 5.1) sur les risques d'effets de bord s'applique également ici. Le qualificatif *const* pourrait y intervenir de manière analogue :

```
int point::coincide (const point & pt)
```

5.3 Les problèmes posés par la transmission par valeur

Nous avons déjà vu que l'affectation d'objets pouvait poser des problèmes dans le cas où ces objets possédaient des pointeurs sur des emplacements alloués dynamiquement. Ces pointeurs étaient effectivement recopiés, mais il n'en allait pas de même des emplacements pointés. Le transfert d'arguments par valeur présente les mêmes risques, dans la mesure où il s'agit également d'une simple recopie.

De même que le problème posé par l'affectation peut être résolu par la surdéfinition de cet opérateur, celui posé par le transfert par valeur peut être réglé par l'emploi d'un constructeur particulier ; nous vous montrerons comment dès le prochain chapitre.

D'une manière générale, d'ailleurs, nous verrons que les problèmes posés par les objets contenant des pointeurs se ramènent effectivement à **l'affectation** et à **l'initialisation**[1], dont la recopie en cas de transmission par valeur constitue un cas particulier.

6 Lorsqu'une fonction renvoie un objet

Ce que nous avons dit à propos des arguments d'une fonction membre s'applique également à sa valeur de retour. Cette dernière peut être un objet et on peut choisir entre :

- transmission par valeur ;
- transmission par adresse ;
- transmission par référence.

Cet objet pourra être :

- du même type que la classe, auquel cas la fonction aura accès à ses membres privés ;
- d'un type différent de la classe, auquel cas la fonction n'aura accès qu'à ses membres publics.

La transmission par valeur suscite la même remarque que précédemment : par défaut, elle se fait par simple recopie de l'objet. Pour les objets comportant des pointeurs sur des emplacements dynamiques, il faudra prévoir un constructeur particulier (d'initialisation).

En revanche, la transmission d'une adresse ou la transmission par référence risquent de poser un problème qui n'existait pas pour les arguments. Si une fonction transmet l'adresse ou la référence d'un objet, il vaut mieux éviter qu'il s'agisse d'un objet local à la fonction, c'est-à-dire de classe automatique. En effet, dans ce cas, l'emplacement de cet objet sera libéré[2] dès la sortie de la fonction ; la fonction appelante récupérera l'adresse de quelque chose n'existant plus vraiment[3]. Nous reviendrons plus en détail sur ce point dans le chapitre consacré à la surdéfinition d'opérateurs.

---

1. Il est très important de noter qu'en C++, affectation et initialisation sont deux choses différentes.

2. Comme nous le verrons en détail au chapitre suivant, il y aura appel du destructeur, s'il existe.

3. Dans certaines implémentations, un emplacement libéré n'est pas remis à zéro. Ainsi, on peut avoir l'illusion que « cela marche » si l'on se contente d'exploiter l'objet immédiatement après l'appel de la fonction.

À titre d'exemple, voici une fonction membre nommée *symetrique* qui pourrait être introduite dans une classe *point* pour fournir en retour un point symétrique de celui l'ayant appelé :

```
point point::symetrique ( )
{    point res ;
     res.x = -x ; res.y = -y ;
     return res ;
}
```

Vous constatez qu'il a été nécessaire de créer un objet automatique *res* au sein de la fonction. Comme nous l'avons expliqué ci-dessus, il ne serait pas conseillé d'en prévoir une transmission par référence, en utilisant cet en-tête :

```
point & point::symetrique ( )
```

7 Autoréférence : le mot clé *this*

Nous avons eu souvent l'occasion de dire qu'une fonction membre d'une classe reçoit une information lui permettant d'accéder à l'objet l'ayant appelée. Le terme « information », bien qu'il soit relativement flou, nous a suffi pour expliquer tous les exemples rencontrés jusqu'ici. Mais nous n'avions pas besoin de manipuler explicitement l'adresse de l'objet en question. Or il existe des circonstances où cela devient indispensable. Songez, par exemple, à la gestion d'une liste chaînée d'objets de même nature : pour écrire une fonction membre insérant un nouvel objet (supposé transmis en argument implicite), il faudra bien placer son adresse dans l'objet précédent de la liste.

Pour résoudre de tels problèmes, C++ a prévu le mot clé : *this*. Celui-ci, utilisable uniquement au sein d'une fonction membre, désigne un pointeur sur l'objet l'ayant appelée.

Ici, il serait prématuré de développer l'exemple de liste chaînée dont nous venons de parler ; nous vous proposons un exemple d'école : dans la classe *point*, la fonction *affiche* fournit l'adresse de l'objet l'ayant appelée.

```
#include <iostream>
using namespace std ;
class point                        // Une classe point contenant seulement .
{  int x, y ;
 public :
   point (int abs=0, int ord=0)       // Un constructeur ("inline")
      { x=abs; y=ord ; }
   void affiche () ;                  // Une fonction affiche
} ;
void point::affiche ()
{  cout << "Adresse : " << this << " - Coordonnees " << x << " " << y << "\n" ;
}
```

```
main()                          // Un petit programme d'essai
{  point a(5), b(3,15) ;
   a.affiche ();
   b.affiche ();
}
```

```
Adresse : 006AFDF0 - Coordonnees 5 0
Adresse : 006AFDE8 - Coordonnees 3 15
```

Exemple d'utilisation de this

Remarque

À titre purement indicatif, la fonction *coincide* du paragraphe 5.1 pourrait s'écrire :

```
int point::coincide (point * adpt)
{   if ((this -> x == adpt -> x) && (this -> y == adpt -> y)) return 1 ;
                                                         else return 0 ;
}
```

La symétrie du problème y apparaît plus clairement. Ce serait moins le cas si l'on écrivait ainsi la fonction *coincide* du paragraphe 4 :

```
int point::coincide (point pt)
{   if ((this -> x == pt.x)) && (this -> y == pt.y)) return 1 ;
                                             else return 0 ;
}
```

En Java

Le mot clé *this* existe également en Java, avec une signification voisine : il désigne l'objet ayant appelé une fonction membre, au lieu de son adresse en C++ (de toute façon, la notion de pointeur n'existe pas en Java).

8 Les fonctions membres statiques

Nous avons déjà vu (paragraphe 5 du chapitre 11) comment C++ permet de définir des membres données statiques. Ceux-ci existent en un seul exemplaire (pour une classe donnée), indépendamment des objets de leur classe.

D'une manière analogue, on peut imaginer que certaines fonctions membres d'une classe aient un rôle totalement indépendant d'un quelconque objet ; ce serait notamment le cas d'une fonction qui se contenterait d'agir sur des membres données statiques.

On peut certes toujours appeler une telle fonction en la faisant porter artificiellement sur un objet de la classe, et ce, bien que l'adresse de cet objet ne soit absolument pas utile à la fonction. En fait, il est possible de rendre les choses plus lisibles et plus efficaces en déclarant statique (mot clé *static*) la fonction membre concernée. Dans ce cas en effet son appel ne nécessite plus que le nom de la classe correspondante (accompagné, naturellement, de l'opérateur de résolution de portée). Comme pour les membres statiques, une telle fonction membre statique peut même être appelée lorsqu'il n'existe aucun objet de sa classe.

Voici un exemple de programme illustrant l'emploi d'une fonction membre statique : il s'agit de l'exemple présenté au paragraphe 5.3 du chapitre 11, dans lequel nous avons introduit une fonction membre statique nommée *compte*, affichant simplement le nombre d'objets de sa classe :

```
#include <iostream>
using namespace std ;

class cpte_obj
{  static int ctr ;          // compteur (statique) du nombre d'objets créés
 public :
   cpte_obj () ;
   ~cpte_obj () ;
   static void compte () ;   // pour afficher le nombre d'objets créés
} ;
int cpte_obj::ctr = 0 ;      // initialisation du membre statique ctr
cpte_obj::cpte_obj ()        // constructeur
{  cout << "++ construction : il y a maintenant   " << ++ctr << " objets\n" ;
}
cpte_obj::~cpte_obj ()       // destructeur
{  cout << "-- destruction  : il reste maintenant " << --ctr << " objets\n" ;
}
void cpte_obj::compte ()
{  cout << "   appel compte : il y a              " << ctr   << " objets\n" ;
}

main()
{  void fct () ;
   cpte_obj::compte () ;     // appel de la fonction membre statique compte
                             // alors qu'aucun objet de sa classe n'existe
   cpte_obj a ;
   cpte_obj::compte () ;
   fct () ;
   cpte_obj::compte () ;
   cpte_obj b ;
   cpte_obj::compte () ;
}

void fct()
{  cpte_obj u, v ;
}
```

```
   appel compte : il y a              0 objets
++ construction : il y a maintenant   1 objets
   appel compte : il y a              1 objets
++ construction : il y a maintenant   2 objets
```

```
++ construction : il y a maintenant   3 objets
-- destruction  : il reste maintenant 2 objets
-- destruction  : il reste maintenant 1 objets
   appel compte : il y a              1 objets
++ construction : il y a maintenant   2 objets
   appel compte : il y a              2 objets
-- destruction  : il reste maintenant 1 objets
-- destruction  : il reste maintenant 0 objets
```

Définition et utilisation d'une fonction membre statique

En Java

Les fonctions membres statiques existent également en Java et elles se déclarent à l'aide du même mot clé *static*.

9 Les fonctions membres constantes

Nous avons déjà vu comment le qualificatif *const* peut servir à désigner une variable dont on souhaite que la valeur n'évolue pas. Le compilateur est ainsi en mesure de rejeter d'éventuelles tentatives de modification de cette variable. Par exemple, avec cette déclaration :

```
const int n=20 ;
```

l'instruction suivante sera incorrecte :

```
n = 12 ;      // incorrecte : n n'est pas une lvalue
```

De la même manière, on ne peut modifier la valeur d'un argument muet déclaré constant dans l'en-tête d'une fonction :

```
void f(const int n)     // ou même void f(const int & n)  - voir remarque
{  n++ ;  // incorrect : n n'est pas une lvalue
   .....
}
```

9.1 Définition d'une fonction membre constante

Ce concept de constance des variables s'étend aux classes, ce qui signifie qu'on peut définir des **objets constants**. Encore faut-il comprendre ce que l'on entend par là. En effet, dans le cas d'une variable ordinaire, le compilateur peut assez facilement identifier les opérations interdites (celles qui peuvent en modifier la valeur). En revanche, dans le cas d'un objet, les choses sont moins simples, car les opérations sont généralement réalisées par les fonctions membres. Cela signifie que l'utilisateur doit préciser, parmi ces fonctions membres, lesquelles sont autorisées à opérer sur des objets constants. Il le fera en utilisant le mot *const* dans leur déclaration, comme dans cet exemple de définition d'une classe *point* :

```
class point
{     int x, y ;
  public :
      point (...) ;
      void affiche () const ;
      void deplace (...) ;
      ...
} ;
```

9.2 Propriétés d'une fonction membre constante

Le fait de spécifier que la fonction *affiche* est constante a deux conséquences :

1 Elle est utilisable pour un objet déclaré constant.

Ici, nous avons spécifié que la fonction *affiche* était utilisable pour un « point constant ». En revanche, la fonction *deplace*, qui n'a pas fait l'objet d'une déclaration *const* ne le sera pas. Ainsi, avec ces déclarations :

```
point a ;
const point c ;
```

les instructions suivantes seront correctes :

```
a.affiche () ;
c.affiche () ;
a.deplace (...) ;
```

En revanche, celle-ci sera rejetée par le compilateur :

```
c.deplace (...) ;        // incorrecte ; c est constant, alors que
                         //   deplace ne l'est pas
```

La même remarque s'appliquerait à un objet reçu en argument :

```
void f (const point p)   // ou même void f(const point & p) - voir remarque
 { p.affiche () ;        // OK
   p.deplace (...) ;     // incorrecte
 }
```

2 Les instructions figurant dans sa définition ne doivent pas modifier la valeur des membres de l'objet *point* :

```
class point
{ int x, y ;
   public :
  void affiche () const
   { x++ ;    // erreur car affiche a été déclarée const
   }
} ;
```

Les membres statiques font naturellement exception à cette règle, car ils ne sont pas associés à un objet particulier :

```
class compte
{  static int n ;
 public :
   void test() const
   { n++ ;     // OK bien que test soit déclarée constante, car n est
               // un membre statique
   }
} ;
```

Remarques

1 Il est possible de surdéfinir une fonction membre en se fondant sur la présence ou l'absence du qualificatif *const*. Ainsi, dans la classe *point* précédente, nous pouvons définir ces deux fonctions :

```
void affiche () const ;        // affiche I
void affiche () ;              // affiche II
```

Avec ces déclarations :

```
point a ;
const point c ;
```

l'instruction *a.affiche ()* appellera la fonction II tandis que *c.affiche ()* appellera la fonction I.

On notera bien que si seule la fonction *void affiche()* est définie, elle ne pourra en aucun cas être appliquée à un objet constant ; une instruction telle que *c.affiche()* serait alors rejetée en compilation. En revanche, si seule la fonction *const void affiche()* est définie, elle pourra être appliquée indifféremment à des objets constants ou non. Une telle attitude est logique :

- on ne court aucun risque en traitant un objet non constant comme s'il était constant ;
- en revanche, il serait dangereux de faire à un objet constant ce qu'on a prévu de faire à un objet non constant.

2 Pour pouvoir déclarer un objet constant, il faut être sûr que le concepteur de la classe correspondante a été exhaustif dans le recencement des fonctions membres constantes (c'est-à-dire déclarées avec le qualificatif *const*). Dans le cas contraire, on risque de ne plus pouvoir appliquer certaines fonctionnalités à un tel objet constant. Par exemple, on ne pourra pas appliquer la méthode *affiche* à un objet constant de type *point* si celle-ci n'a pas effectivement été déclarée constante dans la classe.

En Java

La notion de fonction membre constante n'existe pas en Java.

10 Les membres mutables

Une fonction membre constante ne peut pas modifier les valeurs de membres non statiques. La norme a jugé que cette restriction pouvait parfois s'avérer trop contraignante. Elle a introduit le qualificatif *mutable* pour désigner des champs dont on accepte la modification, même par des fonctions membres constantes. Voici un petit exemple :

```
class truc
{ int x, y ;
  mutable int n ;     // n est modifiable par une fonction membre constante
  void f(.....)
    { x = 5 ; n++ ; }     // rien de nouveau ici

void f1(.....) const
    { n++ ;               // OK car n est déclaré mutable
      x = 5 ;             // erreur : f1 est const et x n'est pas mutable
    }
} ;
```

Comme on peut s'y attendre, les membres publics déclarés avec le qualificatif *mutable* sont modifiables par affectation :

```
class truc2
{ public :
   int n ;
   mutable int p ;
   .....
} ;
  .....
const truc c ;
c.n = 5 ;   // erreur : l'objet c est constant et n n'est pas mutable
c.p = 5 ;   // OK : l'objet c est constant, mais p est mutable
```

En Java

En Java, il n'existe pas de membres constants ; a fortiori, il ne peut y avoir de membres mutables.

13

Construction, destruction et initialisation des objets

Nous avons déjà vu qu'en C++, une variable peut être créée de deux façons :

- par une déclaration : elle est alors de classe **automatique** ou **statique** ; sa durée de vie est parfaitement définie par la nature et l'emplacement de sa déclaration ;
- en utilisant les opérateurs *new* et *delete* ; elle est alors dite **dynamique** ; sa durée de vie est contrôlée par le programme.

Ces trois « classes d'allocation » (statique, automatique, dynamique) vont naturellement s'appliquer aux objets. Nous commencerons par examiner la création et la destruction des objets automatiques et statiques définis par une déclaration. Puis nous montrerons comment créer et utiliser des objets dynamiques d'une manière comparable à celle employée pour créer des variables dynamiques ordinaires, en faisant appel à une syntaxe élargie de l'opérateur *new*.

Nous aborderons ensuite la notion de constructeur de recopie, qui intervient dans les situations dites d'« initialisation » d'un objet", c'est-à-dire lorsqu'il est nécessaire de réaliser une copie d'un objet existant. Nous verrons qu'il existe trois situations de ce type : transmission de la valeur d'un objet en argument d'une fonction, transmission de la valeur d'un objet en résultat d'une fonction, initialisation d'un objet lors de sa déclaration par un objet de même type, cette dernière possibilité n'étant qu'un cas particulier d'initialisation d'un objet au moment de sa déclaration.

Puis nous examinerons le cas des « objets membres », c'est-à-dire le cas où un type classe possède des membres données eux-mêmes d'un type classe. Nous aborderons rapidement le cas du tableau d'objets, notion d'autant moins importante qu'un tel tableau n'est pas lui-même un objet.

Enfin, nous fournirons quelques indications concernant les objets dits temporaires, c'est-à-dire pouvant être créés au fil du déroulement du programme[1], sans que le programmeur l'ait explicitement demandé.

1 Les objets automatiques et statiques

Nous examinons séparément :

- leur durée de vie, c'est-à-dire le moment où ils sont créés et celui où ils sont détruits ;
- les éventuels appels des constructeurs et des destructeurs.

1.1 Durée de vie

Les règles s'appliquant aux variables ordinaires se transposent tout naturellement aux objets.

Les **objets automatiques** sont ceux créés par une déclaration :

- **dans une fonction** : c'était le cas dans les exemples des chapitres précédents. L'objet est créé lors de la rencontre de sa déclaration, laquelle peut très bien, en C++, être située après d'autres instructions exécutables[2]. Il est détruit à la fin de l'exécution de la fonction.
- **dans un bloc** : l'objet est aussi créé lors de la rencontre de sa déclaration (là encore, celle-ci peut être précédée, au sein de ce bloc, d'autres instructions exécutables) ; il est détruit lors de la sortie du bloc.

Les **objets statiques** sont ceux créés par une déclaration située :

- en dehors de toute fonction ;
- dans une fonction, mais assortie du qualificatif *static*.

Les objets statiques sont créés avant le début de l'exécution de la fonction *main* et détruits après la fin de son exécution.

---

1. En C, il existe déjà des variables temporaires, mais leur existence a moins d'importance que celle des objets temporaires en C++.

2. La distinction entre instruction exécutable et instruction de déclaration n'est pas toujours possible dans un langage comme C++ qui accepte, par exemple, une instruction telle que :

    *double * adr = new double [nelem = 2 * n+1] ;*

1.2 Appel des constructeurs et des destructeurs

Rappelons que si un objet possède un constructeur, sa déclaration (lorsque, comme nous le supposons pour l'instant, elle ne contient pas d'initialiseur) doit obligatoirement comporter les arguments correspondants. Par exemple, si une classe *point* comporte le constructeur de prototype :

```
point (int, int)
```

les déclarations suivantes seront incorrectes :

```
point a ;          // incorrect : le constructeur attend deux arguments
point b (3) ;      // incorrect (même raison)
```

Celle-ci, en revanche, conviendra :

```
point a(1, 7) ;    // correct car le constructeur possède deux arguments
```

S'il existe plusieurs constructeurs, il suffit que la déclaration comporte les arguments requis par l'un d'entre eux. Ainsi, si une classe *point* comporte les constructeurs suivants :

```
point ( ) ;          // constructeur 1
point (int, int) ;   // constructeur 2
```

la déclaration suivante sera rejetée :

```
point a(5) ;         // incorrect : aucun constructeur à un argument
```

Mais celles-ci conviendront :

```
point a ;            // correct : appel du constructeur 1
point b(1, 7) ;      // correct : appel du constructeur 2
```

En ce qui concerne la chronologie, on peut dire que :

- le **constructeur** est appelé **après la création** de l'objet ;
- le **destructeur** est appelé **avant la destruction** de l'objet.

Remarque

Une déclaration telle que :

```
point a ;    // attention, point a () serait une déclaration d'une fonction a
```

est acceptable dans deux situations fort différentes :

- il n'existe pas de constructeur de *point* ;
- il existe un constructeur de *point* sans argument.

1.3 Exemple

Voici un exemple de programme mettant en évidence la création et la destruction d'objets statiques et automatiques. Nous avons défini une classe nommée *point*, dans laquelle le constructeur et le destructeur affichent un message permettant de repérer :

- le moment de leur appel ;
- l'objet concerné (nous avons fait en sorte que chaque objet de type *point* possède des valeurs différentes).

```
#include <iostream>
using namespace std ;
class point
{  int x, y ;
 public :
   point (int abs, int ord)          // constructeur ("inline")
      { x = abs ; y = ord ;
        cout << "++ Construction d'un point : " << x << " " << y << "\n" ;
      }
   ~point ()                         // destructeur ("inline")
      { cout << "-- Destruction du point    : " << x << " " << y << "\n" ;
      }
} ;
point a(1,1) ;                       // un objet statique de classe point
main()
{  cout << "****** Debut main *****\n" ;
   point b(10,10) ;                  // un objet automatique de classe point
   int i ;
   for (i=1 ; i<=3 ; i++)
      {  cout << "** Boucle tour numero " << i << "\n" ;
         point b(i,2*i) ;            // objets créés dans un bloc
      }
   cout << "****** Fin main ******\n" ;
}
```

```
++ Construction d'un point : 1 1
****** Debut main *****
++ Construction d'un point : 10 10
** Boucle tour numero 1
++ Construction d'un point : 1 2
-- Destruction du point    : 1 2
** Boucle tour numero 2
++ Construction d'un point : 2 4
-- Destruction du point    : 2 4
** Boucle tour numero 3
++ Construction d'un point : 3 6
-- Destruction du point    : 3 6
****** Fin main ******
-- Destruction du point    : 10 10
-- Destruction du point    : 1 1
```

Construction et destruction d'objets statiques et automatiques

Remarque

L'existence de constructeurs et de destructeurs conduit à des traitements qui n'apparaissent pas explicitement dans les instructions du programme. Par exemple, ici, une déclaration banale telle que :

```
point b(10, 10) ;
```

entraîne l'affichage d'un message.

Qui plus est, un certain nombre d'opérations se déroulent avant le début ou après l'exécution de la fonction *main*[1]. On pourrait à la limite concevoir une fonction *main* ne comportant que des déclarations (ce qui serait le cas de notre exemple si nous supprimions l'instruction d'affichage du « tour de boucle »), et réalisant, malgré tout, un certain traitement.

2 Les objets dynamiques

Nous avons déjà vu comment créer, utiliser et détruire des variables dynamiques scalaires, des tableaux ou des structures. Bien entendu, ces possibilités s'appliquent aux objets. Nous allons voir que les objets d'une classe sans constructeur sont en fait utilisés comme le seraient des structures. En revanche, lorsque la classe comportera un constructeur, il faudra faire appel à une forme élargie de l'opérateur *new* (avec arguments).

2.1 Cas d'une classe sans constructeur

Le mécanisme de gestion dynamique est donc le même que pour les structures. Ainsi, si nous définissons le type *point* suivant :

```
class point
{     int x, y ;
  public :
      void initialise (int, int) ;
      void deplace (int, int) ;
      void affiche ( ) ;
} ;
```

et si nous déclarons :

```
point * adr ;
```

nous pourrons créer dynamiquement un emplacement de type *point* (qui contiendra donc ici la place pour deux entiers) et affecter son adresse à *adr* par :

```
adr = new point ;
```

1. En toute rigueur, il en va déjà de même dans le cas d'un programme C (ouverture ou fermeture de fichiers par exemple) mais il ne s'agit pas alors de tâches programmées explicitement par l'auteur du programme ; dans le cas de C++, il s'agit de tâches programmées par le concepteur de la classe concernée.

L'accès aux fonctions membres de l'objet pointé par *adr* se fera par des appels de la forme :

```
adr -> initialise (1, 3) ;
adr -> affiche ( ) ;
```

ou, éventuellement, sans utiliser l'opérateur ->, par :

```
(* adr).initialise (1, 3) ;
(* adr).affiche ( ) ;
```

Si l'objet contenait des membres données publics, on y accéderait de façon comparable.

Quant à la suppression de l'objet en question, elle se fera, ici encore, par :

```
delete adr ;
```

Remarque

Les possibilités évoquées ici dans le cas de classe sans constructeur s'appliqueraient tout naturellement aux structures généralisées (la seule différence avec une classe étant que tous les champs et méthodes seraient publics).

2.2 Cas d'une classe avec constructeur

Nous avons déjà vu que C++ fait du constructeur (dès lors qu'il existe) un passage obligé lors de la création d'un objet. Il en va de même pour le destructeur lors de la destruction d'un objet. Cette philosophie s'applique également aux objets dynamiques. Plus précisément :

- Après l'allocation dynamique de l'emplacement mémoire requis, **l'opérateur *new* appellera un constructeur de l'objet**. On voit que pour que *new* puisse appeler un constructeur disposant d'arguments, il est nécessaire qu'il dispose des informations correspondantes. En fait, elles lui seront founies à l'aide d'une syntaxe élargie de la forme :

  ```
  new point (2, 5) ;
  ```

  D'une manière générale, lorsque plusieurs constructeurs existent, le choix de celui qui sera appelé par *new* lui sera dicté par la nature des arguments figurant dans son appel. Par exemple, on peut dire qu'ici le constructeur appelé est le même que celui qui aurait été appelé par une déclaration telle que :

  ```
  a = point (2, 5) ;
  ```

  Bien entendu, s'il n'existe pas de constructeur, ou s'il existe un constructeur sans argument, la syntaxe :

  ```
  new point      // ou   new point ()
  ```

  sera acceptée. En revanche, si tous les constructeurs possèdent au moins un argument, cette syntaxe sera rejetée.

  On retrouve là, en définitive, les mêmes règles que celles s'appliquant à la déclaration d'un objet.

- Avant la libération de l'emplacement mémoire correspondant, **l'opérateur *delete* appellera le destructeur**.

2.3 Exemple

Voici un exemple de programme qui crée dynamiquement un objet de type *point* dans la fonction *main* et qui le détruit dans une fonction *fct* (appelée par *main*). Les messages affichés permettent de mettre en évidence les moments auxquels sont appelés le constructeur et le destructeur.

```
#include <iostream>
using namespace std ;
class point
{  int x, y ;
 public :
   point (int abs, int ord)          // constructeur
      { x=abs ; y=ord ;
        cout << "++ Appel Constructeur \n" ;
      }
   ~point ()                         // destructeur (en fait, inutile ici)
      { cout << "-- Appel Destructeur \n" ;
      }
} ;
main()
{  void fct (point *) ;              // prototype fonction fct
   point * adr ;
   cout << "** Debut main \n" ;
   adr = new point (3,7) ;           // création dynamique d'un objet
   fct (adr) ;
   cout << "** Fin main \n" ;
}
void fct (point * adp)
{  cout << "** Debut fct \n" ;
   delete adp ;                      // destruction de cet objet
   cout << "** Fin fct \n" ;
}
```

```
** Debut main
++ Appel Constructeur
** Debut fct
-- Appel Destructeur
** Fin fct
** Fin main
```

Exemple de création dynamique d'objets

En Java

Il n'existe qu'une seule manière de gérer la mémoire allouée à un objet, à savoir de manière dynamique. Les emplacements sont alloués explicitement en faisant appel à une méthode nommée également *new*. En revanche, leur libération se fait automatiquement, grâce à un *ramasse-miettes* destiné à récupérer les emplacements qui ne sont plus référencés.

3 Le constructeur de recopie

3.1 Présentation

Nous avons vu comment C++ garantissait l'appel d'un constructeur pour un objet créé par une déclaration ou par *new*. Ce point est fondamental puisqu'il donne la certitude qu'un objet ne pourra être créé sans avoir été placé dans un « état initial convenable » (du moins jugé comme tel par le concepteur de l'objet).

Mais il existe des circonstances dans lesquelles il est nécessaire de construire un objet, même si le programmeur n'a pas prévu de constructeur pour cela. La situation la plus fréquente est celle où la valeur d'un objet doit être transmise en argument à une fonction. Dans ce cas, il est nécessaire de créer, dans un emplacement local à la fonction, un objet qui soit une copie de l'argument effectif. Le même problème se pose dans le cas d'un objet renvoyé par valeur comme résultat d'une fonction ; il faut alors créer, dans un emplacement local à la fonction appelante, un objet qui soit une copie du résultat. Nous verrons qu'il existe une troisième situation de ce type, à savoir le cas où un objet est initialisé, lors de sa déclaration, avec un autre objet de même type.

D'une manière générale, on regroupe ces trois situations sous le nom d'**initialisation par recopie**[1]. Une initialisation par recopie d'un objet est donc la création d'un objet par recopie d'un objet existant, de même type.

Pour réaliser une telle initialisation, C++ a prévu d'utiliser un constructeur particulier dit **constructeur de recopie**[2] (nous verrons plus loin la forme exacte qu'il doit posséder). Si un tel constructeur n'existe pas, un traitement par défaut est prévu ; on peut dire, de façon équivalente, qu'on utilise un constructeur de recopie par défaut.

En définitive, on peut dire que dans toute situation d'initialisation par recopie il y toujours appel d'un constructeur de recopie, mais il faut distinguer deux cas principaux et un cas particulier.

3.1.1 Il n'existe pas de constructeur approprié

Il y alors appel d'un **constructeur de recopie par défaut**, généré automatiquement par le compilateur. Ce constructeur se contente d'effectuer une copie de chacun des membres. On

1. Nous aurions pu nous limiter au terme « initialisation » s'il n'existait pas des situations où l'on peut initialiser un objet avec une valeur ou un objet d'un type différent...

2. En anglais *copy constructor*.

retrouve là une situation analogue à celle qui est mise en place (par défaut) lors d'une affectation entre objets de même type. Elle posera donc les mêmes problèmes pour les objets contenant des pointeurs sur des emplacements dynamiques. On aura simplement affaire à une « copie superficielle », c'est-à-dire que seules les valeurs des pointeurs seront recopiées, les emplacements pointés ne le seront pas ; ils risquent alors, par exemple, d'être détruits deux fois.

3.1.2 Il existe un constructeur approprié

Vous pouvez **fournir explicitement** dans votre classe un **constructeur de recopie**. Il doit alors s'agir d'un **constructeur public** disposant d'un seul argument[1] du type de la classe et transmis obligatoirement par référence. Cela signifie que son en-tête doit être obligatoirement de l'une de ces deux formes (si la classe concernée se nomme *point*) :

point (point &) *point (const point &)*

Dans ce cas, ce constructeur est appelé de manière habituelle, après la création de l'objet. Bien entendu, aucune recopie n'est faite de façon automatique, pas même une recopie superficielle, contrairement à la situation précédente : c'est à ce constructeur de prendre en charge l'intégralité du travail (copie superficielle et copie profonde).

On notera que si ce **constructeur de recopie est privé**, il n'est appelable que par des fonctions membres de la classe. Toute tentative de recopie d'objets par l'utilisateur de la classe conduira à une erreur de compilation.

3.1.3 Lorsqu'on souhaite interdire la contruction par recopie

On a vu que la copie par défaut des objets contenant des pointeurs n'était pas satisfaisante. Dans certains cas, plutôt que de munir une classe du constructeur de recopie voulu, le concepteur pourra chercher à interdire la copie des objets de cette classe. Il dispose alors pour cela de différentes possibités.

Par exemple, comme nous venons de le voir, un constructeur privé n'est pas appelable par un utilisateur de la classe. On peut aussi utiliser la possiblité offerte par C++ de déclarer une fonction sans en fournir de définition : dans ce cas toute tentative de copie (même par une fonction membre, cette fois) sera rejetée par l'éditeur de liens. D'une manière générale, il peut être judicieux de combiner les deux possibilités, c'est-à-dire d'effectuer une déclaration privée, sans définition ; dans ce cas, les tentatives de recopie par l'utilisateur resteront détectées en compilation (avec un message explicite) et seules les recopies par une fonction membre se limiteront à une erreur d'édition de liens (et ce point ne concerne que le concepteur de la classe, pas son utilisateur !).

1. En toute rigueur, la norme ANSI du C++ accepte également un constructeur disposant d'arguments supplémentaires, pourvu qu'ils possèdent des valeurs par défaut.

Remarques

1 Notez bien que C++ impose au constructeur par recopie que son unique argument soit transmis par référence (ce qui est logique puisque, sinon l'appel du constructeur de recopie impliquerait une initialisation par recopie de l'argument, donc un appel du constructeur de recopie qui, lui-même, etc.)

Quoi qu'il en soit, la forme suivante serait rejetée en compilation :

```
point (point) ;    // incorrect
```

2 Les deux formes précédentes (*point (point &)* et *point (const point &)*) pourraient exister au sein d'une même classe. Dans ce cas, la première serait utilisée en cas d'initialisation d'un objet par un objet quelconque, tandis que la seconde serait utilisée en cas d'initialisation par un objet constant. En général, comme un tel constructeur de recopie n'a logiquement aucune raison de vouloir modifier l'objet reçu en argument, il est conseillé de ne définir que la seconde forme, qui restera ainsi applicable aux deux situations évoquées (une fonction prévue pour un objet constant peut toujours s'appliquer à un objet variable, la réciproque étant naturellement fausse).

3 Nous avons déjà rencontré des situations de recopie dans le cas de l'affectation. Mais alors les deux objets concernés existaient déjà ; l'affectation n'est donc pas une situation d'initialisation par recopie telle que nous venons de la définir. Bien que les deux opérations possèdent un traitement par défaut semblable (copie superficielle), la prise en compte d'une copie profonde passe par des mécanismes différents : définition d'un constructeur de recopie pour l'initialisation, surdéfinition de l'opérateur = pour l'affectation (ce que nous apprendrons à faire dans le chapitre consacré à la surdéfinition des opérateurs).

4 Nous verrons que si une classe est destinée à donner naissance à des objets susceptibles d'être introduits dans des « conteneurs », il ne sera plus possible d'en désactiver la recopie (pas plus que l'affectation).

En Java

Les objets sont manipulés non par valeur, mais par référence. La notion de constructeur de recopie n'existe pas. En cas de besoin, il reste possible de créer explicitement une copie profonde d'un objet nommée *clone*.

3.2 Exemple 1 : objet transmis par valeur

Nous vous proposons de comparer les deux situations que nous venons d'évoquer : constructeur de recopie par défaut, constructeur de recopie défini dans la classe. Pour ce faire, nous allons utiliser une classe *vect* permettant de gérer des tableaux d'entiers de taille « variable » (on devrait plutôt dire de taille définissable lors de l'exécution car, une fois définie, cette taille ne changera plus). Nous souhaitons que l'utilisateur de cette classe déclare un tableau sous la forme :

```
vect t (dim) ;
```

dim étant une expression entière représentant sa taille.

Il paraît alors naturel de prévoir pour *vect* :

- comme membres données, la taille du tableau et un pointeur sur ses éléments, lesquels verront leurs emplacements alloués dynamiquement ;
- un constructeur recevant un argument entier chargé de cette allocation dynamique ;
- un destructeur libérant l'emplacement alloué par le constructeur.

Cela nous conduit à une « première ébauche » :

```
class vect
{     int nelem ;
      double * adr ;
  public :
      vect (int n) ;
      ~vect ( ) ;
} ;
```

3.2.1 Emploi du constructeur de recopie par défaut

Voici un exemple d'utilisation de la classe *vect* précédente (nous avons ajouté des affichages de messages pour suivre à la trace les constructions et destructions d'objets). Ici, nous nous contentons de transmettre par valeur un objet de type *vect* à une fonction ordinaire nommée *fct*, qui ne fait rien d'autre que d'afficher un message indiquant son appel :

```
#include <iostream>
using namespace std ;
class vect
{  int nelem ;                        // nombre d'éléments
   double * adr ;                     // pointeur sur ces éléments
  public :
   vect (int n)                       // constructeur "usuel"
   { adr = new double [nelem = n] ;
     cout << "+ const. usuel - adr objet : " << this
          << " - adr vecteur : " << adr << "\n" ;
   }
   ~vect ()                           // destructeur
    { cout << "- Destr. objet - adr objet : "
          << this << " - adr vecteur : " << adr << "\n" ;
     delete adr ;
    }
} ;
void fct (vect b)
{ cout << "*** appel de fct ***\n" ;
}
```

```
main()
{ vect a(5) ;
  fct (a) ;
}
```

```
+ const. usuel - adr objet : 006AFDE4 - adr vecteur : 007D0320
*** appel de fct ***
- Destr. objet - adr objet : 006AFD90 - adr vecteur : 007D0320
- Destr. objet - adr objet : 006AFDE4 - adr vecteur : 007D0320
```

Lorsque aucun constructeur de recopie n'a été défini

Comme vous pouvez le constater, l'appel :

```
fct (a) ;
```

a créé un nouvel objet, dans lequel on a recopié les valeurs des membres *nelem* et *adr* de *a*. La situation peut être schématisée ainsi (*b* est le nouvel objet ainsi créé) :

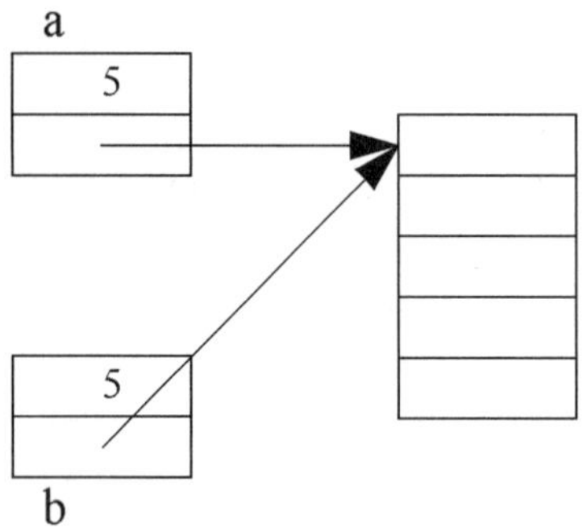

À la fin de l'exécution de la fonction *fct*, le destructeur *~point* est appelé pour *b*, ce qui libère l'emplacement pointé par *adr* ; à la fin de l'exécution de la fonction *main*, le destructeur est appelé pour *a*, ce qui libère... le même emplacement. Cette tentative constitue une erreur d'exécution dont les conséquences varient avec l'implémentation.

3.2.2 Définition d'un constructeur de recopie

On peut éviter ce problème en faisant en sorte que l'appel :

```
fct (a) ;
```

conduise à créer « intégralement » un nouvel objet de type *vect*, avec ses membres données *nelem* et *adr*, mais aussi son propre emplacement de stockage des valeurs du tableau. Autrement dit, nous souhaitons aboutir à cette situation :

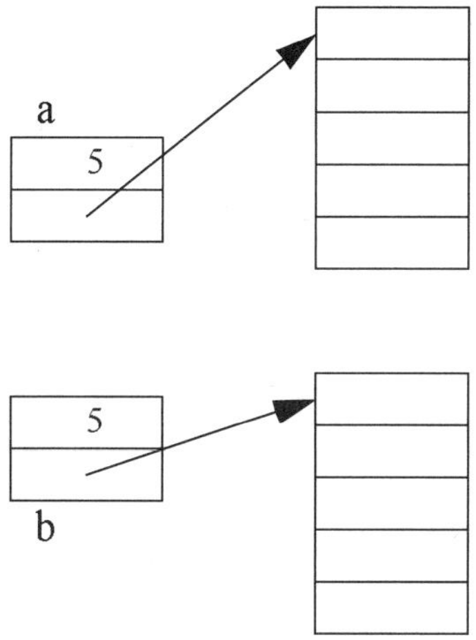

Pour ce faire, nous définissons, au sein de la classe *vect*, un constructeur par recopie de la forme :

```
vect (const vect &) ;        // ou, a la rigueur    vect (vect &)
```

dont nous savons qu'il sera appelé dans toute situation d'initialisation donc, en particulier, lors de l'appel de *fct*.

Ce constructeur (appelé après la création d'un nouvel objet[1]) doit :

- créer dynamiquement un nouvel emplacement dans lequel il recopie les valeurs correspondant à l'objet reçu en argument ;
- renseigner convenablement les membres données du nouvel objet (*nelem* = valeur du membre *nelem* de l'objet reçu en argument, *adr* = adresse du nouvel emplacement).

Introduisons ce constructeur de recopie dans l'exemple précédent :

```
#include <iostream>
using namespace std ;
class vect
{  int nelem ;                        // nombre d'éléments
   double * adr ;                     // pointeur sur ces éléments
  public :
   vect (int n)                       // constructeur "usuel"
   { adr = new double [nelem = n] ;
     cout << "+ const. usuel   - adr objet : " << this
          << " - adr vecteur : " << adr << "\n" ;
   }
```

1. Notez bien que le constructeur n'a pas à créer l'objet lui-même, c'est-à-dire ici les membres *int* et *adr*, mais simplement les parties soumises à la gestion dynamique.

```
   vect (const vect & v)              // constructeur de recopie
   { adr = new double [nelem = v.nelem] ;                 // création nouvel objet
     int i ; for (i=0 ; i<nelem ; i++) adr[i]=v.adr[i] ; // recopie de l'ancien
     cout << "+ const. recopie - adr objet : " << this
          << " - adr vecteur : " << adr << "\n" ;
   }
   ~vect ()                           // destructeur
   { cout << "- Destr. objet   - adr objet : "
          << this << " - adr vecteur : " << adr << "\n" ;
     delete adr ;
   }
} ;
void fct (vect b)
{ cout << "*** appel de fct ***\n" ; }

main()
{ vect a(5) ;   fct (a) ;
}
```

```
+ const. usuel   - adr objet : 006AFDE4 - adr vecteur : 007D0320
+ const. recopie - adr objet : 006AFD88 - adr vecteur : 007D0100
*** appel de fct ***
- Destr. objet   - adr objet : 006AFD88 - adr vecteur : 007D0100
- Destr. objet   - adr objet : 006AFDE4 - adr vecteur : 007D0320
```

Définition et utilisation d'un constructeur de recopie

Vous constatez cette fois que chaque objet possédant son propre emplacement mémoire, les destructions successives se déroulent sans problème.

Remarques

1 Si nous avons réglé le problème de l'initialisation d'un objet de type *vect* par un autre objet du même type, nous n'avons pas pour autant réglé celui qui se poserait en cas d'affectation entre objets de type *vect*. Comme nous l'avons déjà signalé à plusieurs reprises, ce dernier point ne peut se résoudre que par la surdéfinition de l'opérateur =.

2 Nous avons choisi pour notre constructeur par recopie la démarche la plus naturelle consistant à effectuer une copie profonde en dupliquant la partie dynamique du vecteur. Dans certains cas, on pourra chercher à éviter cette duplication en la dotant d'un compteur de références, comme l'explique l'Annexe D.

3 Si notre constructeur de recopie était déclaré privé, l'appel *fct(a)* entraînerait une erreur de compilation précisant qu'un constructeur de recopie n'est pas disponible. Si le but est de définir une classe dans laquelle la recopie est interdite, il suffit alors de ne fournir aucune définition. On notera cependant qu'il reste nécessaire de s'assurer qu'aucune fonction membre n'aura besoin de ce constructeur, ce qui serait par exemple le cas si notre fonction membre *f* de la classe *vect* se présentait ainsi :

```
void f()
  { void fct (vect) ;  // déclaration de la fonction ordinaire fct
    vect v1(5) ;
    fct (v1) ;         // appel de fct --> appel contsructeur de recopie
    vect v2 = v1 ;     // initialisation par appel constructeur de recopie
  }
```

3.3 Exemple 2 : objet en valeur de retour d'une fonction

Lorsque la transmission d'un argument ou d'une valeur de retour d'une fonction a lieu par valeur, elle met en œuvre une recopie. Lorsqu'elle concerne un objet, cette recopie est, comme nous l'avons dit, réalisée soit par le constructeur de recopie par défaut, soit par le constructeur de recopie prévu pour l'objet.

Si un objet comporte une partie dynamique, l'emploi de la recopie par défaut conduit à une « copie superficielle » ne concernant que les membres de l'objet. Les risques de double libération d'un emplacement mémoire sont alors les mêmes que ceux évoqués au paragraphe 3.2. Mais pour la partie dynamique de l'objet, on perd en outre le bénéfice de la protection contre des modifications qu'offre la transmission par valeur. En effet, dans ce cas, la fonction concernée reçoit bien une copie de l'adresse de l'emplacement mais, par le biais de ce pointeur, elle peut tout à fait modifier le contenu de l'emplacement lui-même (revoyez le schéma du paragraphe 3.2.1, dans lequel *a* jouait le rôle d'un argument et *b* celui de sa recopie).

Voici un exemple de programme faisant appel à une classe *point* dotée d'une fonction membre nommée *symetrique*, fournissant en retour un point symétrique de celui l'ayant appelée. Notez bien qu'ici, contrairement à l'exemple précédent, le constructeur de recopie n'est pas indispensable au bon fonctionnement de notre classe (qui ne comporte aucune partie dynamique) : il ne sert qu'à illustrer le mécanisme de son appel.

```
#include <iostream>
using namespace std ;
class point
{  int x, y ;
 public :
   point (int abs=0, int ord=0)      // constructeur "usuel"
   { x=abs ; y=ord ;
      cout << "++ Appel Const. usuel   " << this << " " << x << " " << y << "\n" ;
   }
   point (const point & p)           // constructeur de recopie
   { x=p.x ; y=p.y ;
     cout << "++ Appel Const. recopie " << this << " " << x << " " << y << "\n" ;
   }
   ~point ()
   { cout << "-- Appel Destr.         " << this << " " << x << " " << y << "\n" ;
   }
   point symetrique () ;
} ;
```

```
point point::symetrique ()
{ point res ; res.x = -x ; res.y = -y ; return res ;
}
main()
{   point a(1,3), b ;
    cout << "** avant appel de symetrique\n" ;
    b = a.symetrique () ;
    cout << "** apres appel de symetrique\n" ;
}
```

```
++ Appel Const. usuel   006AFDE4 1 3
++ Appel Const. usuel   006AFDDC 0 0
** avant appel de symetrique
++ Appel Const. usuel   006AFD60 0 0
++ Appel Const. recopie 006AFDD4 -1 -3
-- Appel Destr.         006AFD60 -1 -3
-- Appel Destr.         006AFDD4 -1 -3
** apres appel de symetrique
-- Appel Destr.         006AFDDC -1 -3
-- Appel Destr.         006AFDE4 1 3
```

Appel du constructeur de recopie en cas de transmission par valeur

4 Initialisation d'un objet lors de sa déclaration

Nous savons qu'il est possible d'intialiser une variable, un tableau ou une structure, en fournissant un « initialiseur » lors de la déclaration, comme dans :

```
int n = 12 ;
int t[] = {2, 8, 3, 9} ;
struct chose { int x ; float y ; } ;
chose c = {2, 4.5} ;
```

En théorie, ces possibilités s'appliquent aux objets : on peut fournir un initialiseur lors de leur déclaration. Mais si le rôle d'un tel initialiseur va de soi dans le cas de variables non objets (il ne s'agit que d'en fournir la ou les valeurs), il n'en va plus de même dans le cas d'un objet ; en effet, il ne s'agit plus de se contenter d'initialiser simplement ses membres mais plutôt de fournir, sous une forme peu naturelle, des arguments pour un constructeur. De plus, C++ n'impose aucune restriction sur le type de l'initialiseur qui pourra, éventuellement, être du même type que l'objet initialisé : dans ce cas, le constructeur utilisé sera le constructeur de recopie présenté précédemment.

Considérons d'abord cette classe (munie d'un constructeur usuel) :

```
class point
{     int x, y ;
  public :
      point (int abs) { x = abs ; y = 0 ; }
      .....
} ;
```

Nous avons déjà vu quel serait le rôle d'une déclaration telle que :

```
point a(3) ;
```

C++ nous autorise également à écrire :

```
point a = 3 ;
```

Cette déclaration entraîne :

- la création d'un objet *a* ;
- l'appel du constructeur auquel on transmet en argument la valeur de l'initialiseur, ici 3.

En définitive, les deux déclarations :

```
point a(3) ;
point a = 3 ;
```

sont équivalentes.

D'une manière générale, lorsque l'on déclare un objet avec un **initialiseur**, ce dernier peut être une **expression** d'un **type quelconque**, à condition qu'il existe un constructeur à un seul argument de ce type.

Cela s'applique donc aussi à une situation telle que :

```
point a ;
point b = a ;      // on initialise b avec l'objet a de même type
```

Manifestement, on aurait obtenu le même résultat en déclarant :

```
point b(a) ;       // on crée l'objet b, en utilisant le constructeur par recopie
                   //  de la classe point, auquel on transmet l'objet a
```

Quoi qu'il en soit, ces deux déclarations (*point b=a* et *point b(a)*) entraînent effectivement la création d'un objet de type *point*, suivie de l'appel du constructeur par recopie de *point* (celui par défaut ou, le cas échéant, celui qu'on y a défini), auquel on transmet en argument l'objet *a*.

Remarques

1 Il ne faut pas confondre l'initialiseur d'une classe avec celui employé pour donner des valeurs initiales à un tableau :

```
int t[5] = {3, 5, 11, 2, 0} ;
```

ou à une structure. Celui-ci est toujours utilisable en C++, y compris pour les structures généralisées (comportant des fonctions membres). Il est même applicable à des classes ne disposant pas de constructeur et dans lesquelles tous les membres sont publics ; en pratique, cette possibilité ne présente guère d'intérêt.

2 Supposons qu'une classe *point* soit munie d'un constructeur à deux arguments entiers et considérons la déclaration :

```
point a = point (1, 5) ;
```

Il s'agit bien d'une déclaration comportant un initialiseur constitué d'une expression de type *point*. On pourrait logiquement penser qu'elle entraîne l'appel d'un constructeur de recopie (par défaut ou effectif) en vue d'initialiser l'objet *a* nouvellement créé avec l'expression temporaire *point (1,5)*.

En fait, dans ce cas précis d'initialisation d'un objet par appel explicite du constructeur, C++ a prévu de traiter cette déclaration comme :

```
point a(1, 5) ;
```

Autrement dit, il y a création d'un seul objet *a* et appel du constructeur (« usuel ») pour cet objet. Aucun constructeur de recopie n'est appelé.

Cette démarche est assez naturelle et simplificatrice. Elle n'en demeure pas moins une exception par opposition à celle qui sera mise en œuvre dans :

```
point a = b ;
```

ou dans :

```
point a = b + point (1, 5)
```

lorsque nous aurons appris à donner un sens à une expression telle que *b + point (1, 5)* (qui suppose la « surdéfinition » de l'opérateur + pour la classe *point*).

5 Objets membres

5.1 Introduction

Il est tout à fait possible qu'une classe possède un membre donnée lui-même de type classe. Par exemple, ayant défini :

```
class point
{     int x, y ;
  public :
      int init (int, int) ;
      void affiche ( ) ;
} ;
```

nous pouvons définir :

```
class cercle
{     point centre ;
      int rayon ;
  public :
      void affrayon ( ) ;
      ...
} ;
```

Si nous déclarons alors :

```
cercle c ;
```

l'objet *c* possède un membre donnée privé *centre*, de type *point*. L'objet *c* peut accéder classiquement à la méthode *affrayon* par *c.affrayon*. En revanche, il ne pourra pas accéder à la méthode *init* du membre *centre* car *centre* est privé. Si *centre* était public, on pourrait accéder aux méthodes de *centre* par *c.centre.init ()* ou *c.centre.affiche ()*.

D'une manière générale, la situation d'objets membres correspond à une relation entre classes du type relation de possession (on dit aussi « relation a » – du verbe avoir). Effectivement, on peut bien dire ici qu'un cercle possède (a) un centre (de type *point*). Ce type de relation s'oppose à la relation qui sera induite par l'héritage, de type « relation est » (du verbe être).

Voyons maintenant comment sont mis en œuvre les constructeurs des différents objets lorsqu'ils existent.

5.2 Mise en œuvre des constructeurs et des destructeurs

Supposons, cette fois, que notre classe *point* ait été définie avec un constructeur :

```
class point
{     int x, y ;
  public :
      point (int, int) ;
} ;
```

Nous ne pouvons plus définir la classe *cercle* précédente sans constructeur. En effet, si nous le faisions, son membre *centre* se verrait certes attribuer un emplacement (lors d'une création d'un objet de type *cercle*), mais son constructeur ne pourrait être appelé (quelles valeurs pourrait-on lui transmettre ?).

Il faut donc :

- d'une part, définir un constructeur pour *cercle* ;
- d'autre part, spécifier les arguments à fournir au constructeur de *point* : ceux-ci doivent être choisis obligatoirement parmi ceux fournis à *cercle*.

Voici ce que pourrait être la définition de *cercle* et de son constructeur :

```
class cercle
{     point centre ;
      int rayon ;
  public :
      cercle (int, int, int) ;
} ;
cercle::cercle (int abs, int ord, int ray) : centre (abs, ord)
{ ...
}
```

Vous voyez que l'en-tête de *cercle* spécifie, après les deux-points, la liste des arguments qui seront transmis à *point*.

Les constructeurs seront appelés dans l'ordre suivant : *point*, *cercle*. S'il existe des destructeurs, ils seront appelés dans l'ordre inverse.

Voici un exemple complet :

```
#include <iostream>
using namespace std ;
class point
{ int x, y ;
 public :
  point (int abs=0, int ord=0)
    { x=abs ; y=ord ;
      cout << "Constr. point " << x << " " << y << "\n" ;
    }
} ;
class cercle
{ point centre ;
  int rayon ;
 public :
  cercle (int , int , int) ;
} ;
cercle::cercle (int abs, int ord, int ray) : centre(abs, ord)
{ rayon = ray ;
  cout << "Constr. cercle " << rayon << "\n" ;
}
main()
{  cercle a (1,3,9) ;
}
```

```
Constr. point 1 3
Constr. cercle 9
```

Appel des différents constructeurs dans le cas d'objets membres

Remarques

1 Si *point* dispose d'un constructeur sans argument, le constructeur de *cercle* peut ne pas spécifier d'argument à destination du constructeur de *centre* qui sera appelé automatiquement.

2 On pourrait écrire ainsi le constructeur de *cercle* :

```
cercle::cercle (int abs, int ord, int ray)
{ rayon = ray ;
  centre = point (abs, ord) ;
  cout << "Constr. cercle " << rayon << "\n" ;
}
```

Mais dans ce cas, on créerait un objet temporaire de type *point* supplémentaire, comme le montre l'exécution du même programme ainsi modifié :

```
Constr. point 0 0
Constr. point 1 3
Constr. cercle 9
```

3 Dans le cas d'objets comportant plusieurs objets membres, la sélection des arguments destinés aux différents constructeurs se fait en séparant chaque liste par une virgule. En voici un exemple :

```
class A                              class B
{ .....                              { .....
  A (int) ;                            B (double, int) ;
      .....                              .....
} ;                                  } ;
class C
{     A a1 ;
      B b ;
      A a2 ;
      .....
      C (int n, int p, double x, int q, int r) : a1(p), b(x,q), a2(r)
       { ..... }
      .....
} ;
```

Ici, pour simplifier l'écriture, nous avons supposé que le constructeur de C était en ligne. Parmi les arguments *n*, *p*, *x*, *q* et *r* qu'il reçoit, *p* sera transmis au constructeur A de *a1*, *x* et *q* au constructeur B de *b*, puis *r* au constructeur A de *a2*. Notez bien que l'ordre dans lequel ces trois constructeurs sont exécutés est en théorie celui de leur déclaration dans la classe, et non pas celui des initialiseurs. En pratique, on évitera des situtations où cet ordre pourrait avoir de l'importance.

En revanche, comme on peut s'y attendre, le constructeur C ne sera exécuté qu'après les trois autres (l'ordre des imbrications est toujours respecté).

5.3 Le constructeur de recopie

Nous avons vu que, pour toute classe, il est prévu un constructeur de recopie par défaut, qui est appelé en l'absence de constructeur de recopie effectif. Son rôle est simple dans le cas d'objets ne comportant pas d'objets membres, puisqu'il s'agit alors de recopier les valeurs des différents membres données.

Lorsque l'objet comporte des objets membres, la recopie (par défaut) se fait membre par membre[1] ; autrement dit, si l'un des membres est lui-même un objet, on le recopiera en appelant **son propre constructeur de recopie** (qui pourra être soit un constructeur par défaut, soit un constructeur défini dans la classe correspondante).

1. En anglais, on parle de *memberwise copy*. Dans les premières versions de C++, la copie se faisait bit à bit (*bitwise copy*), ce qui n'était pas toujours satisfaisant.

Cela signifie que la construction par recopie (par défaut) d'un objet sera satisfaisante dès lors qu'il ne contient pas de pointeurs sur des parties dynamiques, même si certains de ses objets membres en comportent (à condition qu'ils soient quant à eux munis des constructeurs par recopie appropriés).

En revanche, si l'objet contient des pointeurs, il faudra le munir d'un constructeur de recopie approprié. Ce dernier devra alors prendre en charge l'intégralité de la recopie de l'objet. Cependant, on pourra pour cela transmettre les informations nécessaires aux constructeurs par recopie (par défaut ou non) de certains de ses membres, en utilisant la technique décrite au paragraphe 5.2.

6 Initialisation de membres dans l'en-tête d'un constructeur

La syntaxe que nous avons décrite au paragraphe 5.2 pour transmettre des arguments à un constructeur d'un objet membre peut en fait s'appliquer à n'importe quel membre, même s'il ne s'agit pas d'un objet. Par exemple :

```
class point
{  int x, y ;
  public :
   point (int abs=0, int ord=0) : x(abs), y(ord) {}
   .....
} ;
```

L'appel du constructeur *point* provoquera l'initialisation des membres *x* et *y* avec respectivement les valeurs *abs* et *ord*. Son corps est vide ici, puisqu'il n'y a rien de plus à faire pour remplacer notre constructeur classique :

```
point (int abs=0, int ord=0) { x=abs ; y=ord ; }
```

Cette possibilité (qui s'applique également aux structures généralisées disposant d'au moins un constructeur) peut devenir indispensable en cas :

- *d'initialisation d'un membre donnée constant*. Par exemple, avec cette classe :

```
class truc
{  const int n ;
  public :
   truc () ;
   .....
} ;
```

il n'est pas possible de procéder ainsi pour initialiser *n* dans le constructeur de *truc* :

```
truc::truc() { n = 12 ; } // interdit : n est constant
```

En revanche, on pourra procéder ainsi :

```
truc::truc() : n(12) { ..... }
```

- *d'initialisation d'un membre donnée qui est une référence*. En effet, on ne peut qu'initialiser une telle référence, jamais lui affecter une nouvelle valeur (revoyez éventuellement le paragraphe 13.2 du chapitre 7).

7 Les tableaux d'objets

N.B. Ce paragraphe peut être ignoré dans un premier temps.

En C++, un tableau peut posséder des éléments de n'importe quel type, y compris de type classe, ce qui conduit alors à des tableaux d'objets. Ce concept ne présente pas de difficultés particulières au niveau des notations que nous allons nous contenter de rappeler à partir d'un exemple. En revanche, il nous faudra préciser certains points relatifs à l'appel des constructeurs et aux initialiseurs.

7.1 Notations

Soit une classe *point* sans constructeur, définie par :

```
class point
{   int x, y ;
  public :
    void init (int, int) ;
    void affiche ( ) ;
} ;
```

Nous pouvons déclarer un tableau *courbe* de vingt objets de type *point* par :

```
point courbe [20] ;
```

Si *i* est un entier, la notation *courbe[i]* désignera un objet de type *point*. L'instruction :

```
courbe[i].affiche () ;
```

appellera le membre *init* pour le point *courbe[i]* (les priorités relatives des opérateurs . et [] permettent de s'affranchir de parenthèses). De même, on pourra afficher tous les points par :

```
for (i = 0 ; i < 20 ; i++) courbe[i].affiche() ;
```

Remarque

Un tableau d'objets n'est pas un objet. En revanche, il reste toujours possible de définir une classe dont un des membres est un tableau d'objets. Ainsi, nous pourrions définir un type *courbe* par :

```
class courbe
{ point p[20] ;
    .....
} ;
```

Notez que la classe *vector* de la bibliothèque standard permettra de définir des tableaux dynamiques (dont la taille pourra varier au fil de l'exécution) qui seront de vrais objets.

En Java

Non seulement un tableau d'objets est un objet, mais même un simple tableau d'éléments d'un type de base est aussi un objet.

7.2 Constructeurs et initialiseurs

Nous venons de voir la signification de la déclaration :

```
point courbe[20] ;
```

dans le cas où *point* est une classe sans constructeur.

Si la classe comporte un constructeur sans argument, celui-ci sera appelé successivement pour chacun des éléments (de type *point*) du tableau *courbe*. En revanche, si aucun des constructeurs de *point* n'est un constructeur sans argument, la déclaration précédente conduira à une erreur de compilation. Dans ce cas en effet, C++ n'est plus en mesure de garantir le passage par un constructeur, dès lors que la classe concernée (*point*) en comporte au moins un.

Il est cependant possible de compléter une telle déclaration par un initialiseur comportant une liste de valeurs ; chaque valeur sera transmise à un constructeur approprié (les valeurs peuvent donc être de types quelconques, éventuellement différents les uns des autres, dans la mesure où il existe le constructeur correspondant). Pour les tableaux de classe automatique, les valeurs de l'initialiseur peuvent être une expression quelconque (pour peu qu'elle soit calculable au moment où on en a besoin). En outre, l'initialiseur peut comporter moins de valeurs que le tableau n'a d'éléments[1]. Dans ce cas, il y a appel du constructeur sans argument (qui doit donc exister) pour les éléments auxquels ne correspond aucune valeur.

Voici un exemple illustrant ces possibilités (nous avons choisi un constructeur disposant d'arguments par défaut : il remplace trois constructeurs à zéro, un et deux arguments).

```
#include <iostream>
using namespace std ;
class point
{   int x, y ;
  public :
    point (int abs=0, int ord=0)      // constructeur (0, 1 ou 2 arguments)
      { x=abs ; y =ord ;
        cout << "++ Constr. point : " << x << " " << y << "\n" ;
      }
    ~point ()
    { cout << "-- Destr. point : " << x << " " << y << "\n" ;
    }
} ;
```

1. Mais pour l'instant, les éléments manquants doivent obligatoirement être les derniers.

```
main()
{  int n = 3 ;
   point courbe[5] = { 7, n, 2*n+5 } ;
   cout << "*** fin programme ***\n" ;
}
```

```
++ Constr. point : 7 0
++ Constr. point : 3 0
++ Constr. point : 11 0
++ Constr. point : 0 0
++ Constr. point : 0 0
*** fin programme ***
-- Destr. point : 0 0
-- Destr. point : 0 0
-- Destr. point : 11 0
-- Destr. point : 3 0
-- Destr. point : 7 0
```

Construction et initialisation d'un tableau d'objets (version 2.0)

7.3 Cas des tableaux dynamiques d'objets

Si l'on dispose d'une classe *point*, on peut créer dynamiquement un tableau de points en faisant appel à l'opérateur *new*. Par exemple :

```
point * adcourbe = new point[20] ;
```

alloue l'emplacement mémoire nécessaire à vingt objets (consécutifs) de type *point,* et place l'adresse du premier de ces objets dans *adcourbe*.

Là encore, si la classe *point* comporte un constructeur sans argument, ce dernier sera appelé pour chacun des vingt objets. En revanche, si aucun des constructeurs de *point* n'est un constructeur sans argument, l'instruction précédente conduira à une erreur de compilation. Bien entendu, aucun problème particulier ne se posera si la classe *point* ne comporte aucun constructeur.

Par contre, il n'existe ici aucune possibilité de fournir un initialiseur, alors que cela est possible dans le cas de tableaux automatiques ou statiques (voir paragraphe 6.2).

Pour détruire notre tableau d'objets, il suffira de l'instruction (notez la présence des crochets [] qui précisent que l'on a affaire à un tableau d'objets) :

```
delete [] adcourbe
```

Celle-ci provoquera l'appel du destructeur de *point* et la libération de l'espace correspondant **pour chacun des éléments du tableau**.

8 Les objets temporaires

N.B. Ce paragraphe peut être ignoré dans un premier temps.

Lorsqu'une classe dispose d'un constructeur, ce dernier peut être appelé explicitement (avec la liste d'arguments nécessaires). Il y a alors création d'un objet temporaire. Par exemple, si nous supposons qu'une classe *point* possède le constructeur :

```
point (int, int) ;
```

nous pouvons, si *a* est un objet de type *point*, écrire une affectation telle que :

```
a = point (1, 2) ;
```

Dans une telle instruction, l'évaluation de l'expression :

```
point (1, 2)
```

conduit à :

- la création d'un objet temporaire de type *point* (il a une adresse précise, mais il n'est pas accessible au programme)[1] ;
- l'appel du constructeur *point* pour cet objet temporaire, avec transmission des arguments spécifiés (ici 1 et 2) ;
- la recopie de cet objet temporaire dans *a* (affectation d'un objet à un autre de même type).

Quant à l'objet temporaire ainsi créé, il n'a plus d'intérêt dès que l'instruction d'affectation est exécutée. La norme prévoit qu'il soit détruit dès que possible.

Voici un exemple de programme montrant l'emploi d'objets temporaires. Remarquez qu'ici, nous avons prévu, dans le constructeur et le destructeur de notre classe *point*, d'afficher non seulement les valeurs de l'objet mais également son adresse.

```
#include <iostream>
using namespace std ;
class point
{  int x, y ;
 public :
   point (int abs, int ord)          // constructeur ("inline")
      { x = abs ; y = ord ;
        cout << "++ Constr. point " << x << " " << y
             << " a l'adresse : " << this << "\n" ;
      }
   ~point ()                         // destructeur ("inline")
      { cout << "-- Destr.  point " << x << " " << y
             << " a l'adresse : " << this << "\n" ;
      }
} ;
```

1. En fait, il en va de même lorsque l'on réalise une affectation telle que $y = a * x + b$. Il y a bien création d'un emplacement temporaire destiné à recueillir le résultat de l'évaluation de l'expression $a * x + b$.

```
main()
{ point a(0,0) ;                     // un objet automatique de classe point
  a = point (1, 2) ;                 // un objet temporaire
  a = point (3, 5) ;                 // un autre objet temporaire
  cout << "****** Fin main ******\n" ;
}
```

```
+ Constr. point 0 0 a l'adresse : 006AFDE4
+ Constr. point 1 2 a l'adresse : 006AFDDC
- Destr.  point 1 2 a l'adresse : 006AFDDC
+ Constr. point 3 5 a l'adresse : 006AFDD4
- Destr.  point 3 5 a l'adresse : 006AFDD4
***** Fin main ******
- Destr.  point 3 5 a l'adresse : 006AFDE4
```

Exemple de création d'objets temporaires

On voit clairement que les deux affectations de la fonction *main* entraînent la création d'un objet temporaire distinct de *a*, qui se trouve détruit tout de suite après. La dernière destruction, réalisée après la fin de l'exécution, concerne l'objet automatique *a*.

Remarques

1 Répétons que dans une affectation telle que :

```
a = point (1, 2) ;
```

l'objet *a* existe déjà. Il n'a donc pas à être créé et il n'y a pas d'appel de constructeur à ce niveau pour *a*.

2 Les remarques sur les risques que présente une affectation entre objets, notamment s'ils comportent des parties dynamiques[1], restent valables ici. On pourra utiliser la même solution, à savoir la surdéfinition de l'opérateur d'affectation.

3 Il existe d'autres circonstances dans lesquelles sont créés des objets temporaires, à savoir :

- transmission de la valeur d'un objet en argument d'une fonction ; il y a création d'un objet temporaire au sein de la fonction concernée ;
- transmission d'un objet en valeur de retour d'une fonction ; il y a création d'un objet temporaire au sein de la fonction appelante.

Dans les deux cas, l'objet temporaire est initialisé par appel du constructeur de recopie.

4 La présence d'objets temporaires (dont le moment de destruction n'est pas parfaitement imposé par la norme) peut rendre difficile le dénombrement exact d'objets d'une classe donnée.

1. Nous incluons dans ce cas les objets dont un membre (lui-même objet) comporte une partie dynamique.

5 La norme ANSI autorise les compilateurs à supprimer certaines créations d'objets temporaires, notamment dans des situations telles que :

```
f (point(1,2) ; // appel d'une fonction attendant un point avec un
                // argument qui est un objet temporaire ; l'implémentation
                // peut ne pas créer point(1,2) dans la fonction appelante
return point(3,5) ; // renvoi de la valeur d'un point ; l'implémentation
                    // peut ne pas créer point(3,5) dans la fonction
```

14

Les fonctions amies

La P.O.O. pure impose l'encapsulation des données. Nous avons vu comment la mettre en œuvre en C++ : les membres privés (données ou fonctions) ne sont accessibles qu'aux fonctions membres (publiques ou privées[1]) et seuls les membres publics sont accessibles « de l'extérieur ».

Nous avons aussi vu qu'en C++ « l'unité de protection » est la classe, c'est-à-dire qu'une même fonction membre peut accéder à tous les objets de sa classe. C'est ce qui se produisait dans la fonction *coincide* (examen de la coïncidence de deux objets de type *point*) présentée au paragraphe 4 du chapitre 12.

En revanche, ce même principe d'encapsulation interdit à une fonction membre d'une classe d'accéder à des données privées d'une autre classe. Or cette contrainte s'avère gênante dans certaines circonstances. Supposez par exemple que vous ayez défini une classe *vecteur* (de taille fixe ou variable, peu importe !) et une classe *matrice*. Il est probable que vous souhaiterez alors définir une fonction permettant de calculer le produit d'une matrice par un vecteur. Or, avec ce que nous connaissons actuellement de C++, nous ne pourrions définir cette fonction ni comme fonction membre de la classe *vecteur*, ni comme fonction membre de la classe *matrice*, et encore moins comme fonction indépendante (c'est-à-dire membre d'aucune classe).

Bien entendu, vous pourriez toujours rendre publiques les données de vos deux classes, mais vous perdriez alors le bénéfice de leur protection. Vous pourriez également introduire dans

1. Le statut protégé (*protected*) n'intervient qu'en cas d'héritage ; nous en parlerons au chapitre 19. Pour l'instant, vous pouvez considérer que les membres protégés sont traités comme les membres privés.

les deux classes des fonctions publiques permettant d'accéder aux données, mais vous seriez alors pénalisé en temps d'exécution...

En fait, la notion de *fonction amie*[1] propose une solution intéressante, sous la forme d'un compromis entre encapsulation formelle des données privées et des données publiques. Lors de la définition d'une classe, il est en effet possible de déclarer qu'une ou plusieurs fonctions (extérieures à la classe) sont des « amies » ; une telle déclaration d'amitié les autorise alors à accéder aux données privées, au même titre que n'importe quelle fonction membre.

L'avantage de cette méthode est de permettre le contrôle des accès au niveau de la classe concernée : on ne peut pas s'imposer comme fonction amie d'une classe si cela n'a pas été prévu dans la classe. Nous verrons toutefois qu'en pratique la protection est un peu moins efficace qu'il n'y paraît, dans la mesure où une fonction peut parfois se faire passer pour une autre !

Il existe plusieurs situations d'amitiés :

- fonction indépendante, amie d'une classe ;
- fonction membre d'une classe, amie d'une autre classe ;
- fonction amie de plusieurs classes ;
- toutes les fonctions membres d'une classe, amies d'une autre classe.

La première nous servira à présenter les principes généraux de déclaration, définition et utilisation d'une fonction amie. Nous examinerons ensuite en détail chacune de ces situations d'amitié. Enfin, nous verrons l'incidence de l'existence de fonctions amies sur l'exploitation d'une classe.

1 Exemple de fonction indépendante amie d'une classe

Au paragraphe 4 du chapitre 12, nous avons introduit une fonction *coincide* examinant la « coïncidence » de deux objets de type *point* ; pour ce faire, nous en avons fait une fonction membre de la classe *point*. Nous vous proposons ici de résoudre le même problème, en faisant cette fois de la fonction *coincide* une fonction indépendante amie de la classe *point*.

Tout d'abord, il nous faut introduire dans la classe *point* la déclaration d'amitié appropriée, à savoir :

```
friend int coincide (point, point) ;
```

Il s'agit précisément du prototype de la fonction *coincide*, précédé du mot clé *friend*. Naturellement, nous avons prévu que *coincide* recevrait deux arguments de type *point* (cette fois, il

1. *Friend*, en anglais.

ne s'agit plus d'une fonction membre : elle ne recevra donc pas d'argument implicite *this* correspondant à l'objet l'ayant appelé).

L'écriture de la fonction *coincide* ne pose aucun problème particulier.

Voici un exemple de programme :

```
#include <iostream>
using namespace std ;
class point
   { int x, y ;
   public :
     point (int abs=0, int ord=0)         // un constructeur ("inline")
             { x=abs ; y=ord ; }
        // déclaration fonction amie (indépendante) nommée coincide
     friend int coincide (point, point) ;
   } ;
int coincide (point p, point q)           // définition de coincide
{   if ((p.x == q.x) && (p.y == q.y)) return 1 ;
                                  else return 0 ;
}
main()                                    // programme d'essai
{  point a(1,0), b(1), c ;
   if (coincide (a,b)) cout << "a coincide avec b \n" ;
                  else cout << "a et b sont differents \n" ;
   if (coincide (a,c)) cout << "a coincide avec c \n" ;
                  else cout << "a et c sont differents \n" ;
}
```

```
a coincide avec b
a et c sont differents
```

*Exemple de fonction indépendante (*coincide*) amie de la classe* point

Remarques

1 L'emplacement de la déclaration d'amitié au sein de la classe *point* est absolument indifférent.

2 Il n'est pas nécessaire de déclarer la fonction amie dans la fonction ou dans le fichier source où on l'utilise, car elle est déjà obligatoirement déclarée dans la classe concernée. Cela reste valable dans le cas (usuel) où la classe a été compilée séparément, puisqu'il faudra alors en introduire la déclaration (généralement par *#include*). Néanmoins, une déclaration superflue de la fonction amie ne constituerait pas une erreur.

3 Comme nous l'avons déjà fait remarquer, nous n'avons plus ici d'argument implicite (*this*). Ainsi, contrairement à ce qui se produisait au paragraphe 4 du chapitre 12, notre fonction *coincide* est maintenant parfaitement symétrique. Nous retrouverons le même

phénomène lorsque, pour surdéfinir un opérateur binaire, nous pourrons choisir entre une fonction membre (dissymétrique) ou une fonction amie (symétrique).

4 Ici, les deux arguments de *coincide* sont transmis par valeur. Ils pourraient l'être par référence ; notez que, dans le cas d'une fonction membre, l'objet appelant la fonction est d'office transmis par référence (sous la forme de *this*).

5 Généralement, une fonction amie d'une classe possédera un ou plusieurs arguments ou une valeur de retour du type de cette classe (c'est ce qui justifiera son besoin d'accès aux membres privés des objets correspondants). Ce n'est toutefois pas une obligation[1] : on pourrait imaginer une fonction ayant besoin d'accéder aux membres privés d'objets locaux à cette fonction...

6 Lorsqu'une fonction amie d'une classe fournit une valeur de retour du type de cette classe, il est fréquent que cette valeur soit celle d'un objet local à la fonction. Il est alors impératif que sa transmission ait lieu par valeur ; dans le cas d'une transmission par référence (ou par adresse), la fonction appelante recevrait l'adresse d'un emplacement mémoire qui aurait été libéré à la sortie de la fonction. Ce phénomène a déjà été évoqué au paragraphe 6 du chapitre 12.

2 Les différentes situations d'amitié

Nous venons d'examiner le cas d'une fonction indépendante amie d'une classe. Celle-ci peut être résumée par le schéma suivant :

```
class point
{                                              int coincide (point ..., point ...)
 // partie privée                              { // on a accès ici aux membres pri-
    .....                                        // vés de tout objet de type point
 // partie publique                            }
   friend int coincide (point, point) ;
    .....
} ;
```

*Fonction indépendante (*coincide*) amie d'une classe (*point*)*

Bien que nous l'ayons placée ici dans la partie publique de *point*, nous vous rappelons que la déclaration d'amitié peut figurer n'importe où dans la classe.

D'autres situations d'amitié sont possibles ; fondées sur le même principe, elles peuvent conduire à des déclarations d'amitié très légèrement différentes. Nous allons maintenant les passer en revue.

1. Mais ce sera obligatoire dans le cas des opérateurs surdéfinis.

2.1 Fonction membre d'une classe, amie d'une autre classe

Il s'agit un peu d'un cas particulier de la situation précédente. En fait, il suffit simplement de préciser, dans la déclaration d'amitié, la classe à laquelle appartient la fonction concernée, à l'aide de l'opérateur de résolution de portée (::).

Par exemple, supposons que nous ayons à définir deux classes nommées A et B et que nous ayons besoin dans B d'une fonction membre *f*, de prototype :

```
int f(char, A) ;
```

Si, comme il est probable, *f* doit pouvoir accéder aux membres privés de A, elle sera déclarée amie au sein de la classe par :

```
friend int B::f(char, A) ;
```

Voici un schéma récapitulatif de la situation :

```
class A                                  class B
{                                        {
  // partie privée                           .....
    .....                                    int f (char, A) ;
  // partie publique                         .....
    friend int B::f (char, A) ;          } ;
    .....                                 int B::f (char ..., A ...)
} ;                                      {    // on a accès ici aux membres privés
                                              // de tout objet de type A
                                         }
```

Fonction (f) d'une classe (B), amie d'une autre classe (A)

Remarques

1 Pour compiler convenablement les déclarations d'une classe A contenant une déclaration d'amitié telle que :

```
friend int B::f(char, A) ;
```

le compilateur a besoin de connaître les caractéristiques de B ; cela signifie que la déclaration de B (mais pas nécessairement la définition de ses fonctions membres) devra avoir été compilée avant celle de A.

En revanche, pour compiler convenablement la déclaration :

```
int f(char, A)
```

figurant au sein de la classe B, le compilateur n'a pas besoin de connaître précisément les caractéristiques de A. Il lui suffit de savoir qu'il s'agit d'une classe. Comme, d'après ce qui vient d'être dit, la déclaration de B n'a pu apparaître avant, on fournira l'information voulue au compilateur en faisant précéder la déclaration de A de :

```
class A ;
```

Bien entendu, la compilation de la définition de la fonction *f* nécessite (en général[1]) la connaissance des caractéristiques des classes A et B ; leurs déclarations devront donc apparaître avant.

À titre indicatif, voici une façon de compiler nos deux classes A et B et la fonction *f* :

```
class A ;
class B
{     .....
      int f(char, A) ;
      .....
} ;
class A
{     .....
      friend int B::f(char, A) ;
      .....
} ;
int B::f(char..., A...)
{     .....
}
```

2 Si l'on a besoin de « déclarations d'amitiés croisées » entre fonctions de deux classes différentes, la seule façon d'y parvenir consiste à déclarer au moins une des classes amie de l'autre (comme nous apprendrons à le faire au paragraphe 2.3).

2.2 Fonction amie de plusieurs classes

Rien n'empêche qu'une même fonction (qu'elle soit indépendante ou fonction membre) fasse l'objet de déclarations d'amitié dans différentes classes. Voici un exemple d'une fonction amie de deux classes A et B :

```
class A                                         class B
{    // partie privée                           { // partie privée
       .....                                         .....
    // partie publique                            // partie publique
      friend void f(A, B) ;                          friend void f(A, B) ;
       .....                                         .....
} ;                                             } ;
                  void f(A..., B...)
                  { // on a accès ici aux membres privés
                    // de n'importe quel objet de type A ou B
                  }
```

Fonction indépendante (f) amie de deux classes (A et B)

1. Une exception aurait lieu pour B si *f* n'accédait à aucun de ses membres (ce qui serait surprenant). Il en irait de même pour A si aucun argument de ce type n'apparaissait dans *f* et si cette dernière n'accédait à aucun membre de A (ce qui serait tout aussi surprenant).

Remarque

Ici, la déclaration de A peut être compilée sans celle de B, en la faisant précéder de la déclaration :

```
class B ;
```

De même, la déclaration de B peut être compilée sans celle de A, en la faisant précéder de la déclaration :

```
class A ;
```

Si l'on compile en même temps les deux déclarations de A et B, il faudra utiliser l'une des deux déclarations citées (*class A* si B figure avant A, *class B* sinon).

Bien entendu, la compilation de la définition de *f* nécessitera généralement les déclarations de A et de B.

2.3 Toutes les fonctions d'une classe amies d'une autre classe

C'est une généralisation du cas évoqué au paragraphe 2.1. On pourrait d'ailleurs effectuer autant de déclarations d'amitié qu'il y a de fonctions concernées. Mais il est plus simple d'effectuer une déclaration globale. Ainsi, pour dire que toutes les fonctions membres de la classe B sont amies de la classe A, on placera, dans la classe A, la déclaration :

```
friend class B ;
```

Remarques

1 Cette fois, pour compiler la déclaration de la classe A, il suffira de la faire précéder de :

```
class B ;
```

2 Ce type de déclaration d'amitié évite de fournir les en-têtes des fonctions concernées.

3 Exemple

Nous vous proposons ici de résoudre le problème évoqué en introduction, à savoir réaliser une fonction permettant de déterminer le produit d'un vecteur (objet de classe *vect*) par une matrice (objet de classe *matrice*). Par souci de simplicité, nous avons limité les fonctions membres à :

- un constructeur pour *vect* et pour *matrice* ;
- une fonction d'affichage (*affiche*) pour *matrice*.

Nous vous fournissons deux solutions fondées sur l'emploi d'une fonction amie nommée *prod* :

- *prod* est indépendante et amie des deux classes *vect* et *matrice* ;
- *prod* est membre de *matrice* et amie de la classe *vect*.

3.1 Fonction amie indépendante

```
#include <iostream>
using namespace std ;
class matrice ;          // pour pouvoir compiler la déclaration de vect

       // *********** La classe vect *******************
class vect
{
    double v[3] ;        // vecteur à 3 composantes
  public :
    vect (double v1=0, double v2=0, double v3=0)    // constructeur
      { v[0] = v1 ; v[1]=v2 ; v[2]=v3 ;
      }
    friend vect prod (matrice, vect) ;    // prod = fonction amie indépendante
  void affiche ()
      { int i ;
        for (i=0 ; i<3 ; i++) cout << v[i] << " " ;
        cout << "\n" ;
      }
} ;

       // *********** La classe matrice *****************
class matrice
{
    double mat[3] [3] ;          // matrice 3 X 3
  public :
    matrice (double t[3][3])     // constructeur, à partir d'un tableau 3 x 3
      { int i ; int j ;
        for (i=0 ; i<3 ; i++)
          for (j=0 ; j<3 ; j++)
            mat[i] [j] = t[i] [j] ;
      }
    friend vect prod (matrice, vect) ;    // prod = fonction amie indépendante
} ;

        // ********** La fonction prod *****************
vect prod (matrice m, vect x)
{  int i, j ;
   double som ;
   vect res ;      // pour le résultat du produit
   for (i=0 ; i<3 ; i++)
     { for (j=0, som=0 ; j<3 ; j++)
          som += m.mat[i] [j] * x.v[j] ;
       res.v[i] = som ;
     }
   return res ;
}
```

```
        // ********** Un petit programme de test *********
main()
{  vect w (1,2,3) ;
   vect res  ;
   double tb [3][3] = { 1, 2, 3, 4, 5, 6, 7, 8, 9 } ;
   matrice a =  tb  ;
   res = prod(a, w) ;
   res.affiche () ;
}
```

```
14 32 50
```

Produit d'une matrice par un vecteur à l'aide d'une fonction indépendante amie des deux classes

3.2 Fonction amie, membre d'une classe

```
#include <iostream>
using namespace std ;
      // ********* Déclaration de la classe matrice ************
class vect ;                    // pour pouvoir compiler correctement
class matrice
{   double mat[3] [3] ;         // matrice 3 X 3
  public :
    matrice (double t[3][3])    // constructeur, à partir d'un tableau 3 x 3
      { int i ; int j ;
        for (i=0 ; i<3 ; i++)
          for (j=0 ; j<3 ; j++)
            mat[i] [j] = t[i] [j] ;
      }
    vect prod (vect) ;          // prod = fonction membre (cette fois)
} ;

      // ********* Déclaration de la classe vect **************
class vect
{   double v[3] ;        // vecteur à 3 composantes
  public :
    vect (double v1=0, double v2=0, double v3=0)   // constructeur
      { v[0] = v1 ; v[1]=v2 ; v[2]=v3 ; }
    friend vect matrice::prod (vect) ;             // prod = fonction amie
    void affiche ()
      { int i ;
        for (i=0 ; i<3 ; i++) cout << v[i] << " " ;
        cout << "\n" ;
      }
} ;
```

```
        // ********* Définition de la fonction prod ************
vect matrice::prod (vect x)
{  int i, j ;
   double som ;
   vect res ;      // pour le résultat du produit
   for (i=0 ; i<3 ; i++)
     { for (j=0, som=0 ; j<3 ; j++)
          som += mat[i] [j] * x.v[j] ;
       res.v[i] = som ;
     }
   return res ;
}

      // ********** Un petit programme de test *********
main()
{  vect w (1,2,3) ;
   vect res  ;
   double tb [3][3] = { 1, 2, 3, 4, 5, 6, 7, 8, 9 } ;
   matrice a =  tb  ;
   res = a.prod (w) ;
   res.affiche () ;
}
```

```
14 32 50
```

Produit d'une matrice par un vecteur à l'aide d'une fonction membre amie d'une autre classe

4 Exploitation de classes disposant de fonctions amies

Comme nous l'avons déjà mentionné au chapitre 11, les classes seront généralement compilées séparément. Leur utilisation se fera à partir d'un module objet contenant leurs fonctions membres et d'un fichier en-tête contenant leur déclaration. Bien entendu, il est toujours possible de regrouper plusieurs classes dans un même module objet et éventuellement dans un même fichier en-tête.

Dans tous les cas, cette compilation séparée des classes permet d'en assurer la réutilisabilité : le « client » (qui peut éventuellement être le concepteur de la classe) ne peut pas intervenir sur le contenu des objets de cette classe.

Que deviennent ces possibilités lorsque l'on utilise des fonctions amies ? En fait, s'il s'agit de fonctions amies, membres d'une classe, rien n'est changé (en dehors des éventuelles déclarations de classes nécessaires à son emploi). En revanche, s'il s'agit d'une fonction indépendante, il faudra bien voir que si l'on souhaite en faire un module objet séparé, on court le risque de voir l'utilisateur de la classe violer le principe d'encapsulation.

En effet, dans ce cas, l'utilisateur d'une classe disposant d'une fonction amie peut toujours ne pas incorporer la fonction amie à l'édition de liens et fournir lui-même une autre fonction de même en-tête, puis accéder comme il l'entend aux données privées...

Ce risque d'« effet caméléon » doit être nuancé par le fait qu'il s'agit d'une action délibérée (demandant un certain travail), et non pas d'une simple étourderie...

15

La surdéfinition d'opérateurs

Nous avons vu au paragraphe 10 du chapitre 7 que C++ autorise la « surdéfinition » (on rencontre aussi le terme « surcharge ») de fonctions, qu'il s'agisse de fonctions membres ou de fonctions indépendantes. Rappelons que cette technique consiste à attribuer le même nom à des fonctions différentes ; lors d'un appel, le choix de la « bonne fonction » est effectué par le compilateur, suivant le nombre et le type des arguments.

Mais C++ permet également, dans certaines conditions, de surdéfinir des opérateurs. En fait, C++, comme beaucoup d'autres langages, réalise déjà la surdéfinition de certains opérateurs. Par exemple, dans une expression telle que :

```
a + b
```

le symbole + peut désigner, suivant le type de a et b :

- l'addition de deux entiers ;
- l'addition de deux réels (*float*) ;
- l'addition de deux réels double précision (*double*) ;
- etc.

De la même manière, le symbole * peut, suivant le contexte, représenter la multiplication d'entiers ou de réels ou une « indirection » (comme dans *a* = * *adr*).

En C++, vous pourrez surdéfinir n'importe quel opérateur existant (unaire ou binaire) pour peu qu'il porte sur au moins un objet[1]. Il s'agit là d'une technique fort puissante puisqu'elle

1. Cette restriction signifie simplement qu'il ne sera pas possible de surdéfinir les opérateurs portant sur les différents types de base.

va vous permettre de créer, par le biais des classes, des types à part entière, c'est-à-dire munis, comme les types de base, d'opérateurs parfaitement intégrés. La notation opératoire qui en découlera aura l'avantage d'être beaucoup plus concise et (du moins si l'on s'y prend « intelligemment » !) lisible qu'une notation fonctionnelle (par appel de fonction).

Par exemple, si vous définissez une classe *complexe* destinée à représenter des nombres complexes, il vous sera possible de donner une signification à des expressions telles que :

```
a + b     a - b     a * b     a/b
```

a et b étant des objets de type *complexe*[1]. Pour cela, vous surdéfinirez les opérateurs +, -, * et / en spécifiant le rôle exact que vous souhaitez leur attribuer. Cette définition se déroulera comme celle d'une fonction à laquelle il suffira simplement d'attribuer un nom spécial permettant de spécifier qu'il s'agit en fait d'un opérateur. Autrement dit, la surdéfinition d'opérateurs en C++ consistera simplement en l'écriture de nouvelles fonctions surdéfinies.

Après vous avoir présenté la surdéfinition d'opérateurs, ses possibilités et ses limites, nous l'appliquerons aux opérateurs = et []. Certes, il ne s'agira que d'exemples, mais ils montreront qu'à partir du moment où l'on souhaite donner à ces opérateurs une signification naturelle et acceptable dans un contexte de classe, un certain nombre de précautions doivent être prises. En particulier, nous verrons comment la surdéfinition de l'affectation permet de régler le problème déjà rencontré, à savoir celui des objets comportant des pointeurs sur des emplacements dynamiques.

Enfin, nous examinerons comment prendre en charge la gestion de la mémoire en surdéfinissant les opérateurs *new* et *delete*.

1 Le mécanisme de la surdéfinition d'opérateurs

Considérons une classe *point* :

```
class point  { int x, y ;
                 .....
               } ;
```

et supposons que nous souhaitions définir l'opérateur + afin de donner une signification à une expression telle que *a* + *b*, lorsque *a* et *b* sont de type *point*. Ici, nous conviendrons que la « somme » de deux points est un point dont les coordonnées sont la somme de leurs coordonnées[2].

1. Une notation fonctionnelle conduirait à des choses telles que *somme (a,b)* ou *a.somme(b)* suivant que l'on utilise une fonction amie ou une fonction membre.

2. Nous aurions pu tout aussi bien prendre l'exemple de la classe *complexe* évoquée en introduction. Nous préférons cependant choisir un exemple dans lequel la signification de l'opérateur n'a pas un caractère aussi évident. En effet, n'oubliez pas que n'importe quel symbole opérateur peut se voir attribuer n'importe quelle signification !

La convention adoptée par C++ pour surdéfinir cet opérateur + consiste à définir une fonction de nom :

```
operator +
```

Le mot clé *operator* est suivi de l'opérateur concerné (dans le cas présent, il ne serait pas obligatoire de prévoir un espace car, en C, + sert de « séparateur »).

Ici, notre fonction *operator* + doit disposer de deux arguments de type *point* et fournir une valeur de retour du même type. En ce qui concerne sa nature, cette fonction peut à notre gré être une fonction membre de la classe concernée ou une fonction indépendante ; dans ce dernier cas, il s'agira généralement d'une fonction amie, car elle devra pouvoir accéder aux membres privés de la classe.

Examinons ici les deux solutions, en commençant par celle qui est la plus « naturelle », à savoir la fonction amie.

1.1 Surdéfinition d'opérateur avec une fonction amie

Le prototype de notre fonction *operator* + sera :

```
point operator + (point, point) ;
```

Ses deux arguments correspondront aux opérandes de l'opérateur + lorsqu'il sera appliqué à des valeurs de type *point*.

Le reste du travail est classique :

- déclaration d'amitié au sein de la classe *point* ;
- définition de la fonction.

Voici un exemple de programme montrant la définition et l'utilisation de notre « opérateur d'addition de points » :

```
#include <iostream>
using namespace std ;
class point
{  int x, y ;
  public :
   point (int abs=0, int ord=0) { x=abs ; y=ord ;}  // constructeur
   friend point operator+ (point, point) ;
   void affiche () { cout << "coordonnees : " << x << " " << y << "\n" ; }
} ;
point operator + (point a, point b)
{  point p ;
   p.x = a.x + b.x ; p.y = a.y + b.y ;
   return p ;
}
```

```
main()
{  point a(1,2) ; a.affiche() ;
   point b(2,5) ; b.affiche() ;
   point c ;
   c = a+b ;      c.affiche() ;
   c = a+b+c ;    c.affiche() ;
}
```

```
coordonnees : 1 2
coordonnees : 2 5
coordonnees : 3 7
coordonnees : 6 14
```

Surdéfinition de l'opérateur + pour des objets de type point, *en employant une fonction amie*

Remarques

1 Une expression telle que *a + b* est en fait interprétée par le compilateur comme l'appel :

```
operator + (a, b)
```

Bien que cela ne présente guère d'intérêt, nous pourrions écrire :

```
c = operator + (a, b)
```

au lieu de *c = a + b*.

2 Une expression telle que *a + b + c* est évaluée en tenant compte des règles de priorité et d'associativité « habituelles » de l'opérateur +. Nous reviendrons plus loin sur ce point. Pour l'instant, notez simplement que cette expression est évaluée comme :

```
(a + b) + c
```

c'est-à-dire en utilisant la notation fonctionnelle :

```
operator + (operator + (a, b), c)
```

1.2 Surdéfinition d'opérateur avec une fonction membre

Cette fois, le premier opérande de notre opérateur, correspondant au premier argument de la fonction *operator* + précédente, va se trouver transmis implicitement : ce sera l'objet ayant appelé la fonction membre. Par exemple, une expression telle que *a + b* sera alors interprétée par le compilateur comme :

```
a.operator + (b)
```

Le prototype de notre fonction membre *operator* + sera donc :

```
point operator + (point)
```

Voici comment l'exemple précédent pourrait être adapté :

```
#include <iostream>
using namespace std ;
class point
{  int x, y ;
  public :
   point (int abs=0, int ord=0) { x=abs ; y=ord ;}  // constructeur
   point operator + (point) ;
   void affiche () { cout << "coordonnees : " << x << " " << y << "\n" ; }
} ;
point point::operator + (point a)
{  point p ;
   p.x = x + a.x ; p.y = y + a.y ;
   return p ;
}
main()
{  point a(1,2) ; a.affiche() ;
   point b(2,5) ; b.affiche() ;
   point c ;
   c = a+b ;      c.affiche() ;
   c = a+b+c ;    c.affiche() ;
}
```

```
coordonnees : 1 2
coordonnees : 2 5
coordonnees : 3 7
coordonnees : 6 14
```

Surdéfinition de l'opérateur + pour des objets de type point,
en employant une fonction membre

Remarques

1 Cette fois, la définition de la fonction *operator* + fait apparaître une dissymétrie entre les deux opérandes. Par exemple, le membre *x* est noté *x* pour le premier opérande (argument implicite) et *a.x* pour le second. Cette dissymétrie peut parfois inciter l'utilisateur à choisir une fonction amie plutôt qu'une fonction membre. Il faut toutefois se garder de décider trop vite dans ce domaine. Nous y reviendrons un peu plus loin.

2 Ici, l'affectation :

```
c = a + b ;
```

est interprétée comme :

```
c = a.operator + (b) ;
```

Quant à l'affectation :

```
c = a + b + c ;
```

le langage C++ ne précise pas exactement son interprétation. Certains compilateurs créeront un objet temporaire *t* :

```
t = a.operator + (b) ;
c = t.operator + (c) ;
```

D'autres procéderont ainsi, en transmettant comme adresse de l'objet appelant *operator* +, celle de l'objet renvoyé par l'appel précédent :

```
c = (a.operator + (b)).operator + (c) ;
```

On peut détecter le choix fait par un compilateur en affichant toutes les créations d'objets (en n'oubliant pas d'introduire un constructeur de recopie prenant la place du constructeur par défaut).

1.3 Opérateurs et transmission par référence

Dans les deux exemples précédents, la transmission des arguments (deux pour une fonction amie, un pour une fonction membre) et de la valeur de retour de *operator* + se faisait par valeur[1].

Bien entendu, on peut envisager de faire appel au transfert par référence, en particulier dans le cas d'objets de grande taille. Par exemple, le prototype de la fonction amie *operator* + pourrait être :

```
point operator + (point & a, point & b) ;
```

En revanche, la transmission par référence poserait un problème si on cherchait à l'appliquer à la valeur de retour. En effet, le point *p* est créé localement dans la fonction ; il sera donc détruit dès la fin de son exécution. Dans ces conditions, employer la transmission par référence reviendrait à transmettre l'adresse d'un emplacement de mémoire libéré.

Certes, nous utilisons ici immédiatement la valeur de *p*, dès le retour dans la fonction *main* (ce qui est généralement le cas avec un opérateur). Néanmoins, nous ne pouvons faire aucune hypothèse sur la manière dont une implémentation donnée libère un emplacement mémoire : elle peut simplement se contenter de « noter » qu'il est disponible, auquel cas son contenu reste « valable » pendant... un certain temps ; elle peut au contraire le « mettre à zéro »... La première situation est certainement la pire puisqu'elle peut donner l'illusion que cela « marche » !

Pour éviter la recopie de cette valeur de retour, on pourrait songer à allouer dynamiquement l'emplacement de *p*. Généralement, cela prendra plus de temps que sa recopie ultérieure et, de plus, compliquera quelque peu le programme (il faudra libérer convenablement l'emplacement en question et on ne pourra le faire qu'en dehors de la fonction !).

1. Rappelons que la transmission de l'objet appelant une fonction membre se fait par référence.

Si l'on cherche à protéger contre d'éventuelles modifications un argument transmis par référence, on pourra toujours faire appel au mot clé *const* ; par exemple, l'en-tête de *operator +* pourrait être[1] :

```
point operator + (const point& a, const point& b) ;
```

Naturellement, si l'on utilise *const* dans le cas d'objets comportant des pointeurs sur des parties dynamiques, seuls ces pointeurs seront « protégés » ; les parties dynamiques resteront modifiables.

2 La surdéfinition d'opérateurs en général

Nous venons de voir un exemple de surdéfinition de l'opérateur binaire + lorsqu'il reçoit deux opérandes de type *point*, et ce de deux façons : comme fonction amie, comme fonction membre. Examinons maintenant ce qu'il est possible de faire d'une manière générale.

2.1 Se limiter aux opérateurs existants

Le symbole suivant le mot clé *operator* doit obligatoirement être un opérateur déjà défini pour les types de base. Il n'est donc pas possible de créer de nouveaux symboles. Nous verrons d'ailleurs que certains opérateurs ne peuvent pas être redéfinis du tout (c'est le cas de .) et que d'autres imposent quelques contraintes supplémentaires.

Il faut conserver la pluralité (unaire, binaire) de l'opérateur initial. Ainsi, vous pourrez surdéfinir un opérateur + unaire ou un opérateur + binaire, mais vous ne pourrez pas définir de = unaire ou de ++ binaire.

Lorsque plusieurs opérateurs sont combinés au sein d'une même expression (qu'ils soient surdéfinis ou non), ils conservent leur priorité relative et leur associativité. Par exemple, si vous surdéfinissez les opérateurs binaires + et * pour le type *complexe*, l'expression suivante (*a*, *b* et *c* étant supposés du type *complexe*) :

```
a * b + c
```

sera interprétée comme :

```
(a * b) + c
```

De telles règles peuvent vous paraître restrictives. En fait, vous verrez à l'usage qu'elles sont encore très larges et qu'il est facile de rendre un programme incompréhensible en abusant de la surdéfinition d'opérateurs.

1. Cependant, comme on le verra au chapitre 16, la présence de cet attribut *const* pourra autoriser certaines conversions de l'argument.

Le tableau ci-après précise les opérateurs surdéfinissables (en fait, tous sauf « . », « :: » et « ? : », ce denier étant ternaire) et rappelle leur priorité relative et leur associativité. Notez la présence :

- de l'opérateur de *cast* ; nous verrons au chapitre 16 qu'il peut s'appliquer à la conversion d'une classe dans un type de base ou à la conversion d'une classe dans une autre classe ;
- des opérateurs *new* et *delete* : nous en reparlerons au paragraphe 7 ;
- des opérateurs ->* et .* ; introduits par la norme, ils sont d'un usage restreint et ils s'appliquent aux *pointeurs sur des membres*. Leur rôle est décrit en Annexe E.

<table>
<tr><th>Pluralité</th><th>Opérateurs</th><th>Associativité</th></tr>
<tr><td>Binaire</td><td>()(3) [](3) ->(1)(3)</td><td>-></td></tr>
<tr><td>Unaire</td><td>+ - ++(5) --(5) ! ~ * &(1)
new(1)(4)(6) new[](1)(4)(6) delete(1)(4)(6) delete[](1)(4)(6)
(cast)</td><td><-</td></tr>
<tr><td>Binaire</td><td>* / %</td><td>-></td></tr>
<tr><td>Binaire</td><td>*->(1) .*(1)</td><td>-></td></tr>
<tr><td>Binaire</td><td>+ -</td><td>-></td></tr>
<tr><td>Binaire</td><td><< >></td><td>-></td></tr>
<tr><td>Binaire</td><td>< <= > >=</td><td>-></td></tr>
<tr><td>Binaire</td><td>== !=</td><td>-></td></tr>
<tr><td>Binaire</td><td>&</td><td>-></td></tr>
<tr><td>Binaire</td><td>^</td><td>-></td></tr>
<tr><td>Binaire</td><td>||</td><td>-></td></tr>
<tr><td>Binaire</td><td>&&</td><td>-></td></tr>
<tr><td>Binaire</td><td>|</td><td>-></td></tr>
<tr><td>Binaire</td><td>=(1)(3) += -= *= /= %=
&= ^= |= <<= >>=</td><td><-</td></tr>
<tr><td>Binaire</td><td>,(2)</td><td>-></td></tr>
</table>

Les opérateurs surdéfinissables en C++ (classés par priorité décroissante)

(1) S'il n'est pas surdéfini, il possède une signification par défaut.

(3) Doit être défini comme fonction membre.

(4) Soit à un « niveau global » (fonction indépendante), soit pour une classe (fonction membre).

(5) Lorsqu'ils sont définis de façon unaire, ces opérateurs correspondent à la notation « pré » ; mais il en existe une définition binaire (avec deuxième opérande fictif de type *int*) qui correspond à la notation « post ».

(6) On distingue bien *new* de *new[]* et *delete* de *delete[]*.

2.2 Se placer dans un contexte de classe

On ne peut surdéfinir un opérateur que s'il comporte au moins un argument (implicite ou non) de type classe. Autrement dit, il doit s'agir :

- Soit d'une fonction membre : dans ce cas, elle comporte à coup sûr un argument (implicite) de type classe, à savoir l'objet l'ayant appelé. S'il s'agit d'un opérateur unaire, elle ne comportera aucun argument explicite. S'il s'agit d'un opérateur binaire, elle comportera un argument explicite auquel aucune contrainte de type n'est imposée (dans les exemples précédents, il s'agissait du même type que la classe elle-même, mais il pourrait s'agir d'un autre type classe ou même d'un type de base).
- Soit d'une fonction indépendante ayant au moins un argument de type classe. En général, il s'agira d'une fonction amie.

Cette règle garantit l'impossibilité de surdéfinir un opérateur portant sur des types de base (imaginez ce que serait un programme dans lequel on pourrait changer la signification de 3 + 5 ou de * adr !). Une exception a lieu, cependant, pour les seuls opérateurs *new* et *delete* dont la signification peut être modifiée de manière globale (pour **tous** les objets et les types de base) ; nous en reparlerons au paragraphe 7.

De plus, certains opérateurs doivent obligatoirement être définis comme membres d'une classe. Il s'agit de [], ( ), ->, ainsi que de *new* et *delete* (dans le seul cas où ils portent sur une classe particulière).

2.3 Éviter les hypothèses sur le rôle d'un opérateur

Comme nous avons déjà eu l'occasion de l'indiquer, vous êtes totalement libre d'attribuer à un opérateur surdéfini la signification que vous désirez. Cette liberté n'est limitée que par le bon sens, qui doit vous inciter à donner à un symbole une signification relativement naturelle : par exemple + pour la somme de deux complexes, plutôt que -, * ou [].

Cela dit, vous ne retrouverez pas, pour les opérateurs surdéfinis, les liens qui existent entre certains opérateurs de base. Par exemple, si *a* et *b* sont de type *int* :

```
a += b
```

est équivalent à :

```
a = a + b
```

Autrement dit, le rôle de l'opérateur de base += se déduit du rôle de l'opérateur + et de celui de l'opérateur =. En revanche, si vous surdéfinissez l'opérateur + et l'opérateur = lorsque leurs deux opérandes sont de type *complexe*, vous n'aurez pas pour autant défini la signification de += lorsqu'il aura deux opérandes de type *complexe*. De plus, vous pourrez très bien surdéfinir += pour qu'il ait une signification différente de celle attendue ; naturellement, cela n'est pas conseillé...

De même, et de façon peut-être plus surprenante, C++ ne fait aucune hypothèse sur la commutativité éventuelle d'un opérateur surdéfini (contrairement à ce qui se passe pour sa priorité relative ou son associativité). Cette remarque est lourde de conséquences. Supposez, par exemple, que vous ayez surdéfini l'opérateur + lorsqu'il a comme opérandes un *complexe* et un *double* (dans cet ordre) ; son prototype pourrait être :

```
complexe operator + (complexe, double) ;
```

Si ceci vous permet de donner un sens à une expression telle que (a étant *complexe*) :

```
a + 3.5
```

cela ne permet pas pour autant d'interpréter :

```
3.5 + a
```

Pour ce faire, il aurait fallu surdéfinir l'opérateur + lorsqu'il a comme opérandes un *double* et un *complexe* avec, par exemple[1], comme prototype :

```
complexe operator + (double, complexe) ;
```

Nous verrons cependant au chapitre 16 que les possibilités de conversions définies par l'utilisateur permettront de simplifier quelque peu les choses. Par exemple, il suffira dans ce cas précis de définir l'opérateur + lorsqu'il porte sur deux complexes ainsi que la conversion de *double* en *complexe* pour que les expressions de l'une de ces formes aient un sens :

```
double + complexe
complexe + double
float + complexe
complexe + float
```

2.4 Cas des opérateurs ++ et --

On peut définir à la fois un opérateur ++ utilisable en notation préfixée, et un autre utilisable en notation postfixée. Pour ce faire, on utilise une convention qui consiste à ajouter un argument fictif supplémentaire à la version postfixée. Par exemple, si T désigne un type classe et que ++ est défini sous la forme d'une fonction membre :

- l'opérateur (usuel) d'en-tête *T operator ++ ()* est utilisé en cas de notation préfixée ;
- l'opérateur d'en-tête *T operator ++ (int)* est utilisé en cas de notation postfixée. Notez bien la présence d'un second opérande de type *int*. Celui-ci est totalement fictif, en ce sens qu'il permet au compilateur de choisir l'opérateur à utiliser, mais qu'aucune valeur ne sera réellement transmise lors de l'appel.

De même, si ++ est défini sous forme de fonction amie :

- l'opérateur (usuel) d'en-tête *T operator (T)* est utilisé en cas de notation préfixée ;
- l'opérateur d'en-tête *T operator (T, int)* est utilisé en cas de notation postfixée.

Les mêmes considérations s'appliquent à l'opérateur --.

1. Nous verrons d'ailleurs un peu plus loin que, dans ce cas, on ne pourra pas surdéfinir cet opérateur comme une fonction membre (puisque son premier opérande n'est plus de type classe).

Voici un exemple dans lequel nous avons défini ++ pour qu'il incrémente d'une unité les deux coordonnées d'un point et fournisse comme valeur soit celle du point avant incrémentation dans le cas de la notation postfixée, soit celle du point après incrémentation dans le cas de la notation préfixée :

```
#include <iostream>
using namespace std ;
class point
{ int x, y ;
 public :
  point (int abs=0, int ord=0) { x=abs ; y=ord ; }
  point  operator ++ ()          // notation préfixée
    { x++ ; y++ ; return *this ;
    }
  point  operator ++ (int n)     // notation postfixée
    { point p = *this ;
      x++ ; y++ ;
      return p ;
    }
  void affiche () { cout << x << " " << y << "\n" ; }
} ;

main()
{ point a1 (2, 5), a2(2, 5), b ;
  b = ++a1 ; cout << "a1 : " ; a1.affiche () ;   // affiche    a1 : 3 6
             cout << "b  : " ; b.affiche () ;    // affiche    b  : 3 6
  b = a2++ ; cout << "a2 : " ; a2.affiche () ;   // affiche    a2 : 3 6
             cout << "b  : " ; b.affiche () ;    // affiche    b  : 2 5
}
```

Exemple de surdéfinition de ++ en notation préfixée et postfixée

Remarque

Il n'est pas possible de ne définir qu'un seul opérateur ++ qu'on utiliserait à la fois en notation préfixée et postfixée. Certains compilateurs acceptent que l'on ne fournisse que la version préfixée, qui se trouve alors utilisée dans les deux cas.

2.5 L'opérateur = possède une signification prédéfinie

Dans notre exemple d'introduction, nous avions surdéfini l'opérateur + pour des opérandes de type *point*. Comme on s'en doute, en l'absence d'une telle surdéfinition, l'opérateur n'aurait aucun sens dans ce contexte et son utilisation conduirait à une erreur de compilation. Il en va ainsi pour la plupart des opérateurs qui n'ont donc pas de signification prédéfinie pour un type classe. Il existe toutefois quelques exceptions qui vont généralement de soi (par exemple, on s'attend bien à ce que & représente l'adresse d'un objet !).

L'opérateur = fait lui aussi exception. Nous avons déjà eu l'occasion de l'employer avec deux opérandes du même type classe et nous n'avions pas eu besoin de le surdéfinir. Effectivement, en l'absence de surdéfinition explicite, cet opérateur correspond à la recopie des valeurs de son second opérande dans le premier. Nous avons d'ailleurs constaté que cette simple recopie pouvait s'avérer insatisfaisante dès lors que les objets concernés comportaient des pointeurs sur des emplacements dynamiques. Il s'agit là typiquement d'une situation qui nécessite la surdéfinition de l'opérateur =, dont nous donnerons un exemple dans le paragraphe suivant.

On notera la grande analogie existant entre :

- le constructeur de recopie : s'il n'en existe pas d'explicite, il y a appel d'un constructeur de recopie par défaut ;
- l'opérateur d'affectation : s'il n'en existe pas d'explicite, il y a emploi d'un opérateur d'affectation par défaut.

Constructeur de recopie par défaut et opérateur d'affectation par défaut effectuent le même travail : la recopie des valeurs de l'objet. Au chapitre 13, nous avons signalé que, dans le cas d'objets dont certains membres sont eux-mêmes des objets, le constructeur de recopie par défaut travaillait membre par membre. La même remarque s'applique à l'opérateur d'affectation par défaut : il opère membre par membre[1], ce qui laisse la possibilité d'appeler un opérateur d'affectation explicite, dans le cas où l'un des membres en posséderait un. Cela peut éviter d'avoir à écrire explicitement un opérateur d'affectation pour des objets sans pointeurs (apparents), mais dont un ou plusieurs membres possèdent, quant à eux, des parties dynamiques.

2.6 Les conversions

C++ autorise fréquemment les conversions entre types de base, de façon explicite ou implicite. Ces possibilités s'étendent aux objets. Par exemple, comme nous l'avons déjà évoqué, si *a* est de type *complexe* et si l'opérateur + a été surdéfini pour deux complexes, une expression telle que *a + 3.5* pourra prendre un sens :

- soit si l'on a surdéfini l'opérateur + lorsqu'il a un opérande de type *complexe* et un opérande de type *double* ;
- soit si l'on a défini une conversion de type *double* en *complexe*.

Nous avons toutefois préféré regrouper au chapitre 16 tout ce qui concerne les problèmes de conversion ; c'est là que nous parlerons de la surdéfinition d'un opérateur de *cast*.

1. Là encore, depuis la version 2.0 de C++. Auparavant, il opérait de façon globale (*memberwise copy*).

2.7 Choix entre fonction membre et fonction amie

C++ vous laisse libre de surdéfinir un opérateur à l'aide d'une fonction membre ou d'une fonction indépendante (en général amie). Vous pouvez donc parfois vous demander sur quels critères effectuer le choix. Certes, il semble qu'on puisse énnoncer la règle suivante : **si un opérateur doit absolument recevoir un type de base en premier argument, il ne peut pas être défini comme fonction membre** (puisque celle-ci reçoit implicitement un premier argument du type de sa classe).

Mais il faudra tenir compte des possiblités, exposées au prochain chapitre, de conversion en un objet d'un opérande d'un type de base. Par exemple, l'addition d'un *double* (type de base) et d'un *complexe* (type classe), dans cet ordre[1], semble correspondre à la situation évoquée (premier opérande d'un type de base) et donc imposer le recours à une fonction amie de la classe *complexe*. En fait, nous verrons qu'il peut aussi se traiter par surdéfinition d'une fonction membre de la classe *complexe* effectuant l'addition de deux complexes, complétée par la définition de la conversion *double -> complexe*.

3 Surdéfinition de l'opérateur =

3.1 Rappels concernant le constructeur par recopie

Nous avons déjà eu l'occasion d'utiliser une classe *vect*, correspondant à des « vecteurs dynamiques » (voir au paragraphe 3 du chapitre 13) :

```
class vect
{ int nelem ;        // nombre d'éléments
  int * adr ;        // adresse
 public :
  vect (int n)       // constructeur
  .....
} ;
```

Si *fct* était une fonction à un argument de type *vect*, les instructions suivantes :

```
vect a(5) ;
  ...
fct (a) ;
```

1. Il ne suffira pas d'avoir surdéfini l'addition d'un *complexe* et d'un *double* (qui peut se faire par une fonction membre). En effet, comme nous l'avons dit, aucune hypothèse n'est faite par C++ sur l'opérateur surdéfini, en particulier sur sa commutativité !

posaient problème : l'appel de *fct* conduisait à la création, par recopie de *a*, d'un nouvel objet *b*. Nous étions alors en présence de deux objets *a* et *b* comportant un pointeur (*adr*) vers le même emplacement :

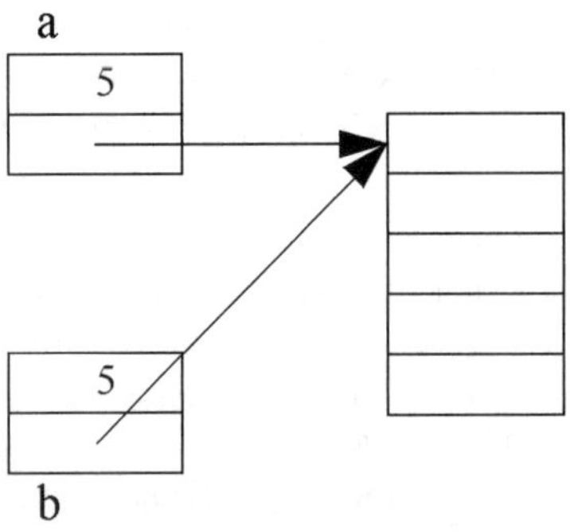

En particulier, si la classe *vect* possédait (comme c'est souhaitable !) un destructeur chargé de libérer l'emplacement dynamique associé, on risquait d'aboutir à deux demandes de libération du même emplacement mémoire.

Une solution consistait à définir un constructeur de recopie chargé d'effectuer non seulement la recopie de l'objet lui-même, mais aussi celle de sa partie dynamique dans un nouvel emplacement (ou à interdire la recopie).

3.2 Cas de l'affectation

L'affectation d'objets de type *vect* pose les mêmes problèmes. Ainsi, avec cette déclaration :

```
vect a(5), b(3) ;
```

qui correspond au schéma :

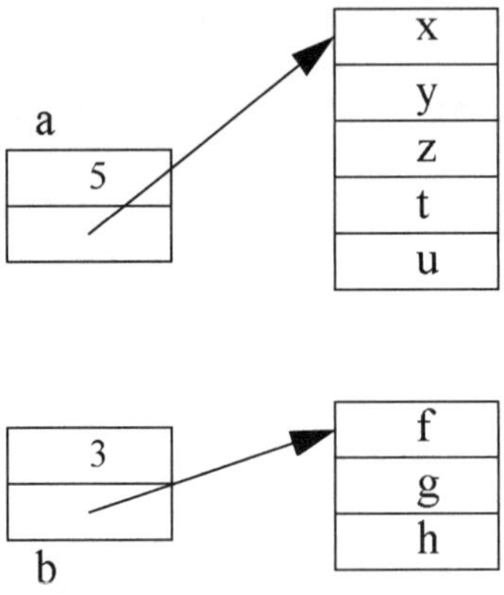

L'affectation :

```
b = a ;
```

conduit à :

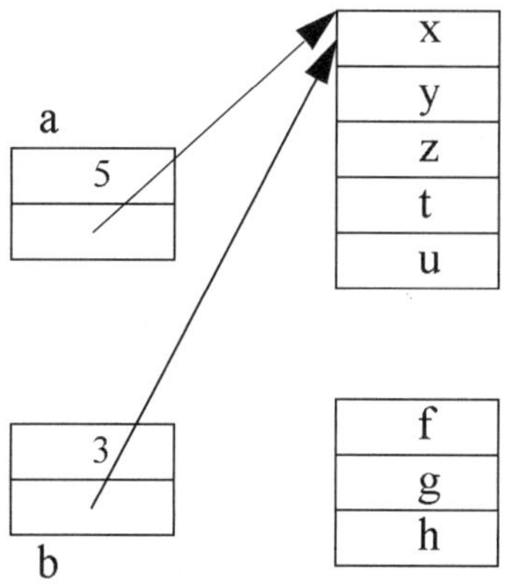

Le problème est effectivement voisin de celui de la construction par recopie. Voisin, mais non identique, car quelques différences apparaissent :

- On peut se trouver en présence d'une affectation d'un objet à lui-même.
- Avant affectation, il existe ici deux objets « complets » (c'est-à-dire avec leur partie dynamique). Dans le cas de la construction par recopie, il n'existait qu'un seul emplacement dynamique, le second étant à créer. On va donc se retrouver ici avec l'ancien emplacement dynamique de *b*. Or, s'il n'est plus référencé par *b*, est-on sûr qu'il n'est pas référencé par ailleurs ?

3.3 Algorithme proposé

Nous pouvons régler les différents points en surdéfinissant l'opérateur d'affectation, de manière que chaque objet de type *vect* comporte son propre emplacement dynamique. Dans ce cas, on est sûr qu'il n'est référencé qu'une seule fois et son éventuelle libération peut se faire sans problème. Notez cependant que cette démarche ne convient totalement que si elle est associée à la définition conjointe du constructeur de recopie.

Voici donc comment nous pourrions traiter une affectation telle que *b* = *a*, lorsque *a* est différent de *b* :

- libération de l'emplacement pointé par *b* ;
- création dynamique d'un nouvel emplacement dans lequel on recopie les valeurs de l'emplacement pointé par *a* ;
- mise en place des valeurs des membres données de *b*.

Voici un schéma illustrant la situation à laquelle on aboutit :

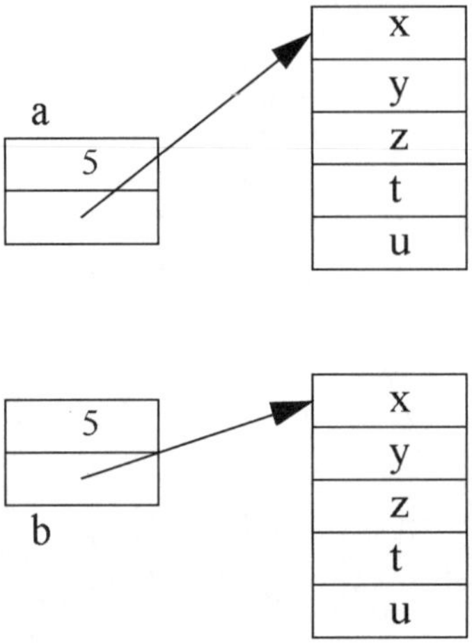

Il reste à régler le cas où *a* et *b* correspondent au même objet.

Si la transmission de *a* à l'opérateur d'affectation a lieu par valeur, et si le constructeur par recopie a été redéfini de façon appropriée (par création d'un nouvel emplacement dynamique), l'algorithme proposé fonctionnera sans problème.

En revanche, si la transmission de *a* a lieu par référence, on abordera l'algorithme avec cette situation :

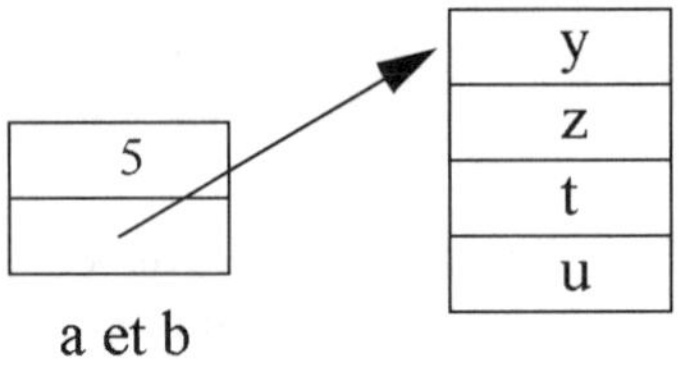

L'emplacement dynamique associé à *b* (donc aussi à *a*) sera libéré avant qu'on tente de l'utiliser pour le recopier dans un nouvel emplacement. La situation sera alors catastrophique[1].

1. Dans beaucoup d'environnements, les valeurs d'un emplacement libéré ne sont pas modifiées. L'algorithme peut alors donner l'illusion qu'il fonctionne !

3.4 Valeur de retour

Enfin, il faut décider de la valeur de retour fournie par l'opérateur. À ce niveau, tout dépend de l'usage que nous souhaitons en faire :

- Si nous nous contentons d'affectations simples (*b=a*), nous n'avons besoin d'aucune valeur de retour (*void*).
- En revanche, si nous souhaitons pouvoir traiter une affectation multiple ou, plus généralement, faire en sorte que (comme on peut s'y attendre !) l'expression *b=a* ait une valeur (probablement celle de *b* !), il est nécessaire que l'opérateur fournisse une valeur de retour.

Nous choisissons ici la seconde possibilité qui a le mérite d'être plus générale[1].

3.5 En définitive

Voici finalement ce que pourrait être la définition de l'opérateur = (C++ impose de le définir comme une fonction membre) : *b* devient le premier opérande – ici *this* – et *a* devient le second opérande – ici *v*. De plus, nous prévoyons de transmettre le second opérande par référence :

```
vect vect::operator = (const vect & v) // notez const
{  if (this != &v)
      { delete adr ;
        adr = new int [nelem = v.nelem] ;
        for (int i=0 ; i<nelem ; i++) adr[i] = v.adr[i] ;
      }
   return * this ;
}
```

Comme l'argument de la fonction membre *operator=* est transmis par référence, il est nécessaire de lui associer le qualificatif *const* si l'on souhaite pouvoir affecter un vecteur constant à un vecteur quelconque[2].

3.6 Exemple de programme complet

Nous vous proposons d'intégrer cette définition dans un programme complet servant à illustrer le fonctionnement de l'opérateur. Pour ce faire, nous ajoutons comme d'habitude un certain nombre d'instructions d'affichage (en particulier, nous suivons les adresses des objets et des emplacements dynamiques qui leur sont associés). Mais pour que le programme ne soit pas trop long, nous avons réduit la classe *vect* au strict minimum ; en particulier, nous

1. Bien entendu, C++ vous laisse libre de faire ce que vous voulez, y compris de renvoyer une valeur autre que celle de *b* (avec tous les risques de manque de lisibilité que cela suppose !).

2. Cependant, comme on le verra au chapitre 16, la présence de cet attribut *const* pourra autoriser certaines conversions de l'argument.

n'avons pas prévu de **constructeur de recopie** ; or **celui-ci deviendrait naturellement indispensable dans une application réelle**.

En outre, bien qu'ici notre fonction *main* se limite à l'emploi de l'opérateur =, nous avons dû prévoir une **transmission par référence** pour l'argument et la valeur de retour de *operator=*. En effet, si nous ne l'avions pas fait, l'appel de cet opérateur – traité comme une fonction – aurait entraîné un appel de constructeur de recopie *(a = b* est équivalent ici à : *a.operator = (b))* ; il se serait alors agi du constructeur de recopie par défaut, ce qui aurait entraîné les problèmes déjà évoqués de double libération d'un emplacement[1].

```
#include <iostream>
using namespace std ;
class vect
  { int nelem ;                    // nombre d'éléments
    int * adr ;                    // pointeur sur ces éléments
   public :
    vect (int n)                   // constructeur
     { adr = new int [nelem = n] ;
       for (int i=0 ; i<nelem ; i++) adr[i] = 0 ;
       cout << "++ obj taille " << nelem << " en " << this
            << " - v. dyn en " << adr << "\n" ;
     }
    ~vect ()                       // destructeur
     { cout << "-- obj taille " << nelem << " en "
            << this << " - v. dyn en " << adr << "\n" ;
       delete adr ;
     }
    vect & operator = (const vect &) ;     // surdéfinition opérateur =
  } ;
vect & vect::operator = (const vect & v)
{ cout << "== appel operateur = avec adresses  " << this << " " << &v << "\n" ;
   if (this != &v)
        { cout << "  effacement vecteur dynamique en   " << adr << "\n" ;
          delete adr ;
          adr = new int [nelem = v.nelem] ;
          cout << "  nouveau vecteur dynamique en      " << adr << "\n" ;
          for (int i=0 ; i<nelem ; i++) adr[i] = v.adr[i] ;
        }
      else cout << "  on ne fait rien \n" ;
   return * this ;
}
main()
{   vect a(5), b(3), c(4) ;
    cout << "** affectation a=b \n" ;
    a = b ;
    cout << "** affectation c=c \n" ;
```

1. Un des exercices de ce chapitre vous propose de le vérifier.

```
    c = c ;
    cout << "** affectation a=b=c \n" ;
    a = b = c ;
}
```

```
++ obj taille 5 en 006AFDE4 - v. dyn en 007D0340
++ obj taille 3 en 006AFDDC - v. dyn en 007D00D0
++ obj taille 4 en 006AFDD4 - v. dyn en 007D0090
** affectation a=b
== appel operateur = avec adresses  006AFDE4 006AFDDC
  effacement vecteur dynamique en   007D0340
  nouveau vecteur dynamique en      007D0340
** affectation c=c
== appel operateur = avec adresses  006AFDD4 006AFDD4
  on ne fait rien
** affectation a=b=c
== appel operateur = avec adresses  006AFDDC 006AFDD4
  effacement vecteur dynamique en   007D00D0
  nouveau vecteur dynamique en      007D00D0
== appel operateur = avec adresses  006AFDE4 006AFDDC
  effacement vecteur dynamique en   007D0340
  nouveau vecteur dynamique en      007D0340
-- obj taille 4 en 006AFDD4 - v. dyn en 007D0090
-- obj taille 4 en 006AFDDC - v. dyn en 007D00D0
-- obj taille 4 en 006AFDE4 - v. dyn en 007D0340
```

Exemple d'utilisation d'une classe vect *avec un opérateur d'affectation surdéfini*

3.7 Lorsqu'on souhaite interdire l'affectation

Nous avons déjà vu (paragraphe 3.1.3 du chapitre 13) que, dans certains cas, on pouvait avoir intérêt à interdire la recopie d'objets. Les mêmes considérations s'appliquent à l'affectation. Ainsi, une redéfinition de l'affectation sous forme privée en interdit l'emploi par des fonctions autres que les fonctions membres de la classe concernée. On peut également exploiter la possibilité qu'offre C++ de déclarer une fonction sans en fournir de définition : dans ce cas, toute tentative d'affectation (même au sein d'une fonction membre) sera rejetée par l'éditeur de liens. D'une manière générale, il peut être judicieux de combiner les deux possibilités, c'est-à-dire d'effecteur une déclaration privée, sans définition ; dans ces cas, les tentatives d'affectation de la part de l'utilisateur seront détectées en compilation et seules les tentatives d'affectation par une fonction membre produiront une erreur de l'édition de liens (et ce point ne concerne que le concepteur de la classe, et non son utilisateur).

Remarques

1 Comme dans le cas de la définition du constructeur de recopie, nous avons utilisé la démarche la plus naturelle consistant à effectuer une copie profonde en dupliquant la par-

tie dynamique de l'objet. Dans certains cas, on pourra chercher à éviter cette duplication, en la dotant d'un compteur de références, comme l'explique l'Annexe D.

2 Nous verrons plus tard que si une classe est destinée à donner naissance à des objets susceptibles d'être introduits dans des conteneurs, il n'est plus possible de désactiver l'affectation (pas plus que la recopie).

En Java

Java ne permet pas la surdéfinition d'opérateur. On ne peut donc pas modifier la sémantique de l'affectation qui, rappelons-le, est très différente de celle à laquelle on est habitué en C++ (les objets étant manipulés par référence, on aboutit après affectation à deux références égales à un unique objet).

4 La forme canonique d'une classe

4.1 Cas général

Dès lors qu'une classe dispose de pointeurs sur des parties dynamiques, la copie d'objets de la classe (aussi bien par le constructeur de recopie par défaut que par l'opérateur d'affectation par défaut) n'est pas satisfaisante. Dans ces conditions, si l'on souhaite que cette recopie fonctionne convenablement, il est nécessaire de munir la classe des quatre fonctions membres suivantes au moins :

- constructeur (il sera généralement chargé de l'allocation de certaines parties de l'objet) ;
- destructeur (il devra libérer correctement tous les emplacements dynamiques créés par l'objet) ;
- constructeur de recopie ;
- opérateur d'affectation.

Voici un canevas récapitulatif correspondant à ce minimum qu'on nomme souvent « classe canonique » :

```
class T
{  public :
     T (...) ;                        // constructeurs autres que par recopie
     T (const T &) ;                  // constructeur de recopie (forme conseillée)
                                      //    (déclaration privée pour l'interdire)
     ~T () ;                          // destructeur
     T & operator = (const T &) ;     // affectation (forme conseillée)
     .....                            //    (déclaration privée pour l'interdire)
} ;
```

La forme canonique d'une classe

Bien que ce ne soit pas obligatoire, nous vous conseillons :

- D'employer le qualificatif *const* pour l'argument du constructeur de recopie et celui de l'affectation, dans la mesure où ces fonctions membres n'ont aucune raison de modifier les valeurs des objets correspondants. On verra toutefois au chapitre 16 que cette façon de procéder peut autoriser l'introduction de certaines conversions de l'opérande de droite de l'affectation.
- De prévoir (à moins d'avoir de bonnes raisons de faire le contraire) une valeur de retour à l'opérateur d'affectation, seul moyen de gérer correctement les affectations multiples.

En revanche, l'argument de l'opérateur d'affectation et sa valeur de retour peuvent être indifféremment transmis par référence ou par valeur. Cependant, on ne perdra pas de vue que les transmissions par valeur entraînent l'appel du constructeur de recopie. D'autre part, dès lors que les objets sont de taille respectable, la transmission par référence s'avère plus efficace.

Si vous créez une classe comportant des pointeurs sans la doter de ce « minimum vital » et sans prendre de précautions particulières, l'utilisateur ne se verra nullement interdire la recopie ou l'affectation d'objets.

Il peut arriver de créer une clase qui n'a pas besoin de disposer de ces possibilités de recopie et d'affectation, par exemple parce qu'elles n'ont pas de sens (cas d'une classe « fenêtre » d'un système graphique). Il se peut aussi que vous souhaitiez tout simplement ne pas offrir ces possiblités à l'utilisateur de la classe. Dans ce cas, plutôt que de compter sur la « bonne volonté » de l'utilisateur, il est préférable d'utiliser quand même la forme canonique, en s'arrangeant pour interdire ces actions. Nous vous avons fourni des pistes dans ce sens au paragraphe 3.7, ainsi qu'au paragraphe 3.1.3 du chapitre 13, et nous avons vu qu'une solution simple à mettre en place consistait à fournir des déclarations privées de ces deux méthodes, sans en fournir de définition.

Remarque

Ce schéma sera complété au chapitre 19 afin de prendre en compte la situation d'héritage.

5 Exemple de surdéfinition de l'opérateur [ ]

Considérons à nouveau notre classe *vect* :

```
class vect
{  int nelem ;
   int * adr ;
     .....
}
```

Cherchons à la munir d'outils permettant d'accéder à un élément de l'emplacement pointé par *adr* à partir de sa position, que l'on repérera par un entier compris entre 0 et *nelem-1*.

Nous pourrions bien sûr écrire des fonctions membres comme :

```
void range (int valeur, int position)
```

pour introduire une *valeur* à une *position* donnée, et :

```
int trouve (int position)
```

pour fournir la valeur située à une *position* donnée.

La manipulation de nos vecteurs ne serait alors guère aisée. Elle ressemblerait à ceci :

```
vect a(5) ;
a.range (15, 0) ;              // place 15 en position 0 de a
a.range (25, 1) ;              // 25 en position 1
for (int i = 2 ; i < 5 ; i++)
    a.range (0, i) ;           // et 0 ailleurs
for i = 0 ; i < 5 ; i++)       // pour afficher les valeurs de a
    cout << a.trouve (i) ;
```

En fait, nous pouvons chercher à surdéfinir l'opérateur [] de manière que *a[i]* désigne l'élément d'emplacement *i* de *a*. La seule précaution à prendre consiste à faire en sorte que cette notation puisse être utilisée non seulement dans une expression (cas qui ne présente aucune difficulté), mais également à gauche d'une affectation, c'est-à-dire comme *lvalue*. Notez que le problème ne se posait pas dans l'exemple ci-dessus, puisque chaque cas était traité par une fonction membre différente.

Pour que *a[i]* soit une *lvalue*, il est donc nécessaire que la valeur de retour fournie par l'opérateur [] soit transmise par référence.

Par ailleurs, C++ impose de surdéfinir cet opérateur sous la forme d'une fonction membre, ce qui implique que son premier opérande (le premier opérande de *a[i]* est *a*) soit de type classe (ce qui semble raisonnable !). Son prototype sera donc :

```
int & operator [] (int) ;
```

Si nous nous contentons de renvoyer l'élément cherché sans effectuer de contrôle sur la validité de la position, le corps de la fonction *operator[]* peut se réduire à :

```
return adr[i] ;
```

Voici un exemple simple d'utilisation d'une classe *vect* réduite à son strict minimum : constructeur, destructeur et opérateur []. Bien entendu, en pratique, il faudrait au moins lui ajouter un constructeur de recopie et un opérateur d'affectation.

```
#include <iostream>
using namespace std ;
class vect
{  int nelem ;
   int * adr ;
 public :
   vect (int n) { adr = new int [nelem=n] ; }
   ~vect () {delete adr ;}
   int & operator [] (int) ;
} ;
int & vect::operator [] (int i)
{ return adr[i] ;
}
```

```
main()
{  int i ;
   vect a(3), b(3), c(3) ;
   for (i=0 ; i<3 ; i++) {a[i] = i ; b[i] = 2*i ; }
   for (i=0 ; i<3 ; i++) c[i] = a[i]+b[i] ;
   for (i=0 ; i<3 ; i++) cout << c[i] << " " ;
}
```

```
0 3 6
```

Exemple de surdéfinition de l'opérateur[]

Remarques

1 Nous pourrions bien sûr transmettre le second opérande par référence, mais cela ne présenterait guère d'intérêt, compte tenu de la petite taille des variables du type *int*.

2 C++ interdit de définir l'opérateur [] sous la forme d'une fonction amie ; il en allait déjà de même pour l'opérateur =. De toute façon, nous verrons au prochain chapitre qu'il n'est pas conseillé de définir par une fonction amie un opérateur susceptible de modifier un objet, compte tenu des conversions implicites pouvant apparaître.

3 Seules les fonctions membres dotées du qualificatif *const* peuvent être appliquées à un objet constant. Tel que nous l'avons conçu, l'opérateur [] ne permet donc pas d'accéder à un objet constant, même s'il ne s'agit que d'utiliser la valeur de ses élements sans la modifier. Certes, on pourrait ajouter ce qualificatif *const* à l'opérateur [], mais la modification des valeurs d'un objet constant deviendrait alors possible, ce qui n'est guère souhaitable. En général, on préférera définir un **second** opérateur destiné uniquement aux objets constants, en faisant en sorte qu'il puisse consulter l'objet en question mais non le modifier. Dans notre cas, voici ce que pourrait être ce second opérateur :

```
int vect::operator [] (int i) const
{ return adr[i] ; }
```

Une affectation telle que *v[i] = ...* ,*v* étant un vecteur constant, sera bien rejetée en compilation puisque notre opérateur transmet son résultat par valeur, et non plus par référence.

4 L'opérateur [] était ici dicté par le bon sens, mais nullement imposé par C++. Nous aurions pu tout aussi bien utiliser :

- l'opérateur () : la notation *a(i)* aurait encore été compréhensible ;
- l'opérateur < : que penser alors de la notation *a < i* ?
- l'opérateur , : notation *a, i* ;
- etc.

6 Surdéfinition de l'opérateur ()

Lorsqu'une classe surdéfinit l'opérateur (), on dit que les objets auxquels elle donne naissance sont des objets fonctions, car ils peuvent être utilisés de la même manière qu'une fonction ordinaire. En voici un exemple simple, dans lequel nous surdéfinissons l'opérateur () pour qu'il corresponde à une fonction à deux arguments de type *int* et renvoyant un *int* :

```
class cl_fct
{ public :
   cl_fct(float x) { ..... } ;                    // constructeur
   int operator() (int n, int p ) { ..... }   // opérateur ()
} ;
```

Dans ces conditions, une déclaration telle que :

```
cl_fct obj_fct1(2.5) ;
```

construit bien sûr un objet nommé *obj_fct1* de type *cl_fct*, en transmettant le paramètre 2.5 à son constructeur. En revanche, la notation suivante réalise l'appel de l'opérateur ( ) de l'objet *obj_fct1*, en lui transmettant les valeurs 3 et 5 :

```
obj_fct1(3, 5)
```

Ces possibilités peuvent servir lorsqu'il est nécessaire d'effectuer certaines opérations d'initialisation d'une fonction, ou de paramétrer son travail (par le biais des arguments passés à son constructeur). Mais elles s'avéreront encore plus intéressantes dans le cas des fonctions dites de rappel, c'est-à-dire transmises en argument à une autre fonction.

7 Surdéfinition des opérateurs *new* et *delete*

N.B. Ce chapitre peut être ignoré dans un premier temps.

Tout d'abord, il faut bien noter que les opérateurs *new* et *delete* peuvent s'appliquer à des types de base, à des structures usuelles ou à des objets. Par ailleurs, il existe d'autres opérateurs *new[]* et *delete[]* s'appliquant à des tableaux (d'éléments de type de base, structure ou objet). Cette remarque à des conséquences au niveau de leur redéfinition :

- vous pourrez redéfinir *new* et *delete* « sélectivement » pour une classe donnée ; bien entendu vous pourrez toujours redéfinir ces opérateurs dans autant de classes que vous le souhaiterez ; dans ce cas, les opérateurs prédéfinis (on parle aussi d'« opérateurs globaux ») continueront d'être utilisés pour les classes où aucune surdéfinition n'aura été prévue ;
- vous pourrez également redéfinir ces opérateurs de façon globale ; il seront alors utilisés pour les types de base, pour les structures usuelles et pour les types classe n'ayant opéré aucune surdéfinition ;
- enfin, il ne faudra pas perdre de vue que les surdéfinitions de *new* d'une part et de *new[]* d'autre part sont deux choses différentes ; l'une n'entraînant pas automatiquement l'autre ; la même remarque s'applique à *delete* et *delete[]*.

Voyons cela plus en détail, en commençant par la situation la plus usuelle, à savoir la surdéfinition de *new* et *delete* au sein d'une classe

7.1 Surdéfinition de *new* et *delete* pour une classe donnée

La surdéfinition de *new* se fait obligatoirement par une fonction membre qui doit :

- Posséder un argument de type *size_t* correspondant à la taille en octets de l'objet à allouer. Bien qu'il figure dans la définition de *new*, il n'a pas à être spécifié lors de son appel, car c'est le compilateur qui le générera automatiquement, en fonction de la taille de l'objet concerné. (Notez que *size_t* est un « synonyme » d'un type entier défini dans le fichier en-tête *cstddef* – la notion de type synonyme ne sera abordée que dans le chapitre 31).
- Fournir en retour une valeur de type *void ** correspondant à l'adresse de l'emplacement alloué pour l'objet.

Quant à la définition de la fonction membre correspondant à l'opérateur *delete*, elle doit :

- Recevoir un argument du type pointeur sur la classe correspondante ; il représente l'adresse de l'emplacement alloué à l'objet à détruire.
- Ne fournir aucune valeur de retour (*void*).

Remarques

1 Même lorsque l'opérateur *new* a été surdéfini pour une classe, il reste possible de faire appel à l'opérateur prédéfini en utilisant l'opérateur de résolution de portée ; il en va de même pour *delete*.

2 Les opérateurs *new* et *delete* sont des **fonctions membres statiques** de leur classe (voir le paragraphe 8 du chapitre 12). En tant que tels, ils n'ont donc accès qu'aux membres statiques de la classe où ils sont définis et ne reçoivent pas d'argument implicite (*this*).

7.2 Exemple

Voici un programme dans lequel la classe *point* surdéfinit les opérateurs *new* et *delete*, dans le seul but d'en comptabiliser les appels[1]. Ils font d'ailleurs appel aux opérateurs prédéfinis (par emploi de ::) pour ce qui concerne la gestion de la mémoire.

```
#include <iostream>
#include <cstddef>                // pour size_t
using namespace std ;
```

1. Bien entendu, dans un programme réel, l'opérateur *new* accomplira en général une tâche plus élaborée.

```
class point
{   static int npt ;                // nombre total de points
    static int npt_dyn ;            // nombre de points "dynamiques"
    int x, y ;
  public :
    point (int abs=0, int ord=0)                       // constructeur
        { x=abs ; y=ord ;
          npt++ ;
          cout << "++ nombre total de points : " << npt << "\n" ;
        }
    ~point ()                                          // destructeur
        { npt-- ;
          cout << "-- nombre total de points : " << npt << "\n" ;
        }
    void * operator new (size_t sz)                    // new surdéfini
    { npt_dyn++ ;
      cout << "     il y a " << npt_dyn << " points dynamiques sur un \n" ;
      return ::new char[sz] ;
    }
    void operator delete (void * dp)
    { npt_dyn-- ;
      cout << "     il y a " << npt_dyn << " points dynamiques sur un \n" ;
      ::delete (dp) ;
    }
} ;
int point::npt = 0 ;        // initialisation membre statique npt
int point::npt_dyn = 0 ;    // initialisation membre statique npt_dyn
main()
{  point * ad1, * ad2 ;
   point a(3,5) ;
   ad1 = new point (1,3) ;
   point b ;
   ad2 = new point (2,0) ;
   delete ad1 ;
   point c(2) ;
   delete ad2 ;
}
```

```
++ nombre total de points : 1
     il y a 1 points dynamiques sur un
++ nombre total de points : 2
++ nombre total de points : 3
     il y a 2 points dynamiques sur un
++ nombre total de points : 4
-- nombre total de points : 3
     il y a 1 points dynamiques sur un
++ nombre total de points : 4
-- nombre total de points : 3
     il y a 0 points dynamiques sur un
-- nombre total de points : 2
```

```
-- nombre total de points : 1
-- nombre total de points : 0
```

Exemple de surdéfinition de l'opérateur new *pour la classe* point

Remarques

1 Comme le montre cet exemple, et comme on peut s'y attendre, la surdéfinition des opérateurs *new* et *delete* n'a d'incidence que sur les objets alloués dynamiquement. Les objets statiques (alloués à la compilation) et les objets dynamiques (alloués lors de l'exécution, mais sur la pile) ne sont toujours pas concernés.

2 Que *new* soit surdéfini ou prédéfini, son appel est toujours (heureusement) suivi de celui du constructeur (lorsqu'il existe). De même, que *delete* soit surdéfini ou prédéfini, son appel est toujours précédé de celui du destructeur (lorsqu'il existe).

3 N'oubliez pas qu'il est nécessaire de distinguer *new* de *new[]*, *delete* de *delete[]*. Ainsi, dans l'exemple de programme précédent, une instruction telle que :

```
point * ad = new point [50] ;
```

ferait appel à l'opérateur *new* prédéfini (et 50 fois à l'appel du constructeur sans argument). En général, on surdéfinira également *new[]* et *delete[]* comme nous allons le voir ci-après.

7.3 D'une manière générale

Pour surdéfinir *new[]* au sein d'une classe, il suffit de procéder comme pour *new*, le nom même de l'opérateur (*new[]* au lieu de *new*) servant à effectuer la distinction. Par exemple, dans notre classe *point* de l'exemple précédent, nous pourrons ajouter :

```
void * operator new [](size_t sz)
{ .....
  return ::new char[sz] ;
}
```

La valeur fournie en argument correspondra bien à la taille totale à allouer pour le tableau (et non à la taille d'un seul élément). Cette fois, dans notre précédent exemple de programme, l'instruction :

```
point * adp = new point[50] ;
```

effectuera bien un appel de l'opérateur *new[]* ainsi surdéfini (et toujours les 50 appels du constructeur sans arguments de *point*).

De même, on surdéfinira *delete[]* de cette façon :

```
void operator delete (void * dp)  // dp adresse de l'emplacement à libérer
{ ..... }
```

Enfin, pour surdéfinir les opérateurs *new* et *delete* de manière globale, il suffit de définir l'opérateur correspondant sous la forme d'une **fonction indépendante**, comme dans cet exemple :

```
void operator new (size_t sz)
{   .....
}
```

Notez bien qu'alors :

- Cet opérateur sera appelé pour tous les types pour lesquels aucun opérateur *new* n'a été surdéfini, **y compris pour les types de base**. C'est le cas de la déclaration suivante :

```
int * adi = new int ;
```

- Dans la surdéfinition de cet opérateur, il n'est plus possible de faire appel à l'opérateur *new* prédéfini. Toute tentative d'appel de *new* ou même de *::new* fera entrer dans un processus récursif.

Ce dernier point limite l'intérêt de la surdéfinition globale de *new* de *delete* puisque le programmeur doit prendre complètement à sa charge la gestion dynamique de mémoire (par exemple en réalisant les « appels au système » nécessaires...).

16

Les conversions de type définies par l'utilisateur

Nous avons déjà rencontré des conversions d'un type simple (type de base, énumération ou pointeur) en un autre type simple et nous avons été amenés à distinguer deux catégories : les conversions implicites et les conversions explicites.

Les conversions sont **explicites** lorsque l'on fait appel à un opérateur de *cast*, comme dans :

```
int n ; double z ;
.....
z = double(n) ;     // conversion de int en double     ou :  z = static_cast<double> (n)
```

ou dans :

```
n = int(z) ;        // conversion de double en int     ou :  n = static_cast<int> (z)
```

Les conversions **implicites** ne sont pas mentionnées par « l'utilisateur[1] », mais elles sont mises en place par le compilateur en fonction du contexte ; elles se rencontrent à différents niveaux :

- dans les affectations : il y a alors conversion « forcée » dans le type de la variable réceptrice (notez que toutes les conversions possibles ne sont pas légales) ;

1. C'est-à-dire en fait l'auteur du programme. Nous avons toutefois conservé le terme répandu d'« utilisateur », qui s'oppose ici à « compilateur ».

- dans les appels de fonction : il y a également conversion « forcée » d'un argument dans le type déclaré dans le prototype (les conversions légales étant les mêmes que celles qui le sont par affectation) ;
- dans les expressions : pour chaque opérateur, il y a conversion éventuelle de l'un des opérandes dans le type de l'autre, suivant des règles précises qui font intervenir :
  - des conversions systématiques : *char* et *short* en *int* ;
  - des conversions d'ajustement de type, par exemple *int* en *long* pour une addition de deux valeurs de type *long*...

Mais C++ permet aussi de définir des conversions faisant intervenir des types classe créés par l'utilisateur. Par exemple, pour un type *complexe*, on pourra, en écrivant des fonctions appropriées, donner une signification aux conversions :

```
complexe -> double
double -> complexe
```

Qui plus est, nous verrons que l'existence de telles conversions permettra de donner un sens à l'addition d'un *complexe* et d'un *double*, ou même celle d'un *complexe* et d'un *int*.

Cependant, s'il paraît logique de disposer de conversions entre une classe *complexe* et les types numériques, il n'en ira plus nécessairement de même pour des classes n'ayant pas une « connotation » mathématique aussi forte, ce qui n'empêchera pas le compilateur de mettre en place le même genre de conversions !

Ce chapitre fait le point sur ces différentes possibilités. Considérées comme assez dangereuses, il est bon de ne les employer qu'en toute connaissance de cause. Pour vous éviter une conclusion hâtive, nous avons volontairement utilisé des exemples de conversions tantôt signifiantes (à connotation mathématique), tantôt non signifiantes.

Au passage, nous en profiterons pour insister sur le rôle important du qualificatif *const* appliqué à un argument muet transmis par référence.

1 Les différentes sortes de conversions définies par l'utilisateur

Considérons une classe *point* possédant un **constructeur à un argument**, comme :

```
point (int abs) { x = abs ; y = 0 ; }
```

On peut dire que ce constructeur réalise une conversion d'un *int* en un objet de type *point*. Nous avons d'ailleurs déjà vu comment appeler explicitement ce constructeur, par exemple :

```
point a ;
.....
a = point(3) ;
```

Comme nous le verrons, à moins de l'interdire au moment de la définition de la classe, ce constructeur peut être appelé **implicitement** dans des affectations, des appels de fonctions ou des calculs d'expressions, au même titre qu'une conversion « usuelle » (on parle aussi de « conversion standard »).

Plus généralement, si l'on considère deux classes nommées *point* et *complexe*, on peut dire qu'un constructeur de la classe *complexe* à un argument de type *point* :

```
complexe (point) ;
```

permet de convertir un *point* en *complexe*. Nous verrons que cette conversion pourra elle aussi être utilisée implicitement dans les différentes situations évoquées (à moins qu'on l'ait interdit explicitement).

En revanche, un constructeur (qui fournit un objet du type de sa classe) ne peut en aucun cas permettre de réaliser une conversion d'un objet en une valeur d'un type simple, par exemple un *point* en *int* ou un *complexe* en *double*. Comme nous le verrons, ce type de conversion pourra être traité en définissant au sein de la classe concernée un opérateur de *cast* approprié, par exemple, pour les deux cas cités :

```
operator int()
```

au sein de la classe *point*,

```
operator double()
```

au sein de la classe *complexe*.

Cette dernière démarche de définition d'un opérateur de *cast* pourra aussi être employée pour définir une conversion d'un type classe en un autre type classe. Par exemple, avec :

```
operator complexe() ;
```

au sein de la classe *point*, on définira la conversion d'un *point* en *complexe*, au même titre qu'avec le constructeur :

```
complexe (point) ;
```

situé cette fois dans la classe *complexe*.

Voici un schéma récapitulant les différentes possibilités que nous venons d'évoquer ; A et B désignent deux classes, *b* un type de base quelconque :

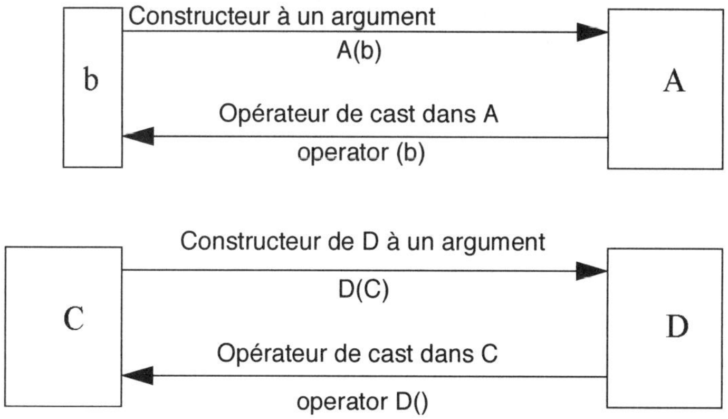

Les quatre sortes de conversions définies par l'utilisateur

Parmi les différentes possibilités de conversions que nous venons d'évoquer, seul l'opérateur de *cast* appliqué à une classe apparaît comme nouveau. Nous allons donc le présenter, mais aussi expliquer quand et comment les différentes conversions implicites sont mises en œuvre, et examiner les cas rejetés par le compilateur.

2 L'opérateur de cast pour la conversion type classe –> type de base

2.1 Définition de l'opérateur de cast

Considérons une classe *point* :

```
class point
{  int x, y ;
   .....
}
```

Supposez que nous souhaitions la munir d'un opérateur de *cast* permettant la conversion de *point* en *int*. Nous le noterons simplement :

```
operator int()
```

Il s'agit là du mécanisme habituel de surdéfinition d'opérateur étudié au chapitre précédent : l'opérateur se nomme ici *int*, il est unaire (un seul argument), et comme il s'agit d'une fonction membre, aucun argument n'apparaît dans son en-tête ou son prototype. Reste la valeur de retour : en principe, cet opérateur fournit un *int*, de sorte qu'on aurait pu penser à l'en-tête :

```
int operator int()
```

En fait, en C++, **un opérateur de *cast* doit toujours être défini comme une fonction membre et le type de la valeur de retour** (qui est alors celui défini par le nom de l'opérateur) **ne doit pas être mentionné**.

En définitive, voici comment nous pourrions définir notre opérateur de *cast* (ici en ligne), en supposant que le résultat souhaité pour la conversion en *int* soit l'abscisse du point :

```
operator int()
{       return x ;
}
```

Bien entendu, pour être utilisable à l'extérieur de la classe, cet opérateur devra être public.

2.2 Exemple d'utilisation

Voici un premier exemple de programme montrant à la fois un appel explicite de l'opérateur *int* que nous venons de définir, et un appel implicite entraîné par une affectation[1]. Comme à

1. S'il n'était pas déclaré public, on obtiendrait une erreur de compilation dans les deux appels.

l'accoutumée, nous avons introduit une instruction d'affichage dans l'opérateur lui-même pour obtenir une trace de son appel.

```
#include <iostream>
using namespace std ;
class point
{  int x, y ;
 public :
   point (int abs=0, int ord=0)          // constructeur 0, 1 ou 2 arguments
     { x = abs ; y = ord ;
       cout << "++ construction point : " << x << " " << y << "\n" ;
     }
   operator int()                        // "cast" point --> int
     { cout << "== appel int() pour le point " << x << " " << y << "\n" ;
       return x ;
     }
} ;
main()
{  point a(3,4), b(5,7) ;
   int n1, n2 ;
   n1 = int(a) ;  // appel explicite de int ()
                 // on peut aussi écrire :  n1 = (int) a  ou n1 = static_cast<int> (a)
   cout << "n1 = " << n1 << "\n" ;
   n2 = b ;      // appel implicite de int()
   cout << "n2 = " << n2 << "\n" ;
}
```

```
++ construction point : 3 4
++ construction point : 5 7
== appel int() pour le point 3 4
n1 = 3
== appel int() pour le point 5 7
n2 = 5
```

Exemple d'utilisation d'un opérateur de cast *pour la conversion* point -> int

Nous voyons clairement que l'affectation :

```
n2 = b ;
```

a été traduite par le compilateur en :

- une conversion du point *b* en *int* ;
- une affectation (classique) de la valeur obtenue à *n2*.

2.3 Appel implicite de l'opérateur de cast lors d'un appel de fonction

Définissons une fonction *fct* recevant un argument de type entier, que nous appelons :

- une première fois avec un argument entier (6) ;
- une deuxième fois avec un argument de type *point* (*a*).

En outre, nous introduisons (artificiellement) dans la classe *point* un constructeur de recopie, afin de montrer qu'ici il n'est pas appelé :

```
#include <iostream>
using namespace std ;
class point
{  int x, y ;
 public :
   point (int abs=0, int ord=0)          // constructeur 0, 1 ou 2 arguments
     { x = abs ; y = ord ;
       cout << "++ construction point : " << x << " " << y << "\n" ;
     }
   point (const point & p)               // constructeur de recopie
     { cout << ":: appel constructeur de recopie \n" ;
       x = p.x ; y = p.y ;
     }
   operator int()                        // "cast" point --> int
     { cout << "== appel int() pour le point " << x << " " << y << "\n" ;
       return x ;
     }
} ;
void fct (int n)                         // fonction
{  cout << "** appel fct avec argument : " << n << "\n" ;
}
main()
{  void fct (int) ;
   point a(3,4) ;
   fct (6) ;                 // appel normal de fct
   fct (a) ;                 // appel avec conversion implicite de a en int
}
```

```
++ construction point : 3 4
** appel fct avec argument : 6
== appel int() pour le point 3 4
** appel fct avec argument : 3
```

Appel de l'opérateur de cast *lors d'un appel de fonction*

On voit que l'appel :

```
fct(a)
```

a été traduit par le compilateur en :

- une conversion de *a* en *int* ;
- un appel de *fct*, à laquelle on fournit en argument la valeur ainsi obtenue.

Comme on pouvait s'y attendre, la conversion est bien réalisée avant l'appel de la fonction, et il n'y a pas de création par recopie d'un objet de type *point*.

2.4 Appel implicite de l'opérateur de cast dans l'évaluation d'une expression

Les résultats de ce programme illustrent la manière dont sont évaluées des expressions telles que *a + 3* ou *a + b* lorsque *a* et *b* sont de type *point* :

```
#include <iostream>
using namespace std ;
class point
{  int x, y ;
 public :
   point (int abs=0, int ord=0)          // constructeur 0, 1 ou 2 arguments
     { x = abs ; y = ord ;
       cout << "++ construction point : " << x << " " << y << "\n" ;
     }
   operator int()                        // "cast" point --> int
     { cout << "== appel int() pour le point " << x << " " << y << "\n" ;
       return x ;
     }
} ;

main()
{  point a(3,4), b(5,7) ;
   int n1, n2 ;
   n1 = a + 3 ;     cout << "n1 = " << n1 << "\n" ;
   n2 = a + b ;     cout << "n2 = " << n2 << "\n" ;

   double z1, z2 ;
   z1 = a + 3 ;     cout << "z1 = " << z1 << "\n" ;
   z2 = a + b ;     cout << "z2 = " << z2 << "\n" ;
}
```

```
++ construction point : 3 4
++ construction point : 5 7
== appel int() pour le point 3 4
n1 = 6
== appel int() pour le point 3 4
== appel int() pour le point 5 7
```

```
n2 = 8
== appel int() pour le point 3 4
z1 = 6
== appel int() pour le point 3 4
== appel int() pour le point 5 7
z2 = 8
```

Utilisation de l'opérateur de cast *dans l'évaluation d'une expression*

Lorsqu'il rencontre une expression comme *a + 3* avec un opérateur portant sur un élément de type *point* et un entier, le compilateur recherche tout d'abord s'il existe un opérateur + surdéfini correspondant à ces types d'opérandes. Ici, il n'en trouve pas. Il cherche alors à mettre en place des conversions des opérandes permettant d'aboutir à une opération existante. Dans notre cas, il prévoit la conversion de *a* en *int*, de manière à se ramener à la somme de deux entiers, suivant le schéma :

```
point       int
  |          |
 int         |
  |___ + ___|
       |
      int
```

Certes, une telle démarche peut choquer. Quelques remarques s'imposent :

- Ici, aucune autre conversion n'est envisageable. Il n'en irait pas de même s'il existait un opérateur (surdéfini) d'addition de deux points.
- La démarche paraît moins choquante si l'on ne cherche pas à donner une véritable signification à l'opération *a + 3*.
- Nous cherchons à présenter les différentes situations que l'on risque de rencontrer, non pas pour vous encourager à les employer toutes, mais plutôt pour vous mettre en garde.

Quant à l'évaluation de *a + b*, elle se fait suivant le schéma suivant :

```
point      point
  |          |
 int        int
  |___ + ___|
       |
      int
```

Pour chacune des deux expressions, nous avons prévu deux sortes d'affectations :

- à une variable entière ;
- à une variable de type *double* : dans ce cas, il y a conversion forcée du résultat de l'expression en *double*.

Notez bien que le type de la variable réceptrice n'agit aucunement sur la manière dont l'expression est évaluée, pas plus que sur son type final.

2.5 Conversions en chaîne

Considérez cet exemple :

```
#include <iostream>
using namespace std ;
class point
{  int x, y ;
 public :
   point (int abs=0, int ord=0)          // constructeur 0, 1 ou 2 arguments
     { x = abs ; y = ord ;
       cout << "++ construction point : " << x << " " << y << "\n" ;
     }
   operator int()                        // "cast" point --> int
     { cout << "== appel int() pour le point " << x << " " << y << "\n" ;
       return x ;
     }
} ;
void fct (double v)
{  cout << "** appel fct avec argument : " << v << "\n" ;
}
main()
{  point a(3,4) ;
   int n1 ;
   double z1, z2 ;
   n1 = a + 3.85 ; cout << "n1 = " << n1 << "\n" ;
   z1 = a + 3.85 ; cout << "z1 = " << z1 << "\n" ;
   z2 = a        ; cout << "z2 = " << z2 << "\n" ;
   fct (a) ;
}
```

```
++ construction point : 3 4
== appel int() pour le point 3 4
n1 = 6
== appel int() pour le point 3 4
z1 = 6.85
== appel int() pour le point 3 4
z2 = 3
== appel int() pour le point 3 4
** appel fct avec argument : 3
```

Conversions en chaîne

Cette fois, nous avons à évaluer à deux reprises la valeur de l'expression :

```
a + 3.85
```

La différence avec les situations précédentes est que la constante 3.85 est de type *double*, et non plus de type *int*. Par analogie avec ce qui précède, on pourrait supposer que le compilateur prévoit la conversion de 3.85 en *int*. Or il s'agirait d'une conversion d'un type de base *double* en un autre type de base *int* qui risquerait d'être **dégradante** et qui, comme d'habitude, n'est **jamais mise en œuvre de manière implicite dans un calcul d'expression**[1].

En fait, l'évaluation se fera suivant le schéma :

```
point    double
  |         |
 int        |
  |         |
double      |
  |___ + ___|
       |
     double
```

La valeur affichée pour *z1* confirme le type *double* de l'expression.

La valeur de *ai* a donc été soumise à **deux conversions successives** avant d'être transmise à un opérateur. Ceci est indépendant de l'usage qui doit être fait ultérieurement de la valeur de l'expression, à savoir :

- conversion en *int* pour affectation à *n1* dans le premier cas ;
- affectation à *z2* dans le second cas.

Quant à l'affectation *z2 = a*, elle entraîne une double conversion de *point* en *int*, puis de *int* en *double*.

Il en va de même pour l'appel :

```
fct (a)
```

D'une manière générale,

> En cas de besoin, C++ peut ainsi mettre en œuvre une « chaîne » de conversions, à condition toutefois que celle-ci ne fasse intervenir qu'**une seule C.D.U.** (Conversion Définie par l'Utilisateur). Plus précisément, cette chaîne peut être formée d'au maximum trois conversions, à savoir : une conversion standard, suivie d'une C.D.U, suivie d'une conversion standard

Remarque

Nous avons déjà rencontré ce mécanisme de chaîne de conversions dans le cas des fonctions surdéfinies. Ici, il s'agit d'un mécanisme comparable appliqué à un opérateur prédéfini, et non plus à une fonction définie par l'utilisateur. Nous retrouverons des situations semblables par la suite, relatives cette fois à un opérateur défini par l'utilisateur (donc à une fonction) ; les règles appliquées seront bien celles que nous avons évoquées dans la recherche de la « bonne fonction surdéfinie ».

1. Elle pourrait l'être dans une affectation ou un appel de fonction, en tant que conversion « forcée ».

2.6 En cas d'ambiguïté

À partir du moment où le compilateur accepte de mettre en place une chaîne de conversions, certaines ambiguïtés peuvent apparaître. Reprenons l'exemple de la classe *point*, en supposant cette fois que nous l'avons munie de deux opérateurs de *cast* :

```
operator int()
operator double()
```

Supposons que nous utilisions de nouveau une expression telle que (*a* étant de type *point*) :

```
a + 3.85
```

Dans ce cas, le compilateur se trouve en présence de deux schémas possibles de conversion :

```
point    double           point     double
  |        |                |         |
double     |               int        |
  |___+____|                |         |
      |                   double      |
    double                  |___ + ___|
                                 |
                               double
```

Ici, il refuse l'expression en fournissant un diagnostic d'ambiguïté.

Cette ambiguïté réside dans le fait que deux chaînes de conversions permettent de passer du type *point* au type *double*. S'il s'agissait d'une ambiguïté concernant le choix de l'opérateur à appliquer (ce qui n'était pas le cas ici), le compilateur appliquerait alors les règles habituelles de choix d'une fonction surdéfinie[1].

3 Le constructeur pour la conversion type de base -> type classe

3.1 Exemple

Nous avons déjà vu comment appeler explicitement un constructeur. Par exemple, avec la classe *point* précédente, si *a* est de type *point*, nous pouvons écrire :

```
a = point (12) ;
```

Cette instruction provoque :

- la création d'un objet temporaire de type *point* ;
- l'affectation de cet objet à *a*.

1. En toute rigueur, il faudrait considérer que les opérateurs sur les types de base correspondent eux aussi à des fonctions de la forme *operator +*.

On peut donc dire que l'expression :

```
point (12)
```

exprime la conversion de l'entier 12 en un *point*.

D'une manière générale, tout constructeur à un seul argument d'un type de base[1] réalise une conversion de ce type de base dans le type de sa classe.

Or, tout comme l'opérateur de *cast*, ce constructeur peut également être appelé implicitement. Ainsi, l'affectation :

```
a = 12
```

provoque exactement le même résultat que :

```
a = point (12)
```

À sa rencontre en effet, le compilateur cherche s'il existe une conversion (voire une chaîne de conversions) unique, permettant de passer du type *int* au type *point*. Ici, le constructeur fait l'affaire.

De la même façon, si *fct* a pour prototype :

```
void fct (point) ;
```

un appel tel que :

```
fct (4)
```

entraîne une conversion de l'entier 4 en un point temporaire qui est alors transmis à *fct*.

Voici un petit programme illustrant ces premières possibilités de conversion par un constructeur :

```
#include <iostream>
using namespace std ;
class point
{  int x, y ;
 public :
   point (int abs=0, int ord=0)        // constructeur 0, 1 ou 2 arguments
     { x = abs ; y = ord ;
       cout << "++ construction point " << x << " " << y
            << " en " << this << "\n" ;
     }
  point (const point & p)               // constructeur de recopie
     { x = p.x ; y = p.y ;
       cout << ":: constr. recopie de " << &p << " en " << this << "\n" ;
     }
} ;
void fct (point p)                     // fonction simple
{  cout << "** appel fct " << "\n" ;
}
```

1. Ou éventuellement, comme c'est le cas ici, à plusieurs arguments ayant des valeurs par défaut, à partir du moment où il peut être appelé avec un seul argument.

```
main()
{ void fct (point) ;
  point a(3,4) ;
  a = point (12) ;  // appel explicite constructeur
  a = 12 ;          // appel implicite
  fct(4) ;
}
```

```
++ construction point 3 4 en 006AFDF0
++ construction point 12 0 en 006AFDE8
++ construction point 12 0 en 006AFDE0
++ construction point 4 0 en 006AFD88
** appel fct
```

Utilisation d'un constructeur pour réaliser des conversions int -> point

Remarques

1 Bien entendu, si *fct* est surdéfinie, le choix de la bonne fonction se fera suivant les règles déjà rencontrées au paragraphe 10.3 du chapitre 7. Cette fonction devra être unique, de même que les chaînes de conversions mises en œuvre pour chaque argument.

2 Si nous avions déclaré *fct* sous la forme *void fct (point &)*, l'appel *fct(4)* aurait été rejeté. En revanche, avec la déclaration *void fct (const point &)*, ce même appel aurait été accepté ; il aurait conduit à la création d'un point temporaire obtenu par conversion de 4 en *point* et à la transmission de sa référence à la fonction *fct*. L'exécution se serait présentée exactement comme ci-dessus.

3.2 Le constructeur dans une chaîne de conversions

Supposons que nous disposions d'une classe *complexe* :

```
class complexe
{     double reel, imag ;
  public :
      complexe (double r = 0 ; double i = 0) ;
      .....
}
```

Son constructeur permet des conversions *double -> complexe*. Mais compte tenu des possibilités de conversion implicite *int -> double*, ce constructeur peut intervenir dans une chaîne de conversions :

int -> double -> complexe

Ce sera le cas dans une affectation telle que (*c* étant de type *complexe*) :

```
c = 3 ;
```

Cette possibilité de chaîne de conversions rejoint ici les règles concernant les conversions habituelles à propos des fonctions (surdéfinies ou non). En effet, on peut considérer ici que l'entier 3 est converti en *double*, compte tenu du prototype de *complexe*. Cette double interprétation d'une même possibilité n'est pas gênante, dans la mesure où elle conduit, dans les deux cas, à la même conclusion concernant la faisabilité de la conversion.

3.3 Choix entre constructeur ou opérateur d'affectation

Dans l'exemple d'affectation :

```
a = 12
```

du paragraphe 3.1, il n'existait pas d'opérateur d'affectation d'un *int* à un *point*. Si tel est le cas, on peut penser que le compilateur doit alors choisir entre :

- utiliser la conversion *int -> point* offerte par le constructeur, suivie d'une affectation *point -> point* ;
- utiliser l'opérateur d'affectation *int -> point*.

En fait, une règle permet de trancher :

> Les conversions définies par l'utilisateur (*cast* ou constructeur) ne sont mises en œuvre que lorsque cela est nécessaire.

C'est donc la seconde solution qui sera choisie ici par le compilateur, comme le montre le programme suivant. Nous avons surdéfini l'opérateur d'affectation non seulement dans le cas *int–> point*, mais aussi dans le cas *point -> point* afin de bien montrer que cette dernière version n'est pas employée dans l'affectation *a = 12* :

```
#include <iostream>
using namespace std ;
class point
{  int x, y ;
 public :
   point (int abs=0, int ord=0)      // constructeur 0, 1 ou 2 arguments
     { x = abs ; y = ord ;
       cout << "++ construction point " << x << " " << y
            << " en " << this << "\n" ;
     }
   point & operator = (const point & p) // surdéf. affectation point -> point
     { x = p.x ; y = p.y ;
       cout << "== affectation point --> point de " << &p << " en " << this ;
       return * this ;
     }
   point & operator = (const int n)     // surdéf. affectation int -> point
     { x = n ; y = 0 ;
       cout << "== affectation int   --> point de " << x << " " << y
            << " en " << this << "\n" ;
       return * this ;
     }
} ;
```

```
main()
{  point a(3,4) ;
   a = 12 ;
}
```

```
++ construction point 3 4 en 006AFDF0
== affectation int   --> point de 12 0 en 006AFDF0
```

Les conversions définies par l'utilisateur ne sont mises en œuvre que si nécessaire

3.4 Emploi d'un constructeur pour élargir la signification d'un opérateur

Considérons une classe *point* munie d'un constructeur à un argument entier et d'un opérateur d'addition fourni sous la forme d'une fonction amie (nous verrons un peu plus loin ce qui se passerait dans le cas d'une fonction membre) :

```
class point
{    int x, y ;
  public :
      point (int) ;
      friend point operator + (point, point) ;
      .....
}
```

Dans ces conditions, si *a* est de type *point*, une expression telle que :

```
a + 3
```

a une signification. En effet, dans ce cas, le compilateur met en œuvre :

- une conversion de l'entier 3 en *point* (par appel du constructeur) ;
- l'addition de la valeur obtenue avec celle de *a* (par appel de *operator* +).

Le résultat sera du type *point*. Le schéma suivant récapitule la situation :

```
point      int
  |          |
  |        point
  |___ + ___|
       |
     point
```

On peut dire également que notre expression *a + 3* est équivalente à :

```
operator + (a, point (3))
```

Le même mécanisme s'applique à une expression telle que :

```
5 + a
```

qui sera donc équivalente à :

```
operator + (5, a)
```

Toutefois, dans ce dernier cas, il n'en serait pas allé de même si notre opérateur + avait été défini par une fonction membre. En effet, son premier opérande aurait alors dû être de type *point* ; aucune conversion implicite n'aurait pu être mise en place[1].

Voici un petit programme illustrant les possibilités que nous venons d'évoquer :

```
#include <iostream>
using namespace std ;
class point
{  int x, y ;
 public :
   point (int abs=0, int ord=0)          // constructeur 0, 1 ou 2 arguments
   { x = abs ; y = ord ;
     cout << "++ construction point : " << x << " " << y << "\n" ;
   }
   friend point operator + (point, point) ;      // point + point --> point
   void affiche ()
   { cout << "Coordonnees : " << x << " " << y << "\n" ;
   }
} ;
point operator+ (point a, point b)
{  point r ;
   r.x = a.x + b.x ; r.y = a.y + b.y ;
   return r ;
}
main()
{
   point a, b(9,4) ;
   a = b + 5 ; a.affiche() ;
   a = 2 + b ; b.affiche() ;
}
```

```
++ construction point : 0 0
++ construction point : 9 4
++ construction point : 5 0
++ construction point : 0 0
Coordonnées : 14 4
++ construction point : 2 0
++ construction point : 0 0
Coordonnées : 9 4
```

Élargissement de la signification de l'opérateur +

1. Des appels tels que *5.operator + (a)* ou *n.operator + (a)* (*n* étant de type *int*) seront rejetés.

Remarques

1 On peut envisager de transmettre par référence les arguments de *operator*. Dans ce cas, il est nécessaire de prévoir le qualificatif *const* pour autoriser la conversion de 5 en un *point* temporaire dans l'affectation $a = b + 5$ ou de 2 en un *point* temporaire dans $a = 2 + b$.

2 L'utilisation du constructeur dans une chaîne de conversions peut rendre de grands services dans une situation réelle puisqu'elle permet de donner un sens à des expressions mixtes. L'exemple le plus caractéristique est celui d'une classe de nombres complexes (supposés constitués ici de deux valeurs de type *double*). Il suffit, en effet, de définir la somme de deux complexes et un constructeur à un argument de type *double* :

```
class complexe
{      double reel, imag ;
  public :
       complexe (double v) { reel = v ; imag = 0 ; }
       friend complexe operator + (complexe, complexe) ;
       .....
}
```

Les expressions de la forme :

– complexe + double

– double + complexe

auront alors une signification (et ici ce sera bien celle que l'on souhaite).

Compte tenu des possibilités de conversions, il en ira de même de n'importe quelle addition d'un *complexe* et d'un *float*, d'un *long*, d'un *short* ou d'un *char*.

Ici encore, ces conversions ne seront plus possibles si les opérandes sont transmis par référence. Elles le redeviendront avec des références à des constantes.

3 Si nous avions défini :

```
class complexe
{      float reel, imag
  public :
       complexe (float v) ;
       friend complexe operator + (complexe, complexe) ;
       .....
}
```

l'addition d'un *complexe* et d'un *double* ne serait pas possible. Elle le deviendrait en remplaçant le constructeur par :

```
complexe (double v)
```

(ce qui ne signifie pas pour autant que le résultat de la conversion forcée de *double* en *float* qui y figurera sera acceptable !).

3.5 Interdire les conversions implicites par le constructeur : le rôle d'explicit

La norme ANSI de C++ prévoit qu'on puisse interdire l'utilisation du constructeur dans des conversions implicites (simples ou en chaîne) en utilisant le mot clé *explicit* lors de sa déclaration. Par exemple, avec :

```
class point
{ public :
   explicit point (int) ;
   friend operator + (point, point) ;
     .....
}
```

les instructions suivantes seraient rejetées (*a* et *b* étant de type *point*) :

```
a = 12 ;      // illégal car le constructeur possède le qualificatif explicit
a = b + 5 ;  // idem
```

En revanche, la conversion pourrait toujours se faire par un appel explicite, comme dans :

```
a = point (3) ;       // OK : conversion explicite par le constructeur
a = b + point (5) ;  // idem
```

4 Les conversions d'un type classe en un autre type classe

Les possibilités de conversions d'un type de base en un type classe que nous venons d'étudier se généralisent ainsi :

- Au sein d'une classe A, on peut définir un opérateur de *cast* réalisant la conversion dans le type A d'un autre type de classe B.
- Un constructeur de la classe A recevant un argument de type B réalise une conversion de B en A.

4.1 Exemple simple d'opérateur de cast

Le programme suivant illustre la première situation : l'opérateur *complexe* de la classe *point* permet des conversions d'un objet de type *point* en un objet de type *complexe* :

```
#include <iostream>
using namespace std ;
class complexe ;

class point
{ int x, y ;
```

```
 public :
  point (int abs=0, int ord=0) {x=abs ; y=ord ; }
  operator complexe () ;         // conversion point --> complexe
} ;

class complexe
{ double reel, imag ;
 public :
  complexe (double r=0, double i=0) { reel=r ; imag=i ; }
  friend point::operator complexe () ;
  void affiche () { cout << reel << " + " << imag <<"i\n" ; }
} ;
point::operator complexe ()
{ complexe r ; r.reel=x ; r.imag=y ;
  cout << "cast "<<x<<" "<<y<<" en "<<r.reel<<" + "<<r.imag<<"i\n" ;
  return r ;
}

main()
{ point a(2,5) ; complexe c ;
  c = (complexe) a ; c.affiche () ;      // conversion explicite
  point b (9,12) ;
  c =  b ;           c.affiche () ;      // conversion implicite
}
```

```
cast 2 5 en 2 + 5i
2 + 5i
cast 9 12 en 9 + 12i
9 + 12i
```

Exemple d'utilisation d'un opérateur de cast *pour des conversions* point -> complexe

Remarque

La conversion *point -> complexe*, équivalente ici à la conversion de deux entiers en réel, est assez naturelle et, de toute façon, non dégradante. Mais bien entendu, C++ vous laisse seul juge de la qualité des conversions que vous pouvez définir de cette manière.

4.2 Exemple de conversion par un constructeur

Le programme suivant illustre la seconde situation : le constructeur *complexe (point)* représente une autre façon de réaliser des conversions d'un objet de type *point* en un objet de type *complexe* :

```
#include <iostream>
using namespace std ;
class point ;
class complexe
{   double reel, imag ;
  public :
    complexe (double r=0, double i=0) { reel=r ; imag=i ; }
    complexe (point) ;
    void affiche () { cout << reel << " + " << imag << "i\n" ; }
} ;
class point
{   int x, y ;
  public :
    point (int abs=0, int ord=0) { x=abs ; y=ord ; }
    friend complexe::complexe (point) ;
} ;
complexe::complexe (point p)
{ reel = p.x ; imag = p.y ; }

main()
{  point a(3,5) ;
   complexe c (a) ; c.affiche () ;
}
```

```
3 + 5i
```

Exemple d'utilisation d'un constructeur pour des conversions point –> complexe

Remarques

1 La remarque faite précédemment à propos de la « qualité » des conversions s'applique tout aussi bien ici. Par exemple, nous aurions pu introduire dans la classe *point* un constructeur de la forme *point (complexe)*.

2 En ce qui concerne les conversions d'un type de base en une classe, la seule possibilité qui nous était offerte consistait à prévoir un constructeur approprié au sein de la classe. En revanche, pour les conversions A –> B (où A et B sont deux classes), nous avons le choix entre placer dans B un constructeur B(A) ou placer dans A un opérateur de *cast* B().

3 Il n'est pas possible de définir simultanément la même conversion A –> B en prévoyant à la fois un constructeur B(A) dans B et un *cast* B() dans A. En effet, cela conduirait le compilateur à déceler une ambiguïté dès qu'une conversion de A en B serait nécessaire. Il faut signaler cependant qu'une telle anomalie peut rester cachée tant que le besoin d'une telle conversion ne se fait pas sentir (en particulier, les classes A et B seront compilées sans problème, y compris si elles figurent dans le même fichier source).

4.3 Pour donner une signification à un opérateur défini dans une autre classe

Considérons une classe *complexe* pour laquelle l'opérateur + a été surdéfini par une fonction amie[1], ainsi qu'une classe *point* munie d'un opérateur de *cast complexe()*. Supposons *a* de type *point*, *x* de type *complexe* et considérons l'expression :

```
x + a
```

Compte tenu des règles habituelles relatives aux fonctions surdéfinies (mise en œuvre d'une chaîne unique de conversions ne contenant pas plus d'une C.D.U.), le compilateur est conduit à évaluer cette expression suivant le schéma :

```
complexe    point
   |          |
   |      complexe
   |___ + ___|
        |
    complexe
```

Celui-ci fait intervenir l'opérateur + surdéfini par la fonction indépendante *operator+*. On peut dire que l'expression $x + a$ est en fait équivalente à :

```
operator + (x, a)
```

Le même raisonnement s'applique à l'expression $a + x$. Quant à l'expression :

```
a + b
```

où *a* et *b* sont de type *point*, elle est équivalente à :

```
operator + (a, b)
```

et évaluée suivant le schéma :

```
  point       point
    |           |
complexe    complexe
    |____ + ____|
          |
      complexe
```

Voici un exemple complet de programme illustrant ces possibilités :

```
#include <iostream>
using namespace std ;
class complexe ;
class point
{   int x, y ;
  public :
    point (int abs=0, int ord=0) { x=abs ; y=ord ; }
    operator complexe () ;
    void affiche () { cout << "point : " << x << " " << y << "\n" ; }
 } ;
```

1. Nous verrons que ce point est important : on n'obtiendrait pas les mêmes possibilités avec une fonction membre.

```
class complexe
{   double reel, imag ;
  public :
    complexe (double r=0, double i=0) { reel=r ; imag=i ; }
    void affiche () { cout << reel << " + " << imag << "i \n" ; }
    friend point::operator complexe () ;
    friend complexe operator + (complexe, complexe) ;
} ;
point::operator complexe ()
{ complexe r ; r.reel = x ; r.imag = y ; return r ; }
complexe operator + (complexe a, complexe b)
{  complexe r ;
   r.reel = a.reel + b.reel ; r.imag = a.imag + b.imag ;
   return r ;
}

main()
{  point a(3,4), b(7,9), c ;
   complexe  x(3.5,2.8), y ;
   y = x + a ; y.affiche () ;    // marcherait encore si + était fct membre
   y = a + x ; y.affiche () ;    // ne marcherait pas si + était fonction membre
   y = a + b ; y.affiche () ;    // ne marcherait pas si + était fonction membre
                                 //        (voir remarque)
                                 //  N.B. :  c = a + b n'aurait pas de sens ici
}
```

```
6.5 + 6.8i
6.5 + 6.8i
10 + 13i
```

Élargissement de la signification de l'opérateur + de la classe complexe

Remarques

1 S'il est effectivement possible ici d'écrire :

```
y = a + b
```

il n'est pas possible d'écrire :

```
c = a + b
```

car il n'existe pas de conversion de *complexe* (type de l'expression *a + b*) en *point*.

Pour que cela soit possible, il suffirait par exemple d'introduire dans la classe *point* un constructeur de la forme *point (complexe)*. Bien entendu, cela ne préjuge nullement de la signification d'une telle opération, et en particulier de son aspect dégradant.

2 Si l'opérateur + de la classe *complexe* avait été défini par une fonction membre de prototype :

```
complexe complexe::operator + (complexe) ;
```

l'expression $a + x$ n'aurait pas eu de sens, pas plus que $a + b$. En effet, dans le premier cas, l'appel de *operator* + n'aurait pu être que :

```
a.operator + (x)
```

Cela n'aurait pas été permis. En revanche, l'expression $x + a$ aurait pu correctement être évaluée comme :

```
x.operator + (a)
```

3 Il n'est pas toujours aussi avantageux que dans cet exemple de définir un opérateur sous la forme d'une fonction amie. En particulier, si un opérateur modifie son premier opérande (supposé être un objet), il est préférable d'en faire une fonction membre. Dans le cas contraire, en effet, on risque de voir cet opérateur agir non pas sur l'objet concerné, mais sur un objet (ou une variable) temporaire d'un autre type, créé par une conversion implicite[1]. C'est d'ailleurs pour cette raison que C++ impose que les opérateurs =, [], () et -> soient toujours surdéfinis par des fonctions membres.

4 On peut envisager de transmettre les arguments de *operator+* par référence. Dans ce cas, si l'on n'a pas prévu le qualificatif *const* dans leur déclaration dans l'en-tête, les trois expressions $x+a$, $a+x$ et $a+b$ conduisent à une erreur de compilation.

5 Quelques conseils

Les possibilités de conversions implicites ne sont certes pas infinies, puisqu'elles sont limitées à une chaîne d'au maximum trois conversions (standard, C.D.U., standard) et que la C.D.U. n'est mise en œuvre que si elle est utile.

Elles n'en restent pas moins très (trop !) riches. Une telle richesse peut laisser craindre que certaines conversions soient mises en place sans que le concepteur des classes concernées ne l'ait souhaité.

En fait, il faut bien voir que :

- l'opérateur de *cast* doit être introduit délibérément par le concepteur de la classe ;
- le concepteur d'une classe peut interdire l'usage implicite du constructeur dans une conversion en faisant appel au mot clé *explicit*.

Il est donc possible de se protéger totalement contre l'usage des conversions implicites relatives aux classes : il suffira de qualifier tous les constructeurs avec *explicit* et de ne pas introduire d'opérateur de *cast*.

D'une manière générale, on aura intérêt à réserver ces possibilités de conversions implicites à des classes ayant une forte « connotation mathématique », dans lesquelles on aura probablement surdéfini un certain nombre d'opérateurs (+, -, etc.).

1. Aucune conversion implicite ne peut avoir lieu sur l'objet appelant une fonction membre.

L'exemple le plus classique est certainement celui de la classe *complexe* (que nous avons rencontrée dans ce chapitre). Dans ce cas, il paraît naturel de disposer de conversions de *complexe* en *float*, de *float* en *complexe*, de *int* en *complexe* (par le biais de *float*), etc.

De même, il paraît naturel de pouvoir réaliser aussi bien la somme d'un *complexe* et d'un *float* que celle de deux *complexes* et donc de profiter des possibilités de conversions implicites pour ne définir qu'un seul opérateur d'addition (celle de deux *complexes*).

17

Les patrons de fonctions

Nous avons déjà vu que la surdéfinition de fonctions permettait de donner un nom unique à plusieurs fonctions réalisant un travail différent. La notion de « patron » de fonctions (on parle aussi de « fonction générique » ou de « modèle de fonction »), introduite par la norme, est à la fois plus puissante et plus restrictive ; plus puissante car il suffit d'écrire une seule fois la définition d'une fonction pour que le compilateur puisse automatiquement l'adapter à n'importe quel type ; plus restrictive puisque toutes les fonctions ainsi fabriquées par le compilateur doivent correspondre à la même définition, donc au même algorithme.

Nous commencerons par vous présenter cette nouvelle notion à partir d'un exemple simple ne faisant intervenir qu'un seul « paramètre de type ». Nous verrons ensuite qu'elle se généralise à un nombre quelconque de paramètres et qu'on peut également faire intervenir des « paramètres expressions ». Puis nous montrerons comment un patron de fonctions peut, à son tour, être surdéfini. Enfin, nous verrons que toutes ces possibilités peuvent encore être affinées en « spécialisant » une ou plusieurs des fonctions d'un patron.

N.B. On rencontre souvent le terme anglais *template* au lieu de celui de patron. On parle alors de « fonctions template » ou de « classes template » mais, dans ce cas, il est difficile de distinguer, comme nous serons amenés à le faire, un patron de fonctions d'une fonction patron ou un patron de classes d'une classe patron...

1 Exemple de création et d'utilisation d'un patron de fonctions

1.1 Création d'un patron de fonctions

Supposons que nous ayons besoin d'écrire une fonction fournissant le minimum de deux valeurs de même type reçues en arguments. Nous pourrions écrire une définition pour le type *int* :

```
int min (int a, int b)
{  if (a < b) return a ;    // ou return a < b ? a : b ;
        else return b ;
}
```

Bien entendu, il nous faudrait probablement écrire une autre définition pour le type *float*, c'est-à-dire (en supposant que nous lui donnions le même nom *min*, ce que nous avons tout intérêt à faire) :

```
float min (float a, float b)
{  if (a < b) return a ;    // ou return a < b ? a : b ;
        else return b ;
}
```

Nous aurions ainsi à écrire de nombreuses définitions très proches les unes des autres. En effet, seul le type concerné serait amené à être modifié.

En fait, nous pouvons simplifier considérablement les choses en définissant **un seul patron de fonctions**, de la manière suivante :

```
      // création d'un patron de fonctions
template <class T> T min (T a, T b)
{  if (a < b) return a ;    // ou return a < b ? a : b ;
        else return b ;
}
```

Création d'un patron de fonctions

Comme vous le constatez, seul l'en-tête de notre fonction a changé (il n'en ira pas toujours ainsi) :

```
template <class T> T min (T a, T b)
```

La mention *template <class T>* précise que l'on a affaire à un patron (*template*) dans lequel apparaît un « paramètre[1] de type » nommé *T*. Notez que C++ a décidé d'employer le mot-clé

1. Ou argument ; ici, nous avons convenu d'employer le terme paramètre pour les patrons et le terme argument pour les fonctions ; mais il ne s'agit aucunement d'une convention universelle.

class pour préciser que *T* est un paramètre de type (on aurait préféré le mot clé *type* !). Autrement dit, dans la définition de notre fonction, *T* représente un type quelconque.

Le reste de l'en-tête :

```
T min (T a, T b)
```

précise que *min* est une fonction recevant deux arguments de type *T* et fournissant un résultat du même type.

Remarque

Dans la définition d'un patron, on utilise le mot clé *class* pour indiquer en fait un type quelconque, classe ou non. La norme a introduit le mot clé *typename* qui peut se subtituer à *class* dans la définition :

```
template <typename T> T min (T a, T b) { ..... }  // idem template <class T>
```

Cependant, son arrivée tardive fait que la plupart des programmes continuent d'utiliser le mot-clé *class* dans ce cas.

1.2 Premières utilisations du patron de fonctions

Pour utiliser le patron *min* que nous venons de créer, il suffit d'utiliser la fonction *min* dans des conditions appropriées (c'est-à-dire ici deux arguments de même type). Ainsi, si dans un programme dans lequel *n* et *p* sont de type *int*, nous faisons intervenir l'expression *min (n, p)*, le compilateur « fabriquera » (on dit aussi « instanciera ») automatiquement la fonction *min* (dite « fonction patron[1] ») correspondant à des arguments de type *int*. Si nous appelons *min* avec deux arguments de type *float*, le compilateur « fabriquera » automatiquement une autre fonction patron *min* correspondant à des arguments de type *float*, et ainsi de suite.

Comme on peut s'y attendre, il est nécessaire que le compilateur dispose de la définition du patron en question, autrement dit que les instructions précédentes apparaissent avant une quelconque utilisation de *min*. Voici un exemple complet illustrant cela :

```
#include <iostream>
using namespace std ;

    // création d'un patron de fonctions
template <class T> T min (T a, T b)
{   if (a < b) return a ;    // ou return a < b ? a : b ;
          else return b ;
}
```

1. Attention au vocabulaire : « patron de fonction » pour la fonction générique, « fonction patron » pour une instance donnée.

```
   // exemple d'utilisation du patron de fonctions min
main()
{  int n=4, p=12 ;
   float x=2.5, y=3.25 ;
   cout << "min (n, p) = " << min (n, p) << "\n" ;  //  int min(int, int)
   cout << "min (x, y) = " << min (x, y) << "\n" ;    //  float min (float, float)
}
```

```
min (n, p) = 4
min (x, y) = 2.5
```

Définition et utilisation d'un patron de fonctions

1.3 Autres utilisations du patron de fonctions

Le patron *min* peut être utilisé pour des arguments de **n'importe quel type**, qu'il s'agisse d'un type prédéfini (*short*, *char*, *double*, *int* *, *char* *, *int* * *, etc.) ou d'un type défini par l'utilisateur (notamment structure ou classe).

Par exemple, si *n* et *p* sont de type *int*, un appel tel que *min (&n, &p)* conduit le compilateur à instancier une fonction *int * min (int *, int *)*.

Examinons plus en détail deux situations précises :

- arguments de type *char* * ;
- arguments de type classe.

1.3.1 Application au type char *

Voici un premier exemple dans lequel nous exploitons le patron *min* pour fabriquer une fonction portant sur des chaînes de style C :

```
#include <iostream>
using namespace std ;
template <class T> T min (T a, T b)
{  if (a < b) return a ;    // ou return a < b ? a : b ;
         else return b ;
}
main()
{
   char * adr1 = "monsieur", * adr2 = "bonjour" ;
   cout << "min (adr1, adr2) = " << min (adr1, adr2) ;
}
```

```
min (adr1, adr2) = monsieur
```

Application du patron min *au type* char *

Le résultat peut surprendre, si vous vous attendiez à ce que *min* fournisse « la chaîne » "bonjour". En fait, à la rencontre de l'expression *min (adr1, adr2)*, le compilateur a généré la fonction suivante :

```
char * min (char * a, char * b)
{  if (a < b) return a ;
         else return b ;
}
```

La comparaison *a<b* porte donc sur les valeurs des pointeurs reçus en arguments (ici, *a* était inférieur à *b*, mais il peut en aller autrement dans d'autres implémentations). En revanche, l'affichage obtenu par l'opérateur << porte non plus sur ces adresses, mais sur les chaînes situées à ces adresses.

1.3.2 Application à un type classe

Pour pouvoir appliquer le patron *min* à une classe, il est bien sûr nécessaire que l'opérateur < puisse s'appliquer à deux opérandes de ce type classe. Voici un exemple dans lequel nous appliquons *min* à deux objets de type *vect*, classe munie d'un opérateur < fournissant un résultat basé sur le module des vecteurs :

```
#include <iostream>
using namespace std ;
     // le patron de fonctions min
template <class T> T min (T a, T b)
{  if (a < b) return a ;
         else return b ;
}
    // la classe vect
class vect
{  int x, y ;
  public :
   vect (int abs=0, int ord=0) { x=abs ; y=ord; }
   void affiche () { cout << x << " " << y ; }
   friend int operator < (vect, vect) ;
} ;
int operator < (vect a, vect b)
{  return a.x*a.x + a.y*a.y < b.x*b.x + b.y*b.y ;
}
    // un exemple d'utilisation de min
main()
{  vect u (3, 2), v (4, 1), w ;
   w = min (u, v) ;
   cout << "min (u, v) = " ; w.affiche() ;
}
```

```
min (u, v) = 3 2
```

Utilisation du patron min *pour la classe* vect

Naturellement, si nous cherchons à appliquer notre patron *min* à une classe pour laquelle l'opérateur < n'est pas défini, le compilateur le signalera exactement de la même manière que si nous avions écrit nous-mêmes la fonction *min* pour ce type.

Remarque

Un patron de fonctions pourra s'appliquer à des classes patrons, c'est-à-dire à un type de classe instancié par un patron de classes. Nous en verrons des exemples dans le prochain chapitre.

1.4 Contraintes d'utilisation d'un patron

Les instructions de définition d'un patron ressemblent à des instructions exécutables de définition de fonction. Néanmoins, le mécanisme même des patrons fait que ces instructions sont utilisées par le compilateur pour fabriquer (instancier), chaque fois qu'il est nécessaire, les instructions correspondant à la fonction requise ; en ce sens, ce sont donc des déclarations : leur présence est toujours nécessaire, et il n'est pas possible de créer un module objet correspondant à un patron de fonctions. Tout se passe en fait comme si, avec la notion de patron de fonctions, apparaissaient deux niveaux de déclarations. On retrouvera le même phénomène pour les patrons de classes. Par la suite, nous continuerons à parler de « définition d'un patron ». En pratique, on placera les définitions de patrons dans un fichier approprié d'extension *h*.

Remarque

Les considérations précédentes doivent être pondérées par le fait que la norme a introduit le mot-clé *export*. Appliqué à la définition d'un patron, il précise que celle-ci sera accessible depuis un autre fichier source. Par exemple, en écrivant ainsi notre patron de fonctions *min* du paragraphe 1.1 :

```
export template <class T> T min (T a, T b)
{   if (a < b) return a ;    // ou return a < b ? a : b ;
          else return b ;
}
```

on peut alors utiliser ce patron depuis un autre fichier source, en se contentant de mentionner sa « déclaration » (cette fois, il s'agit bien d'une véritable déclaration et non plus d'une définition) :

```
template <class T> T min (T a, T b) ;  // déclaration seule de min
   .....
min (x, y)
```

En pratique, on aura alors intérêt à prévoir deux fichiers en-tête distincts, un pour la déclaration, un pour la définition. On pourra à volonté inclure le premier, dans la définition du patron, ou dans son utilisation. On notera que ce mécanisme d'exportation des patrons met en jeu une sorte de « précompilation » des définitions de patrons.

2 Les paramètres de type d'un patron de fonctions

Ce paragraphe fait le point sur la manière dont les paramètres de type peuvent intervenir dans un patron de fonctions, sur l'algorithme qui permet au compilateur d'instancier la fonction voulue, et sur les problèmes particuliers qu'il peut poser. Notez qu'un patron de fonctions peut également comporter ce que l'on nomme des « paramètres expressions », qui correspondent en fait à la notion usuelle d'argument d'une fonction. Ils seront étudiés au paragraphe suivant.

2.1 Utilisation des paramètres de type dans la définition d'un patron

Un patron de fonctions peut donc comporter un ou plusieurs paramètres de type, chacun devant être précédé du mot-clé *class* par exemple :

```
template <class T, class U> fct (T a, T * b, U c)
{ ...
}
```

Ces paramètres peuvent intervenir à n'importe quel endroit de la définition d'un patron[1] :

- dans l'en-tête (c'était le cas des exemples précédents) ;
- dans des déclarations[2] de variables locales (de l'un des types des paramètres) ;
- dans les instructions exécutables[3] (par exemple *new*, *sizeof (...)*).

En voici un exemple :

```
template <class T, class U> fct (T a, T * b, U c)
{  T x ;                 // variable locale x de type T
   U *  adr ;            // variable locale adr de type U *
   ...
   adr = new T [10] ;  // allocation tableau de 10 éléments de type T
   ...
   n = sizeof (T) ;
   ...
}
```

1. De la même manière qu'un nom de type peut intervenir dans la définition d'une fonction.

2. Il s'agit alors de déclarations au sein de la définition du patron, c'est-à-dire finalement de déclarations au sein de déclarations.

3. Nous parlons d'instructions exécutables, bien qu'il s'agisse toujours de déclarations (puisque la définition d'un patron est une déclaration). En toute rigueur, ces instructions donneront naissance à des instructions exécutables à chaque instanciation d'une nouvelle fonction.

Dans tous les cas, il est nécessaire que **chaque paramètre de type** apparaisse **au moins une fois dans l'en-tête** du patron ; comme nous le verrons, cette condition est parfaitement logique puisque c'est précisément grâce à la nature de ces arguments que le compilateur est en mesure d'instancier correctement la fonction nécessaire.

2.2 Identification des paramètres de type d'une fonction patron

Les exemples précédents étaient suffisamment simples pour que l'on « devine » quelle était la fonction instanciée pour un appel donné. Mais, reprenons le patron *min* :

```
template <class T> T min (T a, T b)
{  if (a < b) return a ;
         else return b ;
}
```

avec ces déclarations :

```
int n ; char c ;
```

Que va faire le compilateur en présence d'un appel tel que *min (n,c)* ou *min(c,n)* ? En fait, la règle prévue par C++ dans ce cas est qu'il doit y avoir **correspondance absolue** des types. Cela signifie que nous ne pouvons utiliser le patron *min* que pour des appels dans lesquels les deux arguments ont **le même type**. Manifestement, ce n'est pas le cas dans nos deux appels, qui aboutiront à une erreur de compilation. On notera que, dans cette correspondance absolue, les éventuels qualifieurs *const* ou *volatile* interviennent.

Voici quelques exemples d'appels de *min* qui précisent quelle sera la fonction instanciée lorsque l'appel est correct :

```
int n ; char c ; unsigned int q ;
const int ci1 = 10, ci2 = 12 ;
int t[10] ;
int * adi ;
  ...
min (n, c)        // erreur
min (n, q)        // erreur
min (n, ci1)      // erreur : const int et int ne correspondent pas
min (ci1, ci2)    // min (const int, const int)
min (t, adi)      // min (int *, int *) car ici, t est converti
                  //      en int *, avant appel
```

Il est cependant possible d'intervenir sur ce mécanisme d'identification de type. En effet, C++ vous autorise à spécifier un ou plusieurs paramètres de type au moment de l'appel du patron. Voici quelques exemples utilisant les déclarations précédentes :

```
min<int> (c, n)   /* force l'utilisation de min<int>, et donc la conversion  */
                   /* de c en int ; le résultat sera de type int              */
min<char> (q, n)  /* force l'utilisation de min<char>, et donc la conversion */
                   /* de q et de n en char ; le résultat sera de type char    */
```

Voici un autre exemple faisant intervenir plusieurs paramètres de type :

```
template <class T, class U> T fct (T x, U y, T z)
{  return x + y + z ;
}
main ()
{  int n = 1, p = 2, q = 3 ;
   float x = 2.5, y = 5.0 ;
   cout << fct (n, x, p) << "\n" ;      // affiche la valeur (int) 5
   cout << fct (x, n, y) << "\n" ;      // affiche la valeur (float) 8.5
   cout << fct (n, p, q) << "\n" ;      // affiche la valeur (int) 6
   cout << fct (n, p, x) << "\n"  ;     // erreur : pas de correspondance
}
```

Ici encore, on peut forcer certains des paramètres de type, comme dans ces exemples :

```
fct<int,float> (n, p, x)  // force l'utilisation de fct<int,float> et donc
                          // la conversion de p en float et de x en int
fct<float> (n, p, x )     // force l'utilisation de float pour T ; U est
                          // déterminé par les règles habituelles,
                          // c'est-à-dire int (type de p)
                          // n sera converti en float
```

Remarque

Le mode de transmission d'un paramètre (par valeur ou par référence) ne joue aucun rôle dans l'identification des paramètres de type. Cela va de soi puisque :

- d'une part, ce mode ne peut pas être déduit de la forme de l'appel ;
- d'autre part, la notion de conversion n'a aucune signification ici ; elle ne peut donc pas intervenir pour trancher entre une référence et une référence à une constante.

2.3 Nouvelle syntaxe d'initialisation des variables des types standard

Dans un patron de fonctions, un paramètre de type est susceptible de correspondre tantôt à un type standard, tantôt à un type classe. Un problème apparaît donc si l'on doit déclarer, au sein du patron, un objet de ce type en transmettant un ou plusieurs arguments à son constructeur.

Considérons cet exemple :

```
template <class T> fct (T a)
{  T x (3) ;    // x est un objet local de type T qu'on construit
                //  en transmettant la valeur 3 à son constructeur
   // ...
}
```

Tant que l'on utilise une fonction *fct* pour un type classe, tout va bien. En revanche, si l'on cherche à l'utiliser pour un type standard, par exemple *int*, le compilateur génère la fonction suivante :

```
fct (int a)
{  int x (3) ;
   // ...
}
```

Pour que l'instruction *int x(3)* ne pose pas de problème, C++ a prévu qu'elle soit simplement interprétée comme une initialisation de *x* avec la valeur 3, c'est-à-dire comme :

```
int x = 3 ;
```

En théorie, cette possibilité est utilisable dans n'importe quelle instruction C++, de sorte que vous pouvez très bien écrire :

```
double x(3.5) ;      // au lieu de      double x = 3.5 ;
char c('e') ;        // au lieu de      char c = 'e' ;
```

En pratique, cela sera rarement utilisé de cette façon.

2.4 Limitations des patrons de fonctions

Lorsque l'on définit un patron de classes, à un paramètre de type peut théoriquement correspondre n'importe quel type effectif (standard ou classe). Il n'existe a priori aucun mécanisme intrinsèque permettant d'interdire l'instanciation pour certains types.

Ainsi, si un patron a un en-tête de la forme :

```
template <class T> void fct (T)
```

on pourra appeler *fct* avec un argument de n'importe quel type : *int*, *float*, *int **, *int * * t*, *t ** ou même *t * ** (*t* désignant un type classe quelconque)...

Cependant, un certain nombre d'éléments peuvent intervenir indirectement pour faire échouer l'instanciation.

Tout d'abord, on peut imposer qu'un paramètre de type corresponde à un pointeur. Ainsi, avec un patron d'en-tête :

```
template <class T> void fct (T *)
```

on ne pourra appeler *fct* qu'avec un pointeur sur un type quelconque : *int **, *int * **, *t ** ou *t * **. Dans les autres cas, on aboutira à une erreur de compilation.

Par ailleurs, dans la définition d'un patron peuvent apparaître des instructions qui s'avéreront incorrectes lors de la tentative d'instanciation pour certains types.

Par exemple, le patron *min* :

```
template <class T> T min (T a, T b)
{  if (a < b) return a ;
         else return b ;
}
```

ne pourra pas s'appliquer si *T* correspond à un type classe dans lequel l'opérateur < n'a pas été surdéfini.

De même, un patron comme :

```
template <class T> void fct (T)
{  .....
  T x (2, 5) ;     // objet local de type T, initialisé par
   .....           //  un constructeur à 2 arguments
}
```

ne pourra pas s'appliquer à un type classe pour lequel il n'existe pas un constructeur à deux arguments.

En définitive, bien qu'il n'existe pas de mécanisme formel de limitation, les patrons de fonctions peuvent néanmoins comporter dans leur définition même un certain nombre d'éléments qui en limiteront la portée.

3 Les paramètres expressions d'un patron de fonctions

Comme nous l'avons déjà évoqué, un patron de fonctions peut comporter des « paramètres expressions », c'est-à-dire des paramètres (muets) « ordinaires », analogues à ceux qu'on trouve dans la définition d'une fonction. Considérons cet exemple dans lequel nous définissons un patron nommé *compte* permettant de fabriquer des fonctions comptabilisant le nombre d'éléments nuls d'un tableau de type et de taille quelconques.

```
#include <iostream>
using namespace std ;
template <class T> int compte (T * tab, int n)
{  int i, nz=0 ;
   for (i=0 ; i<n ; i++) if (!tab[i]) nz++ ;
   return nz ;
}

main ()
{ int t [5] = { 5, 2, 0, 2, 0} ;
  char c[6] = { 0, 12, 0, 0, 0, 5} ;
  cout << "compte (t) = " << compte (t, 5) << "\n" ;
  cout << "compte (c) = " << compte (c, 6) << "\n" ;
}
```

```
compte (t) = 2
compte (c) = 4
```

*Exemple de patron de fonctions comportant un paramètre expression (*n*)*

On peut dire que le patron *compte* définit une famille de fonctions *compte*, dans laquelle le type du premier argument est variable (et donc défini par l'appel), tandis que le second est de type imposé (ici *int*). Comme on peut s'y attendre, dans un appel de *compte*, seul le type du premier argument intervient dans le code de la fonction instanciée.

D'une manière générale un patron de fonctions peut disposer d'un ou de plusieurs paramètres expressions. Lors de l'appel, leur type n'a plus besoin de correspondre exactement à celui attendu : il suffit qu'il soit acceptable par affectation, comme dans n'importe quel appel d'une fonction ordinaire.

4 Surdéfinition de patrons

De même qu'il est possible de surdéfinir une fonction classique, il est possible de surdéfinir un patron de fonctions, c'est-à-dire de définir plusieurs patrons possédant des arguments différents. On notera que cette situation conduit en fait à définir plusieurs « familles » de fonctions (il y a bien plusieurs définitions de familles, et non plus simplement plusieurs définitions de fonctions). Elle ne doit pas être confondue avec la spécialisation d'un patron de fonctions, qui consiste à surdéfinir une ou plusieurs des fonctions de la famille, et que nous étudierons au paragraphe suivant.

4.1 Exemples ne comportant que des paramètres de type

Considérons cet exemple, dans lequel nous avons surdéfini deux patrons de fonctions *min*, de façon à disposer :

- d'une première famille de fonctions à deux arguments de même type quelconque (comme dans les exemples précédents) ;
- d'une seconde famille de fonctions à trois arguments de même type quelconque.

```
#include <iostream>
using namespace std ;
   // patron numero I
template <class T> T min (T a, T b)
{   if (a < b) return a ;
         else return b ;
}
   // patron numero II
template <class T> T min (T a, T b, T c)
{  return min (min (a, b), c) ;
}
main()
{ int n=12, p=15, q=2 ;
  float x=3.5, y=4.25, z=0.25 ;
  cout << min (n, p) << "\n" ;     // patron I   int min (int, int)
  cout << min (n, p, q) << "\n" ; // patron II  int min (int, int, int)
  cout << min (x, y, z) << "\n" ;   // patron II  float min (float, float, float)
}
```

```
12
2
0.25
```

Exemple de surdéfinition de patron de fonctions (1)

D'une manière générale, on peut surdéfinir des patrons possédant un nombre différent de paramètres de type (dans notre exemple, il n'y en avait qu'un dans chaque patron *min*) ; les en-têtes des fonctions correspondantes peuvent donc être aussi variés qu'on le désire. Mais il est souhaitable qu'il n'y ait aucun recoupement entre les différentes familles de fonctions correspondant à chaque patron. Si tel n'est pas le cas, une ambiguïté risque d'apparaître avec certains appels.

Voici un autre exemple dans lequel nous avons défini plusieurs patrons de fonctions *min* à deux arguments, afin de traiter convenablement les trois situations suivantes :

- deux valeurs de même type (comme dans les paragraphes précédents) ;
- un pointeur sur une valeur d'un type donné et une valeur de ce même type ;
- une valeur d'un type donné et un pointeur sur une valeur de ce même type.

```
#include <iostream>
using namespace std ;
template <class T> T min (T a, T b)      // patron numero I
{  if (a < b) return a ;
         else return b ;
}
template <class T> T min (T * a, T b)    // patron numero II
{  if (*a < b) return *a ;
          else return b ;
}
template <class T> T min (T a, T * b)    // patron numero III
{  if (a < *b) return a ;
          else return *b ;
}
main()
{ int n=12, p=15 ;   float x=2.5, y=5.2 ;
  cout << min (n, p) << "\n" ;   // patron numéro I    int min (int, int)
  cout << min (&n, p) << "\n" ;  // patron numéro II   int min (int *, int)
  cout << min (x, &y) <<"\n" ;   // patron numéro III  float min (float, float *)
  cout << min (&n, &p) << "\n" ; // patron numéro I    int * min (int *, int *)
}
```

```
12
12
```

```
2.5
006AFDF0
```

Exemple de surdéfinition de patron de fonctions (2)

Les trois premiers appels ne posent pas de problème. En revanche, un appel tel que *min (&n, &p)* conduit à instancier, à l'aide du patron numéro I, la fonction :

```
int * min (int *, int *)
```

La valeur fournie alors par l'appel est la plus petite des deux valeurs (de type *int **) *&n* et *&p*. Il est probable que ce ne soit pas le résultat attendu par l'utilisateur (nous avons déjà rencontré ce genre de problème dans le paragraphe 1 en appliquant *min* à des chaînes[1]).

Pour l'instant, notez qu'il ne faut pas espérer améliorer la situation en définissant un patron supplémentaire de la forme :

```
template <class T> T min (T * a, T * b)
{  if (*a < *b) return *a ;
           else return *b ;
}
```

En effet, les quatre familles de fonctions ne seraient plus totalement indépendantes. Plus précisément, si les trois premiers appels fonctionnent toujours convenablement, l'appel *min (&n, &p)* conduit à une ambiguïté puisque deux patrons conviennent maintenant (celui que nous venons d'introduire et le premier).

Remarque

Nous avons déjà vu que le mode de transmission d'un paramètre de type (par valeur ou par expression) ne jouait aucun rôle dans l'identification des paramètres de type d'un patron. Il en va de même pour le choix du bon patron en cas de surdéfinition. La raison en est la même : ce mode de transmission n'est pas défini par l'appel de la fonction, mais uniquement suivant la fonction choisie pour satisfaire à l'appel. Comme dans le cas des patrons, la correspondance de type doit être exacte ; il n'est même plus question de trouver deux patrons, l'un correspondant à une transmission par valeur, l'autre à une transmission par référence[2] :

```
template <class T> f(T a)   { ..... }
template <class T> f(T & a) { ..... }
main()
{ int n ;
  f(n) ;    // ambiguïté : f(T) avec T=int ou f(T&) avec T=int
   .....
}
```

1. Mais ce problème pourra se régler convenablement avec la spécialisation de patron, ce qui n'est pas le cas du problème que nous exposons ici.

2. Nous reviendrons au paragraphe 5 sur la distinction entre *f(T&)* et *f(const T&)*.

Cela restait possible dans le cas des fonctions surdéfinies, dans la mesure où la référence ne pouvait être employée qu'avec une correspondance exacte, la transmission par valeur autorisant des conversions (mais l'ambiguïté existait quand même en cas de correspondance exacte).

4.2 Exemples comportant des paramètres expressions

La présence de paramètres expressions donne à la surdéfinition de patron un caractère plus général. Dans l'exemple suivant, nous avons défini deux familles de fonctions *min* :

- l'une pour déterminer le minimum de deux valeurs de même type quelconque ;
- l'autre pour déterminer le minimum des valeurs d'un tableau de type quelconque et de taille quelconque (fournie en argument sous la forme d'un entier).

```
#include <iostream>
using namespace std ;
template <class T> T min (T a, T b)         // patron I
{  if (a < b) return a ;
         else return b ;
}
template <class T> T min (T * t, int n)    // patron II
{  int i ;
   T min = t[0] ;
   for (i=1 ; i<n ; i++) if (t[i] < min) min=t[i] ;
   return min ;
}
main()
{  long n=2, p=12 ;
   float t[6] = {2.5, 3.2, 1.5, 3.8, 1.1, 2.8} ;
   cout << min (n, p) << "\n" ;      // patron I    long min (long, long)
   cout << min (t, 6) << "\n" ;      // patron II   float min (float *, int)
}
```

```
2
1.1
```

Exemple de surdéfinition de patrons comportant un paramètre expression

Notez que si plusieurs patrons sont susceptibles d'être employés, et qu'ils ne se distinguent que par le type de leurs paramètres expressions, ce sont alors les règles de choix d'une fonction surdéfinie ordinaire qui s'appliquent.

5 Spécialisation de fonctions de patron

5.1 Généralités

Un patron de fonctions définit une famille de fonctions à partir d'une seule définition. Autrement dit, toutes les fonctions de la famille réalisent le même algorithme. Dans certains cas, cela peut s'avérer pénalisant. Nous l'avons d'ailleurs déjà remarqué dans le cas du patron *min* du paragraphe 1 : le comportement obtenu lorsqu'on l'appliquait au type *char* * ne nous satisfaisait pas.

La notion de spécialisation offre une solution à ce problème. En effet, C++ vous autorise à fournir, outre la définition d'un patron, la définition d'une ou de plusieurs fonctions pour certains types d'arguments. Voici, par exemple, comment améliorer notre patron *min* du paragraphe 1 en fournissant une version spécialisée pour les chaînes :

```
#include <iostream>
using namespace std ;
#include <string.h>         // pour strcmp
template <class T> T min (T a, T b)        // patron min
{  if (a < b) return a ; else return b ;
}
char * min (char * cha, char * chb)        // fonction min pour les chaines
{  if (strcmp (cha, chb) < 0) return cha ;
                            else return chb ;
}
main()
{ int n=12, p=15 ;
  char * adr1 = "monsieur", * adr2 = "bonjour" ;
  cout << min (n, p) << "\n" ;     // patron   int min (int, int)
  cout << min (adr1, adr2) ;       // fonction char * min (char *, char *)
}
```

```
12
bonjour
```

Exemple de spécialisation d'une fonction d'un patron

5.2 Les spécialisations partielles

Il est théoriquement possible d'effectuer ce que l'on nomme des spécialisations partielles[1], c'est-à-dire de définir des familles de fonctions, certaines étant plus générales que d'autres, comme dans :

1. Cette possibilité a été introduite par la norme ANSI.

```
template <class T, class U> void fct (T a, U b) { ..... }
template <class T>          void fct (T a, T b) { ..... }
```

Manifestement, la seconde définition est plus spécialisée que la première et devrait être utilisée dans des appels de *fct* dans lesquels les deux arguments sont de même type.

Ces possibilités de spécialisation partielle s'avèrent très utiles dans les situations suivantes :

- traitement particulier pour un pointeur, en spécialisant partiellement *T* en *T* * :

```
template <class T> void f(T t)     // patron I
{ ..... }
template <class T> void f(T * t)   // patron II
{ ..... }
  .....
int n ; int * adc ;
f(n) ;     // f(int) en utilisant patron I avec T = int
f(adi) ;   // f(int *) en utilisant patron II avec T = int car il est
           // plus spécialisé que patron I (avec T = int *)
```

- distinction entre pointeur ou référence sur une variable de pointeur ou référence sur une constante :

```
template <class T> void f(T & t)          // patron I
{ ..... }
template <class T> void f(const T & t)    // patron II
{ ..... }
  .....
  int n ; const int cn=12 ;
  f(n) ;      // f(int &) en utilisant patron I  avec T = int
  f(cn) ;     // f(const int &) en utilisant patron II avec T = int car il
              // est plus spécialisé que patron I (avec T = const int)
```

D'une manière générale, la norme définit une relation d'ordre partiel permettant de dire qu'un patron est plus spécialisé qu'un autre. Comme on peut s'y attendre, il existe des situations ambiguës dans lesquelles aucun patron n'est plus spécialisé qu'un autre.

6 Algorithme d'instanciation d'une fonction patron

Nous avons donc vu qu'on peut définir un ou plusieurs patrons de même nom (surdéfinition), chacun possédant ses propres paramètres de type et éventuellement des paramètres expressions. De plus, il est possible de fournir des fonctions ordinaires portant le même nom qu'un patron (spécialisation d'une fonction de patron).

Lorsque l'on combine ces différentes possibilités, le choix de la fonction à instancier peut s'avérer moins évident que dans nos précédents exemples. Nous allons donc préciser ici l'algorithme utilisé par le compilateur dans l'instanciation de la fonction correspondant à un appel donné.

Dans un premier temps, on examine toutes les fonctions ordinaires ayant le nom voulu et on s'intéresse aux correspondances exactes. Si une seule convient, le problème est résolu. S'il en existe plusieurs, il y a ambiguïté ; une erreur de compilation est détectée et la recherche est interrompue.

Si aucune fonction ordinaire ne réalise de correspondance exacte, on examine alors tous les patrons ayant le nom voulu, **en ne considérant que les paramètres de type**. Si une seule correspondance exacte est trouvée, on cherche à instancier la fonction correspondante[1], à condition que cela soit possible. Cela signifie que si cette dernière dispose de paramètres expressions, il doit exister des conversions valides des arguments correspondants dans le type voulu. Si tel est le cas, le problème est résolu.

Si plusieurs patrons assurent une correspondance exacte de type, on examine tout d'abord si l'on est en présence d'une spécialisation partielle, auquel cas on choisit le patron le plus spécialisé[2]. Si cela ne suffit pas à lever l'ambiguïté, on examine les éventuels paramètres expressions qu'on traite de la même manière que pour une surdéfinition usuelle. Si plusieurs fonctions restent utilisables, on aboutit à une erreur de compilation et la recherche est interrompue.

En revanche, si aucun patron de fonctions ne convient[3], on examine à nouveau toutes les fonctions ordinaires en les traitant cette fois comme de simples fonctions surdéfinies (promotions numériques, conversions standards[4]...).

Voici quelques exemples :

Exemple 1

```
template <class T> void f(T t , int n)
{ cout << "f(T,int)\n" ; }
template <class T> void f(T t , float x)
{ cout << "f(T,float)\n" ; }
main()
{ double y ;
  f(y, 10) ;     // OK f(T, int) avec T=double
  f(y, 1.25) ;   // ambiguïté : f(T,int) ou f(T,float)
                 // car 1.25 est de type double : les conversions
                 // standard double-->int et double-->float
                 // conviennent
  f(y, 1.25f) ; // Ok f(T, float) avec T=double
}
```

1. Du moins si elle n'a pas déjà été instanciée.

2. Rappelons que la possibilité de spécialisation partielle des patrons de fonctions n'est pas correctement gérée par toutes les implémentations.

3. Y compris si un seul réalisait les correspondances exactes des paramètres de type, sans qu'il existe de conversions légales pour les éventuels paramètres expressions.

4. Voir au paragraphe 10 du chapitre 7.

Exemple 2

```
template <class T> void f(T t , float x)
{ cout << "f(T,float)\n" ;
}
template <class T, class U> void f(T t , U u)
{ cout << "f(T,U)\n" ;
}
main()
{ double y ; float x ;
  f(x, y) ;  // OK f(T,U) avec T=float, U=double
  f(y, x) ;  // ambiguïté : f(T,U) avec T=double, U=float
             //          ou f(T,float) avec U=double
}
```

Exemple 3

```
template <class T> void f(T t , float x)
{ cout << "f(T,float)\n" ;
}
main()
{ double y ; float x ;
  f(x, y) ;  // OK avec T=double et conversion de y en float
  f(y, x) ;  // OK avec T=float
  f(x, "hello") ;  // T=double convient mais char * ne peut pas être
                   // converti en float
}
```

Remarque

Il est tout à fait possible que la définition d'un patron fasse intervenir à son tour une fonction patron (c'est-à-dire une fonction susceptible d'être instanciée à partir d'un autre patron).

18

Les patrons de classes

Le précédent chapitre a montré comment C++ permettait, grâce à la notion de patron (ou *template*) de fonctions, de définir une famille de fonctions paramétrées par un ou plusieurs types, et éventuellement des expressions. D'une manière comparable, C++ permet de définir des « patrons de classes » (on parle parfois de « classes génériques »). Là encore, il suffira d'écrire une seule fois la définition de la classe pour que le compilateur puisse automatiquement l'adapter à différents types.

Comme nous l'avons fait pour les patrons de fonctions, nous commencerons par vous présenter cette notion de patron de classes à partir d'un exemple simple ne faisant intervenir qu'un paramètre de type. Nous verrons ensuite qu'elle se généralise à un nombre quelconque de paramètres de type et de paramètres expressions. Puis nous examinerons la possibilité de spécialiser un patron de classes, soit en spécialisant certaines de ses fonctions membres, soit en spécialisant toute une classe. Nous ferons alors le point sur l'instanciation de classes patrons, notamment en ce qui concerne l'identité de deux classes. Nous verrons ensuite comment se généralisent les déclarations d'amitiés dans le cas de patrons de classes. Nous terminerons par un exemple d'utilisation de classes patrons imbriquées en vue de manipuler des tableaux (d'objets) à deux indices.

Signalons dès maintenant que malgré leurs ressemblances, les notions de patron de fonctions et de patron de classes présentent des différences assez importantes. Comme vous le constaterez, ce chapitre n'est nullement l'extrapolation aux classes du précédent chapitre consacré aux fonctions.

1 Exemple de création et d'utilisation d'un patron de classes

1.1 Création d'un patron de classes

Nous avons souvent été amenés à créer une classe *point* de ce genre (nous ne fournissons pas ici la définition des fonctions membres) :

```
class point
{  int x ; int y ;
  public :
   point (int abs=0, int ord=0) ;
   void affiche () ;
   // .....
}
```

Lorsque nous procédons ainsi, nous imposons que les coordonnées d'un point soient des valeurs de type *int*. Si nous souhaitons disposer de points à coordonnées d'un autre type (*float*, *double*, *long*, *unsigned int*...), nous devons définir une autre classe en remplaçant simplement, dans la classe précédente, le mot clé *int* par le nom de type voulu.

Ici encore, nous pouvons simplifier considérablement les choses en définissant un seul patron de classe de cette façon :

```
template <class T> class point
{  T x ; T y ;
  public :
   point (T abs=0, T ord=0) ;
   void affiche () ;
} ;
```

Comme dans le cas des patrons de fonctions, la mention *template <class T>* précise que l'on a affaire à un patron (*template*) dans lequel apparaît un paramètre de type nommé *T* ; rappelons que C++ a décidé d'employer le mot-clé *class* pour préciser que *T* est un argument de type (pas forcément classe...).

Bien entendu, la définition de notre patron de classes n'est pas encore complète puisqu'il y manque la définition des fonctions membres, à savoir le constructeur *point* et la fonction *affiche*. Pour ce faire, la démarche va légèrement différer selon que la fonction concernée est en ligne ou non.

Pour une fonction en ligne, les choses restent naturelles ; il suffit simplement d'utiliser le paramètre *T* à bon escient. Voici par exemple comment pourrait être défini notre constructeur :

```
point (T abs=0, T ord=0)
{   x = abs ; y = ord ;
}
```

En revanche, lorsque la fonction est définie en dehors de la définition de la classe, il est nécessaire de rappeler au compilateur :

- que, dans la définition de cette fonction, vont apparaître des paramètres de type ; pour ce faire, on fournira à nouveau la liste de paramètres sous la forme :

```
template <class T>
```

- le nom du patron concerné (de même qu'avec une classe « ordinaire », il fallait préfixer le nom de la fonction du nom de la classe...) ; par exemple, si nous définissons ainsi la fonction *affiche*, son nom sera :

```
point<T>::affiche ()
```

En définitive, voici comment se présenterait l'en-tête de la fonction *affiche* si nous le définissions ainsi en dehors de la classe :

```
template <class T> void point<T>::affiche ()
```

En toute rigueur, le rappel du paramètre *T* à la suite du nom de patron (*point*) est redondant[1] puisqu'il a déjà été spécifié dans la liste de paramètres suivant le mot-clé *template*.

Voici ce que pourrait être finalement la définition de notre patron *point* :

```
#include <iostream>
using namespace std ;
  // création d'un patron de classe
template <class T> class point
{  T x ; T y ;
  public :
   point (T abs=0, T ord=0)
   {  x = abs ; y = ord ;
   }
   void affiche () ;
} ;
template <class T> void point<T>::affiche ()
{  cout << "Coordonnées : " << x << " " << y << "\n" ;
}
```

Création d'un patron de classes

Remarques

1 Comme on l'a déjà fait remarquer à propos de la définition de patrons de fonctions, depuis la norme, le mot-clé *class* peut être remplacé par *typename*[2].

1. Stroustrup, le concepteur du langage C++, se contente de mentionner cette redondance, sans la justifier !

2.

En toute rigueur, ce mot-clé *typename* peut également servir à lever une ambiguïté pour le compilateur, en l'ajoutant en préfixe à un identificateur, afin qu'il soit effectivement interprété comme un nom de type. Par exemple, avec cette déclaration :

```
typename A::truc a ;  // équivalent à A::truc a ;   si aucune ambiguité n'existe
```

on précise que *A::truc* est bien un nom de type ; on déclare donc *a* comme étant de type *A::truc*. Il est rare que l'on ait besoin de recourir à cette possibilité.

1.2 Utilisation d'un patron de classes

Après avoir créé ce patron, une déclaration telle que :

```
point <int> ai ;
```

conduit le compilateur à instancier la définition d'une classe *point* dans laquelle le paramètre *T* prend la valeur *int*. Autrement dit, tout se passe comme si nous avions fourni une définition complète de cette classe.

Si nous déclarons :

```
point <double> ad ;
```

le compilateur instancie la définition d'une classe *point* dans laquelle le paramètre *T* prend la valeur *double*, exactement comme si nous avions fourni une autre définition complète de cette classe.

Si nous avons besoin de fournir des arguments au constructeur, nous procéderons de façon classique comme dans :

```
point <int> ai (3, 5) ;
point <double> ad (3.5, 2.3) ;
```

1.3 Contraintes d'utilisation d'un patron de classes

Comme on peut s'y attendre, les instructions définissant un patron de classes sont des déclarations au même titre que les instructions définissant une classe (y compris les instructions de définition de fonctions en ligne).

Mais il en va de même pour les fonctions membres qui ne sont pas en ligne : leurs instructions sont nécessaires au compilateur pour instancier chaque fois que nécessaire les instructions requises. On retrouve ici la même remarque que celle que nous avons formulée pour les patrons de fonctions (voir paragraphe 1.4 du chapitre 17).

Aussi n'est-il pas possible de livrer à un utilisateur une classe patron toute compilée : il faut lui fournir les instructions source de toutes les fonctions membres (alors que pour une classe « ordinaire », il suffit de lui fournir la déclaration de la classe et un module objet correspondant aux fonctions membres).

Tout se passe encore ici comme s'il existait deux niveaux de déclarations. Par la suite, nous continuerons cependant à parler de « définition d'un patron ».

En pratique, on placera les définitions de patrons dans un fichier approprié d'extension *h*.

Remarque

Ici encore, les considérations précédentes doivent être pondérées par le fait que la norme a introduit le mot-clé *export* dont nous avons déjà parlé au précédent chapitre. Appliqué à la définition d'un patron de classes, il précise que celle-ci sera accessible depuis un autre fichier source. Par exemple, on pourra définir un patron de classes *point* de cette façon :

```
export template <class T> class point
{  T x ; T y ;
  public :
   point (...) ;
   void afiche () ;
    .....
} ;
template <class T> point<T>::point(...) { ..... }  /* définition constructeur */
template <class T> void point<T>::affiche() { ..... }    /* définition affiche */
.....
```

On peut alors utiliser ce patron depuis un autre fichier source, en se contentant de mentionner sa seule « déclaration » (comme avec les patrons de fonctions, on distingue alors déclaration et définition) :

```
template <class T> point<T>     // déclaration seule de point<T>
{  T x ; T y ;
   point (...) ;
   void afiche () ;
    .....
} ;
```

Ici encore, on aura intérêt à prévoir deux fichiers en-tête distincts, un pour la déclaration, un pour la définition. Le premier sera inclus dans la définition du patron et dans son utilisation.

1.4 Exemple récapitulatif

Voici un programme complet comportant :

- la création d'un patron de classes *point* doté d'un constructeur en ligne et d'une fonction membre (*affiche*) non en ligne ;
- un exemple d'utilisation (*main*).

```
#include <iostream>
using namespace std ;
```

```
  // création d'un patron de classe
template <class T> class point
{  T x ; T y ;
  public :
   point (T abs=0, T ord=0)
   {  x = abs ; y = ord ;
   }
   void affiche () ;
} ;
template <class T> void point<T>::affiche ()
{  cout << "Coordonnees : " << x << " " << y << "\n" ;}
main ()
{  point <int> ai (3, 5) ;         ai.affiche () ;
   point <char> ac ('d', 'y') ;    ac.affiche () ;
   point <double> ad (3.5, 2.3) ; ad.affiche () ;
}
```

```
coordonnees : 3 5
coordonnees : d y
coordonnees : 3.5 2.3
```

Création et utilisation d'un patron de classes

Remarques

1 Le comportement de *point<char>* est satisfaisant si nous souhaitons effectivement disposer de points repérés par de vrais caractères. En revanche, si nous avons utilisé le type *char* pour disposer de « petits entiers », le résultat est moins satisfaisant. En effet, nous pourrons toujours déclarer un point de cette façon :

```
point <char> pc (4, 9) ;
```

Mais le comportement de la fonction *affiche* ne nous conviendra plus (nous obtiendrons les caractères ayant pour code les coordonnées du point !).

Nous verrons qu'il reste toujours possible de modifier cela en « spécialisant » notre classe *point* pour le type *char* ou encore en spécialisant la fonction *affiche* pour la classe *point<char>*.

2 A priori, on a plutôt envie d'appliquer notre patron *point* à des types *T* standards. Toutefois, rien n'interdit de l'appliquer à un type classe *T* quelconque, même s'il peut alors s'avérer difficile d'attribuer une signification à la classe patron ainsi obtenue. Il faut cependant qu'il existe une conversion de *int* en *T*, utile pour convertir la valeur 0 dans le type *T* lors de l'initialisation des arguments du constructeur de *point* (sinon, on obtiendra une erreur de compilation). De plus, il est nécessaire que la recopie et l'affectation d'objets de type *T* soient correctement prises en compte (dans le cas contraire, aucun diagnostic ne sera fourni à la compilation ; les conséquences n'en seront perçues qu'à l'exécution).

2 Les paramètres de type d'un patron de classes

Tout comme les patrons de fonctions, les patrons de classes peuvent comporter des paramètres de type et des paramètres expressions. Ce paragraphe étudie les premiers ; les seconds seront étudiés au paragraphe suivant. Une fois de plus, notez bien que, malgré leur ressemblance avec les patrons de fonctions, les contraintes relatives à ces différents types de paramètres ne seront pas les mêmes.

2.1 Les paramètres de type dans la création d'un patron de classes

Les paramètres de type peuvent être en nombre quelconque et utilisés comme bon vous semble dans la définition du patron de classes. En voici un exemple :

```
template <class T, class U, class V> // liste de trois param. de nom (muet) T, U et V
class essai
{  T x ;                // un membre x de type T
   U t[5]       ;       // un tableau t de 5 éléments de type U
    ...
   V fm1 (int, U) ;     // déclaration d'une fonction membre recevant 2 arguments
                        //  de type int et U et renvoyant un résultat de type V
} ;
```

2.2 Instanciation d'une classe patron

Rappelons que nous nommons « classe patron » une instance particulière d'un patron de classes. Une classe patron se déclare simplement en fournissant à la suite du nom de patron un nombre d'arguments effectifs (noms de types) égal au nombre de paramètres figurant dans la liste (*template* < ... >) du patron. Voici des déclarations de classes patrons obtenues à partir du patron *essai* précédent (il ne s'agit que de simples exemples d'école auxquels il ne faut pas chercher à attribuer une signification précise) :

```
essai <int, float, int> ce1 ;
essai <int, int *, double > ce2 ;
essai <char *, int, obj>  ce3 ;
```

La dernière suppose bien sûr que le type *obj* a été préalablement défini (il peut s'agir d'un type classe).

Il est même possible d'utiliser comme paramètre de type effectif un type instancié à l'aide d'un patron de classes. Par exemple, si nous disposons du patron de classes nommé *point* tel qu'il a été défini dans le paragraphe précédent, nous pouvons déclarer :

```
essai <float, point<int>, double> ce4 ;
essai <point<int>, point<float>, char *> ce5 ;
```

Remarques

1 Les problèmes de correspondance exacte rencontrés avec les patrons de fonctions n'existent plus pour les patrons de classes (du moins pour les paramètres de type étudiés ici). En effet, dans le cas des patrons de fonctions, l'instanciation se fondait non pas sur la liste des paramètres indiqués à la suite du mot-clé *template*, mais sur la liste des paramètres de l'en-tête de la fonction ; un même nom (muet) pouvait apparaître deux fois et il y avait donc risque d'absence de correspondance.

2 Il est tout à fait possible qu'un argument formel (figurant dans l'en-tête) d'une fonction patron soit une classe patron. En voici un exemple, dans lequel nous supposons défini le patron de classes nommé *point* (ce peut être le précédent) :

```
template <class T> void fct (point<T>)
{ ..... }
```

Lorsqu'il devra instancier une fonction *fct* pour un type T donné, le compilateur instanciera également (si cela n'a pas encore été fait) la classe patron *point<T>*.

3 Comme dans le cas des patrons de fonctions, on peut rencontrer des difficultés lorsque l'on doit initialiser (au sein de fonctions membres) des variables dont le type figure en paramètre. En effet, il peut s'agir d'un type de base ou, au contraire, d'un type classe. Là encore, la nouvelle syntaxe d'initialisation des types standard (présentée au paragraphe 2.3 du chapitre 17) permet de résoudre le problème.

4 Un patron de classes peut comporter des membres (données ou fonctions) statiques. Dans ce cas, il faut savoir que chaque instance de la classe dispose de son propre jeu de membres statiques : on est en quelque sorte « statique au niveau de l'instance et non au niveau du patron ». C'est logique puisque le patron de classes n'est qu'un moule utilisé pour instancier différentes classes ; plus précisément, un patron de classes peut toujours être remplacé par autant de définitions différentes de classes que de classes instanciées.

3 Les paramètres expressions d'un patron de classes

Un patron de classes peut comporter des paramètres expressions. Bien qu'il s'agisse, ici encore, d'une notion voisine de celle présentée pour les patrons de fonctions, certaines différences importantes existent. En particulier, les valeurs effectives d'un paramètre expression devront obligatoirement être constantes dans le cas des classes.

3.1 Exemple

Supposez que nous souhaitions définir une classe *tableau* susceptible de manipuler des tableaux d'objets d'un type quelconque. L'idée vient tout naturellement à l'esprit d'en faire une classe patron possédant un paramètre de type. On peut aussi prévoir un second paramètre permettant de préciser le nombre d'éléments du tableau.

Dans ce cas, la création de la classe se présentera ainsi :

```
template <class T, int n> class tableau
{  T tab [n] ;
  public :
   // .....
} ;
```

La liste de paramètres (*template* <...>) comporte deux paramètres de nature totalement différente :

- un paramètre (désormais classique) de type, introduit par le mot-clé *class* ;
- un « paramètre expression » de type *int* ; on précisera sa valeur lors de la déclaration d'une instance particulière de la classe *tableau*.

Par exemple, avec la déclaration :

```
tableau <int, 4> ti ;
```

nous déclarerons une classe nommée *ti* correspondant finalement à la déclaration suivante :

```
class ti
{  int tab [4] ;
  public :
   // .....
} ;
```

Voici un exemple complet de programme définissant un peu plus complètement une telle classe patron nommée *tableau* ; nous l'avons simplement dotée de l'opérateur [] et d'un constructeur (sans arguments) qui ne se justifie que par le fait qu'il affiche un message approprié. Nous avons instancié des « tableaux » d'objets de type *point* (ici, *point* est à nouveau une classe « ordinaire » et non une classe patron).

```
#include <iostream>
using namespace std ;
template <class T, int n> class tableau
{  T tab [n] ;
  public :
   tableau () { cout << "construction tableau \n" ; }
   T & operator [] (int i)
    { return tab[i] ;
    }
} ;
```

```
class point
{  int x, y ;
  public :
   point (int abs=1, int ord=1 )    // ici init par défaut à 1
     { x=abs ; y=ord ;
       cout << "constr point " << x << " " << y << "\n" ;
     }
   void affiche () { cout << "Coordonnees : " << x << " " << y << "\n" ; }
} ;

main()
{  tableau <int,4> ti ;
   int i ; for (i=0 ; i<4 ; i++) ti[i] = i ;
   cout << "ti : " ;
   for (i=0 ; i<4 ; i++) cout << ti[i] << " " ;
   cout << "\n" ;
   tableau <point, 3> tp ;
   for (i=0 ; i<3 ; i++) tp[i].affiche() ;
}
```

```
construction tableau
ti : 0 1 2 3
const point 1 1
const point 1 1
const point 1 1
construction tableau
coordonnées : 1 1
coordonnées : 1 1
coordonnées : 1 1
```

Exemple de classe patron comportant un paramètre expression

Remarque

La classe *tableau* telle qu'elle est présentée ici n'a pas véritablement d'intérêt pratique. En effet, on obtiendrait le même résultat en déclarant de simples tableaux d'objets, par exemple *int ti[4]* au lieu de *tableau <int,4> ti*. En fait, il ne s'agit que d'un cadre initial qu'on peut compléter à loisir. Par exemple, on pourrait facilement y ajouter un contrôle d'indice en adaptant la définition de l'opérateur [] ; on pourrait également prévoir d'initialiser les éléments du tableau. C'est d'ailleurs ce que nous aurons l'occasion de faire au paragraphe 9, où nous utiliserons le patron *tableau* pour manipuler des tableaux à plusieurs indices.

3.2 Les propriétés des paramètres expressions

On peut faire apparaître autant de paramètres expressions qu'on le désire dans une liste de paramètres d'un patron de classes. Ces paramètres peuvent intervenir n'importe où dans la définition du patron, au même titre que n'importe quelle expression constante peut apparaître dans la définition d'une classe.

Lors de l'instanciation d'une classe comportant des paramètres expressions, les paramètres effectifs correspondants doivent obligatoirement être des expressions constantes[1] d'un type rigoureusement identique à celui prévu dans la liste d'arguments (aux conversions triviales près) ; autrement dit, aucune conversion n'est possible.

Contrairement à ce qui passait pour les patrons de fonctions, il n'est pas possible de surdéfinir un patron de classes, c'est-à-dire de créer plusieurs patrons de même nom mais comportant une liste de paramètres (de type ou expressions) différents. En conséquence, les problèmes d'ambiguïté évoqués lors de l'instanciation d'une fonction patron ne peuvent plus se poser dans le cas de l'instanciation d'une classe patron.

Sur un plan méthodologique, on pourra souvent hésiter entre l'emploi de paramètres expressions et la transmission d'arguments au constructeur. Ainsi, dans l'exemple de classe tableau, nous aurions pu ne pas prévoir le paramètre expression *n* mais, en revanche, transmettre au constructeur le nombre d'éléments souhaités. Une différence importante serait alors apparue au niveau de la gestion des emplacements mémoire correspondant aux différents éléments du tableau :

- attribution d'emplacement à la compilation (statique ou automatique suivant la classe d'allocation de l'objet de type *tableau*<...,...> correspondant) dans le premier cas ;
- allocation dynamique par le constructeur dans le second cas.

4 Spécialisation d'un patron de classes

Nous avons vu qu'il était possible de « spécialiser » certaines fonctions d'un patron de fonctions. Si la même possibilité existe pour les patrons de classes, elle prend toutefois un aspect légèrement différent, à la fois au niveau de sa syntaxe et de ses possibilités, comme nous le verrons après un exemple d'introduction.

4.1 Exemple de spécialisation d'une fonction membre

Un patron de classes définit une famille de classes dans laquelle chaque classe comporte à la fois sa définition et la définition de ses fonctions membres. Ainsi, toutes les fonctions membres de nom donné réalisent le même algorithme. Si l'on souhaite adapter une fonction membre à une situation particulière, il est possible d'en fournir une nouvelle.

1. Cette contrainte n'existait pas pour les paramètres expressions des patrons de fonctions ; mais leur rôle n'était pas le même.

Voici un exemple qui reprend le patron de classes *point* défini dans le premier paragraphe. Nous y avons spécialisé la fonction *affiche* dans le cas du type *char*, afin qu'elle affiche non plus des caractères mais des nombres entiers.

```
#include <iostream>
using namespace std ;
  // création d'un patron de classe
template <class T> class point
{  T x ; T y ;
  public :
   point (T abs=0, T ord=0)
   {  x = abs ; y = ord ;
   }
   void affiche () ;
} ;
  // définition de la fonction affiche
template <class T> void point<T>::affiche ()
{  cout << "Coordonnees : " << x << " " << y << "\n" ;
}
  // ajout d'une fonction affiche spécialisée pour les caractères
void point<char>::affiche ()
{  cout << "Coordonnees : " << (int)x << " " << (int)y << "\n" ;
}
main ()
{  point <int> ai (3, 5) ;          ai.affiche () ;
   point <char> ac ('d', 'y') ;     ac.affiche () ;
   point <double> ad (3.5, 2.3) ; ad.affiche () ;
}
```

```
coordonnées : 3 5
coordonnées : 100 121
coordonnées : 3.5 2.3
```

Exemple de spécialisation d'une fonction membre d'une classe patron

Notez qu'il nous a suffi d'écrire l'en-tête de *affiche* sous la forme :

```
void point<char>::affiche ()
```

pour préciser au compilateur qu'il devait utiliser cette fonction à la place de la fonction *affiche* du patron *point*, c'est-à-dire à la place de l'instance *point<char>*.

4.2 Les différentes possibilités de spécialisation

4.2.1 On peut spécialiser une fonction membre pour tous les paramètres

Dans notre exemple, la classe patron *point* ne comportait qu'un paramètre de type. Il est possible de spécialiser une fonction membre en se basant sur plusieurs paramètres de type, ainsi que sur des valeurs précises d'un ou plusieurs paramètres expressions (bien que cette dernière possibilité nous paraisse d'un intérêt limité). Par exemple, considérons le patron *tableau* défini au paragraphe 3.1 :

```
template <class T, int n> class tableau
{  T tab [n] ;
  public :
   tableau () { cout << "construction tableau \n" ; }
   //  .....
} ;
```

Nous pouvons écrire une version spécialisée de son constructeur pour les tableaux de 10 éléments de type *point* (il ne s'agit vraiment que d'un exemple d'école !) en procédant ainsi :

```
tableau<point,10>::tableau (...) { ... }
```

4.2.2 On peut spécialiser une fonction membre ou une classe

Dans les exemples précédents, nous avons spécialisé une fonction membre d'un patron. En fait, on peut indifféremment :

- spécialiser une ou plusieurs fonctions membres, sans modifier la définition de la classe elle-même (ce sera la situation la plus fréquente) ;
- spécialiser la classe elle-même, en en fournissant une nouvelle définition ; cette seconde possibilité peut s'accompagner de la spécialisation de certaines fonctions membres.

Par exemple, après avoir défini le patron *template <class T> class point* (comme au paragraphe 4.1), nous pourrions définir une version spécialisée de la classe *point* pour le type *char*, c'est-à-dire une version appropriée de l'instance *point<char>*, en procédant ainsi :

```
class point <char>
{ // nouvelle définition
}
```

Nous pourrions aussi définir des versions spécialisées de certaines des fonctions membres de *point<char>* en procédant comme précédemment ou ne pas en définir, auquel cas on ferait appel aux fonctions membres du patron.

4.2.3 On peut prévoir des spécialisations partielles de patrons de classes

Nous avons déjà parlé de spécialisation partielle dans le cas de patrons de fonctions (voir au paragraphe 5 du chapitre 17). La norme ANSI autorise également la spécialisation partielle d'un patron de classes. En voici un exemple :

```
template <class T, class U> class A         { ..... } ;  // patron I
template <class T>          class A <T, T*> { ..... } ;  // patron II
```

Une déclaration telle que *A <int, float> a1* utilisera le patron I, tandis qu'une déclaration telle que *A<int, int *> a2* utilisera le patron II plus spécialisé.

5 Paramètres par défaut

Dans la définition d'un patron de classes, il est possible de spécifier des valeurs par défaut pour certains paramètres, suivant un mécanisme semblable à celui utilisé pour les paramètres de fonctions usuelles. Voici quelques exemples :

```
template <class T, class U=float> class A { ..... } ;
template <class T, int n=3>       class B { ..... } ;
   .....
A<int,long> a1 ;        /* instanciation usuelle          */
A<int> a2 ;             /* équivaut à A<int, float> a2 ;  */
B<int, 3> b1 ;          /* instanciation usuelle          */
B<int> b2 ;             /* équivaut à B<int, 3> b2 ;      */
```

Remarque

La notion de paramètres par défaut n'a pas de signification pour les patrons de fonctions.

6 Patrons de fonctions membres

Le mécanisme de définition de patrons de fonctions peut s'appliquer à une fonction membre d'une classe ordinaire, comme dans cet exemple :

```
class A
{   template <class T> void fct (T a) { ..... }
  .....
} ;
```

Cette possibilité peut s'appliquer à une fonction membre d'une classe patron, comme dans cet exemple :

```
template <class T> class A
{   template <class U> void fct (U x, T y)   /* ici le type T est utilisé, mais */
     { ..... }                               /* il pourrait ne pas l'être       */
  .....
} ;
```

Dans ce dernier cas, l'instanciation de la bonne fonction *fct* se fondera à la fois sur la classe à laquelle elle appartient et sur la nature de son premier argument.

7 Identité de classes patrons

Nous avons déjà vu que l'opérateur d'affectation pouvait s'appliquer à deux objets d'un même type. L'expression « même type » est parfaitement définie, tant que l'on n'utilise pas d'instances de patrons de classes : deux objets sont de même type s'ils sont déclarés avec le même nom de classe. Mais que devient cette définition dans le cas d'objets dont le type est une instance particulière d'un patron de classes ?

En fait, deux classes patrons correspondront à un même type si leurs paramètres de type correspondent exactement au même type et si leurs paramètres expressions ont la même valeur.

Ainsi, en supposant que nous disposions du patron *tableau* défini au paragraphe 3.1, avec ces déclarations :

```
tableau <int, 12> t1 ;
tableau <float, 12> t2 ;
```

vous n'aurez pas le droit d'écrire :

```
t2 = t1 ;    // incorrect car valeurs différentes du premier paramètre (float et int)
```

De même, avec ces déclarations :

```
tableau <int, 15> ta ;
tableau <int, 20> tb ;
```

vous n'aurez pas le droit d'écrire :

```
ta = tb ;    // incorrect car valeurs différentes du second paramètre (15 et 20)
```

Ces règles, apparemment restrictives, ne servent en fait qu'à assurer un bon fonctionnement de l'affectation, qu'il s'agisse de l'affectation par défaut (membre à membre : il faut donc bien disposer exactement des mêmes membres dans les deux objets) ou de l'affectation surdéfinie (pour que cela fonctionne toujours, il faudrait que le concepteur du patron de classe prévoie toutes les combinaisons possibles et, de plus, être sûr qu'une éventuelle spécialisation ne risque pas de perturber les choses...).

Certes, dans le premier cas (*t2=t1*), une conversion *int->float* nous aurait peut-être convenu. Mais pour que le compilateur puisse la mettre en œuvre, il faudrait qu'il « sache » qu'une classe *tableau<int, 10>* ne comporte que des membres de type *int*, qu'une classe *tableau<float, 10>* ne comporte que des membres de type *float*, que les deux classes ont le même nombre de membres données...

8 Classes patrons et déclarations d'amitié

L'existence des patrons de classes introduit de nouvelles possibilités de déclaration d'amitié.

8.1 Déclaration de classes ou fonctions « ordinaires » amies

La démarche reste celle que nous avons rencontrée dans le cas des classes ordinaires. Par exemple, si A est une classe ordinaire et *fct* une fonction ordinaire :

```
template <class T>
class essai
{  int x ;
  public :
   friend class A ;          // A est amie de toute instance du patron essai
   friend int fct (float) ;  // fct est amie de toute instance du patron essai
   ...
} ;
```

8.2 Déclaration d'instances particulières de classes patrons ou de fonctions patrons

En fait, cette possibilité peut prendre deux aspects différents selon que les paramètres utilisés pour définir l'instance concernée sont effectifs ou muets (définis dans la liste de paramètres du patron de classe).

Supposons que *point* est une classe patron ainsi définie :

```
template <class T> class point { ... } ;
```

et *fct* une fonction patron ainsi définie :

```
template <class T> int fct (T x) { ... }
```

Voici un exemple illustrant le premier aspect :

```
template <class T, class U>
class essai1
{  int x ;
  public :
   friend class point<int> ;     // la classe patron point<int> est amie
                                 // de toutes les instances de essai1
   friend int fct (double) ;     // la fonction patron int fct (double
                                 // de toutes les instances de essai1
   ...
} ;
```

Voici un exemple illustrant le second aspect :

```
template <class T, class U>
class essai2
{  int x ;
  public :
   friend class point<T> ;
   friend int fct (U) ;
}
```

Notez bien, que dans le second cas, on établit un « couplage » entre la classe patron générée par le patron *essai2* et les déclarations d'amitié correspondantes. Par exemple, pour l'intance *essai2 <int, double>*, les déclarations d'amitié porteront sur *point<int>* et *int fct (double)*.

8.3 Déclaration d'un autre patron de fonctions ou de classes

Voici un exemple faisant appel aux mêmes patrons *point* et *fct* que ci-dessus :

```
template <class T, class U>
class essai2
{ int x ;
 public :
  template <class X> friend class point <X> ;
  template <class X> friend class int fct (point <X>) ;
} ;
```

Cette fois, toutes les instances du patron *point* sont amies de n'importe quelle instance du patron *essai2*. De même, toutes les instances du patron de fonctions *fct* sont amies de n'importe quelle instance du patron *essai2*.

9 Exemple de classe tableau à deux indices

Nous avons vu à plusieurs reprises comment surdéfinir l'opérateur [] au sein d'une classe tableau. Néanmoins, nous nous sommes toujours limités à des tableaux à un indice.

Ici, nous allons voir qu'il est très facile, une fois qu'on a défini un patron de tableau à un indice, de l'appliquer à un tableau à deux indices (ou plus) par le simple jeu de la composition des patrons.

Si nous considérons pour l'instant la classe *tableau* définie de cette façon simplifiée :

```
template <class T, int n> class tableau
{  T tab [n] ;
  public :
   T & operator [] (int i)        // opérateur []
     { return tab[i] ;
     }
} ;
```

nous pouvons tout à fait déclarer :

```
   tableau <tableau<int,2>,3> t2d ;
```

En effet, *t2d* est un tableau de 3 éléments ayant chacun le type *tableau <int,2>* ; autrement dit, chacun de ces 3 éléments est lui-même un tableau de 2 entiers.

Une notation telle que *t2d [1] [2]* a un sens ; elle représente la référence au troisième élément de *t2d [1]*, c'est-à-dire au troisième élément du deuxième tableau de deux entiers de *t2d*.

Voici un exemple complet (mais toujours simplifié) illustrant cela. Nous avons simplement ajouté artificiellement un constructeur afin d'obtenir une trace des différentes constructions.

```
// implémentation d'un tableau à deux dimensions
#include <iostream>
using namespace std ;
template <class T, int n> class tableau
{  T tab [n] ;
  public :
   tableau ()                     // constructeur
     {cout << "construction tableau a " << n << " elements\n" ;
     }
   T & operator [] (int i)        // opérateur []
     { return tab[i] ;
     }
} ;
main()
{   tableau <tableau<int,2>,3> t2d ;
    t2d [1] [2] = 15 ;
```

```
    cout << "t2d [1] [2] = " << t2d [1] [2] << "\n" ;
    cout << "t2d [0] [1] = " << t2d [0] [1] << "\n" ;
}
```

```
construction tableau a 2 elements
construction tableau a 2 elements
construction tableau a 2 elements
construction tableau a 3 elements
t2d [1] [2] = 15
t2d [0] [1] = -858993460
```

Utilisation du patron tableau pour manipuler des tableaux à deux indices (1)

On notera bien que notre patron *tableau* est a priori un tableau à un indice. Seule la manière dont on l'utilise permet de l'appliquer à des tableaux à un nombre quelconque d'indices.

Manifestement, cet exemple est trop simpliste ; d'ailleurs, tel quel, il n'apporte rien de plus qu'un banal tableau. Pour le rendre plus réaliste, nous allons prévoir :

- de gérer les débordements d'indices : ici, nous nous contenterons d'afficher un message et de « faire comme si » l'utilisateur avait fourni un indice nul[1] ;
- d'initialiser tous les éléments du tableau lors de sa construction : nous utiliserons pour ce faire la valeur 0. Mais encore faut-il que la chose soit possible, c'est-à-dire que, quel que soit le type T des éléments du tableau, on puisse leur affecter la valeur 0. Cela signifie qu'il doit exister une conversion de T en *int*. Il est facile de la réaliser avec un constructeur à un élément de type *int*. Du même coup, cela permettra de prévoir une valeur initiale lors de la déclaration d'un tableau (par sécurité, nous prévoirons la valeur 0 par défaut).

Voici la classe ainsi modifiée et un exemple d'utilisation :

```
  // implémentation d'un tableau 2d avec test débordement d'indices
#include <iostream.h>
template <class T, int n> class tableau
{  T tab [n] ;
   int limite ;          // nombre d'éléments du tableau
  public :
   tableau (int init=0)
     {  int i ;
        for (i=0 ; i<n ; i++) tab[i] = init ;
        limite = n-1 ;
        cout << "appel constructeur tableau de taille " << n
             << " init = " << init << "\n" ;
     }
```

1. Il pourrait également être judicieux de déclencher une « exception », comme nous apprendrons à le faire, sur ce même exemple, au paragraphe 1 du chapitre 23.

```
   T & operator [] (int i)
   { if (i<0 || i>limite) { cout << "--debordement " << i << "\n" ;
                           i=0 ;  // choix arbitraire
                         }
     return tab[i] ;
   }
} ;

main()
{   tableau <tableau<int,3>,2> ti ;          // pas d'initialisation
    tableau <tableau<float,4>,2> td (10) ;  // initialisation à 10
    ti [1] [6] = 15 ;
    ti [8] [-1] = 20 ;
    cout << ti [1] [2] << "\n" ;   // élément initialisé à valeur par défaut (0)
    cout << td [1] [0] << "\n" ;   // élément initialisé explicitement
}
```

```
appel constructeur tableau de taille 3 init = 0
appel constructeur tableau de taille 3 init = 0
appel constructeur tableau de taille 3 init = 0
appel constructeur tableau de taille 3 init = 0
appel constructeur tableau de taille 2 init = 0
appel constructeur tableau de taille 4 init = 0
appel constructeur tableau de taille 4 init = 0
appel constructeur tableau de taille 4 init = 10
appel constructeur tableau de taille 4 init = 10
appel constructeur tableau de taille 2 init = 10
--debordement 6
--debordement 8
--debordement -1
0
10
```

Utilisation du patron tableau pour manipuler des tableaux à deux indices (2)

Remarque

Si vous examinez bien les messages de construction des différents tableaux, vous observerez que l'on obtient deux fois plus de messages que prévu pour les tableaux à un indice. L'explication réside dans l'instruction *tab[i] = init* du constructeur *tableau*. En effet, lorsque *tab[i]* désigne un élément de type de base, il y a simplement conversion de la valeur entière *init* dans ce type de base. En revanche, lorsque l'on a affaire à un objet de type T (ici T est de la forme *tableau<...>*), cette instruction provoque l'appel du constructeur *tableau(int)* pour créer un objet temporaire de ce type. Cela se voit très clairement dans le cas du tableau *td*, pour lequel on trouve une construction d'un tableau temporaire initialisé avec la valeur 0 et une construction d'un tableau initialisé avec la valeur 10.

19

L’héritage simple

On sait que le concept d’héritage (on parle également de classes dérivées) constitue l’un des fondements de la P.O.O. En particulier, il est à la base des possibilités de réutilisation de composants logiciels (en l’occurrence, de classes). En effet, il vous autorise à définir une nouvelle classe, dite « dérivée », à partir d’une classe existante dite « de base ». La classe dérivée « héritera » des « potentialités » de la classe de base, tout en lui en ajoutant de nouvelles, et cela sans qu’il soit nécessaire de remettre en question la classe de base. Il ne sera pas utile de la recompiler, ni même de disposer du programme source correspondant (exception faite de sa déclaration).

Cette technique permet donc de développer de nouveaux outils en se fondant sur un certain acquis, ce qui justifie le terme d’héritage. Bien entendu, plusieurs classes pourront être dérivées d’une même classe de base. En outre, l’héritage n’est pas limité à un seul niveau : une classe dérivée peut devenir à son tour classe de base pour une autre classe. On voit ainsi apparaître la notion d’héritage comme outil de spécialisation croissante.

Qui plus est, nous verrons que C++ autorise l’héritage multiple, grâce auquel une classe peut être dérivée de plusieurs classes de base.

Nous commencerons par vous présenter la mise en œuvre de l’héritage en C++ à partir d’un exemple très simple. Nous examinerons ensuite comment, à l’image de ce qui se passait dans le cas d’objets membres, C++ offre un mécanisme intéressant de transmission d’informations entre constructeurs (de la classe dérivée et de la classe de base). Puis nous verrons la souplesse que présente le C++ en matière de contrôle des accès de la classe dérivée aux membres de la classe de base (aussi bien au niveau de la conception de la classe de base que de celle de la classe dérivée).

Nous aborderons ensuite les situations de compatibilité entre une classe de base et une classe dérivée, tant au niveau des objets eux-mêmes que des pointeurs sur ces objets ou des références à ces objets. Ces aspects deviendront fondamentaux dans la mise en œuvre du polymorphisme par le biais des méthodes virtuelles. Nous examinerons alors ce qu'il advient du constructeur de recopie, de l'opérateur d'affectation et des patrons de classes.

Enfin, après avoir examiné les situations de dérivations successives, nous apprendrons à exploiter concrètement une classe dérivée.

Quant à l'héritage multiple, il fera l'objet du chapitre suivant.

1 La notion d'héritage

Exposons tout d'abord les bases de la mise en œuvre de l'héritage en C++ à partir d'un exemple simple ne faisant pas intervenir de constructeur ou de destructeur, et où le contrôle des accès est limité.

Considérons la première classe *point* définie au chapitre 11, dont nous rappelons la déclaration :

```
        /* ------------ Déclaration de la classe point ------------- */
class point
{              /* déclaration des membres privés */
    int x ;
    int y ;
              /* déclaration des membres publics */
 public :
    void initialise (int, int) ;
    void deplace (int, int) ;
    void affiche () ;
} ;
```

*Déclaration d'une classe de base (*point*)*

Supposons que nous ayons besoin de définir un nouveau type classe nommé *pointcol*, destiné à manipuler des points colorés d'un plan. Une telle classe peut manifestement disposer des mêmes fonctionnalités que la classe *point*, auxquelles on pourrait adjoindre, par exemple, une méthode nommée *colore*, chargée de définir la couleur. Dans ces conditions, nous pouvons être tentés de définir *pointcol* comme une classe dérivée de *point*. Si nous prévoyons (pour l'instant) une fonction membre spécifique à *pointcol* nommée *colore*, et destinée à attribuer une couleur à un point coloré, voici ce que pourrait être la déclaration de *pointcol* (la fonction *colore* est ici en ligne) :

```
class pointcol : public point        // pointcol dérive de point
{  short couleur ;
 public :
   void colore (short cl)
       { couleur = cl ; }
} ;
```

Une classe pointcol, *dérivée de* point

Notez la déclaration :

```
class pointcol : public point
```

Elle spécifie que *pointcol* est une classe dérivée de la classe de base *point*. De plus, le mot *public* signifie que **les membres publics de la classe de base (*point*) seront des membres publics de la classe dérivée (*pointcol*)** ; cela correspond à l'idée la plus fréquente que l'on peut avoir de l'héritage, sur le plan général de la P.O.O. Nous verrons plus loin, dans le paragraphe consacré au contrôle des accès, à quoi conduirait l'omission du mot *public*.

La classe *pointcol* ainsi définie, nous pouvons déclarer des objets de type *pointcol* de manière usuelle :

```
pointcol p, q ;
```

Chaque objet de type *pointcol* peut alors faire appel :

- aux méthodes publiques de *pointcol* (ici *colore*) ;
- aux méthodes publiques de la classe de base *point* (ici *init*, *deplace* et *affiche*).

Voici un programme illustrant ces possibilités. Vous n'y trouverez pas la liste de la classe *point*, car nous nous sommes placés dans les conditions habituelles d'utilisation d'une classe déjà au point. Plus précisément, nous supposons que nous disposons :

- d'un module objet relatif à la classe *point* qu'il est nécessaire d'incorporer au moment de l'édition de liens ;
- d'un fichier nommé ici *point.h*, contenant la déclaration de la classe *point*.

```
#include <iostream>
#include "point.h"      // incorporation des déclarations de point
using namespace std ;

       /* --- Déclaration et définition de la classe pointcol ----- */
class pointcol : public point        // pointcol dérive de point
{  short couleur ;
 public :
   void colore (short cl)  { couleur = cl ; }
} ;
```

```
main()
{ pointcol p ;
  p.initialise (10,20) ; p.colore (5) ;
  p.affiche () ;
  p.deplace (2,4) ;
  p.affiche () ;
}
```

```
Je suis en 10 20
Je suis en 12 24
```

Exemple d'utilisation d'une classe pointcol, *dérivée de* point

2 Utilisation des membres de la classe de base dans une classe dérivée

L'exemple précédent, destiné à montrer comment s'exprime l'héritage en C++, ne cherchait pas à en explorer toutes les possibilités, notamment en matière de contrôle des accès. Pour l'instant, nous savons simplement que, grâce à l'emploi du mot *public*, les membres publics de *point* sont également membres publics de *pointcol*. C'est ce qui nous a permis de les utiliser, au sein de la fonction *main*, par exemple dans l'instruction *p.initialise (10, 20)*.

Or la classe *pointcol* telle que nous l'avons définie présente des lacunes. Par exemple, lorsque nous appelons *affiche* pour un objet de type *pointcol*, nous n'obtenons aucune information sur sa couleur. Une première façon d'améliorer cette situation consiste à écrire une nouvelle fonction membre publique de *pointcol*, censée afficher à la fois les coordonnées et la couleur. Appelons-la pour l'instant *affichec* (nous verrons plus tard qu'il est possible de l'appeler également *affiche*).

À ce niveau, vous pourriez penser définir *affichec* de la manière suivante :

```
void affichec ()
{ cout << "Je suis en " << x << " " << y << "\n" ;
  cout << "     et ma couleur est : " << couleur << "\n" ;
}
```

Mais alors cela signifierait que la fonction *affichec*, membre de *pointcol*, aurait accès aux membres privés de *point*, ce qui serait contraire au principe d'encapsulation. En effet, il deviendrait alors possible d'écrire une fonction accédant directement[1] aux données privées d'une classe, simplement en créant une classe dérivée ! D'où la règle adoptée par C++:

> Une méthode d'une classe dérivée n'a pas accès aux membres privés de sa classe de base.

1. C'est-à-dire sans passer par l'interface obligatoire constituée par les fonctions membres publiques.

En revanche, une méthode d'une classe dérivée a accès aux membres publics de sa classe de base. Ainsi, dans le cas qui nous préoccupe, si notre fonction membre *affichec* ne peut pas accéder directement aux données privées *x* et *y* de la classe *point*, elle peut néanmoins faire appel à la fonction *affiche* de cette même classe. D'où une définition possible de *affichec* :

```
void pointcol::affichec ()
{  affiche () ;
   cout << "     et ma couleur est : " << couleur << "\n" ;
}
```

Une fonction d'affichage pour un objet de type pointcol

Notez bien que, au sein de *affichec*, nous avons fait directement appel à *affiche* **sans avoir à spécifier à quel objet cette fonction devait être appliquée** : par convention, il s'agit de celui ayant appelé *affichec*. Nous retrouvons la même règle que pour les fonctions membres d'une même classe. En fait, il faut désormais considérer que *affiche* est une fonction membre de *pointcol*[1].

D'une manière analogue, nous pouvons définir dans *pointcol* une nouvelle fonction d'initialisation nommée *initialisec*, chargée d'attribuer des valeurs aux données *x*, *y* et *couleur*, à partir de trois valeurs reçues en argument :

```
void pointcol::initialisec (int abs, int ord, short cl)
{  initialise (abs, ord) ;
   couleur = cl ;
}
```

Une fonction d'initialisation pour un objet de type pointcol

Voici un exemple complet de programme reprenant la définition de la classe *pointcol* (nous supposons que la définition de la classe *point* est fournie séparément et que sa déclaration figure dans *point.h*) :

```
#include <iostream>
#include "point.h"     /* déclaration de la classe point  (nécessaire */
                       /*   pour compiler la définition de pointcol)  */
using namespace std ;
class pointcol : public point
{  short couleur ;
 public :
   void colore (short cl)
       { couleur = cl ; }
```

1. Mais ce ne serait pas le cas si *affiche* n'était pas une fonction publique de *point*.

```
   void affichec () ;
   void initialisec (int, int, short) ;
} ;
void pointcol::affichec ()
{  affiche () ;
   cout << "     et ma couleur est : " << couleur << "\n" ;
}
void pointcol::initialisec (int abs, int ord, short cl)
{  initialise (abs, ord) ;
   couleur = cl ;
}

main()
{ pointcol p ;
  p.initialisec (10,20, 5) ; p.affichec () ; p.affiche () ;
  p.deplace (2,4) ;          p.affichec () ;
  p.colore (2) ;             p.affichec () ;
}
```

```
Je suis en 10 20
     et ma couleur est : 5
Je suis en 10 20
Je suis en 12 24
     et ma couleur est : 5
Je suis en 12 24
     et ma couleur est : 2
```

Une nouvelle classe pointcol *et son utilisation*

En Java

La notion d'héritage existe bien sûr en Java. Elle fait appel au mot-clé *extends* à la place de *public*. On peut interdire à une classe de donner naissance à une classe dérivée en la qualifiant avec le mot clé *final* ; une telle possibilité n'existe pas en C++.

3 Redéfinition des membres d'une classe dérivée

3.1 Redéfinition des fonctions membres d'une classe dérivée

Dans le dernier exemple de classe *pointcol*, nous disposions à la fois :

- dans *point*, d'une fonction membre nommée *affiche* ;
- dans *pointcol*, d'une fonction membre nommée *affichec*.

Or ces deux méthodes font le même travail, à savoir afficher les valeurs des données de leur classe. Dans ces conditions, on pourrait souhaiter leur donner le même nom. Ceci est effectivement possible en C++, moyennant une petite précaution. En effet, au sein de la fonction *affiche* de *pointcol*, on ne peut plus appeler la fonction *affiche* de *point* comme auparavant : cela provoquerait un appel récursif de la fonction *affiche* de *pointcol*. Il faut alors faire appel à l'opérateur de résolution de portée (::) pour localiser convenablement la méthode voulue (ici, on appellera *point::affiche*).

De manière comparable, si, pour un objet *p* de type *pointcol*, on appelle la fonction *p.affiche*, il s'agira de la fonction redéfinie dans *pointcol*. Si l'on tient absolument à utiliser la fonction affiche de la classe *point*, on appellera *p.point::affiche*.

Voici comment nous pouvons transformer l'exemple du paragraphe précédent en nommant *affiche* et *initialise* les nouvelles fonctions membres de *pointcol* :

```
#include <iostream>
#include "point.h"
using namespace std ;
class pointcol : public point
{  short couleur ;
 public :
   void colore (short cl) { couleur = cl ; }
   void affiche () ;                   // redéfinition de affiche de point
   void initialise (int, int, short) ; // redéfinition de initialise de point
} ;
void pointcol::affiche ()
{  point::affiche () ;               // appel de affiche de la classe point
   cout << "     et ma couleur est : " << couleur << "\n" ;
}
void pointcol::initialise (int abs, int ord, short cl)
{  point::initialise (abs, ord) ;    // appel de initialise de la classe point
   couleur = cl ;
}

main()
{ pointcol p ;
  p.initialise (10,20, 5) ; p.affiche () ;
  p.point::affiche () ;              // pour forcer l'appel de affiche de point
  p.deplace (2,4) ;          p.affiche () ;
  p.colore (2) ;             p.affiche () ;
}
```

```
Je suis en 10 20
     et ma couleur est : 5
Je suis en 10 20
Je suis en 12 24
     et ma couleur est : 5
```

```
Je suis en 12 24
     et ma couleur est : 2
```

Une classe pointcol *dans laquelle les méthodes* initialise *et* affiche *sont redéfinies*

En Java

On a déjà dit que Java permettait d'interdire à une classe de donner naissance à des classes dérivées. Ce langage permet également d'interdire la redéfinition d'une fonction membre en la déclarant avec le mot clé *final* dans la classe de base.

3.2 Redéfinition des membres données d'une classe dérivée

Bien que cela soit d'un emploi moins courant, ce que nous avons dit à propos de la redéfinition des fonctions membres s'applique tout aussi bien aux membres données. Plus précisément, si une classe A est définie ainsi :

```
class A
{      .....
       int a ;
       char b ;
       .....
} ;
```

une classe B dérivée de A pourra, par exemple, définir un autre membre donnée nommé *a* :

```
class B : public A
{      float a ;
       .....
} ;
```

Dans ce cas, si l'objet *b* est de type B, *b.a* fera référence au membre *a* de type *float* de *b*. Il sera toujours possible d'accéder au membre donnée *a* de type *int* (hérité de A) par *b.A::a*[1].

Notez bien que le membre *a* défini dans B s'ajoute au membre *a* hérité de A ; il ne le remplace pas.

3.3 Redéfinition et surdéfinition

Il va de soi que lorsqu'une fonction est redéfinie dans une classe dérivée, elle masque une fonction de même signature de la classe de base. En revanche, comme on va le voir, les choses sont moins naturelles en cas de surdéfinition ou, même, de mixage entre ces deux possibilités. Considérez :

1. En supposant bien sûr que les accès en question soient autorisés.

```
class A
{ public :
  void f(int n)  { ..... }      // f est surdéfinie
  void f(char c) { ..... }      // dans A
} ;
class B : public A
{ public :
   void f(float x) { ..... }   // on ajoute une troisème définition dans B
} ;
main()
{ int n ; char c ; A a ; B b ;
  a.f(n) ;     // appelle A:f(int)    (règles habituelles)
  a.f(c) ;     // appelle A:f(char)   (règles habituelles)
  b.f(n) ;     // appelle B:f(float)  (alors que peut-être A:f(int) conviendrait)
  b.f(c) ;     // appelle B:f(float)  (alors que peut-être A:f(char) conviendrait)
}
```

Ici on a ajouté dans *B* une troisième version de *f* pour le type *float*. Pour résoudre les appels *b.f(n)* et *b.f(c)*, le compilateur n'a considéré que la fonction *f* de *B* qui s'est trouvée appelée dans les deux cas. Si aucune fonction *f* n'avait été définie dans *B*, on aurait utilisé les fonctions *f(int)* et *(char)* de *A*.

Le même phénomène se produirait si l'on effectuait dans *B* une redéfinition de l'une des fonctions *f* de *A*, comme dans :

```
class A
{ public :
   void f(int n)  { ..... }      // f est surdéfinie
   void f(char c) { ..... }      // dans A
} ;
class B : public A
{ public :
   void f(int n) { ..... }        // on redéfinit f(int) dans B
} ;
main()
{ int n ; char c ; B b ;
  b.f(n) ;     // appelle B:(int)
  b.f(c) ;     // appelle B:f(int)
}
```

Dans ce dernier cas, on voit qu'une redéfinition d'une méthode dans une classe dérivée cache en quelque sorte les autres. Voici un dernier exemple :

```
class A
{ public :
   void f(int n)  { ..... }
   void f(char c) { ..... }
} ;
class B : public A
{ public :
   void f(int, int) { ..... }
```

```
main()
{ int n ; char c ; B b ;
  b.f(n) ;    // erreur de compilation
  b.f(c) ;    // erreur de compilation
}
```

Ici, pour les appels *b.f(n)* et *b.f(c)*, le compilateur n'a considéré que l'unique fonction *f(int, int)* de *B*, laquelle ne convient manifestement pas.

En résumé :

> Lorsqu'une fonction membre est définie dans une clase, elle masque toutes les fonctions membres de même nom de la classe de base (et des classes ascendantes). Autrement dit, la recherche d'une fonction (surdéfinie ou non) se fait dans une seule portée, soit celle de la classe concernée, soit celle de la classe de base (ou d'une classe ascendante), mais jamais dans plusieurs classes à la fois.

On voit d'ailleurs que cette particularité peut être employée pour interdire l'emploi dans une classe dérivée d'une fonction membre d'une clases de base : il suffit d'y définir une fonction privée de même nom (peu importent ses arguments et sa valeur de retour).

Remarque

Il est possible d'imposer que la recherche d'une fonction surdéfinie se fassse dans plusieurs classes en utilisant une directive *using*. Par exemple, si dans la classe *A* précédente, on introduit (à un niveau public) l'instruction :

```
using A::f ;    // on réintroduit les fonctions f de A
```

l'instruction *b.f(c)* conduira alors à l'appel de *A::f(char)* (le comportement des autres appels restant, ici, le même).

En Java

En Java, on considère toujours l'ensemble des méthodes de nom donné, à la fois dans la classe concernée et dans toutes ses ascendantes.

4 Appel des constructeurs et des destructeurs

4.1 Rappels

Rappelons l'essentiel des règles concernant l'appel d'un constructeur ou du destructeur d'une classe (dans le cas où il ne s'agit pas d'une classe dérivée) :

- S'il existe au moins un constructeur, toute création d'un objet (par déclaration ou par *new*) entraînera l'appel d'un constructeur, choisi en fonction des informations fournies en arguments. Si aucun constructeur ne convient, il y a erreur de compilation. Il est donc impossible dans ce cas de créer un objet sans qu'un constructeur ne soit appelé.

- S'il n'existe aucun constructeur, il n'est pas possible de préciser des informations lors de la création d'un objet. Cette fois, il devient possible de créer un objet, sans qu'un constructeur ne soit appelé[1] (c'est même la seule façon de le faire !).
- S'il existe un destructeur, il sera appelé avant la destruction de l'objet.

4.2 La hiérarchisation des appels

Ces règles se généralisent au cas des classes dérivées, en tenant compte de l'aspect hiérarchique qu'elles introduisent. Pour fixer les idées, supposons que chaque classe possède un constructeur et un destructeur :

```
class A                          class B : public A
{     .....                      {     .....
  public :                         public :
      A (...)                              B (...)
      ~A ()                                ~B ()
      .....                             .....
} ;                              } ;
```

Pour créer un objet de type B, il faut tout d'abord créer un objet de type A, donc faire appel au constructeur de A, puis le compléter par ce qui est spécifique à B et faire appel au constructeur de B. Ce mécanisme est pris en charge par C++ : il n'y aura pas à prévoir dans le constructeur de B l'appel du constructeur de A.

La même démarche s'applique aux destructeurs : lors de la destruction d'un objet de type B, il y aura automatiquement appel du destructeur de B, puis appel de celui de A (les destructeurs sont appelés dans l'ordre inverse de l'appel des constructeurs).

4.3 Transmission d'informations entre constructeurs

Toutefois, un problème se pose lorsque le constructeur de A nécessite des arguments. En effet, les informations fournies lors de la création d'un objet de type B sont a priori destinées à son constructeur ! En fait, C++ a prévu la possibilité de spécifier, dans la définition d'un constructeur d'une classe dérivée, les informations que l'on souhaite transmettre à un constructeur de la classe de base. Le mécanisme est le même que celui que nous vous avons exposé dans le cas des objets membres (au paragraphe 5 du chapitre 13). Par exemple, si l'on a ceci :

1. On dit aussi qu'il y a appel d'un constructeur par défaut...

```
class point
{      .....
  public :
      point (int, int) ;
      .....
} ;
```

```
class pointcol : public point
{      .....
   public :
      pointcol (int, int, char) ;
       .....
} ;
```

et que l'on souhaite que *pointcol* retransmette à *point* les deux premières informations reçues, on écrira son en-tête de cette manière :

```
pointcol (int abs, int ord, char cl) : point (abs, ord)
```

Le compilateur mettra en place la transmission au constructeur de *point* des informations *abs* et *ord* correspondant (**ici**) aux deux premiers arguments de *pointcol*. Ainsi, la déclaration :

```
pointcol a (10, 15, 3) ;
```

entraînera :

- l'appel de *point* qui recevra les arguments 10 et 15 ;
- l'appel de *pointcol* qui recevra les arguments 10, 15 et 3.

En revanche, la déclaration :

```
pointcol q (5, 2)
```

sera rejetée par le compilateur puisqu'il n'existe aucun constructeur *pointcol* à deux arguments.

Bien entendu, il reste toujours possible de mentionner des arguments par défaut dans *pointcol*, par exemple :

```
pointcol (int abs = 0, int ord = 0, char cl = 1) : point (abs, ord)
```

Dans ces conditions, la déclaration :

```
pointcol b (5) ;
```

entraînera :

- l'appel de *point* avec les arguments 5 et 0 ;
- l'appel de *pointcol* avec les arguments 5, 0 et 1.

Notez que la présence éventuelle d'arguments par défaut dans *point* n'a aucune incidence ici (mais on peut les avoir prévus pour les objets de type *point*).

En Java

La transmission d'informations entre un constructeur d'une classe dérivée et un constructeur d'une classe de base reste possible, mais elle s'exprime de façon différente. Dans un constructeur d'une classe dérivée, il est nécessaire de prévoir l'appel explicite d'un constructeur d'une classe de base : on utilise alors le mot *super* pour désigner la classe de base.

4.4 Exemple

Voici un exemple complet de programme illustrant cette situation : les classes *point* et *pointcol* ont été limitées à leurs constructeurs et destructeurs (ce qui leur enlèverait, bien sûr, tout intérêt en pratique) :

```
#include <iostream>
using namespace std ;
         // ************ classe point *********************
class point
{
   int x, y ;
  public :
   point (int abs=0, int ord=0)        // constructeur de point ("inline")
     { cout << "++ constr. point :    " << abs << " " << ord << "\n" ;
       x = abs ; y =ord ;
     }
   ~point ()                           // destructeur de point ("inline")
     { cout << "-- destr.  point :    " << x << " " << y << "\n" ;
     }
} ;
         // ************ classe pointcol ******************
class pointcol : public point
{
   short couleur ;
  public :
   pointcol (int, int, short) ;         // déclaration constructeur pointcol
   ~pointcol ()                         // destructeur de pointcol ("inline")
     { cout << "-- dest. pointcol - couleur : " << couleur << "\n" ;
     }
} ;
pointcol::pointcol (int abs=0, int ord=0, short cl=1) : point (abs, ord)
{ cout << "++ constr. pointcol : " << abs << " " << ord << " " << cl << "\n" ;
  couleur = cl ;
}
         // ************ programme d'essai ****************
main()
{  pointcol a(10,15,3) ;              // objets
   pointcol b (2,3) ;                 // automatiques
   pointcol c (12) ;                  //  .....
   pointcol * adr ;
   adr = new pointcol (12,25) ;       // objet dynamique
   delete adr ;
}
```

```
++ constr. point :    10 15
++ constr. pointcol : 10 15 3
++ constr. point :    2 3
++ constr. pointcol : 2 3 1
++ constr. point :    12 0
```

```
++ constr. pointcol : 12 0 1
++ constr. point :    12 25
++ constr. pointcol : 12 25 1
-- dest. pointcol - couleur : 1
-- destr.  point :    12 25
-- dest. pointcol - couleur : 1
-- destr.  point :    12 0
-- dest. pointcol - couleur : 1
-- destr.  point :    2 3
-- dest. pointcol - couleur : 3
-- destr.  point :    10 15
```

Appel des constructeurs et destructeurs de la classe de base et de la classe dérivée

Remarque

Dans le message affiché par *~pointcol*, vous auriez peut-être souhaité voir apparaître les valeurs de *x* et de *y*. Or cela n'est pas possible, du moins telle que la classe *point* a été conçue. En effet, un membre d'une classe dérivée n'a pas accès aux membres privés de la classe de base. Nous reviendrons sur cet aspect fondamental dans la conception de classes « réutilisables ».

4.5 Compléments

Nous venons d'examiner la situation la plus usuelle : la classe de base et la classe dérivée possédaient au moins un constructeur.

Si la classe de base ne possède pas de constructeur, aucun problème particulier ne se pose. Il en va de même si elle ne possède pas de destructeur.

En revanche, si la classe dérivée ne possède pas de constructeur, alors que la classe de base en comporte, le problème de la transmission des informations attendues par le constructeur de la classe de base se pose de nouveau. Comme celles-ci ne peuvent plus provenir du constructeur de la classe dérivée, on comprend que la seule situation acceptable soit celle où la classe de base dispose d'un constructeur sans argument. Dans les autres cas, on aboutit à une erreur de compilation.

Par ailleurs, lorsque l'on mentionne les informations à transmettre à un constructeur de la classe de base, on n'est pas obligé de se limiter, comme nous l'avons fait jusqu'ici, à des noms d'arguments. On peut employer n'importe quelle expression. Par exemple, bien que cela n'ait guère de sens ici, nous pourrions écrire :

```
pointcol (int abs, int ord, char cl) : point (abs + ord, abs - ord)
```

Remarque

Le cas du constructeur de recopie sera examiné un peu plus loin, car sa bonne mise en œuvre nécessite la connaissance des possibilités de conversion implicite d'une classe dérivée en une classe de base.

5 Contrôle des accès

Nous n'avons examiné jusqu'ici que la situation d'héritage la plus naturelle, c'est-à-dire celle dans laquelle :

- la classe dérivée[1] a accès aux membres publics de la classe de base ;
- les « utilisateurs[2] » de la classe dérivée ont accès à ses membres publics, ainsi qu'aux membres publics de sa classe de base.

Comme nous allons le voir maintenant, C++ permet d'intervenir en partie sur ces deux sortes d'autorisation d'accès, et ce à deux niveaux :

Lors de la conception de la classe de base : en plus des statuts publics et privés que nous connaissons, il existe un troisième statut dit « protégé » (mot-clé *protected*). Les membre protégés se comportent comme des membres privés pour l'utilisateur de la classe dérivée mais comme des membres publics pour la classe dérivée elle-même.

Lors de la conception de la classe dérivée : on peut restreindre les possibilités d'accès aux membres de la classe de base.

5.1 Les membres protégés

Jusqu'ici, nous avons considéré qu'il n'existait que deux « statuts » possibles pour un membre de classe :

- privé : le membre n'est accessible qu'aux fonctions membres (publiques ou privées) et aux fonctions amies de la classe ;
- public : le membre est accessible non seulement aux fonctions membres ou aux fonctions amies, mais également à l'utilisateur de la classe (c'est-à-dire à n'importe quel objet du type de cette classe).

Nous avons vu que l'emploi des mots-clés *public* et *private* permettait de distinguer les membres privés des membres publics.

1. C'est-à-dire toute fonction membre d'une classe dérivée.

2. C'est-à-dire tout objet du type de la classe dérivée.

Le troisième statut – protégé – est défini par le mot-clé **protected** qui s'emploie comme les deux mots-clés précédents. Par exemple, la définition d'une classe peut prendre l'allure suivante :

```
class X
{ public :
       .....     //     partie publique
  protected :
       .....     //     partie protégée
  private :
       .....     //     partie privée
} ;
```

Les membres protégés restent inaccessibles à l'utilisateur de la classe, pour qui ils apparaissent comme des membres privés. Mais ils seront accessibles aux membres d'une éventuelle classe dérivée, tout en restant dans tous les cas inaccessibles aux utilisateurs de cette classe.

5.2 Exemple

Au début du paragraphe 2, nous avons évoqué l'impossibilité, pour une fonction membre d'une classe *pointcol* dérivée de *point*, d'accéder aux membres privés *x* et *y* de *point*. Si nous définissons ainsi notre classe *point* :

```
class point
{ protected :
        int x, y ;
  public :
        point ( ... ) ;
        affiche () ;
         .....
} ;
```

il devient possible de définir, dans *pointcol*, une fonction membre *affiche* de la manière suivante :

```
class pointcol : public point
{  short couleur ;
  public :
    void affiche ()
     { cout << "Je suis en " << x << " " << y << "\n" ;
       cout << "     et ma couleur est " << couleur << "\n" ;
     }
```

5.3 Intérêt du statut protégé

Les membres **privés** d'une classe sont **définitivement inaccessibles** depuis ce que nous appellerons « l'extérieur » de la classe (objets de cette classe, fonctions membres d'une classe dérivée, objets de cette classe dérivée...). Cela peut poser des problèmes au concepteur d'une classe dérivée, notamment si ces membres sont des données, dans la mesure où il est contraint, comme un « banal utilisateur », de passer par « l'interface » obligatoire. De plus, cette façon de faire peut nuire à l'efficacité du code généré.

L'introduction du statut protégé constitue donc un progrès manifeste : les membres protégés se présentent comme des membres privés pour l'utilisateur de la classe, mais ils sont comparables à des membres publics pour le concepteur d'une classe dérivée (tout en restant comparables à des membres privés pour l'utilisateur de cette dernière). Néanmoins, il faut reconnaître qu'on offre du même coup les moyens de violer (consciemment) le principe d'encapsulation des données. En effet, rien n'empêche un utilisateur d'une classe comportant une partie protégée de créer une classe dérivée contenant les fonctions appropriées permettant d'accéder aux données correspondantes. Bien entendu, il s'agit d'un viol conçu délibérément par l'utilisateur ; cela n'a plus rien à voir avec des risques de modifications **accidentelles** des données.

Remarques

1 Lorsqu'une classe dérivée possède des fonctions amies, ces dernières disposent exactement des mêmes autorisations d'accès que les fonctions membres de la classe dérivée. En particulier, les fonctions amies d'une classe dérivée auront bien accès aux membres déclarés protégés dans sa classe de base.

2 En revanche, les déclarations d'amitié ne s'héritent pas. Ainsi, si *f* a été déclarée amie d'une classe A et si B dérive de A, *f* n'est pas automatiquement amie de B (il est bien sûr possible de prévoir une déclaration d'amitié appropriée dans B).

En Java

Le statut protégé existe aussi en Java, mais avec une signification un peu diférente : les membres protégés sont accessibles non seulement aux classes dérivées, mais aussi aux classes appartenant au même « package » (la notion de package n'existe pas en C++).

5.4 Dérivation publique et dérivation privée

5.4.1 Rappels concernant la dérivation publique

Les exemples précédents faisaient intervenir la forme la plus courante de dérivation, dite « publique » car introduite par le mot clé *public* dans la déclaration de la classe dérivée, comme dans :

```
class pointcol : public point { ... } ;
```

Rappelons que, dans ce cas :

- Les membres publics de la classe de base sont accessibles à « tout le monde », c'est-à-dire à la fois aux fonctions membres et aux fonctions amies de la classe dérivée ainsi qu'aux utilisateurs de la classe dérivée.

- Les membres protégés de la classe de base sont accessibles aux fonctions membres et aux fonctions amies de la classe dérivée, mais pas aux utilisateurs de cette classe dérivée.
- Les membres privés de la classe de base sont inaccessibles à la fois aux fonctions membres ou amies de la classe dérivée et aux utilisateurs de cette classe dérivée.

De plus, tous les membres de la classe de base conservent dans la classe dérivée le statut qu'ils avaient dans la classe de base. Cette remarque n'intervient qu'en cas de dérivation d'une nouvelle classe de la classe dérivée.

Voici un tableau récapitulant la situation :

Statut dans la classe de base	Accès aux fonctions membres et amies de la classe dérivée	Accès à un utilisateur de la classe dérivée	Nouveau statut dans la classe dérivée, en cas de nouvelle dérivation
public	oui	oui	public
protégé	oui	non	protégé
privé	non	non	privé

La dérivation publique

Ces possibilités peuvent être restreintes en définissant ce que l'on nomme des dérivations privées ou protégées.

5.4.2 Dérivation privée

En utilisant le mot-clé *private* au lieu du mot-clé *public*, il est possible d'interdire à un utilisateur d'une classe dérivée l'accès aux membres publics de sa classe de base. Par exemple, avec ces déclarations :

```
class point                          class pointcol : private point
{     .....                          {     .....
  public :                             public :
      point (...) ;                        pointcol (...) ;
      void affiche () ;                    void colore (...) ;
      void deplace (...) ;               ...
      ...                            } ;
} ;
```

Si *p* est de type *pointcol*, les appels suivants seront rejetés par le compilateur[1] :

```
p.affiche ()          /* ou même :   p.point::affiche ()       */
p.deplace (...)       /* ou même :   p.point::deplace (...)    */
```

alors que, naturellement, celui-ci sera accepté :

```
p.colore (...)
```

1. À moins que l'une des fonctions membres *affiche* ou *deplace* n'ait été redéfinie dans *pointcol*.

On peut à juste titre penser que cette technique limite l'intérêt de l'héritage. Plus précisément, le concepteur de la classe dérivée peut, quant à lui, utiliser librement les membres publics de la classe de base (comme un utilisateur ordinaire) ; en revanche, il décide de fermer totalement cet accès à l'utilisateur de la classe dérivée. On peut dire que l'utilisateur connaîtra toutes les fonctionnalités de la classe en lisant sa déclaration, sans qu'il n'ait aucunement besoin de lire celle de sa classe de base (il n'en allait pas de même dans la situation usuelle : dans les exemples des paragraphes précédents, pour connaître l'existence de la fonction membre *deplace* pour la classe *pointcol*, il fallait connaître la déclaration de *point*).

Cela montre que cette technique de fermeture des accès à la classe de base ne sera employée que dans des cas bien précis, par exemple :

- lorsque toutes les fonctions utiles de la classe de base sont redéfinies dans la classe dérivée et qu'il n'y a aucune raison de laisser l'utilisateur accéder aux anciennes ;
- lorsque l'on souhaite adapter l'interface d'une classe, de manière à répondre à certaines exigences ; dans ce cas, la classe dérivée peut, à la limite, ne rien apporter de plus (pas de nouvelles données, pas de nouvelles fonctionnalités) : elle agit comme la classe de base, seule son utilisation est différente !

5.4.3 Les possibilités de dérivation protégée

C++ dispose d'une possibilité supplémentaire de dérivation, dite dérivation protégée, intermédiaire entre la dérivation publique et la dérivation privée. Dans ce cas, les membres publics de la classe de base seront considérés comme protégés lors de dérivation ultérieures.

On prendra garde à ne pas confondre le mode de dérivation d'une classe par rapport à sa classe de base (publique, protégée ou privée), définie par l'un des mots *public*, *protected* ou *private*, avec le statut des membres d'une classe (public, protégé ou privé) défini également par l'un de ces trois mots.

Remarques

1 Dans le cas d'une dérivation privée, les membres protégés de la classe de base restent accessibles aux fonctions membres et aux fonctions amies de la classe dérivée. En revanche, ils seront considérés comme privés pour une dérivation future.

2 Les expressions **dérivation publique** et **dérivation privée** seront ambiguës dans le cas d'héritage multiple. Plus précisément, il faudra alors dire, pour chaque classe de base, quel est le type de dérivation (publique ou privée).

3 En toute rigueur, il est possible, dans une dérivation privée ou protégée, de laisser public un membre de la classe de base, en le redéclarant explicitement comme dans cet exemple :

```
class pointcol : private point    // dérivation privée
{ .....
  public :
   .....
   point::affiche() ;    // la méthode affiche de la classe de base point
                         // sera publique dans pointcol
} ;
```

Depuis la norme, cette déclaration peut également se faire à l'aide du mot-clé *using*[1] :

```
class pointcol : private point    // dérivation privée
{ .....
  public :
   .....
   using point::affiche() ;    // la méthode affiche de la classe de base point
                              // sera publique dans pointcol
} ;
```

5.5 Récapitulation

Voici un tableau récapitulant les propriétés des différentes sortes de dérivation (la mention « Accès FMA » signifie : accès aux fonctions membres ou amies de la classe ; la mention « nouveau statut » signifie : statut qu'aura ce membre dans une éventuelle classe dérivée).

Classe de base			Dérivée publique		Dérivée protégée		Dérivée privée	
Statut initial	Accès FMA	Accès utilisateur	Nouveau statut	Accès utilisateur	Nouveau statut	Accès utilisateur	Nouveau statut	Accès utilisateur
public	O	O	public	O	protégé	N	privé	N
protégé	O	N	protégé	N	protég	N	privé	N
privé	O	N	privé	N	privé	N	privé	N

Les différentes sortes de dérivations

Remarque

On voit clairement qu'une dérivation protégée ne se distingue d'une dérivation privée que lorsque l'on est amené à dériver de nouvelles classes de la classe dérivée en question.

En Java

Alors que Java dispose des trois statuts public, protégé (avec une signification plus large qu'en C++) et privé, il ne dispose que d'un seul mode de dérivation correspondant à la dérivation publique du C++.

1. Dont la vocation première reste cependant l'utilisation de symboles déclarés dans des *espaces de noms*, comme nous le verrons au chapitre 30.

6 Compatibilité entre classe de base et classe dérivée

D'une manière générale, en P.O.O., on considère qu'un objet d'une classe dérivée peut « remplacer » un objet d'une classe de base ou encore que là où un objet de classe A est attendu, tout objet d'une classe dérivée de A peut « faire l'affaire ».

Cette idée repose sur le fait que tout ce que l'on trouve dans une classe de base (fonctions ou données) se trouve également dans la classe dérivée. De même, toute action réalisable sur une classe de base peut toujours être réalisée sur une classe dérivée (ce qui ne veut pas dire pour autant que le résultat sera aussi satisfaisant dans le cas de la classe dérivée que dans celui de la classe de base – on affirme seulement qu'une telle action est possible !). Par exemple, un point coloré peut toujours être traité comme un point : il possède des coordonnées ; on peut les afficher en procédant comme pour celles d'un point.

Bien entendu, les réciproques de ces deux propositions sont fausses ; par exemple, on ne peut pas colorer un point ou s'intéresser à sa couleur.

On traduit souvent ces propriétés en disant que l'héritage réalise une relation *est* entre la classe dérivée et la classe de base[1] : tout objet de type *pointcol* est un *point*, mais tout objet de type *point* n'est pas un *pointcol*.

Cette compatibilité entre une classe dérivée et sa classe de base[2] se retrouve en C++, avec une légère nuance : elle ne s'applique que dans le cas de dérivation publique[3]. Concrètement, cette compatibilité se résume à l'existence de conversions implicites :

- d'un objet d'un type dérivé dans un objet d'un type de base ;
- d'un pointeur (ou d'une référence) sur une classe dérivée en un pointeur (ou une référence) sur une classe de base.

Nous allons voir l'incidence de ces conversions sur les affectations entre objets d'abord, entre pointeurs ensuite. La dernière situation, au demeurant la plus répandue, nous permettra de mettre en évidence :

- le typage statique des objets qui en découle ; ce point constituera en fait une introduction à la notion de méthode virtuelle permettant le typage dynamique sur lequel repose l'importante notion de polymorphisme (qui fera l'objet du chapitre 21) ;
- les risques de violation du principe d'encapsulation qui en découlent.

---

1. L'appartenance d'un objet à un autre objet, sous forme d'objets membres réalisait une relation de type *a* (du verbe *avoir*).

2. Ou l'une de ses classes de base dans le cas de l'héritage multiple, que nous aborderons au chapitre suivant.

3. Ce qui se justifie par le fait que, dans le cas contraire, il suffirait de convertir un objet d'une classe dérivée dans le type de sa classe de base pour passer outre la privatisation des membres publics du type de base.

6.1 Conversion d'un type dérivé en un type de base

Soit nos deux classes « habituelles » :

```
class point                          class pointcol : public point
{ ..... }                            { ..... }
```

Avec les déclarations :

```
point a ;
pointcol b ;
```

l'affectation :

```
a = b ;
```

est légale. Elle entraîne une conversion de *b* dans le type *point*[1] et l'affectation du résultat à *a*. Cette affectation se fait, suivant les cas :

- par appel de l'opérateur d'affectation (de la classe *point*) si celui-ci a été surdéfini ;
- par emploi de l'affectation par défaut dans le cas contraire.

En revanche, l'affectation suivante serait rejetée :

```
b = a ;
```

6.2 Conversion de pointeurs

Considérons à nouveau une classe *point* et une classe *pointcol* dérivée de *point*, chacune comportant une fonction membre *affiche* :

```
class point                          class pointcol : public point
{  int x, y ;                        {  short couleur ;
  public :                             public :
    .....                                .....
    void affiche () ;                    void affiche () ;
    .....                                .....
} ;                                  } ;
```

Soit ces déclarations :

```
point * adp ;
pointcol * adpc ;
```

Là encore, C++ autorise l'affectation :

```
adp = adpc ;
```

qui correspond à une conversion du type *pointcol* * dans le type *point* *.

L'affectation inverse :

```
adpc = adp ;
```

1. Cette conversion revient à ne conserver de *b* que ce qui est du type *point*. Généralement, elle n'entraîne pas la création d'un nouvel objet.

serait naturellement rejetée. Elle est cependant réalisable, en faisant appel à l'opérateur de *cast*. Ainsi, bien que sa signification soit discutable[1], il vous sera toujours possible d'écrire l'instruction :

```
adpc = (pointcol *) adp ;
```

Remarque

S'il est possible de convertir explicitement un pointeur de type *point* * en un pointeur de type *pointcol* *, il est impossible de convertir un objet de type *point* en un objet de type *pointcol*. La différence vient de ce que l'on a affaire à une conversion prédéfinie dans le premier cas[2], alors que dans le second, le compilateur ne peut imaginer ce que vous souhaitez faire.

6.3 Limitations liées au typage statique des objets

Considérons les déclarations du paragraphe précédent accompagnées de[3] :

```
point p (3, 5) ; pointcol pc (8, 6, 2) ;
adp = & p      ; adpc = & pc ;
```

La situation est alors celle-ci :

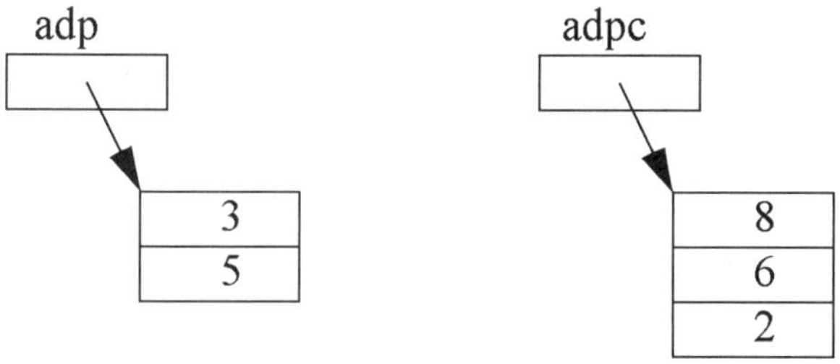

À ce niveau, l'instruction :

```
adp -> affiche () ;
```

appellera la méthode *point::affiche*, tandis que l'instruction :

```
adpc -> affiche () ;
```

appellera la méthode *pointcol::affiche*.

Nous aurions obtenu les mêmes résultats avec :

```
p.affiche ()  ;
pc.affiche () ;
```

1. Et même dangereuse, comme nous le verrons au paragraphe 6.4.

2. Laquelle se borne en fait à un changement de type (sur le plan syntaxique), accompagné éventuellement d'un alignement d'adresse (attention, rien ne garantit que l'application successive des deux conversions réciproques (*point* * –> *pointcol* * puis *pointcol* * –> *point* *) fournisse exactement l'adresse initiale !).

3. En supposant qu'il existe des constructeurs appropriés.

Si nous exécutons alors l'affectation :

```
adp = adpc ;
```

nous aboutissons à cette situation :

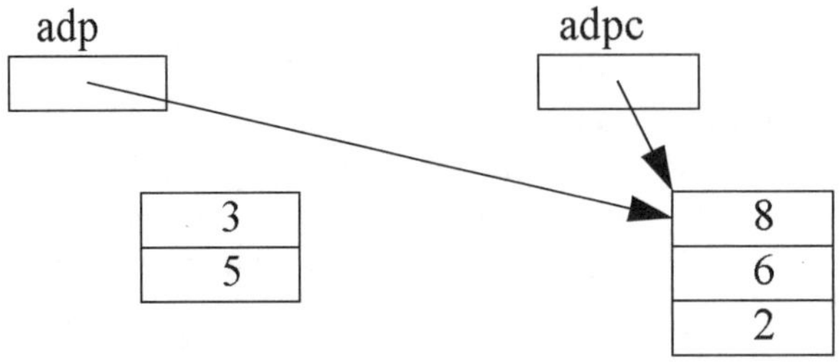

À ce niveau, que va faire une instruction telle que :

```
adp -> affiche () ;
```

Y aura-t-il appel de *point::affiche* ou de *pointcol::affiche* ?

En effet, *adp* est du type *point* mais l'objet pointé par *adp* est du type *pointcol*. En fait, le choix de la méthode appelée est réalisé par le compilateur, ce qui signifie qu'elle est définie une fois pour toutes et ne pourra évoluer au fil des changements éventuels de type de l'objet pointé. Bien entendu, dans ces conditions, on comprend que le compilateur ne peut que décider de mettre en place l'appel de la méthode correspondant au type défini par le pointeur. Ici, il s'agira donc de *point::affiche*, puisque *adp* est du type *point* *.

Notez bien que si *pointcol* dispose d'une méthode *colore* (n'existant pas dans *point*), un appel tel que :

```
adp -> colore (8) ;
```

sera rejeté par le compilateur.

On peut donc dire pour l'instant, que le type des objets pointés par *adp* et *adpc* est décidé et figé au moment de la compilation. On peut alors considérer comme un leurre le fait que C++ tolère certaines conversions de pointeurs. D'ailleurs, il tolère celles qui, au bout du compte, ne poseront pas de problème vis-à-vis du choix fait au moment de la compilation (comme nous l'avons dit, on pourra toujours afficher un *pointcol* comme s'il s'agissait d'un *point*). En effet, nous pouvons désigner, à l'aide d'un même pointeur, des objets de type différent, mais nous n'avons pour l'instant aucun moyen de tenir réellement compte du type de l'objet pointé (par exemple *affiche* traite un *pointcol* comme un *point*, mais ne peut pas savoir s'il s'agit d'un *point* ou d'un *pointcol*).

En réalité, nous verrons que C++ permet d'effectuer cette identification d'un objet au moment de l'exécution (et non plus arbitrairement à la compilation) et de réaliser ce que l'on nomme du « typage dynamique », fondement du polymorphisme (alors que jusqu'ici nous n'avions affaire qu'à du typage « statique »). Cela nécessitera l'emploi de **fonctions virtuelles**, que nous aborderons au chapitre 21.

Voici un exemple de programme illustrant les limitations que nous venons d'évoquer. Remarquez que, dans la méthode *affiche* de *pointcol*, nous n'avons pas fait appel à la méthode *affiche* de *point* ; pour qu'elle puisse accéder aux membres *x* et *y* de *point*, nous avons prévu de leur donner le statut protégé.

```
#include <iostream>
using namespace std ;
class point
{ protected :              // pour que x et y soient accessibles à pointcol
    int x, y ;
  public :
   point (int abs=0, int ord=0) { x=abs ; y=ord ; }
   void affiche ()
     { cout << "Je suis un point \n" ;
       cout << "   mes coordonnees sont : " << x << " " << y << "\n" ;
     }
} ;
class pointcol : public point
{  short couleur ;
  public :
   pointcol (int abs=0, int ord=0, short cl=1) : point (abs, ord)
     { couleur = cl ;
     }
   void affiche ()
     { cout << "Je suis un point colore \n" ;
       cout << "   mes coordonnees sont : " << x << " " << y ;
       cout << "   et ma couleur est :     " << couleur << "\n" ;
     }
} ;
main()
{  point p(3,5) ; point * adp = &p ;
   pointcol pc (8,6,2) ; pointcol * adpc = &pc ;
   adp->affiche () ; adpc->affiche () ;
   cout << "-----------------\n" ;
   adp = adpc ;              //  adpc = adp serait rejeté
   adp->affiche () ; adpc->affiche () ;
}
```

```
Je suis un point
   mes coordonnees sont : 3 5
Je suis un point colore
   mes coordonnees sont : 8 6   et ma couleur est :    2
-----------------
Je suis un point
   mes coordonnees sont : 8 6
Je suis un point colore
   mes coordonnees sont : 8 6   et ma couleur est :    2
```

Les limitations liées au typage statique des objets

En Java

En Java, comme en C++, il y a bien compatibilité entre classe de base et classe dérivée en ce qui concerne l'affectation d'objets (les pointeurs n'existent pas en Java). Mais il ne faut pas oublier qu'il s'agit d'affectation de références (et non de copie effective). Par ailleurs, les problèmes évoqués à propos du typage statique n'existent pas en Java, la ligature étant toujours dynamique : tout se passe en fait comme si tout objet possédait des fonctions virtuelles.

6.4 Les risques de violation des protections de la classe de base

N.B. Ce paragraphe peut être ignoré dans un premier temps.

Nous avons vu qu'il était possible, dans une classe dérivée, de rendre privés les membres publics hérités de la classe de base, en recourant à une dérivation privée. En voici un exemple :

```
class A
{      int x ;
  public :
       float z ;
       void fa () ;
       .....
} ;
A a ;
```

```
class B : private A
{      int u ;
  public :
       double v ;
       void fb () ;
       .....
} ;
B b ;
```

Ici, l'objet *a* aura accès aux membres *z* et *fa* de A. On pourra écrire par exemple :

```
a.z = 5.25 ;
a.fa () ;
```

Par contre, l'objet *b* n'aura pas accès à ces membres, compte tenu du mot *private* figurant dans la déclaration de la classe B. Dans ces conditions, les instructions :

```
b.z = 8.3 ;
b.fa () ;
```

seront rejetées par le compilateur (à moins, bien sûr, que les membres *z* et *fa* ne soient redéfinis dans la classe B).

Néanmoins, l'utilisateur de la classe B peut passer outre cette protection mise en place par le concepteur de la classe en procédant ainsi :

```
A * ada ; B * adb ;
adb = &b ;
ada = (A *) adb ;
```

ou encore, plus brièvement :

```
A * ada = (A *) & b ;
```

Dans ces conditions, *ada* contient effectivement l'adresse de *b* (nous avons dû employer le *cast* car n'oubliez pas que, sinon, la conversion dérivée -> base serait rejetée) ; mais *ada* a toujours le type *A **. On peut donc maintenant accéder aux membres publics de la classe A, alors qu'ils sont privés pour la classe B. Ces instructions seront acceptées :

```
ada -> z = 8.3 ;
ada -> fa () ;
```

7 Le constructeur de recopie et l'héritage

Qu'il s'agisse de celui par défaut ou de celui fourni explicitement, nous savons que le constructeur de recopie est appelé en cas :

- d'initialisation d'un objet par un objet de même type ;
- de transmission de la valeur d'un objet en argument ou en retour d'une fonction.

Les règles que nous avons énoncées au paragraphe 4 s'appliquent à tous les constructeurs, donc au constructeur de recopie. Toutefois, il faut aussi tenir compte de l'existence d'un constructeur de recopie par défaut. Examinons les diverses situations possibles, en supposant que l'on ait affaire aux instructions suivantes (B dérive de A) :

```
class A { ... } ;
class B : public A { ... } ;
void fct (B) ; // fct est une fonction recevant un argument de type B
  ...
B b1 (...) ;   // arguments éventuels pour un "constructeur usuel"
fct (b1) ;     // appel de fct à qui on doit transmettre b1 par valeur, ce qui
                 //   implique l'appel d'un constructeur de recopie de la classe B
```

Bien entendu, tout ce que nous allons dire s'appliquerait également aux autres situations d'initialisation par recopie, c'est-à-dire au cas où une fonction renverrait par valeur un résultat de type B ou encore à celui où l'on initialiserait un objet de type B avec un autre objet de type B, comme dans *B b2 = b1* ou encore *B b2 (b1)* (voir éventuellement au paragraphe 3 du chapitre 13 et au paragraphe 4 du chapitre 13).

7.1 La classe dérivée ne définit pas de constructeur de recopie

Il y a donc appel du constructeur de recopie par défaut de B. Rappelons que la recopie se fait membre par membre. Nous avons vu ce que cela signifiait dans le cas des objets membres. Ici, cela signifie que la « partie » de *b1* appartenant à la classe A sera traitée comme un membre de type A. On cherchera donc à appeler le constructeur de recopie de A pour les membres données correspondants. Rappelons que :

- si A a défini un tel constructeur, sous forme publique, il sera appelé ;
- s'il n'existe aucune déclaration et aucune définition d'un tel constructeur, on fera appel à la construction par défaut.

D'autre part, il existe des situations « intermédiaires » (revoyez éventuellement le paragraphe 3.1.3 du chapitre 13). Notamment, si A déclare un constructeur privé, sans le définir, en vue d'interdire la recopie d'objets de type A ; dans ce cas, la recopie d'objets de type B s'en trouvera également interdite.

Remarque

Cette généralisation de la recopie membre par membre aux classes dérivées pourrait laisser supposer qu'il en ira de même pour l'opérateur d'affectation (dont nous avons vu qu'il fonctionnait de façon semblable à la recopie). En fait, ce ne sera pas le cas ; nous y reviendrons au paragraphe 8.

7.2 La classe dérivée définit un constructeur de recopie

Le constructeur de recopie de B est alors naturellement appelé. Mais la question qui se pose est de savoir s'il y a appel d'un constructeur de A. En fait, C++ a décidé de ne prévoir aucun appel automatique de constructeur de la classe de base dans ce cas (même s'il existe un constructeur de recopie dans A !). Cela signifie que :

> Le constructeur de recopie de la classe dérivée doit prendre en charge l'intégralité de la recopie de l'objet, en non seulement de sa partie héritée.

Mais il reste possible d'utiliser le mécanisme de transmission d'informations entre constructeurs (étudiée au paragraphe 4.3). Ainsi, si le constructeur de B prévoit des informations pour un constructeur de A avec un en-tête de la forme :

```
B (B & x) : A (...)
```

il y aura appel du constructeur correspondant de A.

En général, on souhaitera que le constructeur de A appelé à ce niveau soit le constructeur de recopie de A[1]. Dans ces conditions, on voit que ce constructeur doit recevoir en argument non pas l'objet *x* tout entier, mais seulement ce qui, dans *x*, est de type A. C'est là qu'intervient la possibilité de conversion implicite d'une classe dérivée dans une classe de base (étudiée au paragraphe 6). Il nous suffira de définir ainsi notre constructeur pour aboutir à une recopie satisfaisante :

```
B (B & x) : A (x) // x, de type B, est converti dans le type A pour être
                  // transmis au constructeur de recopie de A
{ // recopie de la partie de x spécifique à B (non héritée de A)
}
```

1. Bien entendu, en théorie, il reste possible au constructeur par recopie de la classe dérivée B d'appeler n'importe quel constructeur de A, autre que son constructeur par recopie. Il faut alors être en mesure de reporter convenablement dans l'objet les valeurs de la partie de *x* qui est un A. Dans certains cas, on pourra encore y parvenir par le mécanisme de transmission d'informations entre constructeurs. Sinon, il faudra effectuer le travail au sein du constructeur de recopie de B, ce qui peut s'avérer délicat, compte tenu d'éventuels problèmes de droits d'accès...

Voici un programme illustrant cette possibilité. Nous définissons simplement nos deux classes habituelles *point* et *pointcol* en les munissant toutes les deux d'un constructeur de recopie[1] et nous provoquons l'appel de celui de *pointcol* en appelant une fonction *fct* à un argument de type *pointcol* transmis par valeur :

```
#include <iostream>
using namespace std ;
class point
{  int x, y ;
  public :
   point (int abs=0, int ord=0)         // constructeur usuel
     { x = abs ; y = ord ;
       cout << "++ point    " << x << " " << y << "\n" ;
     }
   point (point & p)                    // constructeur de recopie
     { x = p.x ; y = p.y ;
       cout << "CR point    " << x << " " << y << "\n" ;
     }
} ;
class pointcol : public point
{  char coul ;
  public :
   pointcol (int abs=0, int ord=0, int cl=1) : point (abs, ord) // constr usuel
     { coul = cl ;
       cout << "++ pointcol " << int(coul) << "\n" ;
     }
   pointcol (pointcol & p) : point (p)  // constructeur de recopie
                  // il y aura conversion implicite de p dans le type point
     { coul = p.coul ;
       cout << "CR pointcol " << int(coul) << "\n" ;
     }
} ;
void fct (pointcol pc)
{  cout << "*** entree dans fct ***\n" ;
}
main()
{  void fct (pointcol) ;
   pointcol a (2,3,4) ;
   fct (a) ;                   // appel de fct, à qui on transmet a par valeur
}
```

```
++ point    2 3
++ pointcol 4
CR point    2 3
```

1. Ce qui, dans ce cas précis de classe ne comportant pas de pointeurs, n'est pas utile, la recopie par défaut décrite précédemment s'avérant suffisante dans tous les cas. Mais, ici, l'objectif est simplement d'illustrer le mécanisme de transmission d'informations entre constructeurs.

```
CR pointcol 4
*** entree dans fct ***
```

Pour forcer l'appel d'un constructeur de recopie de la classe de base

8 L'opérateur d'affectation et l'héritage

Nous avons expliqué comment C++ définit l'affectation par défaut entre deux objets de même type. D'autre part, nous avons montré qu'il était possible de surdéfinir cet opérateur d'affectation (obligatoirement sous la forme d'une fonction membre).

Voyons ce que deviennent ces possibilités en cas d'héritage. Supposons que la classe B hérite (publiquement) de A et considérons, comme nous l'avons fait pour le constructeur de recopie (paragraphe 7), les différentes situations possibles.

8.1 La classe dérivée ne surdéfinit pas l'opérateur =

L'affectation de deux objets de type B se déroule membre à membre en considérant que la « partie héritée de A » constitue un membre. Ainsi, les membres propres à B sont traités par l'affectation prévue pour leur type (par défaut ou surdéfinie). La partie héritée de A est traitée par l'affectation prévue dans la classe A, c'est-à-dire :

- par l'opérateur = surdéfini dans A s'il existe et qu'il est public ;
- par l'affectation par défaut de A si l'opérateur = n'a pas été redéfini du tout.

On notera bien que si l'opérateur = a été surdéfini sous forme privée dans A, son appel ne pourra pas se faire pour un objet de type B (en dehors des fonctions membres de B). L'interdiction de l'affectation dans A entraîne donc, d'office, celle de l'affectation dans B.

On retrouve un comportement tout à fait analogue à celui décrit dans le cas du constructeur de recopie.

8.2 La classe dérivée surdéfinit l'opérateur =

L'affectation de deux objets de type B fera alors nécessairement appel à l'opérateur = défini dans B. Celui de A ne sera pas appelé, même s'il a été surdéfini. **Il faudra donc que l'opérateur = de B prenne en charge tout ce qui concerne l'affectation d'objets de type B**, y compris pour ce qui est des membres hérités de A.

Voici un premier exemple de programme illustrant cela : la classe *pointcol* dérive de *point*. Les deux classes ont surdéfini l'opérateur = :

```
#include <iostream>
using namespace std ;
```

```
class point
{  protected :
     int x, y ;
   public :
     point (int abs=0, int ord=0) { x=abs ; y=ord ;}
     point & operator = (point & a)
      { x = a.x ; y = a.y ;
        cout << "operateur = de point \n" ;
        return * this ;
      }
} ;
class pointcol : public point
{  protected :
     int coul ;
   public :
     pointcol (int abs=0, int ord=0, int cl=1) : point (abs, ord) { coul=cl ; }
     pointcol & operator = (pointcol & b)
      { coul = b.coul ;
        cout << "operateur = de pointcol\n" ;
        return * this ;
      }
     void affiche ()
      { cout << "pointcol : " << x << " " << y << " " << coul << "\n" ;
      }
} ;
main()
{ pointcol p(1, 3, 10) , q(4, 9, 20) ;
  cout << "p       = " ; p.affiche () ;
  cout << "q avant = " ; q.affiche () ;
  q = p ;
  cout << "q apres = " ; q.affiche () ;
}
```

```
p       = pointcol : 1 3 10
q avant = pointcol : 4 9 20
operateur = de pointcol
q apres = pointcol : 4 9 10
```

Quand la classe de base et la classe dérivée surdéfinissent l'opérateur =

On voit clairement que l'opérateur = défini dans la classe *point* n'a pas été appelé lors d'une affectation entre objets de type *pointcol*.

Le problème est voisin de celui rencontré à propos du constructeur de recopie, avec cette différence qu'on ne dispose plus ici du mécanisme de transfert d'arguments qui en permettait un appel (presque) implicite. Si l'on veut pouvoir profiter de l'opérateur = défini dans A, il faudra l'appeler explicitement. Le plus simple pour ce faire est d'utiliser les possibilités de conversions de pointeurs examinées au paragraphe précédent.

Voici comment nous pourrions modifier en ce sens l'opérateur = de *pointcol* :

```
pointcol & operator = (pointcol & b)
 { point * ad1, * ad2 ;
   cout << "opérateur = de pointcol\n" ;
   ad1 = this ;    // conversion pointeur sur pointcol en pointeur sur point
   ad2 = & b ;     //   idem
   * ad1 = * ad2 ; // affectation de la "partie point" de b
   coul = b.coul ; // affectation de la partie propre à pointcol
   return * this ;
 }
```

Nous convertissons les pointeurs (*this* et *&b*) sur des objets de *pointcol* en des pointeurs sur des objets de type *point*. Il suffit ensuite de réaliser une affectation entre les nouveaux objets pointés (* *ad1* et **ad2*) pour entraîner l'appel de l'opérateur = de la classe *point*. Voici le nouveau programme complet ainsi modifié. Cette fois, les résultats montrent que l'affectation entre objets de type *pointcol* est satisfaisante.

```
#include <iostream>
using namespace std ;
class point
{ protected :
     int x, y ;
  public :
     point (int abs=0, int ord=0) { x=abs ; y=ord ;}
     point & operator = (point & a)
      {  x = a.x ; y = a.y ;
        cout << "operateur = de point \n" ;
        return * this ;
      }
} ;
class pointcol : public point
{ protected :
    int coul ;
  public :
    pointcol (int abs=0, int ord=0, int cl=1) : point (abs, ord) { coul=cl ; }
    pointcol & operator = (pointcol & b)
     { point * ad1, * ad2 ;
       cout << "operateur = de pointcol\n" ;
        ad1 = this ;    // conversion pointeur sur pointcol en pointeur sur point
       ad2 = & b ;     //   idem
       * ad1 = * ad2 ; // affectation de la "partie point" de b
       coul = b.coul ; // affectation de la partie propre à pointcol
       return * this ;
     }
    void affiche ()
     { cout << "pointcol : " << x << " " << y << " " << coul << "\n" ;
     }
} ;
```

```
main()
{ pointcol p(1, 3, 10) , q(4, 9, 20) ;
  cout << "p       = " ; p.affiche () ;
  cout << "q avant = " ; q.affiche () ;
  q = p ;
  cout << "q apres = " ; q.affiche () ;
}
```

```
p       = pointcol : 1 3 10
q avant = pointcol : 4 9 20
operateur = de pointcol
operateur = de point
q apres = pointcol : 1 3 10
```

Comment forcer, dans une classe dérivée, l'utilisation de l'opérateur = surdéfini dans la classe de base

Remarque

On dit souvent qu'en C++, l'opérateur d'affectation **n'est pas hérité**. Une telle affirmation est en fait source de confusions. En effet, on peut considérer qu'elle est exacte, car lorsque B n'a pas défini l'opérateur =, on ne se contente pas de faire appel à celui défini (éventuellement) dans A (ce qui reviendrait à réaliser une affectation partielle ne concernant que la partie héritée de A !). En revanche, on peut considérer que cette affirmation est fausse puisque, lorsque B ne surdéfinit pas l'opérateur =, cette classe peut quand même « profiter » (automatiquement) de l'opérateur défini dans A.

9 Héritage et forme canonique d'une classe

Auparagraphe 4 du chapitre 15, nous avons défini ce que l'on nomme la « forme canonique » d'une classe, c'est-à-dire le canevas selon lequel devrait être construite toute classe disposant de pointeurs.

En tenant compte de ce qui a été présenté aux paragraphes 7 et 8 de ce chapitre, voici comment ce schéma pourrait être généralisé dans le cadre de l'héritage (par souci de brièveté, certaines fonctions ont été placées en ligne). On trouve :

- une classe de base nommée T, respectant la forme canonique déjà présentée ;
- une classe dérivée nommée U, respectant elle aussi la forme canonique, mais s'appuyant sur certaines des fonctionnalités de sa classe de base (constructeur par recopie et opérateur d'affectation).

```
class T
{ public :
   T (...) ;              // constructeurs de T, autres que par recopie
   T (const T &) ;        // constructeur de recopie de T (forme conseillée)
   ~T () ;                // destructeur
   T & T::operator = (const T &) ;  // opérateur d'affectation (forme conseillée)
   .....
} ;

class U : public T
{ public :
   U (...) ;               // constructeurs autres que recopie
   U (const U & x) : T (x) // constructeur recopie de U : utilise celui de T
   {
    // prévoir ici la copie de la partie de x spécifique à T (qui n'est pas un T)
   }
   ~U () ;
   U & U::operator = (const U & x) // opérateur d'affectation (forme conseillée)
   {  T * ad1 = this, * ad2 = &x ;
        *ad1 = *ad2 ;        // affectation (à l'objet courant)
                             // de la partie de x héritée de T
     // prévoir ici l'affectation (à l'objet courant)
     //  de la partie de x spécifique à U (non héritée de T)
   }
```

Forme canonique d'une classe dérivée

Remarque

Rappelons que, si *T* définit un constructeur de recopie privé, la recopie d'objets de type *U* sera également interdite, à moins, bien sûr de définir dans *U* un constructeur par recopie public prenant en charge l'intégralité de l'objet (il pourra éventuellement s'appuyer sur un constructeur par recopie privé de *T*, à condition qu'il n'ait pas été prévu de corps vide !).

De même, si *T* définit un opérateur d'affectation privé, l'affectation d'objets de type *U* sera également interdite si l'on ne redéfinit pas un opérateur d'affectation public dans *U*.

Ainsi, d'une manière générale, protéger une classe contre les recopies et les affectations, protège du même coup ses classes dérivées.

10 L'héritage et ses limites

Nous avons vu comment une classe dérivée peut tirer parti des possibilités d'une classe de base. Si l'on dit parfois qu'elle hérite de ses « fonctionnalités », l'expression peut prêter à confusion en laissant croire que l'héritage est plus général qu'il ne l'est en réalité.

Prenons l'exemple d'une classe *point* qui a surdéfini l'opérateur + (*point + point -> point*) et d'une classe *pointcol* qui hérite publiquement de *point* (et qui ne redéfinit pas +). Pourra-t-elle utiliser cette « fonctionnalité » de la classe *point* qu'est l'opérateur + ? En fait, un certain nombre de choses sont floues. La somme de deux points colorés sera-t-elle un point coloré ? Si oui, quelle pourrait bien être sa couleur ? Sera-t-elle simplement un *point* ? Dans ce cas, on ne peut pas vraiment dire que *pointcol* a hérité des possibilités d'addition de *point*.

Prenons maintenant un autre exemple : celui de la classe *point*, munie d'une fonction (membre ou amie) *coincide*, telle que nous l'avions considérée au paragraphe 1 du chapitre 14 et une classe *pointcol* héritant de *point*. Cette fonction *coincide* pourra-t-elle (telle qu'elle est) être utilisée pour tester la coïncidence de deux points colorés ?

Nous vous proposons d'apporter des éléments de réponses à ces différentes questions. Pour ce faire, nous allons préciser ce qu'est l'héritage, ce qui nous permettra de montrer que les situations décrites ci-dessus ne relèvent pas (uniquement) de cette notion. Nous verrons ensuite comment la conjugaison de l'héritage et des règles de compatibilité entre objets dérivés (dont nous avons parlé ci-dessus) permet de donner un sens à certaines des situations évoquées ; les autres nécessiteront le recours à des moyens supplémentaires (conversions, par exemple).

10.1 La situation d'héritage

Considérons ce canevas (*t* désignant un type quelconque) :

```
class A                              class B : public A
{     .....                          {     .....
  public :                           } ;
      t f(.....) ;
      .....
} ;
```

La classe A possède une fonction membre *f* (dont nous ne précisons pas ici les arguments), fournissant un résultat de type *t* (type de base ou défini par l'utilisateur). La classe B hérite des membres publics de A, donc de *f*. Soient deux objets *a* et *b* :

```
A a ; B b ;
```

Bien entendu, l'appel :

```
a.f (.....) ;
```

a un sens et fournit un résultat de type *t*.

Le fait que B hérite publiquement de A permet alors d'affirmer que l'appel :

```
b.f (.....) ;
```

a lui aussi un sens, autrement dit, que *f* agira sur *b* (ou avec *b*) comme s'il était du type A. Son résultat sera toujours de type *t* et ses arguments auront toujours le type imposé par son prototype.

Tout l'héritage est contenu dans cette affirmation à laquelle il faut absolument se tenir. Expliquons-nous.

10.1.1 Le type du résultat de l'appel

Généralement, tant que *t* est un type usuel, l'affirmation ci-dessus semble évidente. Mais des doutes apparaissent dès que *t* est un type objet, surtout s'il s'agit du type de la classe dont *f* est membre. Ainsi, avec le prototype :

```
A f(.....)
```

le résultat de l'appel *b.f(.....)* sera bien de type A (et non de type B comme on pourrait parfois le souhaiter...).

Cette limitation se trouvera toutefois légèrement atténuée dans le cas de fonctions renvoyant des pointeurs ou des références, comme on le verra au paragraphe 4.3 du chapitre 21. On y apprendra en effet que les fonctions virtuelles pourront alors disposer de « valeurs de retours covariantes », c'est-à-dire susceptibles de dépendre du type de l'objet concerné.

10.1.2 Le type des arguments de f

La remarque faite à propos de la valeur de retour s'applique aux arguments de *f*. Par exemple, supposons que *f* ait pour prototype :

```
t f(A) ;
```

et que nous ayons déclaré :

```
A a1, a2 ; B b1 b2 ;
```

L'héritage (public) donne effectivement une signification à :

```
b1.f(a1)
```

Quant à l'appel :

```
b1.f(b2)
```

s'il a un sens, c'est grâce à l'existence de conversions implicites :

- de l'objet *b1* de type B en un objet du type A si *f* reçoit son argument par valeur ; n'oubliez pas qu'alors il y aura appel d'un constructeur de recopie (par défaut ou surdéfini) ;
- d'une référence à *b1* de type B en une référence à un objet de type A si *f* reçoit ses arguments par référence.

10.2 Exemples

Revenons maintenant aux exemples évoqués en introduction de ce paragraphe.

10.2.1 Héritage dans pointcol d'un opérateur + défini dans point

En fait, que l'opérateur + soit défini sous la forme d'une fonction membre ou d'une fonction amie, la « somme » de deux objets *a* et *b* de type *pointcol* sera de type *point*. En effet, dans le premier cas, l'expression :

```
a + b
```

sera évaluée comme :

```
a.operator+ (b)
```

Il y aura appel de la fonction membre *operator+*[1] pour l'objet *a* (dont on ne considérera que ce qui est du type *point*), à laquelle on transmettra en argument le résultat de la conversion de *b* en un *point*[2]. Son résultat sera de type *point*.

Dans le second cas, l'expression sera évaluée comme :

```
operator+ (a, b)
```

Il y aura appel de la fonction amie[3] *operator+*, à laquelle on transmettra le résultat de la conversion de *a* et *b* dans le type *point*. Le résultat sera toujours de type *point*.

Dans ces conditions, vous voyez que si *c* est de type *pointcol*, une banale affectation telle que :

```
c = a + b ;
```

sera rejetée, faute de disposer de la conversion de *point* en *pointcol*. On peut d'ailleurs logiquement se demander quelle couleur une telle conversion pourrait attribuer à son résultat. Si maintenant on souhaite définir la somme de deux points colorés, il faudra redéfinir l'opérateur + au sein de *pointcol*, quitte à ce qu'il fasse appel à celui défini dans *point* pour la somme des coordonnées.

10.2.2 Héritage dans pointcol de la fonction coincide de point

Cette fois, il est facile de voir qu'aucun problème particulier ne se pose[4], à partir du moment où l'on considère que la coïncidence de deux points colorés correspond à l'égalité de leurs seules coordonnées (la couleur n'intervenant pas).

À titre indicatif, voici un exemple de programme complet, dans lequel *coincide* est défini comme une fonction membre de *point* :

```
#include <iostream>
using namespace std ;
```

1. Fonction membre de *pointcol*, mais héritée de *point*.
2. Selon les cas, il y aura conversion d'objets ou conversion de références.
3. Amie de *point* et de *pointcol* par héritage, mais, ici, c'est seulement la relation d'amitié avec *point* qui est employée.
4. Mais, ici, le résultat fourni par *coincide* n'est pas d'un type classe !

```
class point
{ int x, y ;
 public :
  point (int abs=0, int ord=0)  { x=abs ; y=ord ; }
  friend int coincide (point &, point &) ;
} ;
int coincide (point & p, point & q)
{    if ((p.x == q.x) && (p.y == q.y)) return 1 ;
                                  else return 0 ;
}
class pointcol : public point
{ short couleur ;
 public :
  pointcol (int abs=0, int ord=0, short cl=1) : point (abs, ord)
   { couleur = cl ;
   }
} ;

main()                                          // programme d'essai
{  pointcol a(2,5,3), b(2,5,9), c ;
   if (coincide (a,b)) cout << "a coincide avec b \n" ;
                  else cout << "a et b sont différents \n" ;
   if (coincide (a,c)) cout << "a coincide avec c \n" ;
                  else cout << "a et c sont differents \n" ;
}
```

```
a coincide avec b
a et c sont differents
```

Héritage, dans pointcol, *de la fonction* coincide *de* point

11 Exemple de classe dérivée

Supposons que nous disposions de la classe *vect* telle que nous l'avons définie au paragraphe 5 du chapitre 15. Cette classe est munie d'un constructeur, d'un destructeur et d'un opérateur d'indiçage [] (notez bien que, pour être exploitable, cette classe qui contient des parties dynamiques, devrait comporter également un constructeur par recopie et la surdéfinition de l'opérateur d'affectation).

```
class vect
{  int nelem ;
   int * adr ;
 public :
   vect (int n) { adr = new int [nelem=n] ; }
   ~vect () {delete adr ;}
   int & operator [] (int) ;
} ;
```

```
int & vect::operator [] (int i)
{ return adr[i] ; }
```

Supposons maintenant que nous ayons besoin de vecteurs dans lesquels on puisse fixer non seulement le nombre d'éléments, mais les bornes (minimum et maximum) des indices (supposés être toujours de type entier). Par exemple, nous pourrions déclarer (si *vect1* est le nom de la nouvelle classe) :

```
vect1 t (15, 24) ;
```

ce qui signifierait que *t* est un tableau de dix entiers d'indices variant de 15 à 24.

Il semble alors naturel d'essayer de dériver une classe de *vect*. Il faut prévoir deux membres supplémentaires pour conserver les bornes de l'indice, d'où le début de la déclaration de notre nouvelle classe :

```
class vect1 : public vect
{  int debut, fin ;
```

Manifestement, *vect1* nécessite un constructeur à deux arguments entiers correspondant aux bornes de l'indice. Son en-tête sera de la forme :

```
vect1 (int d, int f)
```

Mais l'appel de ce constructeur entraînera automatiquement celui du constructeur de *vect*. Il n'est donc pas question de faire dans *vect1* l'allocation dynamique de notre vecteur. Au contraire, nous réutilisons le travail effectué par *vect* : il nous suffit de lui transmettre le nombre d'éléments souhaités, d'où l'en-tête complet de *vect1* :

```
vect1 (int d, int f) : vect (f-d+1)
```

Quant à la tâche spécifique de *vect1*, elle se limite à renseigner les valeurs de *debut* et *fin*.

A priori, la classe *vect1* n'a pas besoin de destructeur, puisqu'elle n'alloue aucun emplacement dynamique autre que celui déjà alloué par *vect*.

Nous pourrions aussi penser que *vect1* n'a pas besoin de surdéfinir l'opérateur [], dans la mesure où elle « hérite » de celui de *vect*. Qu'en est-il exactement ? Dans *vect*, la fonction membre *operator[]* reçoit un argument implicite et un argument de type *int* ; elle fournit une valeur de type *int*. Sur ce plan, l'héritage fonctionnera donc correctement et C++ acceptera qu'on fasse appel à *operator[]* pour un objet de type dérivé *vect1*. Ainsi, avec :

```
vect1 t (15, 24)
```

la notation :

```
t[i]
```

qui signifiera

```
t.operator[] (i)
```

aura bien une signification.

Le seul ennui est que cette notation désignera toujours le $i^{ème}$ élément du tableau dynamique de l'objet *t*. Et ce n'est plus ce que nous voulons. Il nous faut donc surdéfinir l'opérateur [] pour la classe *vect1*.

À ce niveau, deux solutions au moins s'offrent à nous :

- utiliser l'opérateur existant dans *vect*, ce qui nous conduit à :

```
int & operator[] (int i)
{      return vect::operator[] (i-debut) ; }
```

- ne pas utiliser l'opérateur existant dans *vect*, ce qui nous conduirait à :

```
int & operator [] (int i)
{      return adr [i-debut] ; }
```

(à condition que *adr* soit accessible à la fonction *operator []*, donc déclaré public ou, plus raisonnablement, privé).

Cette dernière solution paraît peut-être plus séduisante[1].

Voici un exemple complet faisant appel à la première solution. Nous avons fait figurer la classe *vect* elle-même pour faciliter son examen et introduit, comme à l'accoutumée, quelques affichages d'information au sein de certaines fonctions membres de *vect* et de *vect1* :

```
#include <iostream>
using namespace std ;
// **************** la classe vect **********************************
class vect
{   int nelem ;                              // nombre d'éléments
    int * adr ;                              // pointeur sur ces éléments
  public :
    vect (int n)                             // constructeur vect
    { adr = new int [nelem = n] ;
      cout << "+ Constr. vect de taille " << n << "\n" ;
    }
    ~vect ()                                 // destructeur vect
    { cout << "- Destr. vect " ;  delete adr ;  }
    int & operator [] (int) ;
} ;
int & vect::operator [] (int i)
  { return adr[i] ; }
// **************** la classe dérivée : vect1 *********************
class vect1 : public vect
{  int debut, fin ;
  public :
   vect1 (int d, int f) : vect (f - d + 1)    // constructeur vect1
     { cout << "++ Constr. vect1 - bornes : " << d << " " << f << "\n" ;
       debut = d ; fin = f ;
     }
   int & operator [] (int) ;
} ;
int & vect1::operator [] (int i)
  { return vect::operator [] (i-debut) ; }
```

1. Du moins ici, car le travail à effectuer était simple. En pratique, on cherchera plutôt à récupérer le travail déjà effectué, en se contentant de le compléter si nécessaire.

```
// **************** un programme d'essai ****************************
main()
{ const int MIN=15, MAX = 24 ;
  vect1 t(MIN, MAX)  ;
  int i ;
  for (i=MIN ; i<=MAX ; i++) t[i] = i ;
  for (i=MIN ; i<=MAX ; i++) cout << t[i] << " " ;
  cout << "\n" ;
}
```

```
+ Constr. vect de taille 10
++ Constr. vect1 - bornes : 15 24
15 16 17 18 19 20 21 22 23 24
- Destr. vect
```

Remarque

Bien entendu, là encore, pour être exploitable, la classe *vect1* devrait définir un constructeur par recopie et l'opérateur d'affectation. À ce propos, on peut noter qu'il reste possible de définir ces deux fonctions dans *vect1*, même si elles n'ont pas été définies correctement dans *vect*.

12 Patrons de classes et héritage

Il est très facile de combiner la notion d'héritage avec celle de patron de classes. Cette combinaison peut revêtir plusieurs aspects :

- **Classe « ordinaire » dérivée d'une classe patron** (c'est-à-dire d'une instance particulière d'un patron de classes). Par exemple, si A est une classe patron définie par *template <class T> A* :

  ```
  class B : public A <int>    // B dérive de la classe patron A<int>
  ```

  on obtient une seule classe nommée B.

- **Patron de classes dérivé d'une classe « ordinaire »**. Par exemple, A étant une classe ordinaire :

  ```
  template <class T> class B : public A
  ```

  on obtient une famille de classes (de paramètre de type T). L'aspect « patron » a été introduit ici au moment de la dérivation.

- **Patron de classes dérivé d'un patron de classes**. Cette possibilité peut revêtir deux aspects selon que l'on introduit ou non de nouveaux paramètres lors de la dérivation. Par exemple, si A est une classe patron définie par *template <class T> A*, on peut :

– définir une nouvelle famille de fonctions dérivées par :

```
template <class T> class B : public A <T>
```

Dans ce cas, il existe autant de classes dérivées possibles que de classes de base possibles.

– définir une nouvelle famille de fonctions dérivées par :

```
template <class T, class U> class B : public A <T>
```

Dans ce cas, on peut dire que chaque classe de base possible peut engendrer une famille de classes dérivées (de paramètre de type U).

D'une manière générale, vous pouvez « jouer » à votre gré avec les paramètres, c'est-à-dire en introduire ou en supprimer à volonté.

Voici trois exemples correspondant à certaines des situations que nous venons d'évoquer.

12.1 Classe « ordinaire » dérivant d'une classe patron

Ici, nous avons dérivé de la classe patron *point<int>* une classe « ordinaire » nommée *point_int* :

```
#include <iostream>
using namespace std ;
template <class T> class point
{  T x ; T y ;
  public :
   point (T abs=0, T ord=0)  {  x = abs ; y = ord ; }
   void affiche () {  cout << "Coordonnees : " << x << " " << y << "\n" ; }
} ;
class pointcol_int : public point <int>
{  int coul ;
  public :
   pointcol_int (int abs=0, int ord=0, int cl=1) : point <int> (abs, ord)
    { coul = cl ;  }
   void affiche ()
    { point<int>::affiche () ; cout << "      couleur : " << coul << "\n" ;  }
} ;
main ()
{  point <float> pf (3.5, 2.8) ; pf.affiche () ; // instanciation classe patron
   pointcol_int p (3, 5, 9) ; p.affiche ();  // emploi (classique) de poincol_int
}
```

```
Coordonnees : 3.5 2.8
Coordonnees : 3 5
      couleur : 9
```

Classe ordinaire dérivant d'une classe patron

12.2 Dérivation de patrons avec les mêmes paramètres

À partir du patron *template <class T> class point*, nous dérivons un patron nommé *pointcol* dans lequel le nouveau membre introduit est du même type T que les coordonnées du point :

```
#include <iostream>
using namespace std ;
template <class T> class point
{  T x ; T y ;
  public :
   point (T abs=0, T ord=0)  {  x = abs ; y = ord ; }
   void affiche () {  cout << "Coordonnees : " << x << " " << y << "\n" ; }
} ;

template <class T> class pointcol : public point <T>
{  T coul ;
  public :
   pointcol (T abs=0, T ord=0, T cl=1) : point <T> (abs, ord) { coul = cl ; }
   void affiche () { point<T>::affiche () ; cout << "couleur : " << coul ; }
} ;

main ()
{  point <long> p (34, 45) ; p.affiche () ;
   pointcol <short> q (12, 45, 5) ; q.affiche () ;
}
```

```
Coordonnees : 34 45
Coordonnees : 12 45
couleur : 5
```

Dérivation de patrons en conservant les mêmes paramètres

12.3 Dérivation de patrons avec introduction d'un nouveau paramètre

À partir du patron *template <class T> class point*, nous dérivons un patron nommé *pointcol* dans lequel le nouveau membre introduit est d'un type U différent de celui des coordonnées du point :

```
#include <iostream>
using namespace std ;

template <class T> class point
{  T x ; T y ;
  public :
   point (T abs=0, T ord=0)  {  x = abs ; y = ord ; }
   void affiche () {  cout << "Coordonnees : " << x << " " << y << "\n" ; }
} ;
```

```
template <class T, class U> class pointcol : public point <T>
{  U coul ;
  public :
   pointcol (T abs=0, T ord=0, U cl=1) : point <T> (abs, ord) { coul = cl ; }
   void affiche ()
    { point<T>::affiche () ; cout << "couleur : " << coul << "\n" ;
    }
} ;

main ()
{          // un point à coordonnées de type float et couleur de type int
   pointcol <float, int> p (3.5, 2.8, 12) ; p.affiche () ;
          // un point à coordonnées de type unsigned long et couleur de type short
   pointcol <unsigned long, short> q (295467, 345789, 8) ; q.affiche () ;
}
```

```
Coordonnees : 3.5 2.8
couleur : 12
Coordonnees : 295467 345789
couleur : 8
```

Dérivation de patron avec introduction d'un nouveau paramètre

13 L'héritage en pratique

Ce paragraphe examine quelques points qui interviennent dans la mise en application de l'héritage. Tout d'abord, nous montrerons que la technique peut être itérée autant de fois qu'on le souhaite en utilisant des dérivations successives. Puis nous verrons que l'héritage peut être utilisé dans des buts relativement différents. Enfin, nous examinerons la manière de mettre en œuvre les différentes compilations et éditions de liens rendues généralement nécessaires dans le cadre de l'héritage.

13.1 Dérivations successives

Nous venons d'exposer les principes de base de l'héritage en nous limitant à des situations ne faisant intervenir que deux classes à la fois : une classe de base et une classe dérivée.

En fait, ces notions de classe de base et de classe dérivée sont relatives puisque :

- d'une même classe peuvent être dérivées plusieurs classes différentes (éventuellement utilisées au sein d'un même programme) ;
- une classe dérivée peut à son tour servir de classe de base pour une autre classe dérivée.

Autrement dit, les différentes classes dérivées d'une même classe de base peuvent être représentées par une arborescence telle que :

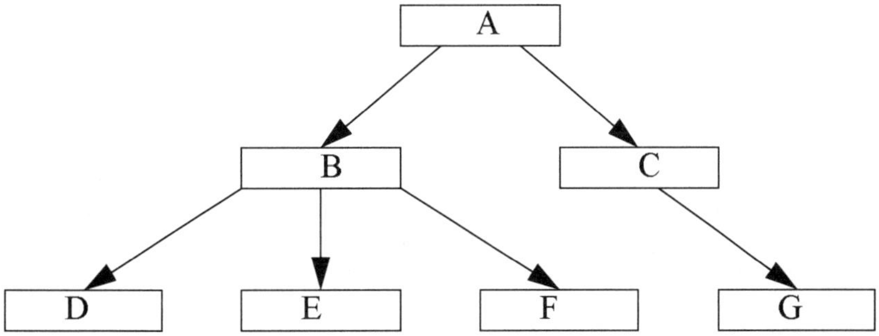

Ici, D est dérivée de B, elle-même dérivée de A (on dit aussi que D hérite de B, qui elle-même hérite de A). Pour traduire la relation existant entre A et D, on dira que D est une descendante de A ou encore que A est une ascendante de D. Naturellement, D est aussi une descendante de B ; lorsqu'on aura besoin d'être plus précis, on dira que D est une descendante directe de B.

Par ailleurs, C++ élargit les possibilités d'héritage en introduisant ce que l'on nomme l'**héritage multiple** : une classe donnée peut hériter simultanément de plusieurs classes. Dans ces conditions, on n'a plus affaire à une arborescence de classes, mais à un graphe qui peut éventuellement devenir complexe.

En voici un exemple simple :

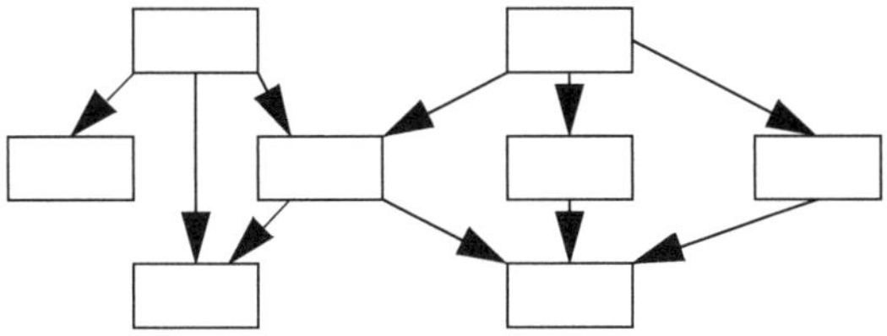

Tout ce qui a été dit jusqu'à maintenant s'étend sans aucun problème à toutes les situations d'héritage simple (syntaxe, appel des constructeurs...). D'une manière générale, lorsque nous parlerons d'une classe dérivée d'une classe de base, il pourra s'agir d'une descendante quelconque (directe ou non). De même, lorsque nous parlerons de dérivation publique, il faudra comprendre que la classe concernée s'obtient par une ou plusieurs dérivations successives publiques de sa classe de base. Notez qu'il **suffit qu'une seule de ces dérivations soit privée pour qu'au bout du compte, on parle globalement de dérivation privée**.

En ce qui concerne les situations d'héritage multiple, leur mise en œuvre nécessite quelques connaissances supplémentaires. Nous avons préféré les regrouper au chapitre 20, notamment parce que leur usage est peu répandu.

13.2 Différentes utilisations de l'héritage

L'héritage peut être utilisé dans deux buts très différents.

Par exemple, face à un problème donné, il se peut qu'on dispose déjà d'une classe qui le résolve partiellement. On peut alors créer une classe dérivée qu'on complète de façon à répondre à l'ensemble du problème. On gagne alors du temps de programmation puisqu'on réutilise une partie de logiciel. Même si l'on n'exploite pas toutes les fonctions de la classe de départ, on ne sera pas trop pénalisé dans la mesure où les fonctions non utilisées ne seront pas incorporées à l'édition de liens. Le seul risque encouru sera celui d'une perte de temps d'exécution dans des appels imbriqués que l'on aurait pu limiter en réécrivant totalement la classe. En revanche, les membres données non utilisés (s'il y en a) occuperont de l'espace dans tous les objets du type.

Dans cet esprit de réutilisation, on trouve aussi le cas où, disposant d'une classe, on souhaite en modifier l'interface utilisateur pour qu'elle réponde à des critères donnés. On crée alors une classe dérivée qui agit comme la classe de base ; seule la façon de l'utiliser est différente.

Dans un tout autre esprit, on peut en ne « partant de rien » chercher à résoudre un problème en l'exprimant sous forme d'un graphe de classes[1]. On peut même créer ce que l'on nomme des « classes abstraites », c'est-à-dire dont la vocation n'est pas de donner naissance à des objets, mais simplement d'être utilisées comme classes de base pour d'autres classes dérivées.

13.3 Exploitation d'une classe dérivée

En ce qui concerne l'utilisation (compilation, édition de liens) d'une classe dérivée au sein d'un programme, les choses sont très simples si la classe de base et la classe dérivée sont créées dans le programme lui-même (un seul fichier source, un module objet...). Mais il en va rarement ainsi. Au paragraphe 2, nous avons déjà vu comment procéder lorsqu'on utilise une classe de base définie dans un fichier séparé. Vous trouverez ci-daprès un schéma général montrant les opérations mises en jeu lorsqu'on compile successivement et séparément :

- une classe de base ;
- une classe dérivée ;
- un programme utilisant cette classe dérivée.

La plupart des environnements de programmation permettent de tenir compte des dépendances entre ces différents fichiers et de faire en sorte que les compilations correspondantes n'aient lieu que si nécessaire. On retrouve ce mécanisme dans la notion de *projet* (dans bon nombre d'environnements *PC*) ou de fichier *make* (dans les environnements *UNIX* ou *LINUX*).

1. Ou d'un arbre si l'on ne dispose pas de l'héritage multiple.

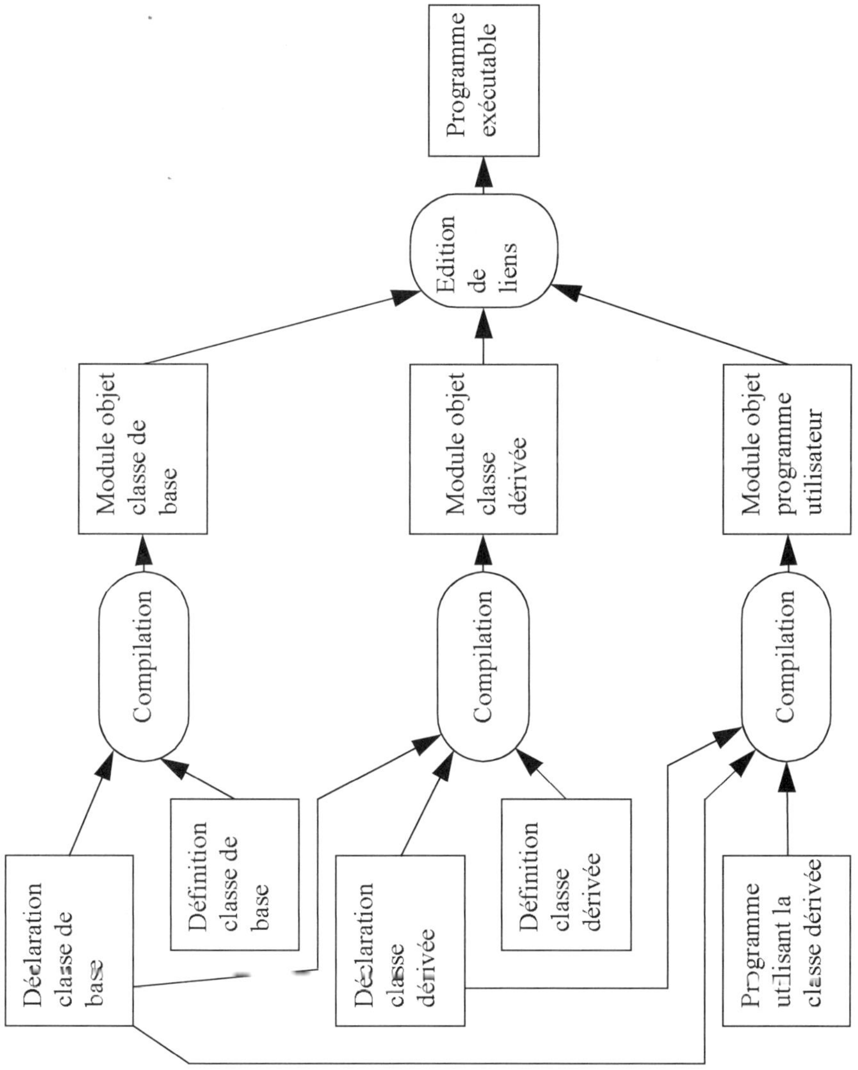

Exploitation d'une classe dérivée

20

L'héritage multiple

Comme nous l'avons signalé au chapitre précédent, C++ dispose de possibilités d'héritage multiple. Il s'agit là d'une généralisation conséquente, dans la mesure où elle permet de s'affranchir de la contrainte hiérarchique imposée par l'héritage simple.

Malgré tout, son usage reste assez peu répandu. La principale raison réside certainement dans les difficultés qu'il implique au niveau de la conception des logiciels. Il est, en effet, plus facile de structurer un ensemble de classes selon un ou plusieurs « arbres » (cas de l'héritage simple) que selon un simple « graphe orienté sans circuit » (cas de l'héritage multiple).

Bien entendu, la plupart des choses que nous avons dites à propos de l'héritage simple s'étendent à l'héritage multiple. Néanmoins, un certain nombre d'informations supplémentaires doivent être introduites pour répondre aux questions suivantes :

- Comment exprimer cette dépendance « multiple » au sein d'une classe dérivée ?
- Comment sont appelés les constructeurs et destructeurs concernés : ordre, transmission d'informations, etc. ?
- Comment régler les conflits qui risquent d'apparaître dans des situations telles que celle-ci, où D hérite de B et C qui héritent toutes deux de A ?

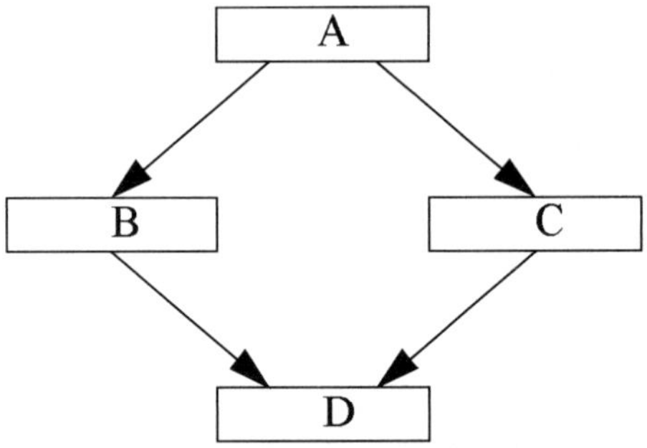

1 Mise en œuvre de l'héritage multiple

Considérons une situation simple, celle où une classe, que nous nommerons *pointcoul*, hérite de deux autres classes nommées *point* et *coul* :

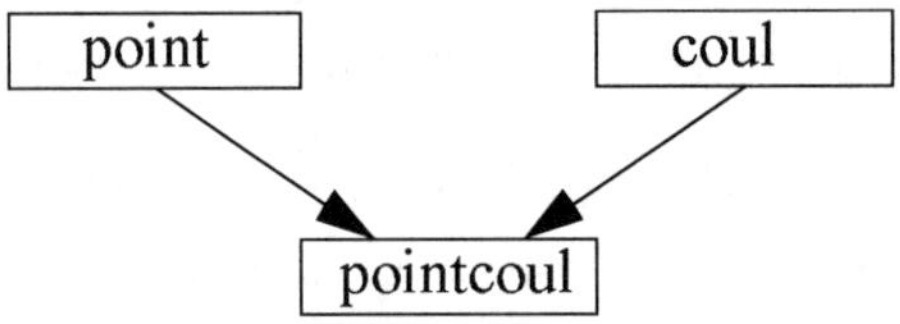

Supposons, pour fixer les idées, que les classes *point* et *coul* se présentent ainsi (nous les avons réduites à ce qui était indispensable à la démonstration) :

```
class point
{     int x, y ;
  public :
      point (...) {...}
      ~point () {...}
      affiche () {...}
} ;
```

```
class coul
{     short couleur ;
     public :
     coul (...) {...}
     ~coul () {...}
     affiche () {...}
} ;
```

Nous pouvons définir une classe *pointcoul* héritant de ces deux classes en la déclarant ainsi (ici, nous avons choisi *public* pour les deux classes, mais nous pourrions employer *private ou protected*) :

```
class pointcoul : public point, public coul
{  ...  } ;
```

Notez que nous nous sommes contentés de remplacer la mention d'une classe de base par une liste de mentions de classes de base.

Au sein de cette classe, nous pouvons définir de nouveaux membres. Ici, nous nous limitons à un constructeur, un destructeur et une fonction d'affichage.

Dans le cas de l'héritage simple, le constructeur devait pouvoir retransmettre des informations au constructeur de la classe de base. Il en va de même ici, avec cette différence qu'il y a deux classes de base. L'en-tête du constructeur se présente ainsi :

```
pointcoul ( .......)  :  point (.......),   coul (.......)
               |                 |                  |
           arguments         arguments         arguments
          de pointcoul      à transmettre     à transmettre
                              à point            à coul
```

L'ordre d'appel des constructeurs est le suivant :

- constructeurs des classes de base, dans l'ordre où les classes de base sont déclarées dans la classe dérivée (ici, *point* puis *coul*) ;
- constructeur de la classe dérivée (ici, *pointcoul*).

Les destructeurs éventuels seront, là encore, appelés dans l'ordre inverse lors de la destruction d'un objet de type *pointcoul*.

Dans la fonction d'affichage que nous nommerons elle aussi *affiche*, nous vous proposons d'employer successivement les fonctions *affiche* de *point* et de *coul*. Comme dans le cas de l'héritage simple, dans une fonction membre de la classe dérivée, on peut utiliser toute fonction membre publique (ou protégée) d'une classe de base. Lorsque plusieurs fonctions membres portent le même nom dans différentes classes, on peut lever l'ambiguïté en employant l'opérateur de résolution de portée. Ainsi, la fonction *affiche* de *pointcoul* sera :

```
void affiche ()
{    point::affiche () ; coul::affiche () ;
}
```

Bien entendu, si les fonctions d'affichage de *point* et de *coul* se nommaient par exemple *affp* et *affc*, la fonction *affiche* aurait pu s'écrire simplement :

```
void affiche ()
{  affp () ;  affc () ;
}
```

L'utilisation de la classe *pointcoul* est classique. Un objet de type *pointcoul* peut faire appel aux fonctions membres de *pointcoul*, ou éventuellement aux fonctions membres des classes de base *point* et *coul* (en se servant de l'opérateur de résolution de portée pour lever des ambiguïtés). Par exemple, avec :

```
pointcoul p(3, 9, 2) ;
```

p.affiche () appellera la fonction *affiche* de *pointcoul*, tandis que *p.point::affiche ()* appellera la fonction *affiche* de *point*.

Naturellement, si l'une des classes *point* et *coul* était elle-même dérivée d'une autre classe, il serait également possible d'en utiliser l'un des membres (en ayant éventuellement plusieurs fois recours à l'opérateur de résolution de portée).

Voici un exemple complet de définition et d'utilisation de la classe *pointcoul*, dans laquelle ont été introduits quelques affichages informatifs :

```
#include <iostream>
using namespace std ;
class point
{  int x, y ;
  public :
   point (int abs, int ord)
     { cout << "++ Constr. point \n" ; x=abs ; y=ord ;
     }
   ~point () { cout << "-- Destr. point \n" ; }
   void affiche ()
    { cout << "Coordonnees : " << x << " " << y << "\n" ;
    }
} ;

class coul
{  short couleur ;
  public :
   coul (int cl)
     { cout << "++ Constr. coul \n" ; couleur = cl ;
     }
   ~coul () { cout << "-- Destr.  coul \n" ; }
   void affiche ()
     { cout << "Couleur : " << couleur << "\n" ;
     }
} ;

class pointcoul : public point, public coul
{  public :
    pointcoul (int, int, int) ;
    ~pointcoul () { cout << "---- Destr. pointcoul \n" ; }
    void affiche ()
     { point::affiche () ; coul::affiche () ;
     }
} ;
pointcoul::pointcoul (int abs, int ord, int cl) : point (abs, ord), coul (cl)
{  cout << "++++ Constr. pointcoul \n" ;
}

main()
{  pointcoul p(3,9,2) ;
   cout << "------------\n" ;
   p.affiche () ;                   // appel de affiche de pointcoul
   cout << "------------\n" ;
   p.point::affiche () ;            // on force l'appel de affiche de point
   cout << "------------\n" ;
   p.coul::affiche () ;             // on force l'appel de affiche de coul
   cout << "------------\n" ;
}
```

```
++ Constr. point
++ Constr. coul
++++ Constr. pointcoul
------------
Coordonnees : 3 9
Couleur : 2
------------
Coordonnees : 3 9
------------
Couleur : 2
------------
---- Destr. pointcoul
-- Destr.  coul
-- Destr. point
```

Un exemple d'héritage multiple : pointcoul *hérite de* point *et de* coul

Remarque

Nous avons vu comment distinguer deux fonctions membres de même nom appartenant à deux classes différentes (par exemple *affiche*). La même démarche s'appliquerait à des membres données (dans la mesure où leur accès est autorisé). Par exemple, avec :

```
class A
{     .....
  public :
      int x ;
      .....
} ;

class B
{     .....
  public :
      int x ;
      .....
} ;

class C : public A, public B
{     .....
} ;
```

C possédera deux membres nommés *x*, l'un hérité de A, l'autre de B. Au sein des fonctions membres de C, on fera la distinction à l'aide de l'opérateur de résolution de portée : on parlera de *A::x* ou de *B::x*.

En Java

Java ne connaît pas l'héritage multiple. En revanche, il dispose de la notion d'interface (inconnue de C++) qui permet en général de traiter plus élégamment les problèmes. Une interface est simplement un ensemble de spécifications de méthodes (il n'y a pas de données). Lorsqu'une classe « implémente » une interface, elle doit fournir effectivement les méthodes correspondantes. Une classe peut implémenter autant d'interfaces qu'elle le souhaite, indépendamment de la notion d'héritage.

2 Pour régler les éventuels conflits : les classes virtuelles

Considérons la situation suivante :

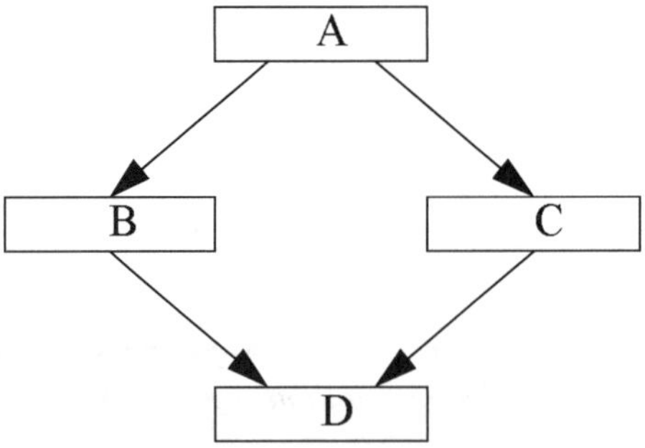

correspondant à des déclarations telles que :

```
class A
{     .....
      int x, y ;
} ;
class B : public A {.....} ;
class C : public A {.....} ;
class D : public B, public C
{     .....
} ;
```

En quelque sorte, D hérite deux fois de A ! Dans ces conditions, les membres de A (fonctions ou données) apparaissent **deux fois** dans D. En ce qui concerne les fonctions membres, cela est manifestement inutile (ce sont les mêmes fonctions), mais sans importance puisqu'elles ne sont pas réellement dupliquées (il n'en existe qu'une pour la classe de base). En revanche, les membres données (*x* et *y*) seront effectivement **dupliqués dans tous les objets de type D**.

Y a-t-il redondance ? En fait, la réponse dépend du problème. Si l'on souhaite que D dispose de deux jeux de données (de A), on ne fera rien de particulier et on se contentera de les distinguer à l'aide de l'opérateur de résolution de portée. Par exemple, on distinguera :

A::B::x de A::C::x

ou, éventuellement, si B et C ne possèdent pas de membre *x* :

B::x de C::x

En général, cependant, on ne souhaitera pas cette duplication des données. Dans ces conditions, on peut toujours « se débrouiller » pour travailler avec l'un des deux jeux (toujours le même !), mais cela risque d'être fastidieux et dangereux. En fait, vous pouvez demander à

C++ de n'incorporer qu'une seule fois les membres de A dans la classe D. Pour cela, il vous faut préciser, dans les déclarations des classes B et C (attention, pas dans celle de D !) que la classe A est « virtuelle » (mot-clé *virtual*) :

```
class B : public virtual A {.....} ;
class C : public virtual A {.....} ;
class D : public B, public C {.....} ;
```

Notez bien que *virtual* apparaît ici dans B et C. En effet, définir A comme « virtuelle » dans la déclaration de B signifie que A ne devra être introduite qu'une seule fois dans les descendants éventuels de C. Autrement dit, cette déclaration n'a guère d'effet sur les classes B et C elles-mêmes (si ce n'est une information « cachée » mise en place par le compilateur pour marquer A comme virtuelle au sein de B et C !). Avec ou sans le mot *virtual*, les classes B et C, se comportent de la même manière tant qu'elles n'ont pas de descendants.

Remarque

Le mot *virtual* peut être placé indifféremment avant ou après le mot *public* (ou le mot *private*).

3 Appels des constructeurs et des destructeurs : cas des classes virtuelles

Nous avons vu comment sont appelés les constructeurs et les destructeurs dans des situations telles que :

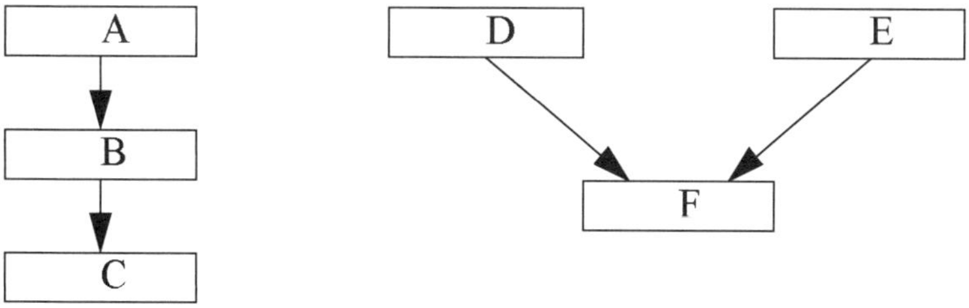

De plus, nous savons comment demander des transferts d'informations entre un constructeur d'une classe et les constructeurs de ses ascendants directs (C pour B, B pour A, F pour D et E). En revanche, nous ne pouvons pas demander à un constructeur de transférer des informations à un constructeur d'un ascendant indirect (C pour A, par exemple) et nous n'avons d'ailleurs aucune raison de le vouloir (puisque chaque transfert d'information d'un niveau vers le niveau supérieur était spécifié dans l'en-tête du constructeur du niveau correspondant). Mais considérons maintenant la situation suivante :

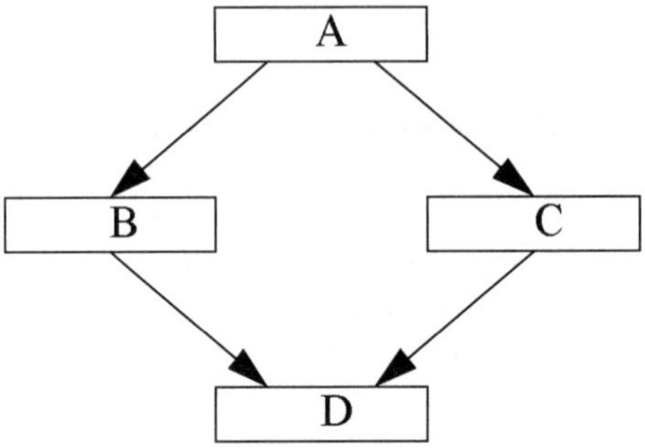

Si A n'est pas déclarée virtuelle dans B et C, on peut considérer que, la classe A étant dupliquée, tout se passe comme si l'on était en présence de la situation suivante, dans laquelle les notations A1 et A2 symbolisent toutes les deux la classe A :

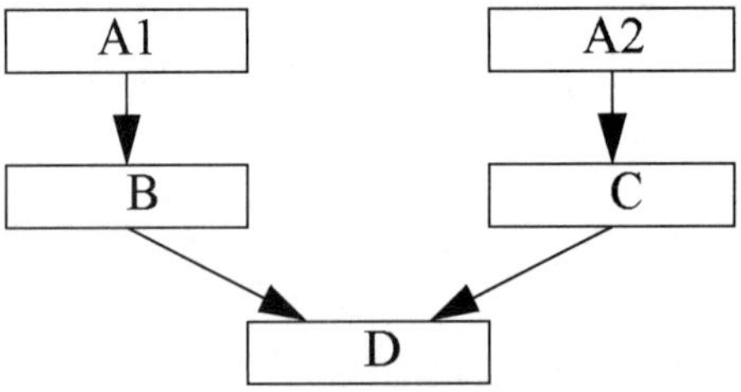

Si D a déclaré les classes B et C dans cet ordre, les constructeurs seront appelés dans l'ordre suivant :

A1 B A2 C D

En ce qui concerne les transferts d'informations, on peut très bien imaginer que B et C n'aient pas prévu les mêmes arguments en ce qui concerne A.

Par exemple, on peut avoir :

```
B (int n, int p, double z) : A (n, p)
C (int q, float x) : A (q)
```

Cela n'a aucune importance puisqu'il y aura en définitive construction de deux objets distincts de type A.

Mais si A a été déclarée virtuelle dans B et C, il en va tout autrement (le dernier schéma n'est plus valable). En effet, dans ce cas, on ne construira qu'un seul objet de type A. Quels arguments faut-il transmettre alors au constructeur ? Ceux prévus par B ou ceux prévus par C ? En fait, C++ résout cette ambiguïté de la façon suivante :

Le choix des informations à fournir au constructeur de A a lieu non plus dans B ou C, mais dans D. Pour ce faire, C++ vous autorise (uniquement dans ce cas de « dérivation virtuelle ») à spécifier, dans le constructeur de D, des informations destinées à A. Ainsi, nous pourrons avoir :

```
D (int n, int p, double z) : B (n, p, z), A (n, p)
```

Bien entendu, il sera inutile (et interdit) de préciser des informations pour A au niveau des constructeurs B et C (comme nous l'avions prévu précédemment, alors que A n'avait pas été déclarée virtuelle dans B et C).

En outre, **il faudra absolument que A dispose d'un constructeur sans argument (ou d'aucun constructeur)**, afin de permettre la création convenable d'objets de type B ou C (puisque, cette fois, il n'existe plus de mécanisme de transmission d'information d'un constructeur de B ou C vers un constructeur de A).

En ce qui concerne l'ordre des appels, **le constructeur d'une classe virtuelle est toujours appelé avant les autres**. Ici, cela nous conduit à l'ordre A, B, C et D, auquel on peut tout naturellement s'attendre. Mais dans une situation telle que :

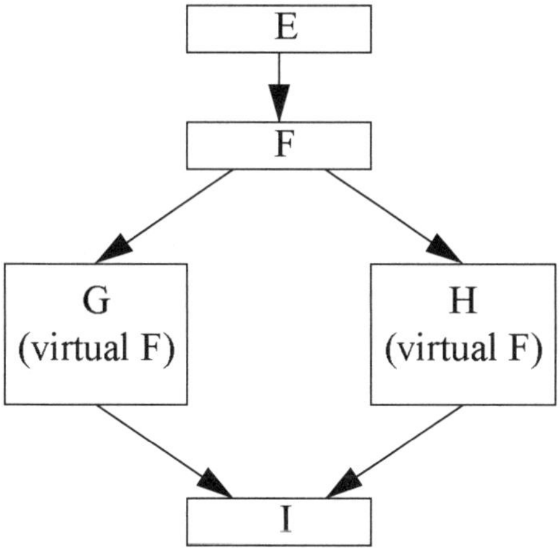

cela conduit à l'ordre (moins évident) F, E, G, H, I (ou F, E, H, G, I selon l'ordre dans lequel figurent G et H dans la déclaration de I).

4 Exemple d'utilisation de l'héritage multiple et de la dérivation virtuelle

Nous vous proposons un petit exemple illustrant à la fois l'héritage multiple, les dérivations virtuelles et les transmissions d'informations entre constructeur. Il s'agit d'une généralisation de l'exemple du pargraphe 1. Nous y avions défini une clase *coul* pour réprésenter une couleur et une classe *pointcol* dérivée de *point* pour représenter des points colorés. Ici, nous définissons en outre une classe *masse* pour représenter une masse et une classe *pointmasse* pour représenter des points dotés d'une masse. Enfin, nous créons une classe *pointcolmasse* pour représenter des points dotés à la fois d'une couleur et d'une masse. Nous la faisons dériver de *pointcol* et de *pointmasse*, ce qui nous conduit à ce schéma :

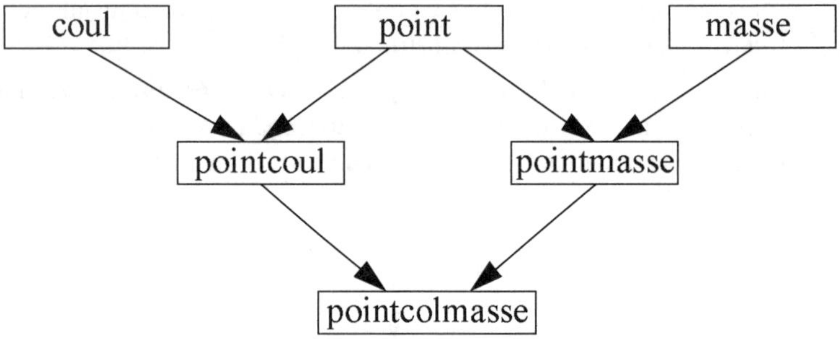

Pour éviter la duplication des membres de *point* dans cette classe, on voit qu'il est nécesaire d'avoir prévu que les classes *pointcol* et *pointmasse* dérivent virtuellement de la classe *point* qui doit alors disposser d'un constructeur sans argument.

```
#include <iostream>
class point
{ int x, y ;
  public :
   point (int abs, int ord)
     { cout << "++ Constr. point " << abs << " " << ord << "\n" ;
       x-abs ; y=ord ;
     }
   point ()  // constr. par défaut nécessaire pour dérivations virtuelles
     { cout << "++ Constr. defaut point \n" ; x=0 ; y=0 ; }
   void affiche ()
    { cout << "Coordonnees : " << x << " " << y << "\n" ;
    }
} ;
```

```
class coul
{  short couleur ;
  public :
   coul (short cl)
     { cout << "++ Constr. coul " << cl <<  "\n" ;
       couleur = cl ;
     }
   void affiche ()
     { cout << "Couleur : " << couleur << "\n" ;
     }
} ;

class masse
{  int mas ;
  public :
   masse (int m)
     { cout << "++ Constr. masse " << m << "\n" ;
       mas = m ;
     }
   void affiche ()
     { cout << "Masse   : " << mas << "\n" ;
     }
 } ;

class pointcoul : public virtual point, public coul
{ public :
    pointcoul (int abs, int ord, int cl) : coul (cl)
      // pas d'info pour point car dérivation virtuelle
    { cout << "++++ Constr. pointcoul " << abs << " " << ord << " "
                                  << cl << "\n" ;
    }
    void affiche ()
     { point::affiche () ; coul::affiche () ;
     }
} ;

class pointmasse : public virtual point, public masse
{ public :
    pointmasse (int abs, int ord, int m) : masse (m)
     // pas d'info pour point car dérivation virtuelle
    { cout << "++++ Constr. pointmasse " << abs << " " << ord << " "
                                   << m << "\n" ;
    }
    void affiche ()
     { point::affiche () ; masse::affiche () ;
     }
} ;
```

```
class pointcolmasse : public pointcoul, public pointmasse
{ public :
    pointcolmasse (int abs, int ord, short c, int m) : point (abs, ord),
      pointcoul (abs, ord, c), pointmasse (abs, ord, m)
      // infos abs ord en fait inutiles pour pointcol et pointmasse
    { cout << "++++ Constr. pointcolmasse " << abs + " " << ord << " "
                                          << c << " " << m << "\n" ;
    }
    void affiche ()
     { point::affiche () ; coul::affiche() ; masse::affiche () ;
     }
} ;

main()
{  pointcoul p(3,9,2) ;
   p.affiche () ;                 // appel de affiche de pointcoul
   pointmasse pm(12, 25, 100) ;
   pm.affiche () ;
   pointcolmasse pcm (2, 5, 10, 20) ;
   pcm.affiche () ;
   int n ; cin >> n ;
}
```

```
++ Constr. defaut point
++ Constr. coul 2
++++ Constr. pointcoul 3 9 2
Coordonnees : 0 0
Couleur : 2
++ Constr. defaut point
++ Constr. masse 100
++++ Constr. pointmasse 12 25 100
Coordonnees : 0 0
Masse   : 100
++ Constr. point 2 5
++ Constr. coul 10
++++ Constr. pointcoul 2 5 10
++ Constr. masse 20
++++ Constr. pointmasse 2 5 20
++++ Constr. pointcolmasse  5 10 20
Coordonnees : 2 5
Couleur : 10
Masse   : 20
```

Exemple d'utilisation de l'héritage multiple et des dérivations virtuelles

21

Les fonctions virtuelles et le polymorphisme

Nous avons vu qu'en C++ un pointeur sur un type d'objet pouvait recevoir l'adresse de n'importe quel objet descendant. Toutefois, comme nous l'avons constaté au paragraphe 6.3 du chapitre 19, à cet avantage s'oppose une lacune importante : l'appel d'une méthode pour un objet pointé conduit systématiquement à appeler la méthode correspondant au type du pointeur, et non pas au type effectif de l'objet pointé lui-même.

Cette lacune provient essentiellement de ce que, dans les situations rencontrées jusqu'ici, C++ réalise ce que l'on nomme une ligature statique[1], ou encore un typage statique. Le type d'un objet (pointé) y est déterminé au moment de la compilation. Dans ces conditions, le mieux que puisse faire le compilateur est effectivement de considérer que l'objet pointé a le type du pointeur.

Pour pouvoir obtenir l'appel de la méthode correspondant au type de l'objet pointé, il est nécessaire que le type de l'objet ne soit pris en compte qu'au moment de l'exécution (le type de l'objet désigné par un même pointeur pourra varier au fil du déroulement du programme). On parle alors de ligature dynamique[2] ou de typage dynamique, ou mieux de polymorphisme.

Comme nous allons le voir maintenant, en C++, le polymorphisme peut être mis en œuvre en faisant appel au mécanisme des fonctions virtuelles.

1. En anglais, *early binding*.

2. En anglais, *late binding* ou encore *dynamic binding*.

1 Rappel d'une situation où le typage dynamique est nécessaire

Considérons la situation suivante, déjà rencontrée au chapitre 19 :

```
class point                          class pointcol : public point
{     void affiche () ;              {     void affiche () ;
       .....                                .....
} ;                                  } ;
  .....
point p ;
pointcol pc ;
point * adp = &p ;
```

L'instruction :

```
adp -> affiche () ;
```

appelle la méthode *affiche* du type *point*.

Mais si nous exécutons cette affectation (autorisée) :

```
adp = & pc ;
```

le pointeur *adp* pointe maintenant sur un objet de type *pointcol*. Néanmoins, **l'instruction** :

```
adp -> affiche () ;
```

fait toujours appel à la méthode *affiche* du type *point*, alors que le type *pointcol* dispose lui aussi d'une méthode *affiche*.

En effet, le choix de la méthode à appeler a été réalisé lors de la compilation ; il a donc été fait en fonction du type de la variable *adp*. C'est la raison pour laquelle on parle de « ligature statique ».

2 Le mécanisme des fonctions virtuelles

Le mécanisme des fonctions virtuelles proposé par C++ va nous permettre de faire en sorte que l'instruction :

```
adp -> affiche ()
```

appelle non plus systématiquement la méthode *affiche* de *point*, mais celle correspondant au type de l'objet réellement désigné par *adp* (ici *point* ou *pointcol*).

Pour ce faire, il suffit de déclarer « virtuelle » (mot-clé *virtual*) la méthode *affiche* de la classe *point* :

```
class point
{     .....
      virtual void affiche () ;
      .....
} ;
```

Cette instruction indique au compilateur que les éventuels appels de la fonction *affiche* doivent utiliser une ligature dynamique et non plus une ligature statique. Autrement dit, lorsque le compilateur rencontrera un appel tel que :

```
adp -> affiche () ;
```

il ne décidera pas de la procédure à appeler. Il se contentera de mettre en place un dispositif permettant de n'effectuer le choix de la fonction qu'au moment de l'exécution de cette instruction, ce choix étant basé sur le type exact de l'objet ayant effectué l'appel (plusieurs exécutions de cette même instruction pouvant appeler des fonctions différentes).

Dans la classe *pointcol*, on ne procédera à aucune modification : il n'est pas nécessaire de déclarer virtuelle, dans les classes dérivées, une fonction déclarée virtuelle dans une classe de base (cette information serait redondante).

À titre d'exemple, voici le programme correspondant à celui du paragraphe 6.3 du chapitre 19, dans lequel nous nous sommes contentés de rendre virtuelle la fonction *affiche* :

```
#include <iostream>
using namespace std ;
class point
{ protected :              // pour que x et y soient accessibles à pointcol
    int x, y ;
  public :
    point (int abs=0, int ord=0) { x=abs ; y=ord ; }
    virtual void affiche ()
      { cout << "Je suis un point \n" ;
        cout << "   mes coordonnees sont : " << x << " " << y << "\n" ;
      }
} ;
class pointcol : public point
{   short couleur ;
  public :
    pointcol (int abs=0, int ord=0, short cl=1) : point (abs, ord)
      { couleur = cl ;
      }
    void affiche ()
      { cout << "Je suis un point colore \n" ;
        cout << "   mes coordonnees sont : " << x << " " << y ;
        cout << "   et ma couleur est :    " << couleur << "\n" ;
      }
} ;
main()
{   point p(3,5) ; point * adp = &p ;
    pointcol pc (8,6,2) ; pointcol * adpc = &pc ;
    adp->affiche () ; adpc->affiche () ;
    cout << "-----------------\n" ;
    adp = adpc ;              //  adpc = adp serait rejeté
    adp->affiche () ; adpc->affiche () ;
}
```

```
Je suis un point
   mes coordonnées sont : 3 5
Je suis un point colore
   mes coordonnées sont : 8 6   et ma couleur est :    2
-----------------
Je suis un point colore
   mes coordonnées sont : 8 6   et ma couleur est :    2
Je suis un point colore
   mes coordonnées sont : 8 6   et ma couleur est :    2
```

Mise en œuvre d'une ligature dynamique (ici pour affiche*) par la technique des fonctions virtuelles*

Remarques

1 Par défaut, C++ met en place des ligatures statiques. À l'aide du mot *virtual*, on peut choisir la ou les fonctions pour lesquelles on souhaite mettre en place une ligature dynamique.

2 En C++, la ligature dynamique est limitée à un ensemble de classes dérivées les unes des autres.

En Java

En Java, les objets sont manipulés par référence et la ligature des fonctions est toujours dynamique. La notion de fonction virtuelle n'existe pas : tout se passe en fait comme si toutes les fonctions membres étaient virtuelles. En outre, comme toute classe est toujours dérivée de la classe *Object*, deux classes différentes appartiennent toujours à une même hiérarchie. Le polymorphisme est donc toujours effectif en Java.

3 Autre situation où la ligature dynamique est indispensable

Dans l'exemple précédent, lors de la conception de la classe *point*, nous avons prévu que chacune de ses descendantes redéfinirait à sa guise la fonction *affiche*. Cela conduit à prévoir, dans chaque fonction, des instructions d'affichage des coordonnées. Pour éviter cette redondance[1], nous pouvons définir la fonction *affiche* (de la classe *point*) de manière qu'elle :

- affiche les coordonnées (action commune à toutes les classes) ;
- fasse appel à une autre fonction (nommée par exemple *identifie*), ayant pour vocation d'afficher les informations spécifiques à chaque objet. Bien entendu, ce faisant, nous supposons

1. Bien entendu, l'enjeu est très limité ici. Mais il pourrait être important dans un cas réel.

que chaque descendante de *point* redéfinira *identifie* de façon appropriée (mais elle n'aura plus à prendre en charge l'affichage des coordonnées).

Cette démarche nous conduit à définir la classe *point* de la façon suivante :

```
class point
{ int x, y ;
 public :
  point (int abs=0, int ord=0) { x=abs ; y=ord ; }
  void identifie ()
    { cout << "Je suis un point \n" ; }
  void affiche ()
    { identifie () ;
      cout << "Mes coordonnees sont : " << x << " " << y << "\n" ;
    }
} ;
```

Dérivons une classe *pointcol* en redéfinissant comme voulu la fonction *identifie* :

```
class pointcol : public point
{ short couleur ;
 public :
  pointcol (int abs=0, int ord=0, int cl=1 ) : point (abs, ord)
    { couleur = cl ; }
  void identifie ()
    { cout << "Je suis un point colore de couleur : " << couleur << "\n" ; }
} ;
```

Si nous cherchons alors à utiliser *pointcol* de la façon suivante :

```
pointcol pc (8, 6, 2) ;
pc.affiche () ;
```

nous obtenons le résultat :

```
Je suis un point
Mes coordonnées sont : 8 6
```

ce qui n'est pas ce que nous espérions !

Certes, la compilation de l'appel :

```
pc.affiche ()
```

a conduit le compilateur à appeler la fonction *affiche* de la classe *point* (puisque cette fonction n'est pas redéfinie dans *pointcol*). En revanche, à ce moment-là, l'appel :

```
identifie ()
```

figurant dans cette fonction a **déjà été compilé** en un appel... d'*identifie* de la classe *point*.

Comme vous le constatez, bien qu'ici la fonction *affiche* ait été appelée explicitement pour un objet (et non, comme précédemment, à l'aide d'un pointeur), nous nous trouvons à nouveau en présence d'un problème de ligature statique.

Pour le résoudre, il suffit de déclarer virtuelle la fonction *identifie* dans la classe *point*. Cela permet au compilateur de mettre en place les instructions assurant l'appel de la fonction *identifie* correspondant au type de l'objet l'ayant effectivement appelée. Ici, vous noterez cependant que la situation est légèrement différente de celle qui nous a servi à présenter les fonctions virtuelles (paragraphe 1). En effet, l'appel d'*identifie* est réalisé non plus directement par l'objet lui-même, mais indirectement par la fonction *affiche*. Nous verrons comment le mécanisme des fonctions virtuelles est également capable de prendre en charge cet aspect.

Voici un programme complet reprenant les définitions des classes *point* et *pointcol*. Il montre comment un appel tel que *pc.affiche ()* entraîne bien l'appel de *identifie* du type *pointcol* (ce qui constitue le but de ce paragraphe). À titre indicatif, nous avons introduit quelques appels par pointeur, afin de montrer que, là aussi, les choses se déroulent convenablement.

```
#include <iostream>
using namespace std ;

class point
{ int x, y ;
 public :
  point (int abs=0, int ord=0) { x=abs ; y=ord ; }
  virtual void identifie ()
    { cout << "Je suis un point \n" ; }
  void affiche ()
    { identifie () ;
      cout << "Mes coordonnees sont : " << x << " " << y << "\n" ;
    }
} ;

class pointcol : public point
{ short couleur ;
 public :
  pointcol (int abs=0, int ord=0, int cl=1 ) : point (abs, ord)
    { couleur = cl ; }
  void identifie ()
    { cout << "Je suis un point colore de couleur : " << couleur << "\n" ; }
} ;

main()
{ point p(3,4) ; pointcol pc(5,9,5) ;
  p.affiche () ; pc.affiche () ;      cout << "---------------\n" ;
  point * adp = &p ; pointcol * adpc = &pc ;
  adp->affiche () ; adpc->affiche () ; cout << "---------------\n" ;
  adp = adpc ;
  adp->affiche () ; adpc->affiche () ;
}
```

```
Je suis un point
Mes coordonnees sont : 3 4
Je suis un point colore de couleur : 5
Mes coordonnees sont : 5 9
---------------
Je suis un point
Mes coordonnees sont : 3 4
Je suis un point colore de couleur : 5
Mes coordonnees sont : 5 9
```

```
---------------
Je suis un point colore de couleur : 5
Mes coordonnees sont : 5 9
Je suis un point colore de couleur : 5
Mes coordonnees sont : 5 9
```

Mise en œuvre de ligature dynamique (ici pour identifie*) par la technique des fonctions virtuelles*

4 Les propriétés des fonctions virtuelles

Les deux exemples précédents constituaient des cas particuliers d'utilisation de méthodes virtuelles. Nous vous proposons ici de voir quelles en sont les possibilités et les limitations.

4.1 Leurs limitations sont celles de l'héritage

À partir du moment où une fonction *f* a été déclarée virtuelle dans une classe A, elle sera soumise à la ligature dynamique dans A et dans toutes les classes descendantes de A : on n'est donc pas limité aux descendantes directes. Ainsi, on peut imaginer une hiérarchie de formes géométriques :

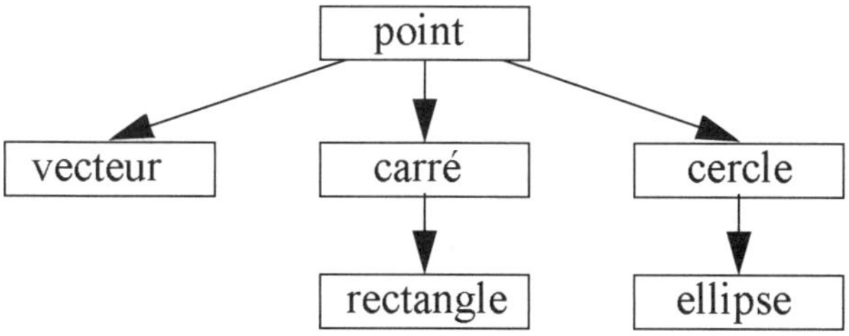

Si la fonction *affiche* est déclarée virtuelle dans la classe *point* et redéfinie dans les autres classes descendant de *point*, elle sera bien soumise à la ligature dynamique. Il est même envisageable que les six classes ci-dessus soient parfaitement définies et compilées et qu'on vienne en ajouter de nouvelles, sans remettre en cause les précédentes de quelque façon que ce soit. Ce dernier point serait d'ailleurs encore plus flagrant si, comme dans le second exemple (paragraphe 3), la fonction *affiche*, non virtuelle, faisait elle-même appel à une fonction virtuelle *identifie*, redéfinie dans chaque classe. En effet, dans ce cas, on voit que la fonction *affiche* aurait pu être réalisée et compilée (au sein de *point*) sans que toutes les fonctions *identifie* qu'elle était susceptible d'appeler soient connues. On trouve là un aspect séduisant de réutilisabilité : on a défini dans *affiche* un « scénario » dont certaines parties pourront être précisées plus tard, lors de la création de classes dérivées.

De même, supposons que l'on ait défini la structure suivante déjà présentée au paragraphe 4 du chapitre 20 :

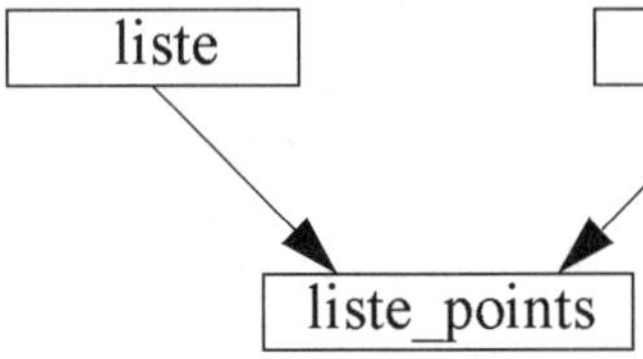

Si, dans *point*, la fonction *affiche* a été déclarée virtuelle, il devient possible d'utiliser la classe *liste-points* pour gérer une liste d'objets « hétérogènes » en dérivant les classes voulues de *point* et en y redéfinissant *affiche*. Vous trouverez un exemple au paragraphe suivant.

4.2 La redéfinition d'une fonction virtuelle n'est pas obligatoire

Jusqu'ici, nous avons toujours redéfini dans les classes descendantes une méthode déclarée virtuelle dans une classe de base. Cela n'est pas plus indispensable que dans le cas des fonctions membres ordinaires. Ainsi, considérons de nouveau la précédente hiérarchie de figures, en supposant que *affiche* n'a été redéfinie que dans les classes que nous avons marquées d'une étoile (et définie, bien sûr, comme virtuelle dans *point*) :

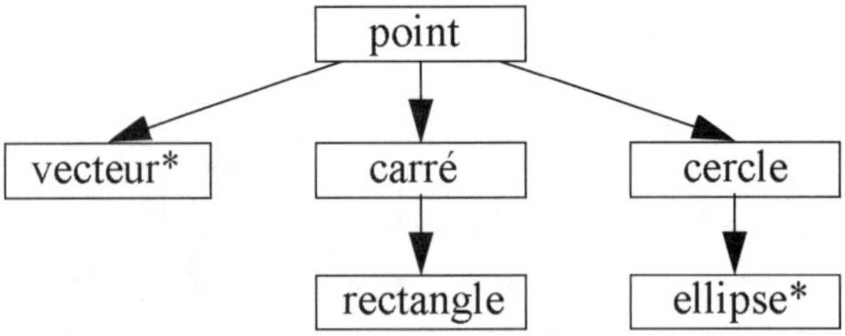

Dans ces conditions, l'appel d'*affiche* conduira, pour chaque classe, à l'appel de la fonction mentionnée à côté :

vecteur	vecteur::affiche
carre	point::affiche
rectangle	point::affiche
cercle	point::affiche
ellipse	ellipse::affiche

Le même mécanisme s'appliquerait en cas d'héritage multiple, à condition de le compléter par les règles concernant les ambiguïtés.

4.3 Fonctions virtuelles et surdéfinition

On peut surdéfinir une fonction virtuelle, chaque fonction surdéfinie pouvant être déclarée virtuelle ou non (ne confondez pas surdéfinition et redéfinition).

Par ailleurs, si l'on a défini une fonction virtuelle dans une classe et qu'on la surdéfinit dans une classe dérivée avec des arguments différents, il s'agira alors bel et bien d'une **autre fonction**. Si cette dernière n'est pas déclarée virtuelle, elle sera soumise à une ligature statique.

En fait, on peut considérer que le statut virtuel/non virtuel joue lui aussi un rôle discriminateur dans le choix d'une fonction surdéfinie. Par souci de simplicité et de lisibilité, nous vous conseillons d'éviter d'exploiter cette possibilité : si vous devez surdéfinir une fonction virtuelle, il est préférable que toutes les fonctions de même nom restent virtuelles.

4.4 Le type de retour d'une fonction virtuelle redéfinie

Dans la redéfinition d'une fonction membre usuelle (non virtuelle), on ne tient pas compte du type de la valeur de retour, ce qui est logique. Mais dans le cas d'une fonction virtuelle, destinée à être définie ultérieurement, il n'en va plus de même. Par exemple, supposons que, dans la hiérarchie de classes du paragraphe précédent, la fonction *affiche* soit définie ainsi dans *point* :

```
virtual void affiche ()
```

et ainsi dans *ellipse* :

```
virtual int affiche ()
```

Il va alors de soi que le polymorphisme fonctionnerait mal. C'est pourquoi C++ refuse cette possibilité qui conduit à une erreur de compilation.

La redéfinition d'une fonction virtuelle doit donc respecter exactement le type de la valeur de retour. Il existe toutefois une exception à cette règle, qui concerne ce que l'on nomme parfois les *valeurs de retour covariantes*. Il s'agit du cas où la **valeur de retour** d'une fonction virtuelle est un **pointeur ou une référence sur une classe *C***. La redéfinition de cette fonction virtuelle dans une classe dérivée peut alors se faire avec un pointeur ou une référence sur une classe dérivée de C. En voici un exemple :

```
class Y : public X { ..... } ;    // Y dérive de X
class A
{ public :
   virtual X & f (int) ;          // A::f(int) renvoie un X
     .....
} ;
class B : public A
{ public :
  virtual Y & f (int) ;           // B::f(int) renvoie un Y
     .....                        // B::f(int) redéfinit bien A::f(int)
}
```

Bien entendu, qui peut le plus peut le moins. Si *X* et *Y* correspondent à *A* et *B*, on a :

```
class A
{ public :
   virtual A & f (int) ;    // A::f(int) renvoie un A
     .....
} ;
class B : public A
{ public :
  virtual B & f (int) ;     // B::f(int) renvoie un B
   .....                    // B::f(int) redéfinit bien A::f(int) et renvoie un B
}
```

On obtient ainsi une généralisation du polymorphisme à la valeur de retour.

4.5 On peut déclarer une fonction virtuelle dans n'importe quelle classe

Dans tous nos exemples, nous avions déclaré virtuelle une fonction d'une classe qui n'était pas elle-même dérivée d'une autre. Cela n'est pas obligatoire. Ainsi, dans les exemples de hiérarchie de formes, *point* pourrait elle-même dériver d'une autre classe. Cependant, il faut alors distinguer deux situations :

- La fonction *affiche* de la classe *point* n'a jamais été définie dans les classes ascendantes : aucun problème particulier ne se pose.
- La fonction *affiche* a déjà été définie, avec les mêmes arguments, dans une classe ascendante. Dans ce cas, il faut considérer la fonction virtuelle *affiche* comme une nouvelle fonction (comme s'il y avait eu surdéfinition, le caractère virtuel/non virtuel servant à faire la distinction). Bien entendu, toutes les nouvelles définitions d'*affiche* dans les classes descendantes seront soumises à la ligature dynamique, sauf si l'on effectue un appel explicite d'une fonction d'une classe ascendante au moyen de l'opérateur de résolution de portée. Rappelons toutefois que nous vous déconseillons fortement ce type de situation.

4.6 Quelques restrictions et conseils

4.6.1 Seule une fonction membre peut être virtuelle

Cela se justifie par le mécanisme employé pour effectuer la ligature dynamique, à savoir un choix basé sur le type de l'objet ayant appelé la fonction. Cela ne pourrait pas s'appliquer à une fonction « ordinaire » (même si elle était amie d'une classe).

4.6.2 Un constructeur ne peut pas être virtuel

De par sa nature, un construteur ne peut être appelé que pour un type classe parfaitement défini qui sert, précisément, à définir le type de l'objet à construire. A priori, donc, un constructeur n'a aucune raison d'être soumis au polymorphisme. D'ailleurs, on peut penser qu'on n'appelle jamais un constructeur par pointeur ou référence. Cependant, il existe des situations particulières liées à l'appel implicite d'un constructeur par recopie (qui constitue un constructeur comme un autre !). Voyez cet exemple :

```
#include <iostream>
using namespace std ;
class A
{ public : A (const A &) { cout << "Constructeur de recopie de A\n" ; }
           A () {}
} ;
class B : public A
{ public : B (const B & b) : A (b) { cout << "CR copy B\n" ; }
           B() {}
} ;
void g (A a) {}   // reçoit une copie
void f (A *ada) { g(*ada) ; }
main ()
{ B *adb = new B ;
  A *ada = adb ;
  f(ada) ;          // ada pointe sur un objet de type B
}
```

```
Constructeur de recopie de A
```

Appel implicite d'un constructeur par recopie

La fonction ordinaire *f* reçoit l'adresse d'un objet de type *B*, par l'intermédiaire d'un pointeur de type *A**. Elle appelle alors la fonction *g* en lui transmettant l'objet corresponant par valeur, ce qui entraîne l'appel du construteur par recopie de la classe *A*. Pour qu'il y ait appel de celui de la classe *B*, il aurait fallu qu'il y ait polymorphisme, donc que ce constructeur soit virtuel, ce qui n'est pas possible...

4.6.3 Un destructeur peut être virtuel

En revanche, un destructeur peut être virtuel. Il est toutefois conseillé de prendre quelques précautions à ce sujet. En effet, considérons cette situation :

```
class A { public :  ~A() { ..... }
          .....
        } ;
class B : public A
 { public :  ~B() { ......}   // la presence de virtual ici ne changerait rien
 } ;
main()
{ A* a ; B* b  ;
  b = new B() ;
  a = b ;
  delete a ;  // a pointe sur un objet de type B mais on n'appelle que ~A
 }
```

Comme on peut s'y attendre, l'appel de *delete* sur l'objet de type *B* pointé par *a* ne conduira qu'à l'appel du destructeur de *A*, lequel opère quand même sur un objet de type *B*. Il est clair que les conséquences peuvent être désastreuses. Deux démarches permettent de pallier cette difficulté :

- soit interdire la suppression d'objets de type *A* : il suffit alors de ne pas placer de destructeur dans *A*, ou encore de le rendre privé ou protégé ;
- soit placer dans *A* un constructeur virtuel (quitte à ce qu'il soit vide) ;

```
class A { public :  ~A() { ..... }
           .....
         } ;
class B : public A
 { public :  ~B() { ......}    // la presence de virtual ici est facultative
 } ;
main()
{ A* a ; B* b  ;
  b = new B() ;
  a = b ;
  delete a ;  // a pointe sur un objet de type B et on appelle bien ~B
 }
```

Dans ces conditions, les destructeurs des classes dérivées seront bien virtuels (même si le mot-clé *virtual* n'est pas rappelé, et bien que leurs noms soient différents d'une classe à sa dérivée). Ici, on appellera donc bien le destructeur du type *B*.

D'une manière générale, nous vous encourageons à respecter la règle suivante :

> Dans une classe de base (destinée à être dérivée), prévoir :
> - soit aucun destructeur ;
> - soit un destructeur privé ou protégé ;
> - soit un destructeur public et virtuel.

4.6.4 Cas particulier de l'opérateur d'affectation

En théorie, l'opérateur d'affectation peut, comme toute fonction membre, être déclaré virtuel. Cependant, il faut bien voir que cette fonction est particulière, dans la mesure où la définition de l'affectation d'une classe *B*, dérivée de *A* ne constitue pas une redéfinition de l'opérateur d'affectation de *A*. On n'est donc pas dans une situation de polymorphisme, comme le montre cet exemple artificiel :

```
#include <iostream>
using namespace std ;
class A
{  public : virtual A & operator = (const A &) { cout << "affectation fictive A\n" ; }
} ;
```

```
class B : public A
{ public : virtual  B & operator = (const B &) { cout << "affectation fictive B\n" ; }
} ;
main ()
{ B *adb1 = new B ;  B *adb2 = new B;
  *adb1 = *adb2 ;
  A *ada1 = new A  ;  A *ada2 = new A ;
  ada1 = adb1 ; ada2 = adb2 ;
  *ada1 = *ada2 ;    // appelle affectation de A - virtual ne sert a rien car
                      // on ne redéfinit pas meme fonction
}
```

```
affectation fictive B
affectation fictive A
```

Le polymorphisme ne peut pas s'appliquer à l'affectation

5 Les fonctions virtuelles pures pour la création de classes abstraites

Nous avons déjà eu l'occasion de dire qu'on pouvait définir des classes destinées non pas à instancier des objets, mais simplement à donner naissance à d'autres classes par héritage. En P.O.O., on dit qu'on a affaire à des « classes abstraites ».

En C++, vous pouvez toujours définir de telles classes. Mais vous devrez peut-être y introduire certaines fonctions virtuelles dont vous ne pouvez encore donner aucune définition. Imaginez par exemple une classe abstraite *forme_geo*, destinée à gérer le dessin sur un écran de différentes formes géométriques (carré, cercle...). Supposez que vous souhaitiez déjà y faire figurer une fonction *deplace* destinée à déplacer une figure. Il est probable que celle-ci fera alors appel à une fonction d'affichage de la figure (nommée par exemple *dessine*). La fonction *dessine* sera déclarée virtuelle dans la classe *forme_geo* et devra être redéfinie dans ses descendants. Mais quelle définition lui fournir dans *forme_geo* ? Avec ce que vous connaissez de C++, vous avez toujours la ressource de prévoir une définition vide[1].

Toutefois, deux lacunes apparaissent alors :

- Rien n'interdit à un utilisateur de déclarer un objet de classe *forme_geo*, alors que dans l'esprit du concepteur, il s'agissait d'une classe abstraite. L'appel de *deplace* pour un tel objet conduira à un appel de *dessine* ne faisant rien ; même si aucune erreur n'en découle, cela n'a guère de sens !
- Rien n'oblige une classe descendant de *forme_geo* à redéfinir *dessine*. Si elle ne le fait pas, on retrouve les problèmes évoqués ci-dessus.

1. Notez bien qu'il vous faut absolument définir *dessine* dans *forme_geo* puisqu'elle est appelée par *deplace*.

C++ propose un outil facilitant la définition de classes abstraites : les « fonctions virtuelles pures ». Ce sont des fonctions virtuelles dont la définition est **nulle** (0), et non plus seulement vide. Par exemple, nous aurions pu faire de notre fonction *dessine* de la classe *forme_geo* une fonction virtuelle pure en la déclarant[1] ainsi :

```
virtual void dessine (...) = 0 ;
```

Certes, à ce niveau, l'intérêt de cette convention n'apparaît pas encore. Mais C++ adopte les règles suivantes :

- Une classe comportant au moins une fonction virtuelle pure est considérée comme abstraite et il n'est plus possible de déclarer des objets de son type.
- Une fonction déclarée virtuelle pure dans une classe de base doit obligatoirement être redéfinie[2] dans une classe dérivée ou déclarée à nouveau virtuelle pure[3] ; dans ce dernier cas, la classe dérivée est elle aussi abstraite.

Comme vous le voyez, l'emploi de fonctions virtuelles pures règle les deux problèmes soulevés par l'emploi de définitions vides. Dans le cas de notre classe *forme_geo*, le fait d'avoir rendu *dessine* virtuelle pure interdit :

- la déclaration d'objets de type *forme_geo*,
- la définition de classes dérivées de *forme_geo* dans lesquelles on omettrait la définition de *dessine*.

Remarque

La notion de fonction virtuelle pure dépasse celle de classe abstraite. Si C++ s'était contenté de déclarer une classe comme abstraite, cela n'aurait servi qu'à en interdire l'utilisation ; il aurait fallu une seconde convention pour préciser les fonctions devant obligatoirement être redéfinies.

En Java

On peut définir explicitement une classe abstraite, en utilisant tout naturellement le mot-clé *abstract*[4]. On y précise alors (toujours avec ce même mot-clé *abstract*) les méthodes qui doivent obligatoirement être redéfinies dans les classes dérivées.

1. Ici, on ne peut plus distinguer déclaration et définition.
2. Toujours avec les mêmes arguments, sinon il s'agit d'une autre fonction.
3. Depuis la version 3.0, si une fonction virtuelle pure d'une classe de base n'est pas redéfinie dans une classe dérivée, elle reste une fonction virtuelle pure de cette classe dérivée ; dans les versions antérieures, on obtenait une erreur.
4. Ce qui est manifestement plus logique et plus direct qu'en C++ !

6 Exemple d'utilisation de fonctions virtuelles : liste hétérogène

Nous allons créer une classe permettant de gérer une liste chaînée d'objets de types différents et disposant des fonctionnalités suivantes :

- ajout d'un nouvel élément ;
- affichage des valeurs de tous les éléments de la liste ;
- mécanisme de parcours de la liste.

Rappelons que, dans une liste chaînée, chaque élément comporte un pointeur sur l'élément suivant. En outre, un pointeur désigne le premier élément de la liste. Cela correspond à ce schéma :

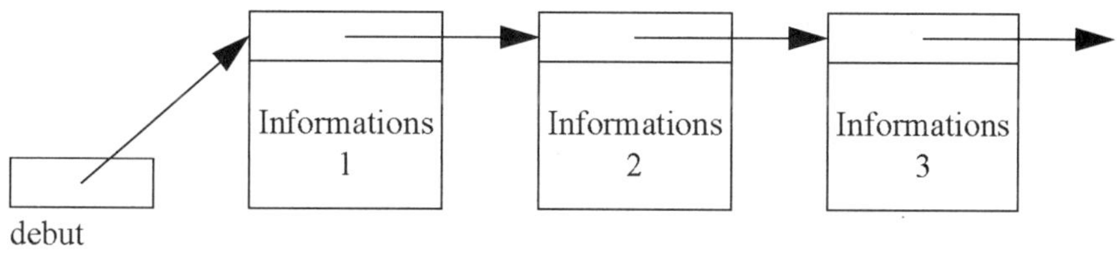

Mais ici l'on souhaite que les différentes informations puissent être de types différents. Aussi chercherons-nous à isoler dans une classe (nommée *liste*) toutes les fonctionnalités de gestion de la liste elle-même sans entrer dans les détails spécifiques aux objets concernés. Nous appliquerons alors ce schéma :

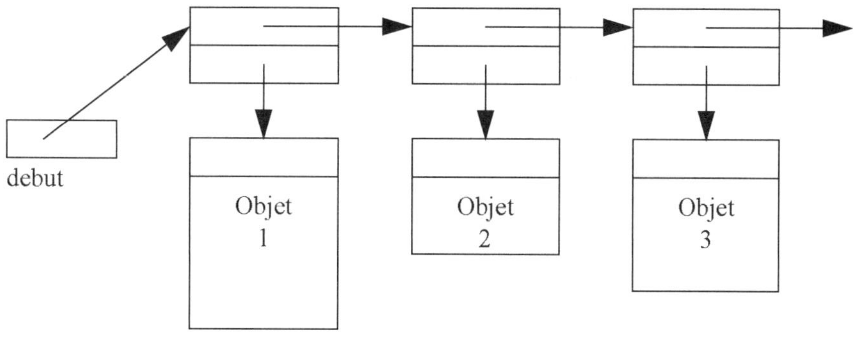

La classe *liste* elle-même se contentera donc de gérer des éléments simples réduits chacun à :

- un pointeur sur l'élément suivant ;
- un pointeur sur l'information associée (en fait, ici, un objet).

On voit donc que la classe va posséder au moins :

- un membre donnée : pointeur sur le premier élément (*debut*, dans notre schéma) ;
- une fonction membre destinée à insérer dans la liste un objet dont on lui fournira l'adresse (nous choisirons l'insertion en début de liste, par souci de simplification).

L'affichage des éléments de la liste se fera en appelant une méthode *affiche*, spécifique à l'objet concerné. Cela implique la mise en œuvre de la ligature dynamique par le biais des fonctions virtuelles. La fonction *affiche* sera définie dans un premier type d'objet (nommé ici *mere*) et redéfinie dans chacune de ses descendantes.

En définitive, on pourra gérer une liste d'objets de types différents sous réserve que les classes correspondantes soient toutes dérivées d'une même classe de base. Cela peut sembler quelque peu restrictif. En fait, cette « famille de classes » peut toujours être obtenue par la création d'une classe abstraite (réduite au minimum, éventuellement à une fonction *affiche* vide ou virtuelle pure) destinée simplement à donner naissance aux classes concernées. Bien entendu, cela n'est concevable que si les classes en question ne sont pas déjà figées (car il faut qu'elles héritent de cette classe abstraite).

D'où une première ébauche de la classe *liste* :

```
struct element                        // structure d'un élément de liste
{ element * suivant ;                 // pointeur sur l'élément suivant
  mere * contenu ;                    // pointeur sur un objet quelconque
} ;
class liste
{ element * debut ;                   // pointeur sur premier élément
public :
  liste () ;                          // constructeur
  ~liste () ;                         // destructeur
  void ajoute (mere *) ;              // ajoute un élément en début de liste
  void affiche () ;
   .....
} ;
```

Pour mettre en œuvre le parcours de la liste, nous prévoyons des fonctions élémentaires pour :

- initialiser le parcours ;
- avancer d'un élément.

Celles-ci nécessitent un « pointeur sur un élément courant ». Il sera membre donnée de notre classe *liste* ; nous le nommerons *courant*. Par ailleurs, les deux fonctions membres évoquées doivent fournir en retour une information concernant l'objet courant. À ce niveau, on peut choisir entre :

- l'adresse de l'élément courant ;
- l'adresse de l'objet courant (c'est-à-dire l'objet pointé par l'élément courant) ;
- la valeur de l'élément courant.

La deuxième solution semble la plus naturelle. Il faut simplement fournir à l'utilisateur un moyen de détecter la fin de liste. Nous prévoirons donc une fonction supplémentaire permettant de savoir si la fin de liste est atteinte (en toute rigueur, nous aurions aussi pu fournir un pointeur nul comme adresse de l'objet courant ; mais ce serait moins pratique car il faudrait obligatoirement agir sur le pointeur de liste avant de savoir si l'on est à la fin).

En définitive, nous introduisons trois nouvelles fonctions membres :

```
void * premier () ;
void * prochain () ;
int fini () ;
```

Voici la liste complète des différentes classes voulues. Nous lui avons adjoint un petit programme d'essai qui définit deux classes *point* et *complexe* (lesquelles n'ont pas besoin de dériver l'une de l'autre), dérivées de la classe abstraite *mere* et dotées chacune d'une fonction *affiche* appropriée.

```
#include <iostream>
using namespace std ;
// **************** classe mere *********************************************
class mere
{ public :
   virtual void affiche () = 0 ;   // fonction virtuelle pure
} ;
// ******************** classe liste ************************************
struct element                        // structure d'un élément de liste
{ element * suivant ;                 // pointeur sur l'élément suivant
  mere * contenu ;                    // pointeur sur un objet quelconque
} ;
class liste
{ element * debut ;                   // pointeur sur premier élément
  element * courant ;                 // pointeur sur élément courant
 public :
  liste ()                            // constructeur
    { debut = 0 ; courant = debut ; }
  ~liste () ;                         // destructeur
  void ajoute (mere *) ;              // ajoute un élément
  void premier ()                     // positionne sur premier élément
    { courant = debut ;  }
  mere * prochain ()          // fournit l'adresse de l'élément courant (0 si fin)
                              // et positionne sur prochain élément (rien si fin)
    { mere * adsuiv = 0 ;
      if (courant != 0){ adsuiv = courant -> contenu ;
                         courant = courant -> suivant ;
                       }
      return adsuiv ;
    }
  void affiche_liste () ;             // affiche tous les éléments de la liste
  int fini () { return (courant == 0) ; }
} ;
```

```
liste::~liste ()
{ element * suiv ;
  courant = debut ;
  while (courant != 0 )
   { suiv = courant->suivant ; delete courant ; courant = suiv ; }
}
void liste::ajoute (mere * chose)
{ element * adel = new element ;
  adel->suivant = debut ;
  adel->contenu = chose ;
  debut = adel ;
}
void liste::affiche_liste ()
{ mere * ptr ;
  premier() ;
  while ( ! fini() )
    { ptr = (mere *) prochain() ;
      ptr->affiche () ;
    }
}
// **************** classe point ******************************************
class point : public mere
{ int x, y ;
 public :
  point (int abs=0, int ord=0) { x=abs ; y=ord ; }
  void affiche ()
    { cout << "Point de coordonnees : " << x << " " << y << "\n" ; }
} ;
// **************** classe complexe ***************************************
class complexe : public mere
{ double reel, imag ;
 public :
  complexe (double r=0, double i=0) { reel=r ; imag=i ; }
  void affiche ()
    { cout << "Complexe : " << reel << " + " << imag << "i\n" ; }
} ;
// **************** programme d'essai *************************************
main()
{ liste l1 ;
  point a(2,3), b(5,9) ;
  complexe x(4.5,2.7), y(2.35,4.86) ;
  l1.ajoute (&a) ; l1.ajoute (&x) ; l1.affiche_liste () ;
  cout << "--------\n" ;
  l1.ajoute (&y) ; l1.ajoute (&b) ; l1.affiche_liste () ;
}
```

```
Complexe : 4.5 + 2.7i
Point de coordonnees : 2 3
--------
Point de coordonnees : 5 9
Complexe : 2.35 + 4.86i
```

```
Complexe : 4.5 + 2.7i
Point de coordonnees : 2 3
```

Déclaration, définition et utilisation d'une liste hétérogène

Remarque

Par souci de simplicité, nous n'avons pas redéfini dans la classe *liste* l'opérateur d'affectation et le constructeur de recopie. Dans un programme réel, il faudrait le faire, quitte d'ailleurs à ce que ces fonctions se contentent d'interrompre l'exécution ou encore de « lever une exception » (comme nous apprendrons à le faire plus tard).

7 Le mécanisme d'identification dynamique des objets

N.B. Ce paragraphe peut être ignoré dans un premier temps.

Nous avons vu que la technique des fonctions virtuelles permettait de mettre en œuvre la ligature dynamique pour les fonctions concernées. Cependant, pour l'instant, cette technique peut vous apparaître comme une simple recette. La compréhension plus fine du mécanisme, et donc sa portée véritable, passent par la connaissance de la manière dont il est effectivement implanté. Bien que cette implémentation ne soit pas explicitement imposée par le langage, nous vous proposons de décrire ici la démarche couramment adoptée par les différents compilateurs existants.

Pour ce faire, nous allons considérer un exemple un peu plus général que le précédent, à savoir :

- une classe *point* comportant deux fonctions virtuelles :

```
class point
{     .....
      virtual void identifie () ;
      virtual void deplace (...) ;
      .....
} ;
```

- une classe *pointcol*, dérivée de *point*, ne redéfinissant que *identifie* :

```
class pointcol : public point
{     .....
      void identifie () ;
      .....
} ;
```

D'une manière générale, lorsqu'une classe comporte au moins une fonction virtuelle, le compilateur lui associe une table contenant les adresses de chacune des fonctions virtuelles correspondantes. Avec l'exemple cité, nous obtiendrons les deux tables suivantes :

- lors de la compilation de *point* :

&point::identifie
&point::deplace

Table de point

- lors de la compilation de *pointcol* :

&pointcol::identifie
&pointcol::deplace

Table de pointcol

Notez qu'ici la seconde adresse de la table de *pointcol* est la même que pour la table de *point*, dans la mesure où la fonction *deplace* n'a pas été redéfinie.

D'autre part, tout objet d'une classe comportant au moins une fonction virtuelle se voit attribuer par le compilateur, outre l'emplacement mémoire nécessaire à ses membres données, un emplacement supplémentaire de type pointeur, contenant l'adresse de la table associée à sa classe. Par exemple, si nous déclarons (en supposant que nous disposons des constructeurs habituels) :

```
point p (3, 5) ;
pointcol pc (8, 6, 2) ;
```

nous obtiendrons :

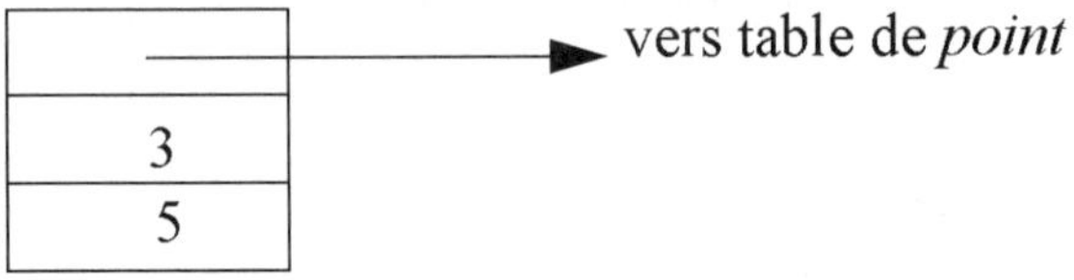

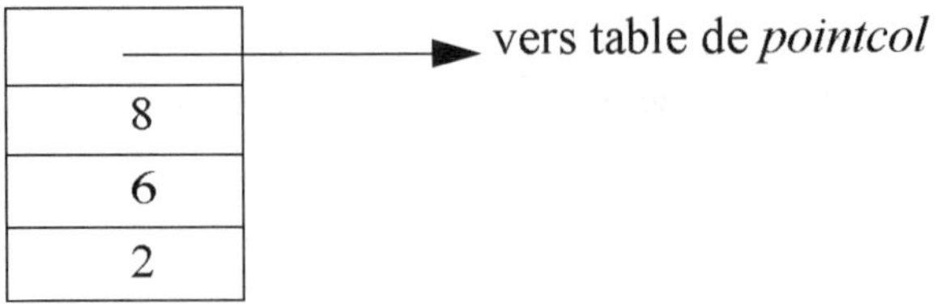

On peut ainsi dire que ce pointeur, introduit dans chaque objet, représente l'information permettant d'identifier la classe de l'objet. C'est effectivement cette information qui est exploitée pour mettre en œuvre la ligature dynamique. Chaque appel d'une fonction virtuelle est traduit par le compilateur de la façon suivante :

- prélèvement dans l'objet de l'adresse de la table correspondante (quelle que soit la manière dont une fonction est appelée – directement ou par pointeur –, elle reçoit toujours l'adresse de l'objet en argument implicite) ;
- branchement à l'adresse figurant dans cette table à un rang donné. Notez bien que ce rang est parfaitement défini à la compilation : toutes les tables comporteront l'adresse de *deplace*[1], par exemple en position 2. En revanche, c'est lors de l'exécution que sera effectué le « choix de la bonne table».

8 Identification de type à l'exécution

La norme ANSI a introduit dans C++ un mécanisme permettant de connaître (identifier et comparer), lors de l'exécution du programme, le type d'une variable, d'une expression ou d'un objet[2].

Bien entendu, cela ne présente guère d'intérêt si un tel type est défini lors de la compilation. Ainsi, avec :

```
int n ; float x ;
```

il ne sera guère intéressant de savoir que le type de *n* ou celui de *x* peuvent être connus ou encore que *n* et *x* sont d'un type différent. La même remarque s'appliquerait à des objets d'un type classe.

En fait, cette possibilité a surtout été introduite pour être utilisée dans les situations de polymorphisme que nous avons évoquées tout au long de ce chapitre.

Plus précisément, il est possible, lors de l'exécution, de connaître le **véritable type d'un objet désigné par un pointeur ou par une référence**.

Pour ce faire, il existe un opérateur à un opérande nommé *typeid* fournissant en résultat un objet de type prédéfini *type_info*. Cette classe contient la fonction membre *name()*, laquelle fournit une chaîne de de style C représentant le nom du type. Ce nom n'est pas imposé par la norme ; il peut donc dépendre de l'implémentation, mais on est sûr que deux types différents n'auront jamais le même nom.

De plus, la classe dispose de deux opérateurs binaires == et != qui permettent de comparer deux types.

1. Éventuellement, les tables de certaines classes pourront contenir plus d'adresses si elles introduisent de nouvelles fonctions virtuelles, mais celles qu'elles partagent avec leurs ascendantes occuperont toujours la même place et c'est là l'essentiel pour le bon déroulement des opérations.

2. En anglais, ce mécanisme est souvent nommé *R.T.T.I.* (*Run Time Type Identification*).

8.1 Utilisation du champ name de type_info

Voici un premier exemple inspiré du programme utilisé au paragraphe 2 pour illustrer le mécanisme des fonctions virtuelles ; il montre l'intérêt que présente *typeid* lorsqu'on l'applique dans un contexte de polymorphisme.

```
#include <iostream>
#include <typeinfo>     // pour typeid
using namespace std ;
class point
{ public :
     virtual void affiche ()
      { }          // ici vide - utile pour le polymorphisme
} ;

class pointcol : public point
{ public :
     void affiche ()
      { }          // ici vide
} ;
main()
{ point p ; pointcol pc ;
  point * adp ;
  adp = &p ;
  cout << "type de adp  : " << typeid (adp).name()  << "\n" ;
  cout << "type de *adp : " << typeid (*adp).name() << "\n"  ;
  adp = &pc ;
  cout << "type de adp  : " << typeid (adp).name()  << "\n" ;
  cout << "type de *adp : " << typeid (*adp).name() << "\n"  ;
}
```

```
type de adp  : point *
type de *adp : point
type de adp  : point  *
type de *adp : pointcol
```

Exemple d'utilisation de l'opérateur typeid

On notera bien que, pour *typeid*, le type du pointeur *adp* reste bien *point **. En revanche, le type de l'objet pointé (**adp*) est bien déterminé par la nature exacte de l'objet pointé.

Remarques

1 Rappelons que la norme n'impose pas le nom exact que doit fournir cet opérateur ; on n'est donc pas assuré que le nom de type sera toujours *point*, *point **, *pointcol ** comme ici.

2 Ici, les méthodes *affiche* ont été prévues vides ; elles ne servent en fait qu'à assurer le polymorphisme. En l'absence de méthode virtuelle, l'opérateur *typeid* se contenterait

de fournir comme type d'un objet pointé celui défini par le type (statique) du pointeur. Notez que nous n'avons pas utilisé une fonction virtuelle pure dans *point*, car il n'aurait plus été possible d'instancier un objet de type *point*.

3 Le typage dynamique obtenu par les fonctions virtuelles permet d'obtenir d'un objet un comportement adapté à son type, sans qu'il soit pour autant possible de connaître explicitement ce type. Ces possibilités s'avèrent généralement suffisantes. Seules quelques applications très spécifiques (telles que des « débogueurs ») auront besoin de recourir à l'identification dynamique de type.

8.2 Utilisation des opérateurs de comparaison de type_info

Voici, toujours inspiré du programme utilisé au paragraphe 2, un exemple montrant l'utilisation de l'opérateur == :

```
#include <iostream>
#include <typeinfo>     // pour typeid
using namespace std ;
class point
{ public :
     virtual void affiche ()
      { }        // ici vide - utile pour le polymorphisme
} ;

class pointcol : public point
{ public :
     void affiche ()
      { }        // ici vide
} ;

main()
{ point p1, p2 ;
  pointcol pc ;
  point * adp1, * adp2 ;
  adp1 = &p1 ; adp2 = &p2 ;
  cout << "En A : les objets pointes par adp1 et adp2 sont de " ;
  if (typeid(*adp1) == typeid (*adp2)) cout << "meme type\n" ;
                                  else cout << "type different\n" ;
  adp1 = &p1 ; adp2 = &pc ;
  cout << "En B : les objets pointes par adp1 et adp2 sont de " ;
  if (typeid(*adp1) == typeid (*adp2)) cout << "meme type\n" ;
                                  else cout << "type different\n" ;
}
```

```
En A : les objets pointes par adp1 et adp2 sont de meme type
En B : les objets pointes par adp1 et adp2 sont de type different
```

Exemple de comparaison de types dynamiques avec l'opérateur == (1)

8.3 Exemple avec des références

Voici un dernier exemple où l'on applique l'opérateur == à des références. On voit qu'on dispose ainsi d'un moyen de s'assurer dynamiquement (au moment de l'exécution) de l'identité de type de deux objets reçus en argument d'une fonction.

```
#include <iostream>
#include <typeinfo>      // pour typeid
using namespace std ;
class point
{ public :
      virtual void affiche ()
        { }           // ici vide
} ;
class pointcol : public point
{ public :
      void affiche ()
        { }           // ici vide
} ;
void fct (point & a, point & b)
{ if (typeid(a) == typeid(b))
             cout << "reference a des objets de meme type \n" ;
        else cout << "reference a des objets de type different \n" ;
}
main()
{ point p ;
  pointcol pc1, pc2 ;
  cout << "Appel A : " ; fct (p, pc1) ;
  cout << "Appel B : " ; fct (pc1, pc2) ;
}
```

```
Appel A : reference a des objets de meme type
Appel B : reference a des objets de type different
```

Exemple de comparaison de types dynamiques avec l'opérateur == (2)

9 Les cast dynamiques

Nous venons de voir comment les possibilités d'identification des types à l'exécution complètent le polymorphisme offert par les fonctions virtuelles en permettant d'identifier le type des objets pointés ou référencés.

Cependant, une lacune subsiste : on sait agir sur l'objet pointé en fonction de son type, on peut connaître le type exact de cet objet, mais le type proprement dit des pointeurs utilisés dans ce polymorphisme reste celui défini à la compilation. Par exemple, si l'on sait que *adp* pointe sur un objet de type *pointcol* (dérivé de *point*), on pourrait souhaiter convertir sa valeur en un pointeur de type *pointcol* *.

La norme de C++ a introduit cette possibilité par le biais d'opérateurs dits *cast* dynamiques. Ainsi, avec l'hypothèse précédente (on est sûr que *adp* pointe réellement sur un objet de type *pointcol*), on pourra écrire :

```
pointcol * adpc = dynamic_cast <pointcol *> (adp) ;
```

Bien entendu, en compilation, la seule vérification qui sera faite est que cette conversion est (peut-être) acceptable car l'objet pointé par *adp* est d'un type *point* ou dérivé et *pointcol* est lui-même dérivé de *point*. Mais ce n'est qu'au moment de l'exécution qu'on saura si la conversion est réalisable ou non. Par exemple, si *adp* pointait sur un objet de type *point*, la conversion échouerait.

D'une manière générale, l'opérateur *dynamic_cast* aboutit si l'objet réellement pointé est, par rapport au type d'arrivée demandé, d'un type identique ou d'un type descendant (mais dans un contexte de polymorphisme, c'est-à-dire qu'il doit exister au moins une fonction virtuelle).

Lorsque l'opérateur n'aboutit pas :

- il fournit le pointeur *0* s'il s'agit d'une conversion de pointeur ;
- il déclenche une exception *bad_cast* s'il s'agit d'une conversion de référence.

Voici un exemple faisant intervenir une hiérarchie de trois classes dérivées les unes des autres :

```
#include <iostream>
using namespace std ;
class A
{ public :
    virtual void affiche ()    // vide ici - utile pour le polymorphisme
     { }
} ;
class B : public A
{ public :
    void affiche ()
     { }
} ;
class C : public B
{ public :
    void affiche ()
     { }
} ;
main()
{ A a ; B b ; C c ;
  A * ada, * ada1 ;
  B * adb, * adb1 ;
  C * adc ;
  ada = &a ;    // ada de type A* pointe sur un A ;
                //  sa conversion dynamique en B* ne marche pas
  adb =  dynamic_cast <B *> (ada) ; cout << "dc <B*>(ada) " << adb << "\n" ;
```

```
  ada = &b ;     // ada de type A* pointe sur un B ;
                 // sa conversion dynamique en B* marche
  adb =  dynamic_cast <B *> (ada) ; cout << "dc <B*> ada " << adb << "\n" ;
                // sa conversion dynamique en A* marche
  ada1 = dynamic_cast <A*> (ada) ; cout << "dc <A*> ada " << ada1 << "\n" ;
                // mais sa conversion dynamique en C* ne marche pas
  adc =  dynamic_cast <C *> (ada) ; cout << "dc <C*> ada " << adc << "\n" ;
  adb = &b ;     // adb de type B* pointe sur un B
                 // sa conversion dynamique en A* marche
  ada1 = dynamic_cast <A *> (adb) ; cout << "dc <A*> adb " << ada1 << "\n" ;
                 // sa conversion dynamique en B* marche
  adb1 = dynamic_cast <B *> (adb) ; cout << "dc <A*> adb1 " << adb1 << "\n" ;
                 // mais sa conversion dynamique en C* ne marche pas
  adc =  dynamic_cast <C *> (adb) ; cout << "dc <C*> adb1 " << adc << "\n" ;
}
```

```
dc <B*>(ada) 0x00000000
dc <B*> ada 0x54820ffc
dc <A*> ada 0x54820ffc
dc <C*> ada 0x00000000
dc <A*> adb 0x54820ffc
dc <A*> adb1 0x54820ffc
dc <C*> adb1 0x00000000
```

Exemple d'utilisation de l'opérateur dynamic_cast

22

Les flots

Au cours des précédents chapitres, nous avons souvent été amenés à écrire sur la sortie standard. Pour ce faire, nous utilisions des instructions telles que :

```
cout << n ;
```

Cette dernière fait appel à l'opérateur <<, auquel elle fournit deux opérandes correspondant respectivement au « flot de sortie » concerné (ici *cout*) et à l'expression dont on souhaite écrire la valeur (ici *n*).

De même, nous avons été amenés à lire sur l'entrée standard en utilisant des instructions telles que :

```
cin >> x ;
```

Celle-ci fait appel à l'opérateur >>, auquel elle fournit deux opérandes correspondant respectivement au « flot d'entrée » concerné (ici *cin*) et à la *lvalue* dans laquelle on souhaite lire une information.

D'une manière générale, un flot peut être considéré comme un « canal » :

- recevant de l'information – flot de sortie ;
- fournissant de l'information – flot d'entrée.

Les opérateurs << ou >> servent à assurer le transfert de l'information, ainsi que son éventuel « formatage ».

Un flot peut être connecté à un périphérique ou à un fichier. Par convention, le flot prédéfini *cout* est connecté à ce que l'on nomme la « sortie standard ». De même, le flot prédéfini *cin* est connecté à ce que l'on nomme « l'entrée standard ». Généralement, l'entrée standard correspond par défaut au clavier et la sortie standard à l'écran, mais la plupart des implémentations vous permettent de rediriger l'entrée standard ou la sortie standard vers un fichier.

En dehors de ces flots prédéfinis[1], l'utilisateur peut définir lui-même d'autres flots qu'il pourra connecter à un fichier de son choix.

On peut dire qu'un flot est un **objet** d'une classe prédéfinie, à savoir :

- **ostream** pour un flot de sortie ;
- **istream** pour un flot d'entrée.

Chacune de ces deux classes surdéfinit les opérateurs << et >> pour les différents types de base. Leur emploi nécessite l'incorporation du fichier en-tête *iostream*.

Jusqu'ici, nous nous sommes contentés d'exploiter quelques-unes des possibilités des classes *istream* et *ostream*, en nous limitant aux flots prédéfinis *cin* et *cout*. Ce chapitre va faire le point sur l'ensemble des possibilités d'entrées-sorties offertes par C++ telles qu'elles sont prévues par la norme ANSI.

Nous adopterons la progression suivante :

- présentation générale des possibilités de la classe ostream : types de base acceptés, principales fonctions membres (put, write), exemples de formatage de l'information ;
- présentation générale des possibilités de la classe istream : types de base acceptés, principales fonctions membres (get, getline, gcount, read...) ;
- gestion du « statut d'erreur d'un flot » ;
- possibilités de surdéfinition des opérateurs << et >> pour des types (classes) définis par l'utilisateur ;
- étude détaillée des possibilités de formatage des informations, aussi bien en entrée qu'en sortie ;
- connexion d'un flot à un fichier, et possibilités d'accès direct offertes dans ce cas.

D'une manière générale, sachez que tout ce qui sera dit dès le début de ce chapitre à propos des flots s'appliquera sans restriction à n'importe quel flot, donc à un flot connecté à un fichier.

Informations complémentaires

La nouvelle bibliothèque d'entrées-sorties définie par la norme est une généralisation de celle qui existait auparavant (jusqu'à la version 3 de C++). Elle est fondée sur des patrons de classes permettant de manipuler des flots généralisés, c'est-à-dire recevant ou fournissant des suites de valeurs d'un type donné, type qui apparaît comme paramètre des patrons. Mais il existe des versions spécialisées de ces patrons pour le type *char*[2] qui por-

1. Nous verrons qu'il en existe d'ailleurs deux autres : *cerr* et *clog*.

2. Il existe également des versions spécialisées pour le type *wchar*. Les classes correspondantes portent le même nom que pour le type *char*, précédé de *w*, par exemple *wistream* ou lieu de *istream*.

tent le même nom que les classes d'avant la norme et qui se comportent de la même manière[1]. Ce sont de très loin les plus utilisées et ce sont celles que nous étudierons ici. La généralisation à d'autres types ne présenterait de toute façon pas de difficultés.

1 Présentation générale de la classe ostream

Après avoir précisé le rôle de l'opérateur << et rappelé les types de base pour lesquels l'opérateur << est surdéfini, nous verrons le rôle des deux fonctions membres *put* et *write*. Nous examinerons ensuite quelques exemples de formatage de l'information, ce qui nous permettra d'introduire la notion importante de « manipulateur ».

1.1 L'opérateur <<

Dans la classe *ostream*, l'opérateur << est surdéfini pour les différents types de base, sous la forme :

```
ostream & operator << (expression)
```

Il reçoit deux opérandes :

- la classe l'ayant appelé (argument implicite this) ;
- une expression d'un type de base quelconque.

Son rôle consiste à transmettre la valeur de l'expression au flot concerné en la formatant[2] de façon appropriée. Considérons, par exemple, l'instruction :

```
cout << n ;
```

Si *n* contient la valeur 1234, le travail de l'opérateur << consiste à convertir la valeur (binaire) de *n* dans le système décimal et à envoyer au flot *cout* les caractères correspondant à chacun des chiffres ainsi obtenus (ici, les caractères : 1, 2, 3 et 4). Nous emploierons le mot « écriture » pour qualifier le rôle de cet opérateur ; sachez toutefois que ce terme n'est pas universellement répandu : notamment, on rencontre parfois « injection ».

Par ailleurs, cet opérateur << fournit comme résultat la référence au flot concerné, après qu'il a écrit l'information voulue. Cela permet de l'appliquer facilement plusieurs fois de suite, comme dans :

```
cout << "valeur : " << na << "\n" ;
```

1. Les différences sont extrêmement mineures. Elles seront mentionnées le moment venu.

2. Nous verrons qu'il est possible d'intervenir sur la manière dont est effectué ce formatage. D'autre part, dans certains cas, il pourra ne pas y avoir de formatage : c'est ce qui se produira, par exemple, lorsque l'on utilisera la fonction *write*.

Voici un récapitulatif concernant les types acceptés par cet opérateur :

> Tous les types de base sont acceptés par l'opérateur << :
> - soit par surdéfinition effective de l'opérateur : types *char* (avec les variantes *signed* ou *unsigned*), *int* (avec sa variante *unsigned*), *long* (avec sa variante *unsigned*), *float*, *double* et *long double* ;
> - soit par le jeu des conversions implicites : *types bool*, *short*.
>
> Les types pointeurs sont acceptés :
> - *char ** : on obtient la chaîne située à l'adresse correspondante ; le type *string* sera accepté, avec le même comportement ;
> - pointeur sur un type quelconque autre que *char* : on obtient la valeur du pointeur correspondant. Si l'on souhaite afficher la valeur d'un pointeur de type *char ** (et non plus la chaîne qu'il référence), il suffit de le convertir explicitement en *void **.
>
> Les tableaux sont acceptés, mais ils sont alors convertis dans le pointeur correspondant ; on n'obtient donc généralement une adresse et non les valeurs des éléments du tableau, sauf pour les tableaux de caractères traités comme une chaîne de style C (attention au problème du zéro de fin !).
>
> Les types classes seront acceptés si l'on y a défini convenablement l'opérateur <<.

Les types acceptés par l'opérateur <<

1.2 Les flots prédéfinis

En plus de *cout*, il existe deux autres flots prédéfinis de classe *ostream* :

- cerr : flot de sortie connecté à la sortie standard d'erreur , sans « tampon »[1] intermédiaire,
- clog : flot de sortie connecté aussi à la sortie standard d'erreur, mais en utilisant un « tampon »[2] intermédiaire.

1.3 La fonction *put*

Il existe, dans la classe *ostream*, une fonction membre nommée *put* qui transmet au flot correspondant le caractère reçu en argument. Ainsi :

```
cout.put(c) ;
```

transmet au flot *cout* le caractère contenu dans *c*, comme le ferait :

```
cout << c ;
```

En fait, la fonction *put* était surtout indispensable dans les premières versions de C++ (bien antérieures à la norme !) pour pallier l'absence de surdéfinition de l'opérateur pour le type *char*.

---

1. En anglais *buffer*. On parle parfois, en « franglais », de sortie « non bufferisée ».
2. On parle parfois de sortie « bufferisée ».

La valeur de retour de *put* est le flot concerné, après qu'on y a écrit le caractère correspondant. Cela permet d'écrire par exemple (*c1, c2* et *c3* étant de type *char*) :

```
cout.put(c1).put(c2).put(c3) ;
```

ce qui est équivalent à :

```
cout.put(c1) ;
cout.put(c2) ;
cout.put(c3) ;
```

1.4 La fonction *write*

Dans la classe *ostream*, la fonction membre *write* permet de transmettre une suite d'octets au flot de sortie considéré.

1.4.1 Cas des caractères

Comme un caractère est toujours rangé dans un octet, on peut utiliser *write* pour une chaîne de longueur donnée. Par exemple, avec :

```
char t[] = "bonjour" ;
```

l'instruction :

```
cout.write (t, 4) ;
```

envoie sur le flot *cout* 4 caractères consécutifs à partir de l'adresse t, c'est-à-dire les caractères *b*, *o*, *n* et *j*.

Cette fonction peut, ici, sembler faire double emploi avec la transmission d'une chaîne à l'aide de l'opérateur <<. En fait, son comportement n'est pas le même puisque *write* ne fait pas intervenir de caractère de fin de chaîne (caractère nul) ; si un tel caractère apparaît dans la longueur prévue, il sera transmis, comme les autres, au flot de sortie. D'autre part, cette fonction ne réalise aucun formatage (alors que, comme nous le verrons, avec l'opérateur << on peut agir sur le « gabarit » de l'information effectivement écrite sur le flot).

1.4.2 Autres cas

En fait, cette fonction *write* s'avérera indispensable lorsque l'on souhaitera transmettre une information sous une forme « brute » (on dit souvent « binaire »), sans qu'elle subisse la moindre modification. En général, cela n'a guère d'intérêt dans le cas d'un écran ; en revanche, ce sera la seule façon de créer un fichier sous forme « binaire » (c'est-à-dire dans lequel les informations – quel que soit leur type – sont enregistrées telles qu'elles figurent en mémoire).

Comme *put*, la fonction *write* fournit en retour le flot concerné, après qu'on y a écrit l'information correspondante.

1.5 Quelques possibilités de formatage avec <<

Nous étudierons au paragraphe 5 l'ensemble des possibilités de formatage de la classe *ostream*, ainsi que celles de la classe *istream*. Cependant, nous vous présentons dès maintenant les exemples de formatage en sortie les plus courants, ce qui nous permettra d'introduire la notion de « manipulateur » (paramétrique ou non).

1.5.1 Action sur la base de numération

Lorsque l'on écrit une valeur entière sur un flot de sortie, on peut choisir de l'exprimer dans l'une des bases suivantes :

- 10 : décimal (il s'agit de la valeur par défaut) ;
- 16 : hexadécimal ;
- 8 : octal.

En outre, depuis la norme, on peut choisir d'exprimer une expression booléenne (de type *bool*) soit sous la forme d'un entier (0 ou 1), soit sous la forme *false*, *true*.

Voici un exemple de programme dans lequel nous écrivons :

- dans différentes bases la valeur de la même variable entière n ;
- de différentes manières la valeur d'une variable ok de type bool :

```
#include <iostream>
using namespace std ;
main()
{  int n = 12000 ;
   cout << "par defaut     : "        << n << "\n" ;
   cout << "en hexadecimal : " << hex << n << "\n" ;
   cout << "en decimal     : " << dec << n << "\n" ;
   cout << "en octal       : " << oct << n << "\n" ;
   cout << "et ensuite     : "        << n << "\n" ;

   bool ok = 1 ;    // ou ok = true
   cout << "par defaut       : "                << ok << "\n" ;
   cout << "avec noboolalpha : " << noboolalpha << ok << "\n" ;
   cout << "avec boolalpha   : " << boolalpha   << ok << "\n" ;
   cout << "et ensuite       : "                << ok << "\n" ;
}
```

```
par defaut     : 12000
en hexadecimal : 2ee0
en decimal     : 12000
en octal       : 27340
et ensuite     : 27340
par defaut       : 1
avec noboolalpha : 1
avec boolalpha   : true
et ensuite       : true
```

Action sur la base de numération des valeurs écrites sur cout

Les symboles *hex, dec, oct* se nomment des **manipulateurs**. Il s'agit d'opérateurs prédéfinis, à un seul opérande de type flot, fournissant en retour le même flot, après qu'ils ont opéré une certaine action (« manipulation »). Ici, cette action consiste à modifier la valeur de la base de numération. Notez bien que la valeur de la base (pour un flot de sortie donné) reste la même tant qu'on ne la modifie pas (par un manipulateur), et cela quelles que soient les informations transmises au flot (entiers, caractères, flottants...).

Le manipulateur *boolalpha* demande d'afficher les valeurs booléennes sous la forme alphabétique, c'est-à-dire *true* ou *false*. Le manipulateur *noboolalpha* demande en revanche d'utiliser la forme numérique 0 ou 1.

1.5.2 Action sur le gabarit de l'information écrite

Considérons cet exemple de programme qui montre comment agir sur la largeur (gabarit) selon laquelle l'information est écrite :

```
#include <iostream>
#include <iomanip>
using namespace std ;
main()
{  int n = 12345 ;
   int i ;
   for (i=0 ; i<12 ; i++)
      cout << setw(2) << i << " : "<< setw(i) << n << ":\n" ;
}
```

```
 0 : 12345:
 1 : 12345:
 2 : 12345:
 3 : 12345:
 4 : 12345:
 5 : 12345:
 6 :  12345:
 7 :   12345:
 8 :    12345:
 9 :     12345:
10 :      12345:
11 :       12345:
```

Action sur le gabarit de l'information écrite sur cout

Ici encore, nous faisons appel à un manipulateur (*setw*). Un peu plus complexe que les précédents (*hex, oct* ou *dec*), il comporte un « paramètre » représentant le gabarit souhaité. On parle alors de « manipulateur paramétrique ». Nous verrons qu'il existe beaucoup d'autres manipulateurs paramétriques ; leur emploi nécessite absolument l'incorporation du fichier en-tête *<iomanip>*[1].

1. *<iomanip.h>* si l'on utilise encore *<iostream.h>*.

En ce qui concerne *setw*, sachez que ce manipulateur définit uniquement le gabarit de la **prochaine information à écrire**. Si l'on ne fait pas à nouveau appel à *setw* pour les informations suivantes, celles-ci seront écrites suivant les conventions habituelles, à savoir en utilisant l'emplacement minimal nécessaire pour les écrire (2 caractères pour la valeur 24 ; 5 caractères pour la valeur -2345, 7 caractères pour la chaîne "bonjour"...). D'autre part, si la valeur fournie à *setw* est insuffisante pour l'écriture de la valeur suivante, cette dernière sera écrite selon les conventions habituelles (elle ne sera donc pas tronquée).

À titre indicatif, en remplaçant l'instruction d'affichage du programme précédent par :

```
cout << setw(2) << i << setw(i) << " :" << n << ":\n" ;
```

on obtiendrait ces résultats :

```
 1 :12345:
 2 :12345:
 3  :12345:
 4   :12345:
 5    :12345:
 6     :12345:
 7      :12345:
 8       :12345:
 9        :12345:
10         :12345:
11          :12345:
```

Notez bien la position du premier caractère « : » dans les résultats affichés. En effet, cette fois, *setw(i)* ne s'applique qu'à la chaîne constante (*" :"*) affichée ensuite ; la valeur de *n* restant affichée suivant les conventions par défaut.

1.5.3 Action sur la précision de l'information écrite

Voyez ce programme :

```
#include <iomanip>
#include <iostream>
using namespace std ;

main()
{
  float x = 2000./3. ;
  double pi = 3.141926536 ;
  cout << "affichage de 2000/3 et de pi dans différentes précisions :\n" ;
  cout << "par defaut  :" << x << ":  :" << pi << ":\n" ;
  for (int i=1 ; i<8 ; i++)
   cout << "precision " << i << " :" << setprecision (i) << x << ":  :" << pi << ":\n" ;
}
```

```
par defaut  :666.667:  :3.14193:
precision 1 :7e+02:  :3:
precision 2 :6.7e+02:  :3.1:
precision 3 :667:  :3.14:
precision 4 :666.7:  :3.142:
precision 5 :666.67:  :3.1419:
precision 6 :666.667:  :3.14193:
precision 7 :666.6667:  :3.141927:
```

Action sur la précision de l'information écrite sur cout

Par défaut, comme on le voit dans la première ligne affichée, pour les informations de type flottant, l'opérateur << :

- choisit la notation la plus appropriée (flottante ou exponentielle avec un chiffre avant le point de la mantisse) ;
- utilise 6 chiffres significatifs.

Le manipulateur paramétrique *setw (precision)* permet de définir le nombre de chiffres significatifs voulus. Cette fois, l'effet de ce manipulateur est permanent (jusqu'à modification explicite) comme le montre l'affichage de la seconde information. On notera que, si la précision demandée n'est pas suffisante pour afficher au moins la valeur entière du nombre concerné, elle est modifiée en conséquence, ainsi d'ailleurs que le choix de la notation. En C++, on ne voit jamais de résultat totalement faux (il faut quand même éviter la précision zéro !).

1.5.4 Choix entre notation flottante ou exponentielle

Voyez cet exemple qui montre l'utilisation des manipulateurs *fixed* (notation flottante) et *scientific* (notation exponentielle avec un chiffre avant le point de la mantisse), couplé avec le choix de la précision :

```
#include <iostream>
#include <iomanip>
using namespace std ;
main()
{ float x = 2e5/3 ;
  double pi = 3.141926536 ;
  cout << fixed << "choix notation flottante \n" ;
  for (int i=1 ; i<8 ; i++)
   cout << "precision " << i << setprecision (i) << "  :" << x << ":  : "
                                                          << pi << ":\n" ;
  cout << scientific << "choix notation exponentielle \n" ;
  for (int i=1 ; i<8 ; i++)
   cout << "precision " << i << setprecision (i) << "  :" << x << ":  :"
                                                          << pi << ":\n" ;
}
```

```
choix notation flottante
precision 1  :66666.7:  : 3.1:
precision 2  :66666.66:  : 3.14:
precision 3  :66666.664:  : 3.142:
precision 4  :66666.6641:  : 3.1419:
precision 5  :66666.66406:  : 3.14193:
precision 6  :66666.664062:  : 3.141927:
precision 7  :66666.6640625:  : 3.1419265:
choix notation exponentielle
precision 1  :6.7e+04:  :3.1e+00:
precision 2  :6.67e+04:  :3.14e+00:
precision 3  :6.667e+04:  :3.142e+00:
precision 4  :6.6667e+04:  :3.1419e+00:
precision 5  :6.66667e+04:  :3.14193e+00:
precision 6  :6.666666e+04:  :3.141927e+00:
precision 7  :6.6666664e+04:  :3.1419265e+00:
```

Choix de la notation (flottante ou exponentielle)

On notera que, cette fois, la précision correspond au nombre de chiffres après le point décimal, quelle que soit la notation utilisée. On aura donc intérêt à éviter d'utiliser le mode par défaut dès lors qu'on souhaite maîtriser la précision des affichages...

Là encore, l'effet des modificateurs *fixed* ou *scientific* est permanent (jusqu'à modification explicite). On notera qu'une fois choisie l'une de ces notations, il n'est plus possible de revenir au comportement par défaut (choix automatique de la notation) avec un manipulateur. On pourra y parvenir en utilisant d'autres possiblités décrites au paragraphe 5 (il faudrait remettre à zéro les bits du champ *floatfield* du mot d'état de formatage, par exemple avec la fonction *setf*).

1.5.5 Un programme de facturation amélioré

Nous vous proposons d'utiliser quelques-uns des manipulateurs pour améliorer la présentation des résultats du programme de facturation du paragraphe 2.3 du chapitre 6 :

```
#include <iostream>
#include <iomanip>
using namespace std ;
main()
{  const double TAUX_TVA = 19.6 ;
   double ht, ttc, net, tauxr, remise ;
   cout << "donnez le prix hors taxes : " ;
   cin >> ht ;
   ttc = ht * ( 1. + TAUX_TVA/100.) ;
   if ( ttc < 1000.)              tauxr = 0 ;
      else if ( ttc < 2000 )      tauxr = 1. ;
         else if ( ttc < 5000 ) tauxr = 3. ;
            else                tauxr = 5. ;
```

```
    remise = ttc * tauxr / 100. ;
    net = ttc - remise ;
    cout << fixed << setprecision (2) ;
    cout << setw(20) << "prix ttc = "    << setw (12) <<   ttc << "\n" ;
    cout << setw(20) <<  "remise = "     << setw (12) << remise << "\n" ;
    cout << setw(20) << "net à payer = " << setw (12) << net << "\n" ;
}
```

```
donnez le prix hors taxes : 400
         prix ttc =       478.40
           remise =         0.00
      net à payer =       478.40
```

```
donnez le prix hors taxes : 2538.78
         prix ttc =      3036.38
           remise =        91.09
      net à payer =      2945.29
```

Facturation avec remise avec affichages monétairse alignés

2 Présentation générale de la classe istream

Comme nous avons fait pour la classe *ostream*, nous commencerons par préciser le rôle de l'opérateur >>. Puis nous définirons le rôle des différentes fonctions membres de la classe *istream* (*get*, *getline*, *gcount*, *read*...). Nous terminerons sur un exemple de formatage de l'information.

2.1 L'opérateur >>

Dans la classe *istream*, l'opérateur >> est surdéfini pour tous les types de base, y compris *char* *[1], sous la forme :

```
istream & operator >> (type_de_base & )
```

Il reçoit deux opérandes :

- la classe l'ayant appelé (argument implicite this ;
- une « lvalue » d'un type de base quelconque.

Son rôle consiste à extraire du flot concerné les caractères nécessaires pour former une valeur du type de base voulu en réalisant une opération inverse du formatage opéré par l'opérateur <<.

1. Mais pas, a priori, pour les types pointeurs.

Il fournit comme résultat la référence au flot concerné, après qu'il en a extrait l'information voulue. Cela permet de l'appliquer plusieurs fois de suite, comme dans :

```
cin >> n >> p >> x ;
```

Nous avons vu (paragraphe 2.4 du chapitre 5) que, par défaut, les « espaces blancs » (en anglais : *white spaces*) jouent un rôle important, puisque d'une part, ils servent de séparateurs et que, d'autre part, toute lecture commence par sauter ces caractères s'il en existe). Rappelons que l'on range dans cette catégorie des espaces blancs les caractères suivants : espace, tabulation horizontale (\t), tabulation verticale (\v), fin de ligne (\n) et changement de page (\ f).

2.1.1 Cas des caractères

Une des conséquences immédiates de ce mécanisme fait que (par défaut) ces délimiteurs ne peuvent pas être lus en tant que caractères. Par exemple, la répétition de l'instruction (*c* étant supposé de type *char*) :

```
cin >> c ;
```

appliquée à un flot contenant ce texte :

```
b o
n   j

our
```

conduira à ne prendre en compte que les 7 caractères : *b*, *o*, *n*, *j*, *o*, *u* et *r*.

En théorie, il existe un modificateur nommé *noskipws* (ne pas sauter les espaces blancs) permet d'agir sur ce point, mais son utilisation est peu aisée, dans la mesure où il concerne alors toutes les informations lues, en particulier celles de type numérique. Nous verrons ci-dessous qu'il existe des solutions plus agréables pour accéder aux délimiteurs, en utilisant l'une des fonctions membres *get* ou *getline*.

2.1.2 Cas des chaînes de style C

Lorsqu'on lit sur un flot une information à destination d'une chaîne de style C (*char* *), l'information rangée en mémoire est complétée par un caractère nul de fin de chaîne (\0). Ainsi, pour lire une chaîne de *n* caractères, il faut prévoir un emplacement de *n+1* caractères. D'autre part, si l'on veut éviter des problèmes d'écrasement en mémoire, il faut être capable de définir le nombre maximum de caractères que l'utilisateur risque de fournir, ce qui n'est pas toujours une chose aisée (dans certains environnement, les « lignes » au clavier peuvent atteindre des longueurs importantes...). On peut recourir au manipulateur paramétrique *setw* qui limite le nombre de caractères pris en compte lors de la prochaine lecture (et uniquement celle-la). Par exemple, avec :

```
const int LGNOM = 10 ;
char nom[LGNOM+1] ;
cin >> setw(LGNOM) >> nom ;
```

on est certain de ne pas prendre en compte plus de 10 caractères pour le tableau *nom*.

D'autre part, comme, par défaut, les espaces blancs servent de délimiteurs, il n'est pas possible de lire en une seule fois une chaîne contenant par exemple un espace, telle que :

```
bonjour mademoiselle
```

Notez que, dans ce cas, il ne sert à rien de la placer entre guillemets :

```
"bonjour mademoiselle"
```

En effet, la première chaîne lue serait alors :

```
"bonjour
```

Là encore, nous verrons un peu plus loin que la fonction *getline* fournit une solution agréable à ce problème.

2.1.3 Les types acceptés par >>

Voici un récapitulatif concernant les types acceptés par cet opérateur :

> Tous les types de base sont acceptés par l'opérateur >> : *bool*, *char* (et ses variantes *signed* et *unsigned*), *short* (et sa variante *unsigned*), *int* (et sa variante *unsigned*), *long* (et sa variante *unsigned*), *float*, *double* et *long double*.
>
> Parmi les types pointeurs, seul *char ** est accepté : dans ce cas, on lit une chaîne de style C.
>
> Les tableaux ne sont pas acceptés, hormis les tableaux de caractères (on y lit une chaîne de style C, terminée par un caractère nul).
>
> Le type *string* (chaînes de type classe) sera accepté (il jouera un rôle comparable aux chaînes de style C, avec moins de risques).
>
> Les autres types classes seront acceptés si l'on y a surdéfini convenablement l'opérateur >>.

Les types acceptés par l'opérateur >>

2.2 La fonction get

La fonction :

```
istream & get (char &)
```

permet d'extraire un caractère d'un flot d'entrée et de le ranger dans la variable (de type *char*) qu'on lui fournit en argument. Tout comme *put*, cette fonction fournit en retour la référence au flot concerné, après qu'on en a extrait le caractère voulu.

Contrairement au comportement par défaut de l'opérateur >>, la fonction *get* peut lire n'importe quel caractère, délimiteurs compris. Ainsi, en l'appliquant à un flot contenant ce texte :

```
b o
n   j

our
```

elle conduira à prendre en compte 16 caractères : b, espace, o, \n, n, espace, espace, espace, espace, j, \n, \n, o, u, r et \n.

Il existe une autre fonction *get* (il y a donc surdéfinition), de la forme :

```
int get ()
```

Celle-ci permet elle aussi d'extraire un caractère d'un flot d'entrée, mais elle le fournit comme valeur de retour sous la forme d'un **entier**. Elle est ainsi en mesure de fournir une valeur spéciale *EOF* (en général -1) lorsque la fin de fichier a été rencontrée sur le flot correspondant[1].

Remarque

Nous verrons, au paragraphe 3 consacré au « statut d'erreur » d'un flot, qu'il est possible de considérer un flot comme une « valeur logique » (vrai ou faux) et, par suite, d'écrire des instructions telles que :

```
char c ;
  ...
while ( cin.get(c) )        // recopie le flot cin
   cout.put (c) ;           // sur le flot cout
                            // arrêt quand eof car alors (cin) = 0
```

Celles-ci sont équivalentes à :

```
int c ;
  ...
while ( ( c = cin.get() ) != EOF )
   cout.put (c) ;
```

2.3 Les fonctions getline et gcount

Ces deux fonctions facilitent la lecture des chaînes de caractères, ou plus généralement d'une suite de caractères quelconques, terminée par un caractère connu (et non présent dans la chaîne en question).

L'en-tête de la fonction *getline* se présente sous la forme :

```
istream & getline (char * ch, int taille, char delim = '\n' )
```

Cette fonction lit des caractères sur le flot l'ayant appelée et les place dans l'emplacement d'adresse *ch*. Elle s'interrompt lorsqu'une des deux conditions suivantes est satisfaite :

- le caractère délimiteur *delim* a été trouvé : dans ce cas, ce caractère n'est pas recopié en mémoire ;
- taille - 1 caractères ont été lus.

Dans tous les cas, cette fonction ajoute un caractère nul de fin de chaîne, à la suite des caractères lus.

1. C'est ce qui justifie que sa valeur de retour soit de type *int* et non *char*.

Notez que le caractère délimiteur possède une valeur par défaut (*\n*) bien adaptée à la lecture de lignes de texte.

Quant à la fonction *gcount*, elle fournit le nombre de caractères effectivement lus lors du dernier appel de *getline*. Ni le caractère délimiteur, ni celui placé à la fin de la chaîne ne sont comptés ; autrement dit, *gcount* fournit la longueur effective de la chaîne rangée en mémoire par *getline*.

Voici, à titre d'exemple, un programme qui affiche des lignes entrées au clavier et en précise le nombre de caractères :

```
#include <iostream>
using namespace std ;
main()
{ const int LG_LIG = 120 ;        // longueur maxi d'une ligne de texte
  char ch [LG_LIG+1] ;        // pour lire une ligne
  int lg ;                    // longueur courante d'une ligne
  do
  { cin.getline (ch, LG_LIG) ;
    lg = cin.gcount () ;
    cout << "ligne de " << lg-1 << " caracteres :" << ch << ":\n" ;
  }
  while (lg >1) ;
}
```

```
bonjour
ligne de 7 caracteres :bonjour:
9 fois 5 font 45
ligne de 16 caracteres :9 fois 5 font 45:
n'importe quoi <&é"'(-è_çà))=
ligne de 29 caracteres :n'importe quoi <&é"'(-è_çà))=:

ligne de 0 caracteres ::
```

Exemple d'utilisation de la fonction getline

Remarques

1 Le programme précédent peut tout à fait servir à lister un fichier texte, pour peu qu'on ait redirigé vers lui l'entrée standard.

2 Il existe une autre fonction *getline* (indépendante, cette fois), destinée à lire des caractères dans un objet de type *string* ; nous en parlerons au paragraphe 3 du chapitre 28 où nous proposerons une adaptation du précédent programme.

2.4 La fonction read

La fonction *read* permet de lire une suite d'octets sur le flot d'entrée considéré.

2.4.1 Cas des caractères

Comme un octet peut toujours contenir un caractère, on peut utiliser *read* pour une chaîne de caractères de longueur donnée. Par exemple, avec :

```
char t[10] ;
```

l'instruction :

```
cin.read (t, 5) ;
```

lira sur *cin* 5 caractères et les rangera à partir de l'adresse *t*.

Là encore, ette fonction peut sembler faire double emploi soit avec la lecture d'une chaîne avec l'opérateur >>, soit avec la fonction *getline*. Toutefois, *read* ne nécessite ni séparateur ni caractère délimiteur particulier. En outre, aucun caractère de fin de chaîne n'intervient, ni sur le flot, ni en mémoire.

2.4.2 Autres cas

En fait, cette fonction s'avérera indispensable lorsque l'on souhaitera accéder à une information d'un fichier sous forme « brute » (binaire), sans qu'elle ne subisse aucune transformation, c'est-à-dire en recopiant en mémoire les informations telles qu'elles figurent dans le fichier. La fonction *read* jouera le rôle symétrique de la fonction *write*.

2.5 Quelques autres fonctions

Dans la classe *istream*, il existe également deux fonctions membres à caractère utilitaire :

- *putback (char c)* pour renvoyer dans le flot concerné un caractère donné ;
- *peek ()* qui fournit le prochain caractère disponible sur le flot concerné, mais sans l'extraire du flot (il sera donc à nouveau obtenu lors d'une prochaine lecture sur le flot).

Remarque

En toute rigueur, il existe aussi une classe *iostream*, héritant à la fois de *istream* et de *ostream*. Celle-ci permet de réaliser des entrées-sorties « bidirectionnelles ».

3 Statut d'erreur d'un flot

À chaque flot d'entrée ou de sortie est associé un ensemble de bits d'un entier, formant ce que l'on nomme le « statut d'erreur » du flot. Il permet de rendre compte du bon ou du mauvais déroulement des opérations sur le flot. Nous allons tout d'abord voir quelle est la signification de ces différents bits (au nombre de 4). Puis nous apprendrons comment en connaître la valeur et, le cas échéant, la modifier. Enfin, nous montrerons que la surdéfinition des opérateurs () et ! permet de simplifier l'utilisation d'un flot.

3.1 Les bits d'erreur

La position des différents bits d'erreur au sein d'un entier est définie par des constantes déclarées dans la classe *ios*, dont dérivent les deux classes *istream* et *ostream*. Chacune de ces constantes correspond à la valeur prise par l'entier en question lorsque le bit correspondant – et lui seul – est « activé » (à 1). Il s'agit de :

- *eofbit* : ce bit est activé si la fin de fichier a été atteinte, autrement dit si le flot correspondant n'a plus aucun caractère disponible ;
- *failbit* : ce bit est activé lorsque la prochaine opération d'entrée-sortie ne peut aboutir ;
- *badbit* : ce bit est activé lorsque le flot est dans un état irrécupérable.

La différence entre *badbit* et *failbit* n'existe que pour les flots d'entrée. Lorsque *failbit* est activé, aucune information n'a été réellement perdue sur le flot ; il n'en va plus de même lorsque *badbit* est activé.

De plus, il existe une constante *goodbit* (valant en fait 0), qui correspond à la valeur que doit avoir le statut d'erreur lorsque aucun de ses bits n'est activé.

On peut dire qu'une opération d'entrée-sortie a réussi lorsque l'un des bits *goodbit* ou *eofbit* est activé. De même, on peut dire que la prochaine opération d'entrée-sortie ne pourra aboutir que si *goodbit* est activé (mais il n'est pas encore certain qu'elle réussisse!).

Lorsqu'un flot est dans un état d'erreur, aucune opération ne peut aboutir tant que :

- la condition d'erreur n'a pas été corrigée (ce qui va de soi !) ;
- le bit d'erreur correspondant n'a pas été remis à zéro ; nous allons voir qu'il existe des fonctions permettant d'agir sur ces bits d'erreur.

3.2 Actions concernant les bits d'erreur

Il existe deux catégories de fonctions :

- celles qui permettent de connaître le statut d'erreur d'un flot, c'est-à-dire, en fait, la valeur de ses différents bits d'erreur ;
- celles qui permettent de modifier la valeur de certains de ces bits d'erreur.

3.2.1 Accès aux bits d'erreur

D'une part, il existe 5 fonctions membres (de *ios*, donc de *istream* et de *ostream*) :

- *eof()* : fournit la valeur vrai (1) si la fin de fichier a été rencontrée, c'est-à-dire si le bit *eofbit* est activé.
- *bad ()* : fournit la valeur vrai (1) si le flot est altéré, c'est-à-dire si le bit *badbit* est activé.

- *fail ()* : fournit la valeur vrai (1) si le bit *failbit* est activé,
- *good ()* : fournit la valeur vrai (1) si aucune des trois fonctions précédentes n'a la valeur *vrai*, c'est-à-dire si aucun des bits du statut d'erreur n'est activé.

D'autre part, la fonction membre[1] *rdstate ()* fournit en retour un entier correspondant à la valeur du statut d'erreur.

3.2.2 Modification du statut d'erreur

La fonction membre *clear* d'en-tête :

void clear (int i=0)

active les bits d'erreur correspondant à la valeur fournie en argument. En général, on définit la valeur de cet argument en utilisant les constantes prédéfinies de la classe *ios*.

Par exemple, si *fl* désigne un flot, l'instruction :

```
fl.clear (ios::badbit) ;
```

activera le bit *badbit* du statut d'erreur du flot *fl* et mettra tous les autres bits à zéro.

Si l'on souhaite activer ce bit sans modifier les autres, il suffit de faire appel à *rdstate*, en procédant ainsi :

```
fl.clear (ios::badbit | fl.rdstate () ) ;
```

Remarque

Lorsque vous surdéfinirez les opérateurs << et >> pour vos propres types (classes), il sera pratique de pouvoir activer les bits d'erreur en guise de compte rendu du déroulement de l'opération.

3.3 Surdéfinition des opérateurs () et !

Comme nous l'avons déjà évoqué dans la remarque du paragraphe 2.2, il est possible de « tester » un flot en le considérant comme une valeur logique (*vrai* ou *faux*). Pour ce faire, on a recours à la surdéfinition, dans la classe *ios* des opérateurs () et !.

Plus précisément, l'opérateur () est surdéfini de manière que, si *fl* désigne un flot :

(fl)

- prenne une valeur non nulle[2] (vrai), si aucun des bits d'erreur n'est activé, c'est-à-dire si *good ()* a la valeur vrai.
- prenne une valeur nulle (faux) dans le cas contraire, c'est-à-dire si *good ()* a la valeur faux.

1. Désormais, nous ne préciserons plus qu'il s'agit d'un membre de *ios*, dont héritent *istream* et *ostream*.

2. Sa valeur exacte n'est pas précisée et elle n'a donc pas de signification particulière.

Ainsi :

```
if (fl) ...
```

peut remplacer :

```
if (fl.good () ) ...
```

De même, l'opérateur ! est surdéfini de manière que si *fl* désigne un flot :

! fl

- prenne une valeur nulle (faux) si un des bits d'erreur est activé, c'est-à-dire si good() a la valeur faux ;
- prenne une valeur non nulle (vrai) si aucun des bits d'erreur n'est activé, c'est-à-dire si good() a la valeur vrai.

Ainsi :

```
if (! flot ) ...
```

peut remplacer :

```
if (! flot.good () ) ...
```

3.4 Exemples

En testant et en modifiant l'état du flot *cin*, nous pouvons gérer les situations dans lesquelles un caractère invalide venait bloquer les lectures ultérieures. Nous vous proposons une adaptation dans ce sens du programme du paragraphe 2.6.3 du chapitre 5. Nous verrons qu'il souffre encore de lacunes, de sorte que cet exemple devra surtout être considéré comme un exemple d'utilisation des outils de gestion de l'état d'un flot.

```
#include <iostream>
using namespace std ;
main()
{  int n ;
   char c ;
   do
     { cout << "donnez un nombre entier : " ;
       if (cin >> n) cout << "voici son carre : " << n*n << "\n" ;
       else { (cin.clear()) ; cin >> c ; }
     }
   while (n) ;
}
```

```
donnez un nombre entier : 12
voici son carre : 144
donnez un nombre entier : x25
donnez un nombre entier : voici son carre : 625
donnez un nombre entier : &&2
donnez un nombre entier : donnez un nombre entier : voici son carre : 4
```

```
donnez un nombre entier : 0
voici son carre : 0
```

Pour éviter une boucle infinie en cas de caractère invalide

Lorsque le flot est bloqué, nous lisons artificiellement un caractère (correspondant au caractère invalide responsable du blocage), nous débloquons le flot par appel de *clear* et nous relançons la lecture. Comme le montre l'exemple d'exécution, la situation est « débloquée », mais le dialogue avec l'utilisateur laisse à désirer...

À titre indicatif, voici à quoi conduirait une adaptation comparable de programme du paragraphe 2.6.2 du chapitre 5 :

```
#include <iostream>
using namespace std ;
main()
{  int n = 12 ; char c = 'a' ; char cc ;
   bool ok = false ;
   do { cout << "donnez un entier et un caractere :\n" ;
        if (cin >> n >> c)
          { cout << "merci pour " << n << " et " << c << "\n" ;
            ok = true ;
          }
         else
         { ok = false ;
           cin.clear() ;  ;
           cin >> cc ;  // pour lire au moins le caractere invalide
         }
   }
   while (! ok) ;
 }
```

```
donnez un entier et un caractere :
12 y
merci pour 12 et y
```

```
donnez un entier et un caractere :
&2 y
donnez un entier et un caractere :
merci pour 2 et y
```

```
donnez un entier et un caractere :
xx12
donnez un entier et un caractere :
donnez un entier et un caractere :
12 x
merci pour 12 et 1
```

Gestion de l'état d'un flot pour « sauter » un caractère invalide

Les exemples d'exécution montrent que la situation est encore moins agréable que précédemment.

D'une manière générale, nous n'avons réglé ici que le problème de blocage sur le caractère invalide, mais pas celui de manque de synchronisme entre lecture et affichage. Au paragraphe 7.2 du chapitre 28, nous présenterons des solutions plus satisfaisantes en désynchronisant la lecture d'une ligne au clavier de son utilisation, par le biais d'un « formatage en mémoire ».

4 Surdéfinition de << et >> pour les types définis par l'utilisateur

Comme nous l'avons déjà dit, les opérateurs << et >> peuvent être redéfinis par l'utilisateur pour des types classe qu'il a lui-même créés. Nous allons d'abord examiner la méthode à suivre pour réaliser cette surdéfinition, avant d'en présenter un exemple d'application.

4.1 Méthode

Les deux opérateurs << et >>, déjà surdéfinis au sein des classes *istream* et *ostream* pour les différents types de base, peuvent être surdéfinis pour n'importe quel type classe créé par l'utilisateur.

Pour ce faire, il suffit de tenir compte des points suivants :

1. Ces opérateurs doivent recevoir un flot en premier argument, ce qui empêche de les surdéfinir sous la forme d'une fonction membre de la classe concernée (notez qu'on ne peut plus, comme dans le cas des types de base, les surdéfinir sous la forme d'une fonction membre de la classe *istream* ou *ostream*, car l'utilisateur ne peut plus modifier ces classes qui lui sont fournies avec C++).

   Il s'agira donc de fonctions indépendantes ou amies de la classe concernée et ayant un prototype de la forme :

   ```
   ostream & operator << (ostream &, expression_de_type_classe)
   ```

   ou :

   ```
   istream & operator >> (ostream &, & type_classe)
   ```

2. La valeur de retour sera obligatoirement la référence au flot concerné (reçu en premier argument).

D'une manière génrale, on peut dire que toutes les surdéfinitions de << suivront ce schéma :

```
ostream & operator << (ostream & sortie, type_classe objet[1])
{   // Envoi sur le flot sortie des membres de objet en utilisant
    // les possibilités classiques de << pour les types de base
    // c'est-à-dire des instructions de la forme :
    //     sortie << ..... ;
  return sortie ;
}
```

De même, toutes les surdéfinitions de >> suivront ce schéma :

```
istream & operator >> (istream & entree, type_classe & objet[2])
{   // Lecture des informations correspondant aux différents membres de objet
    // en utilisant les possibilités classiques de >> pour les types de base
    // c'est-à-dire des instructions de la forme :
    //     entree >> ..... ;
  return entree ;
}
```

Remarque

Dans le cas de la surdéfinition de >> (flot d'entrée), il sera souvent utile de s'assurer que l'information lue répond à certaines exigences, et d'agir en conséquence sur l'état du flot. C'est ce que montre l'exemple suivant.

4.2 Exemple

Voici un programme dans lequel nous avons surdéfini les opérateurs << et >> pour le type *point* que nous avons souvent rencontré dans les précédents chapitres :

```
class point
{   int x , y ;
  .....
} ;
```

Nous supposerons qu'une « valeur de type *point* » se présente toujours (aussi bien en lecture qu'en écriture) sous la forme :

< entier, entier >

avec éventuellement des espaces blancs supplémentaires, de part et d'autre des valeurs entières.

```
#include <iostream>
using namespace std ;
```

1. Ici, la transmission peut se faire par valeur ou par référence.

2. Même remarque que précédemment.

```
class point
{  int x, y ;
  public :
   point (int abs=0, int ord=0)
     { x = abs ; y = ord ; }
   int abscisse () { return x ; }
   friend ostream & operator << (ostream &, point) ;
   friend istream & operator >> (istream &, point &) ;
} ;
ostream & operator << (ostream & sortie, point p)
{ sortie << "<" << p.x << "," << p.y << ">" ;
  return sortie ;
}
istream & operator >> (istream & entree, point & p)1
{  char c = '\0' ;
   float x, y ;  int ok = 1 ;
   entree >> c ;
   if (c != '<') ok = 0 ;
      else
       { entree >> x >> c ;
         if (c != ',') ok = 0 ;
            else
             { entree >> y >> c ;
               if (c != '>') ok = 0 ;
             }
       }
   if (ok) { p.x = x ; p.y = y ; }          // on n'affecte à p que si tout est OK
      else entree.clear (ios::badbit | entree.rdstate () ) ;
   return entree ;
}
main()
{ char ligne [121] ;
  point a(2,3), b ;
  cout << "point a : " << a << "  point b : " << b << "\n" ;
  do
   { cout << "donnez un point : " ;
     if (cin >> a)  cout << "merci pour le point : " << a << "\n" ;
                    else { cout << "** information incorrecte \n" ;
                           cin.clear () ;
                           cin.getline (ligne, 120, '\n') ;
                         }
   }
  while ( a.abscisse () ) ;
}
```

1. Certaines implémentations requièrent, à tort, qu'on préfixe les noms *operator<<* et *operator>>* par *std*, en écrivant les en-têtes de cette façon :
istream & std::operator >> (istream & entree, point & p)
istream & std::operator >> (istream & entree, point & p)

```
point a : <2,3>  point b : <0,0>
donnez un point : 2,9
** information incorrecte
donnez un point : <2, 9<
** information incorrecte
donnez un point : <2,9>
merci pour le point : <2,9>
donnez un point : <    12    ,       999>
merci pour le point : <12,999>
donnez un point : bof
** information incorrecte
donnez un point : <0, 0>
merci pour le point : <0,0>
Press any key to continue
```

Surdéfinition de l'opérateur << pour la classe point

Dans la surdéfinition de >>, nous avons pris soin de lire tout d'abord toutes les informations relatives à un *point* dans des variables locales. Ce n'est que lorsque tout s'est bien déroulé que nous transférons les valeurs ainsi lues dans le *point* concerné. Cela évite, par exemple en cas d'information incomplète, de modifier l'une des composantes du *point* sans modifier l'autre, ou encore de modifier les deux composantes alors que le caractère > de fin n'a pas été trouvé.

Si nous ne prenions pas soin d'activer le bit *badbit* lorsque l'on ne trouve pas l'un des caractères < ou >, l'utilisateur ne pourrait pas savoir que la lecture s'est mal déroulée.

Notez que dans la fonction *main*, en cas d'erreur sur *cin*, nous commençons par remettre à zéro l'état du flot avant d'utiliser *getline* pour « sauter » les informations qui risquent de ne pas avoir pu être exploitées.

5 Gestion du formatage

Nous avons présenté quelques possibilités d'action sur le formatage des informations, aussi bien pour un flot d'entrée que pour un flot de sortie. Nous allons ici étudier en détail la démarche suivie par C++ pour gérer ce formatage.

Chaque flot, c'est-à-dire chaque objet de classe *istream* ou *ostream*, conserve en permanence un ensemble d'informations[1] (indicateurs) spécifiant quel est, à un moment donné, son « statut de formatage ». Un des avantages de la méthode employée par C++ est qu'elle permet à l'utilisateur d'ignorer totalement cet aspect formatage, tant qu'il se contente d'un comportement par défaut .Un autre avantage est de permettre à celui qui le souhaite de définir une

1. En toute rigueur, cette information est prévue dans la classe *ios* dont dérivent les classes *istream* et *ostream*.

fois pour toutes un format approprié à une application donnée et de ne plus avoir à s'en soucier par la suite.

Comme nous l'avons fait pour le statut d'erreur d'un flot, nous commencerons par étudier les différents éléments composant le « statut de formatage » d'un flot avant de montrer comment on peut le connaître d'une part, le modifier d'autre part.

C En C

Cette façon de procéder est très différente de celle employée par les fonctions C telles que *printf* ou *scanf*. Dans ces dernières, en effet, on doit fournir pour chaque opération d'entrée-sortie les indications de formatage appropriées (sous la forme d'un « format » composé, entre autres, d'une succession de « codes de format »).

5.1 Le statut de formatage d'un flot

Le statut de formatage d'un flot comporte essentiellement :

- un **mot d'état**, dans lequel chaque bit est associé à une signification particulière ; on peut dire qu'on y trouve, en quelque sorte, toutes les indications de formatage de la forme vrai/faux[1] ;
- les valeurs numériques précisant les valeurs courantes suivantes :
  - Le « gabarit » : il s'agit de la valeur fournie a *setw* ; rappelons qu'elle « retombe » à zéro (qui signifie : gabarit standard), après le transfert (lecture ou écriture) d'une information. D'autre part, pour un flot d'entrée, elle ne concerne que les caractères ou les chaînes (de style C ou de type *string*).
  - La « précision » : elle ne concerne que les informations de type flottant (*float*, *double* ou *long double*) à destination d'un flot de sortie. Elle possède une signification différente suivant que l'on utilise la notation par défaut (elle représente alors le nombre de chiffres significatifs) ou l'une des notations flottantes ou exponentielles (elle représente alors le nombre de chiffres affichés après le point décimal).
  - Le « caractère de remplissage », c'est-à-dire le caractère employé pour compléter un gabarit, dans le cas où l'on n'utilise pas le gabarit par défaut ; par défaut, ce caractère de remplissage est un espace.

1. On retrouve là le même mécanisme que pour l'entier contenant le statut d'erreur d'un flot. Mais comme nous le verrons ci-dessous, le statut de formatage d'un flot comporte, quant à lui, d'autres types d'informations que ces indications « binaires ».

5.2 Description du mot d'état du statut de formatage

Comme le statut d'erreur d'un flot, le mot d'état du statut de formatage est formé d'un entier, dans lequel chaque bit est repéré par une constante prédéfinie dans la classe *ios*. Chacune de ces constantes correspond à la valeur prise par cet entier lorsque le bit correspondant – et lui seul – est « activé » (à 1). Ici encore, la valeur de chacune de ces constantes peut servir :

- soit à identifier le bit correspondant au sein du mot d'état ;
- soit à fabriquer directement un mot d'état.

De plus, certains « champs de bits » (au nombre de trois) sont définis au sein de ce même mot. Nous verrons qu'ils facilitent, dans le cas de certaines fonctions membres, la manipulation d'un des bits d'un champ (on peut « citer » le bit à modifier dans un champ, sans avoir à se préoccuper de la valeur des bits des autres champs).

Voici la liste des différentes constantes, accompagnées, le cas échéant, du nom du champ de bit correspondant.

Nom de champ (s'il existe)	Nom du bit	Signification
	ios::skipws	saut des espaces blancs (en entrée)
ios::adjustfield	ios::left	cadrage à gauche (en sortie)
	ios::right	cadrage à droite (en sortie)
	ios::internal	remplissage après signe ou base
ios::basefield	ios::dec	conversion décimale
	ios::oct	conversion octale
	ios::hex	conversion hexadécimale
	ios::showbase	affichage indicateur de base (en sortie)
	ios::showpoint	affichage point décimal (en sortie)
	ios::uppercase	affichage caractères hexa en majuscules (en sortie)
	ios::showpos	affichage nombres positifs précédés du signe + (en sortie)
ios::floatfield	ios::scientific	notation « scientifique » (en sortie)
	ios::fixed	notation « point fixe » (en sortie)
	ios::unitbuf	vide les tampons après chaque écriture
	ios::stdio	vide les tampons après chaque écriture sur stdout ou stderr

Le mot d'état du statut de formatage

Au sein de chacun des trois champs de bits (*adjustfield*, *basefield*, *floatfield*), il ne peut pas y avoir plus d'un bit actif. S'il n'en va pas ainsi, C++ lève l'ambiguïté en prévoyant un comportement par défaut (*right, dec, scientific*). Notez que c'est en remettant à zéro les deux bits du champ *floatfield* qu'on retouve le comportement par défaut pour l'affichage des flottants.

5.3 Action sur le statut de formatage

Les exemples des paragraphes 1 et 2 ont introduit la notion de manipulateur (paramétrique ou non). Comme vous vous en doutez, ces manipulateurs permettent d'agir sur le statut de formatage. Mais on peut aussi pour cela utiliser des fonctions membres des classes *istream* ou *ostream*. Ces dernières sont généralement redondantes par rapport aux manipulateurs paramétriques (nous verrons toutefois qu'il existe des fonctions membres ne comportant aucun équivalent sous forme de manipulateur).

Suivant le cas, l'action portera sur le mot d'état ou sur les valeurs numériques (gabarit, précision, caractère de remplissage). En outre, on peut agir globalement sur le mot d'état. Nous verrons que certaines fonctions membres permettront notamment de le "sauvegarder" pour pouvoir le « restaurer » ultérieurement (ce qu'aucun manipulateur ne permet). L'accès aux valeurs numériques se fait globalement ; celles-ci doivent donc, le cas échéant, faire l'objet de sauvegardes individuelles.

5.3.1 Les manipulateurs non paramétriques

Ce sont donc des opérateurs qui s'utilisent ainsi :

```
flot << manipulateur
```

pour un flot de sortie, ou ainsi :

```
flot >> manipulateur
```

pour un flot d'entrée.

Ils fournissent comme résultat le flot obtenu après leur action, ce qui permet de les traiter de la même manière que les informations à transmettre. En particulier, ils permettent eux aussi d'appliquer plusieurs fois de suite les opérateurs << ou >>.

Voici la liste de ces manipulateurs :

Manipulatleur	Utilisation	Action
dec	entrée/sortie	Active le bit correspondant
hex	entrée/sortie	Active le bit corrrespondant
oct	entrée/sortie	Active le bit correspondant
boolalpha/noboolalpha	entrée/sortie	Active/désactive le bit correspondant
left/base/internal	sortie	Active le bit correspondant
scientific/fixed	sortie	Active le bit correspondant
showbase/noshowbase	sortie	Active/désactive le bit correspondant
showpoint/noshowpoint	sortie	Active/désactive le bit correspondant

Manipulatleur	Utilisation	Action
showpos/noshowpos	sortie	Active/désactive le bit correspondant
skipws/noskipws	entrée	Active/désactive le bit correspondant
uppercase/nouppercase	sortie	Active/désactive le bit correspondant
ws	entrée	active le bit « saut des caractères blancs »
endl	sortie	Insère un saut de ligne et vide le tampon
ends	sortie	Insère un caractère de fin de chaîne C (\0)
flush	sortie	vide le tampon

Les manipulateurs non paramétriques

5.3.2 Les manipulateurs paramétriques

Ce sont donc également des manipulateurs, c'est-à-dire des opérateurs agissant sur un flot et fournissant en retour le flot après modification. Mais, cette fois, ils comportent un paramètre qui leur est fourni sous la forme d'un argument entre parenthèses. En fait, ces manipulateurs paramétriques sont des fonctions dont l'en-tête est de la forme :

```
istream & manipulateur (argument)
```

ou :

```
ostream & manipulateur (argument)
```

Ils s'emploient comme les manipulateurs non paramétriques, avec cette différence qu'ils nécessitent l'inclusion du fichier *iomanip*.

Voici la liste de ces manipulateurs paramétriques :

Manipulateur	Utilisation	Rôle
setbase (int)	Entrée/Sortie	Définit la base de conversion
resetiosflags (long)	Entrée/Sortie	Remet à zéro tous les bits désignés par l'argument (sans modifier les autres)
setiosflags (long)	Entrée/Sortie	Active tous les bits spécifiés par l'argument (sans modifier les autres)
setfill (int)	Entrée/Sortie	Définit le caractère de remplissage
setprecision (int)	Sortie	Définit la précision des nombres flottants
setw (int)	Entrée/Sodrtie	Définit le gabarit

Les manipulateurs paramétriques

Notez bien que les manipulateurs *resetiosflags* et *setiosflags* agissent sur **tous** les bits spécifiés par leur argument.

5.3.3 Les fonctions membres

Dans les classes *istream* et *ostream*, il existe cinq fonctions membres que nous n'avons pas encore rencontrées : *setf, unsetf, fill, precision* et *width*.

setf

Cette fonction permet de modifier le mot d'état de formatage. Elle est en fait surdéfinie. Il existe deux versions :

- *long setf (long)*

  Son appel active les bits spécifiés par son argument. On obtient en retour l'ancienne valeur du mot d'état de formatage.

  Notez bien que, comme le manipulateur *setiosflags*, cette fonction ne modifie pas les autres bits. Ainsi, en supposant que *flot* est un flot, avec :

  ```
  flot.setf (ios::oct)
  ```

  on activerait le bit *ios::oct*, alors qu'un des autres bits *ios::dec* ou *ios::hex* serait peut-être activé[1]. Comme nous allons le voir ci-dessous, la deuxième forme de *setf* se révèle plus pratique dans ce cas.

- *long setf (long, long)*

  Son appel active les bits spécifiés par le premier argument, seulement au sein du champ de bits défini par le second argument. Par exemple, si *flot* désigne un flot :

  ```
  flot.setf (ios::oct, ios::basefield)
  ```

  active le bit *ios::oct* en désactivant les autres bits du champ *ios::basefield*.

  Cette version de *setf* fournit en retour l'ancienne valeur du **champ de bits** concerné. Cela permet des sauvegardes pour des restaurations ultérieures. Par exemple, si *flot* est un flot, avec :

  ```
  base_a = flot.setf (ios::hex, ios::basefield) ;
  ```

  vous passez en notation hexadécimale. Pour revenir à l'ancienne notation, quelle qu'elle soit, il vous suffira de procéder ainsi :

  ```
  flot.setf (base_a, ios::basefield) ;
  ```

unsetf

- *void unsetf (long)*

  Cette fonction joue le rôle inverse de la première version de *setf*, en désactivant les bits mentionnés par son unique argument.

---

1. Avec les versions de C++ d'avant la norme (ou avec *<iostream.h>*), seul le bit voulu était activé.

fill

Cette fonction permet d'agir sur le caractère de remplissage. Elle est également surdéfinie. Il existe deux versions :

- *char fill ()*

  Cette version fournit comme valeur de retour l'actuel caractère de remplissage.

- *char fill (char)*

  Cette version donne au caractère de remplissage la valeur spécifiée par son argument et fournit en retour l'ancienne valeur. Si *flot* est un flot de sortie, on peut par exemple imposer temporairement le caractère * comme caractère de remplissage, puis retrouver l'ancien caractère, quel qu'il soit, en procédant ainsi :

```
char car_a ;
 ....
car_a = fill ('*') ;          // caractère de remplissage = '*'
 ....
fill (car_a) ;                // retour à l'ancien caractère de remplissage
```

precision

Cette fonction permet d'agir sur la précision numérique. Elle est également surdéfinie. Il en existe deux versions :

- *int precision ()*

  Cette version fournit comme valeur de retour la valeur actuelle de la précision numérique.

- *int precision (int)*

  Cette version donne à la précision numérique la valeur spécifiée par son argument, et fournit en retour l'ancienne valeur. Si *flot* est un flot de sortie, on peut par exemple imposer temporairement une certaine précision (ici *prec*) puis revenir à l'ancienne, quelle qu'elle soit, en procédant ainsi :

```
int prec_a, prec ;
   .....
prec_a = flot.precision (prec) ;  // on impose la précision définie par prec
    .....
flot.precision (prec_a) ;         // on revient à l'ancienne précision
```

width

Cette fonction permet d'agir sur le gabarit. Elle est également surdéfinie. Il en existe deux versions :

- *int width()*

  Cette version fournit comme valeur de retour la valeur actuelle du gabarit.

- *int width(int)*

  Cette version donne au gabarit la valeur spécifiée par son argument et fournit en retour l'ancienne valeur. Si *flot* est un flot de sortie, on peut par exemple imposer temporairement un certain gabarit (ici *gab*) puis revenir à l'ancien, quel qu'il soit en procédant ainsi :

```
int gab_a, gab ;
   .....
gab_a = flot.width (gab) ;      // on impose un gabarit défini par gab
   .....
flot.width (gab_a) ;            // on revient à l'ancien gabarit
```

5.3.4 Exemple

Nous vous proposons une autre façon d'écrire les instructions d'affichage du programme de facturation avec remise déjà proposé au paragraphe 1.5.5. Ici, nous nous sommes limités aux instructions concernées ; le nouveau programme fournit les mêmes résulats que l'ancien.

```
cout << setiosflags (ios::fixed) << setprecision (2) ;
                                     // notation flottante, precision 2
cout << setw(20) << "prix ttc = "    << setw (12)  << ttc << "\n" ;
cout << setw(20) <<  "remise = "     << setw (12) << remise << "\n" ;
cout << setw(20) << "net a payer = " << setw (12) << net << "\n" ;
```

6 Connexion d'un flot à un fichier

Jusqu'ici, nous avons parlé des flots prédéfinis (*cin* et *cout*) et nous vous avons donné des informations s'appliquant à un flot quelconque (paragraphes 3 et 5), mais sans vous dire comment ce flot pourrait être associé à un fichier. Ce paragraphe va vous montrer comment y parvenir et examiner les possibilités d'accès direct dont on peut alors bénéficier.

6.1 Connexion d'un flot de sortie à un fichier

Pour associer un flot de sortie à un fichier, il suffit de créer un objet de type *ofstream*, classe dérivant de *ostream*. L'emploi de cette nouvelle classe nécessite d'inclure un fichier en-tête nommé *fstream*, en plus du fichier *iostream*.

Le constructeur de la classe *ofstream* nécessite deux arguments :

- le nom du fichier concerné (sous forme d'une chaîne de caractères) ;
- un mode d'ouverture défini par une constante entière : la classe *ios* comporte, là encore, un certain nombre de constantes prédéfinies (nous les passerons toutes en revue au paragraphe 6.4).

Voici un exemple de déclaration d'un objet (*sortie*) du type *ofstream* (le paramètre *ios::binary* n'est utile que dans les environnements qui distinguent les fichiers textes des autres) :

```
ofstream sortie ("truc.dat", ios::out|ios::binary) ;   // ou seulement ios::out
```

L'objet *sortie* sera donc associé au fichier nommé *truc.dat*, après qu'il aura été ouvert en écriture.

Une fois construit un objet de classe *ofstream*, l'écriture dans le fichier qui lui est associé peut se faire comme pour n'importe quel flot en faisant appel à toutes les facilités de la classe *ostream* (dont dérive *ofstream*).

Par exemple, après la déclaration précédente de *sortie*, nous pourrons employer des instructions telles que :

```
sortie << .... << .... << .... ;
```

pour réaliser des sorties formatées, ou encore :

```
sortie.write (.....) ;
```

pour réaliser des écritures binaires. De même, nous pourrons connaître le statut d'erreur du flot correspondant en examinant la valeur de *sortie :*

```
if (sortie) ....
```

Voici un programme complet qui enregistre, sous forme binaire, dans un fichier de nom fourni par l'utilisateur, une suite de nombres entiers qu'il lui fournit sur l'entrée standard :

```
#include <cstdlib>                        // pour exit
#include <iostream>
#include <fstream>
#include <iomanip>
using namespace std ;
const int LGMAX = 20 ;
main()
{  char nomfich [LGMAX+1] ; int n ;
   cout << "nom du fichier a creer : " ;
   cin >> setw (LGMAX) >> nomfich ;
   ofstream sortie (nomfich, ios::out|ios::binary) ;     // ou ios::out
   if (!sortie) { cout << "creation impossible \n" ; exit (1) ;
                }
   do { cout << "donnez un entier : " ;
        cin >> n ;
        if (n) sortie.write ((char *)&n, sizeof(int) ) ;
      }
   while (n && (sortie)) ;
   sortie.close () ;
}
```

Création séquentielle d'un fichier d'entiers

Nous nous sommes servis du manipulateur *setw* pour limiter la longueur du nom de fichier fourni par l'utilisateur. Par ailleurs, nous examinons le statut d'erreur de *sortie* comme nous le ferions pour un flot usuel.

Remarque

En toute rigueur, le terme « connexion » (ou « association ») d'un flot à un fichier pourrait laisser entendre :

- soit qu'il existe deux types d'objets : d'une part un flot, d'autre part un fichier ;
- soit que l'on déclare tout d'abord un flot que l'on associe ultérieurement à un fichier.

Or, il n'en est rien, puisque l'on déclare en une seule fois un objet de *ofstream*, en spécifiant le fichier correspondant. On pourrait d'ailleurs dire qu'un objet de ce type est un fichier.

6.2 Connexion d'un flot d'entrée à un fichier

Pour associer un flot d'entrée à un fichier, on emploie un mécanisme analogue à celui utilisé pour un flot de sortie. On crée cette fois un objet de type *ifstream*, classe dérivant de *istream*. Il faut toujours inclure le fichier en-tête *fstream.h* en plus du fichier *iostream.h*. Le constructeur comporte les mêmes arguments que précédemment, c'est-à-dire nom de fichier et mode d'ouverture.

Par exemple, avec l'instruction suivante (là encore, le paramètre *ios::binary* n'est utile que dans les environnements qui distinguent les fichiers textes des autres) :

```
ifstream entree ("truc.dat", ios::in|ios::binary) ;   // ou seulement ios::in
```

l'objet *entree* sera associé au fichier de nom *truc.dat*, après qu'il aura été ouvert en lecture.

Une fois construit un objet de classe *ifstream*, la lecture dans le fichier qui lui est associé pourra se faire comme pour n'importe quel flot d'entrée en faisant appel à toutes les facilités de la classe *istream* (dont dérive *ifstream*).

Par exemple, après la déclaration précédente de *entree*, nous pourrions employer des instructions telles que :

```
entree >> ... >> ... >> ... ;
```

pour réaliser des lectures formatées, ou encore :

```
entree.read (.....) ;
```

pour réaliser des lectures binaires.

Voici un programme complet qui permet de lister le contenu d'un fichier quelconque créé par le programme précédent :

```
#include <iostream>
#include <fstream>
#include <iomanip>
using namespace std ;
```

```
const int LGMAX = 20 ;
main()
{  char nomfich [LGMAX+1] ;
   int n ;
   cout << "nom du fichier a lister : " ;
   cin >> setw (LGMAX) >> nomfich ;
   ifstream entree (nomfich, ios::in|ios::binary) ;    // ou ios::in
   if (!entree) { cout << "ouverture impossible \n" ;
                  exit (-1) ;
                }
   while ( entree.read ( (char*)&n, sizeof(int) ) )
        cout << n << "\n" ;
   entree.close () ;
}
```

Lecture séquentielle d'un fichier d'entiers

Remarque

Il existe également une classe *fstream*, dérivée des deux classes *ifstream* et *ofstream*, permettant d'effectuer à la fois des lectures et des écritures avec un même fichier. Cela peut s'avérer fort pratique dans le cas de l'accès direct que nous examinons ci-dessous. La déclaration d'un objet de type *fstream* se déroule comme pour les types *ifstream* ou *ofstream*. Par exemple :

```
fstream fich ("truc.dat", ios::in|ios::out|ios::binary) ;
```

associe l'objet *fich* au fichier de nom *truc.dat*, après l'avoir ouvert en lecture et en écriture.

6.3 Les possibilités d'accès direct

En C++, dès qu'un flot a été connecté à un fichier, il est possible de réaliser un « accès direct » à ce fichier en agissant tout simplement sur un pointeur dans ce fichier, c'est-à-dire un nombre précisant le rang du prochain **octet** (caractère) à lire ou à écrire. Après chaque opération de lecture ou d'écriture, ce pointeur est incrémenté du nombre d'octets transférés. Ainsi, lorsque l'on n'agit pas explicitement sur ce pointeur, on réalise un classique accès séquentiel ; c'est ce que nous avons fait précédemment.

Les possibilités d'accès direct se résument donc en fait aux possibilités d'action sur ce pointeur ou à la détermination de sa valeur.

Dans chacune des deux classes *ifstream* et *ofstream*, une fonction membre nommée *seekg* (pour *ifstream*) et *seekp* (pour *ofstream*) permet de donner une certaine valeur au pointeur (attention, chacune de ces deux classes possède le sien, de sorte qu'il existe un pointeur pour la lecture et un pointeur pour l'écriture). Plus précisément, chacune des ces deux fonctions comporte deux arguments :

- un entier représentant un déplacement du pointeur, par rapport à une origine précisée par le second argument ;
- une constante entière choisie parmi trois valeurs prédéfinies dans ios :
  - *ios::beg* : le déplacement est exprimé par rapport au début du fichier ;
  - *ios::cur* : le déplacement est exprimé par rapport à la position actuelle ;
  - *ios::end* : le déplacement est exprimé par rapport à la fin du fichier (par défaut, cet argument a la valeur *ios::beg*).

Par ailleurs, il existe dans chacune des classes *ifstream* et *ofstream* une fonction permettant de connaître la position courante du pointeur. Il s'agit de *tellg* (pour *ifstream*) et de *tellp* (pour *ofstream*).

Voici un exemple de programme permettant d'accéder à n'importe quel entier d'un fichier du type de ceux que pouvait créer le programme du paragraphe 6.1 (ici, nous supposons qu'il comporte une dizaine de valeurs entières) :

```
#include <iostream>
#include <fstream>
#include <iomanip>
using namespace std ;
const int LGMAX_NOM_FICH = 20 ;
main()
{
  char nomfich [LGMAX_NOM_FICH + 1] ;
  int n, num ;
  cout << "nom du fichier a consulter : " ;
  cin >> setw (LGMAX_NOM_FICH) >> nomfich ;
  ifstream entree (nomfich, ios::in|ios::binary) ;   // ou ios::in
  if (!entree) { cout << "Ouverture impossible\n" ;
                 exit (-1) ;
               }
  do
    { cout << "Numero de l'entier recherche : " ;
      cin >> num ;
      if (num)
        { entree.seekg (sizeof(int) * (num-1) , ios::beg ) ;
          entree.read ( (char *) &n, sizeof(int) ) ;
          if (entree) cout << "-- Valeur : " << n << "\n" ;
            else {  cout << "-- Erreur\n" ;
                    entree.clear () ;
                 }
        }
    }
  while (num) ;
  entree.close () ;
}
```

```
nom du fichier a consulter : essai.dat
Numero de l'entier recherche : 4
-- Valeur : 6
Numero de l'entier recherche : 15
-- Erreur
Numero de l'entier recherche : 7
-- Valeur : 9
Numero de l'entier recherche : -3
-- Erreur
Numero de l'entier recherche : 0
```

Accès direct à un fichier d'entiers

6.4 Les différents modes d'ouverture d'un fichier

Nous avons rencontré quelques exemples de modes d'ouverture d'un fichier. Nous allons examiner ici l'ensemble des possibilités offertes par les classes *ifstream* et *ofstream* (et donc aussi de *fstream*).

Le mode d'ouverture est défini par un mot d'état, dans lequel chaque bit correspond à une signification particulière. La valeur correspondant à chaque bit est définie par des constantes déclarées dans la classe *ios*. Pour activer plusieurs bits, il suffit de faire appel à l'opérateur |.

Bit	Action
ios::in	Ouverture en lecture (obligatoire pour la classe ifstream)
ios::out	Ouverture en écriture (obligatoire pour la classe ofstream)
ios::app	Ouverture en ajout de données (écriture en fin de fichier)
ios::trunc	Si le fichier existe, son contenu est perdu (obligatoire si *ios::out* est activé sans *ios::ate* ni *ios::app*)
ios::binary	Utilisé seulement dans les implémentations qui distinguent les fichiers textes des autres. Le fichier est ouvert en mode « binaire » ou encore « non translaté » (voir remarque ci-dessous)

Les différents modes d'ouverture d'un fichier

Remarque

Rappelons que certains environnements (PC en particulier) **distinguent les fichiers de texte des autres** (qu'ils appellent parfois fichiers binaires[1]) ; plus précisément, lors de l'ouverture du fichier, on peut spécifier si l'on souhaite ou non considérer son contenu comme du texte. Cette distinction est en fait principalement motivée par le fait que sur ces

1. Alors qu'au bout du compte tout fichier est binaire !

systèmes le caractère de fin de ligne (*\n*) possède une représentation particulière obtenue par la succession de deux caractères (retour chariot *\r*, suivi de fin de ligne *\n*)[1]. Dans ces conditions, pour qu'un programme C++ puisse ne « voir » qu'un seul caractère de fin de ligne et qu'il s'agisse bien de *\n*, il faut opérer un traitement particulier consistant à :

- remplacer chaque occurrence de ce couple de caractères par *\n*, dans le cas d'une lecture,
- remplacer chaque demande d'écriture de \n par l'écriture de ce couple de caractères.

Bien entendu, de telles substitutions ne doivent pas être réalisées sur de « vrais fichiers binaires ». Il faut donc bien pouvoir opérer une distinction au sein du programme. Cette distinction se fait au moment de l'ouverture du fichier, en activant le bit *ios::binary* dans le mode d'ouverture dans le cas d'un fichier binaire ; par défaut, ce bit n'est pas activé. On notera que l'activation du bit *ios::binary* correspond aux modes d'ouverture "*rb*" ou "*wb*" du langage C.

7 Les anciennes possibilités de formatage en mémoire

Nous avons vu comment l'opérateur << permettait d'envoyer des caractères sur un flot de sortie, en réalisant une opération qu'on nomme souvent « formatage » ; il s'agissait de transformer des valeurs (binaires) de variables en des suites de caractères. Jusqu'ici, le flot de sortie concerné était soit un périphérique de communication avec l'utilisateur (en général, l'écran), soit un fichier. Mais C++ permet d'effectuer ce travail de formatage directement en mémoire (les caractères sont conservés d'une certaine manière, au lieu d'être transmis à un périphérique). Il suffit pour cela d'utiliser un flot d'un type *ostrstream*.

De même, l'opérateur >> permettait d'extraire des caractères d'un flot d'entrée en réalisant une opération inverse de la précédente (qu'on nomme aussi « formatage »). Il s'agit, cette fois, de transformer des suites de caractères en des valeurs binaires. Le flot d'entrée concerné était alors soit un périphérique de communication avec l'utilisateur (en général, le clavier), soit un fichier. Là encore, C++ permet d'effecteur ce travail en mémoire. Les caractères sont extraits de la mémoire au lieu de l'être d'un périphérique. Il suffit pour cela d'utiliser un flot d'un type *istrstream*.

En fait, *ostrstream* et *istrstream* utilisent des chaînes de style C (*char* *) pour conserver l'information concernée. Depuis l'introduction d'un vrai type chaîne (*string*), d'autres classes ont été introduites (*ostringstream* et *istringstream*) pour conserver l'information dans des objets de type *string*. Ces classes seront présentées au paragraphe 7 du chapitre 28.

---

1. Notez que dans ces environnements PC, le caractère CTRL/Z (de code décimal 26) est interprété comme une fin de fichier texte.

Ici, nous vous présenterons quand même les anciennes possibilités, afin de vous permettre d'exploiter des programmes existants. Notez qu'elles sont classées *deprecaded feature*, ce qui signifie qu'elles sont susceptibles de disparaître dans une version ultérieure de C++.

7.1 La classe *ostrstream*

Un objet de classe *ostrstream* peut recevoir des caractères, au même titre qu'un flot de sortie. La seule différence est que ces caractères ne sont pas transmis à un périphérique ou à un fichier, mais simplement conservés dans l'objet lui-même, plus précisément dans un tableau membre de la classe *ostrstream* ; ce tableau est créé dynamiquement et ne pose donc pas de problème de limitation de taille.

Une fonction membre particulière nommée *str* permet d'obtenir l'adresse du tableau en question. Celui-ci pourra alors être manipulé comme n'importe quel tableau de caractères (repéré par un pointeur de type *char* *).

Par exemple, avec la déclaration :

```
ostrstream tab
```

vous pouvez insérer des caractères dans l'objet *tab* par des instructions telles que :

```
tab << ..... << ..... << ..... ;
```

ou :

```
tab.put (.....) ;
```

ou encore :

```
tab.write (.....) ;
```

L'adresse du tableau de caractères ainsi constitué pourra être obtenue par :

```
char * adt = tab.str () ;
```

À partir de là, vous pourrez agir comme il vous plaira sur les caractères situés à cette adresse (les consulter, mais aussi les modifier...).

Remarques

1 Lorsque *str* a été appelée pour un objet, il n'est plus possible d'insérer de nouveaux caractères dans cet objet. On peut dire que l'appel de cette fonction *gèle* définitivement le tableau de caractères (n'oubliez pas qu'il est alloué dynamiquement et que son adresse peut même évoluer au fil de l'insertion de caractères !), avant d'en fournir, en retour, une adresse définitive. On prendra donc bien soin de n'appeler *str* que lorsque l'on aura inséré dans l'objet tous les caractères voulus.

   Par souci d'exhaustivité, signalons qu'il existe une fonction membre *freeze (bool action)*. L'appel *tab.freeze (true)* fige le tableau, mais il vous faut quand même appeler *str* pour en obtenir l'adresse. En revanche, *tab.freeze(false)* présente bien un intérêt : si *tab* a déjà été gelé, il redevient dynamique, on peut à nouveau y introduire des informations ; bien entendu, son adresse pourra de nouveau évoluer et il faudra à nouveau faire appel à *str* pour l'obtenir.

2 Si un objet de classe *ostrstream* devient hors de portée, alors que la fonction *str* n'a pas été appelée, il est détruit normalement par appel d'un destructeur qui détruit alors également le tableau de caractères correspondant. En revanche, si *str* a été appelée, on considère que le tableau en question est maintenant sous la responsabilité du programmeur et il ne sera donc pas détruit lorsque l'objet deviendra hors de portée (bien sûr, le reste de l'objet le sera). Ce sera au programmeur de le faire lorsqu'il le souhaitera, en procédant comme pour n'importe quel tableau de caractères alloué dynamiquement (par *new*), c'est-à-dire en faisant appel à l'opérateur *delete*. Par exemple, l'emplacement mémoire du tableau de l'objet *tab* précédent, dont l'adresse a été obtenue dans *adt*, pourra être libéré par :

```
delete adt ;
```

7.2 La classe *istrstream*

Un objet de classe *istrstream* est créé par un appel de constructeur, auquel on fournit en argument :

- l'adresse d'un tableau de caractères ;
- le nombre de caractères à prendre en compte.

Il est alors possible d'extraire des caractères de cet objet, comme on le ferait de n'importe quel flot d'entrée.

Par exemple, avec les déclarations :

```
char t[100] ;
istrstream tab ( t, sizeof(t) ) ;
```

vous pourrez extraire des caractères du tableau *t* par des instructions telles que :

```
tab >> ..... >> ..... >> ..... ;
```

ou :

```
tab.get (.....) ;
```

ou encore :

```
tab.read (.....) ;
```

Qui plus est, vous pourrez agir sur un pointeur courant dans ce tableau, comme vous le feriez dans un fichier par l'appel de la fonction *seekg*. Par exemple, avec l'objet *tab* précédent, vous pourrez replacer le pointeur en début de tableau par :

```
tab.seekg (0, ios::beg) ;
```

Cela pourrait permettre, par exemple, d'exploiter plusieurs fois une même information (lue préalablement dans un tableau) en la « lisant » suivant des formats différents.

Voici un exemple d'utilisation de la classe *istrstream* montrant comment résoudre les problèmes engendrés par la frappe d'un « mauvais » caractère dans le cas de lectures sur l'entrée standard (situation que nous avons évoqué au paragraphe 2.6.2 du chapitre 5) :

```
const int LGMAX = 122 ;           // longueur maxi d'une ligne clavier
#include <iostream>
#include <strstream>
using namespace std ;

main()
{  int n, erreur ;
   char c ;
   char ligne [LGMAX] ;       // pour lire une ligne au clavier
   do
     { cout << "donnez un entier et un caractere :\n" ;
       cin.getline (ligne, LGMAX) ;
       istrstream tampon (ligne, cin.gcount () ) ;
       if (tampon >> n >> c) erreur = 0 ;
                        else erreur = 1 ;
     }
   while (erreur) ;
   cout << "merci pour " << n << " et " << c << "\n" ;
}
```

```
donnez un entier et un caractere :
bof
donnez un entier et un caractere :
a 125
donnez un entier et un caractere :
12 bonjour
merci pour 12 et b
```

Pour lire en toute sécurité sur l'entrée standard

Nous y lisons tout d'abord l'information attendue pour toute une ligne, sous la forme d'une chaîne de caractères (à l'aide de la fonction *getline*). Nous construisons ensuite, avec cette chaîne, un objet de type *istrstream* sur lequel nous appliquons nos opérations de lecture (ici lecture formatée d'un entier puis d'un caractère). Comme vous le constatez, aucun problème ne se pose plus lorsque l'utilisateur fournit un caractère invalide (par rapport à l'usage qu'on doit en faire), contrairement à ce qui se serait passé en cas de lecture directe sur *cin*.

23

La gestion des exceptions

Pour la mise au point d'un programme, la plupart des environnements de développement proposent des outils de *débogage* très performants. Si, tel n'est pas le cas, il reste toujours possible de se « forger » des outils en utilisant les possibilités de compilation conditionnelle héritées du langage C (peu utilisées en C++, elles ne sont présentées qu'au chapitre 31).

Mais même lorsqu'il est au point, un programme peut rencontrer des « conditions exceptionnelles » qui risquent de compromettre la poursuite de son exécution. Dans des programmes relativement importants, il est rare que la détection de l'incident et son traitement puissent se faire dans la même partie de code. Cette dissociation devient encore plus nécessaire lorsque l'on développe des composants réutilisables destinés à être exploités par de nombreux programmes.

Certes, on peut toujours résoudre un tel problème en s'appuyant sur les démarches employées en langage C, et qui restent théoriquement applicables en C++. La plus répandue consistait à s'inspirer de la philosophie utilisée dans la bibliothèque standard : fournir un code d'erreur comme valeur de retour des différentes fonctions. Si une telle méthode permet, le cas échéant, de séparer la détection d'une anomalie de son traitement, elle n'en reste pas moins très fastidieuse ; elle implique en effet l'examen systématique des valeurs de retour, en de nombreux points du programme, ainsi qu'une fréquente retransmission à travers la hiérarchie des appels. Une autre démarmche consistait à exploiter les fonctions *setjmp* et *longjmp* qui permettent de provoquer des branchements dits « non locaux », c'est-à-dire susceptibles d'avoir lieu d'une fonction vers une autre, indépendamment de la « hiérarchie des appels ». Toutefois, ce mécanisme souffrait alors d'une lacune importante : aucune gestion des variables automatiques n'était alors assurée ; on voit qu'en C++, cela conduirait à supprimer l'emplacement d'un objet (sur la pile), sans appeler son destructeur, avec les conséquences catastrophiques que celà entraîne, notamment pour les objets contenant des pointeurs[1].

Depuis la norme, C++ dispose d'un mécanisme très puissant de traitement de ces anomalies, nommé *gestion des exceptions*. Il a le mérite de découpler totalement la détection d'une anomalie (exception) de son traitement, en s'affranchissant de la hiérarchie des appels, tout en assurant une gestion convenable des objets automatiques.

D'une manière générale, une exception est une rupture de séquence déclenchée[2] par une instruction *throw*, comportant une expression d'un type donné. Il y a alors branchement à un ensemble d'instructions nommé gestionnaire d'exception, dont le nom est déterminé par la nature de l'exception. Plus précisément, chaque exception est caractérisée par un type, et le choix du bon gestionnaire se fait en fonction de la nature de l'expression mentionnée à *throw*.

Compte tenu de l'originalité de cette nouvelle notion, nous introduirons les notions de lancement et de capture d'une exception sur quelques exemples. Nous verrons ensuite quelles sont les différentes façons de poursuivre l'exécution après la capture d'une exception. Nous étudierons en détail l'algorithme utilisé pour effectuer le choix du gestionnaire d'interruption, ainsi que le rôle de la fonction *terminate*, dans le cas où aucun gestionnaire n'est trouvé. Nous verrons ensuite comment une fonction peut spécifier les exceptions qu'elle est susceptible de lancer sans les traiter, et quel est alors le rôle de la fonction *unexpected*. Puis nous examinerons les différentes « classes d'exceptions » fournies par la bibliothèque standard et utilisées par les fonctions standards, ainsi que l'intérêt qu'il peut y avoir à les exploiter dans la création de ses propres exceptions. Au passage, nous reviendrons sur le cas particulier de la gestion de la mémoire, en montrant comment « inhiber » les exceptions de manque de mémoire, en vue de les traiter d'une autre manière (test de valeur de retour ou appel d'une fonction prédéfinie).

1 Premier exemple d'exception

Dans cet exemple complet, nous allons reprendre la classe *vect* présentée au paragraphe 5 du chapitre 15, c'est-à-dire munie de la surdéfinition de l'opérateur []. Celui-ci n'était alors pas protégé contre l'utilisation d'indices situés en dehors des bornes. Ici, nous allons compléter notre classe pour qu'elle déclenche une exception dans ce cas. Puis nous verrons comment intercepter une telle exception en écrivant un gestionnaire approprié.

---

1. À titre informatif, ces fonctions sont présentées succinctement en Annexe G ; pour plus de détails, on pourra consulter *Langage C* du même auteur, chez le même éditeur.

2. On dit aussi *levée* ou *lancée*.

1.1 Comment lancer une exception : l'instruction *throw*

Au sein de la surdéfinition de [], nous introduisons donc une vérification de l'indice ; lorsque celui-ci est incorrect, nous déclenchons une exception, à l'aide de l'instruction *throw*. Celle-ci nécessite une expression quelconque dont le type (classe ou non) sert à identifier l'exception. En général, pour bien distinguer les exceptions les unes des autres, il est préférable d'utiliser un type classe, défini uniquement pour représenter l'exception concernée. C'est ce que nous ferons ici. Nous introduisons donc artificiellement avec la déclaration de notre classe *vect* une classe nommée *vect_limite* (sans aucun membre). Son existence nous permet de créer un objet *l*, de type *vect_limite*, objet que nous associons à l'instruction *throw* par l'instruction : ***throw l* ;**

Voici la définition complète de la classe *vect* :

```
/* déclaration de la classe vect */
class vect
{ int nelem ;
  int * adr ;
 public :
  vect (int) ;
  ~vect () ;
  int & operator [] (int) ;
} ;
 /* déclaration et définition d'une classe vect_limite (vide pour l'instant) */
class vect_limite
{ } ;
 /* définition de la classe vect */
vect::vect (int n)
{ adr = new int [nelem = n] ;
}
vect::~vect ()
{ delete adr ;
}
int & vect::operator [] (int i)
{ if (i<0 || i>nelem)
   { vect_limite l ;
     throw (l) ;       // déclenche une exception de type vect_limite
   }
  return adr [i] ;
}
```

Définition d'une classe provoquant une exception vect_limite

1.2 Utilisation d'un gestionnaire d'exception

Disposant de notre classe *vect*, voyons maintenant comment procéder pour pouvoir gérer convenablement les éventuelles exceptions de type *vect_limite* que son emploi peut provoquer. Pour ce faire, il est nécessaire de respecter deux conditions :

- inclure dans un bloc particulier, dit « bloc *try* », toutes les instructions dans lesquelles on souhaite pouvoir détecter une exception ; un tel bloc se présente ainsi :

```
try
{  //  instructions
}
```

- faire suivre ce bloc de la définition des différents « gestionnaires d'exceptions » nécessaires (ici, un seul suffit). Chaque définition est précédée d'un en-tête introduit par le mot-clé *catch* (comme si *catch* était le nom d'une fonction gestionnaire...). Dans notre cas, voici ce que pourrait être notre unique gestionnaire, destiné à intercepter les exceptions de type *vect_limite* :

```
catch (vect_limite l)  /* nom d'argument superflu ici */
 { cout << "exception limite \n" ;
   exit (-1) ;
 }
```

  Nous nous contentons ici d'afficher un message et d'interrompre l'exécution du programme.

1.3 Récapitulatif

À titre indicatif, voici la liste complète de la définition des différentes classes concernées. Elle est accompagnée d'un petit programme d'essai dans lequel nous déclenchons volontairement une exception *vect_limite* en apliquant l'opérateur [] à un objet de type *vect*, avec un indice trop grand) :

```
#include <iostream>
#include <cstdlib>        /* pour exit */
using namespace std ;

 /* déclaration de la classe vect */
class vect
{ int nelem ;
  int * adr ;
 public :
  vect (int) ;
  ~vect () ;
  int & operator [] (int) ;
} ;

 /* déclaration et définition d'une classe vect_limite (vide pour l'instant) */
class vect_limite
{ } ;

 /* définition de la classe vect */
vect::vect (int n)
{ adr = new int [nelem = n] ; }
vect::~vect ()
{ delete adr ; }
```

```
int & vect::operator [] (int i)
{ if (i<0 || i>nelem)
   { vect_limite l ; throw (l) ;
   }
  return adr [i] ;
}
 /* test interception exception vect_limite */
main ()
{ try
  { vect v(10) ;
    v[11] = 5 ;    /* indice trop grand */
  }
  catch (vect_limite l)  /* nom d'argument superflu ici */
  { cout << "exception limite \n" ;
    exit (-1) ;
  }
}
```

```
exception limite
```

Premier exemple de gestion d'exception

Remarques

1 Ce premier exemple, destiné à vous présenter le mécanisme de gestion des exceptions, est fort simple ; notamment :

- il ne comporte qu'un seul type d'exception, de sorte qu'il ne met pas vraiment en évidence le mécanisme de choix du bon gestionnaire ;
- le gestionnaire ne reçoit pas d'information particulière (l'argument *l* étant ici artificiel).

2 D'une manière générale, le gestionnaire d'une exception est défini indépendamment des fonctions susceptibles de la déclencher. Ainsi, à partir du moment où la définition d'une classe est séparée de son utilisation (ce qui est souvent le cas en pratique), il est tout à fait possible de prévoir un gestionnaire d'exception différent d'une utilisation à une autre d'une même classe. Dans l'exemple précédent, tel utilisateur peut vouloir afficher un message avant de s'interrompre, tel autre préférera ne rien afficher ou encore tenter de prévoir une solution par défaut...

3 Nous aurions pu prévoir un gestionnaire d'exception dans la classe *vect* elle-même. Il en sera rarement ainsi en pratique, dans la mesure où l'un des buts primordiaux du mécanisme proposé par C++ est de séparer la détection d'une exception de son traitement.

4 Ici, nous avons prévu une instruction *exit* à l'intérieur du gestionnaire d'exception. Nous verrons au paragraphe 3.1 que, dans le cas contraire, l'exécution se poursuivrait à la suite du bloc *try* concerné. Mais d'ores et déjà nous pouvons remarquer que le

modèle de gestion des exceptions proposé par C++ ne permet pas de reprendre l'exécution à partir de l'instruction ayant levé l'exception[1].

5 Si nous n'avions pas prévu de bloc *try*, l'exception *limite* déclenchée par l'opérateur [] et non prise en compte aurait alors simplement provoqué un arrêt de l'exécution.

2 Second exemple

Examinons maintenant un exemple un peu plus réaliste dans lequel on trouve deux exceptions différentes et où il y a transmission d'informations aux gestionnaires. Nous allons reprendre la classe *vect* précédente, en lui permettant de lancer deux sortes d'exceptions :

- une exception de type *vect_limite* comme précédemment mais, cette fois, on prévoit de transmettre au gestionnaire la valeur de l'indice qui a déclenché l'exception ;
- une exception *vect_creation* déclenchée lorsque l'on transmet au constructeur un nombre d'éléments incorrect[2] (négatif ou nul) ; là encore, on prévoit de transmettre ce nombre au gestionnaire.

Il suffit d'appliquer le mécanisme précédent, en notant simplement que l'objet indiqué à *throw* et récupéré par *catch* peut nous servir à communiquer toute information de notre choix. Nous prévoirons donc, dans nos nouvelles classes *vect_limite* et *vect_creation*, un champ public de type entier destiné à recevoir l'information à transmettre au gestionnaire.

Voici un exemple complet (ici, encore, la définition et l'utilisation des classes figurent dans le même source ; en pratique, il en ira rarement ainsi) :

```
#include <iostream>
#include <cstdlib>     // ancien <stdlib.h>   pour exit
using namespace std ;

 /* déclaration de la classe vect */
class vect
{ int nelem ;
  int * adr ;
 public :
  vect (int) ;
  ~vect () ;
  int & operator [] (int) ;
} ;
```

1. Il en ira de même en Java. En revanche, ADA dispose d'un mécanisme de reprise d'exécution.

2. Dans un cas réel, on pourrait aussi lancer cette interruption en cas de manque de mémoire.

```
 /* déclaration - définition des deux classes exception */
class vect_limite
{ public :
   int hors ;              // valeur indice hors limites (public)
   vect_limite (int i)     // constructeur
    { hors = i ; }
} ;
class vect_creation
{ public :
   int nb ;                // nombre elements demandes (public)
   vect_creation (int i)   // constructeur
    { nb = i ; }
} ;
 /* définition de la classe vect */
vect::vect (int n)
{ if (n <= 0)
    { vect_creation c(n) ;     // anomalie
      throw c ;
    }
  adr = new int [nelem = n] ; // construction normale
}
vect::~vect ()
{ delete adr ; }
int & vect::operator [] (int i)
{ if (i<0 || i>nelem)
     { vect_limite l(i) ;     // anomalie
       throw l ;
     }
  return adr [i] ;            // fonctionnement normal
}
 /* test exception */
main ()
{ try
  { vect v(-3) ;        // provoque l'exception vect_creation
    v[11] = 5 ;         // provoquerait l'exception vect_limite
  }
  catch (vect_limite l)
  { cout << "exception indice " << l.hors << " hors limites \n" ;
    exit (-1) ;
  }
  catch (vect_creation c)
  { cout << "exception creation vect nb elem = " << c.nb << "\n" ;
    exit (-1) ;
  }
 }
```

```
exception creation vect nb elem = -3
```

Exemple de gestion de deux exceptions

Bien entendu, la première exception (déclenchée par *vect v(-3)*) ayant provoqué la sorite du bloc *try*, nous n'avons aucune chance de mettre en évidence celle qu'aurait provoqué *v[11] = 5*. Si la création de *v* avait été correcte, cette dernière instruction aurait entraîné l'affichage du message :

```
exception indice 11 hors limites
```

Remarques

1 Dans un exemple réel, on pourrait avoir intérêt à transmettre dans *vect_limite* non seulement la valeur de l'indice, mais aussi les limites prévues. Il suffirait d'introduire les membres correspondants dans la classe *vect_limite*.

2 Ici, chaque type d'exception n'est déclenché qu'en un seul endroit. Mais bien entendu, n'importe quelle fonction (pas nécessairement membre de la classe *vect* !) disposant de la définition des deux classes (*vect_limite* et *vect_creation*) peut déclencher ces exceptions.

3 Le mécanisme de gestion des exceptions

Dans tous les exemples précédents, le gestionnaire d'exception interrompait l'exécution par un appel de *exit* (nous aurions pu également utiliser la fonction standard *abort*[1]). Mais le mécanisme offert par C++ autorise d'autres possibilités que nous allons examiner maintenant, en distinguant deux aspects :

- la possibilité de poursuivre l'exécution du programme après l'exécution du gestionnaire d'exception ;
- la manière dont sont prises en compte les différentes sorties de blocs (donc de fonctions) qui peuvent en découler.

3.1 Poursuite de l'exécution du programme

Le gestionnaire d'exception peut très bien ne pas comporter d'instruction d'arrêt de l'exécution (*exit*, *abort*). Dans ce cas, après l'exécution des intructions du gestionnaire concerné, on passe tout simplement à la suite du bloc *try* concerné. Cela revient à dire qu'on passe à la première instruction suivant le dernier gestionnaire.

Observez cet exemple qui utilise les mêmes classes *vect*, *vect_limite* et *vect_creation* que précédemment. Nous y appelons à deux reprises une fonction *f* ; l'exécution de *f* se déroule normalement la première fois, elle déclenche une exception la seconde.

1. Pour plus d'information sur le rôle de ces fonctions, on pourra consulter *Langage C* du même auteur, chez le même éditeur.

```
// déclaration et définition des classes vect, vect_limite, vect_creation
//    comme dans le paragraphe 2
//    .....
main()
{ void f(int) ;
  cout << "avant appel de f(3) \n" ;
  f(3) ;
  cout << "avant appel de f(8) \n" ;
  f(8) ;
  cout << "apres appel de f(8) \n" ;
}
void f(int n)
{ try
  { cout << "debut bloc try\n" ;
    vect v(5) ;
    v[n] = 0 ;      // OK pour n=3 ; déclenche une exception pour n=8
    cout << "fin bloc try\n" ;
  }
  catch (vect_limite l)
  { cout << "exception indice " << l.hors << " hors limites \n" ;
  }
  catch (vect_creation c)
  { cout << "exception creation\n" ;
  }
  // après le bloc try
  cout << "dans f apres bloc try - valeur de n = " << n << "\n" ;
}
```

```
avant appel de f(3)
debut bloc try
fin bloc try
dans f apres bloc try - valeur de n = 3
avant appel de f(8)
debut bloc try
exception indice 8 hors limites
dans f apres bloc try - valeur de n = 8
apres appel de f(8)
```

Lorsqu'on « passe à travers » un gestionnaire d'exception

On constate qu'après l'exécution du gestionnaire d'exception *vect_limite*, on exécute l'instruction *cout* figurant à la suite des gestionnaires. On notera bien qu'on peut y afficher la valeur de *n*, puisqu'on est encore dans la portée de cette variable.

Fréquemment, un bloc *try* couvre toute une fonction, de sorte qu'après exécution d'un gestionnaire d'exception ne provoquant pas d'arrêt, il y a retour de ladite fonction.

3.2 Prise en compte des sorties de blocs

L'exemple précédent montrait déjà que le branchement provoqué par la détection d'une exception respectait le changement de contexte qui en découlait : la valeur de *n* était connue dans la suite du bloc *try*, qu'on y soit parvenu naturellement ou suite à une exception. Voici un autre exemple dans lequel nous avons simplement modifié la fonction *f* de l'exemple précédent :

```
void f(int n)
{ vect v1(5) ;
  try
  { vect v2(5) ;
    v2[n] = 0 ;
  }
  catch (vect_limite l)
  { cout << "exception indice " << l.hors << " hors limites \n" ;
  }
  // après le bloc try
      .....
  //  ici v1 est connu, v2 ne l'est pas et il a été convenablement détruit
 }
```

Cette fois, nous y créons un vecteur en dehors du bloc *try*, un autre à l'intérieur comme précédemment. Bien entendu, si *f* s'exécute sans déclencher d'exception, on exécutera tout naturellement les instructions suivant le bloc *try* ; dans ces dernières, *v1* sera connu, tandis que *v2* ne le sera plus. Mais il en ira encore de même si *f* provoque une exception *vect_limite*, après son traitement par le gestionnaire correspondant.

De plus, dans les deux cas, le destructeur de *v2* aura été appelé.

D'une manière générale, le mécanisme associé au traitement d'une exception ne se contente pas de supprimer les variables automatiques des blocs dont on provoque la sortie. Il entraîne l'**appel du destructeur de tout objet automatique déjà construit et devenant hors de portée**.

Remarque

Comme on peut s'y attendre, ce mécanisme de destruction ne pourra pas s'appliquer aux objets dynamiques. Certaines précautions devront être prises dès lors qu'on souhaite poursuivre l'exécution après le traitement d'une exception. Ce point sera examiné en détail en Annexe B.

4 Choix du gestionnaire

Dans les exemples que nous avons rencontrés jusqu'ici, le choix du gestionnaire était relativement intuitif. Nous allons maintenant préciser l'ensemble des règles utilisées par C++ pour effectuer ce choix. Puis nous verrons comment la recherche se poursuit dans des blocs *try* englobants lorsque aucun gestionnaire convenable n'est trouvé pour un bloc *try* donné. Auparavant, nous allons apporter quelques précisions concernant la manière (particulière) dont l'information est effectivement transmise au gestionnaire.

4.1 Le gestionnaire reçoit toujours une copie

En ce qui concerne l'information transmise au gestionnaire, à savoir l'expression mentionnée à *throw*, le gestionnaire en reçoit toujours une copie, même si l'on a utilisé une transmission par référence. Il s'agit là d'une nécessité, compte tenu du changement de contexte déjà évoqué[1]. En revanche, lorsque cette information consistera en un pointeur, on évitera qu'il pointe sur une variable automatique qui se trouverait détruite avant l'entrée dans le gestionnaire :

```
c = new A (...) ;
throw (c) ;       // erreur probable
```

4.2 Règles de choix d'un gestionnaire d'exception

Lorqu'une exception est transmise à un bloc *try*, on recherche, dans les différents blocs *catch* associés, un gestionnaire approprié au type de l'expression mentionnée dans l'instruction *throw*. Comme pour la recherche d'une fonction surdéfinie, on procède en plusieurs étapes.

1. Recherche d'un gestionnaire correspondant au **type exact** mentionné dans *throw*. Le qualificatif *const* n'intervient pas ici (il y a toujours transmission par valeur). Autrement dit, si l'expression mentionnée dans *throw* est de type *T*, les gestionnaires suivants conviennent :

```
catch (T t)
catch (T & t)
catch (const T t)
catch (const T & t)
```

2. Recherche d'un gestionnaire correspondant à une **classe de base** du type mentionné dans *throw*. Cette possibilité est précieuse pour regrouper plusieurs exceptions qu'on peut traiter plus ou moins « finement ». Considérons cet exemple dans lequel les exceptions *vect_creation* et *vect_limite* sont dérivées d'une même classe *vect_erreur* :

```
class vect_erreur {.....} ;
class vect_creation : public vect_erreur {.....} ;
class vect_limite :   public vect_erreur {.....} ;
void f()
 { .....
   throw vect_creation () ;    // exception 1
   .....
   throw vect_limite () ;      // exception 2
 }
```

1. Certains auteurs préconisent d'utiliser toujours cette transmission par référence pour éviter la copie supplémentaire que certains compilateurs introduisent dans le cas d'une transmission par valeur.

Dans un programme utilisant *f*, on peut gérer les exceptions qu'elle est susceptible de déclencher de cette première façon :

```
main()
{ try
   { .....
     f() ;
     .....
   }
  catch (vect_erreur e)
   { /* on intercepte ici exception_1 et exception_2 */
   }
```

Mais on peut aussi les gérer ainsi :

```
main()
{ try
   { .....
     f() ;
     .....
   }
  catch (vect_cration v)
   { /* on intercepte ici exception_1 */ }
  catch (vect_limite v)
   { /* on intercepte ici exception_2 */ }
```

3. Recherche d'un gestionnaire correspondant à un pointeur sur une **classe dérivée** du type mentionné dans *throw* (lorsque ce type est lui-même un pointeur) ;
4. Recherche d'un gestionnaire correspondant à un **type quelconque** représenté dans *catch* par des points de suspension (...).

Dès qu'un gestionnaire correspond, on l'exécute, sans se préoccuper de l'existence d'autres gestionnaires. Ainsi, avec :

```
catch (truc)      // gestionnaire 1
   { // }
catch (...)       // gestionnaire 2 (type quelconque)
   { // }
catch (chose)     // gestionnaire 3
   { // }
```

le gestionnaire 3 n'a aucune chance d'être exécuté, puisque le gestionnaire 2 interceptera toutes les exceptions non interceptées par le gestionnaire 1.

4.3 Le cheminement des exceptions

Quand une exception est levée par une fonction, on cherche tout d'abord un gestionnaire dans l'éventuel bloc *try* associé à cette fonction, en appliquant les règles exposées au paragraphe 4.2. Si l'on ne trouve pas de gestionnaire ou si aucun bloc *try* n'est associé, on poursuit la recherche dans un éventuel bloc *try* associé à une fonction appelante[1], et ainsi de suite. Considérons cet exemple (utilisant toujours les mêmes classes que précédemment) :

1. En fait, on est presque toujours dans cette situation, car il est rare que le bloc *try* figure dans le même bloc que celui qui contient l'instruction *throw*.

```
 /* test exception */
main ()
{ try
  { void f1 () ;
    f1 () ;
  }
  catch (vect_limite l)
  { cout << "dans main : exception indice \n" ;
    exit (-1) ;
  }
}
void f1 ()
{ try
  { vect v(10) ; v[12] = 0 ; // affiche :    dans main : exception indice
    vect v1 (-1) ;           // affiche :    dans f1 : exception creation
                             //  (à condition que l'instruction précédente
                             //    n'ait pas déjà provoqué une exception)
  }
  catch (vect_creation v)
  { cout << "dans f1 : exception creation \n" ;
  }
}
```

Si aucun gestionnaire d'exception n'est trouvé, on appelle la fonction ***terminate***. Par défaut, cette dernière appelle la fonction *abort*. Cette particularité donne beaucoup de souplesse au mécanisme de gestion d'exception. En effet, on peut ainsi se permettre de ne traiter que certaines exceptions susceptibles d'être déclenchées par un programme, les éventuelles exceptions non détectées mettant simplement fin à l'exécution.

Vous pouvez toujours demander qu'à la place de *terminate* soit appelée une fonction de votre choix dont vous fournissez l'adresse à *set_terminate* (de façon comparable à ce que vous faites avec *set_new_handler*). Il est cependant nécessaire que cette fonction mette fin à l'exécution du programme ; elle ne doit pas effectuer de retour et elle ne peut pas lever d'exception.

Remarques

1 Il est théoriquement possible d'imbriquer des blocs *try*. Dans ce cas, l'algorithme de recherche d'un gestionnaire se généralise tout naturellement en prenant en compte les éventuels blocs englobants, avant de remonter aux fonctions appelantes.

2 Retenez bien que dès qu'un gestionnaire convenable a été trouvé dans un bloc, aucune recherche n'a lieu dans un éventuel bloc englobant, même s'il contient un gestionnaire assurant une meilleure correspondance de type.

4.4 Redéclenchement d'une exception

Dans un gestionnaire, l'instruction *throw* (sans expression) retransmet l'exception au niveau englobant. Cette possibilité permet par exemple de compléter un traitement standard d'une exception par un traitement complémentaire spécifique. En voici un exemple dans lequel une exception (ici de type *int*)[1] est tout d'abord traitée dans *f*, avant d'être traitée dans *main* :

```
#include <iostream>
#include <stdlib.h>        // pour exit
using namespace std ;
main()
{ try
  { void f() ;
    f() ;
  }
  catch (int)
  { cout << "exception int dans main\n" ; exit(-1) ;
  }
}
void f()
{ try
  { int n=2 ;
    throw n ;        // déclenche une exception de type int
  }
  catch (int)
  { cout << "exception int dans f\n" ;
    throw ;
  }
}
```

```
exception int dans f
exception int dans main
```

Exemple de redéclenchement d'une exception

Remarques

1 Dans le cas d'un gestionnaire d'exception figurant dans un constructeur ou un destructeur, l'exception correspondante est automatiquement retransmise au niveau englobant si l'on atteint la fin du gestionnaire. Tout se passe comme si le gestionnaire se terminait par l'instruction :

```
throw ;   // générée automatiquement à la fin d'un gestionnaire
          // d'exception figurant dans un constructeur ou un destructeur
```

1. Il s'agit d'un exemple d'école. En pratique, l'utilisation d'un type de base pour caractériser une exception n'est guère conseillée.

2 La relance d'une exception par *throw* s'avère surtout utile lorsqu'un même gestionnaire risque de traiter une famille d'exceptions. Dans le cas contraire, on peut toujours la remplacer par le déclenchement explicite d'une nouvelle exception de même type. Ainsi, dans le gestionnaire :

```
catch (A a)   // intercepte les exceptions de type A ou dérivé
```

on peut utiliser :

```
throw a ;    // relance une exception de type A, quel que soit le type
             // de celle réellement interceptée (A ou dérivé)
throw ;      // relance une exception du type de celle réellement interceptée
```

5 Spécification d'interface : la fonction unexpected

Une fonction peut spécifier les exceptions qu'elle est susceptible de déclencher sans les traiter (ou de traiter et de redéclencher par *throw*). Elle le fait à l'aide du mot clé *throw*, suivi, entre parenthèses, de la liste des exceptions concernées. Dans ce cas, toute exception non prévue et déclenchée à l'intérieur de la fonction (ou d'une fonction appelée) entraîne l'appel d'une fonction particulière nommée *unexpected*.

On peut dire que :

```
void f() throw (A, B) { ..... }   /* f est censée ne déclencher que */
                                  /* des exceptions de type A et B  */
```

est équivalent à :

```
void f()
{ try { .....
      }
  catch (A a) { throw ; }          /* l'exception A est retransmise  */
  catch (B b) { throw ; }          /* l'exception B est retransmise  */
  catch (...) { unexpected() ; }   /* les autres appelent unexpected */
}
```

Malheureusement, le comportement par défaut de *unexpected* n'est pas entièrement défini par la norme. Plus précisément, cette fonction peut :

- soit appeler la fonction *terminate* (qui, par défaut appelle *abort*, ce qui met fin à l'exécution) ;
- soit redéclencher une exception prévue dans la spécification d'interface de la fonction concernée. Ce cadre assez large est essentiellement prévu pour permettre à *unexpected* de déclencher une exception standard *bad_exception* (les exceptions standards seront étudiées au paragraphe 6).

Vous pouvez également fournir votre propre fonction en remplacement de *unexpected*, en l'indiquant par *set_unexpected*. Là encore, cette fonction ne peut pas effectuer de retour ; en revanche, contrairement à la fonction se substituant à *terminate*, elle peut lancer une exception à son tour.

Voici un exemple dans lequel une fonction *f* déclenche, suivant la valeur de son argument, une exception de l'un des types *double*, *int* ou *float*[1]. Les premières disposent d'un gestionnaire interne à *f*, mais pas les autres. Par ailleurs, *f* a été déclarée *throw(int)*, ce qui laisse entendre que, vue de l'extérieur, elle ne déclenche que des exceptions de type *int*. Nous exécutons à trois reprises le programme, de façon à amener *f* à déclencher successivement chacune des trois exceptions.

```
#include <iostream>
using namespace std ;

main()
{ void f(int) throw (int) ;
  int n ;
  cout << "entier (0 a 2) : " ; cin >> n ;
  try
  {  f(n) ;
  }
  catch (int)
  { cout << "exception int dans main\n" ;
  }
  cout << "suite du bloc try du main\n" ;
}

void f(int n) throw (int)
{ try
   { cout << "n = " << n << "\n" ;
     switch (n)
     { case 0 : double d ;throw d ;
                break ;
       case 1 : int n ; throw n ;
                break ;
       case 2 : float f ; throw f ;
                break ;
     }
   }
   catch (double)
   { cout << "exception double dans f\n" ;
   }
   cout << "suite du bloc try dans f et retour appelant\n" ;
}
```

1. Ici encore, il s'agit d'un exemple d'école. En pratique, l'utilisation d'un type de base pour caractériser une exception n'est guère conseillée.

```
entier (0 a 2) : 0
n = 0
exception double dans f
suite du bloc try dans f et retour appelant
suite du bloc try du main
```

```
entier (0 a 2) : 1
n = 1
exception int dans main
suite du bloc try du main
```

```
entier (0 a 2) : 2
n = 2
  // ...... ici : appel de abort (fin anormale)
```

Exemple de spécification d'interface

On notera que, dans la troisième exécution du programme, il y a appel de la fonction *unexpected*. Comme rien n'est prévu pour traiter l'exception standard *bad_alloc*, quel que soit le comportement prévu par l'implémentation, nous aboutirons en définitive à un appel de *abort*.

Remarques

1 L'absence de spécification d'interface revient à spécifier toutes les exceptions possibles. En revanche, une spécification vide n'autorise aucune exception :

```
void fct throw ()  // aucune exception permise - toute exception non traitée
                   // dans la fonction appelle unexpected
```

2 En cas de redéfinition de fonction membre dans une classe dérivée, la spécification d'interface de la fonction redéfinie ne peut pas mentionner d'autres exceptions que celles prévues dans la classe de base ; en revanche, elle peut n'en spécifier que certaines, voire aucune.

3 D'une manière générale, la spécification d'exceptions ne doit être utilisée qu'avec précautions. En effet, énumérer les exceptions susceptibles d'être levées par une fonction suppose qu'on connaît avec certitude toutes les exceptions susceptibles d'être levées par toutes les fonctions appelées.

6 Les exceptions standard

6.1 Généralités

La bibliothèque standard comporte quelques classes fournissant des exceptions spécifiques susceptibles d'être déclenchées par un programme. Certaines peuvent être déclenchées par des fonctions ou des opérateurs de la bibliothèque standard.

Toutes ces classes dérivent d'une classe de base nommée *exception* et sont organisées suivant la hiérarchie suivante (leur déclaration figure dans le fichier en-tête *<stdexcept>*) :

- *exception*
    - *logic_error*
        - *domain_error*
        - *invalid_argument*
        - *length_error*
        - *out_of_range*
    - *runtime_error*
        - *range_error*
        - *overflow_error*
        - *underflow_error*
- *bad_alloc*
- *bad_cast*
- *bad_exception*
- *bad_typeid*

6.2 Les exceptions déclenchées par la bibliothèque standard

Sept des exceptions standard sont susceptibles d'être déclenchées par une fonction ou un opérateur de la bibliothèque standard. Voici leur signification :

- bad_alloc : échec d'allocation mémoire par new ;
- *bad_cast* : échec de l'opérateur *dynamic_cast* ;
- *bad_typeid* : échec de la fonction *typeid* ;
- *bad_exception* : erreur de spécification d'exception ; cette exception peut être déclenchée dans certaines implémentations par la fonction *unexpected* ;
- *out_of_range* : erreur d'indice ; cette exception est déclenchée par les fonctions *at*, membres des différentes classes conteneurs, ainsi que par l'opérateur [] du conteneur *bitset* ;
- *invalid_argument* : déclenchée par le constructeur du conteneur *bitset ;*
- *overflow_error* : déclenchée par la fonction *to_ulong* du conteneur *bitset*.

6.3 Les exceptions utilisables dans un programme

A priori, toutes les classes précédentes sont utilisables pour les exceptions déclenchées par l'utilisateur, soit telles quelles, soit sous forme de classes dérivées. Il est cependant préférable d'assurer une certaine cohérence à son programme ; par exemple, il ne serait guère raisonnable de déclencher une exception *bad_alloc* pour signaler une anomalie sans rapport avec une allocation mémoire.

Pour utiliser ces classes, quelques connaissances sont nécessaires :

- la classe de base *exception* dispose d'une fonction membre *what* censée fournir comme valeur de retour un pointeur sur une chaîne expliquant la nature de l'exception. Cette fonction, virtuelle dans *exception*, doit être redéfinie dans les classes dérivées et elle l'est dans toutes les classes citées ci-dessus (la chaîne obtenue dépend cependant de l'implémentation) ;
- toutes ces classes disposent d'un constructeur recevant un argument de type chaîne dont la valeur pourra ensuite être récupérée par *what*.

Voici un exemple de programme utilisant ces propriétés pour déclencher deux exception de type *range_error*, avec deux messages explicatifs différents :

```
#include <iostream>
#include <stdexcept>
#include <cstdlib>
using namespace std ;
main()
{ try
  { .....
    throw range_error ("anomalie 1") ; // afficherait : exception : anomalie 1
    .....
    throw range_error ("anomalie 2") ; // afficherait : exception : anomalie 2
  }
  catch (range_error & re)
  { cout << "exception : " << re.what() << "\n" ;
    exit (-1) ;
  }
}
```

6.4 Cas particulier de la gestion dynamique de mémoire

6.4.1 L'opérateur *new (nothrow)*

On sait que *new* déclenche une exception *bad_alloc* en cas d'échec. Dans les versions d'avant la norme, *new* fournissait (comme la fonction *malloc* du langage C) un pointeur nul en cas d'échec. Avec la norme, on peut retrouver ce comportement en utilisant, au lieu de *new*, l'opérateur *new (nothrow)* ou *new(std::nothrow)* (*std::* est superflu dès lors qu'on a bien déclaré cet espace de noms par *using*).

À titre d'exemple, voici un programme qui alloue des emplacements pour des tableaux d'entiers dont la taille est fournie en donnée, et ce jusqu'à ce qu'il n'y ait plus suffisamment de place (notez qu'ici nous utilisons toujours la même variable *adr* pour recevoir les différentes adresses des tableaux, ce qui, dans un programme réel, ne serait probablement pas acceptable).

```
#include <cstdlib>     //   pour exit
#include <iostream>
using namespace std ;
main()
{  long taille ;
   int * adr ;
   int nbloc ;
   cout << "Taille souhaitee ? " ;
   cin >> taille ;
   for (nbloc=1 ; ; nbloc++)
   { adr = new (nothrow) int [taille] ;
     if (adr==0) { cout << "**** manque de memoire ****\n" ;
                   exit (-1) ;
                 }
     cout << "Allocation bloc numero : " << nbloc << "\n" ;
   }
}
```

```
Taille souhaitee ? 4000000
Allocation bloc numero : 1
Allocation bloc numero : 2
Allocation bloc numero : 3
**** manque de memoire ****
```

Exemple d'utilisation de new(nothrow)

6.4.2 Gestion des débordements de mémoire avec *set_new_handler*

Par défaut, *new* déclenche une exception *bad_alloc* en cas d'échec. Mais il est également possible de définir une fonction de votre choix et de demander qu'elle soit appelée en cas de manque de mémoire. Il vous suffit pour cela d'appeler la fonction *set_new_handler* en lui fournissant, en argument, l'adresse de la fonction que vous avez prévue pour traiter le cas de manque de mémoire. Voici comment nous pourrions adapter l'exemple précédent :

```
#include <cstdlib>     // pour exit
#include <new>         // pour set_new_handler
#include <iostream>
using namespace std ;

main()
{  void deborde () ;    // proto fonction appelée en cas manque mémoire
   set_new_handler (deborde) ;
   long taille ;
   int * adr ;
```

```
   int nbloc ;
   cout << "Taille de bloc souhaitee (en entiers) ? " ;
   cin >> taille ;
   for (nbloc=1 ; ; nbloc++)
      { adr = new int [taille] ;
        cout << "Allocation bloc numero : " << nbloc << "\n" ;
      }
}

void deborde ()        // fonction appelée en cas de manque mémoire
{  cout << "Memoire insuffisante\n" ;
   cout << "Abandon de l'execution\n" ;
   exit (-1) ;
}
```

```
Taille de bloc souhaitee (en entiers) ? 4000000
Allocation bloc numero : 1
Allocation bloc numero : 2
Allocation bloc numero : 3
Memoire insuffisante pour allouer 16000000 octets
Abandon de l'execution
Press any key to continue
```

Exemple d'utilisation de set_new_handler

6.5 Création d'exceptions dérivées de la classe exception

Jusqu'ici, nous avions défini nos propres classes exception de façon indépendante de la classe standard *exception*. On voit maintenant qu'il peut s'avérer intéressant de créer ses propres classes dérivées de *exception*, pour au moins deux raisons :

1. On facilite le traitement ultérieur des exceptions. À la limite, on est sûr d'intercepter toutes les exceptions avec le simple gestionnaire :

   ```
   catch (exception & e) { ..... }
   ```

   Ce ne serait pas le cas pour des exceptions non rattachées à la classe *exception*.

2. On peut s'appuyer sur la fonction *what*, décrite ci-dessus, à condition de la redéfinir de façon appropriée dans ses propres classes. Il est alors facile d'afficher un message explicatif concernant l'exception détectée, à l'aide du simple gestionnaire suivant :

   ```
   catch (exception & e)  // attention à la référence, pour bénéficier de la
                          // ligature dynamique de la fonction virtuelle what
   { cout << "exception interceptée : " << e.what << "\n" ;
   }
   ```

6.5.1 Exemple 1

Voici un premier exemple dans lequel nous créons deux classes *exception_1* et *exception_2*, dérivées de la classe *exception*, et dans lesquelles nous redéfinissons la fonction membre *what* :

```
#include <iostream>
#include <stdexcept>
using namespace std ;
class mon_exception_1 : public exception
{ public :
    mon_exception_1 () {}
    const char * what() const { return "mon exception nummero 1" ; }
} ;
class mon_exception_2 : public exception
{ public :
    mon_exception_2 () {}
    const char * what() const { return "mon exception nummero 2" ; }
} ;
main()
{ try
  { cout << "bloc try 1\n" ;
    throw mon_exception_1() ;
  }
  catch (exception & e)
  { cout << "exception : " << e.what() << "\n" ;
  }
  try
  { cout << "bloc try 2\n" ;
    throw mon_exception_2() ;
  }
  catch (exception & e)
  { cout << "exception : " << e.what() << "\n" ;
  }
}
```

```
bloc try 1
exception : mon exception nummero 1
bloc try 2
exception : mon exception nummero 2
```

Utilisation de classes exception dérivées de exception *(1)*

Notez qu'il est important de définir *what* sous la forme d'une fonction membre constante, sous peine de ne pas la voir appelée.

6.5.2 Exemple 2

Dans ce deuxième exemple, nous créons une seule classe *mon_exception*, dérivée de la classe *exception*. Mais nous prévoyons que son constructeur conserve la valeur reçue (chaîne) en argument et nous redéfinissons *what* de façon qu'elle fournisse cette valeur. Il reste ainsi possible de distinguer entre plusieurs sortes d'exceptions (ici 2).

```
#include <iostream>
#include <stdexcept>
using namespace std ;
class mon_exception : public exception
{ public :
  mon_exception (char * texte) { ad_texte = texte ; }
    const char * what() const { return ad_texte ; }
  private :
    char * ad_texte ;
} ;
main()
{ try
  { cout << "bloc try 1\n" ;
    throw mon_exception ("premier type") ;
  }
  catch (exception & e)
  { cout << "exception : " << e.what() << "\n" ;
  }
  try
  { cout << "bloc try 2\n" ;
    throw mon_exception ("deuxieme type") ;
  }
  catch (exception & e)
  { cout << "exception : " << e.what() << "\n" ;
  }
}
```

```
bloc try 1
exception : premier type
bloc try 2
exception : deuxieme type
```

Utilisation d'une classe exception dérivée de exception *(2)*

24

Généralités sur la bibliothèque standard

Comme celle du C, la norme du C++ comprend la définition d'une bibliothèque standard. Bien entendu, on y trouve toutes les fonctions prévues dans les versions C++ d'avant la norme, qu'il s'agisse des flots décrits précédemment ou des fonctions de la bibliothèque standard du C. Mais, on y découvre surtout bon nombre de nouveautés originales. La plupart d'entre elles sont constituées de patrons de classes et de fonctions provenant en majorité d'une bibliothèque du domaine public, nommée *Standard Template Library* (en abrégé STL) et développée chez Hewlett Packard.

L'objectif de ce chapitre est de vous familiariser avec les notions de base concernant l'utilisation des principaux composants de cette bibliothèque, à savoir : les conteneurs, les itérateurs, les algorithmes, les générateurs d'opérateurs, les prédicats et l'utilisation d'une relation d'ordre.

1 Notions de conteneur, d'itérateur et d'algorithme

Ces trois notions sont étroitement liées et, la plupart du temps, elles interviennent simultanément dans un programme utilisant des conteneurs.

1.1 Notion de conteneur

La bibliothèque standard fournit un ensemble de classes dites conteneurs, permettant de représenter les structures de données les plus répandues telles que les vecteurs, les listes, les ensembles ou les tableaux associatifs. Il s'agit de patrons de classes paramétrés tout naturellement par le type de leurs éléments. Par exemple, on pourra construire une liste d'entiers, un vecteur de flottants ou une liste de points (*point* étant une classe) par les déclarations suivantes :

```
list <int>        li ;   /* liste vide d'éléments de type int       */
vector <double>   ld ;   /* vecteur vide d'éléments de type double */
list <point>      lp ;   /* liste vide d'éléments de type point     */
```

Chacune de ces classes conteneur dispose de fonctionnalités appropriées dont on pourrait penser, *a priori*, qu'elles sont très différentes d'un conteneur à l'autre. En réalité, les concepteurs de STL ont fait un gros effort d'homogénéisation et beaucoup de fonctions membres sont communes à différents conteneurs. On peut dire que, dès qu'une action donnée est réalisable avec deux conteneurs différents, elle se programme de la même manière.

Remarque

En toute rigueur, les patrons de conteneurs sont paramétrés à la fois par le type de leurs éléments et par une fonction dite allocateur utilisée pour les allocations et les libérations de mémoire. Ce second paramètre possède une valeur par défaut qui est généralement satisfaisante. Cependant, certaines implémentations n'acceptent pas encore les paramètres par défaut dans les patrons de classes et, dans ce cas, il est nécessaire de préciser l'allocateur à utiliser, même s'il s'agit de celui par défaut. Il faut alors savoir que ce dernier est une fonction patron, de nom *allocator*, paramétrée par le type des éléments concernés. Voici ce que deviendraient les déclarations précédentes dans un tel cas :

```
list <int, allocator<int> > li ;           /* ne pas oublier l'espace    */
vector <double, allocator<double> > ld ;  /* entre int> et > ; sinon, >> */
list <point, allocator<point> > lp ;       /* représentera l'opérateur >> */
```

1.2 Notion d'itérateur

C'est dans ce souci d'homogénéisation des actions sur un conteneur qu'a été introduite la notion d'itérateur. Un itérateur est un objet défini généralement par la classe conteneur concernée qui généralise la notion de pointeur :

- à un instant donné, un itérateur possède une valeur qui désigne un élément donné d'un conteneur ; on dira souvent qu'un itérateur pointe sur un élément d'un conteneur ;
- un itérateur peut être incrémenté par l'opérateur ++, de manière à pointer sur l'élément suivant du même conteneur ; on notera que ceci n'est possible que, comme on le verra plus loin, parce que les conteneurs sont toujours ordonnés suivant une certaine séquence ;

- un itérateur peut être déréférencé, comme un pointeur, en utilisant l'opérateur * ; par exemple, si *it* est un itérateur sur une liste de points, **it* désigne un point de cette liste ;
- deux itérateurs sur un même conteneur peuvent être comparés par égalité ou inégalité.

Tous les conteneurs fournissent un itérateur portant le nom *iterator* et possédant au minimum les propriétés que nous venons d'énumérer qui correspondent à ce qu'on nomme un itérateur unidirectionnel. Certains itérateurs pourront posséder des propriétés supplémentaires, en particulier :

- décrémentation par l'opérateur -- ; comme cette possibilité s'ajoute alors à celle qui est offerte par ++, l'itérateur est alors dit bidirectionnel ;
- accès direct ; dans ce cas, si *it* est un tel itérateur, l'expression *it+i* a un sens ; souvent, l'opérateur [] est alors défini, de manière que *it[i]* soit équivalent à **(it+i)* ; en outre, un tel itérateur peut être comparé par inégalité.

Remarque

Ici, nous avons évoqué trois catégories d'itérateurs : unidirectionnel, bidirectionnel et accès direct. Au chapitre 27, nous verrons qu'il existe deux autres catégories (entrée et sortie) qui sont d'un usage plus limité. De même, on verra qu'il existe ce qu'on appelle des « adaptateurs d'itérateurs », lesquels permettent d'en modifier les propriétés ; les plus importants seront l'itérateur de flux et l'itérateur d'insertion.

1.3 Parcours d'un conteneur avec un itérateur

1.3.1 Parcours direct

Tous les conteneurs fournissent des valeurs particulières de type *iterator*, sous forme des fonctions membres *begin()* et *end()*, de sorte que, quel que soit le conteneur, le canevas suivant, présenté ici sur une liste de points, est toujours utilisable pour parcourir séquentiellement un conteneur de son début jusqu'à sa fin :

```
list<point> lp ;
   .....
list<point>::iterator il ;     /* itérateur sur une liste de points */
for (il = lp.begin() ; il != lp.end() ; il++)
{
   /* ici *il désigne l'élément courant de la liste de points lp */
}
```

On notera la particularité des valeurs des itérateurs de fin qui consiste à pointer, non pas sur le dernier élément d'un conteneur, mais juste après. D'ailleurs, lorsqu'un conteneur est vide, *begin()* possède la même valeur que *end()*, de sorte que le canevas précédent fonctionne toujours convenablement.

Remarque

Attention, on ne peut pas utiliser comme condition d'arrêt de la boucle *for*, une expression telle que *il < lp.end*, car l'opérateur < ne peut s'appliquer qu'à des itérateurs à accès direct.

1.3.2 Parcours inverse

Toutes les classes conteneurs pour lesquelles *iterator* est au moins bidirectionnel (on peut donc lui appliquer ++ et --) disposent d'un second itérateur noté *reverse_iterator*. Construit à partir du premier, il permet d'explorer le conteneur suivant l'ordre inverse. Dans ce cas, la signification de ++ et --, appliqués à cet itérateur, est alors adaptée en conséquence ; en outre, il existe également des valeurs particulières de type *reverse_iterator* fournies par les fonctions membres *rbegin()* et *rend()* ; on peut dire que *rbegin()* pointe sur le dernier élément du conteneur, tandis que *rend()* pointe juste avant le premier. Voici comment parcourir une liste de points dans l'ordre inverse :

```
list<point> lp ;
   .....
list<point>::reverse_iterator ril ;  /* itérateur inverse sur */
                                     /* une liste de points   */
for (ril = lp.rbegin() ; ril != lp.rend() ; ril++)
{
   /* ici *ril désigne l'élément courant de la liste de points lp */
}
```

1.4 Intervalle d'itérateur

Comme nous l'avons déjà fait remarquer, tous les conteneurs sont ordonnés, de sorte qu'on peut toujours les parcourir d'un début jusqu'à une fin. Plus généralement, on peut définir ce qu'on nomme un *intervalle d'itérateur* en précisant les bornes sous forme de deux valeurs d'itérateurs. Supposons que l'on ait déclaré :

```
vector<point>::iterator ip1, ip2 ;  /* ip1 et ip2 sont des itérateurs sur */
                                    /* un  vecteur de points              */
```

Supposons, de plus, que *ip1* et *ip2* possèdent des valeurs telles que *ip2* soit « accessible » depuis *ip1*, autrement dit que, après un certain nombre d'incrémentations de *ip1* par ++, on obtienne la valeur de *ip2*. Dans ces conditions, le couple de valeurs *ip1, ip2* définit un intervalle d'un conteneur du type *vector<point>* s'étendant de l'élément pointé par *ip1* jusqu'à (mais non compris) celui pointé par *ip2*. Cet intervalle se note souvent [*ip1, ip2*). On dit également que les éléments désignés par cet intervalle forment une séquence.

Cette notion d'intervalle d'itérateur sera très utilisée par les algorithmes et par certaines fonctions membres.

1.5 Notion d'algorithme

La notion d'algorithme est tout aussi originale que les deux précédentes. Elle se fonde sur le fait que, par le biais d'un itérateur, beaucoup d'opérations peuvent être appliquées à un conteneur, quels que soient sa nature et le type de ses éléments. Par exemple, on pourra trouver le premier élément ayant une valeur donnée aussi bien dans une liste, un vecteur ou ensemble ; il faudra cependant que l'égalité de deux éléments soit convenablement définie, soit par défaut, soit par surdéfinition de l'opérateur ==. De même, on pourra trier un conteneur d'objets de type *T*, pour peu que ce conteneur dispose d'un itérateur à accès direct et que l'on ait défini une relation d'ordre sur le type *T*, par exemple en surdéfinissant l'opérateur <.

Les différents algorithmes sont fournis sous forme de patrons de fonctions, paramétrés par le type des itérateurs qui leurs sont fournis en argument. Là encore, cela conduit à des programmes très homogènes puisque les mêmes fonctions pourront être appliquées à des conteneurs différents. Par exemple, pour compter le nombre d'éléments égaux à *1* dans un vecteur déclaré par :

```
vector<int> v ;    /* vecteur d'entiers */
```

on pourra procéder ainsi :

```
n = count (v.begin(), v.end(), 1) ; /* compte le nombre d'éléments valant 1 */
                                    /* dans la séquence [v.begin(), v.end()) */
                                    /* autrement dit, dans tout le conteneur v */
```

Pour compter le nombre d'éléments égaux à *1* dans une liste déclarée :

```
list<int> l ;    /* liste d'entiers */
```

on procédera de façon similaire (en se contentant de remplacer *v* par *l*) :

```
n = count (l.begin(), l.end(), 1) ; /* compte le nombre d'éléments valant 1 */
                                    /* dans la séquence [l.begin(), l.end())   */
                                    /* autrement dit, dans tout le conteneur l */
```

D'une manière générale, comme le laissent entendre ces deux exemples, les algorithmes s'appliquent, non pas à un conteneur, mais à une séquence définie par un intervalle d'itérateur ; ici, cette séquence correspondait à l'intégralité du conteneur.

Certains algorithmes permettront facilement de recopier des informations d'un conteneur d'un type donné vers un conteneur d'un autre type, pour peu que ses éléments soient du même type que ceux du premier conteneur. Voici, par exemple, comment recopier un vecteur d'entiers dans une liste d'entiers :

```
vector<int> v ;    /* vecteur d'entiers */
list<int> l ;      /* liste d'entiers   */
   .....
copy (v.begin(), v.end(), l.begin() ) ;
         /* recopie l'intervalle [v.begin(), v.end()),      */
         /* à partir de l'emplacement pointé par l.begin() */
```

Notez que, si l'on fournit l'intervalle de départ, on ne mentionne que le début de celui d'arrivée.

Remarque

On pourra parfois être gêné par le fait que l'homogénéisation évoquée n'est pas absolue. Ainsi, on verra qu'il existe un algorithme de recherche d'une valeur donnée nommé *find*, alors même qu'un conteneur comme *list* dispose d'une fonction membre comparable. La justification résidera dans des considérations d'efficacité.

1.6 Itérateurs et pointeurs

La manière dont les algorithmes ou les fonctions membres utilisent un itérateur fait que tout objet ou toute variable possédant les propriétés attendues (déréférenciation, incrémentation...) peut être utilisé à la place d'un objet tel que *iterator*.

Or, les pointeurs usuels possèdent tout naturellement les propriétés d'un itérateur à accès direct. Cela leur permet d'être employés dans bon nombre d'algorithmes. Cette possibilité est fréquemment utilisée pour la recopie des éléments d'un tableau ordinaire dans un conteneur :

```
int t[6] = { 2, 9, 1, 8, 2, 11 } ;
list<int> l ;
   .....
copy (t, t+6, l.begin()) ;   /* copie de l'intervalle [t, t+6) dans la liste l */
```

Bien entendu, ici, il n'est pas question d'utiliser une notation telle que *t.begin()* qui n'aurait aucun sens, *t* n'étant pas un objet.

Remarque

Par souci de simplicité, nous parlerons encore de séquence d'éléments (mais plus de séquence de conteneur) pour désigner les éléments ainsi définis par un intervalle de pointeurs.

2 Les différentes sortes de conteneurs

2.1 Conteneurs et structures de données classiques

On dit souvent que les conteneurs correspondent à des structures de données usuelles. Mais, à partir du moment où ces conteneurs sont des classes qui encapsulent convenablement leurs données, leurs caractéristiques doivent être indépendantes de leur implémentation. Dans ces conditions, les différents conteneurs devraient se distinguer les uns des autres uniquement par leurs fonctionnalités et en aucun cas par les structures de données sous-jacentes. Beaucoup de conteneurs posséderaient alors des fonctionnalités voisines, voire identiques.

En réalité, les différents conteneurs se caractérisent, outre leurs fonctionnalités, par l'efficacité de certaines opérations. Par exemple, on verra qu'un vecteur permet des insertions d'éléments en n'importe quel point mais celles-ci sont moins efficaces qu'avec une liste. En revanche, on peut accéder plus rapidement à un élément existant dans le cas d'un vecteur que dans celui d'une liste. Ainsi, bien que la norme n'impose pas l'implémentation des conteneurs, elle introduit des contraintes d'efficacité qui la conditionneront largement.

En définitive, on peut dire que le nom choisi pour un conteneur évoque la structure de donnée classique qui en est proche sur le plan des fonctionnalités, sans pour autant coïncider avec elle. Dans ces conditions, un bon usage des différents conteneurs passe par un apprentissage de leurs possibilités, comme s'il s'agissait bel et bien de classes différentes.

2.2 Les différentes catégories de conteneurs

La norme classe les différents conteneurs en deux catégories :

- les conteneurs en séquence (ou conteneurs séquentiels) ;
- les conteneurs associatifs.

La notion de conteneur en séquence correspond à des éléments qui sont ordonnés comme ceux d'un vecteur ou d'une liste. On peut parcourir le conteneur suivant cet ordre. Quand on insère ou qu'on supprime un élément, on le fait en un endroit qu'on a explicitement choisi.

La notion de conteneur associatif peut être illustrée par un répertoire téléphonique. Dans ce cas, on associe une valeur (numéro de téléphone, adresse...) à ce qu'on nomme une clé (ici le nom).À partir de la clé, on accède à la valeur associée. Pour insérer un nouvel élément dans ce conteneur, il ne sera théoriquement plus utile de préciser un emplacement.

Il semble donc qu'un conteneur associatif ne soit plus ordonné. En fait, pour d'évidentes questions d'efficacité, un tel conteneur devra être ordonné mais, cette fois, de façon intrinsèque, c'est-à-dire suivant un ordre qui n'est plus défini par le programme. La principale conséquence est qu'il restera toujours possible de parcourir séquentiellement les éléments d'un tel conteneur qui disposera toujours au moins d'un itérateur nommé *iterator* et des valeurs *begin()* et *end()*. Cet aspect peut d'ailleurs prêter à confusion, dans la mesure où certaines opérations prévues pour des conteneurs séquentiels pourront s'appliquer à des conteneurs associatifs, tandis que d'autres poseront problème. Par exemple, il n'y aura aucun risque à examiner séquentiellement chacun des éléments d'un conteneur associatif ; il y en aura manifestement, en revanche, si l'on cherche à modifier séquentiellement les valeurs d'éléments existants, puisque alors, on risque de perturber l'ordre intrinsèque du conteneur. Nous y reviendrons le moment venu.

3 Les conteneurs dont les éléments sont des objets

Le patron de classe définissant un conteneur peut être appliqué à n'importe quel type et donc, en particulier, à des éléments de type classe. Dans ce cas, il ne faut pas perdre de vue que bon nombre de manipulations de ces éléments vont entraîner des appels automatiques de certaines fonctions membres.

3.1 Construction, copie et affectation

Toute **construction d'un conteneur**, non vide, dont les éléments sont des objets, entraîne, **pour chacun de ces éléments** :

- soit l'appel d'un constructeur ; il peut s'agir d'un constructeur par défaut lorsque aucun argument n'est nécessaire ;
- soit l'appel d'un constructeur par recopie.

Par exemple, on verra que la déclaration suivante (*point* étant une classe) construit un vecteur de trois éléments de type *point* :

```
vector<point> v(3) ;  /* construction d'un vecteur de 3 points */
```

Pour chacun des trois éléments, il y aura appel d'un constructeur sans argument de *point.* Si l'on construit un autre vecteur, à partir de *v* :

```
vector<point> w (v) ;  /* ou vector v = w ; */
```

il y aura appel du constructeur par recopie de la classe *vector<point>*, lequel appellera le constructeur par recopie de la classe *point* pour chacun des trois éléments de type *point* à recopier.

On pourrait s'attendre à des choses comparables avec **l'opérateur d'affectation** dans un cas tel que :

```
w = v ;       /* le vecteur v est affecté à w */
```

Cependant, ici, les choses sont un peu moins simples. En effet, généralement, si la taille de *w* est suffisante, on se contentera effectivement d'appeler l'opérateur d'affectation pour tous les éléments de *v* (on appellera le destructeur pour les éléments excédentaires de *w*). En revanche, si la taille de *w* est insuffisante, il y aura destruction de tous ses éléments et création d'un nouveau vecteur par appel du constructeur par recopie, lequel appellera tout naturellement le constructeur par recopie de la classe *point* pour tous les éléments de *v.*

Par ailleurs, il ne faudra pas perdre de vue que, par défaut, la transmission d'un conteneur en argument d'une fonction se fait par valeur, ce qui entraîne la recopie de tous ses éléments.

Les trois circonstances que nous venons d'évoquer concernent des opérations portant sur l'ensemble d'un conteneur. Mais, il va de soi qu'il existe également d'autres opérations portant sur un élément d'un conteneur et qui, elles aussi, feront appel au constructeur de recopie (insertion) ou à l'affectation.

D'une manière générale, si les objets concernés ne possèdent pas de partie dynamique, les fonctions membres prévues par défaut seront satisfaisantes. Dans le cas contraire, il faudra prévoir les fonctions appropriées, ce qui sera bien sûr le cas si la classe concernée respecte le schéma de classe canonique proposé au paragraphe 4 du chapitre 15 (et complété au paragraphe 9 du chapitre 19). Notez bien que :

> Dès qu'une classe est destinée à donner naissance à des objets susceptibles d'être introduits dans des conteneurs, il n'est plus possible d'en désactiver la recopie et/ou l'affectation.

Remarque

Dans les descriptions des différents conteneurs ou algorithmes, nous ne rappellerons pas ces différents points, dans la mesure où ils concernent systématiquement tous les objets.

3.2 Autres opérations

Il existe d'autres opérations que les constructions ou recopies de conteneur qui peuvent entraîner des appels automatiques de certaines fonctions membres de la classe des éléments.

L'un des exemples les plus évidents est celui de la recherche d'un élément de valeur donnée, comme le fait la fonction membre *find* du conteneur *list*. Dans ce cas, la classe concernée devra manifestement disposer de l'opérateur ==, lequel, cette fois, ne possède plus de version par défaut.

Un autre exemple réside dans les possibilités dites de « comparaisons lexicographiques » que nous examinerons au chapitre 25 ; nous verrons que celles-ci se fondent sur la comparaison, par l'un des opérateurs <, >, <= ou >= des différents éléments du conteneur. Manifestement, là encore, il faudra définir au moins l'opérateur < pour la classe concernée : les possibilités de génération automatique présentées ci-dessus pourront éviter les définitions des trois autres.

D'une manière générale, cette fois, compte tenu de l'aspect épisodique de ce type de besoin, nous le préciserons chaque fois que ce sera nécessaire.

4 Efficacité des opérations sur des conteneurs

Pour juger de l'efficacité d'une fonction membre d'un conteneur ou d'un algorithme appliqué à un conteneur, on choisit généralement la notation dite « de Landau » (*O(...)*) qui se définit ainsi :

> Le temps t d'une opération est dit O(x) s'il existe une constante k telle que, dans tous les cas, on ait : t <= kx.

Comme on peut s'y attendre, le nombre *N* d'éléments d'un conteneur (ou d'une séquence de conteneur) pourra intervenir. C'est ainsi qu'on rencontrera typiquement :

- des opérations en *O(1)*, c'est-à-dire pour lesquelles le temps est constant (plutôt borné par une constante, indépendante du nombre d'éléments de la séquence) ; on verra que ce sera le cas des insertions dans une liste ou des insertions en fin de vecteur ;

- des opérations en *O(N)*, c'est-à-dire pour lesquelles le temps est proportionnel au nombre d'éléments de la séquence ; on verra que ce sera le cas des insertions en un point quelconque d'un vecteur ;
- des opérations en *O(LogN)*...

D'une manière générale, on ne perdra pas de vue qu'une telle information n'a qu'un caractère relativement indicatif ; pour être précis, il faudrait indiquer s'il s'agit d'un maximum ou d'une moyenne et mentionner la nature des opérations concernées. C'est d'ailleurs ce que nous ferons dans l'annexe C décrivant l'ensemble des algorithmes standards.

5 Fonctions, prédicats et classes fonctions

5.1 Fonction unaire

Beaucoup d'algorithmes et quelques fonctions membres permettent d'appliquer une fonction donnée aux différents éléments d'une séquence (définie par un intervalle d'itérateur). Cette fonction est alors passée simplement en argument de l'algorithme, comme dans :

```
for_each(it1, it2, f) ;  /* applique la fonction f à chacun des éléments */
                         /* de  la séquence [it1, it2)                    */
```

Bien entendu, la fonction *f* doit posséder un argument du type des éléments correspondants (dans le cas contraire, on obtiendrait une erreur de compilation). Il n'est pas interdit qu'une telle fonction possède une valeur de retour mais, quoi qu'il en soit, elle ne sera pas utilisée.

Voici un exemple montrant comment utiliser cette technique pour afficher tous les éléments d'une liste :

```
main()
{ list<float> lf ;
  void affiche (float) ;
  for_each (lf.begin(), lf.end(), affiche) ; cout << "\n" ;
    .....
}
void affiche (float x) { cout << x << " " ; }
```

Bien entendu, on obtiendrait le même résultat en procédant simplement ainsi :

```
main()
{ list<float> lf ;
  void affiche (list<float>) ;
  lf.affiche() ;
    .....
}
void affiche (list<float> l)
{ list<float>::iterator il ;
  for (il=l.begin() ; il!=l.end() ; il++) cout << (*il) << " " ;
  cout << "\n" ;
}
```

5.2 Prédicats

On parle de prédicat pour caractériser une fonction qui renvoie une valeur de type *bool*. Compte tenu des conversions implicites qui sont mises en place automatiquement, cette valeur peut éventuellement être entière, sachant qu'alors 0 correspondra à *false* et que tout autre valeur correspondra à *true*. On rencontrera des prédicats unaires, c'est-à-dire disposant d'un seul argument et des prédicats binaires, c'est-à-dire disposant de deux arguments de même type. Là encore, certains algorithmes et certaines fonctions membres nécessiteront qu'on leur fournisse un prédicat en argument. Par exemple, l'algorithme *find_if* permet de trouver le premier élément d'une séquence vérifiant un prédicat passé en argument :

```
main()
{ list<int> l ;
  list<int>::iterator il ;
  bool impair (int) ;
    .....
  il = find_if (l.begin(), l.end(), impair) ;  /* il désigne le premier */
    .....                /* élément de  l vérifiant le prédicat impair  */
}
bool impair (int n)               /* définition du prédicat unaire impair */
{ return n%2 ; }
```

5.3 Classes et objets fonctions

5.3.1 Utilisation d'objet fonction comme fonction de rappel

Nous venons de voir que certains algorithmes ou fonctions membres nécessitaient un prédicat en argument. D'une manière générale, ils peuvent nécessiter une fonction quelconque et l'on parle souvent de « fonction de rappel » pour évoquer un tel mécanisme dans lequel une fonction est amenée à appeler une autre fonction qu'on lui a transmise en argument.

La plupart du temps, cette fonction de rappel est prévue dans la définition du patron correspondant, non pas sous forme d'une fonction, mais bel et bien sous forme d'un objet de type quelconque. Les classes et les objets fonctions ont été présentés au paragraphe 6 du chapitre 15 et nous en avions alors donné un exemple simple d'utilisation. En voici un autre qui montre l'intérêt qu'ils présentent dans le cas de patrons de fonctions. Ici, le patron de fonction *essai* définit une famille de fonctions recevant en argument une fonction de rappel sous forme d'un objet fonction *f* de type quelconque. Les exemples d'appels de la fonction *essai* montrent qu'on peut lui fournir, indifféremment comme fonction de rappel, soit une fonction usuelle, soit un objet fonction.

```
#include <iostream>
using namespace std ;
class cl_fonc              /* definition d'une classe fonction */
{ int coef ;
  public :
  cl_fonc(int n) {coef = n ;}
  int operator () (int p) {return coef*p ; }
} ;
```

```
int fct (int n)          /* definition d'une fonction usuelle */
{ return 5*n ;
}
template <class T>void essai (T f)    // définition de essai qui reçoit en
{ cout << "f(1) : " << f(1) << "\n" ; // argument un objet de type quelconque
  cout << "f(4) : " << f(4) << "\n" ; // et qui l'utilise comme une fonction
}
main()
{ essai (fct) ;        // appel essai, avec une fonction de rappel usuelle
  essai (cl_fonc(3)) ; // appel essai, avec une fonction de rappel objet
  essai (cl_fonc(7)) ; // idem
}
```

```
f(1) : 5
f(4) : 20
f(1) : 3
f(4) : 12
f(1) : 7
f(4) : 28
```

Exemple d'utilisation d'objets fonctions

On voit qu'un algorithme attendant un objet fonction peut recevoir une fonction usuelle. En revanche, on notera que la réciproque est fausse. C'est pourquoi tous les algorithmes ont prévu leurs fonctions de rappel sous forme d'objets fonctions.

5.3.2 Classes fonctions prédéfinies

Dans *<functional>*, il existe un certain nombre de patrons de classes fonctions correspondant à des prédicats binaires de comparaison de deux éléments de même type. Par exemple, *less<int>* instancie une fonction patron correspondant à la comparaison par < (*less*) de deux éléments de type *int*. Comme on peut s'y attendre, *less<point>* instanciera une fonction patron correspondant à la comparaison de deux objets de type *point* par l'opérateur <, qui devra alors être convenablement défini dans la classe *point*.

Voici les différents noms de patrons existants et les opérateurs correspondants : *equal_to* (==), *not_equal_to* (!=), *greater* (>), *less* (<), *greater_equal* (>=), *less_equal* (<=).

Toutes ces classes fonctions disposent d'un constructeur sans argument, ce qui leur permet d'être citées comme fonctions de rappel. D'autre part, elles seront également utilisées comme argument de type dans la construction de certaines classes.

Remarque

Il existe également des classes fonctions correspondant aux opérations binaires usuelles, par exemple *plus<int>* pour la somme de deux *int*. Voici les différents noms des autres patrons existants et les opérateurs correspondants : *modulus* (%), *minus* (-), *times* (*), *divides* (/). On trouve également les prédicats correspondant aux opérations logiques :

logical_and (&&), *logical_or* (||), *logical_not* (!). Ces classes sont cependant d'un usage moins fréquent que celles qui ont été étudiées précédemment.

6 Conteneurs, algorithmes et relation d'ordre

6.1 Introduction

Un certain nombre de situations nécessiteront la connaissance d'une relation permettant d'ordonner les différents éléments d'un conteneur. Citons-en quelques exemples :

- pour des questions d'efficacité, comme il a déjà été dit, les éléments d'un conteneur associatif seront ordonnés en permanence ;
- un conteneur *list* disposera d'une fonction membre *sort*, permettant de réarranger ses éléments suivant un certain ordre ;
- il existe beaucoup d'algorithmes de tri qui, eux aussi, réorganisent les éléments d'un conteneur suivant un certain ordre.

Bien entendu, tant que les éléments du conteneur concerné sont d'un type scalaire ou *string*, pour lequel il existe une relation naturelle (<) permettant d'ordonner les éléments, on peut se permettre d'appliquer ces différentes opérations d'ordonnancement, sans trop se poser de questions.

En revanche, si les éléments concernés sont d'un type classe qui ne dispose pas par défaut de l'opérateur <, il faudra surdéfinir convenablement cet opérateur. Dans ce cas, et comme on peut s'y attendre, cet opérateur devra respecter un certain nombre de propriétés, nécessaires au bon fonctionnement de la fonction ou de l'algorithme utilisé.

Par ailleurs, et quel que soit le type des éléments (classe, type de base...), on peut choisir d'utiliser une relation autre que celle qui correspond à l'opérateur < (par défaut ou surdéfini) :

- soit en choisissant un autre opérateur (par défaut ou surdéfini) ;
- soit en fournissant explicitement une fonction de comparaison de deux éléments.

Là encore, cet opérateur ou cette fonction devra respecter les propriétés évoquées que nous allons examiner maintenant.

6.2 Propriétés à respecter

Pour simplifier les notations, nous noterons toujours *R*, la relation binaire en question, qu'elle soit définie par un opérateur ou par une fonction. La norme précise que R *doit être une relation d'ordre faible strict*, laquelle se définit ainsi :

- ∀a, !(a *R* a) ;
- *R* est transitive, c'est-à-dire que ∀a, b, c, tels que : a *R* b et b *R* c, alors a *R* c ;

- ∀a, b, c, tels que : !(a R b) et !(b R c), alors !(a R c).

On notera que l'égalité n'a pas besoin d'être définie pour que *R* respecte les propriétés requises.

Bien entendu, on peut sans problème utiliser les opérateurs < et > pour les types numériques ; on prendra garde, cependant, à ne pas utiliser <= ou >= qui ne répondent pas à la définition.

On peut montrer que ces contraintes définissent une relation d'ordre total, non pas sur l'ensemble des éléments concernés, mais simplement sur les classes d'équivalence induites par la relation *R*, une classe d'équivalence étant telle que a et b appartiennent à la même classe si l'on a à la fois !(a *R* b) et !(b *R* a). À titre d'exemple, considérons des éléments d'un type classe (*point*), possédant deux coordonnées *x* et *y* ; supposons qu'on y définisse la relation *R* par :

p1(x1, y1) *R* p2(x2, y2)   si x1 < x2

On peut montrer que *R* satisfait les contraintes requises et que les classes d'équivalence sont formées des points ayant la même abscisse.

Dans ces conditions, si l'on utilise *R* pour trier un conteneur de points, ceux-ci apparaîtront ordonnés suivant la première coordonnée. Cela n'est pas très grave car, dans une telle opération de tri, tous les points seront conservés. En revanche, si l'on utilise cette même relation *R* pour ordonner intrinsèquement un conteneur associatif de type *map* (dont on verra que deux éléments ne peuvent avoir de clés équivalentes), deux points de même abscisse apparaîtront comme « identiques » et un seul sera conservé dans le conteneur.

Ainsi, lorsqu'on sera amené à définir sa propre relation d'ordre, il faudra bien être en mesure d'en prévoir correctement les conséquences au niveau des opérations qui en dépendront. Notamment, dans certains cas, il faudra savoir si l'égalité de deux éléments se fonde sur l'opérateur == (surdéfini ou non), ou sur les classes d'équivalence induites par une relation d'ordre (par défaut, il s'agira alors de <, surdéfini ou non). Par exemple, l'algorithme *find* se fonde sur ==, tandis que la fonction membre *find* d'un conteneur associatif se fonde sur l'ordre intrinsèque du conteneur. Bien entendu, aucune différence n'apparaîtra avec des éléments de type numérique ou *string*, tant qu'on se limitera à l'ordre induit par < puisque alors les classes d'équivalence en question seront réduites à un seul élément.

Bien entendu, nous attirerons à nouveau votre attention sur ce point au moment voulu.

7 Les générateurs d'opérateurs

N.B. Ce paragraphe peut être ignoré dans un premier temps.

Le mécanisme de surdéfinition d'opérateurs utilisé par C++ fait que l'on peut théoriquement définir, pour une classe donnée, à la fois l'opérateur == et l'opérateur !=, de manière totalement indépendante, voir incohérente. Il en va de même pour les opérateurs <, <=, > et >=.

25

Les conteneurs séquentiels

Nous avons vu, dans le précédent chapitre, que les conteneurs pouvaient se classer en deux catégories très différentes : les conteneurs séquentiels et les conteneurs associatifs ; les premiers sont ordonnés suivant un ordre imposé explicitement par le programme lui-même, tandis que les seconds le sont de manière intrinsèque. Les trois conteneurs séquentiels principaux sont les classes *vector, list et deque*. La classe *vector* généralise la notion de tableau, tandis que la classe *list* correspond à la notion de liste doublement chaînée. Comme on peut s'y attendre, *vector* disposera d'un itérateur à accès direct, tandis que *list* ne disposera que d'un itérateur bidirectionnel. Quant à la classe *deque*, on verra qu'il s'agit d'une classe intermédiaire entre les deux précédentes dont la présence ne se justifie que pour des questions d'efficacité.

Nous commencerons par étudier les fonctionnalités communes à ces trois conteneurs : construction, affectation globale, initialisation par un autre conteneur, insertion et suppression d'éléments, comparaisons... Puis nous examinerons en détail les fonctionnalités spécifiques à chacun des conteneurs *vector*, *deque* et *list*. Nous terminerons par une brève description des trois adaptateurs de conteneurs que sont *stack*, *queue* et *priority_queue*.

1 Fonctionnalités communes aux conteneurs *vector*, *list* et *deque*

Comme tous les conteneurs, *vector*, *list* et *deque* sont de taille dynamique, c'est-à-dire susceptibles de varier au fil de l'exécution. Malgré leur différence de nature, ces trois conteneurs possèdent des fonctionnalités communes que nous allons étudier ici. Elles concernent :

- leur construction ;
- l'affectation globale ;
- leur comparaison ;
- l'insertion de nouveaux éléments ou la suppression d'éléments existants.

1.1 Construction

Les trois classes *vector*, *list* et *deque* disposent de différents constructeurs : conteneur vide, avec nombre d'éléments donné, à partir d'un autre conteneur.

1.1.1 Construction d'un conteneur vide

L'appel d'un constructeur sans argument construit un conteneur vide, c'est-à-dire ne comportant aucun élément :

```
list<float> lf ;   /* la liste lf est construite vide ; lf.size() */
                   /*  vaudra 0 et lf.begin() == lf.end(   )      */
```

1.1.2 Construction avec un nombre donné d'éléments

De façon comparable à ce qui se passe avec la déclaration d'un tableau classique, l'appel d'un constructeur avec un seul argument entier *n* construit un conteneur comprenant *n* éléments. En ce qui concerne l'initialisation de ces éléments, elle est régie par les règles habituelles dans le cas d'éléments de type standard (0 pour la classe statique, indéterminé sinon). Lorsqu'il s'agit d'éléments de type classe, ils sont tout naturellement initialisés par appel d'un constructeur sans argument.

```
list<float> lf(5) ;    /* lf est construite avec 5 éléments de type float */
                       /*    lf.size() vaut 5                             */
vector<point> vp(5) ;  /* vp est construit avec 5 éléments de type point  */
                       /* initialisés par le constructeur sans argument   */
```

1.1.3 Construction avec un nombre donné d'éléments initialisés à une valeur

Le premier argument du constructeur fournit le nombre d'éléments, le second argument en fournit la valeur :

```
list<int> li(5, 999) ;  /* li est construite avec 5 éléments de type int  */
                        /* ayant tous la valeur 999                        */
point a(3, 8) ;         /* on suppose que point est une classe...          */
```

```
list<point> lp (10, a) ;/* lp est construite avec 10 points ayant tous la */
                        /* valeur de a : il y a appel du constructeur par */
                        /* recopie (éventuellement par défaut) de point   */
```

1.1.4 Construction à partir d'une séquence

On peut construire un conteneur à partir d'une séquence d'éléments de même type. Dans ce cas, on fournit simplement au constructeur deux arguments représentant les bornes de l'intervalle correspondant. Voici des exemples utilisant des séquences de conteneur de type *list<point>* :

```
list<point> lp(6) ;          /* liste de 6 points */
  .....
vector<point> vp (lp.begin(), lp.end()) ;    /* construit un vecteur de points */
                   /* en recopiant les points de la liste lp  ; le constructeur */
                   /* par recopie de point sera appelé pour chacun des points   */
list<point> lpi (lp.rbegin(), lp.rend()) ;              /* construit une liste */
                     /* obtenue en inversant l'ordre des points de la liste lp */
```

Ici, les séquences correspondaient à l'ensemble du conteneur ; il s'agit de la situation la plus usuelle, mais rien n'empêcherait d'utiliser des intervalles d'itérateurs quelconques, pour peu que la seconde borne soit accessible à partir de la première.

Voici un autre exemple de construction de conteneurs, à partir de séquences de valeurs issues d'un tableau classique, utilisant des intervalles définis par des pointeurs :

```
int t[6] = { 2, 9, 1, 8, 2, 11 } ;
vector<int> vi(t, t+6) ; /* construit un vecteur formé des 6 valeurs de t */
vector<int> vi2(t+1, t+5) ;     /* construit un vecteur formé des valeurs */
                                                        /* t[1] à t[5] */
```

Dans le premier cas, si l'on souhaite une formulation indépendante de la taille effective de *t*, on pourra procéder ainsi :

```
int t[] = { ..... } ;          /* nombre quelconque de valeurs qui seront */
vector<int> vi(t, t + sizeof(t)/sizeof(int)) ;      /* recopiées dans vi */
```

1.1.5 Construction à partir d'un autre conteneur de même type

Il s'agit d'un classique constructeur par recopie qui, comme on peut s'y attendre, appelle le constructeur de recopie des éléments concernés lorsqu'il s'agit d'objets.

```
vector<int> vi1 ;         /* vecteur d'entiers */
  .....
vector<int> vi2(vi1) ;    /* ou encore vector<int> vi2 = vi1 ;  */
```

1.2 Modifications globales

Les trois classes *vector*, *deque* et *list* définissent convenablement l'opérateur d'affectation ; de plus, elles proposent une fonction membre *assign*, comportant plusieurs définitions, ainsi qu'une fonction *clear*.

1.2.1 Opérateur d'affectation

On peut affecter un conteneur d'un type donné à un autre conteneur de même type, c'est-à-dire ayant le même nom de patron et le même type d'éléments. Bien entendu, il n'est nullement nécessaire que le nombre d'éléments de chacun des conteneurs soit le même. Voici quelques exemples :

```
vector<int> vi1 (...), vi2 (...) ;
vector<float> vf (...) ;
   .....
vi1 = vi2 ; /* correct, quels que soient le nombre d'éléments de vi1 */
            /* et de vi2 ; le contenu de vi1 est remplacé par celui  */
            /* de vi2 qui reste inchangé                             */
vf = vi1 ;  /* incorrect (refusé en compilation) : les éléments      */
            /* de vf et de vi1 ne sont pas du même type              */
```

Voici un autre exemple avec un conteneur dont les éléments sont des objets :

```
vector<point> vp1 (....), vp2 (...) ;
   .....
vp1 = vp2 ;
```

Dans ce cas, comme nous l'avons déjà fait remarquer au paragraphe 3.1 du chapitre 24, il existe deux façons de parvenir au résultat escompté, suivant les tailles relatives des vecteurs *vp1* et *vp2*, à savoir, soit l'utilisation du constructeur par recopie de la classe *point*, soit l'utilisation de l'opérateur d'affectation de la classe *point*.

1.2.2 La fonction membre *assign*

Alors que l'affectation n'est possible qu'entre conteneurs de même type, la fonction *assign* permet d'affecter, à un conteneur existant, les éléments d'une séquence définie par un intervalle [*debut, fin*), à condition que les éléments désignés soient du type voulu (et pas seulement d'un type compatible par affectation) :

assign (début, fin) // *fin* doit être accessible depuis *début*

Il existe également une autre version permettant d'affecter à un conteneur, un nombre donné d'éléments ayant une valeur imposée :

assign (nb_fois, valeur)

Dans les deux cas, les éléments existants seront remplacés par les éléments voulus, comme s'il y avait eu affectation.

```
point a (...) ;
list<point> lp (...) ;
vector<point> vp (...) ;
   .....
lp.assign (vp.begin(), vp.end()) ; /* maintenant : lp.size() = vp.size() */
vp.assign (10, a) ;                /* maintenant : vp.size()=10          */
```

```
char t[] = {"hello"} ;
list<char> lc(7, 'x') ;       /* lc contient :      x, x, x, x, x, x, x  */
   .....
```

```
lc.assign(t, t+4) ;     /* lc contient maintenant :  h, e, l, l, o       */
lc.assign(3, 'z') ;     /* lc contient maintenant :  z, z, z             */
```

1.2.3 La fonction *clear*

La fonction *clear()* vide le conteneur de son contenu.

```
vector<point> vp(10) ;  /* vp.size() = 0 */
   .....
vp.clear () ;        /* appel du destructeur de chacun des points de vp */
                     /* maintenant vp.size() = 0                        */
```

1.2.4 La fonction *swap*

La fonction membre *swap (conteneur)* permet d'échanger le contenu de deux conteneurs de même type. Par exemple :

```
vector<int> v1, v2 ;
   .....
v1.swap(v2) ;   /* ou :  v2.swap(v1) ;  */
```

L'affectation précédente sera plus efficace que la démarche traditionnelle :

```
vector<int> v3=v1 ;
v1=v2 ;
v2=v3 ;
```

Remarque

Comme on peut le constater, les possibilités de modifications globales d'un conteneur sont similaires à celles qui sont offertes au moment de la construction, la seule possibilité absente étant l'affectation d'un nombre d'éléments donnés, éventuellement non initialisés.

1.3 Comparaison de conteneurs

Les trois conteneurs *vector*, *deque* et *list* disposent des opérateurs == et < ; par le biais des générations automatiques d'opérateurs, ils disposent donc également de !=, <=, > et >=. Le rôle de == correspond à ce qu'on attend d'un tel opérateur, tandis que celui de < s'appuie sur ce que l'on nomme parfois une comparaison lexicographique, analogue à celle qui permet de classer des mots par ordre alphabétique.

1.3.1 L'opérateur ==

Il ne présente pas de difficultés particulières. Si *c1* et *c2* sont deux conteneurs de même type, leur comparaison par == sera vraie s'ils ont la même taille et si les éléments de même rang sont égaux.

On notera cependant que si les éléments concernés sont de type classe, il sera nécessaire que cette dernière dispose elle-même de l'opérateur ==.

1.3.2 L'opérateur <

Il effectue une comparaison lexicographique des éléments des deux conteneurs. Pour ce faire, il compare les éléments de même rang, par l'opérateur <, en commençant par les premiers, s'ils existent. Il s'interrompt dès que l'une des conditions suivantes est réalisée :

- fin de l'un des conteneurs atteinte ; le résultat de la comparaison est vrai ;
- comparaison de deux éléments fausse ; le résultat de la comparaison des conteneurs est alors faux.

Si un seul des deux conteneurs est vide, il apparaît comme < à l'autre. Si les deux conteneurs sont vides, aucun n'est inférieur à l'autre (ils sont égaux).

On notera, là encore, que si les éléments concernés sont de type classe, il sera nécessaire que cette dernière dispose elle-même d'un opérateur < approprié.

1.3.3 Exemples

Avec ces déclarations :

```
int t1[] = {2, 5, 2, 4, 8 } ;
int t2[] = {2, 5, 2, 8 } ;
vector<int> v1 (t1, t1+5) ;     /* v1 contient : 2 5 2 4 8 */
vector<int> v2 (t2, t2+4) ;     /* v2 contient : 2 5 2 8   */
vector<int> v3 (t2, t2+3) ;     /* v3 contient : 2 5 2     */
vector<int> v4 (v3) ;           /* v4 contient : 2 5 2     */
vector<int> v5 ;                /* v5 est vide             */
```

Voici quelques comparaisons possibles et la valeur correspondante :

```
v2 < v1  /* faux */      v3 < v2   /* vrai */      v3 < v4  /* faux */
v4 < v3  /* faux */      v3 == v4  /* vrai */      v4 > v5  /* vrai */
v5 > v5  /* faux */      v5 < v5   /* faux */
```

1.4 Insertion ou suppression d'éléments

Chacun des trois conteneurs *vector*, *deque* et *list* dispose naturellement de possibilités d'accès à un élément existant, soit pour en connaître la valeur, soit pour la modifier. Comme ces possibilités varient quelque peu d'un conteneur à l'autre, elles seront décrites dans les paragraphes ultérieurs. Par ailleurs, ces trois conteneurs (comme tous les conteneurs) permettent des modifications dynamiques fondées sur des insertions de nouveaux éléments ou des suppressions d'éléments existants. On notera que de telles possibilités n'existaient pas dans le cas d'un tableau classique, alors qu'elles existent pour le conteneur *vector*, même si, manifestement, elles sont davantage utilisées dans le cas d'une liste.

Rappelons toutefois que, bien qu'en théorie, les trois conteneurs offrent les mêmes possibilités d'insertions et de suppressions, leur efficacité sera différente d'un conteneur à un autre. Nous verrons dans les paragraphes suivants que, dans une liste, elles seront toujours en O(1), tandis que dans les conteneurs *vector* et *deque*, elles seront en O(N), excepté lorsqu'elles auront lieu en fin de *vector* ou en début ou en fin de *deque* où elles se feront en O(1) ; dans ces derniers cas, on verra d'ailleurs qu'il existe des fonctions membres spécialisées.

1.4.1 Insertion

La fonction *insert* permet d'insérer :

- une valeur avant une position donnée :

  insert (position, valeur) // insère *valeur* avant l'élément pointé par *position*
  // fournit un itérateur sur l'élément inséré

- *n* fois une valeur donnée, avant une position donnée :

  insert (position, nb_fois, valeur) // insère *nb_fois valeur*, avant l'élément
  // pointé par *position*
  // fournit un itérateur sur l'élément inséré

- les éléments d'un intervalle, à partir d'une position donnée :

  insert (debut, fin, position) // insère les valeurs de l'intervalle [*debut, fin*),
  // avant l'élément pointé par *position*

En voici quelques exemples :

```
list<double> ld ;
list<double>::iterator il ;
   .....              /* on suppose que il pointe correctement dans la liste ld */
ld.insert(il, 2.5) ;      /* insère 2.5 dans ld, avant l'élément pointé par il */
ld.insert(ld.begin(), 6.7) ;                   /* insère 6.7 au début de ld    */
ld.insert (ld.end(),  3.2) ;                        /* insère 3.2 en fin de ld */
   .....
ld.insert(il, 10, -1) ;     /* insère 10 fois -1 avant l'élément pointé par il */
   .....
vector<double> vd (...) ;
ld.insert(ld.begin(), vd.begin(), vd.end()) ;       /* insère tous les éléments */
                                                   /* de vd en début de la liste ld */
```

1.4.2 Suppression

La fonction *erase* permet de supprimer :

- un élément de position donnée :

  erase (position) // supprime l'élément désigné par *position* – fournit un itérateur
  // sur l'élément suivant ou sur la fin de la séquence

- les éléments d'un intervalle :

  erase (début, fin) // supprime les valeurs de l'intervalle [*début, fin*) – fournit un
  // itérateur sur l'élément suivant ou sur la fin de la séquence

En voici quelques exemples :

```
list<double> ld ;
list<double>::iterator il1, il2 ;
   .....         /* on suppose que il1 et il2 pointent correctement dans  */
                 /* la liste ld et que il2 est accessible à partir de il1 */
ld.erase(il1, il2) ; /* supprime les éléments de l'intervalle [il1, il2) */
ld.erase(ld.begin()) ;              /* supprime l'élément de début de ld */
```

Remarques

1 Les deux fonctions *erase* renvoient la valeur de l'itérateur suivant le dernier élément supprimé s'il en existe un ou sinon, la valeur *end()*. Voyez par exemple, la construction suivante, dans laquelle *il* est un itérateur, de valeur convenable, sur une liste d'entiers *ld* :

```
while (il = ld.erase(il) != ld.end()) ;
```

Elle est équivalente à :

```
erase (il, ld.end()) ;
```

2 Les conteneurs séquentiels ne sont pas adaptés à la recherche de valeurs données ou à leur suppression. Il n'existera d'ailleurs aucune fonction membre à cet effet, contrairement à ce qui se produira avec les conteneurs associatifs. Il n'en reste pas moins qu'une telle recherche peut toujours se faire à l'aide d'un algorithme standard tel que *find* ou *find_if*, mais au prix d'une efficacité médiocre (en O(N)).

1.4.3 Cas des insertions/suppressions en fin : *pop_back* et *push_back*

Si l'on s'en tient aux possibilités générales présentées ci-dessus, on constate que s'il est possible de supprimer le premier élément d'un conteneur en appliquant *erase* à la position *begin()*, il n'est pas possible de supprimer le dernier élément d'un conteneur, en appliquant *erase* à la position *end()*. Un tel résultat peut toutefois s'obtenir en appliquant *erase* à la position *rbegin()*. Quoi qu'il en soit, comme l'efficacité de cette suppression est en O(1) pour les trois conteneurs, il existe une fonction membre spécialisée *pop_back()* qui réalise cette opération ; si *c* est un conteneur, *c.pop_back()* est équivalente à *c.erase(c.rbegin())*.

D'une manière semblable, et bien que ce ne soit guère indispensable, il existe une fonction spécialisée d'insertion en fin *push_back*. Si *c* est un conteneur, *c.push_back(valeur)* est équivalent à *c.insert (c.end(), valeur)*.

2 Le conteneur *vector*

Il reprend la notion usuelle de tableau en autorisant un accès direct à un élément quelconque avec une efficacité en O(1), c'est-à-dire indépendante du nombre de ses éléments. Cet accès peut se faire soit par le biais d'un itérateur à accès direct, soit de façon plus classique, par l'opérateur [ ] ou par la fonction membre *at*. Mais il offre un cadre plus général que le tableau puisque :

- la taille, c'est-à-dire le nombre d'éléments, peut varier au fil de l'exécution (comme celle de tous les conteneurs) ;
- on peut effectuer toutes les opérations de construction, d'affectation et de comparaisons décrites aux paragraphes 1.1, 1.2 et 1.3 ;
- on dispose des possibilités générales d'insertion ou de suppressions décrites au paragraphe 1.4 (avec, cependant, une efficacité en *O(N)* dans le cas général).

Ici, nous nous contenterons d'examiner les fonctionnalités spécifiques de la classe *vector*, qui viennent donc en complément de celles qui sont examinées au paragraphe 1.

2.1 Accès aux éléments existants

On accède aux différents éléments d'un vecteur, aussi bien pour en connaître la valeur que pour la modifier, de différentes manières : par itérateur (*iterator* ou *reverse_iterator*) ou par indice (opérateur [ ] ou fonction membre *at*). En outre, l'accès au dernier élément peut se faire par une fonction membre appropriée *back*. Dans tous les cas, l'efficacité de cet accès est en *O(1)*, ce qui constitue manifestement le point fort de ce type de conteneur.

2.1.1 Accès par itérateur

Les itérateurs *iterator* et *reverse_iterator* d'un conteneur de type *vector* sont à accès direct. Si, par exemple, *iv* est une variable de type *vector<int>::iterator*, une expression telle que *iv+i* a alors un sens : elle désigne l'élément du vecteur *v*, situé *i* éléments plus loin que celui qui est désigné par *iv*, à condition que la valeur de *i* soit compatible avec le nombre d'éléments de *v*.

L'itérateur *iv* peut, bien sûr, comme tout itérateur bidirectionnel, être incrémenté ou décrémenté par ++ ou --. Mais, comme il est à accès direct, il peut également être incrémenté ou décrémenté d'une quantité quelconque, comme dans :

```
iv += n ;  iv -= p ;
```

Voici un petit exemple d'école :

```
vector<int> v(10) ;                    /*  vecteur de 10 éléments          */
vector<int>::iterator iv = v.begin() ; /* iv pointe sur le premier élém de v */
  .....
iv = vi.begin() ; *iv=0 ;       /* place 0 dans le premier élément de vi    */
iv+=3 ; *iv=30 ;                /* place 30 dans le quatrième élément de vi */
iv = vi.end()-2 ;  *iv=70 ;     /* place 70 dans le huitième élément de vi  */
```

2.1.2 Accès par indice

L'opérateur [ ] est, en fait, utilisable de façon naturelle. Si *v* est de type *vector*, l'expression *v[i]* est une référence à l'élément de rang *i*, de sorte que les deux instructions suivantes sont équivalentes :

```
v[i] = ... ;       *(v.begin()+i) = ... ;
```

Mais il existe également une fonction membre *at* telle que *v.at(i)* soit équivalente à *v[i]*. Sa seule raison d'être est de générer une exception *out_of_range* en cas d'indice incorrect, ce que l'opérateur [ ] ne fait théoriquement pas. Bien entendu, en contrepartie, *at* est légèrement moins rapide que l'opérateur [ ].

L'exemple d'école précédent peut manifestement s'écrire plus simplement :

```
vi[0] = 0 ;                                           /* ou :  vi.at(0) = 0 ;   */
vi[3] = 30 ;                                          /* ou :  vi.at(3) = 30 ;  */
vi[7] = 70 ;    /* ou : vi[vi.size()-2] = 70 ;           ou :  vi.at(7) = 70 ;  */
```

Il est généralement préférable d'utiliser les indices plutôt que les itérateurs dont le principal avantage réside dans l'homogénéisation de notation avec les autres conteneurs.

2.1.3 Cas de l'accès au dernier élément

Comme le vecteur est particulièrement adapté aux insertions ou aux suppressions en fin, il existe une fonction membre *back* qui permet d'accéder directement au dernier élément.

```
vector<int> v(10) ;
   .....
v.back() = 25 ;   /* équivalent, quand v est de taille 10, à :    v[9] = 25 ;  */
                  /* équivalent, dans tous les cas, à :  v[v.size()-1] = 25   */
```

On notera bien que cette fonction se contente de fournir une référence à un élément existant. Elle ne permet en aucun cas des insertions ou des suppressions en fin, lesquelles sont étudiées ci-dessous.

2.2 Insertions et suppressions

Le conteneur *vector* dispose des possibilités générales d'insertion et de suppression décrites au paragraphe 1.4. Toutefois, leur efficacité est médiocre, puisqu'en *O(N)*, alors que, dans le cas des listes, elle sera en *O(1)*. C'est là le prix à payer pour disposer d'accès aux éléments existant en *O(1)*. En revanche, nous avons vu que, comme les deux autres conteneurs, *vector* disposait de fonctions membres d'insertion ou de suppression du dernier élément, dont l'efficacité est en *O(1)* :

- la fonction *push_back(valeur)* pour insérer un nouvel élément en fin ;
- la fonction *pop_back()* pour supprimer le dernier élément.

Voici un petit exemple d'école :

```
vector<int> v(5, 99) ; /* vecteur de 5 éléments valant 99  v.size() = 5 */
v.push_back(10) ;                    /* ajoute un élément de valeur 10 : */
               /* v.size() = 6 et v[5] = 10 ; ici, v[6] n'existe pas */
v.push_back(20) ;                    /* ajoute un élément de valeur 20 : */
                                            /* v.size() = 7 et v[6] = 20   */
v.pop_back() ;           /* supprime le dernier élément : v.size() = 6   */
```

2.3 Gestion de l'emplacement mémoire

2.3.1 Introduction

La norme n'impose pas explicitement la manière dont une implémentation doit gérer l'emplacement alloué à un vecteur. Cependant, comme nous l'avons vu, elle impose des contraintes d'efficacité à certaines opérations, ce qui, comme on s'en doute, limite sévèrement la marge de manœuvre de l'implémentation.

Par ailleurs, la classe *vector* dispose d'outils fournissant des informations relatives à la gestion des emplacements mémoire et permettant, éventuellement, d'intervenir dans leur allocation. Bien entendu, le rôle de tels outils est plus facile à appréhender lorsque l'on connaît la manière exacte dont une implémentation gère un vecteur.

Enfin, la norme prévoit que, suite à certaines opérations, des références ou des valeurs d'itérateurs peuvent devenir invalides, c'est-à-dire inutilisables pour accéder aux éléments correspondants. Là encore, il est plus facile de comprendre les règles imposées si l'on connaît la manière dont l'implémentation gère les emplacements mémoire.

Or, précisément, les implémentations actuelles allouent toujours l'emplacement d'un vecteur en un seul bloc. Même si ce n'est pas la seule solution envisageable, c'est certainement la plus plausible.

2.3.2 Invalidation d'itérateurs ou de références

Un certain nombre d'opérations sur un vecteur entraînent l'invalidation des itérateurs ou des références sur certains des éléments de ce vecteur. Les éléments concernés sont exactement ceux auxquels on peut s'attendre dans le cas où l'emplacement mémoire est géré en un seul bloc, à savoir :

- tous les éléments, en cas d'augmentation de la taille ; en effet, il se peut qu'une recopie de l'ensemble du vecteur ait été nécessaire ; on verra toutefois qu'il est possible d'éviter certaines recopies en réservant plus d'emplacements que nécessaire ;
- tous les éléments, en cas d'insertion d'un élément ; la raison en est la même ;
- les éléments situés à la suite d'un élément supprimé, ainsi que l'élément supprimé (ce qui va de soi !) ; ici, on voit que seuls les éléments situés à la suite de l'élément supprimé ont dû être déplacés.

2.3.3 Outils de gestion de l'emplacement mémoire d'un vecteur

La norme propose un certain nombre d'outils fournissant des informations concernant l'emplacement mémoire alloué à un vecteur et permettant, éventuellement, d'intervenir dans son allocation. Comme on l'a dit en introduction, le rôle de ces outils est plus facile à appréhender si l'on fait l'hypothèse que l'emplacement d'un vecteur est toujours alloué sous forme d'un bloc unique.

On a déjà vu que la fonction *size()* permettait de connaître le nombre d'éléments d'un vecteur. Mais il existe une fonction voisine, *capacity()*, qui fournit la taille potentielle du vecteur, c'est-à-dire le nombre d'éléments qu'il pourra accepter, sans avoir à effectuer de nouvelle allocation. Dans le cas usuel où le vecteur est alloué sous forme d'un seul bloc, cette fonction en fournit simplement la taille (l'unité utilisée restant l'élément du vecteur). Bien entendu, à tout instant, on a toujours *capacity() >= size()*. La différence *capacity()-size()* permet de connaître le nombre d'éléments qu'on pourra insérer dans un vecteur sans qu'une réallocation de mémoire soit nécessaire.

Mais une telle information ne serait guère intéressante si l'on ne pouvait pas agir sur cette allocation. Or, la fonction membre *reserve(taille)* permet précisément d'imposer la taille minimale de l'emplacement alloué à un vecteur à un moment donné. Bien entendu, l'appel de cette fonction peut très bien amener à une recopie de tous les éléments du vecteur en un autre emplacement. Cependant, une fois ce travail accompli, tant que la taille du vecteur ne dépassera pas la limite allouée, on est assuré de limiter au maximum les recopies d'éléments en cas d'insertion ou de suppression. En particulier, en cas d'insertion d'un nouvel élément, les éléments situés avant ne seront pas déplacés et les références ou itérateurs correspondants resteront valides.

Par ailleurs, la fonction *max_size()* permet de connaître la taille maximale qu'on peut allouer au vecteur, à un instant donné.

Enfin, il existe une fonction *resize(taille)*, peu usitée, qui permet de modifier la taille effective du vecteur, aussi bien dans le sens de l'accroissement que dans celui de la réduction. Attention, il ne s'agit plus, ici, comme avec *reserve*, d'agir sur la taille de l'emplacement alloué, mais, bel et bien, sur le nombre d'éléments du vecteur. Si l'appel de *resize* conduit à augmenter la taille du vecteur, on lui insère, en fin, de nouveaux éléments. Si, en revanche, l'appel conduit à diminuer la taille du vecteur, on supprime, en fin, le nombre d'éléments voulus avec, naturellement, appel de leur destructeur, s'il s'agit d'objets.

2.4 Exemple

Voici un exemple complet de programme illustrant les principales fonctionnalités de la classe *vector* que nous venons d'examiner dans ce paragraphe et dans le précédent. Nous y avons adjoint une recherche de valeur par l'algorithme *find* qui ne sera présenté qu'ultérieurement, mais dont la signification est assez évidente : rechercher une valeur donnée.

```
#include <iostream>
#include <vector>
#include <algorithm>
using namespace std ;

main()
{ void affiche (vector<int>) ;
  int i ;
  int t[] = {1, 2, 3, 4, 5, 6, 7, 8, 9, 10 } ;
  vector<int> v1(4, 99) ;  // vecteur de 4 entiers egaux à 99
  vector<int> v2(7, 0) ;   // vecteur de 7 entiers
  vector<int> v3(t, t+6) ; // vecteur construit a partir de t
  cout << "V1 init = " ; affiche(v1)  ;
  for (i=0 ; i<v2.size() ; i++) v2[i] = i*i ;
  v3 = v2 ;
  cout << "V2 = " ; affiche(v2) ;
  cout << "V3 = " ; affiche(v3) ;
  v1.assign (t+1, t+6) ; cout << "v1 apres assign : " ; affiche(v1) ;
  cout << "dernier element de v1 : " << v1.back() << "\n" ;
  v1.push_back(99) ; cout << "v1 apres push_back : " ; affiche(v1) ;
  v2.pop_back() ; cout << "v2 apres pop_back : " ; affiche(v2) ;
  cout << "v1.size() : " << v1.size() << "   v1.capacity() : "
       << v1.capacity() << "   V1.max_size() : " << v1.max_size() << "\n" ;
```

```
  vector<int>::iterator iv ;
  iv = find (v1.begin(), v1.end(), 16) ; // recherche de 16 dans v1
  if (iv != v1.end()) v1.insert (iv, v2.begin(), v2.end()) ;
               // attention, ici iv n'est plus utilisable
  cout << "v1 apres insert : " ; affiche(v1) ;
}
void affiche (vector<int> v)  // voir remarque ci-dessous
{ unsigned int i ;
  for (i=0 ; i<v.size() ; i++) cout << v[i] << " " ;
  cout << "\n" ;
}
```

```
V1 init = 99 99 99 99
V2 = 0 1 4 9 16 25 36
V3 = 0 1 4 9 16 25 36
v1 apres assign : 2 3 4 5 6
dernier element de v1 : 6
v1 apres push_back : 2 3 4 5 6 99
v2 apres pop_back : 0 1 4 9 16 25
v1.size() : 6   v1.capacity() : 10   V1.max_size() : 1073741823
v1 apres insert : 2 3 4 5 6 99
```

Exemple d'utilisation de la classe vector

Remarque

La transmission d'un vecteur à la fonction *affiche* se fait par valeur, ce qui dans une situation réelle peut s'avérer pénalisant en temps d'exécution. Si l'on souhaite éviter cela, il reste possible d'utiliser une transmission par référence ou d'utiliser des itérateurs. Par exemple, la fonction *affiche* pourrait alors être définie ainsi :

```
void affiche (vector<int>::iterator deb, vector<int>::iterator fin)
{ vector<int>::iterator it ;
  for (it=deb ; it != fin ; it++)
    cout << *it << " " ;
  cout << "\n ";
}
```

et ses différents appels se présenteraient de cette façon :

```
affiche (v1.begin(), v1.end()) ;
```

2.5 Cas particulier des vecteurs de booléens

La norme prévoit l'existence d'une spécialisation du patron *vector*, lorsque son argument est de type *bool*. L'objectif principal est de permettre à l'implémentation d'optimiser le stockage sur un seul bit des informations correspondant à chaque élément. Les fonctionnalités de la classe *vector<bool>* sont donc celles que nous avons étudiées précédemment. Il faut cependant lui adjoindre une fonction membre *flip* destinée à inverser tous les bits d'un tel vecteur.

D'autre part, il existe également un patron de classes nommé *bitset*, paramétré par un entier, qui permet de représenter des suites de bits de taille fixe et de les manipuler efficacement comme on le fait avec les motifs binaires contenus dans des entiers. Mais ce patron ne dispose plus de toute les fonctionnalités des conteneurs décrites ici. Il sera décrit au chapitre 29.

3 Le conteneur *deque*

3.1 Présentation générale

Le conteneur *deque* offre des fonctionnalités assez voisines de celles d'un vecteur. En particulier, il permet toujours l'accès direct en *O(1)* à un élément quelconque, tandis que les suppressions et insertions en un point quelconque restent en *O(N)*. En revanche, il offre, en plus de l'insertion ou suppression en fin, une insertion ou suppression en début, également en *O(1)*, ce que ne permettait pas le vecteur. En fait, il ne faut pas en conclure pour autant que *deque* est plus efficace que *vector* car cette possibilité supplémentaire se paye à différents niveaux :

- une opération en *O(1)* sur un conteneur de type *deque* sera moins rapide que la même opération, toujours en *O(1)* sur un conteneur de type *vector* ;
- certains outils de gestion de l'emplacement mémoire d'un conteneur de type *vector*, n'existent plus pour un conteneur de type *deque* ; plus précisément, on disposera bien de *size()* et de *max_size()*, mais plus de *capacity* et de *reserve*.

Là encore et comme nous l'avons fait remarquer au paragraphe 2.3, la norme n'impose pas explicitement la manière de gérer l'emplacement mémoire d'un conteneur de type *deque* ; néanmoins, les choses deviennent beaucoup plus compréhensibles si l'on admet que, pour satisfaire aux contraintes imposées, il n'est pas raisonnable d'allouer un *deque* en un seul bloc, mais plutôt sous forme de plusieurs blocs contenant chacun un ou, généralement, plusieurs éléments. Dans ces conditions, on voit bien que l'insertion ou la suppression en début de conteneur ne nécessitera plus le déplacement de l'ensemble des autres éléments, comme c'était le cas avec un vecteur, mais seulement de quelques-uns d'entre eux. En revanche, plus la taille des blocs sera petite, plus la rapidité de l'accès direct (bien que toujours en O(1)) diminuera. Au contraire, les insertions et les suppressions, bien qu'ayant une efficacité en O(N), seront d'autant plus performantes que les blocs seront petits.

Si l'on fait abstraction de ces différences de performances, les fonctionnalités de *deque* sont celles de *vector*, auxquelles il faut, tout naturellement, ajouter les fonctions spécialisées concernant le premier élément :

- *front()*, pour accéder au premier élément ; elle complète la fonction *back* permettant l'accès au dernier élément ;
- *push_front(valeur)*, pour insérer un nouvel élément en début ; elle complète la fonction *push_back()* ;

- *pop_front()*, pour supprimer le premier élément ; elle complète la fonction *pop_back()*.

Les règles d'invalidation des itérateurs et des références restent exactement les mêmes que celles de la classe *vector*, même si, dans certains cas, elles peuvent apparaître très contraignantes. Par exemple, si un conteneur de type *deque* est implémenté sous forme de 5 blocs différents, il est certain que l'insertion en début n'invalidera que les itérateurs sur des éléments du premier bloc qui sera le seul soumis à une recopie ; mais, en pratique, on ne pourra jamais profiter de cette remarque ; d'ailleurs, on ne connaîtra même pas la taille des blocs !

D'une manière générale, le conteneur *deque* est beaucoup moins utilisé que les conteneurs *vector* et *list* qui possèdent des fonctionnalités bien distinctes. Il peut s'avérer intéressant dans des situations de pile de type *FIFO* (*First In, First Out*) où il est nécessaire d'introduire des informations à une extrémité, et de les recueillir à l'autre. En fait, dans ce cas, si l'on n'a plus besoin d'accéder directement aux différents éléments, il est préférable d'utiliser l'adaptateur de conteneur *queue* dont nous parlerons au paragraphe 5.

3.2 Exemple

Voici un petit exemple d'école illustrant quelques-unes des fonctionnalités du conteneur *deque* :

```
#include <iostream>
#include <deque>
#include <algorithm>
using namespace std ;
main()
{  void affiche (deque<char>) ;
   char mot[] = {"xyz"} ;
   deque<char> pile(mot, mot+3) ; affiche(pile) ;
   pile.push_front('a') ;         affiche(pile) ;
   pile[2] = '+' ;
   pile.push_front('b') ;
   pile.pop_back() ;              affiche(pile) ;
   deque<char>::iterator ip ;
   ip = find (pile.begin(), pile.end(), 'x') ;
   pile.erase(pile.begin(), ip) ; affiche(pile) ;
}
void affiche (deque<char> p)  // voir remarque paragraphe 2.4
{  for (int i=0 ; i<p.size() ; i++) cout << p[i] << " " ;
   cout << "\n" ;
}
```

```
x y z
a x y z
b a x +
x +
```

Exemple d'utilisation de la classe deque

4 Le conteneur *list*

Le conteneur *list* correspond au concept de liste doublement chaînée, ce qui signifie qu'on y disposera d'un itérateur bidirectionnel permettant de parcourir la liste à l'endroit ou à l'envers. Cette fois, les insertions ou suppressions vont se faire avec une efficacité en *O(1)*, quelle que soit leur position, ce qui constitue l'atout majeur de ce conteneur par rapport aux deux classes précédentes *vector* et *deque*. En contrepartie, le conteneur *list* ne dispose plus d'un itérateur à accès direct. Rappelons que toutes les possibilités exposées dans le paragraphe 1 s'appliquent aux listes ; nous ne les reprendrons donc pas ici.

4.1 Accès aux éléments existants

Les conteneurs *vector* et *deque* permettaient d'accéder aux éléments existants de deux manières : par itérateur ou par indice ; en fait, il existait un lien entre ces deux possibilités parce que les itérateurs de ces classes étaient à accès direct. Le conteneur *list* offre toujours les itérateurs *iterator* et *reverse_iterator* mais, cette fois, ils sont seulement bidirectionnels. Si *it* désigne un tel itérateur, on pourra toujours consulter l'élément pointé par la valeur de l'expression **it*, ou le modifier par une affectation de la forme :

```
*it = ... ;
```

L'itérateur *it* pourra être incrémenté par ++ ou --, mais il ne sera plus possible de l'incrémenter d'une quantité quelconque. Ainsi, pour accéder une première fois à un élément d'une liste, il aura fallu obligatoirement la parcourir depuis son début ou depuis sa fin, élément par élément, jusqu'à l'élément concerné et ceci, quel que soit l'intérêt qu'on peut attacher aux éléments intermédiaires.

La classe *list* dispose des fonctions *front()* et *back()*, avec la même signification que pour la classe *deque* : la première est une référence au premier élément, la seconde est une référence au dernier élément :

```
list<int> l () ;
   .....
if (l.front()=99) l.front=0 ;    /* si le premier élément vaut 99, */
                                 /* on lui donne la valeur 0       */
```

On ne confondra pas la modification de l'un de ces éléments, opération qui ne modifie pas le nombre d'éléments de la liste, avec l'insertion en début ou en fin de liste qui modifie le nombre d'éléments de la liste.

4.2 Insertions et suppressions

Le conteneur *list* dispose des possibilités générales d'insertion et de suppression procurées par les fonctions *insert* et *erase* et décrites au paragraphe 1.4. Mais, cette fois, leur efficacité est toujours en *O(1)*, ce qui n'était pas le cas, en général, des conteneurs *vector* et *deque*. On dispose également des fonctions spécialisées d'insertion en début *push_front(valeur)* ou en fin *push_back(valeur)* ou de suppression en début *pop_front()* ou en fin *pop_back()*, rencontrées dans les classes *vector* et *deque*.

En outre, la classe *list* dispose de fonctions de suppressions conditionnelles que ne possédaient pas les conteneurs précédents :

- suppression de tous les éléments ayant une valeur donné ;
- suppression des éléments satisfaisant à une condition donnée.

4.2.1 Suppression des éléments de valeur donnée

remove(valeur) // supprime tous éléments égaux à *valeur*

Comme on peut s'y attendre, cette fonction se fonde sur l'opérateur == qui doit donc être défini dans le cas où les éléments concernés sont des objets :

```
int t[] = {1, 3, 1, 6, 4, 1, 5, 2, 1 }
list<int> li(t, t+9) ;   /* li contient :            1, 3, 1, 6, 4, 1, 5, 2, 1 */
li.remove (1) ;          /* li contient maintenant : 3, 6, 4, 5, 2             */
```

4.2.2 Suppression des éléments répondant à une condition

remove_if (prédicat) // supprime tous les éléments répondant au *prédicat*

Cette fonction supprime tous les éléments pour lesquels le prédicat unaire fourni en argument est vrai. La notion de prédicat a été abordée au paragraphe 5 du chapitre 24. Voici un exemple utilisant le prédicat *est_paire* défini ainsi :

```
bool est_paire (int n)  /* ne pas oublier :  #include <functional> */
{ return (n%2) ;
}

int t[] = {1, 6, 3, 9, 11, 18, 5 } ;
list<int> li(t, t+7) ;        /* li contient :              1, 6, 3, 9, 11, 18, 5 */
li.remove_if(est_paire) ;    /* li contient maintenant :  1, 3, 9, 11, 5         */
```

Remarques

1 La fonction membre *remove* ne fournit aucun résultat, de sorte qu'il n'est pas possible de savoir s'il existait des éléments répondant aux conditions spécifiées. Il est toujours possible de recourir auparavant à un algorithme tel que *count* pour obtenir cette information.

2 Il existe une fonction membre *unique* dont la vocation est également la suppression d'éléments ; cependant, nous vous la présenterons dans le paragraphe suivant, consacré à la fonction de tri (*sort*), car elle est souvent utilisée conjointement avec la fonction *unique*.

4.3 Opérations globales

En plus des possibilités générales offertes par l'affectation et la fonction membre *assign*, décrites au paragraphe 1.2, la classe *list* en offre d'autres, assez originales : tri de ses éléments avec suppression éventuelle des occurrences multiples, fusion de deux listes préalablement ordonnées, transfert de tout ou partie d'une liste dans une autre liste de même type.

4.3.1 Tri d'une liste

Il existe des algorithmes de tri des éléments d'un conteneur, mais la plupart nécessitent des itérateurs à accès direct. En fait, la classe *list* dispose de sa propre fonction *sort*, écrite spécifiquement pour ce type de conteneur et relativement efficace, puisqu'en *O (Log N)*.

Comme tout ce qui touche à l'ordonnancement d'un conteneur, la fonction *sort* s'appuie sur une relation d'ordre faible strict, telle qu'elle a été présentée dans le chapitre précédent. On pourra utiliser par défaut l'opérateur <, y compris pour un type classe, pour peu que cette dernière l'ait convenablement défini. On aura la possibilité, dans tous les cas, d'imposer une relation de son choix par le biais d'un prédicat binaire prédéfini ou non.

sort () // trie la liste concernée, en s'appuyant sur l'opérateur <

```
list<int> li(...) ; /* on suppose que li contient : 1, 6, 3, 9, 11, 18,  5 */
li.sort () ;        /* maintenenant li contient :  1, 3, 5, 6,  9, 11, 18 */
```

sort (prédicat) // trie la liste concernée, en s'appuyant sur le
// prédicat binaire *prédicat*

```
list<int> li(...) ;      /* on suppose que li contient : 1, 6, 3, 9, 11, 18, 5 */
li.sort(greater<int>) ; /* maintenenant li contient :  18, 11, 9, 6, 5, 3, 1 */
```

4.3.2 Suppression des éléments en double

La fonction *unique* permet d'éliminer les éléments en double, à condition de la faire porter sur une liste préalablement triée. Dans le cas contraire, elle peut fonctionner, mais alors elle se contente de remplacer par un seul élément les séquences de valeurs consécutives identiques, ce qui signifie que, en définitive, la liste pourra encore contenir des valeurs identiques, mais non consécutives.

Comme on peut s'y attendre, cette fonction se fonde par défaut sur l'opérateur == pour décider de l'égalité de deux éléments, cet opérateur devant bien sûr être défini convenablement en cas d'éléments de type classe. Mais on pourra aussi, dans tous les cas, imposer une relation de comparaison de son choix, par le biais d'un prédicat binaire, prédéfini ou non.

On notera bien que si l'on applique *unique* à une liste triée d'éléments de type classe, il sera préférable d'assurer la compatibilité entre la relation d'ordre utilisée pour le tri (même s'il s'agit de l'opérateur <) et le prédicat binaire d'égalité (même s'il s'agit de ==). Plus précisément, pour obtenir un fonctionnement logique de l'algorithme, il faudra que les classes d'équivalence induites par la relation == soient les mêmes que celles qui sont induites par la relation d'ordre du tri :

unique() // ne conserve que le premier élément d'une suite de valeurs
// consécutives égales (==)

unique (prédicat) // ne conserve que le premier élément d'une suite de valeurs
// consécutives satisfaisant au prédicat binaire *prédicat*

Voici un exemple qui montre clairement la différence d'effet obtenu, suivant que la liste est triée ou non.

```
int t[] = {1, 6, 6, 4, 6, 5, 5, 4, 2 } ;
list<int> li1(t, t+9) ; /* li1  contient :            1 6 6 4 6 5 5 4 2 */
list<int> li2=li1 ;     /* li2  contient :            1 6 6 4 6 5 5 4 2 */
li1.unique() ;          /* li1 contient maintenant : 1 6 4 6 5 4 2     */
li2.sort() ;            /* li2 contient maintenant : 1 2 4 4 5 5 6 6 6 */
li2.unique()            /* li2 contient maintenant : 1 2 4 5 6         */
```

4.3.3 Fusion de deux listes

Bien qu'il existe un algorithme général de fusion pouvant s'appliquer à deux conteneurs convenablement triés, la classe *list* dispose d'une fonction membre spécialisée généralement légèrement plus performante, même si, dans les deux cas, l'efficacité est en O(N1+N2), N1 et N2 désignant le nombre d'éléments de chacune des listes concernées.

La fonction membre *merge* permet de venir fusionner une autre liste de même type avec la liste concernée. La liste fusionnée est vidée de son contenu. Comme on peut s'y attendre, la fonction *merge* s'appuie, comme *sort*, sur une relation d'ordre faible strict ; par défaut, il s'agira de l'opérateur <.

merge (liste) // fusionne *liste* avec la liste concernée, en s'appuyant sur
// l'opérateur > ; à la fin : *liste* est vide

merge (liste, prédicat) // fusionne *liste* avec la liste concernée,
// en s'appuyant sur le prédicat binaire *prédicat*

On notera qu'en théorie, aucune contrainte ne pèse sur l'ordonnancement des deux listes concernées. Cependant, la fonction *merge* suppose que les deux listes sont triées suivant la même relation d'ordre que celle qui est utilisée par la fusion. Voici un premier exemple, dans lequel nous avons préalablement trié les deux listes :

```
int t1[] = {1, 6, 3, 9, 11, 18, 5 } ;
int t2[] = {12, 4, 9, 8} ;
list<int> li1(t1, t1+7) ;
list<int> li2(t2, t2+4) ;
li1.sort() ;   /* li1 contient :             1 3 5 6 9 11 18         */
li2.sort() ;   /* li2 contient :             4 8 9 12                */
li1.merge(li2) ; /* li1 contient maintenant :  1 3 4 5 6 8 9 9 11 12 18 */
                 /* et li2 est vide                                  */
```

À simple titre indicatif, voici le même exemple, sans tri préalable des deux listes :

```
int t1[] = {1, 6, 3, 9, 11, 18, 5 } ;
int t2[] = {12, 4, 9, 8} ;
list<int> li1(t1, t1+7) ;    /* li1 contient :  1 6 3 9 11 18 5   */
list<int> li2(t2, t2+4) ;    /* li2 contient :  12 4 9 8          */
li1.merge(li2) ; /* li1 contient maintenant :  1 6 3 9 11 12 4 9 8 18 5 */
                 /*  et li2 est vide                                    */
```

4.3.4 Transfert d'une partie de liste dans une autre

La fonction *splice* permet de déplacer des éléments d'une autre liste dans la liste concernée. On notera bien que, comme avec *merge*, les éléments déplacés sont supprimés de la liste d'origine et pas seulement copiés.

splice (position, liste_or) // déplace les éléments de *liste_or* à
// l'emplacement *position*

```
char t1[] = {"xyz"}, t2[] = {"abcdef"} ;
list<char> li1(t1, t1+3) ;  /* li1 contient :    x y z            */
list<char> li2(t2, t2+6) ;  /* li2 contient :    a b c d e f      */
list<char>::iterator il ;
il = li1.begin() ; il++ ;   /* il pointe sur le deuxième élément de li1 */
li1.splice(il, li2) ;       /* li1 contient :    x a b c d e f y z    */
                            /* li2 est vide                            */
```

splice (position, liste_or, position_or)
// déplace l'élément de *liste_or* pointé par *position_or* à l'emplacement *position*

```
char t1[] = {"xyz"}, t2[] = {"abcdef"} ;
list<char> li1(t1, t1+3) ;     /* li1 contient :    x y z           */
list<char> li2(t2, t2+6) ;     /* li2 contient :    a b c d e f     */
list<char>::iterator il1=li1.begin() ;
list<char>::iterator il2=li2.end() ; il2-- ; /* pointe sur avant dernier */
li1.splice(il1, li2, il2) ;     /* li1 contient :    f x y z          */
                                /* li2 contient :    a b c d e        */
```

splice (position, liste_or, debut_or, fin_or)
// déplace l'intervalle *[debut_or, fin_or)* de *liste_or* à l'emplacement *position*

```
char t1[] = {"xyz"}, t2[] = {"abcdef"} ;
list<char> li1(t1, t1+3) ;                /* li1 contient :   x y z           */
list<char> li2(t2, t2+6) ;                /* li2 contient :   a b c d e f     */
list<char>::iterator il1=li1.begin() ;
list<char>::iterator il2=li2.begin() ; il2++ ;
li1.splice(il1, li2, il2, li2.end()) ;  /* li1 contient :   b c d e f x y z  */
                                          /* li2 contient :  a                */
```

4.4 Gestion de l'emplacement mémoire

La norme n'impose pas explicitement la manière de gérer les emplacements mémoire alloués à une liste, pas plus qu'elle ne le fait pour les autres conteneurs. Cependant, elle impose à la fois des contraintes d'efficacité et des règles d'invalidation des itérateurs et des références sur des éléments d'une liste. Notamment, elle précise qu'en cas d'insertions ou de suppressions d'éléments dans une liste, seuls les itérateurs ou références concernant les éléments insérés ou supprimés deviennent invalides. Cela signifie donc que les autres n'ont pas dû changer de place. Ainsi, indirectement, la norme impose que chaque élément dispose de son propre bloc de mémoire.

Dans ces conditions, si le conteneur *list* dispose toujours des fonctions d'information *size()* et *max_size()*, on n'y retrouve en revanche aucune fonction permettant d'agir sur les allocations, et en particulier *capacity* et *reserve*.

4.5 Exemple

Voici un exemple complet de programme illustrant bon nombre des fonctionnalités de la classe *list* que nous avons examinées dans ce paragraphe, ainsi que dans le paragraphe 1.

```
#include <iostream>
#include <list>
using namespace std ;
main()
{ void affiche(list<char>) ;
  char mot[] = {"anticonstitutionnellement"} ;
  list<char> lc1 (mot, mot+sizeof(mot)-1) ;
  list<char> lc2 ;
  cout << "lc1 init   : " ; affiche(lc1) ;
  cout << "lc2 init   : " ; affiche(lc2) ;
  list<char>::iterator il1, il2 ;
  il2 = lc2.begin() ;
  for (il1=lc1.begin() ; il1!=lc1.end() ; il1++)
   if (*il1!='t') lc2.push_back(*il1) ;  /* equivaut a : lc2=lc1 ; */
                                         /* lc2.remove('t');       */
  cout << "lc2 apres  : " ; affiche(lc2) ;
  lc1.remove('t') ;
  cout << "lc1 remove : " ; affiche(lc1) ;
  if (lc1==lc2) cout << "les deux listes sont egales\n" ;
  lc1.sort() ;
  cout << "lc1 sort   : " ; affiche(lc1) ;
  lc1.unique() ;
  cout << "lc1 unique : " ; affiche(lc1) ;
}
void affiche(list<char> lc) // voir remarque paragraphe 2.4
{ list<char>::iterator il ;
  for (il=lc.begin() ; il!=lc.end() ; il++) cout << (*il) << " " ;
  cout << "\n" ;
}
```

```
lc1 init   : a n t i c o n s t i t u t i o n n e l l e m e n t
lc2 init   :
lc2 apres  : a n i c o n s i u i o n n e l l e m e n
lc1 remove : a n i c o n s i u i o n n e l l e m e n
les deux listes sont egales
lc1 sort   : a c e e e i i i l l m n n n n n o o s u
lc1 unique : a c e i l m n o s u
```

Exemple d'utilisation de la classe list

5 Les adaptateurs de conteneur : *queue*, *stack* et *priority_queue*

La bibliothèque standard dispose de trois patrons particuliers *stack*, *queue* et *priority_queue*, dits adaptateurs de conteneurs. Il s'agit de classes patrons construites sur un conteneur d'un type donné qui en modifient l'interface, à la fois en la restreignant et en l'adaptant à des fonctionnalités données. Ils disposent tous d'un constructeur sans argument.

5.1 L'adaptateur *stack*

Le patron *stack* est destiné à la gestion de piles de type *LIFO* (Last In, First Out) ; il peut être construit à partir de l'un des trois conteneurs séquentiels *vector*, *deque* ou *list*, comme dans ces déclarations :

```
stack <int, vector<int> > s1 ;  /* pile de int, utilisant un conteneur vector */
stack <int, deque<int> > s2 ;   /* pile de int, utilisant un conteneur deque  */
stack <int, list<int> >  s3 ;   /* pile de int, utilisant un conteneur list   */
```

Dans un tel conteneur, on ne peut qu'introduire (*push*) des informations qu'on empile les unes sur les autres et qu'on recueille, à raison d'une seule à la fois, en extrayant la dernière introduite. On y trouve uniquement les fonctions membres suivantes :

- *empty()* : fournit *true* si la pile est vide ;
- *size()* : fournit le nombre d'éléments de la pile ;
- *top()* : accès à l'information située au sommet de la pile qu'on peut connaître ou modifier (sans la supprimer) ;
- *push (valeur)* : place *valeur* sur la pile ;
- *pop()* : fournit la valeur de l'élément situé au sommet, en le supprimant de la pile.

Voici un petit exemple de programme utilisant une pile :

```
#include <iostream>
#include <stack>
#include <vector>
using namespace std ;
main()
{ int i ;
  stack<int, vector<int> > q ;
  cout << "taille initiale  : " << q.size() << "\n" ;
  for (i=0 ; i<10 ; i++) q.push(i*i) ;
  cout << "taille apres for  : " << q.size() << "\n"  ;
  cout << "sommet de la pile : " << q.top()  << "\n" ;
  q.top() = 99 ;   /* on modifie le sommet de la pile */
  cout << "on depile : " ;
  for (i=0 ; i<10 ; i++)  { cout << q.top() << " " ; q.pop() ; }
}
```

```
taille initiale  : 0
taille apres for  : 10
sommet de la pile : 81
on depile : 99 64 49 36 25 16 9 4 1 0
```

Exemple d'utilisation de l'adaptateur de conteneur stack

5.2 L'adaptateur *queue*

Le patron *queue* est destiné à la gestion de files d'attente, dites aussi queues, ou encore piles de type *FIFO* (First In, First Out). On y place des informations qu'on introduit en fin et qu'on recueille en tête, dans l'ordre inverse de leur introduction. Un tel conteneur peut être construit à partir de l'un des deux conteneurs séquentiels *deque* ou *list* (le conteneur *vector* ne serait pas approprié puisqu'il ne dispose pas d'insertions efficaces en début), comme dans ces déclarations :

```
queue <int, deque<int> >  q1 ; /* queue de int, utilisant un conteneur deque */
queue <int, list<int> >   q2 ; /* queue de int, utilisant un conteneur list */
```

On y trouve uniquement les fonctions membres suivantes :

- *empty()* : fournit *true* si la queue est vide ;
- *size()* : fournit le nombre d'éléments de la queue ;
- *front()* : accès à l'information située en tête de la queue, qu'on peut ainsi connaître ou modifier, sans la supprimer ;
- *back()* : accès à l'information située en fin de la queue, qu'on peut ainsi connaître ou modifier, sans la supprimer ;
- *push (valeur)* : place *valeur* dans la queue ;
- *pop()* : fournit l'élément situé en tête de la queue en le supprimant.

Voici un petit exemple de programme utilisant une queue :

```
#include <iostream>
#include <queue>
#include <deque>
using namespace std ;
main()
{ queue<int, deque<int> > q ;
  for (int i=0 ; i<10 ; i++) q.push(i*i) ;
  cout << "tete de la queue : " << q.front() << "\n" ;
  cout << "fin de la queue : "  << q.back()  << "\n" ;
  q.front() = 99 ;     /* on modifie la tete de la queue */
  q.back()  = -99 ;    /* on modifie la fin de la queue */
  cout << "on depile la queue : " ;
  for (int i=0 ; i<10 ; i++)
  { cout << q.front() << " " ; q.pop() ;
  }
}
```

```
tete de la queue : 0
fin de la queue : 81
on depile la queue : 99 1 4 9 16 25 36 49 64 -99
```

Exemple d'utilisation de l'adaptateur de conteneur stack

5.3 L'adaptateur *priority_queue*

Un tel conteneur ressemble à une file d'attente, dans laquelle on introduit toujours des éléments en fin ; en revanche, l'emplacement des éléments dans la queue est modifié à chaque introduction, de manière à respecter une certaine priorité définie par une relation d'ordre qu'on peut fournir sous forme d'un prédicat binaire. On parle parfois de file d'attente avec priorités. Un tel conteneur ne peut être construit qu'à partir d'un conteneur *deque*, comme dans ces déclarations :

```
priority_queue <int, deque<int> > q1 ;
priority_queue <int, deque<int>, greater<int> > q2 ;
```

En revanche, ici, on peut le construire classiquement à partir d'une séquence.

On y trouve uniquement les fonctions membres suivantes :

- *empty()* : fournit *true* si la queue est vide ;
- *size()* : fournit le nombre d'éléments de la queue ;
- *push (valeur)* : place *valeur* dans la queue ;
- *top()* : accès à l'information située en tête de la queue qu'on peut connaître ou, théoriquement modifier (sans la supprimer) ; actuellement, nous recommandons de ne pas utiliser la possibilité de modification qui, dans certaines implémentations, n'assure plus le respect de l'ordre des éléments de la queue ;
- *pop()* : fournit l'élément situé en tête de la queue en le supprimant.

Voici un petit exemple de programme utilisant une file d'attente avec priorités :

```
#include <iostream>
#include <queue>
#include <deque>
using namespace std ;
main()
{ int i ;
  priority_queue <int, deque<int>, greater<int> > q ;
  q.push (10) ; q.push(5) ; q.push(12) ; q.push(8) ;
  cout << "tete de la queue : " << q.top() << "\n" ;
  cout << "on depile : " ;
  for (i=0 ; i<4 ; i++) { cout << q.top() << " " ; q.pop() ;
                        }
}
```

```
tete de la queue : 5
on depile : 5 8 10 12
```

Exemple d'utilisation de l'adaptateur de conteneur priority_queue

26

Les conteneurs associatifs

Comme il a été dit au chapitre 24, les conteneurs se classent en deux catégories : les conteneurs séquentiels et les conteneurs associatifs. Les conteneurs séquentiels, que nous avons étudiés dans le précédent chapitre, sont ordonnés suivant un ordre imposé explicitement par le programme lui-même ; on accède à un de leurs éléments en tenant compte de cet ordre, que l'on utilise un indice ou un itérateur.

Les conteneurs associatifs ont pour principale vocation de retrouver une information, non plus en fonction de sa place dans le conteneur, mais en fonction de sa valeur ou d'une partie de sa valeur nommée clé. Nous avons déjà cité l'exemple du répertoire téléphonique, dans lequel on retrouve le numéro de téléphone à partir d'une clé formée du nom de la personne concernée. Malgré tout, pour de simples questions d'efficacité, un conteneur associatif se trouve ordonné intrinsèquement en permanence, en se fondant sur une relation (par défaut <) choisie à la construction.

Les deux conteneurs associatifs les plus importants sont *map* et *multimap*. Ils correspondent pleinement au concept de conteneur associatif, en associant une clé et une valeur. Mais, alors que *map* impose l'unicité des clés, autrement dit l'absence de deux éléments ayant la même clé, *multimap* ne l'impose pas et on pourra y trouver plusieurs éléments de même clé qui apparaîtront alors consécutivement. Si l'on reprend notre exemple de répertoire téléphonique, on peut dire que *multimap* autorise la présence de plusieurs personnes de même nom (avec des numéros associés différents ou non), tandis que *map* ne l'autorise pas. Cette distinction permet précisément de redéfinir l'opérateur [ ] sur un conteneur de type *map*. Par exemple, avec un conteneur nommé *annuaire*, dans lequel les clés sont des chaînes, on pourra utiliser l'expression *annuaire ["Dupont"]* pour désigner l'élément correspondant à la clé « *Dupont* » ; cette possibilité n'existera naturellement plus avec *multimap*.

Il existe deux autres conteneurs qui correspondent à des cas particuliers de *map* et *multimap*, dans le cas où la valeur associée à la clé n'existe plus, ce qui revient à dire que les éléments se limitent à la seule clé. Dans ces conditions, la notion d'association entre une clé et une valeur disparaît et il ne reste plus que la notion d'appartenance. Ces conteneurs se nomment *set* et *multiset*, et l'on verra qu'effectivement ils permettront de représenter des ensembles au sens mathématique, à condition toutefois de disposer, comme pour tout conteneur associatif, d'une relation d'ordre appropriée sur les éléments, ce qui n'est pas nécessaire en mathématiques ; en outre *multiset* autorisera la présence de plusieurs éléments identiques, ce qui n'est manifestement pas le cas d'un ensemble usuel.

1 Le conteneur *map*

Le conteneur *map* est donc formé d'éléments composés de deux parties : une clé et une valeur. Pour représenter de tels éléments, il existe un patron de classe approprié, nommé *pair*, paramétré par le type de la clé et par celui de la valeur. Un conteneur *map* permet d'accéder rapidement à la valeur associée à une clé en utilisant l'opérateur [] ; l'efficacité de l'opération est en *O(Log N)*. Comme un tel conteneur est ordonné en permanence, cela suppose le recours à une relation d'ordre qui, comme à l'accoutumée, doit posséder les propriétés d'une relation d'ordre faible strict, telles qu'elles ont été présentées au paragraphe 6.2 du chapitre 24.

Comme la notion de tableau associatif est moins connue que celle de tableau, de vecteur ou même que celle de liste, nous commencerons par un exemple introductif d'utilisation d'un conteneur de type *map* avant d'en étudier les propriétés en détail.

1.1 Exemple introductif

Une déclaration telle que :

```
map<char, int> m ;
```

crée un conteneur de type *map*, dans lequel les clés sont de type *char* et les valeurs associées de type *int*. Pour l'instant, ce conteneur est vide : *m.size()* vaut 0.

Une instruction telle que :

```
m['S'] = 5 ;
```

insère, dans le conteneur *m*, un élément formé de l'association de la clé 'S' et de la valeur 5. On voit déjà là une différence fondamentale entre un vecteur et un conteneur de type *map* : dans un vecteur, on ne peut accéder par l'opérateur [ ] qu'aux éléments existants et, en aucun cas, en insérer de nouveaux.

Qui plus est, si l'on cherche à utiliser une valeur associée à une clé inexistante, comme dans :

```
cout << "valeur associée a la clé 'X' : ", m['X'] ;
```

le simple fait de chercher à consulter *m['X']* créera l'élément correspondant, en initialisant la valeur associée à 0.

Pour afficher tous les éléments d'un *map* tel que *m*, on pourra le parcourir avec un itérateur bidirectionnel classique *iterator* fourni par la classe *map*. Ceci n'est possible que parce que, comme nous l'avons dit à plusieurs reprises, les conteneurs associatifs sont ordonnés intrinsèquement. On pourra classiquement parcourir tous les éléments de *m* par l'un des deux schémas suivants :

```
map<char, int> ::iterator im ;          /* itérateur sur un map<char,int> */
  .....
for (im=m.begin() ; im!=m.end() ; im++)       /* im parcourt tout le map m */
  { /* ici *im désigne l'élément courant de m */
  }

map<char, int> ::reverse_iterator im ;       /* itérateur inverse          */
  .....                                       /* sur un map<char,int>       */
for (im=m.rbegin() ; im!=m.rend() ; im++)    /* im parcourt tout le map m */
  { /* ici *im désigne l'élément courant de m */
  }
```

Cependant, on constate qu'une petite difficulté apparaît : **im* désigne bien l'élément courant de *m*, mais, la plupart du temps, on aura besoin d'accéder séparément à la clé et à la valeur correspondante. En fait, les éléments d'un conteneur *map* sont d'un type classe particulier, nommé *pair*, qui dispose de deux membres publics :

- *first* correspondant à la clé ;
- *second* correspondant à la valeur associée.

En définitive, voici, par exemple, comment afficher, suivant l'ordre naturel, toutes les valeurs de *m* sous la forme (*clé*, *valeur*) :

```
for (im=m.begin() ; im!=m.end() ; im++)
    cout << "(" << (*im).first << "," << (*im).second << ") " ;
```

Voici un petit programme complet reprenant les différents points que nous venons d'examiner (attention, la position relative de la clé 'c' peut dépendre de l'implémentation) :

```
#include <iostream>
#include <map>
using namespace std ;
main()
{ void affiche (map<char, int>) ;  // voir remarque paragraphe 2.4 du chapitre 25
  map<char, int> m ;
  cout << "map initial : " ; affiche(m) ;
  m['S'] = 5 ;   /* la cle S n'existe pas encore, l'element est cree */
  m['C'] = 12 ;  /* idem */
  cout << "map SC      : " ; affiche(m) ;
  cout << "valeur associee a la cle 'S' : " << m['S'] << "\n" ;
  cout << "valeur associee a la cle 'X' : " << m['X'] << "\n" ;
  cout << "map X       : " ; affiche(m) ;
  m['S'] = m['c'] ;  /* on a utilise m['c'] au lieu de m['C'] ; */
                     /* la cle 'c' est creee                    */
  cout << "map final   : " ; affiche(m) ;
}
```

```
void affiche (map<char, int> m)     // voir remarque paragraphe 2.4 du chapitre 25
{ map<char, int> ::iterator im ;
  for (im=m.begin() ; im!=m.end() ; im++)
    cout << "(" << (*im).first << "," << (*im).second << ") " ;
  cout << "\n" ;
}
```

```
map initial :
map SC       : (C,12) (S,5)
valeur associee a la cle 'S' : 5
valeur associee a la cle 'X' : 0
map X        : (C,12) (S,5) (X,0)
map final    : (C,12) (S,0) (X,0) (c,0)
```

Exemple introductif d'utilisation d'un conteneur map

1.2 Le patron de classes *pair*

Comme nous venons de le voir, il existe un patron de classe *pair*, comportant deux paramètres de type et permettant de regrouper dans un objet deux valeurs. On y trouve un constructeur à deux arguments :

```
pair <int, float> p(3, 1.25) ; /* crée une paire formée d'un int de     */
                               /* valeur 3 et d'un float de valeur 1.25 */
```

Pour affecter des valeurs données à une telle paire, on peut théoriquement procéder comme dans :

```
p = pair<int,float> (4, 3.35) ;  /* ici, les arguments peuvent être d'un type */
                                 /* compatible par affectation avec celui attendu */
```

Mais les choses sont un peu plus simples si l'on fait appel à une fonction standard *make_pair* :

```
p = make_pair (4, 3.35f) ;     /* attention : 3.35f car le type des arguments   */
                               /* sert à instancier la fonction patron make_pair */
```

Comme on l'a vu dans notre exemple introductif, la classe *pair* dispose de deux membres publics nommés *first* et *second*. Ainsi, l'instruction précédente pourrait également s'écrire :

```
p.first = 4 ; p.second = 3.35 ;  /* ici 3.35 (double) sera converti en float */
```

La classe *pair* dispose des deux opérateurs == et <. Le second correspond à une comparaison lexicographique, c'est-à-dire qu'il applique d'abord < à la clé, puis à la valeur. Bien entendu, dans le cas où l'un des éléments au moins de la paire est de type classe, ces opérateurs doivent être convenablement surdéfinis.

1.3 Construction d'un conteneur de type *map*

Les possibilités de construction d'un tel conteneur sont beaucoup plus restreintes que pour les conteneurs séquentiels ; elles se limitent à trois possibilités :

- construction d'un conteneur vide (comme dans notre exemple du paragraphe 1.1) ;

- construction à partir d'un autre conteneur de même type ;
- construction à partir d'une séquence.

En outre, il est possible de choisir la relation d'ordre qui sera utilisée pour ordonner intrinsèquement le conteneur. Pour plus de clarté, nous examinerons ce point à part.

1.3.1 Constructions utilisant la relation d'ordre par défaut

Construction d'un conteneur vide

On se contente de préciser les types voulus pour la clé et pour la valeur, comme dans ces exemples (on suppose que *point* est un type classe) :

```
map <int, long>    m1 ;       /* clés de type int,  valeurs  de type long  */
map <char, point>  m2 ;       /* clés de type char, valeurs de type point  */
map <string, long> repert ;   /* clés de type string, valeurs de type long */
```

Construction à partir d'un autre conteneur de même type

Il s'agit d'un classique constructeur par recopie qui, comme on peut s'y attendre, appelle le constructeur par recopie des éléments concernés lorsqu'il s'agit d'objets.

```
map <int, long> m1 ;
   .....
map <int, long> m2(m1) ;      /* ou encore :  map <int, long> m2 = m1 ;  */
```

Construction à partir d'une séquence

Il s'agit d'une possibilité déjà rencontrée pour les conteneurs séquentiels, avec cependant une différence importante : les éléments concernés doivent être de type *pair<type_des_clés, type_des_valeurs>*. Par exemple, s'il existe une liste *lr*, construite ainsi :

```
list<pair<char, long> > lr (...) ;
```

et convenablement remplie, on pourra l'utiliser en partie ou en totalité pour construire :

```
map <char, long> repert (lr.begin(), lr.end() ) ;
```

En pratique, ce type de construction est peu utilisé.

1.3.2 Choix de l'ordre intrinsèque du conteneur

Comme on l'a déjà dit, les conteneurs sont intrinsèquement ordonnés en faisant appel à une relation d'ordre faible strict pour ordonner convenablement les clés. Par défaut, on utilise la relation <, qu'il s'agisse de la relation prédéfinie pour les types scalaires ou *string*, ou d'une surdéfinition de l'opérateur > lorsque les clés sont des objets.

Il est possible d'imposer à un conteneur d'être ordonné en utilisant une autre relation que l'on fournit sous forme d'un prédicat binaire prédéfini (comme *less<int>*) ou non. Dans ce dernier cas, il est alors nécessaire de fournir un type et non pas un nom de fonction, ce qui signifie qu'il est nécessaire de recourir à une classe fonction (dont nous avons parlé au paragraphe 5.3 du chapitre 24). Voici quelques exemples :

```
map <char, long, greater<char> > m1 ;     /* les clés seront ordonnées par */
                          /* valeurs décroissantes - attention > > et non >> */
map <char, long, greater<char> > m2(m1) ;  /* si m2 n'est pas ordonné par */
                  /* la même relation, on obtient une erreur de compilation */
```

```
class mon_ordre
{ .....
  public :
   bool operator () (int n, int p) { ..... }        /* ordre faible strict */
} ;
map <int, float, mon_ordre> m_perso ;   /* clés ordonnées par le prédicat */
                             /* mon_ordre, qui doit être une classe fonction */
```

Remarque

Certaines implémentations peuvent ne pas accepter le choix d'une valeur par défaut pour la relation d'ordre des clés. Dans ce cas, il faut toujours préciser *less<type>* comme troisième argument, *type* correspondant au type des clés pour instancier convenablement le conteneur. La lourdeur des notations qui en découle peut parfois inciter à recourir à l'instruction *typedef*.

1.3.3 Pour connaître la relation d'ordre utilisée par un conteneur

Les classes *map* disposent d'une fonction membre *key_comp()* fournissant la fonction utilisée pour ordonner les clés. Par exemple, avec le conteneur de notre exemple introductif :

```
map<char, int> m ;
```

on peut, certes, comparer deux clés de type *char* de façon directe, comme dans :

```
if ('a' < 'c') .....
```

mais, on obtiendra le même résultat avec :

```
if m.key_comp() ('a', 'c') .....    /* notez bien key_comp() (....) */
```

Certes, tant que l'on se contente d'ordonner de tels conteneurs en utilisant la relation d'ordre par défaut, ceci ne présente guère d'intérêt ; dans le cas contraire, cela peut éviter d'avoir à se demander, à chaque fois qu'on compare des clés, quelle relation d'ordre a été utilisée lors de la construction.

D'une manière similaire, la classe *map* dispose d'une fonction membre *value_comp()* fournissant la fonction utilisable pour comparer deux éléments, toujours selon la valeur des clés. L'intérêt de cette fonction est de permettre de comparer deux éléments (donc, deux paires), suivant l'ordre des clés, sans avoir à en extraire les membres *first*. On notera bien que, contrairement à *key_comp*, cette fonction n'est jamais choisie librement, elle est simplement déduite de *key_comp*. Par exemple, avec :

```
map <char, int> m ;
map <char, int>::iterator im1, im2 ;
```

on pourra comparer les clés relatives aux éléments pointés par *im1* et *im2* de cette manière :

```
if ( value_comp() (*im1, *im2) ) .....
```

Avec *key_comp*, il aurait fallu procéder ainsi :

```
if ( key_comp() ( (*im1).first, (*im2).first) ) .....
```

1.3.4 Conséquences du choix de l'ordre d'un conteneur

Tant que l'on utilise des clés de type scalaire ou *string* et qu'on se limite à la relation par défaut (<), aucun problème particulier ne se pose. Il n'en va plus nécessairement de même dans les autres cas.

Par exemple, on dit généralement que, dans un conteneur de type *map*, les clés sont uniques. En fait, pour être plus précis, il faudrait dire qu'un nouvel élément n'est introduit dans un tel conteneur que s'il n'existe pas d'autre élément possédant une clé équivalente ; l'équivalence étant celle qui est induite par la relation d'ordre, tel qu'il a été expliqué au paragraphe 6.2 du chapitre 24. Par exemple, considérons un *map* utilisant comme clé des objets de type *point* et supposons que la relation < ait été définie dans la classe *point* en s'appuyant uniquement sur les abscisses des points ; dans ces conditions, les clés correspondant à des points de même abscisse apparaîtront comme équivalentes.

De plus, comme on aura l'occasion de le voir plus loin, la recherche d'un élément de clé donnée se fondera, non pas sur une hypothétique relation d'égalité, mais bel et bien sur la relation d'ordre utilisée pour ordonner le conteneur. Autrement dit, toujours avec notre exemple de points utilisés en guise de clés, on pourra rechercher la clé (1, 9) et trouver la clé (1, 5).

1.4 Accès aux éléments

Comme tout conteneur, *map* permet théoriquement d'accéder aux éléments existants, soit pour en connaître la valeur, soit pour la modifier. Cependant, par rapport aux conteneurs séquentiels, ces opérations prennent un tour un peu particulier lié à la nature même des conteneurs associatifs. En effet, d'une part, une tentative d'accès à une clé inexistante amène à la création d'un nouvel élément, d'autre part, comme on le verra un peu plus loin, une tentative de modification globale (clé + valeur) d'un élément existant sera fortement déconseillée.

1.4.1 Accès par l'opérateur [ ]

Le paragraphe 1 a déjà montré en quoi cet accès par l'opérateur est ambigu puisqu'il peut conduire à la création d'un nouvel élément, dès lors qu'on l'applique à une clé inexistante et cela, aussi bien en consultation qu'en modification. Par exemple :

```
map<char, int> m ;
   .....
m ['S'] = 2 ;      /* si la clé 'S' n'existe pas, on crée l'élément      */
                   /* make_pair ('S', 2) ; si la clé existe, on modifie */
                   /* la valeur de l'élément qui ne change pas de place */
... = m['T'] ;     /* si la clé 'T' n'existe pas, on crée l'élément      */
                   /* make_pair ('T', 0)                                */
```

1.4.2 Accès par itérateur

Comme on peut s'y attendre et comme on l'a déjà fait dans les exemples précédents, si *it* est un itérateur valide sur un conteneur de type *map*, l'expression **it* désigne l'élément correspondant ; rappelons qu'il s'agit d'une paire formée de la clé (**it*).*first* et de la valeur associée (*it).*second* ; en général, d'ailleurs, on sera plutôt amené à s'intéresser à ces deux dernières valeurs (ou à l'une d'entre elles) plutôt qu'à la paire complète **it*.

En théorie, il n'est pas interdit de modifier la valeur de l'élément désigné par *it* ; par exemple, pour un conteneur de type *map<char, int>*, on pourrait écrire :

```
*it = make_pair ('R', 5) ;  /* remplace théoriquement l'élément désigné par ip */
                            /*  fortement déconseillé en pratique             */
```

Mais le rôle exact d'un telle opération n'est actuellement pas totalement spécifié par la norme. Or, certaines ambiguïtés apparaissent. En effet, d'une part, comme une telle opération modifie la valeur de la clé, le nouvel élément risque de ne plus être à sa place ; il devrait donc être déplacé ; d'autre part, que doit-il se passer si la clé 'R' existe déjà ? La seule démarche raisonnable nous semble être de dire qu'une telle modification devrait être équivalente à une destruction de l'élément désigné par *it*, suivie d'une insertion du nouvel élément. En pratique, ce n'est pas ce que l'on constate dans toutes les implémentations actuelles. Dans ces conditions :

Il est fortement déconseillé de modifier la valeur d'un élément d'un *map*, par le biais d'un itérateur.

1.4.3 Recherche par la fonction membre *find*

La fonction membre :

find (clé)

a un rôle naturel : fournir un itérateur sur un élément ayant une clé donnée (ou une clé équivalente au sens de la relation d'ordre utilisée par le conteneur). Si aucun élément n'est trouvé, cette fonction fournit la valeur *end()*.

Remarque

Attention, la fonction *find* ne se base pas sur l'opérateur == ; cette remarque est surtout sensible lorsque l'on a affaire à des éléments de type classe, classe dans laquelle on a surdéfini l'opérateur == de manière incompatible avec le prédicat binaire utilisé pour ordonner le conteneur. Les résultats peuvent alors être déconcertants.

1.5 Insertions et suppressions

Comme on peut s'y attendre, le conteneur *map* offre des possibilités de modifications dynamiques fondées sur des insertions et des suppressions, analogues à celles qui sont offertes par les conteneurs séquentiels. Toutefois, si la notion de suppression d'un élément désigné par un itérateur conserve la même signification, celle d'insertion à un emplacement donné n'a plus guère de raison d'être puisqu'on ne peut plus agir sur la manière dont sont intrinsèquement ordonnés les éléments d'un conteneur associatif. On verra qu'il existe quand même une fonction d'insertion recevant un tel argument mais que ce dernier a en fait un rôle un peu particulier.

En outre, alors qu'une insertion dans un conteneur séquentiel aboutissait toujours, dans le cas d'un conteneur de type *map*, elle n'aboutit que s'il n'existe pas d'élément de clé équivalente.

D'une manière générale, l'efficacité de ces opérations est en O(Log N). Nous apporterons quelques précisions par la suite pour chacune des opérations.

1.5.1 Insertions

La fonction membre *insert* permet d'insérer :

- un élément de valeur donnée :

  insert (élément) // insère la paire *élément*

- les éléments d'un intervalle :

  insert (début, fin) // insère les paires de la séquence *[début, fin)*

On notera bien, dans les deux cas, que les éléments concernés doivent être des paires d'un type approprié.

L'efficacité de la première fonction est en *O(Log N)* ; celle de la seconde est en *O(Log(N+M))*, *M* désignant le nombre d'éléments de l'intervalle. Toutefois, si cet intervalle est trié suivant l'ordre voulu, l'efficacité est en *O(M)*.

Voici quelques exemples :

```
map<int, float> m1, m2 ;
map<int, float>::iterator im1 ;
.....
m1.insert (make_pair(5, 6.25f)) ;   /* tentative d'insertion d'un élément   */
m1.insert (m2.begin(), m2.end()) ;  /* tentative d'insertion d'une séquence */
```

Remarques

1 En toute rigueur, il existe une troisième version de *insert*, de la forme :

insert (position, paire)

L'itérateur *position* est une suggestion qui est faite pour faciliter la recherche de l'emplacement exact d'insertion. Si la valeur fournie correspond exactement au point d'insertion, on obtient alors une efficacité en O(1), ce qui s'explique par le fait que la fonction n'a besoin que de comparer deux valeurs consécutives.

2 Les deux fonctions d'insertion d'un élément fournissent une valeur de retour qui est une paire de la forme *pair(position, indic)*, dans laquelle le booléen *indic* précise si l'insertion a eu lieu et *position* est l'itérateur correspondant ; on notera que son utilisation est assez laborieuse ; voici, par exemple, comment adapter notre précédent exemple dans ce sens :

```
if(m1.insert(make_pair(5, 6.25f)).second) cout << "insertion effectuée\n" ;
                                     else cout << "élément existant\n" ;
```

Et encore, ici, nous n'avons pas cherché à placer la valeur de retour dans une variable. Si nous avions voulu le faire, il aurait fallu déclarer une variable, par exemple *resul*, d'un type *pair* approprié ; de plus, comme *pair* ne dispose pas de constructeur par défaut, il aurait fallu préciser des arguments fictifs ; voici une déclaration possible :

```
pair<map<int,float>::iterator, bool> resul(m1.end(),false) ;
```

Dans les implémentations qui n'acceptent pas la valeur *less<type>* par défaut, les choses seraient encore un peu plus complexes et il serait probablement plus sage de recourir à des définitions de types synonymes (*typedef*) pour alléger quelque peu l'écriture.

1.5.2 Suppressions

La fonction *erase* permet de supprimer :

- un élément de position donnée :

  erase (position) // supprime l'élément désigné par *position*

- les éléments d'un intervalle :

  erase (début, fin) // supprime les paires de l'intervalle *[début, fin)*

- l'élément de clé donnée :

  erase (clé) // supprime les éléments[1] de clé équivalente à *clé*

En voici quelques exemples :

```
map<int, float> m ;
map<int, float>::iterator im1, im2 ;
.....
m.erase (5) ;                  /* supprime l'élément de clé 5 s'il existe */
m.erase (im1) ;                /* supprime l'élément désigné par im1      */
m.erase (im2, m.end()) ;       /* supprime tous les éléments depuis celui */
                          /* désigné par im2 jusqu'à la fin du conteneur m */
```

Enfin, de façon fort classique, la fonction *clear()* vide le conteneur de tout son contenu.

Remarque

Il peut arriver que l'on souhaite supprimer tous les éléments dont la clé appartient à un intervalle donné. Dans ce cas, on pourra avoir recours aux fonctions *lower_bound* et *upper_bound* présentées au paragraphe 2.

1.6 Gestion mémoire

Contrairement à ce qui se passe pour certains conteneurs séquentiels, les opérations sur les conteneurs associatifs, donc, en particulier, sur *map*, n'entraînent jamais d'invalidation des références et des itérateurs, excepté, bien entendu, pour les éléments supprimés qui ne sont plus accessibles après leur destruction.

1. Pour *map*, il y en aura un au plus ; pour *multimap*, on pourra en trouver plusieurs.

Toutefois, comme on l'a indiqué au paragraphe 1.4, il est théoriquement possible, bien que fortement déconseillé, de modifier globalement un élément de position donnée ; par exemple (*iv* désignant un itérateur valide sur un conteneur de type *map<char, int>*) :

```
*iv = make_pair ('S', 45) ;
```

Que la clé 'S' soit présente ou non, on court, outre les risques déjà évoqués, celui que l'itérateur *iv* devienne invalide.

1.7 Autres possibilités

Les manipulations globales des conteneurs *map* se limitent à la seule affectation et à la fonction *swap* permettant d'échanger les contenus de deux conteneurs de même type. Il n'existe pas de fonction *assign*, ni de possibilités de comparaisons lexicographiques auxquelles il serait difficile de donner une signification ; en effet, d'une part, les éléments sont des paires, d'autre part, un tel conteneur est ordonné intrinsèquement et son organisation évolue en permanence.

En théorie, il existe des fonctions membres *lower_bound*, *upper_bound*, *equal_range* et *count* qui sont utilisables aussi bien avec des conteneurs de type *map* qu'avec des conteneurs de type *multimap*. C'est cependant dans ce dernier cas qu'elles présentent le plus d'intérêt ; elles seront étudiées au paragraphe 2.

1.8 Exemple

Voici un exemple complet de programme illustrant les principales fonctionnalités de la classe *map* que nous venons d'examiner.

```
#include <iostream>
#include <map>
using namespace std ;
main()
{ void affiche(map<char, int>) ;
  map<char, int> m ;
  map<char, int>::iterator im ;
  m['c'] = 10 ; m['f'] = 20 ; m['x'] = 30 ; m['p'] = 40 ;
  cout << "map initial          : " ; affiche(m) ;
  im = m.find ('f') ;     /* ici, on ne verifie pas que im est != m.end() */
  cout << "cle 'f' avant insert : " << (*im).first << "\n" ;
  m.insert (make_pair('a', 5)) ;       /* on insere un element avant 'f' */
  m.insert (make_pair('t', 7)) ;       /* et un element apres 'f'        */
  cout << "map apres insert     : " ; affiche(m) ;
  cout << "cle 'f' apres insert : " << (*im).first << "\n" ;/* im -> 'f' */
  m.erase('c') ;
  cout << "map apres erase 'c'  : " ; affiche(m) ;
  im = m.find('p') ; if (im != m.end()) m.erase(im, m.end()) ;
  cout << "map apres erase int  : " ; affiche(m) ;
}
```

```
void affiche(map<char, int> m)  // voir remarque paragraphe 2.4 du chapitre 25
{ map<char, int>::iterator im ;
  for (im=m.begin() ; im!=m.end() ; im++)
    cout << "(" << (*im).first << "," << (*im).second << ") " ;
  cout << "\n" ;
}
```

```
map initial          : (c,10) (f,20) (p,40) (x,30)
cle 'f' avant insert : f
map apres insert     : (a,5) (c,10) (f,20) (p,40) (t,7) (x,30)
cle 'f' apres insert : f
map apres erase 'c'  : (a,5) (f,20) (p,40) (t,7) (x,30)
map apres erase int  : (a,5) (f,20)
```

Exemple d'utilisation de la classe map

2 Le conteneur *multimap*

2.1 Présentation générale

Comme nous l'avons déjà dit, dans un conteneur de type *multimap*, une même clé peut apparaître plusieurs fois ou, plus généralement, on peut trouver plusieurs clés équivalentes. Bien entendu, les éléments correspondants apparaissent alors consécutifs. Comme on peut s'y attendre, l'opérateur [ ] n'est plus applicable à un tel conteneur, compte tenu de l'ambiguïté qu'induirait la non unicité des clés. Hormis cette restriction, les possibilités des conteneurs *map* se généralisent sans difficultés aux conteneurs *multimap* qui possèdent les mêmes fonctions membres, avec quelques nuances qui vont de soi :

- s'il existe plusieurs clés équivalentes, la fonction membre *find* fournit un itérateur sur un des éléments ayant la clé voulue ; attention, on ne précise pas qu'il s'agit du premier ; celui-ci peut cependant être connu en recourant à la fonction *lower_bound* examinée un peu plus loin ;
- la fonction membre *erase (clé)* peut supprimer plusieurs éléments tandis qu'avec un conteneur *map*, elle n'en supprimait qu'un seul au maximum.

D'autre part, comme nous l'avons déjà fait remarquer, un certain nombre de fonctions membres de la classe *map*, prennent tout leur intérêt lorsqu'on les applique à un conteneur *multimap*. On peut, en effet :

- connaître le nombre d'éléments ayant une clé équivalente à une clé donnée, à l'aide de *count (clé)* ;
- obtenir des informations concernant l'intervalle d'éléments ayant une clé équivalente à une clé donnée, à savoir :

lower_bound (clé) // fournit un itérateur sur le premier élément ayant
// une clé équivalente à *clé*

upper_bound (clé) // fournit un itérateur sur le dernier élément ayant
// une clé équivalente à *clé*

equal_range (clé) // fournit une paire formée des valeurs des deux itérateurs
// précédents, *lower_bound (clé)* et *upper_bound (clé)*

On notera qu'on a la relation :

m.equal.range(clé) = make_pair (m.lower_bound (clé), m.upper_bound (clé))

Voici un petit exemple :

```
multimap<char, int> m ;
  .....
m.erase(m.lower_bound('c'), m.upper_bound('c')); /* équivalent à : */
                                                 /*  erase('c') ;  */
m.erase(m.lower_bound('e'), m.upper_bound('g'));  /* supprime toutes les clés */
                                 /* allant de 'e' à 'g' ; aucun équivalent simple */
```

Remarque

Le deuxième appel de *erase* de notre précédent exemple peut présenter un intérêt dans le cas d'un conteneur de type *map* ; en effet, malgré l'unicité des clés dans ce cas, il n'est pas certain qu'un appel tel que :

```
m.erase (m.find('e'), m.find('g')) ;
```

convienne puisqu'on court le risque que l'une au moins des clés 'e' ou 'g' n'existe pas.

2.2 Exemple

Voici un exemple complet de programme illustrant les principales fonctionnalités de la classe *multimap* que nous venons d'examiner :

```
#include <iostream>
#include <map>
using namespace std ;
main()
{
  void affiche(multimap<char, int>) ;
  multimap<char, int> m, m_bis ;
  multimap<char, int>::iterator im ;
  m.insert(make_pair('c', 10)) ;  m.insert(make_pair('f', 20)) ;
  m.insert(make_pair('x', 30)) ;  m.insert(make_pair('p', 40)) ;
  m.insert(make_pair('y', 40)) ;  m.insert(make_pair('p', 35)) ;
  cout << "map initial :\n          " ; affiche(m) ;
  m.insert(make_pair('f', 25)) ;  m.insert(make_pair('f', 20)) ;
  m.insert(make_pair('x', 2)) ;
  cout << "map avec fff et xx :\n          " ; affiche(m) ;
```

```
  im=m.find('x') ; /* on ne verifie pas que im != m.end() */
  m_bis = m ;      /* on fait une copie de m dans m_bis   */
  m.erase(im) ;
  cout << "map apres erase(find('x')) :\n          " ; affiche(m) ;
  m.erase('f') ;
  cout << "map apres erase('f') :\n          " ; affiche(m) ;
  m.swap(m_bis) ;
  cout << "map apres swap :\n          " ; affiche(m) ;
  cout << "il y a " << m.count('f') << " fois la cle 'f'\n" ;
  m.erase(m.upper_bound('f')) ;  /* supprime derniere cle 'f' - ici pas de test*/
  cout << "map apres erase (u_b('f')) :\n          " ; affiche(m) ;
  m.erase(m.lower_bound('f')) ;
  cout << "map apres erase (l_b('f')) :\n          " ; affiche(m) ;
  m.erase(m.upper_bound('g')) ;
  cout << "map apres erase (u_b('g')) :\n          " ; affiche(m) ;
  m.erase(m.lower_bound('g')) ;
  cout << "map apres erase (l_b('g')) :\n          " ; affiche(m) ;
  m.erase(m.lower_bound('d'), m.upper_bound('x')) ;
  cout << "map apres erase (l_b('d'), u_b('x')) :\n          " ; affiche(m) ;
}
void affiche(multimap<char, int> m) // voir remarque paragraphe 2.4 du chapitre 25
{ multimap<char, int>::iterator im ;
  for (im=m.begin() ; im!=m.end() ; im++)
    cout << "(" << (*im).first << "," << (*im).second << ")" ;
  cout << "\n" ;
}
```

```
map initial :
          (c,10)(f,20)(p,40)(p,35)(x,30)(y,40)
map avec fff et xx :
          (c,10)(f,20)(f,25)(f,20)(p,40)(p,35)(x,30)(x,2)(y,40)
map apres erase(find('x')) :
          (c,10)(f,20)(f,25)(f,20)(p,40)(p,35)(x,2)(y,40)
map apres erase('f') :
          (c,10)(p,40)(p,35)(x,2)(y,40)
map apres swap :
          (c,10)(f,20)(f,25)(f,20)(p,40)(p,35)(x,30)(x,2)(y,40)
il y a 3 fois la cle 'f'
map apres erase (u_b('f')) :
          (c,10)(f,20)(f,25)(f,20)(p,35)(x,30)(x,2)(y,40)
map apres erase (l_b('f')) :
          (c,10)(f,25)(f,20)(p,35)(x,30)(x,2)(y,40)
map apres erase (u_b('g')) :
          (c,10)(f,25)(f,20)(x,30)(x,2)(y,40)
map apres erase (l_b('g')) :
          (c,10)(f,25)(f,20)(x,2)(y,40)
map apres erase (l_b('d'), u_b('x')) :
          (c,10)(y,40)
```

Exemple d'utilisation de multimap

3 Le conteneur *set*

3.1 Présentation générale

Comme il a été dit en introduction, le conteneur *set* est un cas particulier du conteneur *map*, dans lequel aucune valeur n'est associée à la clé. Les éléments d'un conteneur *set* ne sont donc plus des paires, ce qui en facilite naturellement la manipulation. Une autre différence entre les conteneurs *set* et les conteneurs *map* est qu'un élément d'un conteneur *set* est une constante ; on ne peut pas en modifier la valeur :

```
set<int> e(...)           /* ensemble d'entiers                 */
set<int>::iterator ie ;   /* itérateur sur un ensemble d'entiers */
     .....
cout << *ie ;             /* correct  */
*ie = ... ;               /* interdit */
```

En dehors de cette contrainte, les possibilités d'un conteneur *set* se déduisent tout naturellement de celles d'un conteneur *map*, aussi bien pour sa construction que pour l'insertion ou la suppression d'éléments qui, quant à elle, reste toujours possible, aussi bien à partir d'une position que d'une valeur.

3.2 Exemple

Voici un exemple complet de programme illustrant les principales fonctionnalités de la classe *set* (attention, le caractère « espace » n'est pas très visible dans les résultats !) :

```
#include <iostream>
#include <set>
#include <string>
using namespace std ;

main()
{ char t[] = "je me figure ce zouave qui joue du xylophone" ;
  char v[] = "aeiouy" ;
  void affiche (set<char> ) ;
  set<char> let(t, t+sizeof(t)-1), let_bis ;
  set<char> voy(v, v+sizeof(v)-1) ;

  cout << "lettres presentes          : " ; affiche (let) ;
  cout << "il y a " << let.size() << " lettres differentes\n" ;
  if (let.count('z'))  cout << "la lettre z est presente\n" ;
  if (!let.count('b')) cout << "la lettre b n'est pas presente\n" ;

  let_bis = let ;
  set<char>:: iterator iv ;
  for (iv=voy.begin() ; iv!=voy.end() ; iv++)
    let.erase(*iv) ;
```

```
  cout << "lettres sans voyelles     : " ; affiche (let) ;
  let.insert(voy.begin(), voy.end()) ;
  cout << "lettres + toutes voyelles : " ; affiche (let) ;
}

void affiche (set<char> e )    // voir remarque paragraphe 2.4 du chapitre 25
{ set<char>::iterator ie ;
  for (ie=e.begin() ; ie!=e.end() ; ie++)
    cout << *ie << " " ;
  cout << "\n" ;
}
```

```
lettres presentes         :  a c d e f g h i j l m n o p q r u v x y z
il y a 22 lettres differentes
la lettre z est presente
la lettre b n'est pas presente
lettres sans voyelles     :  c d f g h j l m n p q r v x z
lettres + toutes voyelles :  a c d e f g h i j l m n o p q r u v x y z
```

Exemple d'utilisation du conteneur set

3.3 Le conteneur *set* et l'ensemble mathématique

Un conteneur de type *set* est obligatoirement ordonné, tandis qu'un ensemble mathématique ne l'est pas nécessairement. Il faudra tenir compte de cette remarque dès que l'on sera amené à créer un ensemble d'objets puisqu'il faudra alors munir la classe correspondante d'une relation d'ordre faible strict. En outre, il ne faudra pas perdre de vue que c'est cette relation qui sera utilisée pour définir l'égalité de deux éléments et non une éventuelle surdéfinition de l'opérateur ==.

Par ailleurs, dans la classe *set*, il n'existe pas de fonction membre permettant de réaliser les opérations ensemblistes classiques (intersection, réunion...). Cependant, nous verrons au chapitre 27, qu'il existe des algorithmes généraux, utilisables avec n'importe quelle séquence ordonnée. Leur application au cas particulier des ensembles permettra de réaliser les opérations en question.

4 Le conteneur *multiset*

De même que le conteneur *multimap* est un conteneur *map* dans lequel on autorise plusieurs clés équivalentes, le conteneur *multiset* est un conteneur *set*, dans lequel on autorise plusieurs éléments équivalents à apparaître. Il correspond à la notion mathématique de multi-ensemble (peu répandue) avec cette différence que la relation d'ordre nécessaire à la définition d'un *multiset* ne l'est pas dans le multi-ensemble mathématique. Les algorithmes généraux d'intersection ou de réunion, évoqués ci-dessus, fonctionneront encore dans le cas des conteneurs *multiset*.

Voici un exemple complet de programme illustrant les principales fonctionnalités de la classe *multiset* (attention, le caractère « espace » n'est pas très visible dans les résultats !) :

```
#include <iostream>
#include <set>
using namespace std ;

main()
{
  char t[] = "je me figure ce zouave qui joue du xylophone" ;
  char v[] = "aeiouy" ;
  void affiche (multiset<char> ) ;
  multiset<char> let(t, t+sizeof(t)-1), let_bis ;
  multiset<char> voy(v, v+sizeof(v)-1) ;
  cout << "lettres presentes    : " ; affiche (let) ;
  cout << "il y a " << let.size() << " lettres en tout\n" ;
  cout << "la lettre e est presente " << let.count('e') << " fois\n" ;
  cout << "la lettre b est presente " << let.count('b') << " fois\n" ;
  let_bis = let ;
  multiset<char>:: iterator iv ;
  for (iv=voy.begin() ; iv!=voy.end() ; iv++)
    let.erase(*iv) ;
  cout << "lettres sans voyelles : " ; affiche (let) ;
}

void affiche (multiset<char> e )  // voir remarque paragraphe 2.4 du chapitre 25
{ multiset<char>::iterator ie ;
  for (ie=e.begin() ; ie!=e.end() ; ie++)
    cout << *ie ;
  cout << "\n" ;
}
```

```
lettres presentes    :        acdeeeeeeefghiijjlmnoooopqruuuuuvxyz
il y a 44 lettres en tout
la lettre e est presente 7 fois
la lettre b est presente 0 fois
lettres sans voyelles :        cdfghjjlmnpqrvxz
```

Exemple d'utilisation du conteneur multiset

5 Conteneurs associatifs et algorithmes

Il est généralement difficile d'appliquer certains algorithmes généraux aux conteneurs associatifs. Il y a plusieurs raisons à cela.

Tout d'abord, un conteneur de type *map* ou *multimap* est formé d'éléments de *pair*, qui se prêtent assez difficilement aux algorithmes usuels. Par exemple, une recherche par *find* devrait se faire sur la paire (clé, valeur), ce qui ne présente généralement guère d'intérêt ; on préférera utiliser la fonction membre *find* travaillant sur une clé donnée.

De même, vouloir trier un conteneur associatif déjà ordonné de façon intrinsèque n'est guère réaliste : soit on cherche à trier suivant l'ordre interne, ce qui n'a aucun intérêt, soit on cherche à trier suivant un autre ordre, et alors apparaissent des conflits entre les deux ordres.

Néanmoins, il reste possible d'appliquer tout algorithme qui ne modifie pas les valeurs du conteneur.

D'une manière générale, dans le chapitre 27 consacré aux algorithmes, nous indiquerons ceux qui sont utilisables avec des conteneurs associatifs.

27

Les algorithmes standard

La notion d'algorithme a déjà été présentée au chapitre 24, et nous avons eu l'occasion d'en utiliser quelques-uns dans certains de nos précédents exemples. Le présent chapitre expose les différentes possibilités offertes par les algorithmes de la bibliothèque standard. Auparavant, il présente ou rappelle un certain nombre de notions générales qui interviennent dans leur utilisation, en particulier : les catégories d'itérateur, la notion de séquence, les itérateurs de flot et les itérateurs d'insertion.

On notera bien que ce chapitre vise avant tout à faire comprendre le rôle des différents algorithmes, et à illustrer les plus importants par des exemples de programmes. On trouvera dans l'Annexe B, une référence complète du rôle précis, de l'efficacité et de la syntaxe exacte de l'appel de chacun des algorithmes existants.

1 Notions générales

1.1 Algorithmes et itérateurs

Les algorithmes standard se présentent sous forme de patrons de fonctions. Leur code est écrit, sans connaissance précise des éléments qu'ils seront amenés à manipuler. Cependant, cette manipulation ne se fait jamais directement, mais toujours par l'intermédiaire d'un itérateur qui, quant à lui, possède un type donné, à partir duquel se déduit le type des éléments effectivement manipulés. Par exemple, lorsqu'un algorithme contient une instruction de la forme :

```
*it = ...
```

le code source du programme ne connaît effectivement pas le type de l'élément qui sera ainsi manipulé, mais ce type sera parfaitement défini à la compilation, lors de l'instanciation de la fonction patron correspondant à l'algorithme en question.

1.2 Les catégories d'itérateurs

Jusqu'ici, nous avons surtout manipulé des éléments de conteneurs et les itérateurs associés qui se répartissaient alors en trois catégories : unidirectionnel, bidirectionnel et à accès direct. En fait, il existe deux autres catégories d'itérateurs, disposant de propriétés plus restrictives que les itérateurs unidirectionnels ; il s'agit des itérateurs en entrée et des itérateurs en sortie. Bien qu'ils ne soient fournis par aucun des conteneurs, ils présentent un intérêt au niveau des itérateurs de flot qui, comme nous le verrons un peu plus loin, permettent d'accéder à un flot comme à une séquence.

1.2.1 Itérateur en entrée

Un *itérateur en entrée* possède les mêmes propriétés qu'un itérateur unidirectionnel, avec cette différence qu'il n'autorise que la consultation de la valeur correspondante et plus sa modification ; si *it* est un tel itérateur :

```
... = *it ;     /* correct si it est un itérateur en entrée    */
*it = ... ;     /* impossible si it est un itérateur en entrée */
```

En outre, un itérateur en entrée n'autorise qu'un seul passage (on dit aussi une seule passe) sur les éléments qu'il permet de décrire. Autrement dit, si, à un moment donné, *it1==it2*, *it1++* et *it2++* ne désignent pas nécessairement la même valeur. Cette restriction n'existait pas dans le cas des itérateurs unidirectionnels. Ici, elle se justifie dès lors qu'on sait que l'itérateur en entrée est destiné à la lecture d'une suite de valeurs de même type sur un flot, d'une façon analogue à la lecture des informations d'une séquence. Or, manifestement, il n'est pas possible de lire deux fois une même valeur sur certains flots tels que l'unité d'entrée standard.

1.2.2 Itérateur en sortie

De façon concomitante, un *itérateur en sortie* possède les mêmes propriétés qu'un itérateur unidirectionnel, avec cette différence qu'il n'autorise que la modification et en aucun cas la consultation. Par exemple, si *it* est un tel itérateur :

```
*it = ... ;     /* correct si it est un itérateur en sortie    */
... = *it ;     /* impossible si it est un itérateur en sortie */
```

Comme l'itérateur en entrée, l'itérateur en sortie ne permettra qu'un seul passage ; si, à un moment donné, on a *it1==it2*, les affectations successives :

```
*it1++ = ... ;  *it2++ = ... ;
```

entraîneront la création de deux valeurs distinctes. Là encore, pour mieux comprendre ces restrictions, il faut voir que la principale justification de l'itérateur en sortie est de permettre d'écrire une suite de valeurs de même type sur un flot, de la même façon qu'on peut introduire des informations dans une séquence. Or, manifestement, il n'est pas possible d'écrire deux fois en un même endroit de certains flots tels que l'unité standard de sortie.

1.2.3 Hiérarchie des catégories d'itérateurs

On peut montrer que les propriétés des cinq catégories d'itérateurs permettent de les ranger selon une hiérarchie dans laquelle toute catégorie possède au moins les propriétés de la catégorie précédente :

```
itérateur en entrée          itérateur en sortie
            |_____________________________|
                           |
               itérateur unidirectionnel
                           |
                itérateur bidirectionnel
                           |
                itérateur à accès direct
```

Les itérateurs en entrée et en sortie seront fréquemment utilisés pour associer un itérateur à un flot, en faisant appel à un adaptateur particulier d'itérateur dit *itérateur de flot* ; nous y reviendrons au paragraphe 1.5. En dehors de cela, ils présentent un intérêt indirect à propos de l'information qu'on peut déduire au vu de la catégorie d'itérateur attendu par un algorithme ; par exemple, si un algorithme accepte un itérateur en entrée, c'est que, d'une part, il ne modifie pas la séquence correspondante et que, d'autre part, il n'effectue qu'une seule passe sur cette séquence.

1.3 Algorithmes et séquences

Beaucoup d'algorithmes s'appliquent à une séquence définie par un intervalle d'itérateur de la forme [*début*, *fin*) ; dans ce cas, on lui communiquera simplement en argument les deux valeurs *début* et *fin*, lesquelles devront naturellement être du même type, sous peine d'erreur de compilation.

Tant que l'algorithme ne modifie pas les éléments de cette séquence, cette dernière peut appartenir à un conteneur de n'importe quel type, y compris les conteneurs associatifs pour lesquels, rappelons-le, la notion de séquence a bien un sens, compte tenu de leur ordre interne. Cependant, dans le cas des types *map* ou *multimap*, on sera généralement gêné par le fait que leurs éléments sont des paires.

En revanche, si l'algorithme modifie les éléments de la séquence, il n'est plus possible qu'elle appartienne à un conteneur de type *set* et *multiset*, puisque les éléments n'en sont plus modifiables. Bien qu'il n'existe pas d'interdiction formelle, il n'est guère raisonnable qu'elle appartienne à un conteneur de type *map* ou *multimap*, compte tenu des risques d'incompatibilité qui apparaissent alors entre l'organisation interne et celle qu'on chercherait à lui imposer...

Certains algorithmes s'appliquent à deux séquences de même taille. C'est par exemple le cas de la recopie d'une séquence dans une autre ayant des éléments de même type. Dans ce cas, tous ces algorithmes procèdent de la même façon, à savoir :

- deux arguments définissent classiquement un premier intervalle correspondant à la première séquence,

- un troisième argument fournit la valeur d'un itérateur désignant le début de la seconde séquence.

On notera bien que cette façon de procéder présente manifestement le risque que la séquence cible soit trop petite. Dans ce cas, le comportement du programme est indéterminé comme il pouvait l'être en cas de débordement d'un tableau classique ; d'ailleurs, rien n'interdit de fournir à un algorithme un itérateur qui soit un pointeur...

Enfin, quelques rares algorithmes fournissent, comme valeur de retour, les limites d'un intervalle sous forme de deux itérateurs ; dans ce cas, celles-ci seront regroupées au sein d'une structure de type *pair*.

1.4 Itérateur d'insertion

Beaucoup d'algorithmes sont prévus pour modifier les valeurs des éléments d'une séquence ; c'est par exemple le cas de *copy* :

```
copy (v.begin(), v.end(), l.begin());
          /* recopie l'intervalle [v.begin(), v.end() ) */
          /* à partir de la position l.begin()          */
```

De telles opérations imposent naturellement un certain nombre de contraintes :

- les emplacements nécessaires à la copie doivent déjà exister ;
- leur modification doit être autorisée, ce qui n'est pas le cas pour des conteneurs de type *set* ou *multiset* ;
- la copie ne doit pas se faire à l'intérieur d'un conteneur associatif de type *map* ou *multimap*, compte tenu de l'incompatibilité qui résulterait entre l'ordre séquentiel imposé et l'ordre interne du conteneur.

En fait, il existe un mécanisme particulier permettant de transformer une succession d'opérations de copie à partir d'une position donnée en une succession d'insertions à partir de cette position. Pour ce faire, on fait appel à ce qu'on nomme un itérateur d'insertion ; il s'agit d'un patron de classes nommé *insert_iterator* et paramétré par un type de conteneur. Par exemple :

```
insert_iterator <list<int> > ins ;   /* ins est un itérateur d'insertion */
                                     /* dans un conteneur de type  list<int> */
```

Pour affecter une valeur à un tel itérateur, on se sert du patron de fonctions *inserter* ; en voici un exemple dans lequel on suppose que *c* est un conteneur et *it* est une valeur particulière d'itérateur sur ce conteneur :

```
ins = inserter(c, it) ;     /* valeur initiale d'un itérateur d'insertion */
                            /* permettant d'insérer à partir de la        */
                            /* position it dans le conteneur c            */
```

Dans ces conditions, l'utilisation de *ins*, en lieu et place d'une valeur initiale d'itérateur, fera qu'une instruction telle que **ins* = ... insérera un nouvel élément en position *it*. De plus, toute incrémentation de *ins*, suivie d'une nouvelle affectation **ins*=... provoquera une nouvelle insertion à la suite de l'élément précédent.

D'une manière générale, il existe trois fonctions permettant de définir une valeur initiale d'un itérateur d'insertion, à savoir :

- *front_inserter (conteneur)* : pour une insertion en début du *conteneur* ; le conteneur doit disposer de la fonction membre *push_front* ;
- *back_inserter (conteneur)* : pour une insertion en fin du *conteneur* ; le conteneur doit disposer de la fonction membre *push_back* ;
- *inserter (conteneur, position)* : pour une insertion à partir de *position* dans le *conteneur* ; le conteneur doit disposer de la fonction membre *insert(valeur, position)*.

Voici un exemple de programme utilisant un tel mécanisme pour transformer une copie dans des éléments existants en une insertion ; auparavant, on a tenté une copie usuelle dans un conteneur trop petit pour montrer qu'elle se déroulait mal ; en pratique, nous déconseillons ce genre de procédé qui peut très bien amener à un plantage du programme :

```
#include <iostream>
#include <list>
#include <algorithm>
using namespace std ;
main()
{ void affiche (list<char>) ;
  char t[] = {"essai insert_iterator"} ;
  list<char> l1(t, t+sizeof(t)-1) ;
  list<char> l2 (4, 'x') ;
  list<char> l3 ;
  cout << "l1 initiale           : " ; affiche(l1) ;
  cout << "l2 initiale           : " ; affiche(l2) ;
       /* copie avec liste l2 de taille insuffisante */
       /* deconseille en pratique                    */
  copy (l1.begin(), l1.end(), l2.begin()) ;
  cout << "l2 apres copie usuelle : " ; affiche(l2) ;
      /* insertion dans liste non vide               */
      /* on pourrait utiliser aussi front_inserter(l2) */
  copy (l1.begin(), l1.end(), inserter(l2, l2.begin())) ;
  cout << "l2 apres copie inser   : " ; affiche(l2) ;
     /* insertion dans liste vide ; on pourrait utiliser aussi */
     /* front_inserter(l3) ou back_inserter(l3)                */
  copy (l1.begin(), l1.end(), inserter(l3, l3.begin())) ;
  cout << "l3 apres copie inser   : " ; affiche(l3) ;
}
void affiche (list<char> l)
{ void af_car (char) ;
  for_each(l.begin(), l.end(), af_car); /* appelle af_car pour chaque element */
  cout << "\n" ;
}
void af_car (char c)
{ cout << c << " " ;
}
```

```
l1 initiale           : e s s a i   i n s e r t _ i t e r a t o r
l2 initiale           : x x x x
l2 apres copie usuelle : r r a t
l2 apres copie inser  : e s s a i   i n s e r t _ i t e r a t o r r r a t
l3 apres copie inser  : e s s a i   i n s e r t _ i t e r a t o r
```

Exemple d'utilisation d'un itérateur d'insertion

Remarque

Si l'on tient à mettre en évidence l'existence d'une classe *insert_iterator*, la simple instruction du précédent programme :

```
copy (l1.begin(), l1.end(), inserter(l2, l2.begin())) ;
```

peut se décomposer ainsi :

```
insert_iterator<list<char> > ins = inserter(l2, l2.begin()) ;
copy (l1.begin(), l1.end(), ins ) ;
```

1.5 Itérateur de flot

1.5.1 Itérateur de flot de sortie

Lorsqu'on lit, par exemple, sur l'entrée standard, une suite d'informations de même type, on peut considérer qu'on parcourt une séquence. Effectivement, il est possible de définir un itérateur sur une telle séquence ne disposant que des propriétés d'un itérateur d'entrée telles qu'elles ont été définies précédemment. Pour ce faire, il existe un patron de classes, nommé *ostream_iterator*, paramétré par le type des éléments concernés ; par exemple :

```
ostream_iterator<char>    /* type itérateur sur un flot d'entrée de caractères */
```

Cette classe dispose d'un constructeur recevant en argument un flot existant. C'est ainsi que :

```
ostream_iterator<char> flcar(cout) ;  /* flcar est un itérateur sur un flot de */
                                      /* caractères connecté à cout            */
```

Dans ces conditions, une instruction telle que :

```
*flcar = 'x' ;
```

envoie le caractère *x* sur le flot *cout*.

On notera qu'il est théoriquement possible d'incrémenter l'itérateur *flcar* en écrivant *flcar++* ; cependant, une telle opération est sans effet, car sans signification à ce niveau. Son existence est cependant précieuse puisqu'elle permettra d'utiliser un tel itérateur avec certains algorithmes standard, tels que *copy*.

Voici un exemple résumant ce que nous venons de dire :

```
#include <iostream>
#include <list>
using namespace std ;
main()
{ char t[] = {"essai iterateur de flot"} ;
  list<char> l(t, t+sizeof(t)-1) ;
  ostream_iterator<char> flcar(cout) ;
  *flcar = 'x' ; *flcar = '-' ;
  flcar++ ; flcar++ ; /* pour montrer que l'incrementation est inoperante ici */
  *flcar = ':' ;
  copy (l.begin(), l.end(), flcar) ;
}
```

```
x-:essai iterateur de flot
```

Exemple d'utilisation d'un itérateur de flot de sortie

Remarque

Ici, notre exemple s'appliquait à la sortie standard ; dans ces conditions, l'utilisation d'informations de type autre que *char* poserait le problème de leur séparation à l'affichage ou dans le fichier texte correspondant. En revanche, l'application à un fichier binaire quelconque ne poserait plus aucun problème.

1.5.2 Itérateur de flot d'entrée

De même qu'on peut définir des itérateurs de flot de sortie, on peut définir des itérateurs de flot d'entrée, suivant un procédé très voisin. Par exemple, avec :

```
istream_iterator<int> flint(cin) ;
```

on définit un itérateur nommé *flint*, sur un flot d'entrée d'entiers, connecté à *cin*. De la même manière, avec :

```
ifstream fich("essai", ios::in) ;
istream_iterator<int> flint(fich) ;
```

on définit un itérateur, nommé *flint*, sur un flot d'entrée d'entiers, connecté au flot *fich*, supposé convenablement ouvert.

Les itérateurs de flot d'entrée nécessitent cependant la possibilité d'en détecter la fin. Pour ce faire, il existe une convention permettant de construire un itérateur en représentant la fin, à savoir, l'utilisation d'un constructeur sans argument ; par exemple, avec :

```
istream_iterator<int> fin ;  /* fin est un itérateur représentant une fin     */
                             /* de fichier sur un itérateur de flot d'entiers */
```

Voici, par exemple, comment utiliser un itérateur de flot d'entrée pour recopier les informations d'un fichier dans une liste ; ici, nous créons une liste vide et nous utilisons un itérateur d'insertion pour y introduire le résultat de la copie :

```
list<int> l ;
ifstream fich("essai", ios::in) ;
istream_iterator<int, ptrdiff_t> flint(fich), fin ;
copy (flint, fin, inserter(l, l.begin())) ;
```

2 Algorithmes d'initialisation de séquences existantes

Tous ces algorithmes permettent de donner des valeurs à des éléments existant d'une séquence, dont la valeur est donc remplacée. De par leur nature même, ils ne sont pas adaptés aux conteneurs associatifs, à moins d'utiliser un itérateur d'insertion et de tenir compte de la nature de type *pair* de leurs éléments.

2.1 Copie d'une séquence dans une autre

Comme on l'a déjà vu à plusieurs reprises, on peut recopier une séquence dans une autre, pour peu que les types des éléments soient les mêmes. Par exemple, si *l* est une liste d'entiers et *v* un vecteur d'entiers :

```
copy (l.begin(), l.end(), v.begin()) ;        /* recopie les éléments de la */
                              /* liste l dans le vecteur v, à partir de son début */
```

Le sens de la copie est imposé, à savoir qu'on commence bien par recopier *l.begin()* en *v.begin()*. La seule contrainte (logique) qui soit imposée aux valeurs des itérateurs est que la position de la première copie n'appartienne pas à l'intervalle à copier. En revanche, rien n'interdirait, par exemple :

```
copy (v.begin()+1, v.begin()+10, v.begin());     /* recopie v[1] dans v[0] */
                                            /* v[2] dans v[1]... v[9] dans v[8] */
```

Il existe également un algorithme *copy_backward* qui procède à la copie dans l'ordre inverse de *copy*, c'est-à-dire en commençant par le dernier élément. Dans ce cas, comme on peut s'y attendre, les itérateurs correspondants doivent être bidirectionnels.

Voici un exemple de programme utilisant *copy* pour réaliser des copies usuelles, ainsi que des insertions, par le biais d'un itérateur d'insertion :

```
#include <iostream>
#include <vector>
#include <list>
#include <algorithm>
using namespace std ;
```

```
main()
{ int t[5] = { 1, 2, 3, 4, 5 } ;
  vector<int> v(t, t+5) ;     /* v contient : 1, 2, 3, 4, 5   */
  list<int> l(8, 0) ;         /* liste de 8 elements egaux a 0*/
  list<int> l2(3, 0) ;        /* liste de 3 elements egaux a 0 */
  void affiche(vector<int>) ;
  void affiche(list<int>) ;
  cout << "liste initiale      : " ; affiche(l) ;
  copy (v.begin(), v.end(), l.begin()) ;
  cout << "liste apres copie 1 : " ; affiche(l) ;
  l = l2 ;         /* l contient maintenant 3 elements égaux à 0 */
  copy (v.begin(), v.end(), l.begin()) ; /* sequence trop courte : deconseille */
  cout << "liste apres copie 2 : " ; affiche(l) ;
  l.erase(l.begin(), l.end()) ;                /* l est maintenant vide */
                                             /* on y insere les elem de v */
  copy (v.begin(), v.end(), inserter(l, l.begin())) ;
  cout << "liste apres copie 3 : " ; affiche(l) ;
}
void affiche(list<int> l)
{ list<int>::iterator il ;
  for (il=l.begin() ; il!=l.end() ; il++) cout << *il << " " ;
  cout << "\n" ;
}
```

```
liste initiale      : 0 0 0 0 0 0 0 0
liste apres copie 1 : 1 2 3 4 5 0 0 0
liste apres copie 2 : 5 2 3
liste apres copie 3 : 1 2 3 4 5
```

Exemple de copies usuelles et de copies avec insertion

2.2 Génération de valeurs par une fonction

Il est fréquent qu'on ait besoin d'initialiser un conteneur par des valeurs résultant d'un calcul. La bibliothèque standard offre un outil assez général à cet effet, à savoir ce qu'on nomme souvent un algorithme générateur. On lui fournit, en argument, un objet fonction (il peut donc s'agir d'une fonction ordinaire) qu'il appellera pour déterminer la valeur à attribuer à chaque élément d'un intervalle. Une telle fonction ne reçoit aucun argument. Par exemple, l'appel :

```
generate (v.begin(), v.end(), suite) ;
```

utilisera la fonction *suite* pour donner une valeur à chacun des éléments de la séquence définie par l'intervalle [*v.begin()*, *v.end()*).

Voici un premier exemple faisant appel à une fonction ordinaire :

```
#include <iostream>
#include <vector>
#include <algorithm>
```

```
using namespace std ;

main()
{ int n = 10 ;
  vector<int> v(n, 0) ;  /* vecteur de n elements initialises a 0 */
  int suite() ;          /* fonction utilisee pour la generation d'entiers */
  void affiche(vector<int>) ;
  cout << "vecteur initial : " ; affiche(v) ;
  generate (v.begin(), v.end(), suite) ;
  cout << "vecteur genere  : " ; affiche(v) ;
}
int suite()
{ static int n = 0 ;
  return n++ ;
}
void affiche (vector<int> v)
{ unsigned int i ;
  for (i=0 ; i<v.size() ; i++)
    cout << v[i] << " " ;
  cout << "\n" ;
}
```

```
vecteur initial : 0 0 0 0 0 0 0 0 0 0
vecteur genere  : 0 1 2 3 4 5 6 7 8 9
```

Génération de valeurs par une fonction ordinaire

On constate qu'il est difficile d'imposer une valeur initiale à la suite de nombres, autrement qu'en la fixant dans la fonction elle-même ; en particulier, il n'est pas possible de la choisir en argument. C'est là précisément que la notion de classe fonction s'avère intéressante comme le montre l'exemple suivant :

```
#include <iostream>
#include <vector>
#include <algorithm>
using namespace std ;

class sequence   /* classe fonction utilisee pour la generation d'entiers */
{ public :
   sequence (int i) { n = i ;}            /* constructeur      */
   int operator() () { return n++ ; }     /* ne pas oublier () */
  private :
   int n ;                            /* valeur courante generee */
} ;

main()
{ int n = 10 ;
  vector<int> v(n, 0) ;  /* vecteur de n elements initialises a 0 */
  void affiche(vector<int>) ;
```

```
  cout << "vecteur initial  : " ; affiche(v) ;
  generate (v.begin(), v.end(), sequence(0)) ;
  cout << "vecteur genere 1 : " ; affiche(v) ;
  generate (v.begin(), v.end(), sequence(4)) ;
  cout << "vecteur genere 2 : " ; affiche(v) ;
}

void affiche (vector<int> v)
{ unsigned int i ;
  for (i=0 ; i<v.size() ; i++)
    cout << v[i] << " " ;
  cout << "\n" ;
}
```

```
vecteur initial  : 0 0 0 0 0 0 0 0 0 0
vecteur genere 1 : 0 1 2 3 4 5 6 7 8 9
vecteur genere 2 : 4 5 6 7 8 9 10 11 12 13
```

Génération de valeurs par une classe fonction

Remarques

1 Si l'on compare les deux appels suivants, l'un du premier exemple, l'autre du second :

```
generate (v.begin(), v.end(), suite) ;
generate (v.begin(), v.end(), sequence(0)) ;
```

on constate que, dans le premier cas, *suite* est la référence à une fonction, tandis que dans le second, *sequence(0)* est la référence à un objet de type *sequence*. Mais, comme ce dernier a convenablement surdéfini l'opérateur (), l'algorithme *generate* n'a pas à tenir compte de cette différence.

2 Il existe un autre algorithme, *generate_n*, comparable à *generate*, qui génère un nombre de valeurs prévues en argument. D'autre part, l'algorithme *fill* permet d'affecter une valeur donnée à tous les éléments d'une séquence ou à un nombre donné d'éléments :

fill (début, fin, valeur)

fill (position, NbFois, valeur)

3 Algorithmes de recherche

Ces algorithmes ne modifient pas la séquence sur laquelle ils travaillent. On distingue :

- les algorithmes fondés sur une égalité ou sur un prédicat unaire ;
- les algorithmes fondés sur une relation d'ordre permettant de trouver le plus grand ou le plus petit élément.

3.1 Algorithmes fondés sur une égalité ou un prédicat unaire

Ces algorithmes permettent de rechercher la première occurrence de valeurs ou de séries de valeurs qui sont imposées:

- soit explicitement ; cela signifie en fait qu'on se fonde sur la relation d'égalité induite par l'opérateur ==, qu'il soit surdéfini ou non ;
- soit par une condition fournie sous forme d'un prédicat unaire.

Ils fournissent tous un itérateur sur l'élément recherché, s'il existe, et l'itérateur sur la fin de la séquence, sinon ; dans ce dernier cas, cette valeur n'est égale à *end()* que si la séquence concernée appartient à un conteneur et s'étend jusqu'à sa fin. Sinon, on peut obtenir un itérateur valide sur un élément n'ayant rien à voir avec la recherche en question. Dans le cas où les itérateurs utilisés sont des pointeurs, on peut obtenir un pointeur sur une valeur située au-delà de la séquence examinée. Il faudra tenir compte de ces remarques dans le test de la valeur de retour, qui constitue le seul moyen de savoir si la recherche a abouti.

L'algorithme *find* permet de rechercher une valeur donnée, tandis que *find_first_of* permet de rechercher une valeur parmi plusieurs. L'algorithme *find_if (début, fin, prédicat)* autorise la recherche de la première valeur satisfaisant au prédicat unaire fourni en argument.

On peut rechercher, dans une séquence [*début_1*, *fin_1*), la première apparition complète d'une autre séquence [*début_2*, *fin_2*) par *search (début_1, fin_1, début_2, fin_2)*. De même, *search_n (début, fin, NbFois, valeur)* permet de rechercher une suite de *NbFois* une même *valeur*. Là encore, on se base sur l'opérateur ==, surdéfini ou non.

On peut rechercher les « doublons », c'est-à-dire les valeurs apparaissant deux fois de suite, par *adjacent_find (début, fin)*. Attention, ce n'est pas un cas particulier de *search_n*, dans la mesure où l'on n'impose pas la valeur dupliquée. Pour chercher les autres doublons, on peut soit supprimer l'une des valeurs trouvées, soit simplement recommencer la recherche, au-delà de l'emplacement où se trouve le doublon précédent.

Voici un exemple de programme illustrant la plupart de ces possibilités (par souci de simplification, nous supposons que les valeurs recherchées existent toujours) :

```
#include <iostream>
#include <vector>
#include <algorithm>
using namespace std ;
main()
{ char *ch1 = "anticonstitutionnellement" ;
  char *ch2 = "uoie" ; char *ch3 = "tion" ;
  vector<char> v1 (ch1, ch1+strlen(ch1)) ;
  vector<char> v2 (ch2, ch2+strlen(ch2)) ;
  vector<char>::iterator iv ;
  iv = find_first_of (v1.begin(), v1.end(), v2.begin(), v2.end()) ;
  cout << "\npremier de uoie en : " ; for ( ; iv!=v1.end() ; iv++) cout << *iv ;
  iv = find_first_of (v1.begin(), v1.end(), v2.begin(), v2.begin()+2) ;
  cout << "\npremier de uo en   : " ; for ( ; iv!=v1.end() ; iv++) cout << *iv ;
```

```
  v2.assign (ch3, ch3+strlen(ch3)) ;
  iv = search (v1.begin(), v1.end(), v2.begin(), v2.end()) ;
  cout << "\ntion en            : " ; for ( ; iv!=v1.end() ; iv++) cout << *iv ;
  iv = search_n(v1.begin(), v1.end(), 2, 'l' ) ;
  cout << "\n'l' 2 fois en      : " ; for ( ; iv!=v1.end() ; iv++) cout << *iv ;
  iv = adjacent_find(v1.begin(), v1.end()) ;
  cout << "\npremier doublon en : " ; for ( ; iv!=v1.end() ; iv++) cout << *iv ;
}
```

```
premier de uoie en : iconstitutionnellement
premier de uo en   : onstitutionnellement
tion en            : tionnellement
'l' 2 fois en      : llement
premier doublon en : nnellement
```

Exemple d'utilisation des algorithmes de recherche

3.2 Algorithmes de recherche de maximum ou de minimum

Les deux algorithmes *max_element* et *min_element* permettent de déterminer le plus grand ou le plus petit élément d'une séquence. Ils s'appuient par défaut sur la relation induite par l'opérateur <, mais il est également possible d'imposer sa propre relation, sous forme d'un prédicat binaire. Comme les algorithmes précédents, ils fournissent en retour soit un itérateur sur l'élément correspondant ou sur le premier d'entre eux s'il en existe plusieurs, soit un itérateur sur la fin de la séquence, s'il n'en existe aucun. Mais cette dernière situation ne peut se produire ici qu'avec une séquence vide ou lorsqu'on choisit son propre prédicat, de sorte que l'examen de la valeur de retour est alors moins crucial.

Voici un exemple dans lequel nous appliquons ces algorithmes à un tableau usuel (par souci de simplification, nous supposons que les valeurs recherchées existent toujours) :

```
#include <iostream>
#include <algorithm>
#include <functional>      // pour greater<int>
using namespace std ;
main()
{ int t[] = {5, 4, 1, 8, 3, 9, 2, 9, 1, 8} ;
  int * ad ;
  ad = max_element(t, t+sizeof(t)/sizeof(t[0])) ;
  cout << "plus grand elem de t en position " << ad-t
       << " valeur " << *ad << "\n" ;
  ad = min_element(t, t+sizeof(t)/sizeof(t[0])) ;
  cout << "plus petit elem de t en position " << ad-t
       << " valeur " << *ad << "\n" ;
  ad = max_element(t, t+sizeof(t)/sizeof(t[0]), greater<int>()) ;
  cout << "plus grand elem avec greater<int> en position " << ad-t
       << " valeur " << *ad << "\n" ;
}
```

```
plus grand elem de t en position 5 valeur 9
plus petit elem de t en position 2 valeur 1
plus grand elem avec greater<int> en position 2 valeur 1
```

Exemple d'utilisation de max_element *et de* min_element

4 Algorithmes de transformation d'une séquence

Il s'agit des algorithmes qui modifient les valeurs d'une séquence ou leur ordre, sans en modifier le nombre d'éléments. Ils ne sont pas applicables aux conteneurs associatifs, pour lesquels l'ordre est imposé de façon intrinsèque.

On peut distinguer trois catégories d'algorithmes :

- remplacement de valeurs ;
- permutation de valeurs ;
- partition.

Beaucoup de ces algorithmes disposent d'une version suffixée par *_copy* ; dans ce cas, la version *xxxx_copy* réalise le même traitement que *xxxx*, avec cette différence importante qu'elle ne modifie plus la séquence d'origine et qu'elle copie le résultat obtenu dans une autre séquence dont les éléments doivent alors exister, comme avec *copy*. Ces algorithmes de la forme *xxxx_copy* peuvent, quant à eux, s'appliquer à des conteneurs associatifs, à condition toutefois, d'utiliser un itérateur d'insertion et de tenir compte de la nature de type *pair* de leurs éléments.

Par ailleurs, il existe un algorithme nommé *transform* qui, contrairement à ce que son nom pourrait laisser entendre, initialise une séquence en appliquant une fonction de transformation à une séquence ou à deux séquences de même taille, ces dernières n'étant alors pas modifiées.

4.1 Remplacement de valeurs

On peut remplacer toutes les occurrences d'une valeur donnée par une autre valeur, en se fondant sur l'opérateur == ; par exemple :

```
replace (l.begin(), l.end(), 0, -1) ;  /* remplace toutes les occurrences */
                                       /*  de 0 par -1                    */
```

On peut également remplacer toutes les occurrences d'une valeur satisfaisant à une condition ; par exemple :

```
replace_if (l.begin(), l.end(), impair, 0) ; /* remplace par 0 toutes les */
                                           /* valeurs satisfaisant au prédicat  */
                                           /* unaire impair qu'il faut fournir  */
```

4.2 Permutations de valeurs

4.2.1 Rotation

L'algorithme *rotate* permet d'effectuer une permutation circulaire des valeurs d'une séquence. On notera qu'on ne dispose que des possibilités de permutation circulaire inverse, compte tenu de la manière dont on précise l'ampleur de la permutation, à savoir, non pas par un nombre, mais en indiquant quel élément doit venir en première position. En voici un exemple :

```
#include <iostream>
#include <vector>
#include <algorithm>
using namespace std ;
main()
{ void affiche (vector<int>) ;
  int t[] = {1, 2, 3, 4, 5, 6, 7, 8} ;
  int decal = 3 ;
  vector<int> v(t, t+8) ;
  cout << "vecteur initial      : " ; affiche(v) ;
  rotate (v.begin(), v.begin()+decal, v.end()) ;
  cout << "vecteur decale de 3 : " ; affiche(v) ;
}
void affiche (vector<int> v)
{ unsigned int i ;
  for (i=0 ; i<v.size() ; i++)
    cout << v[i] << " " ;
  cout << "\n" ;
}
```

```
vecteur initial     : 1 2 3 4 5 6 7 8
vecteur decale de 3 : 4 5 6 7 8 1 2 3
```

Exemple d'utilisation de rotate

4.2.2 Génération de permutations

Dès lors qu'une séquence est ordonnée par une relation d'ordre *R*, il est possible d'ordonner les différentes permutations possibles des valeurs de cette séquence. Par exemple, si l'on considère les trois valeurs 1, 4, 8 et la relation d'ordre <, voici la liste ordonnée de toutes les permutations possibles :

1 4 8
1 8 4
4 1 8
4 8 1
8 1 4
8 4 1

Dans ces conditions, il est possible de parler de la permutation suivante ou précédente d'une séquence de valeurs données. Dans l'exemple ci-dessus, la permutation précédente de la séquence 4, 1, 8 serait la séquence 1, 8, 4 tandis que la permutation suivante serait 4, 8, 1. Pour éviter tout problème, on considère que la permutation suivant la dernière est la première, et que la permutation précédant la dernière est la première.

Les algorithmes *next_permutation* et *prev_permutation* permettent de remplacer une séquence donnée respectivement par la permutation suivante ou par la permutation précédente. On peut utiliser soit, par défaut, l'opérateur <, soit une relation imposée sous forme d'un prédicat binaire. Actuellement, il n'existe pas de variantes *_copy* de ces algorithmes.

Voici un exemple (la valeur de retour *true* ou *false* des algorithmes permet de savoir si l'on a effectué un bouclage dans la liste des permutations) :

```
#include <iostream>
#include <vector>
#include <algorithm>
using namespace std ;
main()
{ void affiche (vector<int>) ;
  int t[] = {2, 1, 3} ;
  int i ;
  vector<int> v(t, t+3) ;
  cout << "vecteur initial   : " ; affiche(v) ;
  for (i=0 ; i<=10 ; i++)
  { bool res = next_permutation (v.begin(), v.end()) ;
    cout << "permutation " << res << "     : " ; affiche(v) ;
  }
}
void affiche (vector<int> v)
{ unsigned int i ;
  for (i=0 ; i<v.size() ; i++)
    cout << v[i] << " " ;
  cout << "\n" ;
}
```

```
vecteur initial   : 2 1 3
permutation 1     : 2 3 1
permutation 1     : 3 1 2
permutation 1     : 3 2 1
permutation 0     : 1 2 3
permutation 1     : 1 3 2
permutation 1     : 2 1 3
permutation 1     : 2 3 1
permutation 1     : 3 1 2
permutation 1     : 3 2 1
```

```
permutation 0      : 1 2 3
permutation 1      : 1 3 2
```

Exemple d'utilisation de next_permutation *et de* prev_permutation

4.2.3 Permutations aléatoires

L'algorithme *random_shuffle* permet d'effectuer une permutation aléatoire des valeurs d'une séquence. En voici un exemple :

```
#include <iostream>
#include <vector>
#include <algorithm>
using namespace std ;
main()
{ void affiche (vector<int>) ;
  int t[] = {2, 1, 3} ;
  int i ;
  vector<int> v(t, t+3) ;
  cout << "vecteur initial : " ; affiche(v) ;
  for (i=0 ; i<=10 ; i++)
  { random_shuffle (v.begin(), v.end()) ;
    cout << "vecteur hasard  : " ; affiche(v) ;
  }
}
void affiche (vector<int> v)
{ unsigned int i ;
  for (i=0 ; i<v.size() ; i++)
    cout << v[i] << " " ;
  cout << "\n" ;
}
```

```
vecteur initial : 2 1 3
vecteur hasard  : 3 2 1
vecteur hasard  : 2 3 1
vecteur hasard  : 1 2 3
vecteur hasard  : 1 3 2
vecteur hasard  : 3 1 2
vecteur hasard  : 3 2 1
vecteur hasard  : 3 1 2
vecteur hasard  : 3 2 1
vecteur hasard  : 2 3 1
vecteur hasard  : 2 3 1
vecteur hasard  : 2 3 1
```

Exemple d'utilisation de random_shuffle

Remarque

Il existe une version de *random_shuffle* permettant d'imposer son générateur de nombres aléatoires.

4.3 Partitions

On nomme partition d'une séquence suivant un prédicat unaire donné, un réarrangement de cette séquence défini par un itérateur désignant un élément tel que tous les éléments le précédant vérifient ladite condition. Par exemple, avec la séquence :

1 3 4 11 2 7 8

et le prédicat *impair* (supposé vrai pour un nombre impair et faux sinon), voici des partitions possibles (dans tous les cas, l'itérateur désignera le quatrième élément) :

```
1 3 11 7 4 2 8     /* l'itérateur désignera ici le 4 */
1 3 11 7 2 8 4     /* l'itérateur désignera ici le 2 */
3 1 7 11 2 4 8     /* l'itérateur désignera ici le 2 */
```

On dit que la partition obtenue est stable si l'ordre relatif des éléments satisfaisant au prédicat est conservé. Dans notre exemple, seules les deux premières permutations sont stables.

Les algorithmes *partition* et *stable_partition* permettent de déterminer une telle partition à partir d'un prédicat unaire fourni en argument.

5 Algorithmes dits « de suppression »

Ces algorithmes permettent d'éliminer d'une séquence les éléments répondant à un certain critère. Mais, assez curieusement, ils ne suppriment pas les éléments correspondants ; ils se contentent de regrouper en début de séquence les éléments non concernés par la condition d'élimination et de fournir en retour un itérateur sur le premier élément non conservé. En fait, il faut voir qu'aucun algorithme ne peut supprimer des éléments d'une séquence, pour la bonne et simple raison qu'il risque d'être appliqué à une structure autre qu'un conteneur (ne serait-ce qu'un tableau usuel) pour laquelle la notion de suppression n'existe pas[1]. D'autre part, contrairement à toute attente, il n'est pas du tout certain que les valeurs apparaissant en fin de conteneur soient celles qui ont été éliminées du début.

Bien entendu, rien n'empêche d'effectuer, après avoir appelé un tel algorithme, une suppression effective des éléments concernés en utilisant une fonction membre telle que *remove*, dans le cas où l'on a affaire à une séquence d'un conteneur.

1. Un algorithme ne peut pas davantage insérer un élément dans une séquence ; on peut toutefois y parvenir, dans le cas d'un conteneur, en recourant à un itérateur d'insertion.

L'algorithme *remove (début, fin, valeur)* permet d'éliminer tous les éléments ayant la *valeur* indiquée, en se basant sur l'opérateur ==. Il existe une version *remove_if*, qui se fonde sur un prédicat binaire donné. Seul le premier algorithme est stable, c'est-à-dire qu'il conserve l'ordre relatif des valeurs non éliminées.

L'algorithme *unique* permet de ne conserver que la première valeur d'une série de valeurs égales (au sens de ==) ou répondant à un prédicat binaire donné. Il n'impose nullement que la séquence soit ordonnée suivant un certain ordre.

Ces algorithmes disposent d'une version avec *_copy* qui ne modifie pas la séquence d'origine, et qui range dans une autre séquence les seules valeurs non éliminées. Utilisés conjointement avec un itérateur d'insertion, ils peuvent permettre de créer une nouvelle séquence.

Voici un exemple de programme montrant les principales possibilités évoquées, y compris des insertions dans une séquence avec *remove_copy_if* (dont on remarque clairement d'ailleurs qu'il n'est pas stable) :

```
#include <iostream>
#include <list>
#include <algorithm>
using namespace std ;
main()
{ void affiche(list<int>) ;
  bool valeur_paire (int) ;
  int t[] = { 4, 3, 5, 4, 4, 4, 9, 4, 6, 6, 3, 3, 2 } ;
  list<int> l (t, t+sizeof(t)/sizeof(int)) ;
  list<int> l_bis=l ;
  list<int> l2 ;      /* liste vide */
  list<int>::iterator il ;
  cout << "liste initiale                    : " ; affiche(l) ;

  il = remove(l.begin(), l.end(), 4) ;  /* different de l.remove(4) */
  cout << "liste apres remove(4)             : " ; affiche(l) ;
  cout << "element places en fin             : " ;
  for (; il!=l.end() ; il++) cout << *il << " " ; cout << "\n" ;

  l = l_bis ;
  il = unique (l.begin(), l.end()) ;
  cout << "liste apres unique                : " ; affiche(l) ;
  cout << "elements places en fin            : " ;
  for (; il!=l.end() ; il++) cout << *il << " " ; cout << "\n" ;

  l = l_bis ;
  il = remove_if(l.begin(), l.end(), valeur_paire) ;
  cout << "liste apres remove pairs          : " ; affiche(l) ;
  cout << "elements places en fin            : " ;
  for (; il!=l.end() ; il++) cout << *il << " " ; cout << "\n" ;
```

```
  /* elimination de valeurs par copie dans liste vide l2 */
  /* par iterateur d'insertion */
  l = l_bis ;
  remove_copy_if(l.begin(), l.end(), front_inserter(l2), valeur_paire) ;
  cout << "liste avec remove_copy_if paires : " ; affiche(l2) ;
}

void affiche(list<int> l)
{ list<int>::iterator il ;
  for (il=l.begin() ; il!=l.end() ; il++) cout << (*il) << " " ;
  cout << "\n" ;
}
bool valeur_paire (int n)
{ return !(n%2) ;
}
```

```
liste initiale                 : 4 3 5 4 4 4 9 4 6 6 3 3 2
liste apres remove(4)          : 3 5 9 6 6 3 3 2 6 6 3 3 2
element places en fin          : 6 6 3 3 2
liste apres unique             : 4 3 5 4 9 4 6 3 2 6 3 3 2
elements places en fin         : 6 3 3 2
liste apres remove pairs       : 3 5 9 3 3 4 9 4 6 6 3 3 2
elements places en fin         : 4 9 4 6 6 3 3 2
liste avec remove_copy_if paires : 3 3 9 5 3
```

Exemple d'utilisation des algorithmes de suppression

6 Algorithmes de tri

Ces algorithmes s'appliquent à des séquences ordonnables, c'est-à-dire pour lesquelles il a été défini une relation d'ordre faible strict, soit par l'opérateur <, soit par un prédicat binaire donné. Ils ne peuvent pas s'appliquer à un conteneur associatif, compte tenu du conflit qui apparaîtrait alors entre leur ordre interne et celui qu'on voudrait leur imposer. Pour d'évidentes questions d'efficacité, la plupart de ces algorithmes nécessitent des itérateurs à accès direct, de sorte qu'ils ne sont pas applicables à des listes (mais le conteneur *list* dispose de sa fonction membre *sort*).

On peut réaliser des tris complets d'une séquence. Dans ce cas, on peut choisir entre un algorithme stable *stable_sort* ou un algorithme non stable, plus rapide. On peut effectuer également, avec *partial_sort*, des tris partiels, c'est-à-dire qui se contentent de n'ordonner qu'un certain nombre d'éléments. Dans ce cas, l'appel se présente sous la forme *partial_sort (début, milieu, fin)* et l'amplitude du tri est définie par l'itérateur *milieu* désignant le premier élément non trié. Enfin, avec *nth_element*, il est possible de déterminer seulement le n-ième élément, c'est-à-dire de placer dans cette position l'élément qui s'y trouverait si l'on avait trié toute la séquence ; là encore, l'appel se présente sous la forme *nth_element (début, milieu, fin)* et *milieu* désigne l'élément en question.

Voici un exemple montrant l'utilisation des principaux algorithmes de tri :

```
#include <iostream>
#include <vector>
#include <algorithm>
using namespace std ;
main()
{ void affiche (vector<int>) ;
  bool comp (int, int) ;
  int t[] = {2, 1, 3, 9, 2, 7, 5, 8} ;
  vector<int> v(t, t+8), v_bis=v ;
  cout << "vecteur initial        : " ; affiche(v) ;
  sort (v.begin(), v.end()) ;
  cout << "apres sort             : " ; affiche(v) ;
  v = v_bis ;
  partial_sort (v.begin(), v.begin()+5, v.end()) ;
  cout << "apres partial_sort (5) : " ; affiche(v) ;
  v = v_bis ;
  nth_element (v.begin(), v.begin()+ 5, v.end()) ;
  cout << "apres nth_element 6    : " ; affiche(v) ;
  nth_element (v.begin(), v.begin()+ 2, v.end()) ;
  cout << "apres nth_element 3    : " ; affiche(v) ;
}
void affiche (vector<int> v)
{ unsigned int i ;
  for (i=0 ; i<v.size() ; i++)
    cout << v[i] << " " ;
  cout << "\n" ;
}
```

```
vecteur initial        : 2 1 3 9 2 7 5 8
apres sort             : 1 2 2 3 5 7 8 9
apres partial_sort (5) : 1 2 2 3 5 9 7 8
apres nth_element 6    : 2 1 3 5 2 7 8 9
apres nth_element 3    : 2 1 2 3 5 7 8 9
```

Exemple d'utilisation des algorithmes de tri

7 Algorithmes de recherche et de fusion sur des séquences ordonnées

Ces algorithmes s'appliquent à des séquences supposées ordonnées par une relation d'ordre faible strict.

7.1 Algorithmes de recherche binaire

Les algorithmes de recherche présentés dans le paragraphe 3 s'appliquaient à des séquences non nécessairement ordonnées. Les algorithmes présentés ici supposent que la séquence concernée soit convenablement ordonnée suivant la relation d'ordre faible strict qui sera utilisée, qu'il s'agisse par défaut de l'opérateur <, ou d'un prédicat fourni explicitement. C'est ce qui leur permet d'utiliser des méthodes de recherche dichotomique (ou binaire) plus performantes que de simples recherches séquentielles.

Comme on peut s'y attendre, ces algorithmes ne modifient pas la séquence concernée et ils peuvent donc, en théorie, s'appliquer à des conteneurs de type *set* ou *multiset*. En revanche, leur application à des types *map* et *multimap* n'est guère envisageable puisque, en général, ce ne sont pas leurs éléments qui sont ordonnés, mais seulement les clés... Quoi qu'il en soit, les conteneurs associatifs disposent déjà de fonctions membres équivalant aux algorithmes examinés ici, excepté pour *binary_search*.

L'algorithme *binary_search* permet de savoir s'il existe dans la séquence une valeur équivalente (au sens de l'équivalence induite par la relation d'ordre concernée). Par ailleurs, on peut localiser l'emplacement possible pour une valeur donnée, compte tenu d'un certain ordre : *lower_bound* fournit la première position possible, tandis que *upper_bound* fournit la dernière position possible ; *equal_range* fournit les deux informations précédentes sous forme d'une paire.

7.2 Algorithmes de fusion

La fusion de deux séquences ordonnées consiste à les réunir en une troisième séquence ordonnée suivant le même ordre. Là encore, ils peuvent s'appliquer à des conteneurs de type *set* ou *multiset* ; en revanche, leur application à des conteneurs de type *map* ou *multimap* n'est guère réaliste, compte tenu de ce que ces derniers sont ordonnés uniquement suivant les clés. Il existe deux algorithmes :

- *merge* qui permet la création d'une troisième séquence par fusion de deux autres ;
- *inplace_merge* qui permet la fusion de deux séquences consécutives en une seule qui vient prendre la place des deux séquences originales.

Voici un exemple d'utilisation de ces algorithmes :

```
#include <iostream>
#include <vector>
#include <algorithm>
using namespace std ;
main()
{ void affiche (vector<int>) ;
  int t1[8] = {2, 1, 3, 12, 2, 18, 5, 8} ;
  int t2[5] = {5, 4, 15, 9, 11} ;
  vector<int> v1(t1, t1+8), v2(t2, t2+6), v ;
  cout << "vecteur 1 initial          : " ; affiche(v1) ;
```

```
    sort (v1.begin(), v1.end()) ;
    cout << "vecteur 1 trie            : " ; affiche(v1) ;

    cout << "vecteur 2 initial         : " ; affiche(v2) ;
    sort (v2.begin(), v2.end()) ;
    cout << "vecteur 2 trie            : " ; affiche(v2) ;

    merge (v1.begin(), v1.end(), v2.begin(), v2.end(), back_inserter(v)) ;
    cout << "fusion des deux           : " ; affiche(v) ;

    random_shuffle (v.begin(), v.end()) ;  /* v n'est plus ordonne */
    cout << "vecteur v desordonne      : " ; affiche(v) ;
    sort (v.begin(), v.begin()+6) ;        /* tri des premiers elements de v */
    sort (v.begin()+6, v.end()) ;          /* tri des derniers elements de v */
    cout << "vecteur v trie par parties : " ; affiche(v) ;
    inplace_merge (v.begin(), v.begin()+6, v.end()) ; /* fusion interne */
    cout << "vecteur v apres fusion    : " ; affiche(v) ;
  }
  void affiche (vector<int> v)
  { unsigned int i ;
    for (i=0 ; i<v.size() ; i++)
      cout << v[i] << " " ;
    cout << "\n" ;
  }
```

```
vecteur 1 initial          : 2 1 3 12 2 18 5 8
vecteur 1 trie             : 1 2 2 3 5 8 12 18
vecteur 2 initial          : 5 4 15 9 11 2
vecteur 2 trie             : 2 4 5 9 11 15
fusion des deux            : 1 2 2 2 3 4 5 5 8 9 11 12 15 18
vecteur v desordonne       : 5 12 9 2 2 15 2 5 1 18 3 8 11 4
vecteur v trie par parties : 2 2 5 9 12 15 1 2 3 4 5 8 11 18
vecteur v apres fusion     : 1 2 2 2 3 4 5 5 8 9 11 12 15 18
```

Exemple d'utilisation des algorithmes de fusion

8 Algorithmes à caractère numérique

Nous avons classé dans cette rubrique les algorithmes qui effectuent, sur les éléments d'une séquence, des opérations numériques fondées sur les opérateurs +, - ou *. Plutôt destinés, *a priori*, à des éléments d'un type effectivement numérique, ils peuvent néanmoins s'appliquer à des éléments de type classe pour peu que cette dernière ait convenablement surdéfini les opérateurs voulus ou qu'elle fournisse une fonction binaire appropriée.

Comme on peut s'y attendre, l'algorithme *accumulate* fait la somme des éléments d'une séquence, tandis que *inner_product* effectue le produit scalaire de deux séquences de même taille. On prendra garde au fait que ces deux algorithmes ajoutent le résultat à une valeur initiale fournie en argument (en général, on choisit 0).

L'algorithme *partial_sum* crée, à partir d'une séquence, une nouvelle séquence de même taille formée des cumuls partiels des valeurs de la première : le premier élément est inchangé, le second est la somme du premier et du second, etc. Enfin, l'algorithme *adjacent_difference* crée, à partir d'une séquence, une séquence de même taille formée des différences de deux éléments consécutifs (le premier élément restant inchangé).

Voici un exemple d'utilisation de ces différents algorithmes :

```
#include <iostream>
#include <numeric>    // pour les algorithmes numeriques
using namespace std ;
main()
{ void affiche (int *) ;
  int v1[5] = { 1, 3, -1, 4,  1} ;
  int v2[5] = { 2, 5,  1, -3, 2} ;
  int v3[5] ;
  cout << "vecteur v1                    : " ; affiche(v1) ;
  cout << "vecteur v2                    : " ; affiche(v2) ;
  cout << "somme des elements de v1      : "
       << accumulate (v1, v1+3, 0) << "\n"  ;         /* ne pas oublier 0 */
  cout << "produit scalaire v1.v2        : "
       << inner_product (v1, v1+3, v2, 0) << "\n"  ;  /* ne pas oublier 0 */
  partial_sum (v1, v1+5, v3) ;
  cout << "sommes partielles de v     1  : " ; affiche(v3) ;
  adjacent_difference (v1, v1+5, v3) ;
  cout << "differences ajdacentes de v1  : " ; affiche(v3) ;
}
void affiche (int * v)
{ int i ; for (i=0 ; i<5 ; i++) cout << v[i] << " " ; cout << "\n" ;
}
```

```
vecteur v1                    : 1 3 -1 4 1
vecteur v2                    : 2 5 1 -3 2
somme des elements de v1      : 3
produit scalaire v1.v2        : 16
sommes partielles de v     1  : 1 4 3 7 8
differences ajdacentes de v1  : 1 2 -4 5 -3
```

Exemple d'utilisation d'algorithmes numériques

9 Algorithmes à caractère ensembliste

Comme on a pu le constater dans le chapitre précédent, les conteneurs *set* et *multiset* ne disposent d'aucune fonction membre permettant de réaliser les opérations ensemblistes classiques. En revanche, il existe des algorithmes généraux qui, quant à eux, peuvent en théorie s'appliquer à des séquences quelconques ; il faut cependant qu'elles soient convenablement ordonnées, ce qui constitue une première différence par rapport aux notions mathématiques usuelles, dont l'ordre est manifestement absent. De plus, ces notions ensemblistes ont dû être quelque peu aménagées, de manière à accepter la présence de plusieurs éléments de même valeur.

L'égalité entre deux éléments se fonde sur l'opérateur == ou, éventuellement, sur un prédicat binaire fourni explicitement. Pour que les algorithmes fonctionnent convenablement, il est alors nécessaire que cette relation d'égalité soit compatible avec la relation ayant servi à ordonner les séquences correspondantes ; plus précisément, il est nécessaire que les classes d'équivalence induite par la relation d'ordre faible strict coïncident avec celles qui sont induites par l'égalité.

Par ailleurs, les algorithmes créant une nouvelle séquence le font, comme toujours, dans des éléments existants, ce qui pose manifestement un problème avec des conteneurs de type *set* ou *multiset* qui n'autorisent pas la modification des valeurs de leurs éléments mais seulement les suppressions ou les insertions. Dans ce cas, il faudra donc recourir à un itérateur d'insertion pour la séquence à créer. De plus, comme ni *set* ni *multiset* ne disposent d'insertion en début ou en fin, cet itérateur d'insertion ne pourra être que *inserter*.

Voici un exemple correspondant à l'usage le plus courant des algorithmes, à savoir leur application à des conteneurs de type *set*.

```
#include <iostream>
#include <set>
#include <algorithm>
using namespace std ;
main()
{ char t1[] = "je me figure ce zouave qui joue du xylophone" ;
  char t2[] = "en buvant du whisky" ;
  void affiche (set<char> ) ;
  set<char> e1(t1, t1+sizeof(t1)-1) ;
  set<char> e2(t2, t2+sizeof(t2)-1) ;
  set<char> u, i, d, ds ;
  cout << "ensemble 1     : " ; affiche (e1) ;
  cout << "ensemble 2     : " ; affiche (e2) ;
  set_union (e1.begin(), e1.end(), e2.begin(), e2.end(),
             inserter(u, u.begin())) ;
  cout << "union des deux : " ; affiche (u) ;
  set_intersection (e1.begin(), e1.end(), e2.begin(), e2.end(),
                    inserter(i, i.begin())) ;
  cout << "intersecton des deux          : " ; affiche (i) ;
  set_difference (e1.begin(), e1.end(), e2.begin(), e2.end(),
                  inserter(d, d.begin())) ;
  cout << "difference des deux           : " ; affiche (d) ;
  set_symmetric_difference (e1.begin(), e1.end(), e2.begin(), e2.end(),
                            inserter(ds, ds.begin())) ;
  cout << "difference_symetrique des deux : " ; affiche (ds) ;
}
```

```
void affiche (set<char> e )
{ set<char>::iterator ie ;
  for (ie=e.begin() ; ie!=e.end() ; ie++)  cout << *ie << " " ;  cout << "\n" ;
}
```

```
ensemble 1     :  a c d e f g h i j l m n o p q r u v x y z
ensemble 2     :  a b d e h i k n s t u v w y
union des deux :  a b c d e f g h i j k l m n o p q r s t u v w x y z
intersecton des deux          :  a d e h i n u v y
difference des deux           : c f g j l m o p q r x z
difference_symetrique des deux : b c f g j k l m o p q r s t w x z
```

Exemple d'utilisation d'algorithmes à caractère ensembliste avec un conteneur de type set

10 Algorithmes de manipulation de tas

La bibliothèque standard comporte quelques algorithmes fondés sur la notion de tas (*heap* en anglais). Il s'agit en fait d'algorithmes d'assez bas niveau, éventuellement utilisables pour l'implémentation d'autres algorithmes de plus haut niveau mais qui restent néanmoins utilisables tels quels. Ils s'appliquent à des séquences munies d'une relation d'ordre faible strict et d'un itérateur à accès direct.

Un tas est une organisation particulière[1] (unique) d'une séquence qui permet d'obtenir de bonnes performances pour le tri, l'ajout ou la suppression d'une valeur. Une des propriétés d'un tas est que sa première valeur est supérieure à toutes les autres.

Un algorithme *make_heap* permet de réarranger convenablement une séquence sous forme d'un tas. L'algorithme *sort_heap* permet de trier un tas (le résultat n'est alors plus un tas).

L'algorithme *pop_heap* permet de retirer la première valeur d'un tas ; celle-ci est placée en fin de séquence ; la séquence entière n'est alors plus un tas ; seule la séquence privée de sa (nouvelle) dernière valeur en est un.

Enfin, l'algorithme *push_heap* permet d'ajouter une valeur à un tas. Cette valeur doit apparaître juste après la dernière valeur du tas.

Voici quelques exemples de programmes complets illustrant ces différentes possibilités :

```
#include <iostream>
#include <algorithm>
using namespace std ;
```

1. La notion de tas est fondée sur celle d'arbre binaire plein. On peut établir une correspondance biunivoque entre un tel arbre et un tableau (donc une séquence munie d'un itérateur à accès direct) convenablement arrangé.

```
main()
{ int t[] = { 5, 1, 8, 0, 9, 4, 6, 3, 4 } ;
  void affiche (int []) ;
  cout << "sequence t initiale     : " ; affiche (t) ;
  make_heap (t, t+9) ;  // t est maintenant ordonne en tas
  cout << "tas t initial           : " ; affiche(t) ;
  sort (t, t+9) ;       // t est trie mais n'est plus un tas
  cout << "sequence t triee        : " ; affiche(t) ;
  sort (t, t+9) ;       // resultat incoherent car t n'est plus un tas
  cout << "sequence t triee 2 fois : " ; affiche(t) ;
  make_heap (t, t+9) ;  // t est a nouveau ordonne en tas
  cout << "tas t nouveau           : " ; affiche(t) ;
}
void affiche (int t[])    // voir remarque paragraphe 2.4 du chapitre 25
{ int i ;
  for (i=0 ; i<9 ; i++) cout << t[i] << " " ;
  cout << "\n" ;
}
```

```
sequence t initiale     : 5 1 8 0 9 4 6 3 4
tas t initial           : 9 5 8 4 1 4 6 3 0
sequence t triee        : 0 1 3 4 4 5 6 8 9
sequence t triee 2 fois : 0 1 3 4 4 5 6 8 9
tas t nouveau           : 9 8 6 4 4 5 3 1 0
```

Tri par tas d'une séquence

```
#include <iostream>
#include <algorithm>
using namespace std ;
main()
{ int t[] = { 5, 1, 7, 0, 6, 4, 6, 8 , 9 } ;
  void affiche (int *, int) ;
  cout << "sequence t complete     : " ; affiche (t, 9) ;
  make_heap (t, t+7) ;  // 7 premiers elements de t ordonnes en tas
  cout << "tas t (1-7) initial     : " ; affiche (t, 7) ;
  push_heap (t, t+8) ;  // ajoute t[7] au tas precedent
  cout << "tas t (1-8) apres push  : " ; affiche (t, 8) ;
  push_heap (t, t+9) ;  // ajoute t[8] au tas precedent
  cout << "tas t (1-9) apres push  : " ; affiche (t, 9) ;
  sort_heap (t, t+9) ;  // trie le tas
  cout << "tas t (1-9) trie        : " ; affiche (t, 9) ;
}
void affiche (int *t, int nel)
{ int i ;
  for (i=0 ; i<nel ; i++) cout << t[i] << " " ;
  cout << "\n" ;
}
```

```
sequence t complete      : 5 1 7 0 6 4 6 8 9
tas t (1-7) initial      : 7 6 6 0 1 4 5
tas t (1-8) apres push   : 8 7 6 6 1 4 5 0
tas t (1-9) apres push   : 9 8 6 7 1 4 5 0 6
tas t (1-9) trie         : 0 1 4 5 6 6 7 8 9
```

Insertion dans un tas

```
#include <iostream>
#include <algorithm>
using namespace std ;
main()
{ int t[] = { 5, 1, 7, 0, 6, 4, 6, 8 , 9 } ;
  void affiche (int *, int) ;
  cout << "sequence t complete     : " ; affiche (t, 9) ;
  make_heap (t, t+9) ;  // 9 elements de t ordonnes en tas
  cout << "tas t (0-8) initial     : " ; affiche (t, 9) ;
  pop_heap  (t, t+9) ;  // enleve t[0] au tas precedent
  cout << "tas t (0-7) apres pop   : " ; affiche (t, 8) ;
  cout << "    valeurs t[8] : " << t[8] << "\n" ;
  pop_heap  (t, t+8) ;  // enleve t[0] du tas precedent
  cout << "tas t (0-8) apres pop   : " ; affiche (t, 7) ;
  cout << "    valeurs t[7-8] : " << t[7] << " " << t[8] << "\n" ;
  sort_heap (t, t+7) ;  // trie le tas t[0-6]
  cout << "tas t1 (0-6) trie       : " ; affiche (t, 7) ;
}
void affiche (int *t, int nel)
{ int i ;
  for (i=0 ; i<nel ; i++) cout << t[i] << " " ;
  cout << "\n" ;
}
```

```
sequence t complete      : 5 1 7 0 6 4 6 8 9
tas t (0-8) initial      : 9 8 7 5 6 4 6 1 0
tas t (0-7) apres pop    : 8 6 7 5 0 4 6 1
    valeurs t[8] : 9
tas t (0-8) apres pop    : 7 6 6 5 0 4 1
    valeurs t[7-8] : 8 9
tas t1 (0-6) trie        : 0 1 4 5 6 6 7
```

Suppression de la première valeur d'un tas

28

La classe string

Nous avons eu l'occasion de voir les inconvénients que présentaient ce que nous avons nommé les « chaînes de syle C » et nous avons déjà expliqué qu'elles ne fournissaient pas un type chaîne à part entière. Ainsi, même une opération aussi banale que l'affectation n'existe pas ; quant aux possibilités de gestion dynamique, on ne peut y accéder qu'en gérant soi-même les choses...

La bibliothèque standard dispose d'un patron de classes permettant de manipuler des chaînes généralisées, c'est-à-dire des suites de valeurs de type quelconque donc, en particulier, de type *char*. Il s'agit du patron *basic_string* paramétré par le type des éléments. Mais il existe une une version spécialisée de ce patron nommée *string* qui est définie comme *basic_string<char>*[1]. Ici, nous nous limiterons à l'examen des propriétés de cette classe qui est de loin la plus utilisée ; la généralisation à *basic_string* ne présente, de toutes façons, aucune difficulté.

La classe *string* propose un cadre très souple de manipulation de chaînes de caractères en offrant les fonctionnalités traditionnelles qu'on peut attendre d'un tel type : gestion dynamique transparente des emplacements correspondants, affectation, concaténation, recherche de sous-chaînes, insertions ou suppression de sous-chaînes... On verra qu'elle possède non seulement beaucoup des fonctionnalités de la classe *vector* (plus précisément *vector<char>* pour *string*), mais également bien d'autres. D'une manière générale, ces fonctionnalités se mettent en œuvre de façon très naturelle, ce qui nous permettra de les présenter assez brièvement. Il faut cependant noter une petite difficulté liée à la présence de certaines possibilités redondantes, les unes faisant appel à des itérateurs usuels, les autres à des valeurs d'indices.

1. Il existe également une version spécialisée pour le type *whcar*, nommée *wstring*.

1 Généralités

Un objet de type *string* contient, à un instant donné, une suite formée d'un nombre quelconque de caractères quelconques. Sa taille peut évoluer dynamiquement au fil de l'exécution du programme. Contrairement aux conventions utilisées pour les chaînes de style C, la notion de caractère de fin de chaîne n'existe plus et ce caractère de code nul peut apparaître au sein de la chaîne, éventuellement à plusieurs reprises. Un tel objet ressemble donc à un conteneur de type *vector<char>* et il possède d'ailleurs un certain nombre de fonctionnalités communes :

- L'accès aux éléments existants peut se faire avec l'opérateur [] ou avec la fonction membre *at* ; comme avec les vecteurs ou les tableaux usuels, le premier caractère correspond à l'indice 0 ; rappelons que *at* génère une exception (*out_of_range*) en cas d'indice incorrect, ce qui n'est pas le cas de *[]*.
- Il possède une taille courante fournie par la fonction membre *size()* ; à noter que la classe *string* définit une autre fonction nommée *length()* jouant le même rôle que *size*.
- Son emplacement est réservé sous forme d'un seul bloc de mémoire (ou, du moins, tout se passe comme si cela était le cas) ; la fonction *capacity* fournit le nombre maximal de caractères qu'on pourra y introduire, sans qu'il soit besoin de procéder à une nouvelle allocation mémoire ; on peut recourir aux fonctions *reserve* et *resize*.
- On dispose des itérateurs à accès direct *iterator* et *reverse_iterator*, ainsi que des valeurs particulières *begin()*, *end()*, *rbegin()*, *rend()*.

2 Construction

La classe *string* dispose de beaucoup de constructeurs ; certains correspondent aux constructeurs d'un vecteur :

```
string ch1 ;           /* construction d'une chaîne vide : ch1.size() == 0  */
string ch2 (10, '*') ;     /* construction d'une chaîne de 10 caractères  */
                           /*     égaux à '*' ; ch2.size() == 10           */
string ch3 (5, '\0') ;     /* construction d'une chaîne de 5 caractères   */
                           /*  de code nul ; ch2.size() == 5               */
```

D'autres permettent d'initialiser une chaîne lors de sa construction, à partir de chaînes usuelles, constantes ou non :

```
string mess1 ("bonjour") ;      /* construction  chaîne de longueur 7 : bonjour */
    // ou string mess1 = "bonjour" ;
char * adr = "salut" ;
string mess2 (adr) ;            /* construction chaîne de 5 caractères : salut   */
    // ou string mess2 = adr ;
```

Bien entendu, on dispose d'un constructeur par recopie usuel :

```
string s1 ;
   .....
string s2(s1)  /* ou string s2 = s1 ;      construction de s2 par recopie de s1 */
               /*  s2.size() == s1.size()     ou    s2.length == s1.length()     */
```

Bien que d'un intérêt limité, on peut également construire une chaîne à partir d'une séquence de caractères, par exemple, si *l* est de type *list<char>* :

```
string chl (l.begin(), l.end()) ;  /* construction d'une chaîne en y recopiant */
                                   /* les caractères de la liste l             */
```

3 Opérations globales

On dispose tout naturellement des opérations globales déjà rencontrées pour les vecteurs, à savoir l'affectation, les fonctions *assign* et *swap*, ainsi que des comparaisons lexicographiques.

Comme on s'y attend, les opérateurs << et >> sont surdéfinis pour le type *string* et >> utilise, par défaut, les mêmes conventions de séparateurs que pour les chaînes de style C, d'où l'impossibilité de lire une chaîne comportant un espace blanc (en particulier un espace ou une fin de ligne).

En revanche, il n'existe pas dans la classe *istream* de méthode jouant pour les objets de type *string* le rôle de *getline* pour les chaînes de style C. Toutefois, il existe une fonction indépendante, nommée également *getline* qui s'utilise ainsi :

```
string ch ;
getline (cin, ch) ;       // lit une suite de caractères terminé par une fin de ligne
                          // et la range dans l'objet ch (fin de ligne non comprise)
getline (cin, ch, 'x') ; // lit une suite de caractères terminée par le caractère 'x'
                          // et la range dans l'objet ch (caractère 'x' non compris)
```

Aucune restriction ne pèse sur le nombre de caractères qui pouront être rangés dans l'objet *ch*. La longueur de la chaîne ainsi constituée pourra être obtenue par *ch.length()* ou *ch.size()*.

À titre d'exemple, voici comment réécrire le programme du paragraphe 2.3 du chapitre 22 qui affichait des lignes de caractères entrées au clavier. Comme vous le constatez, il n'est plus nécessaire de définir une longueur maximale de ligne.

```
#include <iostream>
using namespace std ;

main()
{ string ch ;          // pour lire une ligne
  int lg ;             // longueur courante d'une ligne
  do
  { getline (cin, ch) ;
    lg = ch.length() ;
    cout << "ligne de " << lg << " caracteres :" << ch << ":\n" ;
  }
  while (lg >1) ;
}
```

```
bonjour
ligne de 7 caracteres :bonjour:
9 fois 5 font 45
ligne de 16 caracteres :9 fois 5 font 45:
n'importe quoi <&é"'(-è_çà))=
ligne de 29 caracteres :n'importe quoi <&é"'(-è_çà))=:

ligne de 0 caracteres ::
```

Exemple d'utilisation de la fonction indépendante getline

4 Concaténation

L'opérateur + a été surdéfini de manière à permettre la concaténation :

- de deux objets de type *string* ;
- d'un objet de type *string* avec une chaîne usuelle ou avec un caractère, et ceci dans n'importe quel ordre.

L'opérateur += est défini de façon concomitante.

Voici quelques exemples :

```
string ch1 ("bon") ;      /* ch1.length() == 3 */
string ch2 ("jour") ;     /* ch2.length() == 4 */
string ch3 ;              /* ch3.length() == 0 */
ch3 = ch1 + ch2 ;  /* ch3.length() == 7 ; ch3 contient la chaîne "bonjour"  */
ch3 = ch1 + ' ' ;  /* ch3.length() == 4 */
ch3 += ch2 ;       /* ch3.length() == 8 ; ch3 contient la chaîne "bon jour" */
ch3 += " monsieur" /* ch3 contient la chaîne "bon jour monsieur"          */
```

On notera cependant qu'il n'est pas possible de concaténer deux chaînes usuelles ou une chaîne usuelle et un caractère :

```
char c1, c2 ;
ch3 = ch1 + c1 + ch2 + c2 ; /* correct */
ch3 = ch1 + c1 + c2 ;       /* incorrect ; mais on peut toujours faire : */
                            /*     ch3 = ch1 + c1 ; ch3 += c2 ;          */
```

5 Recherche dans une chaîne

Ces fonctions permettent de retrouver la première ou la dernière occurrence d'une chaîne ou d'un caractère donnés, d'un caractère appartenant à une suite de caractères donnés, d'un caractère n'appartenant pas à une suite de caractères donnés.

Lorsqu'une telle chaîne ou un tel caractère a été localisé, on obtient en retour l'indice correspondant au premier caractère concerné ; si la recherche n'aboutit pas, on obtient une valeur d'indice en dehors des limites permises pour la chaîne, ce qui rend quelque peu difficile l'examen de sa valeur.

5.1 Recherche d'une chaîne ou d'un caractère

La fonction membre *find* permet de rechercher, dans une chaîne donnée, la première occurrence :

- d'une autre chaîne (on parle souvent de sous-chaîne) fournie soit par un objet de type *string*, soit par une chaîne usuelle ;
- d'un caractère donné.

Par défaut, la recherche commence au début de la chaîne, mais on peut la faire débuter à un caractère de rang donné.

Voici quelques exemples :

```
string ch = "anticonstitutionnellement" ;
string mot ("on");
char * ad = "ti" ;
int i ;
i = ch.find ("elle")  ;    /* i == 17              */
i = ch.find ("elles") ;    /* i <0 ou i > ch.size() */
i = ch.find (mot) ;        /* i == 5               */
i = ch.find (ad) ;         /* i == 2               */
i = ch.find ('n') ;        /* i == 1               */
i = ch.find ('n', 5)   /* i == 6  , car ici, la recherche débute à ch[5] */
i = ch.find ('p') ;        /* i <0 ou i > ch.size() */
```

De manière semblable, la fonction *rfind* permet de rechercher la dernière occurrence d'une autre chaîne ou d'un caractère.

```
string ch = "anticonstitutionnellement" ;
string mot ("on");
char * ad = "ti" ;
int i ;
i = ch.rfind ("elle")  ;    /* i == 17 */
i = ch.rfind ("elles") ;    /* i <0 ou i > ch.size() */
i = ch.rfind (mot) ;        /* i == 14 */
i = ch.rfind (ad) ;         /* i == 12 */
i = ch.rfind ('n') ;        /* i == 23 */
i = ch.rfind ('n', 18) ;    /* i == 16 */
```

5.2 Recherche d'un caractère présent ou absent d'une suite

La fonction *find_first_of* recherche la première occurrence de l'un des caractères d'une autre chaîne (*string* ou usuelle), tandis que *find_last_of* en recherche la dernière occurrence. La fonction *find_first_not_of* recherche la première occurrence d'un caractère n'appartenant pas à une autre chaîne, tandis que *find_last_not_of* en recherche la dernière. Voici quelques exemples :

```
string ch = "anticonstitutionnellement" ;
char * ad = "oie" ;
int i ;
i = ch.find_first_of ("aeiou")  ;          /* i == 0  */
i = ch.find_first_not_of ("aeiou")  ;      /* i == 1  */
i = ch.find_first_of ("aeiou", 6)  ;       /* i == 9  */
i = ch.find_first_not_of ("aeiou", 6)      /* i == 6  */
i = ch.find_first_of (ad) ;                /* i == 3  */
i = ch.find_last_of ("aeiou")  ;           /* i == 22 */
i = ch.find_last_not_of ("aeiou")  ;       /* i == 24 */
i = ch.find_last_of ("aeiou", 6)  ;        /* i == 5  */
i = ch.find_last_not_of ("aeiou", 6)       /* i == 6  */
i = ch.find_last_of (ad) ;                 /* i == 22 */
```

6 Insertions, suppressions et remplacements

Ces possibilités sont relativement classiques, mais elles se recoupent partiellement, dans la mesure où l'on peut :

- d'une part utiliser, non seulement des objets de type *string*, mais aussi des chaînes usuelles (*char* *) ou des caractères ;
- d'autre part définir une sous-chaîne, soit par indice, soit par itérateur, cette dernière possibilité n'étant cependant pas offerte systématiquement.

6.1 Insertions

La fonction *insert* permet d'insérer :

- à une position donnée, définie par un indice :
  - une autre chaîne (objet de type *string*) ou une partie de chaîne définie par un indice de début et une éventuelle longueur ;
  - une chaîne usuelle (type *char* *) ou une partie de chaîne usuelle définie par une longueur ;
  - un certain nombre de fois un caractère donné ;
- à une position donnée définie par un itérateur :
  - une séquence d'éléments de type *char*, définie par un itérateur de début et un itérateur de fin ;
  - une ou plusieurs fois un caractère donné.

Voici quelques exemples :

```
#include <iostream>
#include <string>
#include <list>
using namespace std ;
main()
{ string ch ("0123456") ;
  string voy ("aeiou") ;
  char t[] = {"778899"} ;
          /* insere le caractere a en ch.begin()+1 */
  ch.insert (ch.begin()+1, 'a') ;     cout << ch << "\n" ;
          /* insere le caractere b en position d'indice 4   */
  ch.insert (4, 1, 'b') ;             cout << ch << "\n" ;
          /* insere 3 fois le caractere x en fin de ch  */
  ch.insert (ch.end(), 3, 'x') ;      cout << ch << "\n" ;
          /* insere 3 fois le caractere x en position d'indice 6 */
  ch.insert (6, 3, 'x') ;             cout << ch << "\n" ;
          /* insere la chaine voy en position 0 */
  ch.insert (0, voy) ;                cout << ch << "\n" ;
    /* insere en debut, la chaine voy, a partir de position 1, longueur 3 */
  ch.insert (0, voy, 1, 3) ;          cout << ch << "\n" ;
          /* insertion d'une sequence */
  ch.insert (ch.begin()+2, t, t+6) ; cout << ch << "\n" ;
}
```

```
0a123456
0a12b3456
0a12b3456xxx
0a12b3xxx456xxx
aeiou0a12b3xxx456xxx
eioaeiou0a12b3xxx456xxx
ei778899oaeiou0a12b3xxx456xxx
```

Exemple d'insertions dans une chaîne

6.2 Suppressions

La fonction *erase* permet de supprimer :

- une partie d'une chaîne, définie soit par un itérateur de début et un itérateur de fin, soit par un indice de début et une longueur ;
- un caractère donné défini par un itérateur de début.

Voici quelques exemples :

```
#include <iostream>
#include <string>
#include <list>
```

```
using namespace std ;
main()
{ string ch ("0123456789"), ch_bis=ch ;
        /* supprime, a partir de position d'indice 3, pour une longueur de 2 */
  ch.erase (3, 2) ;                          cout << "A : " << ch << "\n" ;
  ch = ch_bis ;
       /* supprime, de begin()+3 à begin()+6 */
  ch.erase (ch.begin()+3, ch.begin()+6) ;  cout << "B : " << ch << "\n" ;
       /* supprime, a partir de position d'indice 3   */
  ch.erase (3) ;                             cout << "C : " << ch << "\n" ;
  ch = ch_bis ;
       /* supprime le caractere de position begin()+4 */
  ch.erase (ch.begin()+4) ;                  cout << "D : "<< ch << "\n" ;
}
```

```
A : 01256789
B : 0126789
C : 012
D : 012356789
```

Exemples de suppressions dans une chaîne

6.3 Remplacements

La fonction *replace* permet de remplacer une partie d'une chaîne définie, soit par un indice et une longueur, soit par un intervalle d'itérateur, par :

- une autre chaîne (objet de type *string*) ;
- une partie d'une autre chaîne définie par un indice de début et, éventuellement, une longueur ;
- une chaîne usuelle (type *char* *) ou une partie de longueur donnée ;
- un certain nombre de fois un caractère donné.

En outre, on peut remplacer une partie d'une chaîne définie par un intervalle par une autre séquence d'éléments de type *char*, définie par un itérateur de début et un itérateur de fin.

Voici quelques exemples :

```
#include <iostream>
#include <string>
using namespace std ;
main()
{ string ch ("0123456") ;
  string voy ("aeiou") ;
  char t[] = {"+*-/=<>"} ;
  char * message = "hello" ;
     /* remplace, a partir de indice 2, sur longueur 3, par voy */
  ch.replace (2, 3, voy) ;                                  cout << ch << "\n" ;
     /* remplace, a partir de indice 0 sur longueur 1, par voy,  */
     /*  a partir de indice 2, longueur 3                        */
```

```
  ch.replace (0, 1, voy, 1, 2) ;                         cout << ch << "\n" ;
     /* remplace, a partir de indice 1 sur longueur 2, par 8 fois '*' */
  ch.replace (1, 2, 8, '*') ;                            cout << ch << "\n" ;
     /* remplace, a partir de indice 1 sur longueur 2, par 5 fois '#' */
  ch.replace (1, 2, 5, '#') ;                            cout << ch << "\n" ;
     /* remplace, a partir de indice 2, sur longueur 4, par "xxxxxx" */
  ch.replace (2, 4, "xxxxxx" ) ;                         cout << ch << "\n" ;
     /* remplace les 7 derniers caracteres par les 3 premiers de message */
  ch.replace (ch.size()-7, ch.size(), message, 3) ;      cout << ch << "\n" ;
     /* remplace tous les caracteres, sauf le dernier, par (t, t+5) */
  ch.replace (ch.begin(), ch.begin()+ch.size()-1, t, t+5) ; cout << ch << "\n" ;
}
```

```
01aeiou56
ei1aeiou56
e********aeiou56
e#####******aeiou56
e#xxxxxx******aeiou56
e#xxxxxx******hel
+*-/=1
```

Exemples de remplacements dans une chaîne

7 Les possibilités de formatage en mémoire

Au paragraphe 7 du chapitre 22, nous avons vu comment effectuer ce que l'on nomme souvent des « opérations de formatage en mémoire ». Il s'agit tout simplement d'appliquer à une zone mémoire les opérations généralement destinées à des flots. Nous vous avions alors présenté une méthode, basée sur les chaînes de style C et sur les classes *istrstream*, *ostrstream*. Nous vous proposons ici de transposer cette démarche aux vraies chaînes (objets de type *string*), avec tous les avantages que cela comporte, en utilisant, cette fois, des flots de type *istringstream* et *ostringstream*.

7.1 La classe *ostringstream*

Un objet de classe *ostringstream* peut recevoir des caractères, au même titre qu'un flot de sortie. La fonction membre *str* permet d'obtenir une chaîne (objet de type *string*) contenant une copie instantanée de ces caractères :

```
ostringstream sortie ;
  .....
sortie << ... << ... << ... ;  // on envoie des caractères dans sortie
  .....                        // comme on le ferait pour un flot
string ch = sortie.str() ;     // ch contient les caractères ainsi engrangés
   .....                       // dans sortie
sortie << ... << ... ;         // on peut continuer à engranger des
                               // dans sortie, sans affecter ch
```

Voici un petit exemple illustrant ces possibilités :

```
#include <iostream>
#include <sstream>
using namespace std ;
main()
{ ostringstream sortie ;
  int n=12, p=1234 ;
  float x=1.25 ;
  sortie << "n = " << n << " p = " << p ;  // on envoie des caractères dans
                                  // sortie comme on le ferait pour un flot
  string ch1 = sortie.str() ;     // ch1 contient maintenant une copie
                                  // des caractères engrangés dans sortie
  cout << "ch1 premiere fois = " << ch1 << "\n" ;

  sortie << " x = " << x ;  // on peut continuer à engranger des caractères
                            // dans sortie, sans affecter ch1
  cout << "ch1 deuxieme fois = " << ch1 << "\n" ;

  string ch2 = sortie.str() ;     // ch2 contient maintenant une copie
                                  // des caractères engrangés dans sortie
  cout << "ch2               = " << ch2 << "\n" ;
}
```

```
ch1 premiere fois = n = 12 p = 1234
ch1 deuxieme fois = n = 12 p = 1234
ch2               = n = 12 p = 1234 x = 1.25
```

Exemple d'utilisation de la classe ostringstream

7.2 La classe *istringstream*

7.2.1 Présentation

Un objet de classe *istringstream* peut être créé à partir d'un tableau de caractères, d'une chaîne constante ou d'un objet de type *string*. Ainsi, ces trois exemples créent le même objet *ch* :

```
istringstream entree ("123 45.2 salut") ;

string ch = "123 45.2 salut" ;
istringstream entree (ch) ;

char ch[] = {"123 45.2 salut"} ;
istringstream entree (ch) ;
```

On peut alors extraire des caractères du flot *ch* par des instructions usuelles telles que :

```
ch >> ..... >> ..... >> ..... ;
```

Voici un petit exemple illustrant ces possibilités :

```
#include <iostream>
#include <sstream>
using namespace std ;
main()
{ string ch = "123 45.2 salut" ;
  istringstream entree (ch) ;
  int n ;
  float x ;
  string s ;
  entree >> n >> x >> s ;
  cout << "n = " << n << " x = " << x << " s = " << s << "\n" ;
  if (entree >> s) cout << " s = " << s << "\n" ;
            else cout << "fin flot entree\n" ;
}
```

```
n = 123 x = 45.2 s = salut
fin flot entree
```

Exemple d'utilisation de la classe istringstream

7.2.2 Utilisation pour fiabiliser les lectures au clavier

On voit que, d'une manière générale, la démarche qui consiste à lire une ligne en mémoire avant de l'exploiter peut être utilisée pour (revoyez éventuellement paragraphe 2.6 du chapitre 5) :

- régler le problème de désynchronisation entre l'entrée et la sortie ;
- supprimer les risques de blocage et de bouclage en cas de présence d'un caractère invalide dans le flot d'entrée.

Voici un exemple montrant comment résoudre les problèmes engendrés par la frappe d'un « mauvais » caractère dans le cas de la lecture sur l'entrée standard. Il s'agit en fait de l'adaptation du programme présenté au paragraphe 2.6.2 du chapitre 5 et dont nous avions proposé une amélioration au paragraphe 7.2 du chapitre 22 (en utilisant la classe *istrstream*, appelée à disparaître dans le futur).

```
#include <iostream>
#include <sstream>
using namespace std ;
main()
{  int n ;
   bool ok = false ;
   char c ;
   string ligne ;      // pour lire une ligne au clavier
```

```
   do { cout << "donnez un entier et un caractere :\n" ;
        getline (cin, ligne) ;
        istringstream tampon (ligne) ;
        if (tampon >> n >> c) ok = true ;
                         else ok = false ;
     }
   while (! ok) ;
   cout << "merci pour " << n << " et " << c << "\n" ;
}
```

```
donnez un entier et un caractere :
bof
donnez un entier et un caractere :
x 123
donnez un entier et un caractere :
12 bonjour
merci pour 12 et b
```

Pour lire en toute sécurité sur l'entrée standard (1)

Nous y lisons tout d'abord l'information attendue pour toute une ligne, sous forme d'une chaîne de caractères, à l'aide de la fonction *getline* (pour pouvoir lire tous les caractères séparateurs, à l'exception de la fin de ligne). Nous construisons ensuite, avec cette chaîne, un objet de type *istrsingtream* sur lequel nous appliquons nos opérations de lecture (ici lecture formatée d'un entier puis d'un caractère). Comme vous le constatez, aucun problème ne se pose plus lorsque l'utilisateur fournit un caractère invalide.

Voici également une amélioration du programme proposé au paragraphe 2.6.3 du chapitre 5.

```
#include <iostream>
#include <sstream>
using namespace std ;
main()
{  int n ; bool ok = false ;
   string ligne ;       // pour lire une ligne au clavier
   do
   { ok = false ; cout << "donnez un nombre entier : " ;
     while (! ok) do
      { getline (cin, ligne) ;
        istringstream tampon (ligne) ;
        if (tampon >> n) ok = true ;
                 else { ok = false ;
                        cout << "information incorrecte - donnez un nombre entier : " ;
                      }
      }
     while (! ok) ;
     cout << "voici son carre : " << n*n << "\n" ;
   }
   while (n) ;
```

```
}
```

```
donnez un nombre entier : 4
voici son carre : 16
donnez un nombre entier : &
information incorrecte - donnez un nombre entier : 7
voici son carre : 49
donnez un nombre entier : ze 25 8
information incorrecte - donnez un nombre entier : 5
voici son carre : 25
donnez un nombre entier : 0
voici son carre : 0
```

Pour lire en toute sécurité sur l'entrée standard (2)

29

Les outils numériques

La bibliothèque standard offre quelques patrons de classes destinés à faciliter les opérations mathématiques usuelles sur les nombres complexes et sur les vecteurs, de manière à doter C++ de possibilités voisines de celles de Fortran 90 et à favoriser son utilisation sur des calculateurs vectoriels ou parallèles. Il s'agit essentiellement :

- des classes *complex ;*
- des classes *valarray* et des classes associées.

D'autre part, on dispose de classes *bitset* permettant de manipuler efficacement des suites de bits.

On notera bien que les classes décrites dans ce chapitre ne sont pas des conteneurs à part entière, même si elles disposent de certaines de leurs propriétés.

1 La classe *complex*

Le patron de classe *complex* offre de très riches outils de manipulation des nombres complexes. Il peut être paramétré par n'importe quel type flottant, *float*, *double* ou *long double*. Il comporte :

- les opérations arithmétiques usuelles : +, -, *, / ;
- l'affectation (ordinaire ou composée comme +=, -=...) ;
- les fonctions de base :
  - *abs* : module ;

- *arg* : argument ;
- *real* : partie réelle ;
- *imag* : partie imaginaire ;
- *conj* : complexe conjugué.

- les fonctions "transcendantes" :
  - *cos, sin, tan* ;
  - *acos, asin, atan* ;
  - *cosh, sinh, tanh* ;
  - *exp, log.*
- le patron de fonctions *polar* (paramétré par un type) qui permet de construire un nombre complexe à partir de son module et de son argument.

Voici un exemple d'utilisation de la plupart de ces possibilités :

```
#include <iostream>
#include <complex>
using namespace std ;
main()
{ complex<double> z1(1, 2), z2(2, 5), z, zr ;
  cout << "z1 : " << z1 << "  z2 : " << z2 << "\n" ;
  cout << "Re(z1)  : " << real(z1) << "  Im(z1) : " << imag(z1) << "\n" ;
  cout << "abs(z1) : " << abs(z1)  << " arg(z1) : " << arg(z1)  << "\n" ;
  cout << "conj(z1) : " << conj(z1) << "\n" ;
  cout << "z1 + z2 : " << (z1+z2) << "  z1*z2 : " << (z1*z2)
       << "  z1/z2 : " << (z1/z2) << "\n" ;

  complex<double> i(0, 1) ;   // on definit la constante i
  z = 1.0+i ;
  zr = exp(z) ;
  cout << "exp(1+i) : " << zr << "  exp(i) : " << exp(i) << "\n" ;
  zr = log(i) ;
  cout << "log(i) : " << zr << "\n" ;
  zr = log(1.0+i) ;
  cout << "log(1+i) : " << zr << "\n" ;

  double rho, theta, norme ;
  rho = abs(z) ; theta = arg(z) ; norme = norm(z) ;
  cout << "abs(1+i) : " << rho << "  arg(1+i) : " << theta
       << "  norm(1+i) : " << norme << "\n" ;
  double pi = 3.1415926535 ;
  cout << "cos(i) : " << cos(i) << "  sinh(pi*i): " << sinh(pi*i)
       << "  cosh(pi*i) : " << cosh(pi*i) << "\n" ;

  z = polar<double> (1, pi/4) ;
  cout << "polar (1, pi/4) : " << z << "\n" ;
}
```

```
z1 : (1,2)  z2 : (2,5)
Re(z1)  : 1  Im(z1) : 2
abs(z1) : 2.23607 arg(z1) : 1.10715
conj(z1) : (1,-2)
z1 + z2 : (3,7)  z1*z2 : (-8,9)  z1/z2 : (0.413793,-0.0344828)
exp(1+i) : (1.46869,2.28736)  exp(i) : (0.540302,0.841471)
log(i) : (0,1.5708)
log(1+i) : (0.346574,0.785398)
abs(1+i) : 1.41421  arg(1+i) : 0.785398  norm(1+i) : 2
cos(i) : (1.54308,0)  sinh(pi*i): (0,8.97932e-011)  cosh(pi*i) : (-1,0)
polar (1, pi/4) : (0.707107,0.707107)
```

Exemples d'utilisation de nombres complexes

2 La classe *valarray* et les classes associées

La bibliothèque standard dispose d'un patron de classes *valarray* particulièrement bien adapté à la manipulation de vecteurs (au sens mathématique du terme), c'est-à-dire de tableaux numériques. Il offre en particulier des possiblités de calcul vectoriel comparables à celles qu'on trouve dans un langage scientifique tel que Fortran 90. En outre, quelques classes utilitaires permettent de manipuler des sections de vecteurs ; certaines d'entre elles facilitent la manipulation de tableaux à plusieurs dimensions (deux ou plus).

2.1 Constructeurs des classes *valarray*

On peut construire des vecteurs dont les éléments sont d'un type de base *bool*, *char*, *int*, *float*, *double* ou d'un type *complex*[1].

Voici quelques exemples de construction :

```
#include <valarray>
using namespace std ;
   .....
valarray<int> vi1 (10) ;        /* vecteur de 10 int non initialisés2    */
valarray<float> vf (0.1, 20) ; /* vecteur de 20 float initialisés à 0.1 */
int t[] = {1, 3, 5, 7, 9} ;
valarray <int> vi2 (t, 5) ;     /* vecteur de 5 int intialisé avec les   */
                                /* 5 (premières) valeurs de t            */
valarray <complex<float> > vcf (20) ;  /* vecteur de 20 complexes        */
valarray <int> v ;              /* vecteur vide pour l'instant           */
```

1. En fait, on peut utiliser comme paramètre de type du patron *valarray* tout type classe muni d'un constructeur par recopie, d'un destructeur, d'un opérateur d'affectation et doté de tous les opérateurs et de toutes les fonctions applicables à un type numérique.

2. En toute rigueur, si le vecteur *vi1* est de classe statique, ses éléments seront initialisés à 0. Dans le cas de vecteurs dont les éléments sont des objets, ces derniers seront initialisés par appel du constructeur par défaut.

On notera que la classe *valarray* n'est pas un vrai conteneur ; en particulier, il n'est pas possible de construire directement un objet de ce type à partir d'une séquence, sauf si cette séquence est celle décrite par un pointeur usuel (comme dans le cas de *vi2*).

2.2 L'opérateur []

Une fois un vecteur construit, on peut accéder à ses éléments de façon classique en utilisant l'opérateur [], comme dans :

```
valarray <int> vi (5) ; int n, i ;
   .....
v[3] = 1 ;
n = v[i] + 2 ;
```

Aucune protection n'est prévue sur la valeur utilisée comme indice.

2.3 Affectation et changement de taille

L'affectation entre vecteurs dont les éléments sont de même type est possible, même s'ils n'ont pas le même nombre d'éléments. En revanche, l'affectation n'est pas possible si les éléments ne sont pas de même type :

```
valarray <float> vf1 (0.1, 20) ;    /* vecteur de 20 float égaux à 0.1 */
valarray <float> vf2 (0.5, 10) ;    /* vecteur de 10 float égaux à 0.5 */
valarray <float> vf3 ;              /* vecteur vide pour l'instant     */
valarray <int>   vi  (1, 10) ;      /* vecteur de 10 int égaux à 1     */
   .....
vf1 = vf2 ;  /* OK vf1 et vf2 sont deux vecteurs de 10 float égaux à 0.5 */
             /* les anciennes valeurs de vf1 sont perdues                */
vf3 = vf2 ;   /* OK ; vf3 comporte maintenant 10 éléments               */
vf1 = vi ;   /* incorrect : on peut faire :                              */
             /* for (i=0 ; i<vf1.size() ; i++) vf1[i] = vi [i] ;         */
```

La fonction membre *resize* permet de modifier la taille d'un vecteur :

```
vf1.resize(15) ;    /* vf1 comporte maintenant 15 éléments : les 10 */
                    /* premiers ont conservé leur valeur           */
vf3.resize (6) ;    /* vf3 ne comporte plus que 6 éléments (leur   */
                    /* valeur n'a pas changé)                      */
```

2.4 Calcul vectoriel

Les classes *valarray* permettent d'effectuer des opérations usuelles de calcul vectoriel en généralisant le rôle des opérateurs et des fonctions numériques : un opérateur unaire appliqué à un vecteur fournit en résultat le vecteur obtenu en appliquant cet opérateur à chacun de ses éléments ; un opérateur binaire appliqué à deux vecteurs de même taille fournit en résultat le vecteur obtenu en appliquant cet opérateur à chacun des éléments de même rang. Par exemple :

```
valarray<float> v1(5), v2(5), v3(5) ;
   .....
v3 = -v1 ;       /* v3[i] = -v1[i] pour i de 0 à 4 */
v3 = cos(v1) ;  /* v3[i] = cos(v1[i]) pour i de 0 à 4 */
v3 = v1 + v2 ;  /* v3[i] = v2[i] + v1[i] pour i de 0 à 4 */
v3 = v1*v2 + exp(v1) ; /* v3[i] = v1[i]*v2[i] + exp(v1[i]) pour i de 0 à 4 */
```

On peut même appliquer une fonction de son choix à tous les éléments d'un vecteur en utilisant la fonction membre *apply*. Par exemple, si *fct* est une fonction recevant un *float* et renvoyant un *float* :

```
v3 = v1.apply(fct) ;    /* v3[i] =  fct (v1[i]) pour i de 0 à 4 */
```

On trouve également des opérateurs de comparaison (==, !=, <, <=...) qui s'appliquent à deux opérandes (de type *valarray*) de même nombre d'éléments et qui fournissent en résultat un vecteur de booléens :

```
int dim = ... ;
valarray<float> v1(dim), v2(dim) ;
valarray<bool> egal(dim), inf(dim) ;
   .....
egal = (v1 == v2) ;  /* egal[i] = (v1[i] == v2[i]) pour i de 0 à dim-1 */
inf  = (v1 <  v2) ;  /* inf[i]  = (v1[i] <  v2[i]) pour i de 0 à dim-1 */
```

Les fonctions *max* et *min* permettent d'obtenir le plus grand[1] ou le plus petit élément d'un vecteur :

```
int vmax, vmin, t[] = { 3, 9, 12, 4, 7, 6} ;
valarray <int> vi (t, 6) ;
   .....
vmax = max (vi) ;   /* vmax vaut 12 */
vmin = min (vi) ;   /* vmin vaut 3  */
```

La fonction membre *shift* permet d'effectuer des décalages des éléments d'un vecteur. Elle fournit un vecteur de même taille que l'objet l'ayant appelé, dans lequel les éléments ont été décalés d'un nombre de positions indiqué par son unique argument (vers la gauche pour les valeurs positives, vers la droite pour les valeurs négatives). Les valeurs sortantes sont perdues, les valeurs entrantes sont à zéro. Enfin, la fonction membre *cshift* permet d'effecteur des décalages circulaires :

```
int t[] = { 3, 9, 12, 4, 7, 6} ;
valarray <int> vi (t, 6), vig, vid, vic ;
   .....
vig = vi.shift (2) ;   /* vi est inchangé - vig contient : 12 4 7 6 0  0 */
vid = vi.shift (-3) ;  /* vi est inchangé - vid contient :  0 0 0 3 9 12 */
vic = vi.cshift (3) ;  /* vi est inchangé - vic contient :  4 7 6 3 9 12 */
```

1. Lorsque les éléments sont des objets, on utilise *operator* < qui doit alors avoir été surdéfini.

2.5 Sélection de valeurs par masque

On peut sélectionner certaines des valeurs d'un vecteur afin de constituer un vecteur de taille inférieure ou égale. Pour ce faire, on utilise un *masque*, c'est-à-dire un vecteur de type *valarray<bool>* dans lequel chacun des éléments précise si l'on sélectionne (*true*) ou non (*false*) l'élément correspondant. Supposons par exemple que l'on dispose de ces déclarations :

```
valarray <bool> masque(6) ;  /* on suppose que masque contient :   */
                             /* true  true  false true  false true  */
valarray <int> vi(6) ;       /* on suppose que vi contient       :  */
                             /*  5     8     2     7     3     9   */
```

L'expression *vi[masque]* désigne un vecteur formé des seuls éléments de *vi* pour lesquels l'élément correspondant de *masque* a la valeur *true*. Ici, il s'agit donc d'un vecteur de quatre entiers (5, 8, 7, 9). Par exemple :

```
valarray <int> vi1 ;    /* vecteur vide pour l'instant */
  .....
vi1 = vi[masque] ;      /* vi1 est un vecteur de 4 entiers : 5, 8, 7, 9 */
```

Qui plus est, une telle notation reste utilisable comme *lvalue*. En voici deux exemples utilisant les mêmes déclarations que ci-dessus :

```
vi[masque] = -1 ;     /* place la valeur -1 dans les éléments de vi pour  */
   /* lesquels la valeur de l'élément correspondant de masque est true  */
valarray<int> v(12, 4) ; /* vecteur de 4 éléments                       */
vi[masque] = v ;         /* recopie les premiers éléments de v dans les */
                         /* éléments de vi pour lesquels la valeur de   */
                         /* l'élément correspondant de masque est true  */
```

Voici un exemple de programme complet illustrant ces différentes possibilités :

```
#include <iostream>
#include <valarray>
#include <iostream>
#include <iomanip>
#include <valarray>
using namespace std ;
main()
{ int i ;
  int  t[] = {    1,     2,     3,     4,     5,    6} ;
  bool mt[] = { true, true, false, true, false, true} ;
  valarray <int> v1 (t, 6), v2 ;  // v2 vide pour l'instant
  valarray <bool> masque (mt, 6) ;
  v2 = v1[masque] ;
  cout << "v2 : " ;
  for (i=0 ; i<v2.size() ; i++) cout << setw(4) << v2[i] ;
  cout << "\n" ;

  v1[masque] = -1 ;
  cout << "v1 : " ;
  for (i=0 ; i<v1.size() ; i++) cout << setw(4) << v1[i] ;
  cout << "\n" ;
```

```
    valarray <int> v3(8) ;  /* il faut au moins 4 elements dans v3 */
    for (i=0 ; i<v3.size() ; i++) v3[i] = 10*(i+1) ;
    v1[masque] = v3 ;
    cout << "v1 : " ;
    for (i=0 ; i<v1.size() ; i++) cout << setw(4) << v1[i] ;
    cout << "\n" ;
  }
```

```
v2 :    1   2   4   6
v1 :   -1  -1   3  -1   5  -1
v1 :   10  20   3  30   5  40
```

Exemple d'utilisation de masques

2.6 Sections de vecteurs

Il est possible de définir des « sections » de vecteurs ; on nomme ainsi un sous-ensemble des éléments d'un vecteur sur lequel on peut travailler comme s'il s'agissait d'un vecteur. Par exemple, si *v* est déclaré ainsi :

```
valarray <int> v(12) ;
```

l'expression *v[slice(0, 4, 2)]* désigne le vecteur obtenu en ne considérant de *v* que les éléments de rang 0, 2, 4 et 6 (on part de 0, on considère 4 valeurs, en progressant par pas de 2).

Là encore, une telle notation est utilisable comme *lvalue* :

```
v1 [slice(0, 4, 2)] = 99 ;     /* place la valeur 99 dans les éléments */
                               /* v1[0], v1[2], v1[4] et v1[6]          */
```

Voici un exemple de programme complet illustrant ces possibilités :

```
#include <iostream>
#include <iomanip>
#include <valarray>
using namespace std ;
main()
{ int i ;
  int t [] = {0, 1, 2, 3, 4, 5, 6, 7, 8, 9} ;
  valarray <int> v1 (t, 10), v2  ;
  cout << "v1 initial : " ;
  for (i=0 ; i<v1.size() ; i++) cout << setw(4) << v1[i] ;
  cout << "\n" ;

  v1[slice(0, 4, 2)] = -1 ;    // v1[0] = -1, v1[2] = -1, v1[4] = -1, v1[6] = -1
  cout << "v1 modifie : " ;
  for (i=0 ; i<v1.size() ; i++) cout << setw(4) << v1[i] ;
  cout << "\n" ;

  v2 = v1[slice(1, 3, 4)] ;  // on considère v1[1], v1[5] et v1[9]
  cout << "v2         : " ;
  for (i=0 ; i<v2.size() ; i++) cout << setw(4) << v2[i] ;
  cout << "\n" ;
}
```

```
v1 initial :   0  1  2  3  4  5  6  7  8  9
v1 modifie :  -1  1 -1  3 -1  5 -1  7  8  9
v2         :   1  5  9
```

Exemple d'utilisation de sections de vecteurs

On notera que les sections de vecteurs peuvent s'avérer utiles pour manipuler des tableaux à deux dimensions et en particulier des matrices. Considérons ces déclarations dans lesquelles *mat* est un vecteur dont les *NLIG*NCOL* éléments peuvent servir à représenter une matrice de *NLIG* lignes et de *NCOL* colonnes :

```
#define NLIG 5
#define NCOL 12
   .....
valarray <float> v(NLIG) ;            /* vecteur de NLIG éléments    */
valarray <float> mat (NLIG*NCOL) ;    /* pour représenter une matrice */
```

Si l'on convient d'utiliser les conventions du C pour ranger les éléments de notre matrice dans le vecteur *mat*, voici quelques exemples d'opérations facilitées par l'utilisation de sections :

- placer la valeur 12 dans la ligne *i* de la matrice *mat* :

```
mat [slice (i*NCOL, NCOL, 1)] = 12 ;
```

- placer la valeur 15 dans la colonne *j* de la matrice *mat* :

```
mat [slice (j,  NLIG, NCOL)] = 15 ;
```

- recopier le vecteur *v* dans la colonne *j* de la matrice *mat* :

```
mat [slice (j,  NLIG, NCOL)] = v ;
```

Remarque

La notion de section de vecteur peut permettre de manipuler non seulement des matrices, mais aussi des tableaux à plus de deux dimensions. Dans ce dernier cas, on peut également recourir à la notion de sections multiples, obtenues en utilisant *gslice* à la place de *slice*.

2.7 Vecteurs d'indices

Les sections de vecteurs obtenues par *slice* sont dites régulières, dans la mesure où les éléments sélectionnés sont régulièrement espacés les uns des autres. On peut aussi obtenir des sections quelconques en recourant à ce que l'on nomme un « vecteur d'indices ». Par exemple, si les vecteurs *indices* et *vf* sont déclarés ainsi :

```
valarray <float> vf(12) ;
valarray <int> indices (5) ;  /* on suppose que indices contient les */
                              /* valeurs :   1, 4, 2, 3, 0           */
```

l'expression *v[indices]* désigne le vecteur obtenu en considérant les éléments de *vf2* suivant l'ordre mentionné par le vecteur d'indices *indices*, c'est-à-dire ici 1, 4, 2, 3, 0. Là encore, cette notation peut être utilisée comme *lvalue*.

Voici un exemple de programme complet illustrant ces possibilités :

```
#include <iostream>
#include <iomanip>
#include <valarray>
#include <cstdlib>    // pour size_t
using namespace std ;
main()
{ size_t ind[] = { 1, 4, 2, 3, 0} ;
  float tf [] =  { 1.25, 2.5, 5.2, 8.3, 5.4 } ;
  int i ;
  valarray <size_t> indices (ind, 5) ;     // contient 1, 4, 2, 3, 0

  for (i=0 ; i<5 ; i++) cout << setw(8) << indices[i] ;
  cout << "\n" ;
  valarray <float> vf1 (tf, 5), vf2(5) ;
  vf2[indices] = vf1 ;   // affecte vf1[i] à vf2 [indices[i]]
  for (i=0 ; i<5 ; i++) cout << setw(8) << vf2[i] ;
  cout << "\n" ;
}
```

```
       1       4       2       3       0
     5.4    1.25     5.2     8.3     2.5
```

Exemple d'utilisation de vecteurs d'indices

On notera qu'il n'est pas nécessaire que tous les éléments de *vf2* soient concernés par les indices mentionnés (le vecteur d'indice peut comporter moins d'éléments que *vf2*). En revanche, comme on peut s'y attendre, il faut éviter qu'un même indice ne figure deux fois dans le vecteur d'indice : dans ce cas, le comportement du programme est indéterminé (en pratique, un même élément est modifié deux fois).

3 La classe *bitset*

Le patron de classes *bitset<N>* permet de manipuler efficacement des suites de bits dont la taille *N* apparaît en paramètre (expression) du patron. L'affectation n'est donc possible qu'entre suites de même taille. On dispose notamment des opérations classiques de manipulation globale des bits à l'aide des opérateurs &, |, ~, &=, |= , <<=, >>=, ~=, ==, != qui fonctionnent comme les mêmes opérateurs appliqués à des entiers.

On peut accéder à un bit de la suite à l'aide de l'opérateur [] ; il déclenche une exception *out_of_range* si son second opérande n'est pas dans les limites permises.

Il existe trois constructeurs :

- sans argument : on obtient une suite de bits nuls ;
- à partir d'un *unsigned long* : on obtient la suite correspondant au motif binaire contenu dans l'argument ;
- à partir d'une chaîne de caractères (*string*) ; on peut aussi utiliser une chaîne usuelle (notamment une constante) grâce aux possibilités de conversions.

Voici un exemple illustrant la plupart des fonctionnalités de ces patrons de classes :

```
#include <iostream>
#include <bitset>
using namespace std ;

main()
{ bitset<12> bs1 ("1101101101") ;     // bitset initialise par une chaine
  long n=0x0FFF ;
  bitset<12> bs2 (n) ;                // bitset initialise par un entier
  bitset<12> bs3  ;                   // bitset initialise a zero

  cout << "bs1 = " << bs1 << "\n" ;
  cout << "bs2 = " << bs2 << "\n";
  cout << "bs3 = " << bs3 << "\n" ;

  if (bs3 != bs1) cout << "bs3 differe de bs1\n" ;
  bs3 = bs1 ;   // affectation entre bitset de même taille
  cout << "bs3 = " << bs3 << "\n" ;

  if (bs3 == bs1) cout << "bs3 est maintenant egal a bs1\n" ;
  cout << "bit de rang 3 de bs3 : " << boolalpha << bs3[3] << "\n" ;
  bs3[3] = 0 ;
  cout << "bit de rang 3 de bs3 : " << boolalpha << bs3[3] << "\n" ;

  try
  { bs3[15] = 1 ;   // indice hors limite --> exception
  }
  catch (exception &e)
  { cout << "exception : " << e.what() << "\n" ;
  }

  cout << bs3 << " & " << bs2 << " = " ; bs3 &= bs2 ; cout << bs3 << "\n" ;
  cout << bs3 << " | " << bs2 << " = " ; bs3 |= bs2 ; cout << bs3 << "\n" ;
  cout << "~ " << bs3 << " = " << ~bs3 << "\n" ;
  cout << "dans " << bs3 << " il y a " << bs3.count() << " bits a un\n" ;
  cout << bs3 << " decale de 4 a gauche = " << (bs3 <<= 4) << "\n" ;

  bitset<14> bs4 ;
  //  bs4 = bs1 ;  serait incorrect car bs1 et bs4 n'ont pas la même taille
}
```

```
bs1 = 001101101101
bs2 = 111111111111
bs3 = 000000000000
bs3 differe de bs1
bs3 = 001101101101
bs3 est maintenant egal a bs1
bit de rang 3 de bs3 : true
bit de rang 3 de bs3 : false
exception : invalid bitset<N> position
001101100101 & 111111111111 = 001101100101
001101100101 | 111111111111 = 111111111111
~ 111111111111 = 000000000000
dans 111111111111 il y a 12 bits a un
111111110000 decalle de 4 a gauche = 111111110000
```

Exemples d'utilisation du patron de classes bitset

30

Les espaces de noms

La notion d'espace de noms a été présentée succinctement au paragraphe 1.9 du chapitre 2, afin de vous permettre d'utiliser convenablement la bibliothèque standard du C++.

D'une manière générale, elle permet de définir des ensembles disjoints d'identificateurs, chaque ensemble étant repéré par un nom qu'on utilise pour qualifier les symboles concernés. Il devient ainsi possible d'utiliser le même identificateur pour désigner deux choses différentes (ou deux versions différentes d'une même chose, par exemple une classe) pour peu qu'elles appartiennent à deux espaces de noms différents. Cette notion présente surtout un intérêt dans le cadre de développement de gros programmes ou de bibliothèques. C'est ce qui justifie sa présentation détaillée dans un chapitre séparé aussi tardif.

Nous commencerons par vous montrer comment définir un nouvel espace de noms et comment désigner les symboles qu'il contient. Puis nous verrons comment l'instruction *using* permet de simplifier les notations, soit en citant une seule fois les symboles concernés, soit en citant l'espace de noms lui-même (comme vous le faites actuellement avec *using namespace std*). Nous montrerons ensuite comment la surdéfinition des fonctions franchit les limites des espaces de noms. Enfin, nous apporterons quelques informations complémentaires concernant l'imbrication des espaces de noms, la transitivité de l'instruction *using* et les espaces de noms anonymes.

1 Création d'espaces de noms

Ici, nous allons vous montrer comment créer un ou plusieurs nouveaux espaces de noms et comment utiliser les symboles correspondants.

1.1 Exemple de création d'un nouvel espace de noms

Considérons ces instructions :

```
namespace A   // les symbole déclarés à partir d'ici
              // appartiennent à l'espace de noms nommé A
{ int n ;
  double x ;
  class point
   { int x, y ;
    public :
     point (int abs=0, int ord=0) : x(abs), y(ord) {}
   } ;
}             // fin de la définition de l'espace de noms A
```

A l'intérieur du bloc :

```
namespace A
{ .....
}
```

on trouve des déclarations usuelles, ici de types de variables (*n* et *x*) et de définition de classe (*point*). Le fait que ces déclarations figurent dans un espace de noms ne modifie pas la manière de les écrire. En revanche, les symboles correspondants ne seront utilisables à l'extérieur de ce bloc que moyennant l'utilisation d'un préfixe approprié *A::*. Voici quelques exemples :

```
// la définition de A est supposée connue ici
main()
{
  A::x=2.5 ;      // utilise la variable globale x déclarée dans A
  A::point p1 ;   // on utilise le type point de A
  A::point p2 (1, 3) ; // idem
  A::n = 1 ;      // on utilise la variable globale n déclarée dans A
}
```

Ces symboles peuvent cohabiter sans problème avec des symboles déclarés en dehors de tout espace de noms, comme nous l'avons fait jusqu'ici :

```
// la définition de A est supposée connue ici
long n ;      // variable globale n, sans rapport avec A::n ;
main()
{ double x ;    // variable x, locale à main, sans rapport avec A::x
  A::x = 2.5 ;  // utilise toujours la variable globale x déclarée dans A
  point p ;     // incorrect : le type point n'est pas connu
  A::n = 12 ;   // utilise la variable globale n déclarée dans A
  n = 5 ;       // utilise la variable globale n déclarée en dehors de A
}
```

On notera bien que le préfixe *A::* est nécessaire dès lors qu'on est en dehors de la portée de la définition de l'espace de noms *A*, même si l'on se trouve dans le même fichier source. C'est d'ailleurs grâce à cette règle que nous pouvons utiliser conjointement les identificateurs *n* et *A::n*.

On dit des symboles comme *n* ou *x* déclarés en dehors de tout espace de noms qu'ils appartiennent à l'espace global[1]. Ces symboles pourraient d'ailleurs être aussi désignés sous la forme *::x* ou *::n*[2].

Remarque

Nous verrons au paragraphe 2 que les deux formes de l'instruction *using* permettent de simplifier l'utilisation de symboles définis dans des espaces de noms, en évitant d'avoir à utiliser le préfixe correspondant.

1.2 Exemple avec deux espaces de noms

Considérons maintenant ces instructions définissant et utilisant deux espaces de noms nommés *A* et *B* :

```
namespace A      // début définition espace de noms A
{ int n ;
  double x ;
  class point
   { int x, y ;
    public :
     point (int abs=0, int ord=0) : x(abs), y(ord) {}
   } ;
}                // fin définition espace de noms A

namespace B      // début définition espace de noms B
{ float x ;
  class point
   { int x, y ;
    public :
     point () : x(0), y(0) {}
   } ;
}               // fin définition espace de noms B

main()
{ A::point pA1(3) ;  // OK : utilise le type point de A
  B::point pB1 ;     // OK : utilise le type point de B
  B::point pb2 (3) ; // erreur : pas de constructeur à un argument
                     // dans le type point de B
  A::x = 2.5 ;       // utilise la variable globale x de l'espace A
  B::x = 3.2 ;       // utilise la variable globale x de l'espace B
}
```

1. On ne confondra pas cette notion d'espace global avec celle d'espace anonyme (présentée au paragraphe 7).

2. Cette forme sera surtout utilisée pour lever une ambiguïté.

1.3 Espace de noms et fichier en-tête

Dans nos précédents exemples d'introduction, la définition de l'espace de noms et l'utilisation des symboles correspondants se trouvaient dans le même fichier source. Il va de soi qu'il n'en ira pratiquement jamais ainsi : la définition d'un espace de noms figurera dans un fichier en-tête qu'on incorporera classiquement par une directive *#include* ; on notera bien qu'alors, l'absence de cette directive conduira à une erreur :

```
main()
{ A::x = 2 ;  // si la définition de l'espace de noms A n'a pas été
              // compilée à ce niveau, on obtiendra une erreur
  .....
}
```

1.4 Instructions figurant dans un espace de noms

Il faut tout d'abord remarquer que la définition d'un espace de noms a toujours lieu à un niveau global[1]. Il n'est (heureusement) pas permis de l'effectuer au sein d'une classe ou d'une fonction :

```
main()
{ intx ;
  namespace A { ..... }    // incorrect
  .....
}
```

Comme on s'y attend, un espace de noms peut renfermer des définitions de fonctions ou de classes, comme dans cet exemple :

```
namespace A    // début définition espace de noms A
{ class point
  {  int x , y ;
    public :
     point () ;        // déclaration constructeur
     void affiche () ; // déclaration fonction membre affiche
  } ;
  point::point()
  { // définition du constructeur de A::point
  }
  void point::affiche()
  { // définition de la fonction affiche de A::point
  }
  void f (int n) {      // définition de f
                 }
}              // fin définition espace de noms A
```

Dans ce cas, il est cependant préférable de dissocier la déclaration des classes et des fonctions de leur définition, en prévoyant :

1. Nous verrons toutefois au paragraphe 4 que les définitions d'espaces de noms peuvent s'imbriquer.

- un fichier en-tête contenant la définition de l'espace de noms, limitée aux déclarations des fonctions et des classes :

```
   // fichier en-tête A.h
   // déclaration des symboles figurant dans l'espace A
namespace A    // début définition espace de noms A
{ class point
  {  int x , y ;
    public :
     point () ;         // déclaration constructeur
     void affiche () ; // déclaration fonction membre affiche
  } ;
  void f (int n) ;      // déclaration de f
}              // fin définition espace de noms A
```

- un fichier source contenant la définition des classes et des fonctions :

```
   // définition des symboles figurant dans l'espace A
#include "A.h"   // incorporation de la définition de l'espace A
void A::point::point()
{ // définition du constructeur de A::point
}
A::point::affiche()
{ // définition de la fonction affiche de A::point
}
void f (int n) { // définition de la fonction f
               }
```

1.5 Création incrémentale d'espaces de noms

Il est tout à fait possible de définir un même espace de noms en plusieurs fois. Par exemple :

```
namespace A
{ int n ;
}
namespace B
{ float x ;
}
namespace A
{ double x ;
}
```

Cette définition est ici équivalente à

```
namespace A
{ int n ;
  double x ;
}
namespace B
{ float x ;
}
```

À ce propos, il faut signaler que si un identificateur déclaré dans un espace de noms peut ensuite être défini à l'extérieur (voir paragraphe 1.4), il n'est pas possible de déclarer un nouvel identificateur de cette même manière :

```
namespace A
{ int n ;
}
namespace B
{ float x ;
}
double A::x ;       // erreur
```

Cette possibilité de création incrémentale s'avère extrêmement intéressante dans le cas d'une bibliothèque. En effet, elle permet de la découper en plusieurs parties relativement indépendantes, tout en n'utilisant qu'un seul espace de noms pour l'ensemble. L'utilisateur peut ainsi n'introduire que les seules définitions utiles. C'est d'ailleurs exactement ce qui se produit avec la bibliothèque standard dont les symboles sont définis dans l'espace de noms *std*. Une directive telle que *#include <iostream>* incorpore en fait une définition partielle de l'espace de noms *std* ; une directive *#include <vector>* en incorpore une autre...

2 Les instructions *using*

Nous venons de voir comment utiliser un symbole défini dans un espace de noms en le qualifiant explicitement par le nom de l'espace (comme dans *A::x*). Cette méthode peut toutefois devenir fastidieuse lorsqu'on recourt systématiquement aux espaces de noms dans un gros programme. En fait, C++ offre deux façons d'abréger l'écriture :

- l'une où l'on nomme une fois chacun des symboles qu'on désire utiliser ;
- l'autre où l'on se contente de citer l'espace de noms lui-même.

Toutes les deux utilisent le mot clé *using*, mais de manière différente ; on parle souvent de déclaration *using* dans le premier cas et de directive *using* dans le second.

2.1 La déclaration *using* pour les symboles

2.1.1 Présentation générale

La déclaration *using* permet de citer un symbole appartenant à un espace de noms (dont la définition est supposée connue). En voici un exemple :

```
namespace A
{ int n ;
  double x ;
  class point
   { int x, y ;
    public :
     point (int abs=0, int ord=0) : x(abs), y(ord) {}
   } ;
}
```

```
using A::x ;      // dorénavant, x est synonyme de A::x
using A::point ; // dorénavant, point est synonyme de A::point
long n ;          // variable globale n, sans rapport avec A::n ;
main()
{ x = 2.5 ;       // idem A::x = 2.5
  n = 5 ;         // n désigne la variable globale, sans rapport avec A::n
  A::n = 10 ;     // correct
  point p1 (3) ; //idem A::point p1 (3) ;
}
```

La déclaration *using* peut être locale, comme dans cet exemple :

```
namespace A
{ int n ;
  double x ;
}
long n ;         // variable globale n, sans rapport avec A::n

main ()
{ using A::n ;
  .....          // ici, n est synonyme de A::n
}
void f (...)
{ .....          // ici n n'est plus synonyme de A::n, mais de ::n
}
```

Bien entendu, même lorsque *using* est locale, elle ne concerne que des symboles globaux puisque les espaces de noms sont toujours définis à un niveau global.

Voici un autre exemple utilisant plusieurs espaces de noms :

```
namespace A
{ int n ;
  double x ;
  class point
   { int x, y ;
    public :
     point (int abs=0, int ord=0) : x(abs), y(ord) {}
   } ;
}

namespace B
{ float x ;
  class point
   { int x, y ;
    public :
     point () : x(0), y(0) {}
   } ;
}
using A::n ;        // n sera synonyme de A::n
using B::x ;        // x sera synonyme de B::x
```

```
main()
{ using B::point ;      // point sera (localement) synonyme de B::point
  n = 2 ;               // idem A::n = 2 ;
  x = 5 ;               // idem B::x = 5 ;
  A::x = 3 ;            // correct
  point pB1 ;           // idem B::point pB1 ;
  A::point pA1(3) ;     // correct
}
void f()
{ using A::point ; // point sera (localement) synonyme de A::point
  using A::x ;     // x sera (localement à f) synonyme de B::x
  point p (2);     // idem A::point p (2) ;
}
```

2.1.2 Masquage et ambiguïtés

Comme on s'y attend, un synonyme peut en cacher un autre d'une portée englobante :

```
// les définitions des espaces de noms A et B sont supposées connues ici
using A::x ;
   .....     // ici x est synonyme de A::x
main()
{ using B::x ;
   .....     // ici x est synonyme de B::x ; on peut toujours utiliser A::x
}
```

En revanche, dans une même portée, la déclaration d'un synonyme ne doit pas créer d'ambiguïté, comme dans :

```
using A::x ;   // x est synonyme de A::x
   .....
using B::x ;   // x ne peut pas également être synonyme de B::x
               // dans la même portée
```

ou dans :

```
void g()
{ float x ;
  using A::x ;  // incorrect : on change la signification de x
  .....
}
```

On notera bien que ce genre d'ambiguïté peut toujours être levée en recourant à la notation développée des symboles.

Remarque

Comme on le verra au paragraphe 3, cette notion d'ambiguïté n'existera pas dans le cas des fonctions, afin de préserver les possibilités de surdéfinition.

2.2 La directive *using* pour les espaces de noms

Avec la déclaration *using*, on peut choisir les symboles qu'on souhaite utiliser dans un espace de noms ; mais il est nécessaire d'utiliser une instruction par symbole. Avec une seule directive *using*, on va pouvoir utiliser tous les symboles d'un espace de noms, mais, bien sûr, on ne pourra plus opérer de sélection.

Voici un premier exemple :

```
namespace A
{ int n ;
  double x ;
  class point
   { int x, y ;
    public :
     point (int abs=0, int ord=0) : x(abs), y(ord) {}
   } ;
}
using namespace A ;  // tous les symboles définis dans A peuvent être
                     //   utilisés sans A::
main()
{ x = 2.5 ;        // idem A::x = 2.5
  n = 5 ;          // idem A::n = 5
  A::n = 10 ;      // toujours possible
  point p1 (3) ;   //idem A::point p1 (3) ;
}
```

Comme la déclaration *using*, la directive *using* peut être locale :

```
namespace A
{ int n ;
  double x ;
}
float x ;
main ()
{ using namespace A ;
  .....          // ici, n est synonyme de A::n
}
void f (...)
{    // ici, x est synonyme de ::x
}
```

Les différentes directives *using* se cumulent, sans qu'une quelconque priorité ne permette de les départager en cas d'ambiguïté. Il faut cependant noter que, cette fois, on n'aboutit à une erreur (de compilation) que lors de la tentative d'utilisation d'un symbole ambigu. Voyez cet exemple :

```
namespace A
{ int n ;
  double x ;
  class point
   { int x, y ;
    public :
     point (int abs, int ord) : x(abs), y(ord) {}  // constructeur 2 arg
   } ;
}
```

```
namespace B
{ float x ;
  class point
   { int x, y ;
    public :
     point () : x(0), y(0) {} // constructeur 0 arg
   } ;
}
using namespace A ;
using namespace B ;
main()
{ n = 2 ;                 // idem A::n = 2 ;
  point p1 (3, 5) ;       // ambigü : A::point ou B::point
  x = 5 ;                 // ambigü : A::x ou B::x
}
```

Le symbole *n* ne présente aucune ambiguïté, car il n'est défini que dans l'espace *A*. En revanche, les symboles *point* et *x* étant définis à la fois dans *A* et *B*, il y ambiguïté. Bien entendu, il reste toujours possible de la lever en préfixant explicitement les symboles concernés, par exemple :

```
A::point p1 (3, 5) ;
B::x = 5 ;
```

On notera qu'avec la directive *using*, la notion de masquage n'existe plus. Une directive située dans une portée donnée ne se substitue pas à une directive d'une portée englobante ; elle la complète. Par exemple, avec les mêmes espaces de noms *A* et *B* que précédemment :

```
// mêmes définitions des espaces de noms A et B que précédemment
using namespace A ;
main()
{ using namespace B ;
  n = 2 ;                 // idem A::n = 2 ;
  point p1 (3, 5) ;       // toujours ambigu : A::point ou B::point
  x = 5 ;                 // ambigu : A::x ou B::x
}
```

Remarques

1 Là encore, et comme on le verra au paragraphe 3, cette notion d'ambiguïté n'existera pas dans le cas des fonctions, afin de préserver les possibilités de surdéfinition. On notera à ce propos que, dans l'exemple précédent, l'ambiguïté portait sur le nom de classe *point*, et non pas sur le nom d'une fonction (constructeur).

2 Notez que la plupart de nos exemples de programmes utilisent ces deux instructions :

```
#include <iostream>
using namespace std ;
```

Il faut bien prendre garde à ne pas en inverser l'ordre ; ainsi, avec :

```
using namespace std ;
#include <iostream>
```

on obtiendrait une erreur de compilation due à ce que l'instruction *using* mentionnerait un espace de noms (*std*) inexistant (il est défini, de façon « incrémentale », dans chacun des fichiers en-tête comme *iostream)*. En revanche, avec ces instructions :

```
#include <vector>
using namespace std ;
#include <iostream>
```

on n'obtiendrait plus d'erreur, car le fichier en-tête *vector* contient déjà une définition (partielle) de l'espace de noms *std*.

3 Espaces de noms et recherche de fonctions

L'introduction d'un nom de fonction d'un espace de noms introduit simultanément toutes les déclarations de cette fonction :

```
#include <iostream>
namespace A
{ void f(char c) { std::cout << "f(char)\n" ; }  // std car pas de using[1]
  void f(int n)  { std::cout << "f(int)\n"  ;  }
}

using A::f ;    // on aurait la même chose ici avec using namespace A
main()
{ int n=10 ; char c='a' ;
  f(n) ;
  f(c) ;
}
```

```
f(int)
f(char)
```

Espaces de noms et surdéfinition de fonctions (1)

En revanche, comme on peut s'y attendre, l'introduction d'un nom de fonction d'un espace de nom n'introduit pas les autres : si, dans l'exemple précédent, une fonction *g* était définie dans l'espace *A*, elle ne serait pas pour autant accessible dans *main*, par le biais de la seule directive *using A::f* (elle le serait, bien sûr avec *using namespace A*).

1. Ici, par souci de clarté, nous n'avons pas utilisé d'instruction *using namespace std* ; dans ces conditions, il est alors nécessaire de préfixer les noms de flots *cin* et *cout* par *std*.

L'introduction d'un synonyme de fonction ne masque pas les autres fonctions de même nom déjà accessibles[1]. Voici un exemple où la fonction *f* est définie dans deux espaces de noms, ainsi que dans l'espace global :

```
#include <iostream>
namespace A
{ void f(char c)  { std::cout << "A::f(char)\n" ; }
  void f(float x) { std::cout << "A::f(float)\n" ; }
}
namespace B
{ void f(int n) { std::cout << "B::f(int)\n" ; }
}
void f(double y)  { std::cout << "::f(double)\n" ; }
using A::f ;   // idem avec using namespace A
using B::f ;   // idem avec using namespace B
main()
{ int n=10 ;
  char c='a' ;
  float x=2.5 ;
  double y=1.3 ;
  f(n) ;
  f(c) ;
  f(x) ;
  f(y) ;
}
```

```
B::f(int)
A::f(char)
A::f(float)
::f(double)
```

Espaces de noms et surdéfinition de fonctions (2)

Aux différents espaces de noms susceptibles d'être considérés dans la résolution d'un appel de fonction, il faut ajouter les espaces de noms de ses arguments effectifs. Considérez :

```
namespace A
{ class C { ..... } ;
  void f(C) { ..... } ;
}
main()
{ using A::C ;   // introduit la classe C
  C c ;
  f(c) ;         // recherche dans espace courant et dans celui de c (A)
                 // appelle bien A::f(C) comme si on avait fait using A::f
}
```

1. On dit parfois que la recherche d'une fonction surdéfinie franchit les espaces de noms (contrairement à ce qui se produit pour l'héritage).

Ici, nous n'introduisons que le symbole *C* de l'espace *A*. L'appel de *f* est résolu en examinant, non seulement les espaces concernés (ici, il ne s'agit que de l'espace global, qui ne possède pas de fonction *f*), mais aussi celui dans lequel est défini l'argument effectif *c*, c'est-à-dire l'espace de noms *A*. D'une manière générale, si les argments effectifs appartiennent à des espaces de noms différents, la recherche se fera dans ces différentes portées.

4 Imbrication des espaces de noms

Les définitions d'espaces de noms peuvent s'imbriquer, comme dans cet exemple :

```
namespace A      // début définition de l'espace A
{ int n ;        // A::n
  namespace B      // début définition de l'espace A::B
  { float x ;      // A::B::x
    int n ;        // A::B::n
  }                // fin définition de l'espace A::B
  float y ;      // A::y
}                // fin définition de l'espace A
```

Disposant de ces déclarations, on pourra tout naturellement se référer aux symboles correspondants en utilisant les préfixes *A::* ou *A::B::*. De même, on pourra utiliser l'une de ces déclarations[1] :

```
using A::n ;     // n sera synonyme de A::n
using A::B::n ;  // n sera synonyme de A::B::n
```

De la même manière, on pourra recourir à des directives *using*, comme dans :

```
using namespace A ;       // on peut préfixer les symboles par A::
// ... ici n désigne A::n
```

ou dans :

```
  using namespace A::B ;   // on peut préfixer les symboles par A::B::
// ... ici n désigne A::B::n
```

ou encore dans :

```
using namespace A ;
// ici x n'a pas de signification (ni ::x ni A::x n'existent)
// B::x désigne A::B::x
```

Ce dernier exemple montre que le fait de citer le nom d'un espace dans *using* n'introduit pas d'office les noms des espaces imbriqués.

1. Bien entendu, leur utilisation simultanée conduirait à une ambiguïté.

5 Transitivité de la directive *using*

La directive using peut s'utiliser dans la définition d'un espace de noms, ce qui ne pose pas de problème particulier si l'on sait que cette directive est transitive. Autrement dit, si une directive *using* concerne un espace de noms qui contient lui-même une directive *using*, tout se passe comme si l'on avait également mentionné cette seconde directive dans la portée concernée. Considérons par exemple ces définitions :

```
namespace A        // début définition espace A
{ int n ;
  float y ;
}                  // fin définition espace A
namespace B        // début définition espace B
{ using namepace A ;    // même résultat avec using A::n ; using A::y ;
  float x ;
}                  // fin définition espace B
```

Avec une seule directive *using namespace B*, on accède aux symboles définis effectivement dans *B*, mais également à ceux définis dans *A* :

```
using namepsace B ;
// ici x désigne B::x, n désigne A::n et y désigne A::y
```

On ne confondra pas cette situation avec l'imbrication des espaces de noms étudiée au paragraphe 4.

6 Les alias

Il est possible de définir un *alias* d'un espace de noms, autrement dit un synonyme. Par exemple :

```
namespace mon_espace_de_noms_favoris
{ // définition de mon_espace_de_noms_favoris
}
namespace MEF mon_espace_de_noms_favoris
// MEF est dorénavant un synonyme de mon_espace_de_noms_favoris
using namespace MEF ; // équivalent à using namespace mon_espace_de_noms_favoris
```

Cette possibilité s'avère intéressante pour définir des noms abrégés d'espaces de noms jugés un peu trop longs, comme nous l'avons fait dans notre exemple.

Elle permet également à un programme de travailler avec différentes bibliothèques possédant les mêmes interfaces, sans nécessiter de modification du code. Par exemple, supposons que nous ayons défini ces trois espaces de noms :

```
namespace Win   { ..... } // bibliothèque pour Windows
namespace Unix  { ..... } // bibliothèque pour Unix
namespace Linux { ..... } // bibliothèque pour Linux
```

Avec cette simple instruction :

```
namespace Bibli Win
```

on pourra écrire un programme travaillant avec un espace de nom fictif (*Bibli*), quelle que soit la manière d'accéder aux symboles, par une directive *using namespace Bibli*, par une déclaration *using* individuelle *using Bibli::xxx* ou même en les citant explicitement sous la forme *Bibli::xxx*.

7 Les espaces anonymes

Il est possible de définir des espaces de noms anonymes, c'est-à-dire ne possédant pas de nom explicite, comme dans :

```
namespace      // début définition espace anonyme
{ .....
}              // fin définition espace anonyme
```

Un tel espace de noms n'est utilisable que dans la portée où il a été déclaré. On peut dire que tout se passe comme si le compilateur attribuait à cet espace un nom choisi de façon à être toujours différent d'un fichier source à un autre. Autrement dit, les déclarations précédentes sont équivalentes à :

```
namespace  nom_unique   // début définition espace nom_unique
{ .....
}                       // fin définition espace nom_unique
using nom_unique ;
```

En fait, la vocation des espaces anonymes est de définir des symboles à portée limitée au fichier source. Le comité ANSI recommande d'ailleurs d'utiliser cette possibilité de préférence à *static*, voué à disparaître[1] dans une future actualisation de la norme.

Par exemple, on préférera ces déclarations :

```
namespace  // déclaration des identificateurs cachés dans le fichier source
{ int globale_cachee ;
  void f(float) ;  // fonction de service non utilisable en dehors du source
}
    .....
```

à celles-ci :

```
static int globale_cachee ;
static void f(float) ;
    .....
```

8 Espaces de noms et déclaration d'amitié

Lorsqu'une déclaration d'amitié figure dans une classe, la fonction ou la classe concernée est censée se trouver dans le même espace de noms ou dans un espace englobant :

1. Cela concerne l'utilisation de *static* pour cacher un symbole dans un fichier, et nullement la déclaration de membres statiques dans une classe (revoyez éventuellement le paragraphe 12.4 du chapitre 7).

```
namespace A
{ .....
  class X { .....
           friend void f (int) ;    // obligatoirement A::f
           .....
          }
}
namespace A
{ .....
  namespace B
  { .....
    class X { .....
             friend void f (int) ;    // A::B::f ou A::f
             .....
            }
  }
}
```

D'autre part, lors de l'appel d'une fonction amie, la recherche s'effectue dans les espaces de noms de ses différents arguments.

31

Le préprocesseur et l'instruction typedef

Nous avons déjà été amenés à évoquer l'existence d'un « préprocesseur ». Il s'agit d'un programme qui est exécuté automatiquement avant la compilation et qui transforme votre fichier source à partir d'un certain nombre de directives. Ces dernières, contrairement à ce qui se produit pour les instructions du langage C, sont écrites sur des lignes distinctes du reste du programme ; elles sont toujours introduites par un mot précis commençant par le caractère **#**.

Parmi ces directives, nous avons déjà utilisé *#include*. Nous nous proposons ici d'étudier les diverses possibilités offertes par le préprocesseur, à savoir :

- l'incorporation de fichiers source (directive *#include*) ;
- la définition de symboles et de macros (directive *#define*) ;
- la compilation conditionnelle.

Quant à l'instruction *typedef*, elle sert essentiellement à définir des noms de types synonymes. Bien que n'ayant pas de rapport avec le préprocesseur (puisque *typedef* est une déclaration utilisée par le compilateur lui-même), sa place dans ce chapitre permet d'effectuer un parrallèle avec d'éventuelles définitions de synonymes à l'aide de *#define*.

1 La directive *#include*

Elle permet d'incorporer, avant compilation, le texte figurant dans un fichier quelconque. qu'il s'agisse des fichiers en-tête requis pour le bon usage des fonctions ou classes standards ou de fichiers de votre cru. Nous avons vu que cette seconde possibilité s'avérait quasiment indispensable dans un contexte de P.O.O. pour séparer la définition d'une classe de sa définition (revoyez éventuellement le paragraphe 6 du chapitre 11).

Rappelons que cette directive possède deux syntaxes voisines :

```
#include <nom_fichier>
```

recherche le fichier mentionné dans un emplacement (chemin, répertoire) défini par l'implémentation.

```
#include "nom_fichier"
```

recherche le fichier mentionné dans le même emplacement (chemin, répertoire) que celui où se trouve le programme source.

Généralement, la première est utilisée pour les fichiers en-tête correspondant à la bibliothèque standard, tandis que la seconde l'est plutôt pour les fichiers que vous créez vous-même.

Un fichier incorporé par *#include* peut lui-même comporter, à son tour, des directives *#include*. C'est le cas de certains fichiers en-tête relatifs à la bibliothèque standard. En théorie, la norme peut fixer une limite au nombre maximal de niveaux d'imbrication (au moins 8). En pratique, cela n'est jamais pénalisant.

Cette imbrication de l'incorportation des fichiers en-tête peut facilement conduire à des inclusions multiples d'un même fichier, ce qui peut entraîner des erreurs de compilation dues à la présence de plusieurs déclarations identiques. Comme nous l'avons déjà signalé au paragraphe 6.2 du chapitre 11, ce problème se résout facilement par l'emploi de directives conditionnelles que nous examinerons en détail au paragraphe 3.

2 La directive *#define*

Elle offre en fait deux possibilités assez différentes :

- définition de symboles ;
- définition de macros.

Contrairement à ce qui se passait en C où cette directive était fort utilisée sous ces deux formes, en C++, elle est plutôt déconseillée hormis pour la définition de simples symboles qu'on utilise en compilation conditionnelle.

2.1 Définition de symboles

Une directive telle que :

```
#define nbmax 5
```

demande de substituer au symbole *nbmax* le texte *5*, et cela chaque fois que ce symbole apparaîtra dans la suite du fichier source.

Une directive :

```
#define entier int
```

placée en début de programme, permettra d'écrire en français les déclarations de variables entières. Ainsi, par exemple, ces instructions :

```
entier a, b ;
entier * p ;
```

seront remplacées par :

```
int a, b ;
int * p ;
```

Il est possible de demander de faire apparaître dans le texte de substitution un symbole déjà défini. Par exemple, avec ces directives :

```
#define nbmax 5
  ....
#define taille nbmax + 1
```

Chaque mot *taille* apparaissant dans la suite du programme sera systématiquement remplacé par *5+1*. Notez bien que *taille* ne sera pas remplacé exactement par *6* mais, étant donné que le compilateur accepte les expressions constantes là où les constantes sont autorisées, le résultat sera comparable (après compilation).

Il est même possible de demander de substituer à un symbole un texte vide. Par exemple, avec cette directive :

```
#define rien
```

tous les symboles *rien* figurant dans la suite du programme seront remplacés par un texte vide. Tout se passera donc comme s'ils ne figuraient pas dans le programme. Mais une telle possibilité n'est pas aussi fantaisiste qu'il y paraît puisqu'elle intervient dans la compilation conditionnelle dont nous avons déjà parlé.

Voici quelques derniers exemples vous montrant comment résumer en un seul mot une instruction C :

```
#define bonjour  cout << "bonjour"
#define affiche  cout << "resultat " << a << "\n"
#define ligne    cout << endl
```

Notez que nous aurions pu inclure le point-virgule de fin dans le texte de substitution, mais que rien ne nous oblige à le faire.

D'une manière générale, la syntaxe de cette directive fait que le symbole à remplacer ne peut contenir d'espace (puisque le premier espace sert de délimiteur entre le symbole à substituer et le texte de substitution). Le texte de substitution, quant à lui, peut contenir autant d'espaces que vous le souhaitez, puisque c'est la fin de ligne qui termine la directive. Il est même possible de le prolonger au-delà, en terminant la ligne par \ et en poursuivant sur la ligne suivante.

Remarques

1 Si vous introduisez, par mégarde, un signe = dans une directive #define, aucune erreur ne sera, bien sûr, détectée par le préprocesseur lui-même. Par contre, en général, cela conduira à une erreur de compilation. Ainsi, par exemple, avec :

```
#define N=5
```

une instruction telle que :

```
int t[N] ;
```

deviendra, après traitement par le préprocesseur :

```
int t[=5] ;
```

laquelle est manifestement erronée. Notez bien, toutefois, que, la plupart du temps, vous ne connaîtrez pas le texte généré par le préprocesseur et vous serez simplement en présence d'un diagnostic de compilation concernant apparemment l'instruction *int t[N]*. Le diagnostic de l'erreur en sera d'autant plus délicat.

2 Une autre erreur aussi courante que la précédente consiste à terminer (à tort) une directive *#include* par un point-virgule. Les considérations précédentes restent valables dans ce cas.

3 Certaines implémentations permettent d'avoir connaissance du texte généré par le préprocesseur, c'est-à-dire du texte qui sera véritablement compilé ; cette facilité peut rendre plus aisé le diagnostic d'erreurs telles que celles que nous venons d'envisager.

C **En C**

Les constantes définies ainsi :

```
const int N = 5 ;
```

n'étaient pas utilisables dans une expression constante, alors qu'elles le sont en C++. Le recours à la directive *#define* constituait alors le seul palliatif. Ainsi, au lieu de l'instruction précédente utilisait-t'on :

```
define N 5
```

2.2 Définition de macros

La définition de macros ressemble à la définition de symboles, mais elle fait intervenir la notion de paramètres.

Par exemple, avec cette directive :

```
#define  carre(a)  a*a
```

le préprocesseur remplacera dans la suite tous les textes de la forme :

```
carre(x)
```

dans lesquels *x* représente en fait un symbole quelconque par :

```
x*x
```

Par exemple :

```
carre(z)         deviendra     z*z
carre(valeur)    deviendra     valeur*valeur
carre(12)        deviendra     12*12
```

La macro précédente ne disposait que d'un seul paramètre, mais il est possible d'en faire intervenir plusieurs en les séparant, classiquement, par des virgules. Par exemple, avec :

```
define  dif(a,b)  a-b

dif(x,z)          deviendrait     x-z
dif(valeur+9,n)   deviendrait     valeur+9-n
```

Là encore, les définitions peuvent s'imbriquer. Ainsi, avec les deux définitions précédentes, le texte :

```
dif(carre(p),carre(q))
```

sera, dans un premier temps, remplacé par :

```
dif(p*p,q*q)
```

puis, dans un second temps, par :

```
p*p-q*q
```

Néanmoins, malgré la puissance de cette directive, il ne faut pas oublier que, dans tous les cas, il ne s'agit que de **substitution de texte**. Il est souvent nécessaire de prendre quelques précautions, notamment lorsque le texte de substitution fait intervenir des opérateurs. Par exemple, avec ces instructions :

```
#define DOUBLE(x) x + x
     .....
DOUBLE(a)/b
DOUBLE(x+2*y)
DOUBLE(x++)
```

Le texte généré par le préprocesseur sera le suivant :

```
a + a/b
x+2*y + x+2*y
x++ + x++
```

Vous constatez que, si le premier appel de macro conduit à un résultat correct, le deuxième ne fournit pas, comme on aurait pu l'escompter, le double de l'expression figurant en paramètre. Quant au troisième, il fait apparaître ce que l'on nomme souvent un « effet de bord ». En effet, la notation :

```
DOUBLE(x++)
```

conduit à incrémenter deux fois la variable *x*. De plus, elle ne fournit pas vraiment son double. Par exemple, si *x* contient la valeur *5*, l'exécution du programme ainsi généré conduira à calculer *5+6*.

Le premier problème, lié aux priorités relatives des opérateurs, peut être facilement résolu en introduisant des parenthèses dans la définition de la macro. Ainsi, avec :

```
#define DOUBLE(x) ((x)+(x))
    ...
DOUBLE(a)/b
DOUBLE(x+2*y)
DOUBLE(x++)
```

Le texte généré par le préprocesseur sera :

```
((a)+(a))/b
((x+2*y)+(x+2*y))
((x++)+(x++))
```

Les choses sont nettement plus satisfaisantes pour les deux premiers appels de la macro *DOUBLE*. Par contre, bien entendu, l'effet de bord introduit par le troisième n'a pas pour autant disparu.

Par ailleurs, il faut savoir que les substitutions de paramètres ne se font pas à l'intérieur des chaînes de caractères. Ainsi, avec ces instructions :

```
#define AFFICHE(y) cout << "valeur de y " << y
   ...
AFFICHE(a) ;
AFFICHE(c+5) ;
```

le texte généré par le préprocesseur sera :

```
cout << "valeur de y " << a ;
```

Remarque

Dans la définition d'une macro, il est impératif de ne pas prévoir d'espace dans la partie spécifiant le nom de la macro et les différents paramètres. En effet, là encore, le premier espace sert à délimiter la macro à définir. Par exemple, avec :

```
#define somme (a,b) a+b
   ...
z = somme(x+5) ;
```

le préprocesseur générerait le texte :

```
z = (a,b) a+b(x+5) ;
```

En C

On recourait fréquemment aux macros pour remplacer des fonctions, afin d'obtenir un gain de temps d'exécution. Il va de soi qu'en C++, les fonctions en ligne (présentées au paragraphe 14 du chapitre 7) fournisssent le même avantage, tout en comportant beaucoup moins de risques, notamment au niveau des effets de bord.

3 La compilation conditionnelle

Un certain nombre de directives permettent d'incorporer ou d'exclure des portions du fichier source dans le texte qui est analysé par le préprocesseur. Ces directives se classent en deux catégories en fonction de la condition qui régit l'incorporation :

- existence ou inexistence de symboles ;
- valeur d'une expression.

3.1 Incorporation liée à l'existence de symboles

Considérons la construction suivante :

```
#ifdef symbole
  .....
#else
  .....
#endif
```

Elle demande d'incorporer le texte figurant entre les deux lignes *#ifdef* et *#else* si le symbole indiqué est effectivement défini au moment où l'on rencontre *#ifdef*. Dans le cas contraire, c'est le texte figurant entre *#else* et *#endif* qui sera incorporé. La directive *#else* peut, naturellement, être absente (comme dans l'exemple donné au paragraphe 6.2 du chapitre 11).

De façon comparable :

```
#ifndef symbole
  .....
#else
  .....
#endif
```

demande d'incorporer le texte figurant entre les deux lignes *#ifndef* et *#else* si le symbole indiqué n'est pas défini. Dans le cas contraire, c'est le texte figurant entre *#else* et *#endif* qui sera incorporé.

Notez bien que, pour qu'un tel symbole soit effectivement défini pour le préprocesseur, il doit faire l'objet d'une directive *#define*. Notamment, ne confondez pas ces symboles avec d'éventuelles variables qui pourraient être déclarées par des instructions C++ classiques, et qui, quant à elles, ne sont absolument pas connues du préprocesseur.

Voici un exemple d'utilisation de ces directives :

```
#define MISEAUPOINT
   .....
#ifdef MISEAUPOINT
   instructions 1
#else
   instructions 2
#endif
```

Ici, les instructions 1 seront incorporées par le préprocesseur, tandis que les instructions 2 ne le seront pas. En revanche, il suffirait de supprimer la directive *#define MISEAUPOINT* pour aboutir au résultat contraire.

Remarque

Comme nous l'avons déjà dit, ces définitions de symboles sont fréquemment utilisées dans les fichiers en-tête standards. Ils permettent notamment d'inclure, depuis un fichier en-tête donné, un autre fichier en-tête, en s'assurant que ce dernier n'a pas déjà été inclus (afin d'éviter la duplication de certaines instructions risquant de conduire à des erreurs de compilation). La même technique peut s'appliquer à vos propres fichiers en-tête.

3.2 Incorporation liée à la valeur d'une expression

Considérons cette construction :

```
#if condition
 .....
#else
 .....
#endif
```

Elle permet d'incorporer l'une des deux parties du texte, suivant la valeur de la condition indiquée.

En voici un exemple d'utilisation :

```
#define CODE 1
   .....
#if CODE == 1
   instructions 1
#endif
#if CODE == 2
   instructions 2
#endif
```

Ici, ce sont les instructions *1* qui seront incorporées par le préprocesseur. Mais il s'agirait des instructions *2* si nous remplacions la première directive par :

```
#define CODE 2
```

Notez qu'il existe également une directive *#elif* qui permet de condenser les choix imbriqués. Par exemple, nos précédentes instructions pourraient s'écrire :

```
#define CODE 1
   .....
#if CODE == 1
   instructions 1
#elif CODE == 2
   instructions 2
#endif
```

D'une manière générale, la condition mentionnée dans ces directives *#if* et *#elif* peut faire intervenir n'importe quels symboles définis pour le préprocesseur et des opérateurs relationnels, arithmétiques ou logiques. Ces derniers se notent exactement de la même manière qu'en langage C++.

En outre, il existe un opérateur noté *defined*, utilisable uniquement dans les conditions destinées au préprocesseur (*if* et *elif*). Ainsi, l'exemple donné à la fin de la section 3.1 pourrait également s'écrire :

```
#define MISEAUPOINT
   .....
#if defined(MISEAUPOINT)
   instructions 1
#else
   instructions 2
#endif
```

D'une manière générale, les directives de test de la valeur d'une expression peuvent s'avérer précieuses :

- Pour introduire dans un fichier source des instructions de mise au point que l'on pourra ainsi introduire ou supprimer à volonté du module objet correspondant. Par une intervention mineure au niveau du source lui-même, il est possible de contrôler la présence ou l'absence de ces instructions dans le module objet correspondant, et ainsi, de ne pas le pénaliser en taille mémoire lorsque le programme est au point.
- Pour adapter un programme unique à différents environnements. Les paramètres définissant l'environnement sont alors exprimés dans des symboles du préprocesseur.

4 La définition de synonymes avec typedef

En C++, le type d'une variable se définit par une instruction de déclaration associant un déclarateur à un spécificateur de type. Dans les cas les plus simples, le déclarateur correspond à l'idenficateur de la variable, comme dans :

```
int n ; /* le "spécificateur de type" int est associé au "déclarateur" n, */
        /*   formé, ici, d'un simple identificateur de variable          */
```

Mais le déclarateur ne se réduit pas toujours à un identificateur :

```
int v[3] ; /* le "spécificateur de type" int est associé au "déclarateur" v[3]  */
```

Une telle déclaration s'interprète ainsi :

- v[3] est de type int ;
- donc v est un tableau de 3 int.

Certes, le nom de type correspondant à *v* est *int[3]*. Mais sauf dans certains cas particuliers (opérateur de cast ou *sizeof*), ce nom de type ne peut pas être utilisé tel quel ; en particulier, il est impossible d'en faire un spécificateur de type, en écrivant :

```
int[3] v ;    /* incorrect même s'il semble que v est de type int[3] */
```

Précisément, l'instruction de déclaration *typedef* permet de donner un nom à un type quelconque, aussi complexe soit-il, puis d'utiliser ce nom comme spécificateur de type pour simplifier la déclaration d'objets de ce type ou d'un type dérivé. On dit souvent que *typedef* permet de définir des synonymes de types. On notera bien que *typedef* ne crée pas de nouveau type à proprement parler.

Nous vous proposons d'examiner trois exemples d'utilisation de cette instruction.

4.1 Définition d'un synonyme de *int*

Une déclaration telle que :

```
int entier ;
```

définit l'identificateur entier comme une variable de type *int*.

Si l'on fait précéder cette déclaration du mot clé *typedef* :

```
typedef int entier ;
```

on définit entier comme étant un identificateur de synonyme du type *int*. Ce synonyme peut ensuite être utilisé pour déclarer des objets de ce type ou d'un type dérivé, comme dans :

```
entier n, p ;          /* n et p sont de type int */
entier *ad1, *ad2 ;    /* ad1 et ad2 sont du type pointeur sur int */
```

En fait, on obtiendrait un résultat comparable en définissant le symbole entier par *#define* :

```
#define entier int
```

Comme on peut le voir sur ces exemples, l'intérêt de *typedef* reste limité dans le cas des types de base, puisqu'il permet simplement dans les déclarations ultérieures de remplacer un spécificateur de type par un autre qui lui est synonyme. Considérons maintenant des exemples plus intéressants.

4.2 Définition d'un synonyme de *int* *

Une déclaration telle que :

```
int *ptr_int ;
```

définit l'identificateur ptr_int comme une variable du type pointeur sur des int. Si l'on fait précéder cette déclaration du mot clé typedef :

```
typedef int *ptr_int ;
```

on définit l'identificateur ptr_int comme étant un synonyme du type int *. Ce synonyme peut ensuite être utilisé pour déclarer des objets de ce type, comme dans :

```
ptr_int p1, p2 ;       /* p1 et p2 sont des pointeurs sur des int */
```

Qui plus est, le synonyme défini par typedef peut être utilisé dans une déclaration faisant intervenir n'importe quelle sorte de déclarateur ; par exemple, avec :

```
ptr_int adi, *t[10] ;
```

- *adi* est un pointeur sur un *int* ;
- **t[10]* est un pointeur sur un *int* ;
- *t[10]* est un pointeur sur un pointeur sur un *int* ;
- *t* est un tableau de 10 pointeurs sur un pointeur sur un *int*.

On notera bien que, cette fois, il ne serait pas possible d'aboutir au même résultat avec #define puisque, avec :

```
#define ptr_int int *
```

la déclaration :

```
ptr_int p1, p2 ;
```

conduirait, après prétraitement, à :

```
int * p1, p2 ;  /* p1 serait bien un pointeur sur un int, mais p2 serait un int */
```

Quant à la déclaration :

```
ptr_int adi, *t[10] ;
```

elle deviendrait :

```
int * adi, *t[10] ; / t serait un tableau de pointeurs sur un int */
```

4.3 Définition d'un synonyme de *int[3]*

Une déclaration telle que :

```
int vect[3] ;
```

définit l'identificateur *vect* comme étant du type tableau de 3 entiers.

Si l'on fait précéder cette déclaration du mot clé *typedef* :

```
typedef int vect[3] ;
```

on définit l'identificateur *vect* comme étant un synonyme du type tableau de 3 entiers. Ce synonyme peut ensuite être utilisé pour déclarer des objets de ce type, comme dans :

```
vect v1, v2 ;   /* v1 et v2 sont des tableaux de 3 int */
```

ou même dans :

```
vect *ad_v ;      /* ad_v est un pointeur sur des tableaux de 3 int */
```

Ici l'utilisation de #define ne serait guère satisfaisante puisque, avec :

```
#define vect int [3]
```

nos déclarations précédentes deviendraient :

```
int [3] v1, v2 ;    /* incorrecte et sans signification */
int [3] * ad_v ;    /* incorrecte et sans signification */
```

Remarque

En C++, *typedef* reste utilisé dans les fichiers en-tête de la bibliothèque standard héritée du C. Par exemple *size_t* correspond à un synonyme d'un type entier (*short*, *int* ou *long*) choisi suivant l'implémentation, de façon à permettre la conservation de la longueur de n'importe quelle zone mémoire.

En C

En langage C, le mot *struct* était obligatoire dans les déclarations de structure. Dans beaucoup de codes (dont les déclarations de la bibliothèque standard) on faisait alors appel à *typedef* pour « raccourcir » l'écriture. Ainsi, on utilisait :

```
struct article { int numero, qte ;
                 float prix ;
               } ;
```

pour définir un type structure de nom *struct article*. Avec :

```
typedef struct article { int numero, qte ;
                         float prix ;
                       } s_article ;
```

on définissait l'identificateur *s_article* comme étant un synonyme du type *struct article*, de sorte qu'on pouvait ensuite déclarer :

```
s_article art1, art2 ;
```

Annexes

Annexe A

Règles de recherche d'une fonction surdéfinie

Voici l'ensemble des règles présidant à la mise en correspondance d'arguments lors de l'appel d'une fonction surdéfinie ou d'un opérateur. Nous commencerons par voir comment s'établit la liste des « fonctions candidates ». Nous décrirons ensuite l'algorithme utilisé pour choisir la bonne fonction, en examinant tout d'abord le cas particulier des fonctions à un argument, avant de voir comment il se généralise aux fonctions à plusieurs arguments.

N.B. Comme nous l'avons signalé dans les chapitres correspondants, ces règles ne s'appliquent pas intégralement à l'instanciation d'une fonction patron.

1 Détermination des fonctions candidates

Pour résoudre un appel donné de fonction, on établit une liste de « fonctions candidates » ; il s'agit de toutes les fonctions ayant le nom voulu :

- situées dans la portée courante ;
- situées dans les espaces de noms introduits par une directive *using* (de la forme *using namespace xxx*) ;
- introduites par une instruction *using* (de la forme *using x::f*) : on introduit alors toutes les fonctions de même nom (ici *f*) de l'espace de nom mentionné (ici *x*) ;
- situées dans les espaces de noms dans lesquels se situent les arguments effectifs de l'appel.

On notera que les droits d'accès à la fonction (publique, privée, protégée) n'interviennent pas dans cette détermination des fonctions candidates.

Après avoir décrit la démarche employée pour les fonctions à un seul argument, nous verrons comment elle se généralise aux fonctions à plusieurs arguments.

2 Algorithme de recherche d'une fonction à un seul argument

2.1 Recherche d'une correspondance exacte

Dans la recherche d'une correspondance exacte :

- On distingue bien les différents types entiers (*char*, *short*, *int* et *long*) avec leur attribut de signe ainsi que les différents types flottants (*float*, *double* et *long double*). Notez que, assez curieusement, *char* est à la fois différent de *signed char* et de *unsigned char* (alors que dans une implémentation donnée[1], *char* est équivalent à l'un de ces deux types !).
- On ne tient pas compte des éventuels qualificatifs *volatile* et *const*, avec deux exceptions pour *const* :
  - On distingue un pointeur de type *t* * (*t* étant un type quelconque) d'un pointeur de type *const t* *, c'est-à-dire un pointeur sur une valeur constante de type *t*.

    Plus précisément, il peut exister deux fonctions, l'une pour le type *t* *, l'autre pour le type *const t* *. La présence ou l'absence du qualificatif *const* permettra de choisir la bonne fonction.

    S'il n'existe qu'une seule de ces deux fonctions correspondant au type *const t* *, *t* * constitue quand même une correspondance exacte pour *const t* * (là encore, cela se justifie par le fait que le traitement prévu pour quelque chose de constant peut s'appliquer à quelque chose de non constant). En revanche, s'il n'existe qu'une fonction correspondant au type *t* *, *const t* * ne constitue pas une correspondance exacte pour ce type *t* * (ce qui signifie qu'on ne pourra pas appliquer à quelque chose de constant le traitement prévu pour quelque chose de non constant).
  - On distingue le type *t &* (*t* étant un type quelconque et *&* désignant un transfert par référence) du type *const t &*. Le raisonnement précédent s'applique en remplaçant simplement *t* * par *t &*[2].

1. Du moins pour des options de compilation données.

2. En toute rigueur, on distingue également *volatile t* * de *t* * et *volatile t &* de *t &*.

S'il existe une fonction réalisant une correspondance exacte, la recherche s'arrête là et la fonction trouvée est appelée, à condition qu'elle soit accessible (ce qui ne serait par exemple pas le cas pour une fonction privée d'une classe A, appelée depuis une fonction non membre de A). On notera qu'à ce niveau, un telle fonction est obligatoirement unique. Dans le cas contraire, les déclarations des différentes fonctions auraient en effet été rejetées lors de leur compilation (par exemple, vous ne pourrez jamais définir *f(int)* et *f(const int)* ou encore *f(int)* et *f(int &)*).

2.2 Promotions numériques

Si la recherche précédente n'a pas abouti, on effectue une nouvelle recherche, en faisant intervenir les conversions suivantes :

char, signed char, unsigned char, short –> int

unsigned short –> int ou *unsigned int*[1]

enum –> int

float –> double

Rappelons que ces conversions ne peuvent pas être appliquées à une transmission par référence (*T &*), sauf s'il s'agit d'une référence à une constante[2] (*const T &*).

Ici encore, si une fonction est trouvée, elle est obligatoirement unique.

2.3 Conversions standard

Si la recherche n'a toujours pas abouti, on fait intervenir les conversions standard suivantes :

- type numérique en un autre type numérique (y compris des conversions « dégradantes » ; ainsi, un *float* conviendra là où un *int* est attendu) ;
- *enum* en un autre type numérique ;
- 0 –> numérique ;
- 0 –> pointeur quelconque ;
- pointeur quelconque –> *void **[3] ;
- pointeur sur une classe dérivée –> pointeur sur une classe de base.

1. Selon qu'un *int* suffit ou non à accueillir un *unsigned short* (il ne le peut pas lorsque *short* et *int* correspondent au même nombre de bits).

2. Le qualificatif *volatile* ne doit pas être employé dans ce cas.

3. La conversion inverse n'est pas prévue. Cela est cohérent avec le fait qu'en C++ ANSI, contrairement à ce qui se passe en C ANSI, un pointeur de type *void ** ne peut pas être affecté à un pointeur quelconque.

Ici encore, ces conversions ne peuvent pas être appliquées à une transmission par référence (*T &*), sauf s'il s'agit d'une référence à une constante[1] (*const T &*).

Cette fois, il est possible que plusieurs fonctions conviennent. Il y a alors ambiguïté, excepté dans certaines situations :

- la conversion d'un pointeur sur une classe dérivée en un pointeur sur une classe de base est préférée à la conversion en *void ** ;
- si C dérive de B et B dérive de A, la conversion *C ** en *B ** est préférée à la conversion en *A ** ; il en va de même pour la conversion *C &* en *B &* qui est préférée à la conversion en *A &*.

2.4 Conversions définies par l'utilisateur

Si aucune fonction ne convient, on fera intervenir les « conversions définies par l'utilisateur » (C.D.U.).

Une seule C.D.U. pourra intervenir, mais elle pourra être associée à d'autres conversions. Toutefois, lorsqu'une chaîne de conversions peut être simplifiée en une chaîne plus courte, seule cette dernière est considérée. Par exemple, dans *char –> int –> float* et *char -> float* , on ne considère que *char -> float*. Ici encore, si plusieurs combinaisons de conversions existent (après les éventuelles simplifications évoquées), le compilateur refusera l'appel à cause de son ambiguïté.

2.5 Fonctions à arguments variables

Lorsqu'une fonction a prévu des arguments de types quelconques (notation « ... »), n'importe quel type d'argument effectif convient.

Notez bien que cette possibilité n'est examinée qu'en dernier. Cette remarque prendra tout son intérêt dans le cas de fonctions à plusieurs arguments.

2.6 Exception : cas des champs de bits

Lorsqu'un argument effectif est un champ de bits, il est considéré comme un *int* dans la recherche de la meilleure fonction. Si l'unique fonction sélectionnée reçoit cet argument par référence (*int &*), elle est rejetée et l'on aboutit à une erreur[2] sauf, là encore, s'il s'agit d'une référence à une constante (*const int &*).

---

1. Le qualificatif *volatile* ne doit pas être employé dans ce cas.

2. On notera bien que le rejet a lieu en fin de processus ; en particulier, aucune recherche n'est faite pour trouver de moins bonnes correspondances.

3 Fonctions à plusieurs arguments

Le compilateur recherche une fonction « meilleure » que toutes les autres. Pour ce faire, il applique les règles de recherche précédentes à chacun des arguments, ce qui le conduit à sélectionner, pour chaque argument, une ou plusieurs fonctions réalisant la meilleure correspondance. Cette fois, il peut y en avoir plusieurs car la détermination finale de la bonne fonction n'est pas encore faite (toutefois, si aucune fonction n'est sélectionnée pour un argument donné, on est déjà sûr qu'aucune fonction ne conviendra). Ensuite, parmi toutes les fonctions ainsi sélectionnées, le compilateur détermine celle, si elle existe et si elle est unique, qui réalise la meilleure correspondance, c'est-à-dire celle pour laquelle la correspondance de chaque argument est égale ou supérieure à celle des autres[1].

Remarque

Les fonctions comportant un ou plusieurs arguments par défaut sont traitées comme si plusieurs fonctions différentes avaient été définies avec un nombre croissant d'arguments.

4 Fonctions membres

Un appel de fonction membre (non statique[2]) peut être considéré comme un appel d'une fonction ordinaire, auquel s'ajoute un argument effectif ayant le type de l'objet qui a effectué l'appel. Toutefois, cet argument **n'est pas soumis aux règles de correspondance** dont nous parlons ici. En effet, c'est son type qui détermine la fonction membre à appeler, en tenant compte éventuellement :

- du mécanisme d'héritage ;
- des attributs *const* et *volatile* : il est possible de distinguer une fonction membre agissant sur des objets constants d'une fonction membre agissant sur des objets non constants. Une fonction membre constante peut toujours agir sur des objets non constants ; la réciproque est bien sûr fausse. La même remarque s'applique à l'attribut *volatile*.

1. Cela revient à dire, en termes ensemblistes, qu'on considère l'intersection des différents ensembles formés des fonctions réalisant la meilleure correspondance pour chaque argument. Cette intersection doit comporter exactement un élément.

2. Une fonction membre statique ne comporte aucun argument implicite de type classe.

Annexe B

Compléments sur les exceptions

Comme nous l'avons examiné au chapitre 23, le mécanisme proposé par C++ pour la gestion des exceptions permet de poursuivre l'exécution du programme après le traitement d'une exception[1]. On a vu qu'alors les différentes sorties de blocs provoquées par le transfert du point de déclenchement de l'exception à celui de son traitement sont convenablement prises en compte : les objets automatiques entièrement construits au moment de la détection de l'exception sont convenablement détruits (avec appel de leur destructeur) s'ils deviennent hors de portée. Néanmoins, aucune gestion de cette sorte n'existe pour les objets ou les emplacements alloués dynamiquement. Après avoir illustré les problèmes que cela peut poser, nous verrons comment les résoudre en utilisant une technique dite de « gestion des ressources par initialisation » ou, dans certains cas, en recourant à des pointeurs intelligents (*auto_ptr*).

1 Les problèmes posés par les objets automatiques

Voici un petit exemple montrant les problèmes que peuvent poser la poursuite de l'exécution après détection d'une exception. Il s'agit d'une modification de la fonction *f* de l'exemple du paragraphe 3.1 du chapitre 23 ; il se fonde sur les mêmes classes *vect* et *vect_creation*. La

1. Rappelons toutefois qu'il ne s'agit pas véritablement d'une reprise de l'exécution, mais simplement d'une poursuite, après le bloc *try* concerné.

principale différence vient de ce que la fonction *f* y alloue dynamiquement un objet de type *vect* :

```
void f(int)
{ try
   { v1 = new vect(5) ; // allocation dynamique d'un objet v1 de type vect
                        //    de 5 éléments
     v1[n] = 0 ;        // OK pour 0 <= n < 5 ; exception vect_limite sinon
     delete v1 ;        // v1 sera convenablement détruit en cas de fin
                        // normale du bloc try
   }
   catch (vect_limite vl)
   { .....              // instructions de gestion de l'exception vect_limite
   }
   .....                // instructions exécutées dans tous les cas :
   .....                // s'il n'y a pas eu exception v1 a été détruit
   .....                // s'il y a eu exception, v1 n'a pas été détruit
}
```

On voit que l'objet *v1* n'est pas détruit dès lors qu'une exception de type *vect_limite* a été déclenchée. Bien entendu, dans cet exemple simpliste, on pourrait encore prévoir de le faire dans le gestionnaire *catch (vect_limite)*. On pourrait même, après cette destruction, redéclencher l'exception par *throw*. En pratique, les choses seront rarement aussi simples et il ne sera pas toujours possible de savoir à coup sûr quels objets doivent être détruits, même dans le cas d'un gestionnaire local.

2 La technique de gestion de ressources par initialisation

D'une manière générale, on peut dire que la poursuite de l'exécution après traitement d'une exception pose un problème d'*acquisition de ressource* dont la libération peut ne pas être réalisée. On range sous ce terme d'acquisition de ressource toute action qui nécessite une action contraire pour la bonne poursuite des opérations. On peut y trouver des actions aussi diverses que :

- création dynamique d'un objet ;
- allocation dynamique d'un emplacement mémoire ;
- ouverture d'un fichier ;
- verrouillage d'un fichier en écriture ;
- établissement d'une connexion, par exemple avec un site *web* ;
- ouverture d'une session de communication avec un utilisateur distant.

Si l'on souhaite que toute ressource acquise dans un programme soit convenablement libérée, il est nécessaire qu'en cas d'exception, quelle qu'elle soit, on puisse libérer les ressources déjà acquises et uniquement celles-là. Comme le laisse pressentir l'exemple précédent, les choses peuvent devenir extrêmement complexes dès que le programme prend quelque importance. En effet, toute utilisation d'une ressource doit se faire dans un bloc *try*, assorti de gestionnaires interceptant toutes les exceptions possibles (les redéclenchant éventuellement par *throw*) et capables de libérer les ressources en question.

En fait, il existe une démarche dite « *gestion de ressources par initialisation* »[1] qui s'appuie sur l'appel automatique du destructeur des objets automatiques. Elle consiste simplement à faire acquérir une ressource dans un constructeur d'une classe spécifiquement créé à cet effet, la libération de la ressource se faisant dans le destructeur de cette même classe. Par exemple, on sera amené à créer une classe telle que :

```
class ressource1
{ public :
   ressource1 (...)
     { // acquisition de la ressource 1
     }
   ~ressource1 ()
     { // libération de la ressource 1
     }
} ;
```

Un programme ayant besoin d'acquérir la ressource correspondante se présentera ainsi :

```
{ .....
  ressource 1 (...) ;  // acquisition de la ressource 1 par appel du
                       // constructeur de la classe ressource1
  .....
}
```

Le bloc précédent peut être ou non un bloc *try*. Dans tous les cas de sortie de ce bloc (que ce soit naturellement ou suite à une exception dont le gestionnaire peut se trouver dans n'importe quel bloc englobant), il y aura appel du destructeur *~ressource1* et donc libération de la *ressource 1*.

Il faut cependant s'assurer qu'aucun problème ne risque de se poser si le constructeur de *ressource1* déclenche lui-même une exception. Dans ce cas, en effet, *~ressource1* ne sera pas appelé (puisqu'en cas d'exception, il n'y a appel que des destructeurs des objets **entièrement créés**) et la ressource ne sera pas libérée. Si un tel problème risque d'apparaître, c'est probablement que le constructeur associé à une ressource fait plus qu'acquérir une ressource. Il faut alors chercher à isoler l'acquisition de ressource dans un sous-objet, comme dans cet exemple :

```
class ressource1
{ public :
    ressource1 (...) : acquis_ressource1 (...)
    { // traitement à réaliser après l'acquisition de ressource
    }
} ;
```

1. On parle souvent, en anglais de R.A.I.I. (Ressource Acquisition Is Initialization).

```
class acquis_ressource1
{ public :
   alloc_ressource1 (...)
   { .....   // censé ne pas déclencher d'exception
   }
   ~alloc_ressource1 ()
   { .....
   }
} ;
```

Cette fois, aucun problème ne se pose plus si une exception est déclenchée pendant le traitement effectué dans *ressource1*, après l'acquisition de la ressource.

3 Le concept de pointeur intelligent : la classe *auto_ptr*

Parmi les différentes ressources nécessaires à un programme, la plus importante est généralement la mémoire. Nous venons de voir comment la technique de gestion de ressources par initialisation permet de gérer convenablement les situations d'exception. La bibliothèque standard du C++ propose un autre outil sous la forme de pointeurs intelligents procurés par le patron de classes *auto_ptr*. L'idée consiste à associer, dans un objet de type *auto_ptr*, un objet pointé à la variable pointeur qui en contient l'adresse : si la variable devient hors de portée, on détruit automatiquement l'objet pointé. Pour qu'un tel mécanisme puisse être mis en œuvre, il faut respecter une contrainte importante, à savoir n'associer un objet donné qu'à une seule variable pointeur à la fois. C'est pourquoi, après copie d'objets de type *auto_ptr*, seul l'objet recevant la copie reste associé à la partie pointée, l'autre en ayant perdu le lien (on dit parfois qu'un seul objet de type *auto_ptr* est propriétaire de la partie pointée). Cette particularité s'applique aussi bien au constructeur par recopie qu'à l'affectation.

Comme on peut s'y attendre, le patron de classes *auto_ptr* est paramétré par le type de l'objet pointé. On peut construire un pointeur intelligent à partir de la valeur d'un pointeur usuel :

```
double * add ;
  .....
auto_ptr<double> apd1(add) ;          // auto_ptr sur le double pointé par add
auto_ptr<double> apd2(new double) ; // auto_ptr sur un double qu'on a
                                      // a alloué dynamiquement
```

On peut aussi construire un pointeur intelligent, sans l'initialiser :

```
auto_ptr<double> apd ;       // auto_ptr sur un double
```

Dans ce cas, *apd* ne pourra être utilisé qu'après qu'on lui aura affecté la valeur d'un autre objet de type *auto_ptr<double>*.

Voici deux exemples complets de programmes illustrant l'emploi de ces pointeurs intelligents[1] :

```
#include <iostream>
#include <memory>     // pour la classe auto_ptr
#include <vector>
using namespace std ;

main()
{ auto_ptr<vector<int> > apvi2 ;
  { int v[] = {1, 2, 3, 4, 5} ;
    auto_ptr<vector<int> > apvi1(new vector<int> (v, v+5)) ;
    (*apvi1)[2] = 12 ;
    cout << (*apvi1)[1] << " " << (*apvi1)[2] << "\n" ; // affiche 2 12
    apvi2 = apvi1 ;   // apvi1 et apvi2 pointent sur le meme vector
                      // mais seul apvi2 est proprietaire du vector pointe
    (*apvi1)[2] = 20 ;    // OK
    cout << (*apvi2)[1] << " " << (*apvi2)[2] << "\n" ; // affiche 2 20
  }
  // ici apvi1 n'existe plus, mais le vector pointe appartient a vpi2
  // cout << (*apvi1)[1] ;  conduirait a une erreur de compilation
  cout << (*apvi2)[1] << " " << (*apvi2)[2] << "\n" ; // affiche toujours 2 20
}
// ici apvi2 n'existe plus et le vector pointe est detruit
```

Exemple d'utilisation de pointeurs intelligents (1)

```
#include <iostream>
#include <memory>     // pour la classe auto_ptr
using namespace std ;

class point
{ public :
   int x, y ;    // champs exceptionnellement publics ici
   point(int abs=0, int ord=0) : x(abs), y(ord)
   {cout <<"construction point " << x << " " << y << " " << "\n" ;
   }
   ~point()
   {cout <<"destruction point " << x << " " << y << " " << "\n" ;
   }
   void affiche () { cout << "coordonnees : " << x << " " << y << "\n" ;
   }
} ;
```

1. Dans les deux cas, nous avons introduit artificiellement un bloc d'instructions pour mieux montrer le fonctionnement des pointeurs intelligents.

```
main()
{ auto_ptr<point> ap1 ;
  { auto_ptr<point> ap2 (new point(1, 2)) ;
    (*ap2).affiche() ;  // ou ap2->affiche() ;
    ap1 = ap2 ;     // ap1 et ap2 pointe sur le meme point
                    // mais seul ap1 en est maintenant proprietaire
    ap2->x=12 ;      // on modifie l'objet par le biais de ap2
  }
  // ici ap2 n'existe plus ; une tentative d'utilisation telle
  //  que ap2-> affiche() serait rejetee en compilation
  // mais l'objet pointe n'a pas ete detruit
  ap1->affiche() ;   // ap1 pointe toujours sur le point
}
```

Exemple d'utilisation de pointeurs intelligents (2)

Remarques

1 Les pointeurs intelligents sont utilisables en dehors du contexte de gestion des exceptions, même si c'est dans cette situation qu'ils se révèlent le plus utile.

2 Les méthodes exposées précédemment pour acquérir une ressource règlent convenablement le problème de leur libération. Malgré tout, il reste possible de créer un objet dans un état tel que son utilisation pose problème. Citons quelques exemples :

– la création d'un objet comportant une partie dynamique peut avoir échoué pour cause de manque de mémoire ; le fait de gérer convenablement l'acquisition de ressource qu'est l'allocation mémoire n'empêche pas qu'on risque de fournir un objet avec un pointeur mal initialisé ; le même type de problème peut se poser en cas d'affectation entre objets comportant des parties dynamiques ;

– l'allocation de certaines ressources nécessaires à un objet peut avoir réussi, alors que d'autres auront échoué.

Si l'on souhaite que l'exécution du programme puisse se poursuivre après une exception, il est alors conseillé de ne créer que des objets *intègres*, c'est-à-dire dont l'utilisation ne comporte pas de risque, même si l'objet est incomplet.

Annexe C

Les différentes sortes de fonctions en C++

Nous vous fournissons ici la liste des différentes sortes de fonctions que l'on peut rencontrer en C++ en précisant, dans chaque cas, si elle peut être définie comme fonction membre ou amie, s'il existe une version par défaut, si elle est héritée et si elle peut être virtuelle.

Type de fonction	Membre ou amie	Version par défaut	Héritée	Peut être virtuelle
constructeur	membre	oui	non	non
destructeur	membre	oui	non	oui
conversion	membre	non	oui	oui
affectation	membre	oui	non	oui
()	membre	non	oui	oui
[]	membre	non	oui	oui
->	membre	non	oui	oui
new	membre statique	non	oui	oui
delete	membre statique	non	oui	oui
autre opérateur	l'un ou l'autre	non	oui	oui
autre fonction membre	membre	non	oui	oui
fonction amie	amie	non	non	non

Annexe D

Comptage de références

Nous avons vu que dès qu'un objet comporte une partie dynamique, il est nécessaire de procéder à des copies « profondes » plutôt qu'à des copies « superficielles », et ce aussi bien dans le constructeur de recopie que dans l'opérateur d'affectation. Cette façon de procéder conduit à ce que l'on pourrait nommer la *sémantique naturelle* de l'affectation et de la copie. Ainsi, avec :

```
vect a(5), b(12) ;  // a contient 5 éléments, b en contient 12
   .....
a = b ;         // a et b contiennent maintenant 12 éléments
                // mais, ils restent indépendants
a[2] = 12 ;  // la valeur de a[2] est modifiée, pas celle de b[2]
```

Mais il est possible d'éviter la duplication de cette partie dynamique en faisant appel à la technique du « compteur de références ». Elle consiste à compter, en permanence, le nombre de références à un emplacement dynamique, c'est-à-dire le nombre de pointeurs différents la désignant à un instant donné. Dans ces conditions, lorsqu'un objet est détruit, il suffit de n'en détruire la partie dynamique correspondante que si son compteur de références est nul, pour éviter les risques de libération multiple que nous avons souvent évoqués.

Cette technique conduit cependant à une sémantique totalement différente de la copie et de l'affectation :

```
vect a(5), b(12) ;  // a contient 5 éléments, b en contient 12
   .....
a = b ;         // a et b désignent maintenant le même vecteur de 12 éléments
                //  a[i] et b[i] désignent le même élément
a[2] = 12 ;  // la valeur de a[2] est modifiée ; il en va de même
                // de celle de b[2] puisqu'il s'agit du même élément
```

Pour mettre en œuvre cette technique, deux points doivent être précisés.

- L'emplacement du compteur de références :

  A priori, deux possibilités viennent à l'esprit : dans l'objet lui-même ou dans la partie dynamique associée à l'objet. La première solution n'est guère exploitable car elle obligerait à dupliquer ce compteur autant de fois qu'il y a d'objets pointant sur une même zone ; en outre, il serait très difficile d'effectuer la mise à jour des compteurs de tous les objets désignant la même zone. Manifestement donc, le compteur de référence doit être associé non pas à un objet, mais à sa partie dynamique.

- Les méthodes devant agir sur le compteur de références :

  Le compteur de références doit être mis à jour chaque fois que le nombre d'objets désignant l'emplacement correspondant risque d'être modifié. Cela concerne donc :

  – le constructeur de recopie : il doit initialiser un nouvel objet pointant sur un emplacement déjà référencé et donc incrémenter son compteur de références ;

  – l'opérateur d'affectation ; une instruction telle que a = b doit :

    - décrémenter le compteur de références de l'emplacement référencé par a et procéder à sa libération lorsque le compteur est nul ;

    - incrémenter le compteur de références de l'emplacement référencé par b.

  Bien entendu, il est indispensable que le constructeur de recopie existe et que l'opérateur d'affectation soit surdéfini. Le non-respect de l'une de ces deux conditions et l'utilisation des méthodes par défaut qui en découle entraîneraient des recopies d'objets sans mise à jour des compteurs de références...

Nous vous proposons un « canevas général » applicable à toute classe de type X possédant une partie dynamique de type T. Ici, pour réaliser l'association de la partie dynamique et du compteur associé, nous utilisons une structure de nom *partie_dyn*. La partie dynamique de X sera gérée par un pointeur sur une structure de type *partie_dyn*.

```
// T désigne un type quelconque (éventuellement classe)
struct partie_dyn      // structure "de service" pour la partie dynamique de l'objet
{  long nref ;           // compteur de référence associé
   T * adr ;             // pointeur sur partie dynamique (de type T)
} ;
class X
{   // membres donnée non dynamiques
    //   .....
   partie_dyn * adyn ;          // pointeur sur partie dynamique
   void decremente ()           // fonction "de service" - décrémente le
     { if (!--adyn->nref)       // compteur de référence et détruit
          {  delete adyn->adr ;  // la partie dynamique si nécessaire
             delete adyn ;
          }
     }
```

```
  public :
    X ( )                      // constructeur "usuel"
      { // construction partie non dynamique
        //   .....
        // construction partie dynamique
         adyn = new partie_dyn  ;
         adyn->adr = new T ;
         adyn->nref = 1 ;
      }
    X (X & x)           // constructeur de recopie
      { // recopie partie non dynamique
        //   .....
        // recopie partie dynamique
        adyn  = x.adyn ;
        adyn->nref++ ;                 // incrémentation compteur références
      }
    ~X ()                    // destructeur
      { decremente () ;
      }
    X & operator = (X & x)     // surdéfinition opérateur affectation
      { if (this != &x)               // on ne fait rien pour a=a
        // traitement partie non dynamique
        //   .....
        // traitement partie dynamique
          { decremente () ;
            x.adyn->nref++ ;
            adyn = x.adyn ;
          }
        return * this ;
      }
} ;
```

Un canevas général pour le « comptage de références »

Remarque

La classe *auto_ptr*, présentée à l'Annexe B, conduit à une autre forme de sémantique de copie et d'affectation : on y dispose toujours de plusieurs références à un même emplacement mémoire, mais une seule d'entre elles en est « propriétaire ».

En Java

La sémantique de l'affectation et de la copie correspond à celle induite par le comptage de références.

Annexe E

Les pointeurs sur des membres

Nous avons déjà vu au paragraphe 11 du chapitre 8, comment définir des pointeurs sur des fonctions (ordinaires). Mais C++ permet également de définir ce que l'on nomme des *pointeurs sur des membres*. Il s'agit d'une notion peu utilisée en pratique, ce qui justifie sa place en annexe. Elle s'applique théoriquement aux membres données comme aux membres fonctions, mais elle n'est presque jamais utilisée dans la première situation.

1 Les pointeurs sur des fonctions membres

Rappelons qu'on peut définir un pointeur sur une fonction usuelle, de la manière suivante :

```
int (*adf) (char, double) ; // adf pointe sur une fonction recevant deux arguments
                            //  (de type char et double) et renvoyant un int
```

Autrement dit, on caractérise la fonction en question par le type de ses arguments et par celui de sa valeur de retour. Dans le cas d'une fonction membre, sa caractérisation devra tenir compte de ce qu'elle se définit :

- d'une part, comme une fonction ordinaire, c'est-à-dire, ici encore, par le type de ses arguments et de sa valeur de retour ;
- d'autre part, d'après le type de la classe à laquelle elle s'applique, le type de l'objet l'ayant appelé constituant en quelque sorte le type d'un argument supplémentaire.

Ainsi, si une classe *point* comporte deux fonctions membres de prototypes :

```
void dep_hor (int) ;
void dep_vert (int) ;
```

la déclaration :

```
void (point::* adf) (int) ;
```

précisera que *adf* est un pointeur sur une fonction membre de la classe *point* recevant un argument de type *int*, et ne renvoyant aucune valeur. Les affectations suivantes seront alors possibles :

```
adf = point::dep_hor ;  // ou adf = & point::dep_hor ;
adf = point::dep_vert ;
```

Si *a* est un objet de type *point*, une instruction telle que :

```
(a.*adf) (3) ;
```

provoquera, pour le *point a*, l'appel de la fonction membre dont l'adresse est contenue dans *adf*, en lui transmettant en argument la valeur 3.

De même, si *adp* est l'adresse d'un objet de type *point* :

```
point *adp ;
```

l'instruction :

```
(adp ->*adf) (3) ;
```

provoquera, pour le *point* d'adresse *adp*, l'appel de la fonction membre dont l'adresse est contenue dans *adf*, en lui transmettant en argument la valeur 3.

On notera que, en toute rigueur, un *pointeur sur une fonction membre* ne contient pas une adresse, au même titre que n'importe quel pointeur. Il s'agit simplement d'une information permettant de localiser convenablement le membre en question à l'intérieur d'un objet donné ou d'un objet d'adresse donnée. C'est donc par abus de langage que nous parlons de l'adresse contenue dans *adf*.

D'autre part, les notations *a.(*adf)* ou *a->adf* n'ont ici aucune signification, contrairement à ce qui se produirait si *adf* était un pointeur usuel. En fait :

- l'expression **adf* n'a pas de signification ; on ne pourrait pas en stocker la valeur...
- .* et ->* sont de nouveaux opérateurs, indépendants de . et de ->.

2 Les pointeurs sur des membres données

Comme nous l'avons dit, cette notion est très rarement utilisée. On peut la considérer comme un cas particulier des pointeurs sur des fonctions membres.

Si une classe *point* comporte deux membres données *x* et *y* de type *int*, la déclaration :

```
int point::* adm ;
```

précisera que *adm* est un pointeur sur un membre donnée de type *int* de la classe *point*.

Les affectations suivantes seront alors possibles :

```
adm = &point::x ;  // adm pointe vers le membre x de la classe point
adf = &point::y ;  // adm pointe vers le membre y de la classe point
```

Si *a* est un objet de type *point*, l'expression *a.*adm* désignera le membre d'adresse contenue dans *adm* du point *a*. Ces instructions seront correctes :

```
a.*adm = 5 ;      // le membre d'adresse adm du point a reçoit la valeur 5
int n = a.*adm ; // n reçoit la valeur du membre du point a d'adresse adm
```

De même, si *adp* est l'adresse d'un objet de type *point* :

```
point *adp ;
```

l'expression *adp ->*adm* désignera le membre d'adresse *adm* pour le *point* dont l'adresse est contenue dans *adp*. Ces instructions seront correctes :

```
adp->*adm = 5 ;     // le membre d'adresse adm du point d'adresse adp
                    //    reçoit la valeur 5
int n = a->*adm ;   // n reçoit la valeur du membre d'adresse adm
                    //    du point d'adresse adp
```

Bien entendu, les remarques faites à propos de l'abus de langage consistant à parler d'adresse d'un membre restent valables ici. Il en va de même pour l'expression **adm* qui reste sans signification.

Remarque

Si *a* est un objet de type *point*, l'affectation suivante n'a pas de signification et elle est illégale :

```
adm = &a.x ;  // incorrecte
```

On notera que les deux opérandes de l'affectaion sont de types différents : pointeur sur un membre entier de point pour le premier, pointeur sur le membre *x* de l'objet *a* pour le second.

3 L'héritage et les pointeurs sur des membres

Nous venons de voir comment déclarer et utiliser des pointeurs sur des membres (fonctions ou données). Voyons ce que devient cette notion dans le contexte de l'héritage. Nous nous limiterons au cas le moins rare, celui des pointeurs sur des fonctions membres ; sa généralisation aux pointeurs sur des membres données est triviale.

Considérons ces deux classes :

```
class point
{     .....
  public :
      void dep_hor (int) ;
      void dep_vert (int) ;
      .....
} ;
```

```
class pointcol : public point
{     .....
  public :
      void colore (int) ;
      .....
} ;
```

Considérons ces déclarations :

```
void (point:: * adfp) (int) ;
void (pointcol:: * adfpc) (int) ;
```

Bien entendu, ces affectations sont légales :

```
adfp  = point::dep_hor ;
adfp  = point::dep_vert ;
adfpc = pointcol::colore ;
```

Il en va de même pour :

```
adfpc = pointcol::dep_hor ;
adfpc = pointcol::dep_vert ;
```

puisque les fonctions *dep_hor* et *dep_vert* sont également des membres de *pointcol*[1].

Mais on peut s'interroger sur la « compatibilité » existant entre *adfp* et *adfpc*. Autrement dit, lequel peut être affecté à l'autre ?

C++ à prévu la règle suivante :

> Il existe une conversion implicite d'un pointeur sur une fonction membre d'une classe, en un pointeur sur une fonction membre (de même prototype) d'une classe ascendante.

Pour comprendre la pertinence de cette règle, il suffit de penser que ces pointeurs servent en définitive à l'appel de la fonction correspondante. Le fait d'accepter ici que *adfpc* reçoive une valeur du type pointeur sur une fonction membre de *point* (de même prototype), implique qu'on pourra être amené à appeler une fonction héritée de *point* pour un objet de type *pointcol*[2]. Cela ne pose donc aucun problème. En revanche, si l'on acceptait que *adfp* reçoive une valeur du type pointeur sur une fonction membre de *pointcol*, cela signifierait qu'on pourrait être amené à appeler n'importe quelle fonction de *pointcol* pour un objet de type *point*. Manifestement, certaines fonctions (celles définies dans *pointcol*, c'est-à-dire celles qui ne sont pas héritées de *point*) risqueraient de ne pas pouvoir travailler correctement !

Remarque

Si on se limite aux apparences (c'est-à-dire si on ne cherche pas à en comprendre les raisons profondes), cette règle semble diverger par rapport aux conversions implicites entre objets ou pointeurs sur des objets : ces dernières se font dans le sens dérivée -> base, alors que pour les fonctions membres elles ont lieu dans le sens base -> dérivée.

1. Pour le compilateur, *point::dep_hor* et *pointcol::dep_hor* sont de types différents. Cela n'empêche pas ces deux symboles de désigner la même adresse.

2. Car, bien entendu, une affectation telle que *adfpc = adfp* ne modifie pas le type de *adfpc*.

Annexe F

Les algorithmes standard

Cette annexe fournit le rôle exact des algorithmes proposés par la bibliothèque standard. Ils sont classés suivant les mêmes catégories que celles du chapitre 27 qui explique le fonctionnement de la plupart d'entre eux. La nature des itérateurs reçus en argument est précisée en utilisant les abréviations suivantes :

- *Ie :* Itérateur d'entrée ;
- *Is* : Itérateur de sortie ;
- *Iu* : Itérateur unidirectionnel ;
- *Ib* : Itérateur bidirectionnel ;
- *Ia* : Itérateur à accès direct.

Nous indiquons la complexité de chaque algorithme, dans le cas où elle n'est pas triviale. Comme le fait la norme, nous l'exprimons en un nombre précis d'opérations (éventuellement sous forme d'un maximum), plutôt qu'avec la notation de Landau, moins précise. Pour alléger le texte, nous avons convenu que lorsqu'une seule séquence est concernée, *N* désigne son nombre d'éléments ; lorsque deux séquences sont concernées, *N1* désigne le nombre d'éléments de la première et *N2* celui de la seconde. Dans quelques rares cas, d'autres notations seront nécessaires : elles seront alors explicitées dans le texte.

Notez que, par souci de simplicité, lorsque aucune ambiguïté n'existera, nous utiliserons souvent l'abus de langage qui consiste à parler des éléments d'un intervalle [*début*, *fin*) plutôt que des éléments désignés par cet intervalle. D'autre part, les prédicats ou fonctions de rappel prévus dans les algorithmes correspondent toujours à des objets fonction ; cela signifie qu'on peut recourir à des classes fonctions prédéfinies, à ses propres classes fonctions ou à des fonctions ordinaires.

1 Algorithmes d'initialisation de séquences existantes

FILL *void* **fill (*Iu* début, *Iu* fin, valeur)**

Place *valeur* dans l'intervalle [*début*, *fin*).

FILL_N *void* **fill_n (*Is* position, NbFois, valeur)**

Place *valeur NbFois* consécutives à partir de *position* ; les emplacements correspondants doivent exister.

COPY *Is* **copy (*Ie* début, *Ie* fin, *Is* position)**

Copie l'intervalle [*début*, *fin*), à partir de *position* ; les emplacements correspondants doivent exister ; la valeur de *position* (et seulement celle-ci) ne doit pas appartenir à l'intervalle [*début*, *fin*) ; si tel est le cas, on peut toujours recourir à *copy_backward* ; renvoie un itérateur sur la fin de l'intervalle où s'est faite la copie.

COPY_BACKWARD *Ib* **copy_backward (*Ib* début, *Ib* fin, *Ib* position)**

Comme *copy*, copie l'intervalle [*début*, *fin*), en progressant du dernier élément vers le premier, à partir de *position* qui désigne donc l'emplacement de la première copie, mais aussi la fin de l'intervalle ; les emplacements correspondants doivent exister ; la valeur de *position* (et seulement celle-ci) ne doit pas appartenir à l'intervalle [*début*, *fin*) ; renvoie un itérateur sur le début de l'intervalle (dernière valeur copiée) où s'est faite la copie ; cet algorithme est surtout utile en remplacement de *copy* lorsque le début de l'intervalle d'arrivée appartient à l'intervalle de départ.

GENERATE *void* **generate (*Iu* début, *Iu* fin, fct_gen)**

Appelle, pour chacune des valeurs de l'intervalle [*début*, *fin*), la fonction *fct_gen* et affecte la valeur fournie à l'emplacement correspondant.

GENERATE_N *void* **generate_n (*Iu* début, NbFois, fct_gen)**

Même chose que *generate*, mais l'intervalle est défini par sa position *début* et son nombre de valeurs *NbFois* (la fonction *fct_gen* est bien appelée *NfFois*).

SWAP_RANGES ***Iu* swap_ranges (*Iu* début_1, *Iu* fin_1, *Iu* début_2)**

Échange les éléments de l'intervalle [*début*, *fin*) avec l'intervalle de même taille commençant en *début_2*. Les deux intervalles ne doivent pas se chevaucher. Complexité : N échanges.

2 Algorithmes de recherche

FIND ***Ie* find (*Ie* début, *Ie* fin, valeur)**

Fournit un itérateur sur le premier élément de l'intervalle [*début*, *fin*) égal à *valeur* (au sens de ==) s'il existe, la valeur *fin* sinon ; (attention, il ne s'agit pas nécessairement de *end()*). Complexité : au maximum N comparaisons d'égalité.

FIND_IF ***Ie* find_if (*Ie* début, *Ie* fin, prédicat_u)**

Fournit un itérateur sur le premier élément de l'intervalle [*début*, *fin*) satisfaisant au prédicat unaire *prédicat_u* spécifié, s'il existe, la valeur *fin* sinon ; (attention, il ne s'agit pas nécessairement de *end()*). Complexité : au maximum N appels du prédicat.

FIND_END ***Iu* find_end (*Iu* début_1, *Iu* fin_1, *Iu* début_2, *Iu* fin_2)**

Fournit un itérateur sur le dernier élément de l'intervalle [*début_1*, *fin_1*) tel que les éléments de la séquence débutant en *début_1* soit égaux (au sens de ==) aux éléments de l'intervalle [*début_2*, *fin_2*). Si un tel élément n'existe pas, fournit la valeur *fin_1* (attention, il ne s'agit pas nécessairement de *end()*). Complexité : au maximum (N1- N2 + 1) * N2 comparaisons.

***Iu* find_end (*Iu* début_1, *Iu* fin_1, *Iu* début_2, *Iu* fin_2, prédicat_b)**

Fonctionne comme la version précédente, avec cette différence que la comparaison d'égalité est remplacée par l'application du prédicat binaire *prédicat_b*. Complexité : au maximum (N1- N2 + 1) * N2 appels du prédicat.

FIND_FIRST_OF

***Iu* find_first_of (*Iu* début_1, *Iu* fin_1, *Iu* début_2, *Iu* fin_2)**

Recherche, dans l'intervalle [*début_1*, *fin_1*), le premier élément égal (au sens de ==) à l'un des éléments de l'intervalle [*début_2*, *fin_2*). Fournit un itérateur sur cet élément s'il existe, la valeur de *fin_1*, dans le cas contraire. Complexité : au maximum N1 * N2 comparaisons.

***Iu* find_first_of (*Iu* début_1, *Iu* fin_1, *Iu* début_2, *Iu* fin_2, prédicat_b)**

Recherche, dans l'intervalle [*début_1*, *fin_1*), le premier élément satisfaisant, avec l'un des éléments de l'intervalle [*début_2*, *fin_2*) au prédicat binaire *prédicat_b*. Fournit un itérateur sur cet élément s'il existe, la valeur de *fin_1*, dans le cas contraire. Complexité : au maximum N1 * N2 appels du prédicat

ADJACENT_FIND

***Iu* adjacent_find (*Iu* début, *Iu* fin)**

Recherche, dans l'intervalle [*début*, *fin*), la première occurrence de deux éléments successifs égaux (==) ; fournit un itérateur sur le premier des deux éléments égaux, s'ils existent, la valeur *fin* sinon.

***Iu* adjacent_find (*Iu* début, *Iu* fin, prédicat_b)**

Recherche, dans l'intervalle [*début*, *fin*), la première occurrence de deux éléments successifs satisfaisant au prédicat binaire *prédicat_b* ; fournit un itérateur sur le premier des deux éléments, s'ils existent, la valeur *fin* sinon.

SEARCH ***Iu* search (*Iu* début_1, *Iu* fin_1, *Iu* début_2, *Iu* fin_2)**

Recherche, dans l'intervalle [*début_1*, *fin_1*), la première occurrence d'une séquence d'éléments identique (==) à celle de l'intervalle [*début_2*, *fin_2*). Fournit un itérateur sur le premier élément de cette occurrence, si elle existe, la fin *fin_1* sinon. Complexité : au maximum N1 * N2 comparaisons.

***Iu* search (*Iu* début_1, *Iu* fin_1, *Iu* début_2, *Iu* fin_2, prédicat_b)**

Fonctionne comme la version précédente de *search*, avec cette différence que la comparaison de deux éléments de chacune des deux séquences se fait par le prédicat binaire *prédicat_b*, au lieu de se faire par égalité. Complexité : au maximum N1 * N2 appels du prédicat.

SEARCH_N ***Iu* search_n (*Iu*début, *Iu* fin, NbFois, valeur)**

Recherche dans l'intervalle [*début*, *fin*), une séquence de *NbFois* éléments égaux (au sens de ==) à *valeur*. Fournit un itérateur sur le premier élément si une telle séquence existe, la valeur *fin* sinon. Complexité : au maximum N comparaisons.

***Iu* search_n (*Iu*début, *Iu* fin, NbFois, valeur, prédicat_b)**

Fonctionne comme la version précédente avec cette différence que la comparaison entre un élément et *valeur* se fait par le prédicat binaire *prédicat_b*, au lieu de se faire par égalité. Complexité : au maximum N applications du prédicat.

MAX_ELEMENT

***Iu* max_element (*Iu* début, *Iu* fin)**

Fournit un itérateur sur le premier élément de l'intervalle [*début, fin*) qui ne soit inférieur (<) à aucun des autres éléments de l'intervalle. Complexité : exactement N-1 comparaisons.

***Iu* max_element (*Iu* début, *Iu* fin, prédicat_b)**

Fonctionne comme la version précédente de *max_element*, mais en utilisant le prédicat binaire *prédicat_b* en lieu et place de l'opérateur <. Complexité : exactement N-1 appels du prédicat.

MIN_ELEMENT

***Iu* min_element (*Iu* début, *Iu* fin)**

Fournit un itérateur sur le premier élément de l'intervalle [*début, fin*), tel qu'aucun des autres éléments de l'intervalle ne lui soit inférieur (<). Complexité : exactement N-1 comparaisons.

***Iu* min_element (*Iu* début, *Iu* fin, prédicat_b)**

Fonctionne comme la version précédente de *min_element*, mais en utilisant le prédicat binaire *prédicat_b* en lieu et place de l'opérateur <. Complexité : exactement N-1 appels du prédicat.

3 Algorithmes de transformation d'une séquence

REVERSE ***void* reverse (*Ib* début, *Ib* fin)**

Inverse le contenu de l'intervalle [*début, fin*). Complexité exactement N/2 échanges.

REVERSE_COPY ***Is* reverse_copy (*Ib* début, *Ib* fin, *Is* position)**

Copie l'intervalle [*début, fin*), dans l'ordre inverse, à partir de *position* ; les emplacements correspondants doivent exister ; attention, ici *position* désigne donc l'emplacement de la première copie et aussi le début de l'intervalle ; renvoie un itérateur sur la fin de l'intervalle où s'est faite la copie. Les deux intervalles ne doivent pas se chevaucher. Complexité : exactement N affectations.

REPLACE ***void* replace (*Iu* début, *Iu* fin, anc_valeur, nouv_valeur)**

Remplace, dans l'intervalle [*début*, *fin*), tous les éléments égaux (==) à *anc_valeur* par *nouv_valeur*. Complexité : exactement N comparaisons.

REPLACE_IF ***void* replace_if (*Iu* début, *Iu* fin, prédicat_u, nouv_valeur)**

Remplace, dans l'intervalle [*début*, *fin*), tous les éléments satisfaisant au prédicat unaire *prédicat_u* par *nouv_valeur*. Complexité : exactement N applications du prédicat.

REPLACE_COPY

***Is* replace_copy (*Ie* début, *Ie* fin, *Is* position, anc_valeur, nouv_valeur)**

Recopie l'intervalle [*début*, *fin*) à partir de *position*, en remplaçant tous les éléments égaux (==) à *anc_valeur* par *nouv_valeur* ; les emplacements correspondants doivent exister. Fournit un itérateur sur la fin de l'intervalle où s'est faite la copie. Les deux intervalles ne doivent pas se chevaucher. Complexité : exactement N comparaisons.

REPLACE_COPY_IF

***Is* replace_copy_if (*Ie* début, *Ie* fin, *Is* position, prédicat_u, nouv_valeur)**

Recopie l'intervalle [*début*, *fin*) à partir de *position*, en remplaçant tous les éléments satisfaisant au prédicat unaire *prédicat_u* par *nouv_valeur* ; les emplacements correspondants doivent exister Fournit un itérateur sur la fin de l'intervalle où s'est faite la copie. Les deux intervalles ne doivent pas se chevaucher. Complexité : exactement N applications du prédicat.

ROTATE ***void* rotate (*Iu* début, *Iu* milieu, *Iu* fin)**

Effectue une permutation circulaire (vers la gauche) des éléments de l'intervalle [*début*, *fin*) dont l'ampleur est telle que, après permutation, l'élément désigné par *milieu* soit venu en *début*. Complexité : au maximum N échanges.

ROTATE_COPY ***Is* rotate_copy (*Iu* début, *Iu* milieu, *Iu* fin, *Is* position)**

Recopie, à partir de *position*, les éléments de l'intervalle [*début*, *fin*), affectés d'une permutation circulaire définie de la même façon que pour *rotate* ; les emplacements correspondants doivent exister. Fournit un itérateur sur la fin de l'intervalle où s'est faite la copie. Complexité : au maximum N affectations.

PARTITION ***Ib* partition (*Ib* début, *Ib* fin, Prédicat_u)**

Effectue une partition de l'intervalle [*début, fin*) en se fondant sur le prédicat unaire *prédicat_u* ; il s'agit d'une réorganisation telle que tous les éléments satisfaisant au prédicat arrivent avant tous les autres. Fournit un itérateur *it* tel que les éléments de l'intervalle [*début, it*) satisfont au prédicat, tandis que les éléments de l'intervalle [*it, fin*) n'y satisfont pas. Complexité : au maximum N/2 échanges et exactement N appels du prédicat.

STABLE_PARTITION ***Ib* stable_partition (*Ib* début, *Ib* fin, Prédicat_u)**

Fonctionne comme *partition*, avec cette différence que les positions relatives des différents éléments à l'intérieur de chacune des deux parties sont préservées. Complexité : exactement N appels du prédicat et au maximum N Log N échanges (et même k N si l'on dispose de suffisamment de mémoire).

NEXT_PERMUTATION

***bool* next_permutation (*Ib* début, *Ib* fin)**

Cet algorithme réalise ce que l'on nomme la « permutation suivante » des éléments de l'intervalle [*début, fin*). Il suppose que l'ensemble des permutations possibles est ordonné à partir de l'opérateur <, d'une manière lexicographique. On considère que la permutation suivant la dernière possible n'est rien d'autre que la première. Fournit la valeur *true* s'il existait bien une permutation suivante et la valeur *false* dans le cas où l'on est revenu à la première permutation possible. Complexité : au maximum N/2 échanges.

***bool* next_permutation (*Ib* début, *Ib* fin, prédicat_b)**

Fonctionne comme la version précédente, avec cette seule différence que l'ensemble des permutations possibles est ordonné à partir du prédicat binaire *prédicat_b*. Complexité : au maximum N/2 échanges.

PREV_PERMUTATION

***bool* prev_permutation (*Ib* début, *Ib* fin)**

***bool* prev_permutation (*Ib* début, *Ib* fin, prédicat_b)**

Ces deux algorithmes fonctionnent comme *next_permutation*, en inversant simplement l'ordre des permutations possibles.

RANDOM_SHUFFLE

***void* random_shuffle (*Ia* début, *Ia* fin)**

Répartit au hasard les éléments de l'intervalle [*début*, *fin*). Complexité : exactement N-1 échanges.

***void* random_shuffle (*Ia* début, *Ia* fin, générateur)**

Même chose que *random_shuffle*, mais en utilisant la fonction *générateur* pour générer des nombres au hasard. Cette fonction doit fournir une valeur appartenant à l'intervalle [0, *n*), *n* étant une valeur fournie en argument. Complexité : exactement N-1 échanges.

TRANSFORM

***Is* transform (*Ie* début, *Ie* fin, *Is* position, opération_u)**

Place à partir de *position* (les éléments correspondants doivent exister) les valeurs obtenues en appliquant la fonction unaire (à un argument) *opération_u* à chacune des valeurs de l'intervalle [*début*, *fin*). Fournit un itérateur sur la fin de l'intervalle ainsi rempli.

***Is* transform (*Ie* début_1, *Ie* fin_1, *Ie* début_2, *Is* position, opération_b)**

Place à partir de *position* (les éléments correspondants doivent exister) les valeurs obtenues en appliquant la fonction binaire (à deux arguments) *opération_b* à chacune des valeurs de même rang de l'intervalle [*début_1*, *fin_1*) et de l'intervalle de même taille commençant en *début_2*. Fournit un itérateur sur la fin de l'intervalle ainsi rempli.

4 Algorithmes de suppression

REMOVE ***Iu* remove (*Iu* début, *Iu* fin, valeur)**

Fournit un itérateur *it* tel que l'intervalle [*début*, *it*) contienne toutes les valeurs initialement présentes dans l'intervalle [*début*, *fin*), débarrassées de celles qui sont égales (==) à *valeur*. Attention, aucun élément n'est détruit ; tout au plus, peut-il avoir changé de valeur. L'algorithme est stable, c'est-à-dire que les valeurs non éliminées conservent leur ordre relatif. Complexité : exactement N comparaisons.

REMOVE_IF ***Iu* remove_if (*Iu* début, *Iu* fin, prédicat_u)**

Fonctionne comme *remove*, avec cette différence que la condition d'élimination est fournie sous forme d'un prédicat unaire *prédicat_u*. Complexité : exactement N appels du prédicat.

REMOVE_COPY ***Is* remove_copy (*Ie* début, *Ie* fin, *Is* position, valeur)**

Recopie l'intervalle [*début*, *fin*) à partir de *position* (les éléments correspondants doivent exister), en supprimant les éléments égaux (==) à *valeur*. Fournit un itérateur sur la fin de l'intervalle où s'est faite la copie. Les deux intervalles ne doivent pas se chevaucher. Comme *remove*, l'algorithme est stable. Complexité : exactement N comparaisons.

REMOVE_COPY_IF ***Is* remove_if (*Ie* début, *Ie* fin, *Is* position, prédicat_u)**

Fonctionne comme *remove_copy*, avec cette différence que la condition d'élimination est fournie sous forme d'un prédicat unaire *prédicat_u*. Complexité : exactement N appels du prédicat.

UNIQUE ***Iu* unique (*Iu* début, *Iu* fin)**

Fournit un itérateur *it* tel que l'intervalle [*début*, *it*) corresponde à l'intervalle [*début*, *fin*), dans lequel les séquences de plusieurs valeurs consécutives égales (==) sont remplacées par la première. Attention, aucun élément n'est détruit ; tout au plus, peut-il avoir changé de place et de valeur. Complexité : exactement N comparaisons.

***Iu* unique (*Iu* début, *Iu* fin, prédicat_b)**

Fonctionne comme la version précédente, avec cette différence que la condition de répétition est fournie sous forme d'un prédicat binaire *prédicat_b*. Complexité : exactement N appels du prédicat.

UNIQUE_COPY

***Is* unique_copy (*Ie* début, *Ie* fin, *Is* position)**

Recopie l'intervalle [*début*, *fin*) à partir de *position* (les éléments correspondants doivent exister), en ne conservant que la première valeur des séquences de plusieurs valeurs consécutives égales (==). Fournit un itérateur sur la fin de l'intervalle où s'est faite la copie. Les deux intervalles ne doivent pas se chevaucher. Complexité : exactement N comparaisons.

***Is* unique_copy (*Ie* début, *Ie* fin, *Is* position, prédicat_b)**

Fonctionne comme *unique_copy*, avec cette différence que la condition de répétition de deux valeurs est fournie sous forme d'un prédicat binaire *prédicat_u*. On notera que la décision d'élimination d'une valeur se fait toujours par comparaison avec la précédente et non avec la première d'une séquence ; cette remarque n'a en fait d'importance qu'au cas où le prédicat fourni ne serait pas transitif... Complexité : exactement N appels du prédicat.

5 Algorithmes de tri

SORT

***void* sort (*Ia* début, *Ia* fin)**

Trie les éléments de l'intervalle [*début*, *fin*), en se fondant sur l'opérateur <. L'algorithme n'est pas stable, c'est-à-dire que l'ordre relatif des éléments équivalents (au sens de <) n'est pas nécessairement respecté. Complexité : en moyenne N Log N comparaisons.

***void* sort (*Ia* début, *Ia* fin, fct_comp)**

Trie les éléments de l'intervalle [*début*, *fin*), en se fondant sur le prédicat binaire *fct_comp*. Complexité : en moyenne N Log N appels du prédicat.

STABLE_SORT

***void* stable_sort (*Ia* début, *Ia* fin)**

Trie les éléments de l'intervalle [*début*, *fin*), en se basant sur l'opérateur <. Contrairement à *sort*, cet algorithme est stable. Complexité : au maximum $N (Log N)^2$ comparaisons ; si l'implémentation dispose d'assez de mémoire, on peut descendre à N Log N comparaisons.

***void* stable_sort (*Ia* début, *Ia* fin, fct_comp)**

Même chose que *stable_sort* en se basant sur le prédicat binaire *fct_comp* qui doit correspondre à une relation d'ordre faible strict. Complexité : au maximum $N (Log N)^2$ applications du prédicat ; si l'implémentation dispose d'assez de mémoire, on peut descendre à N Log N appels.

PARTIAL_SORT

***void* partial_sort (*Ia* début, *Ia* milieu, *Ia* fin)**

Réalise un tri partiel des éléments de l'intervalle [*début*, *fin*), en se basant sur l'opérateur < et en plaçant les premiers éléments convenablement triés dans l'intervalle [*début, milieu*) (c'est la taille de cet intervalle qui définit l'ampleur du tri). Les éléments de l'intervalle [*milieu, fin*) sont placés dans un ordre quelconque. Aucune contrainte de stabilité n'est imposée. Complexité : environ N Log N' comparaisons, N' étant le nombre d'éléments triés.

void **partial_sort (*Ia* début, *Ia* milieu, *Ia* fin, fct_comp)**

Fonctionne comme *partial_sort*, avec cette différence qu'au lieu de se fonder sur l'opérateur <, cet algorithme se fonde sur le prédicat binaire *fct_comp* qui doit correspondre à une relation d'ordre faible strict. Complexité : environ N Log N' comparaisons, N' étant le nombre d'éléments triés.

PARTIAL_SORT_COPY

Ia **partial_sort_copy (*Ie* début, *Ie* fin, *Ia* pos_début, *Ia* pos_fin)**

Place dans l'intervalle [*pos_début*, *pos_fin*) le résultat du tri partiel ou total des éléments de l'intervalle [*début, fin*). Si l'intervalle de destination comporte plus d'éléments que l'intervalle de départ, ses derniers éléments ne seront pas utilisés. Fournit un itérateur sur la fin de l'intervalle de destination (*pos_fin*) lorsque ce dernier est de taille inférieure ou égale à l'intervalle d'origine). Les deux intervalles ne doivent pas se chevaucher. Complexité : environ N Log N' comparaisons, N' étant le nombre d'éléments effectivement triés.

Ia **partial_sort_copy (*Ie* début, *Ie* fin, *Ia* pos_début, *Ia* pos_fin, fct_comp)**

Fonctionne comme *partial_sort_copy* avec cette différence qu'au lieu de se fonder sur l'opérateur <, cet algorithme se fonde sur le prédicat binaire *fct_comp* qui doit correspondre à une relation d'ordre faible strict. Complexité : environ N Log N' comparaisons, N' étant le nombre d'éléments triés.

NTH_ELEMENT

void **nth_element (*Ia* début, *Ia* position, *Ia* fin)**

Place dans l'emplacement désigné par *position* – qui doit donc appartenir à l'intervalle [*début*, *fin*) – l'élément de l'intervalle [*début*, *fin*) qui se trouverait là, à la suite d'un tri. Les autres éléments de l'intervalle peuvent changer de place. Complexité : en moyenne N comparaisons.

void **nth_element (*Ia* début, *Ia* position, *Ia* fin, fct_comp)**

Fonctionne comme la version précédente, avec cette différence qu'au lieu de se fonder sur l'opérateur <, cet algorithme se fonde sur le prédicat binaire *fct_comp* qui doit correspondre à une relation d'ordre faible strict. Complexité : en moyenne N applications du prédicat.

6 Algorithmes de recherche et de fusion sur des séquences ordonnées

N.B. Tous ces algorithmes peuvent fonctionner avec de simples itérateurs unidirectionnels. Mais, lorsque l'on dispose d'itérateurs à accès direct, on peut augmenter légèrement les performances, dans la mesure où certaines séries de *p* incrémentations de la forme *it++* peuvent être remplacées par une seule *it+=p* ; plus précisément, on passe de O(N) à O(Log N) incrémentations.

LOWER_BOUND

***Iu* lower_bound (*Iu* début, *Iu* fin, valeur)**

Fournit un itérateur sur la première position où *valeur* peut être insérée, compte tenu de l'ordre induit par l'opérateur <. Complexité : au maximum Log N+1 comparaisons.

***Iu* lower_bound (*Iu* début, *Iu* fin, valeur, fct_comp)**

Fournit un itérateur sur la première position où *valeur* peut être insérée, compte tenu de l'ordre induit par le prédicat binaire *fct_comp*. Complexité : au maximum Log N+1 comparaisons.

UPPER_BOUND

***Iu* upper_bound (*Iu* début, *Iu* fin, valeur)**

Fournit un itérateur sur la dernière position où *valeur* peut être insérée, compte tenu de l'ordre induit par l'opérateur <. Complexité : au maximum Log N+1 comparaisons.

***Iu* upper_bound (*Iu* début, *Iu* fin, valeur, fct_comp)**

Fournit un itérateur sur la dernière position où *valeur* peut être insérée, compte tenu de l'ordre induit par le prédicat binaire *fct_comp*. Complexité : au maximum Log N+1 comparaisons.

EQUAL_RANGE

pair <*Iu*, *Iu*> equal_range (*Iu* début, *Iu* fin, valeur)

Fournit le plus grand intervalle [*it1*, *it2*) tel que *valeur* puisse être insérée en n'importe quel point de cet intervalle, compte tenu de l'ordre induit par l'opérateur <. Complexité : au maximum 2 Log N+1 comparaisons.

pair <*Iu*, *Iu*> equal_range (*Iu* début, *Iu* fin, valeur, fct_comp)

Fonctionne comme la version précédente, en se basant sur l'ordre induit par le prédicat binaire *fct_comp* au lieu de l'opérateur <.

BINARY_SEARCH

***bool* binary_search (*Iu* début, *Iu* fin, valeur)**

Fournit la valeur *true* s'il existe, dans l'intervalle [*début*, *fin*), un élément équivalent à *valeur*, et la valeur *false*, dans le cas contraire. Complexité : au plus Log N+2 comparaisons.

***bool* binary_search (*Iu* début, *Iu* fin, valeur, fct_comp)**

Fournit la valeur *true* s'il existe, dans l'intervalle [*début*, *fin*), un élément équivalent à *valeur* (au sens de la relation induite par le prédicat *fct_comp*) et la valeur *false* dans le cas contraire. Complexité : au plus Log N+2 appels du prédicat.

MERGE ***Is* merge (*Ie* début_1, *Ie* fin_1, *Ie* début_2, *Ie* fin_2, *Is* position)**

Fusionne les deux intervalles [*début_1*, *fin_1*) et [*début_2*, *fin_2*), à partir de *position* (les éléments correspondants doivent exister), en se fondant sur l'ordre induit par l'opérateur <. L'algorithme est stable : l'ordre relatif d'éléments équivalents dans l'un des intervalles d'origine est respecté dans l'intervalle d'arrivée ; si des éléments équivalents apparaissent dans les intervalles à fusionner, ceux du premier intervalle apparaissent toujours avant ceux du second. L'intervalle d'arrivée ne doit pas chevaucher les intervalles d'origine (en revanche, rien n'interdit que les deux intervalles d'origine se chevauchent). Complexité : au plus N1+N2-1 comparaisons.

***Is* merge (*Ie* début_1, *Ie* fin_1, *Ie* début_2, *Ie* fin_2, *Is* position, fct_comp)**

Fonctionne comme la version précédente, avec cette différence que l'on se base sur l'ordre induit par le prédicat binaire *fct_comp*. Complexité : au plus N1+N2-1 appels du prédicat.

INPLACE_MERGE

***void* inplace_merge (*Ib* début, *Ib* milieu, *Ib* fin)**

Fusionne les deux intervalles [*début*, *milieu*) et [*milieu*, *fin*) dans l'intervalle [*début*, *fin*) en se basant sur l'ordre induit par l'opérateur <. Complexité : N-1 comparaisons si l'on dispose de suffisamment de mémoire, N Log N comparaisons sinon.

***void* inplace_merge (*Ib* début, *Ib* milieu, *Ib* fin, fct_comp)**

Fonctionne comme la version précédente, avec cette différence que l'on se base sur l'ordre induit par le prédicat binaire *fct_comp*. Complexité : N-1 appels du prédicat, si l'on dispose de suffisamment de mémoire, N Log N appels sinon.

7 Algorithmes à caractère numérique

ACCUMULATE

valeur accumulate (*Ie* debut, *Ie* fin, val_init)

Fournit la valeur obtenue en ajoutant (opérateur +) à la valeur initiale *val_init*, la valeur de chacun des éléments de l'intervalle [*début*, *fin*).

valeur accumulate (*Ie* debut, *Ie* fin, val_initiale, fct_cumul)

Fonctionne comme la version précédente, en la généralisant : l'opération appliquée n'étant plus définie par l'opérateur +, mais par la fonction *fct_cumul*, recevant deux arguments du type des éléments concernés et fournissant un résultat de ce même type (la valeur accumulée courante est fournie en premier argument, celle de l'élément courant, en second).

INNER_PRODUCT

valeur inner_product (*Ie* début_1, *Ie* fin_1, *Ie* début_2, val_init)

Fournit le produit scalaire de la séquence des valeurs de l'intervalle *[début_1, fin_2)* et de la séquence de valeurs de même longueur débutant en *début_2*, augmenté de la valeur initiale *val_init*.

valeur inner_product (*Ie* début_1, *Ie* fin_1, *Ie* début_2, val_init, fct_cumul, fct_prod)

Fonctionne comme la version précédente, en remplaçant l'opération de cumul (+) par l'appel de la fonction *fct_cumul* (la valeur cumulée est fournie en premier argument) et l'opération de produit par l'appel de la fonction *fct_prod* (la valeur courante du premier intervalle étant fournie en premier argument).

PARTIAL_SUM

***Is* partial_sum (*Ie* début, *Ie* fin, *Is* position)**

Crée, à partir de *position* (les éléments correspondants doivent exister), un intervalle de même taille que l'intervalle [*début*, *fin*), contenant les sommes partielles du premier intervalle : le premier élément correspond à la première valeur de [*début*, *fin*), le second élément à la somme des deux premières valeurs et ainsi de suite. Fournit un itérateur sur la fin de l'intervalle créé.

Is **partial_sum (*Ie* début, *Ie* fin, *Is* position, fct_cumul)**

Fonctionne comme la version précédente, en remplaçant l'opération de sommation (+) par l'appel de la fonction *fct_cumul* (la valeur cumulée est fournie en premier argument).

ADJACENT_DIFFERENCE

Is **adjacent_difference (*Ie* début, *Ie* fin, *Is* position)**

Crée, à partir de *position* (les éléments correspondants doivent exister), un intervalle de même taille que l'intervalle [*début*, *fin*), contenant les différences entre deux éléments consécutifs de ce premier intervalle : l'élément de rang *i*, hormis le premier, s'obtient en faisant la différence (opérateur -) entre l'élément de rang *i* et celui de rang *i-1*. Le premier élément reste inchangé. Fournit un itérateur sur la fin de l'intervalle créé.

Is **adjacent_difference (*Ie* début, *Ie* fin, *Is* position, fct_diff)**

Fonctionne comme la version précédente, en remplaçant l'opération de différence (-) par l'appel de la fonction *fct_diff*.

8 Algorithmes à caractère ensembliste

INCLUDES ***bool*** **includes (*Ie* début_1, *Ie* fin_1, *Ie* début_2, *Ie* fin_2)**

Fournit la valeur *true* si, à toute valeur appartenant à l'intervalle [*début_1*, *fin_1*), correspond une valeur égale (==) dans l'intervalle [*début_2*, *fin_2*), avec la même pluralité : autrement dit, (si une valeur figure *n* fois dans le premier intervalle, elle devra figurer au moins *n* fois dans le second intervalle). Complexité : au maximum 2 N1*N2-1 comparaisons.

bool **includes (*Ie* début_1, *Ie* fin_1, *Ie* début_2, *Ie* fin_2, fct_comp)**

Fonctionne comme la version précédente, mais en utilisant le prédicat binaire *fct_comp* pour décider de l'égalité de deux valeurs. Complexité : au maximum 2 N1*N2-1 appels du prédicat

SET_UNION

***Is* set_union (*Ie* début_1, *Ie* fin_1, *Ie* début_2, *Ie* fin_2, *Is* position)**

Crée, à partir de *position* (les éléments correspondants doivent exister), une séquence formée des éléments appartenant au moins à l'un des deux intervalles [*début_1, fin_1*) [*début_2, fin_2*), avec la pluralité maximale : si un élément apparaît *n* fois dans le premier intervalle et *n'* fois dans le second, il apparaîtra *max(n, n')* fois dans le résultat. Les éléments doivent être triés suivant la même relation *R* et l'égalité de deux éléments (==) devra correspondre aux classes d'équivalence de *R*. Les deux intervalles ne doivent pas se chevaucher. Fournit un itérateur sur la fin de l'intervalle créé. Complexité : au maximum 2*N1*N2-1 comparaisons.

***Is* set_union (*Ie* début_1, *Ie* fin_1, *Ie* début_2, *Ie* fin_2, *Is* position, fct_comp)**

Fonctionne comme la version précédente, mais en utilisant le prédicat binaire *fct_comp* pour décider de l'égalité de deux valeurs. Là encore, ce dernier doit correspondre aux classes d'équivalence de la relation ayant servi à ordonner les deux intervalles. Complexité : au maximum 2*N1*N2-1 appels du prédicat.

SET_INTERSECTION

***Is* set_intersection (*Ie* début_1, *Ie* fin_1, *Ie* début_2, *Ie* fin_2, *Is* position)**

Crée, à partir de *position* (les éléments correspondants doivent exister), une séquence formée des éléments appartenant simultanément aux deux intervalles [*début_1, fin_1*) [*début_2, fin_2*), avec la pluralité minimale : si un élément apparaît *n* fois dans le premier intervalle et *n'* fois dans le second, il apparaîtra *min(n, n')* fois dans le résultat. Les éléments doivent être triés suivant la même relation *R* et l'égalité de deux éléments (==) devra correspondre aux classes d'équivalence de *R*. Les deux intervalles ne doivent pas se chevaucher. Fournit un itérateur sur la fin de l'intervalle créé. Complexité : au maximum 2*N1*N2-1 comparaisons.

***Is* set_intersection (*Ie* début_1, *Ie* fin_1, *Ie* début_2, *Ie* fin_2, *Is* position, fct_comp)**

Fonctionne comme la version précédente, mais en utilisant le prédicat binaire *fct_comp* pour décider de l'égalité de deux valeurs. Là encore, ce dernier doit correspondre aux classes d'équivalence de la relation ayant servi à ordonner les deux intervalles. Complexité : au maximum 2*N1*N2-1 appels du prédicat.

SET_DIFFERENCE

***Is* set_difference (*Ie* début_1, *Ie* fin_1, *Ie* début_2, *Ie* fin_2, *Is* position)**

Crée, à partir de *position* (les éléments correspondants doivent exister), une séquence formée des éléments appartenant à l'intervalle [*début_1*, *fin_1*) sans appartenir à l'intervalle [*début_2*, *fin_2*) ; on tient compte de la pluralité : si un élément apparaît *n* fois dans le premier intervalle et *n'* fois dans le second, il apparaîtra max(0, *n-n'*) fois dans le résultat. Les éléments doivent être triés suivant la même relation *R* et l'égalité de deux éléments (==) devra correspondre aux classes d'équivalence de *R*. Les deux intervalles ne doivent pas se chevaucher. Fournit un itérateur sur la fin de l'intervalle créé. Complexité : au maximum 2*N1*N2-1 comparaisons.

***Is* set_difference (*Ie* début_1, *Ie* fin_1, *Ie* début_2, *Ie* fin_2, *Is* position, fct_comp)**

Fonctionne comme la version précédente, mais en utilisant le prédicat binaire *fct_comp* pour décider de l'égalité de deux valeurs. Là encore, ce dernier doit correspondre aux classes d'équivalence de la relation ayant servi à ordonner les deux intervalles. Complexité : au maximum 2*N1*N2-1 appels du prédicat.

SET_SYMMETRIC_DIFFERENCE

***Is* set_symetric_difference (*Ie* début_1, *Ie* fin_1, *Ie* début_2, *Ie* fin_2, *Is* position)**

Crée, à partir de *position* (les éléments correspondants doivent exister), une séquence formée des éléments appartenant à l'intervalle [*début_1*, *fin_1*) sans appartenir à l'intervalle [*début_2*, *fin_2*) ou appartenant au second, sans appartenir au premier ; on tient compte de la pluralité : si un élément apparaît *n* fois dans le premier intervalle et *n'* fois dans le second, il apparaîtra |*n-n'*| fois dans le résultat. Les éléments doivent être triés suivant la même relation *R* et l'égalité de deux éléments (==) devra correspondre aux classes d'équivalence de *R*. Les deux intervalles ne doivent pas se chevaucher. Fournit un itérateur sur la fin de l'intervalle créé. Complexité : au maximum 2*N1*N2-1 comparaisons.

***Is* set_symetric_difference (*Ie* début_1, *Ie* fin_1, *Ie* début_2, *Ie* fin_2, *Is* position, fct_comp)**

Fonctionne comme la version précédente, mais en utilisant le prédicat binaire *fct_comp* pour décider de l'égalité de deux valeurs. Là encore, ce dernier doit correspondre aux classes d'équivalence de la relation ayant servi à ordonner les deux intervalles. Complexité : au maximum 2*N1*N2-1 appels du prédicat.

9 Algorithmes de manipulation de tas

MAKE_HEAP

***void* make_heap (*Ia* début, *Ia* fin)**

Transforme l'intervalle [*début, fin*) en un tas, en se fondant sur l'opérateur <. Complexité : au maximum 3*N comparaisons.

***void* make_heap (*Ia* début, *Ia* fin, fct_comp)**

Fonctionne comme la version précédente, mais en utilisant le prédicat binaire *fct_comp* pour ordonner le tas. Complexité : au maximum 3*N comparaisons.

PUSH_HEAP

***void* push_heap (*Ia* début, *Ia* fin)**

La séquence *[debut, fin-1)* doit être initialement un tas valide. En se fondant sur l'opérateur <, l'algorithme ajoute l'élément désigné par *fin-1*, de façon que *[debut, fin)* soit un tas. Complexité : au maximum Log N comparaisons.

***void* push_heap (*Ia* début, *Ia* fin, fct_comp)**

Fonctionne comme la version précédente, mais en utilisant le prédicat binaire *fct_comp* pour ordonner le tas. Complexité : au maximum Log N comparaisons.

SORT_HEAP

***void* sort_heap (Ia début, Ia fin)**

Transforme le tas défini par l'intervalle *[debut, fin)* en une séquence ordonnée par valeurs croissantes. L'algorithme n'est pas stable, c'est-à-dire que l'ordre relatif des éléments équivalents (au sens de <) n'est pas nécessairement respecté. Complexité : au maximum N Log N comparaisons.

***void* sort_heap (Ia début, Ia fin, fct_comp)**

Fonctionne comme la version précédente, mais en utilisant le prédicat binaire *fct_comp* pour ordonner les valeurs. Complexité : au maximum *N Log N* comparaisons.

POP_HEAP

***void* pop_heap (Ia début, Ia fin)**

La séquence *[debut, fin)* doit être initialement un tas valide. L'algorithme échange les éléments désignés par *debut* et *fin-1* et, en se fondant sur l'opérateur <, fait en sorte que *[debut, fin-1)* soit un tas. Complexité : au maximum 2 Log N comparaisons.

***void* pop_heap (Ia début, Ia fin, fct_comp)**

Fonctionne comme la version précédente, mais en utilisant le prédicat binaire *fct_comp* pour ordonner le tas. Complexité : au maximum 2 Log N comparaisons.

10 Algorithmes divers

COUNT **nombre count (*Ie* début, *Ie* fin, valeur)**

Fournit le nombre de valeurs de l'intervalle [*début*, *fin*) égales à *valeur* (au sens de ==).

COUNT_IF **nombre count_if (*Ie* début, *Ie* fin, prédicat_u)**

Fournit le nombre de valeurs de l'intervalle [*début*, *fin*) satisfaisant au prédicat unaire *prédicat_u*.

FOR_EACH **fct for_each (*Ie* début, *Ie* fin, fct)**

Applique la fonction *fct* à chacun des éléments de l'intervalle [*début*, *fin*) ; fournit *fct* en résultat.

EQUAL ***bool* equal (*Ie* début_1, *Ie* fin_1, *Ie* début_2)**

Fournit la valeur *true* si tous les éléments de l'intervalle [*début_1*, *fin_2*) sont égaux (au sens de ==) aux éléments correspondants de l'intervalle de même taille commençant en *début_2*.

***bool* equal (*Ie* début_1, *Ie* fin_1, *Ie* début_2, prédicat_b)**

Fonctionne comme la version précédente, en utilisant le prédicat binaire *prédicat_b*, à la place de l'opérateur ==.

ITER_SWAP ***void* iter_swap (*Iu* pos1, *Iu* pos2)**

Échange les valeurs des éléments désignés par les deux itérateurs *pos1* et *pos2*.

LEXICOGRAPHICAL_COMPARE

***bool* lexicographical_compare (*Ie* début_1, *Ie* fin-1, *Ie* début_2, *Ie* fin_2)**

Effectue une comparaison lexicographique (analogue à la comparaison de deux mots dans un dictionnaire) entre les deux séquences *[début_1, fin_1)* et *[début_2, fin_2)*, en se basant sur l'opérateur <. Fournit la valeur *true* si la première séquence apparaît avant la seconde. Complexité : au plus N1*N2 comparaisons.

***bool* lexicographical_compare (*Ie* début_1, *Ie* fin-1, *Ie* début_2, *Ie* fin_2, prédicat_b)**

Fonctionne comme la version précédente, en utilisant le prédicat binaire *prédicat_b* à la place de l'opérateur <. Complexité : au plus N1*N2 comparaisons.

MAX **valeur max (valeur_1, valeur_2)**

Fournit la plus grande des deux valeurs *valeur_1* et *valeur_2* (qui doivent être d'un même type), en se fondant sur l'opérateur <.

MIN **valeur min (valeur_1, valeur_2)**

Fournit la plus petite des deux valeurs *valeur_1* et *valeur_2* (qui doivent être d'un même type), en se fondant sur l'opérateur <.

Annexe G

Les principales fonctions de la bibliothèque C standard

La norme ANSI du langage C fournissait à la fois la description du langage C et le contenu d'une bibliothèque standard. Plus précisément, cette bibliothèque est subdivisée en plusieurs sous-bibliothèques ; à chaque sous-bibliothèque est associé un fichier « en-tête » comportant essentiellement :

- les en-têtes des fonctions correspondantes ;
- les définitions des macros correspondantes ;
- les définitions de certains symboles utiles au bon fonctionnement des fonctions ou macros de la sous-bibliothèque.

En théorie, en C++, toutes ces fonctions restent accessibles, mais certaines ne sont plus utilisées en C++. La présente annexe décrit les **principales fonctions** pouvant présenter un intérêt en C++[1]. Chaque paragraphe correspond à une sous-bibliothèque et précise quel est le nom du fichier en-tête correspondant.

1. Vous trouverez une description complète de la bibliothèque standard du C dans l'ouvrage *Langage C*, publié aux Editions Eyrolles.

Remarque

Les fonctions décrites ici sont classées par fichier en-tête, et non par ordre alphabétique. Néanmoins, si vous cherchez la description d'une fonction précise, il vous suffit de vous reporter à l'index situé en fin d'ouvrage.

En C

Les noms des fichiers en-tête étaient légèrement différents de ceux de C++. Par exemple, on trouvait *stdio.h* au lieu de *cstdio* (le préfixe *c* traduisant, en quelque sorte, l'héritage du langage C.

1 Entrées-sorties (*cstdio*)

N.B. Le symbole *FILE* est défini par *typedef* comme un synonyme d'un type structure dont les champs contiennent les informations nécessaires à la gestion d'un fichier (nom, mode d'écriture ou de lecture, tampon pour stocker les données intermédiaires...). Les symboles *stdin* et *stdout* sont des noms prédéfinis de telles structures associées à l'entrée et à la sortie standards.

1.1 Gestion des fichiers

FOPEN ***FILE* * fopen (*const char* * nomfichier, *const char* * mode)**

Ouvre le fichier dont le nom est fourni, sous forme d'une chaîne, à l'adresse indiquée par *nomfichier*. Fournit, en retour, un « flux » (pointeur sur une structure de type prédéfini *FILE*), ou un pointeur nul si l'ouverture a échoué. Les valeurs possibles de *mode* sont les suivantes :

- **r** : *lecture* seulement ; le fichier doit exister.
- **w** : *écriture* seulement. Si le fichier n'existe pas, il est créé. S'il existe, son (ancien) contenu est perdu.
- **a** : *écriture en fin de fichier* (*append*). Si le fichier existe déjà, il sera étendu. S'il n'existe pas, il sera créé – on se ramène alors au mode *w*.
- **r+** : *mise à jour* (lecture et écriture). Le fichier doit exister. Notez qu'alors il n'est pas possible de réaliser une lecture à la suite d'une écriture ou une écriture à la suite d'une lecture, sans positionner le pointeur de fichier par *fseek*. Il est toutefois possible d'enchaîner plusieurs lectures ou écritures consécutives (de façon séquentielle).
- **w+** : *création pour mise à jour*. Si le fichier existe, son (ancien) contenu sera détruit. S'il n'existe pas, il sera créé. Notez que l'on obtiendrait un

mode comparable à *w+* en ouvrant un fichier vide (mais existant) en mode *r+*.

- **a+** : *extension et mise à jour*. Si le fichier n'existe pas, il sera créé. S'il existe, le pointeur sera positionné en fin de fichier.

- **t** ou **b** : lorsque l'implémentation distingue les fichiers de texte des autres, il est possible d'ajouter l'une de ces deux lettres à chacun des 6 modes précédents. La lettre *t* précise que l'on a affaire à un fichier de texte ; la lettre *b* précise que l'on a affaire à un fichier binaire. (On dit aussi que *t* correspond au mode « translaté », pour spécifier que certaines substitutions auront lieu).

FCLOSE ***int* fclose (*FILE* * flux)**

Vide éventuellement le tampon associé au flux concerné, désalloue l'espace mémoire attribué à ce tampon et ferme le fichier correspondant. Fournit la valeur *EOF* en cas d'erreur et la valeur *0* dans le cas contraire.

1.2 Écriture formatée

Toutes ces fonctions utilisent une chaîne de caractères nommée *format*, composée à la fois de caractères quelconques et de codes de format dont la signification est décrite en détail à la fin du présent paragraphe.

FPRINTF ***int* fprintf (*FILE* * flux, *const char* * format, ...)**

Convertit les valeurs éventuellement mentionnées dans la liste d'arguments (...) en fonction du *format* spécifié, puis écrit le résultat dans le *flux* indiqué. Fournit le nombre de caractères effectivement écrits ou une valeur négative en cas d'erreur.

PRINTF ***int* printf (*const char* * format, ...)**

Convertit les valeurs éventuellement mentionnées dans la liste d'arguments (...) en fonction du *format* spécifié, puis écrit le résultat sur la sortie standard (*stdout*). Fournit le nombre de caractères effectivement écrits ou une valeur négative en cas d'erreur.

Notez que :

printf (format, ...) ;

est équivalent à :

fprintf (stdout, format, ...) ;

SPRINTF ***int* sprintf (*char* * ch, *const char* * format, ...)**

Convertit les valeurs éventuellement mentionnées dans la liste d'arguments (...) en fonction du *format* spécifié et place le résultat dans la chaîne d'adresse *ch*, en le complétant par un caractère *\0*. Fournit le nombre de caractères effectivement écrits (sans tenir compte du *\0*) ou une valeur négative en cas d'erreur.

1.3 Les codes de format utilisables avec ces trois fonctions

Chaque code de format a la structure suivante :

% [drapeaux] [largeur] [.précision] [h|l|L] conversion

dans laquelle les crochets *[* et *]* signifient que ce qu'ils renferment est facultatif. Les différentes « indications » se définissent comme suit :

- **drapeaux** :

  - : justification à gauche ;

  + : signe toujours présent ;

  ^ : impression d'un espace au lieu du signe + ;

  # : forme alternée ; elle n'affecte que les types **o**, **x**, **X**, **e**, **E**, **f**, **g** et **G** comme suit :

  • **o** : fait précéder de *0* toute valeur non nulle ;
  • **x** ou **X** : fait précéder de 0x ou 0X la valeur affichée ;
  • **e**, **E** ou **f** : le point décimal apparaît toujours ;
  • **g** ou **G** : même effet que pour **e** ou **E**, mais de plus les zéros de droite ne seront pas supprimés.

- **largeur** (*n* désigne une constante entière positive écrite en notation décimale) :

  n : au minimum, *n* caractères seront affichés, éventuellement complétés par des blancs à gauche ;

  0n : au minimum, *n* caractères seront affichés, éventuellement complétés par des zéros à gauche ;

  * : la largeur effective est fournie dans la liste d'expressions.

- **précision** (*n* désigne une constante entière positive écrite en notation décimale) :

  .n : la signification dépend du caractère de conversion, de la manière suivante :

  • **d**, **i**, **o**, **u**, **x** ou **X** : au moins n chiffres seront imprimés. Si le nombre comporte moins de n chiffres, l'affichage sera complété à gauche par des zéros. Notez que cela n'est pas contradictoire avec l'indication de largeur, si celle-ci est supérieure à *n*. En effet, dans ce cas, le nombre pourra être précédé à la fois d'espaces et de zéros ;
  • **e**, **E** ou **f** : on obtiendra n chiffres après le point décimal, avec arrondi du dernier ;
  • **g** ou **G** : on obtiendra au maximum *n* chiffres significatifs ;
  • **c** : sans effet ;

- **s** : au maximum *n* caractères seront affichés. Notez que cela n'est pas contradictoire avec l'indication de largeur.

.0 : la signification dépend du caractère de conversion, comme suit :

- **d**, **i**, **o**, **u**, **x** ou **X** : choix de la valeur par défaut de la précision (voir ci-dessous) ;
- **e**, **E** ou **f** : pas d'affichage du point décimal ;

***** : la valeur effective de *n* est fournie dans la « liste d'expressions ».

rien : choix de la valeur par défaut, à savoir :

- *1* pour *d*, *i*, *o*, *u*, *x* ou *X* ;
- *6* pour *e*, *E* ou *f* ;
- tous les chiffres significatifs pour *g* ou *G*
- tous les caractères pour *s* ;
- sans effet pour *c*.

- **h|l|L** :

h : l'expression correspondante est d'un type *short int* (signé ou non). En fait, il faut voir que, compte tenu des conversions implicites, *printf* ne peut jamais recevoir de valeur d'un tel type. Tout au plus peut-elle recevoir un entier dont on (le programmeur) sait qu'il résulte de la conversion d'un *short*. Dans certaines implémentations, l'emploi du modificateur *h* conduit alors à afficher la valeur correspondante suivant un gabarit différent de celui réservé à un *int* (c'est souvent le cas pour le nombre de caractères hexadécimaux). Ce code ne peut, de toute façon, avoir une éventuelle signification que pour les caractères de conversion : *d*, *i*, *o*, *u*, *x* ou *X*.

l : Ce code précise que l'expression correspondante est de type *long int*. Il n'a de signification que pour les caractères de conversion : *d*, *i*, *o*, *u*, *x* ou *X*.

L : Ce code précise que l'expression correspondante est de type *long double*. Il n'a de signification que pour les caractères de conversion : *e*, *E*, *f*, *g* ou *G*.

- **conversion** : il s'agit d'un caractère qui précise à la fois le type de l'expression (nous l'avons noté ici en italique) et la façon de présenter sa valeur. Les types numériques indiqués correspondent au cas où aucun modificateur n'est utilisé (voir ci-dessus) :

- **d** : *signed int*, affiché en décimal ;
- **o** : *unsigned int*, affiché en octal ;
- **u** : *unsigned int*, affiché en décimal ;
- **x** : *unsigned int*, affiché en hexadécimal (lettres minuscules) ;
- **X** : *signed int*, affiché en hexadécimal (lettres majuscules) ;
- **f** : *double*, affiché en notation décimale ;
- **e** : *double*, affiché en notation exponentielle (avec la lettre *e*) ;
- **E** : *double*, affiché en notation exponentielle (avec la lettre *E*) ;

- **g** : *double*, affiché suivant le code *f* ou *e* (ce dernier étant utilisé lorsque l'exposant obtenu est soit supérieur à la précision désirée, soit inférieur à *-4*) ;
- **G** : *double*, affiché suivant le code *f* ou *E* (ce dernier étant utilisé lorsque l'exposant obtenu est soit supérieur à la précision désirée, soit inférieur à *-4*) ;
- **c** : *char* ;
- **s** : pointeur sur une « chaîne » ;
- **%** : affiche le caractère %, sans faire appel à aucune expression de la liste ;
- **n** : place, à l'adresse désignée par l'expression de la liste (du type pointeur sur un entier), le nombre de caractères écrits jusqu'ici ;
- **p** : pointeur, affiché sous une forme dépendant de l'implémentation.

1.4 Lecture formatée

Ces fonctions utilisent une chaîne de caractères nommée *format*, composée à la fois de caractères quelconques et de codes de format dont la signification est décrite en détail à la fin du présent paragraphe. On y trouvera également les règles générales auxquelles obéissent ces fonctions (arrêt du traitement d'un code de format, arrêt prématuré de la fonction).

FSCANF ***int* fscanf (*FILE* * flux, *const char* * format, ...)**

Lit des caractères sur le flux spécifié, les convertit en tenant compte du *format* indiqué et affecte les valeurs obtenues aux différentes variables de la liste d'arguments (...). Fournit le nombre de valeurs lues convenablement ou la valeur *EOF* si une erreur s'est produite ou si une fin de fichier a été rencontrée avant qu'une seule valeur ait pu être lue.

SCANF ***int* scanf (*const char* * format, ...)**

Lit des caractères sur l'entrée standard (*stdin*), les convertit en tenant compte du *format* indiqué et affecte les valeurs obtenues aux différentes variables de la liste d'arguments (...). Fournit le nombre de valeurs lues convenablement ou la valeur *EOF* si une erreur s'est produite ou si une fin de fichier a été rencontrée avant qu'une seule valeur ait pu être lue.

Notez que :

scanf (format, ...)

est équivalent à :

fscanf (stdin, format, ...)

SSCANF ***int* sscanf (*char* * ch, *const char* * format, ...)**

Lit des caractères dans la chaîne d'adresse *ch*, les convertit en tenant compte du *format* indiqué et affecte les valeurs obtenues aux différentes variables de la liste d'arguments (...). Fournit le nombre de valeurs lues convenablement.

1.5 Règles communes à ces fonctions

a) Il existe six caractères dits « séparateurs », à savoir : l'espace, la tabulation horizontale (*\t*), la fin de ligne (*\n*), le retour chariot (*\r*), la tabulation verticale (*\v*) et le changement de page (*\f*). En pratique, on se limite généralement à l'espace et à la fin de ligne.

b) L'information est recherchée dans un tampon, image d'une ligne. Il y a donc une certaine désynchronisation entre ce que l'on frappe au clavier (lorsque l'unité standard est connectée à ce périphérique) et ce que lit *la fonction*. Lorsqu'il n'y a plus d'information disponible dans le tampon, il y a déclenchement de la lecture d'une nouvelle ligne. Pour décrire l'exploration de ce tampon, il est plus simple de faire intervenir un indicateur de position que nous nommerons pointeur.

c) La rencontre dans le format d'un caractère séparateur provoque l'avancement du pointeur jusqu'à la rencontre d'un caractère qui ne soit pas un séparateur.

d) La rencontre dans le format d'un caractère différent d'un séparateur (et de %) provoque la prise en compte du caractère courant (celui désigné par le pointeur). Si celui-ci correspond au caractère du format, *la fonction* poursuit son exploration du format. Dans le cas contraire, il y a arrêt prématuré de *la fonction*.

e) Lors du traitement d'un code de format, l'exploration s'arrête :

- à la rencontre d'un caractère invalide par rapport à l'usage qu'on doit en faire (point décimal pour un entier, caractère différent d'un chiffre ou d'un signe pour du numérique...). Si *la fonction* n'est pas en mesure de fabriquer une valeur, il y a arrêt prématuré de l'ensemble de la lecture ;
- à la rencontre d'un séparateur ;
- lorsque la longueur (si elle a été spécifiée) a été atteinte.

1.6 Les codes de format utilisés par ces fonctions

Chaque code de format a la structure suivante :

% [*] [largeur] [h|l|L] conversion

dans laquelle les crochets *[* et *]* signifient que ce qu'ils renferment est facultatif. Les différentes « indications » se définissent comme suit :

- * : la valeur lue n'est pas prise en compte ; elle n'est donc affectée à aucun élément de la liste ;

- **largeur** : nombre maximal de caractères à prendre en compte (on peut en lire moins s'il y a rencontre d'un séparateur ou d'un caractère invalide) ;
- **h|l|L** :

  h : l'élément correspondant est l'adresse d'un *short int*. Ce modificateur n'a de signification que pour les caractères de conversion : *d*, *i*, *n*, *o*, *u*, ou *x* ;

  l : l'élément correspondant est l'adresse d'un élément de type :

  - *long int* pour les caractères de conversion *d*, *i*, *n*, *o*, *u* ou *x* ;
  - *double* pour les caractères de conversion *e* ou *f* ;

  L : l'élément correspondant est l'adresse d'un élément de type *long double*. Ce modificateur n'a de signification que pour les caractères de conversion *e*, *f* ou *g*.
- **conversion** : ce caractère précise à la fois le type de l'élément correspondant (nous l'avons indiqué ici en italique) et la manière dont sa valeur sera exprimée. Les types numériques indiqués correspondent au cas où aucun modificateur n'est utilisé (voir ci-dessus). Il ne faut pas perdre de vue que l'élément correspondant est toujours désigné par son adresse. Ainsi, par exemple, lorsque nous parlons de *signed int*, il faut lire : « adresse d'un *signed int* » ou encore « pointeur sur un *signed int* ».

  - **d** : *signed int* exprimé en décimal ;
  - **o** : *signed int* exprimé en octal ;
  - **i** : *signed int* exprimé en décimal, en octal ou en hexadécimal ;
  - **u** : *unsigned int* exprimé en décimal ;
  - **x** : *int* (*signed* ou *unsigned*) exprimé en hexadécimal ;
  - **f**, **e** ou **g** : *float* écrit indifféremment en notation décimale (éventuellement sans point) ou exponentielle (avec e ou E) ;
  - **c** : suivant la longueur, correspond à :
    - un *caractère* lorsqu'aucune longueur n'est spécifiée ou que celle-ci est égale à *1* ;
    - une *suite de caractères* lorsqu'une longueur différente de *1* est spécifiée. Dans ce cas, il ne faut pas perdre de vue que la fonction reçoit une adresse et que donc, dans ce cas, elle lira le nombre de caractères spécifiés et les rangera à partir de l'adresse indiquée. Il est bien sûr préférable que la place nécessaire ait été réservée. Notez bien qu'il ne s'agit pas ici d'une véritable chaîne, puisqu'il n'y aura pas (à l'image de ce qui se passe pour le code *%s*) d'introduction du caractère *\0* à la suite des caractères rangés en mémoire ;
  - **s** : *chaîne de caractères*. Il ne faut pas perdre de vue que la fonction reçoit une adresse et que donc, dans ce cas, elle lira tous les caractères jusqu'à la rencontre d'un séparateur (ou un nombre de caractères égal à la longueur éventuellement spécifiée) et elle les rangera à partir de l'adresse indiquée. Il est donc préférable que la place nécessaire ait été réservée. Notez bien qu'ici un caractère *\0* est stocké à la suite des caractères rangés en

mémoire et que sa place aura dû être prévue (si l'on lit *n* caractères, il faudra de la place sur *n+1*) ;

- **n** : *int*, dans lequel sera placé le nombre de caractères lus correctement jusqu'ici. Aucun caractère n'est donc lu par cette spécification ;
- **p** : *pointeur* exprimé en hexadécimal, sous la forme employée par *printf* (elle dépend de l'implémentation).

1.7 Entrées-sorties de caractères

FGETC — ***int* fgetc (*FILE* * flux)**

Lit le caractère courant du *flux* indiqué. Fournit :

- le résultat de la conversion en *int* du caractère *c* (considéré comme *unsigned int*) si l'on n'était pas en fin de fichier ;
- la valeur *EOF* si la fin de fichier était atteinte.

Notez que *fgetc* ne fournit de valeur négative qu'en cas de fin de fichier, quel que soit le code employé pour représenter les caractères et quel que soit l'attribut de signe attribué par défaut au type *char*.

FGETS — ***char* * fgets (*char* * ch, *int* n, *FILE* * flux)**

Lit au maximum *n-1* caractères sur le *flux* mentionné (en s'interrompant éventuellement en cas de rencontre d'un caractère *\n*), les range dans la chaîne d'adresse *ch*, puis complète le tout par un caractère *\0*. Le caractère « *\n* »,s'il a été lu, est lui aussi rangé dans la chaîne (donc juste avant le *\0*). Cette fonction fournit en retour :

- la valeur *NULL* si une éventuelle erreur a eu lieu ou si une fin de fichier a été rencontrée ;
- l'adresse *ch*, dans le cas contraire.

FPUTC — ***int* fputc (*int* c, *FILE* * flux)**

Écrit sur le *flux* mentionné la valeur de *c*, après conversion en *unsigned char*. Fournit la valeur du caractère écrit (qui peut donc, éventuellement, être différente de celle du caractère reçu) ou la valeur *EOF* en cas d'erreur.

FPUTS — ***int* fputs (*const char* * ch, *FILE* * flux)**

Écrit la chaîne d'adresse *ch* sur le *flux* mentionné. Fournit la valeur *EOF* en cas d'erreur et une valeur non négative dans le cas contraire.

GETC — ***int* getc (*FILE* * flux)**

Macro effectuant la même chose que la fonction *fgetc*.

GETCHAR ***int*** **getchar (*void*)**

Macro effectuant la même chose que l'appel de la macro :

fgetc (stdin)

GETS ***char*** *** gets (*char* * ch)**

Lit des caractères sur l'entrée standard (*stdin*), en s'interrompant à la rencontre d'une fin de ligne (*\n*) ou d'une fin de fichier, et les range dans la chaîne d'adresse *ch*, en remplaçant le *\n* par *\0*. Fournit :

- la valeur *NULL* si une erreur a eu lieu ou si une fin de fichier a été rencontrée, alors qu'aucun caractère n'a encore été lu ;
- l'adresse *ch*, dans le cas contraire.

PUTC ***int*** **putc (*int* c, *FILE* * flux)**

Macro effectuant la même chose que la fonction *fputc*.

PUTCHAR ***int*** **putchar (*int* c)**

Macro effectuant la même chose que l'appel de la macro *putc*, avec *stdout* comme adresse de flux. Ainsi :

putchar (c)

est équivalent à :

putc (c, stdout)

PUTS ***int*** **puts (*const char* * ch)**

Écrit sur l'unité standard de sortie (*stdout*) la chaîne d'adresse *ch*, suivie d'une fin de ligne (*\n*). Fournit *EOF* en cas d'erreur et une valeur non négative dans le cas contraire.

1.8 Entrées-sorties sans formatage

FREAD ***size_t*** **fread (*void* * adr, *size_t* taille, *size_t* nblocs, *FILE* * flux)**

Lit, sur le *flux* spécifié, au maximum *nblocs* de *taille* octets chacun et les range à l'adresse *adr*. Fournit le nombre de blocs réellement lus.

FWRITE ***size_t*** **fwrite (*const void* * adr, *size_t* taille, *size_t* nblocs, *FILE* * flux)**

Écrit, sur le *flux* spécifié, *nblocs* de *taille* octets chacun, à partir de l'adresse *adr*. Fournit le nombre de blocs réellement écrits.

1.9 Action sur le pointeur de fichier

FSEEK ***int*** **fseek (*FILE* * flux, *long* noct, *int* org)**

Place le pointeur du *flux* indiqué à un endroit défini comme étant situé à *noct* octets de l' « origine » spécifiée par *org :*

org = SEEK_SET correspond au début du fichier ;

org = SEEK_CUR correspond à la position actuelle du pointeur ;

org = SEEK_END correspond à la fin du fichier ;

Dans le cas des fichiers de texte (si l'implémentation les différencie des autres), les seules possibilités autorisées sont l'une des deux suivantes :

- *noct = 0* ;
- *noct* a la valeur fournie par *ftell* (voir ci-dessous) et *org = SEEK_SET.*

FTELL ***long*** **ftell (*FILE* *flux)**

Fournit la position courante du pointeur du *flux* indiqué (exprimée en octets par rapport au début du fichier) ou la valeur *-1L* en cas d'erreur.

1.10 Gestion des erreurs

FEOF ***int*** **feof (*FILE* * flux)**

Fournit une valeur non nulle si l'indicateur de fin de fichier du *flux* indiqué est activé et la valeur *0* dans le cas contraire.

2 Tests de caractères et conversions majuscules-minuscules (*cctype*)

ISALNUM ***int*** **isalnum (*char* c)**

Fournit la valeur *1* (vrai) si *c* est une lettre ou un chiffre et la valeur *0* (faux) dans le cas contraire.

ISALPHA ***int*** **isalpha (*char* c)**

Fournit la valeur *1* (vrai) si *c* est une lettre et la valeur *0* (faux) dans le cas contraire.

ISDIGIT **int isdigit (char c)**

Fournit la valeur *1* (vrai) si *c* est un chiffre et la valeur *0* (faux) dans le cas contraire.

ISLOWER ***int* islower (*char* c)**

Fournit la valeur *1* (vrai) si *c* est une lettre minuscule et la valeur *0* (faux) dans le cas contraire.

ISSPACE ***int* isspace (*char* c)**

Fournit la valeur 1 (vrai) si *c* est un séparateur (espace, saut de page, fin de ligne, tabulation horizontale ou verticale) et la valeur 0 (faux) dans le cas contraire.

ISUPPER ***int* isupper (*char* c)**

Fournit la valeur *1* (vrai) si *c* est une lettre majuscule et la valeur *0* (faux) dans le cas contraire.

3 Manipulation de chaînes (*cstring*)

STRCPY ***char* * strcpy (*char* * but, *const char* * source)**

Copie la chaîne *source* à l'adresse *but* (y compris le *\0* de fin) et fournit en retour l'adresse de *but*.

STRNCPY ***char* * strncpy (*char* * but, *const char* * source, *int* lgmax)**

Copie au maximum *lgmax* caractères de la chaîne *source* à l'adresse *but* en complétant éventuellement par des caractères *\0* si cette longueur maximale n'est pas atteinte. Fournit en retour l'adresse de *but*.

STRCAT ***char* * strcat (*char* * but, *const char* * source)**

Recopie la chaîne *source* à la fin de la chaîne *but* et fournit en retour l'adresse de *but*.

STRNCAT ***char* * strncat (*char* * but, *const char* * source, *size_t* lgmax)**

Recopie au maximum *lgmax* caractères de la chaîne *source* à la fin de la chaîne *but* et fournit en retour l'adresse de *but*.

STRCMP ***int* strcmp (*const char* * chaine1, *const char* * chaine2)**

Compare *chaine1* et *chaine2* et fournit :

- une valeur négative si *chaine1* < *chaine2* ;
- une valeur positive si *chaine1* > *chaine2* ;
- zéro si *chaine1* = *chaine2*.

STRNCMP ***int*** **strncmp (*const char* * chaine1, *const char* * chaine2, *size_t* lgmax)**

Travaille comme *strcmp*, en limitant la comparaison à un maximum de *lgmax* caractères.

STRCHR ***char*** *** strchr (*const char* * chaine, *char* c)**

Fournit un pointeur sur la première occurrence du caractère *c* dans la chaîne *chaine*, ou un pointeur nul si ce caractère n'y figure pas.

STRRCHR ***char*** *** strrchr (*const char* * chaine, *char* c)**

Fournit un pointeur sur la dernière occurrence du caractère *c* dans la chaîne *chaine* ou un pointeur nul si ce caractère n'y figure pas.

STRSPN ***size_t*** **strspn (*const char* * chaine1, *const char* * chaine2)**

Fournit la longueur du segment initial de *chaine1* formé entièrement de caractères appartenant à *chaine2*.

STRCSPN ***size_t*** **strcspn (*const char* * chaine1, *const char* * chaine2)**

Fournit la longueur du segment initial de *chaine1* formé entièrement de caractères n'appartenant pas à *chaine2*.

STRSTR ***char*** *** strstr (*const char* * chaine1, *const char* * chaine2)**

Fournit un pointeur sur la première occurrence dans *chaine1* de *chaine2* ou un pointeur nul si *chaine2* ne figure pas dans *chaine1*.

STRLEN ***size_t*** **strlen (*const char* * chaine)**

Fournit la longueur de *chaine*.

MEMCPY ***void*** *** memcpy (*void* * but, *const void* * source, *size_t* lg)**

Copie *lg* octets depuis l'adresse *source* à l'adresse *but* qu'elle fournit comme valeur de retour (il ne doit **pas** y avoir **de recoupement** entre *source* et *but*).

MEMMOVE ***void*** *** memmove (*void* * but, *const void* * source, *size_t* lg)**

Copie *lg* octets depuis l'adresse *source* à l'adresse *but* qu'elle fournit comme valeur de retour (il peut y avoir **recoupement** entre *source* et *but*).

4 Fonctions mathématiques (cmath)

SIN ***double* sin (*double* x)**

COS ***double* cos (*double* x)**

TAN ***double* tan (*double* x)**

ASIN ***double* asin (*double* x)**

ACOS ***double* acos (*double* x)**

ATAN ***double* atan (*double* x)**

ATAN2 ***double* atan2 (*double* y, *double* x)**

Fournit la valeur de arctan(y/x).

SINH ***double* sinh (*double* x)**

Fournit la valeur de sh(x).

COSH ***double* cosh (*double* x)**

Fournit la valeur de ch(x).

TANH ***double* tanh (*double* x)**

Fournit la valeur de th(x).

EXP ***double* exp (*double* x)**

LOG ***double* log (*double* x)**

Fournit la valeur du logarithme népérien de x : Ln(x) (ou Log(x)).

LOG10 ***double* log10 (*double* x)**

Fournit la valeur du logarithme à base 10 de x : log(x).

POW ***double* pow (*double* x, *double* y)**

Fournit la valeur de x^y.

SQRT ***double* sqrt (*double* x)**

CEIL ***double* ceil (*double* x)**

Fournit (sous forme d'un *double*) le plus petit entier qui ne soit pas inférieur à x.

FLOOR ***double* floor (*double* x)**

Fournit (sous forme d'un *double*) le plus grand entier qui ne soit pas supérieur à *x*.

FABS ***double* fabs (*double* x)**

Fournit la valeur absolue de *x*.

5 Utilitaires (*cstdlib*)

ATOF ***double* atof (*const char* * chaine)**

Fournit le résultat de la conversion en *double* du contenu de *chaine*. Cette fonction ignore les éventuels séparateurs de début et, à l'image de ce que fait le code format *%f*, utilise les caractères suivants pour fabriquer une valeur numérique. Le premier caractère invalide arrête l'exploration.

ATOI ***int* atoi (*const char* * chaine)**

Fournit le résultat de la conversion en *int* du contenu de *chaine*. Cette fonction ignore les éventuels séparateurs de début et, à l'image de ce que fait le code format *%d*, utilise les caractères suivants pour fabriquer une valeur numérique. Le premier caractère invalide arrête l'exploration.

ATOL ***long* atol (*const char* * chaine)**

Fournit le résultat de la conversion en *long* du contenu de *chaine*. Cette fonction ignore les éventuels séparateurs de début et, à l'image de ce que fait le code format *%ld*, utilise les caractères suivants pour fabriquer une valeur numérique. Le premier caractère invalide arrête l'exploration.

RAND ***int* rand (*void*)**

Fournit un nombre entier aléatoire (en fait pseudo-aléatoire), compris dans l'intervalle [0, *RAND_MAX*]. La valeur prédéfinie *RAND_MAX* est au moins égale à *32767*.

SRAND ***void* srand (*unsigned int* graine)**

Modifie la « graine » utilisée par le « générateur de nombres pseudo-aléatoires » de *rand*. Par défaut, cette graine a la valeur *1*.

CALLOC ***void* * calloc (*size_t* nb_blocs, *size_t* taille)**

Alloue l'emplacement nécessaire à *nb_blocs* consécutifs de chacun *taille* octets, initialise chaque octet à zéro et fournit l'adresse correspondante lorsque l'allocation a réussi ou un pointeur nul dans le cas contraire.

MALLOC ***void*** *** malloc (*size_t* taille)**

Alloue un emplacement de *taille* octets, sans l'initialiser, et fournit l'adresse correspondante lorsque l'allocation a réussi ou un pointeur nul dans le cas contraire.

REALLOC ***void*** **realloc (*void* * adr, *size_t* taille)**

Modifie la taille d'une zone d'adresse *adr* préalablement allouée par *malloc* ou *calloc*. Ici, *taille* représente la nouvelle taille souhaitée, en octets. Cette fonction fournit l'adresse de la nouvelle zone ou un pointeur nul dans le cas où la nouvelle allocation a échoué (dans ce dernier cas, le contenu de la zone reste inchangé). Lorsque la nouvelle taille est supérieure à l'ancienne, le contenu de l'ancienne zone est conservé (il a pu éventuellement être alors recopié). Dans le cas où la nouvelle taille est inférieure à l'ancienne, seul le début de l'ancienne zone (c'est-à-dire *taille* octets) est conservé.

FREE ***void*** **free (*void* * adr)**

Libère la mémoire d'adresse *adr*. Ce pointeur doit obligatoirement désigner une zone préalablement allouée par *malloc*, *calloc* ou *realloc*. Si *adr* est nul, cette fonction ne fait rien.

EXIT ***void*** **exit (*int* etat)**

Termine l'exécution du programme. Cette fonction ferme les fichiers ouverts en vidant les tampons et rend le contrôle au système, en lui fournissant la valeur *etat*. La manière dont cette valeur est effectivement interprétée dépend de l'implémentation, toutefois la valeur *0* est considérée comme une fin normale.

ABS ***int*** **abs (*int* n)**

Fournit la valeur absolue de *n*.

LABS ***long*** **abs (*long* n)**

Fournit la valeur absolue de *n*.

6 Macro de mise au point (*cassert*)

ASSERT ***void*** **assert (*int* exptest)**

Si le symbole *NDEBUG* est défini au moment où le préprocesseur rencontre la directive *#include <assert.h>*, la macro *assert* sera sans effet et sans valeur. Dans le cas contraire, la macro *asssert* introduit une instruction d'arrêt conditionnel de l'exécution. Plus précisément, si l'expression *exp-*

test vaut 0, il y aura impression, sur la sortie standard d'erreur, d'un message de la forme :

Assertion failed : exptest, nom_fichier, line xxxx

On y trouve :

- l'expression concernée : *exptest* ;
- le nom du fichier source concerné, *nom_fichier* ;
- le numéro de la ligne correspondante du fichier source *xxxx*.

Il y aura ensuite appel de la fonction *abort* qui interrompra l'exécution du programme. Si l'expression *exptest* a une valeur différente de 0, la macro *assert* ne fera rien.

Notez que le symbole *NDEBUG* n'est défini dans aucun fichier en-tête. C'est au programme de le prévoir s'il souhaite inhiber l'effet des appels de *assert*.

Cette macro ne peut jamais être redéfinie sous la forme d'une fonction.

7 Gestion des erreurs (*cerrno*)

ERRNO **errno**

Représente une *lvalue* de type *int* qui peut être utilisée par certaines fonctions de la bibliothèque standard. Sa valeur est initialisée à zéro au démarrage du programme. Elle doit être modifiée comme indiqué par la norme dans quelques rares cas ; en dehors de cela, elle peut être modifiée par n'importe quelle fonction, même en dehors d'une situation d'erreur.

La norme ne précise pas si *errno* doit être défini sous forme d'une macro ou d'un symbole global. Le comportement du programme est indéterminé si l'on annule la définition de *errno* ou si l'on définit un autre identificateur de même nom.

8 Branchements non locaux (*csetjmp*)

Le symbole *jmp_buf* est un synonyme d'un type tableau permettant de sauvegarder l'état de l'environnement et une adresse de retour, pour assuer le bon fonctionnement de *setjmp* et *longjmp*.

SETJMP ***int* setjmp (*jmp_buf* env)**

Cette **macro** sauvegarde l'environnement actuel et l'adresse d'appel dans la variable *env*. Fournit 0 comme valeur de retour en cas d'appel direct et une valeur non nulle lorsque l'appel s'est fait par l'intermédiaire de *lon-*

gjmp. La norme laisse la liberté à l'implémentation de définir *setjmp* comme une macro ou comme un identificateur global. Si le programme annule la définition de *setjmp* ou s'il définit un autre identificateur de même nom, le comportement est indéterminé.

LONGJMP ***void* longjmp (*jmp_buf* env, *int* etat)**

Restaure l'environnement (préalablement sauvegardé par *setjmp*), à partir du contenu de la variable *env*. Reprend l'exécution à l'adresse précédemment conservée, comme si la valeur *etat* était la valeur de retour de *setjmp*. Si l'on appelle *longjmp* avec 0 comme valeur de *etat*, *longjmp* « force » une valeur de retour égale à 1.

Annexe H

Les incompatibilités entre C et C++

Cette annexe est destinée à ceux qui seront amenés à réutiliser en C++ du code écrit en C. Pour ce faire, nous récapitulons l'ensemble des incompatibilités existant entre le C ANSI et le C++ (dans ce sens), c'est-à-dire les différents points acceptés par le C ANSI et refusés par le C++ (les plus importants d'entre eux ont fait l'objet d'une remarque « En C ».

1 Prototypes

En C++, toute fonction non définie préalablement dans un fichier source où elle est utilisée doit faire l'objet d'une déclaration sous forme d'un prototype.

2 Fonctions sans arguments

En C++, une fonction sans arguments se définit (en-tête) et se déclare (prototype) en fournissant une « liste vide » d'arguments comme dans :

```
float fct () ;
```

3 Fonctions sans valeur de retour

En C++, une fonction sans valeur de retour se définit (en-tête) et se déclare (prototype) **obligatoirement** à l'aide du mot *void* comme dans :

```
void fct (int, double) ;
```

4 Le qualificatif *const*

En C++, un symbole accompagné, dans sa déclaration, du qualificatif *const* a une portée limitée au fichier source concerné, alors qu'en C ANSI il est considéré comme un symbole externe. De plus, en C++, un tel symbole peut intervenir dans une expression constante (il ne s'agit toutefois plus d'une incompatibilité mais d'une liberté offerte par C++).

5 Les pointeurs de type *void* *

En C++, un pointeur de type *void* * ne peut pas être converti implicitement en un pointeur d'un autre type.

6 Mots-clés

C++ possède, par rapport à C, les mots-clés supplémentaires suivants[1] :

bool	catch	class	const_cast
delete	dynamic_cast	explicit	export
false	friend	inline	mutable
namespace	new	operator	private
protected	public	reinterpret_cast	static_cast
template	this	true	throw
try	typeid	typename	using
virtual			

Les mots-clés de C++ n'existant pas en C

Voici la liste complète des mots-clés de C++. Ceux qui existent déjà en C sont en romain, ceux qui sont propres à C++ sont en italique. À simple titre indicatif, les mots-clés introduits tardivement par la norme ANSI sont en gras (et en italique).

1. Le mot-clé *overload* a existé dans les versions antérieures à la 2.0. S'il reste reconnu de certaines implémentations, en étant alors sans effet, il ne figure cependant pas dans la norme.

asm	auto	***bool***	break	case
catch	char	*class*	const	***const_cast***
continue	default	*delete*	do	double
dynamic_cast	else	enum	*explicit*	***export***
extern	***false***	float	for	*friend*
goto	if	*inline*	int	long
mutable	***namespace***	*new*	*operator*	*private*
protected	*public*	register	***reinterpret_cast***	return
short	signed	sizeof	static	***static_cast***
struct	switch	*template*	*this*	*throw*
true	*try*	typedef	***typeid***	***typename***
union	unsigned	***using***	*virtual*	void
volatile	wchar_t	while		

Les mots-clés de C++

7 Les constantes de type caractère

En C++, une constante caractère telle que *'a'*, *'z'* ou *'\n'* est de type *char*, alors qu'elle est implicitement convertie en *int* en C ANSI. C'est ainsi que l'opérateur << de la classe *ostream* peut fonctionner correctement avec des caractères. Notez bien qu'une expression telle que :

```
sizeof ('a')
```

vaut 1 en C++ alors qu'elle vaut davantage (généralement 2 ou 4) en C.

8 Les définitions multiples

En C ANSI, il est permis de trouver plusieurs déclarations d'une même variable dans un fichier source. Par exemple, avec :

```
int n ;
 .....
int n ;
```

C considère que la première instruction est une simple déclaration, tandis que la seconde est une définition ; c'est cette dernière qui provoque la réservation de l'emplacement mémoire pour *n*.

En C++, **cela est interdit**. La raison principale vient de ce que, dans le cas où de telles déclarations porteraient sur des objets, par exemple dans :

```
point a ;
 .....
point a ;
 .....
```

il faudrait que le compilateur distingue déclaration et définition de l'objet *point* et qu'il prévoie de n'appeler le constructeur que dans le second cas. Cela aurait été particulièrement dangereux, d'où l'interdiction adoptée.

9 L'instruction *goto*

En C++, une instruction *goto* ne peut pas faire sauter une déclaration comportant un « initialiseur » (par exemple *int n = 2*), sauf si cette déclaration figure dans un bloc et que ce bloc est sauté complètement.

10 Les énumérations

En C++, les éléments d'une énumération (mot-clé *enum*) ont une portée limitée à l'espace de visibilité dans lequel ils sont définis. Par exemple, avec :

```
struct chose
{  enum (rouge = 1, bleu, vert) ;
   .....
} ;
```

les symboles *rouge*, *bleu* et *vert* ne peuvent pas être employés en dehors d'un objet de type *chose*. Ils peuvent éventuellement être redéfinis avec une signification différente. En C, ces symboles sont accessibles de toute la partie du fichier source suivant leur déclaration et il n'est alors plus possible de les redéfinir.

11 Initialisation de tableaux de caractères

En C++, l'initialisation de tableaux de caractères par une chaîne de même longueur n'est pas possible. Par exemple, l'instruction :

```
char t[5] = "hello" ;
```

provoquera une erreur, due à ce que t n'a pas une dimension suffisante pour recevoir le caractère (\0) de fin de chaîne.

En C ANSI, cette même déclaration serait acceptée et le tableau t se verrait simplement initialisé avec les 5 caractères h, e, l, l et o (sans caractère de fin de chaîne).

Notez que l'instruction :

```
char t[] = "hello" ;
```

convient indifféremment en C et en C++ et qu'elle réserve dans les deux cas un tableau de 6 caractères : h, e, l, l, o et \0.

12 Les noms de fonctions

En C++, le compilateur attribue à toutes les fonctions un « nom externe » basé d'une façon déterministe :

- sur son nom « interne » ;
- sur la nature de ses arguments.

Si l'on veut obtenir les mêmes noms de fonction qu'en C, on peut faire appel au mot-clé *extern*. Pour plus de détails, voyez le paragraphe 12.3 du chapitre 7.

Index

C

P

Q

R

S

V

W

Dans le cadre de sa politique développement durable, Jouve initie en 2007
une démarche visant à la certification ISO 14001.
Cet ouvrage est imprimé sur papiers Amber Graphic des papeteries Arctic Paper pour l'intérieur
et Ensocoat des papeteries Stora Enso pour la couverture.
Ces papiers sont fabriqués sur des sites papetiers certifiés ISO 14001
et enregistrés EMAS à partir de bois issus de forêts gérées durablement.

Imprimé en France. - JOUVE, 11, bd de Sébastopol, 75001 PARIS
N° 436298B. - Dépôt légal : août 2007
N° d'éditeur : 7677